国家卫生健康委员会住院医师规范化培训规划教材

老年医学
Geriatric Medicine

主　审　李小鹰　于普林　蹇在金

主　编　王建业

副主编　刘幼硕　张存泰　张　玉　陈新宇　奚　桓

人民卫生出版社

·北　京·

图书在版编目（CIP）数据

老年医学/王建业主编. —北京：人民卫生出版社，2021.5（2025.3重印）

国家卫生健康委员会住院医师规范化培训规划教材

ISBN 978-7-117-31458-9

Ⅰ.①老… Ⅱ.①王… Ⅲ.①老年病学－职业培训－教材 Ⅳ.①R592

中国版本图书馆CIP数据核字（2021）第064736号

人卫智网	www.ipmph.com	医学教育、学术、考试、健康，购书智慧智能综合服务平台
人卫官网	www.pmph.com	人卫官方资讯发布平台

老 年 医 学
Laonian Yixue

主　　编：王建业

出版发行：人民卫生出版社（中继线 010-59780011）

地　　址：北京市朝阳区潘家园南里19号

邮　　编：100021

E - mail：pmph @ pmph.com

购书热线：010-59787592　010-59787584　010-65264830

印　　刷：人卫印务（北京）有限公司

经　　销：新华书店

开　　本：850×1168　1/16　印张：28

字　　数：948千字

版　　次：2021年5月第1版

印　　次：2025年3月第4次印刷

标准书号：ISBN 978-7-117-31458-9

定　　价：98.00元

打击盗版举报电话：010-59787491　E-mail：WQ @ pmph.com

质量问题联系电话：010-59787234　E-mail：zhiliang @ pmph.com

编 者 名 单

编　委（以姓氏笔画为序）

丁清清　江苏省人民医院

于普林　北京医院 国家老年医学中心

马　清　首都医科大学附属北京友谊医院

马慧娟　河北省人民医院

王建业　北京医院 国家老年医学中心

王朝晖　华中科技大学同济医学院附属协和医院

文　宏　广西医科大学第一附属医院

方宁远　上海交通大学医学院附属仁济医院

田　文　中国医科大学附属第一医院

白　松　昆明医科大学第一附属医院

包海荣　兰州大学第一医院

宁晓红　北京协和医院

吕　洋　重庆医科大学附属第一医院

朱爱琴　青海省人民医院

刘幼硕　中南大学湘雅二医院

刘焕兵　南昌大学第一附属医院

江文静　山东大学齐鲁医院

杜毓锋　山西医科大学第一医院

李　杰　吉林大学第一医院

李天艺　郑州大学第一附属医院

杨明辉　北京积水潭医院

肖世富　上海交通大学医学院附属精神卫生中心

吴　方　上海交通大学医学院附属瑞金医院

吴秀萍　哈尔滨医科大学附属第一医院

吴锦晖　四川大学华西医院

何　文　中山大学附属第一医院

宋岳涛　北京老年医院

张　玉　复旦大学附属华山医院

张　华　中国人民解放军空军军医大学第一附属医院

张　蓓　天津医科大学总医院

张艺军　中国人民解放军南部战区总医院

张存泰　华中科技大学同济医学院附属同济医院
张春玉　大连医科大学附属第二医院
陈　琼　中南大学湘雅医院
陈新宇　浙江医院
罗　镧　南通大学附属医院
周晓辉　新疆医科大学第一附属医院
郑松柏　复旦大学附属华东医院
赵安菊　贵州省人民医院
胡　予　复旦大学附属中山医院
施　红　北京医院 国家老年医学中心
施慧鹏　上海交通大学附属第六人民医院
姜　昕　深圳市人民医院
洪华山　福建医科大学附属协和医院
贾海玉　内蒙古医科大学附属医院
徐哲荣　浙江大学医学院附属第一医院
奚　桓　北京医院 国家老年医学中心
涂秋云　中山大学附属第五医院
康冬梅　中国科学技术大学附属第一医院（安徽省立医院）
彭丹涛　中日友好医院
程庆砾　中国人民解放军总医院第二医学中心
焦红梅　北京大学第一医院
曾　敏　海南省人民医院
蹇在金　中南大学湘雅二医院

编写秘书　邓琳子　北京医院 国家老年医学中心

数字负责人　奚　桓　北京医院 国家老年医学中心
数字编委（以姓氏笔画为序）
王　翼　中南大学湘雅二医院
王利一　北京医院 国家老年医学中心
刘　婵　中南大学湘雅二医院
刘　晶　河北省人民医院
刘梅林　北京大学第一医院
许　桦　上海交通大学医学院附属精神卫生中心
孙慧平　上海交通大学医学院附属瑞金医院
苏冠华　华中科技大学同济医学院附属协和医院
杨　华　北京医院 国家老年医学中心
杨　敏　北京医院 国家老年医学中心
肖　幸　华中科技大学同济医学院附属同济医院
吴　琳　复旦大学附属中山医院
何扬利　海南省人民医院
张志鹏　北京医院 国家老年医学中心

张绍敏　四川大学华西医院

张耀光　北京医院 国家老年医学中心

陈　龙　中山大学附属第一医院

陈　彤　北京医院 国家老年医学中心

陈小静　中国科技大学附属第一医院(安徽省立医院)

陈旭娇　浙江医院

邵俊杰　上海交通大学医学院附属第六人民医院

武文斌　北京医院 国家老年医学中心

范　芸　北京医院 国家老年医学中心

罗荧荃　中南大学湘雅二医院

岳　玲　上海交通大学医学院附属精神卫生中心

周白瑜　北京医院 国家老年医学中心

孟令峰　北京医院 国家老年医学中心

侯文丽　吉林大学第一医院

俞　巧　中南大学湘雅医院

洪秋红　福建医科大学附属协和医院

姚健凤　复旦大学附属华东医院

黄　葵　华中科技大学同济医学院附属同济医院

黄剑锋　北京医院 国家老年医学中心

常志刚　北京医院 国家老年医学中心

常建民　北京医院 国家老年医学中心

傅一山　上海交通大学医学院附属第六人民医院

简伟明　中国人民解放军联勤保障部队第 909 医院

詹俊鲲　中南大学湘雅二医院

谭　潇　北京医院 国家老年医学中心

数字秘书　邓琳子　北京医院 国家老年医学中心

出 版 说 明

为配合 2013 年 12 月 31 日国家卫生计生委等 7 部门颁布的《关于建立住院医师规范化培训制度的指导意见》，人民卫生出版社推出了住院医师规范化培训规划教材第 1 版，在建立院校教育、毕业后教育、继续教育三阶段有机衔接的具有中国特色的标准化、规范化临床医学人才培养体系中起到了重要作用。在全国各住院医师规范化培训基地四年多的使用期间，人民卫生出版社对教材使用情况开展了深入调研，全面征求基地带教老师和学员的意见与建议，有针对性地进行了研究与论证，并在此基础上全面启动第二轮修订。

第二轮教材依然秉承以下编写原则。①坚持"三个对接"：与 5 年制的院校教育对接，与执业医师考试和住培考核对接，与专科医师培养与准入对接；②强调"三个转化"：在院校教育强调"三基"的基础上，本阶段强调把基本理论转化为临床实践、基本知识转化为临床思维、基本技能转化为临床能力；③培养"三种素质"：职业素质、人文素质、综合素质；④实现"三医目标"：即医病、医身、医心；不仅要诊治单个疾病，而且要关注患者整体，更要关爱患者心理。最终全面提升我国住院医师"六大核心能力"，即职业素养、知识技能、患者照护、沟通合作、教学科研和终身学习的能力。

本轮教材的修订和编写特点如下：

1. 本轮教材共 46 种，包含临床学科的 26 个专业，并且经评审委员会审核，新增公共课程、交叉学科以及紧缺专业教材 6 种：模拟医学、老年医学、临床思维、睡眠医学、叙事医学及智能医学。各专业教材围绕国家卫生健康委员会颁布的《住院医师规范化培训内容与标准（试行）》及住院医师规范化培训结业考核大纲，充分考虑各学科内亚专科的培训特点，能够符合不同地区、不同层次的培训需求。

2. 强调"规范化"和"普适性"，实现培训过程与内容的统一标准和规范化。其中临床流程、思维与诊治均按照各学科临床诊疗指南、临床路径、专家共识及编写专家组一致认可的诊疗规范进行编写。在编写过程中反复征集带教老师和学员意见并不断完善，实现"从临床中来，到临床中去"。

3. 本轮教材不同于本科院校教材的传统模式，注重体现基于问题的学习（PBL）和基于案例的学习（CBL）的教学方法，符合毕业后教育特点，并为下一阶段专科医师培养打下坚实的基础。

4. 充分发挥富媒体的优势，配以数字内容，包括手术操作视频、住培实践考核模拟、病例拓展、习题等。通过随文或章节二维码形式与纸质内容紧密结合，打造优质适用的融合教材。

本轮教材是在全面实施以"5+3"为主体的临床医学人才培养体系，深化医学教育改革，培养和建设一支适应人民群众健康保障需要的临床医师队伍的背景下组织编写的，希望全国各住院医师规范化培训基地和广大师生在使用过程中提供宝贵意见。

融合教材使用说明

本套教材以融合教材形式出版,即融合纸书内容与数字服务的教材,读者阅读纸书的同时可以通过扫描书中二维码阅读线上数字内容。

获取数字资源的步骤

1 扫描封底红标二维码,获取图书"使用说明"。

2 揭开红标,扫描绿标激活码,注册/登录人卫账号获取数字资源。

3 扫描书内二维码或封底绿标激活码随时查看数字资源。

4 下载应用或登录 zengzhi.ipmph.com 体验更多功能和服务。

配 套 资 源

➢ **电子书:《老年医学》** 下载"人卫 APP",搜索本书,购买后即可在 APP 中畅享阅读。

➢ **住院医师规范化培训题库** 中国医学教育题库——住院医师规范化培训题库以本套教材为蓝本,以住院医师规范化培训结业理论考核大纲为依据,知识点覆盖全面、试题优质。平台功能强大、使用便捷,服务于住培教学及测评,可有效提高基地考核管理效率。题库网址:tk.ipmph.com。

主 编 简 介

王建业

国家老年医学中心主任。医学博士,北京大学和北京协和医学院教授、博士生导师。中华医学会老年医学分会主任委员,中华医学会泌尿外科分会副主任委员、尿控学组组长,中国医师协会第一届全国会员代表大会理事,中华医学会理事会常务理事等。《中华老年医学杂志》主编,《中华泌尿外科杂志》副主编。

长期从事老年医学、泌尿外科的临床、科研、教学及管理工作,积极推动我国老年医学的发展。主持国家多项重点攻关课题,承担国家"十一五""十二五""十三五"科技支撑计划有关老年病的防治课题研究。荣获第二届"中国医师奖""国之名医·卓越建树"荣誉称号等奖项。第十一、第十二、第十三届全国政协委员,享受国务院政府特殊津贴。

刘幼硕

中南大学衰老与老年疾病研究所所长，中南大学湘雅二医院老年医学教研室主任和老年内分泌科主任。医学博士，一级主任医师，教授，博士生导师。中华医学会老年医学分会常务委员兼老年内分泌代谢疾病学组组长，中国医师协会老年医学科医师分会常务委员，国家老年医学中心学术委员会委员，中国老年保健医学研究会内分泌与代谢病分会副主任委员，中国女医师协会老年医学专业委员会副主任委员，湖南省保健委员会特聘专家，湖南省医学会理事会理事，湖南省医学会老年医学专业委员会主任委员，《中华老年医学杂志》、*Aging Medicine* 等期刊编委。

从事老年医学临床、教学和科研工作 33 年，湖南省医学领军人才。主要研究领域为老年内分泌与代谢疾病，尤其是老年重症营养代谢和代谢性血管早衰。主持完成国家自然科学基金项目 4 项，承担国家重大科学研究计划和国家重大研发计划重点专项课题 2 项，培养老年医学硕士和博士 50 人，SCI 期刊 JCR1 区论文 10 余篇，主编、副主编、参编老年医学和内分泌与代谢相关著作 10 余部，获湖南省科技进步奖 3 项，湖南医学科技奖 3 项，获"人民好医生""湖湘名医""全国优秀科技工作者"等荣誉称号。

张存泰

华中科技大学同济医学院附属同济医院综合医疗科主任、老年病教研室主任、老年病研究所所长。心血管内科博士、二级教授、主任医师、博士生导师。湖北省老年病防治与保健临床医学研究中心主任，国家卫生健康委员会有突出贡献的中青年专家，荣获第三届"国之名医•卓越建树"荣誉称号。中华医学会老年医学分会候任主任委员，中国医师协会老年医学科医师分会副会长，湖北省医学会老年医学分会主任委员，湖北省老年保健协会常务委员兼秘书长等 10 余个学会常务委员或委员；《中华老年医学杂志》副总编辑、《中华老年病研究电子杂志》副总编辑等 10 余个杂志常务编委或编委。

在国内外学术期刊发表学术论文 343 余篇（其中 SCI 收录 82 篇），获国家自然科学基金项目 6 项，省部级科研基金项目 15 项，省部级科技成果奖 2 项。

副主编简介

张 玉

复旦大学附属华山医院老年医学科主任，主任医师，教授，学科带头人，国家老年疾病临床医学研究中心（华山）项目负责人。上海市医师协会老年医学科医师分会副会长，中国医师协会老年医学科医师分会委员，中国老年学学会老年医学委员会常务委员，华东老年医学中心联盟常务委员，中国女医师协会老年医学专业委员会常务委员，中华医学会老年医学分会老年消化病学组委员等。

从事老年医学临床、教学、科研工作 30 余年，担任上海市临床重点专科（老年医学强主体项目）负责人，承担或参加国家自然科学基金、上海市科委、上海市卫生健康委员会重要疾病联合攻关项目、科技部国家重点研发计划"主动健康和老龄化科技应对"等课题研究，先后发表论文 50 余篇，其中 SCI 收录 10 余篇。参加编写老年医学著作和全国教材 20 余部，老年医学专家共识 5 项，主编《老年健康与疾病 100 问》。获得教育部科技进步奖二等奖，上海医学科技奖三等奖，华夏医学科技奖二等奖，上海市教学成果奖二等奖，中国老年保健医学科技奖一等奖，上海市科技进步奖三等奖，上海市"仁心医者"杰出专科医师奖。

陈新宇

浙江医院消化病学主任医师，副院长。中华医学会老年医学分会委员兼副秘书长，中华医学会老年医学分会消化病学组副组长，浙江省医学会老年医学分会副主任委员（主持工作）、浙江省医院协会患者安全委员会副主任委员。担任《中华老年医学杂志》编委、《中国新药与临床杂志》编委、《中华老年病研究电子杂志》编委。主要研究领域是老年健康管理模式的探索和研究、老年胃肠道动力的研究。参与《老年医学》《老年常见病诊断标准》《老年人慢性便秘的评估与处理专家共识》《老年功能性消化不良共识》等专著和共识的编写。

副主编简介

奚　桓　北京医院 国家老年医学中心党委书记、常务副院长，北京医院老年医学和全科医学中心主任。医学博士，主任医师，博士生导师。中国医学科学院老年医学研究院院长，中国医师协会常务理事、老年医学科医师分会会长，中华医学会常务理事、全科医学分会常务委员、老年医学分会中国老年医学中心联盟常委，中国老年学和老年医学学会老年病学分会副会长，中国医院协会医疗质量管理专业委员会副主任委员，北京医师协会老年医学专科医师分会副会长，北京医学会全科医学分会副主任委员、老年医学分会常务委员，中国老年护理联盟理事长。*Aging Medicine* 副主编。

长期从事老年医学临床、科研、教学及管理工作，牵头在国内率先成立老年医学科。主要研究领域是老年衰弱指数、老年评估工作等。在国内外核心学术期刊发表学术论文数十篇，承担科技部国家重点研发计划"主动健康和老龄化科技应对"等国家级科研课题，主持并参与编写《中英健康与老龄化旗舰挑战计划》等。

前　言

　　人口老龄化是当今世界人口年龄结构变化最重要的一个趋势。中国已经全面进入老龄化社会，根据第七次全国人口普查结果，截至 2020 年 11 月 1 日，中国老龄人口已达到 2.64 亿，占总人口比例的 18.7%。党和政府对积极应对人口老龄化提出明确要求，强调加强顶层设计，完善重大政策制度，及时、科学、综合应对人口老龄化。有效应对人口老龄化，不仅能提高老年人生活和生命质量、维护老年人尊严和权利，而且能促进经济发展、增进社会和谐。大力发展老年医学是适应老龄化社会需求，积极、科学、综合应对老龄化的重要举措和有力工具。

　　老年医学的目的是预防和治疗老年相关的疾病及问题，最大限度地维持和恢复老年人的功能状态，维持老年人身心健康，为老年人提供高质量的医疗保健服务和充分的社会照顾，使老年人健康长寿。为实现这一目标，加强老年医学医生的培养，提升老年医学医生能力和水平，壮大高质量的老年医学医生队伍，我们在国内老年医学发展和实践的基础上，汇集了国内数十位老年医学专家的教学和医疗实践经验，编写了这本教材。本书为国家卫生健康委员会住院医师规范化培训规划教材系列丛书之一，读者对象为在老年医学科学习、对老年医学有兴趣、有志于从事老年医学专业的住院医师和相关医务人员。

　　本书旨在使在培学员了解老年医学学科的性质和特点，掌握老年医学的诊疗思维和基本技能，熟悉老年常见健康问题和疾病的诊疗方法，从而为老年人提供优质的医疗服务。全书共分三篇 41 章。第一篇为老年医学总论，系统介绍老年医学的基本概况和理念，主要介绍衰老、老年综合评估、老年医学多学科团队、老年共病管理、老年人心理健康、老年人康复、老年人健康管理及伦理问题等内容。第二篇和第三篇以临床实践为基础，采用病例引导的形式展开。第二篇为老年综合征与老年常见问题的评估和干预，包括认知功能障碍、焦虑、抑郁、谵妄、头晕、晕厥、跌倒、尿便障碍、压力性损伤、吞咽障碍与误吸、衰弱、肌少症、营养不良、慢性疼痛、视听障碍、睡眠障碍、多重用药等老年医学核心的知识和技能。第三篇重点介绍常见老年疾病特点及综合诊治，包括神经、心血管、呼吸、消化、泌尿生殖、代谢内分泌、血液、皮肤、肌肉骨关节、精神等系统常见疾病、多器官功能障碍综合征、老年恶性肿瘤的特点及诊治原则。

　　在此，谨向为本书付出心血的主审、副主编、编者及毛佩贤、杨云梅、陈海波等审阅专家致以诚挚的感谢和崇高的敬意！

　　本书经专家反复研究、讨论，但因经验和水平所限，尚有疏漏和不妥之处，敬请各位同道不吝赐教和批评指正！

王建业

2021 年 3 月

目　录

15

模拟自测……………………………………………………………………

缩略词表……………………………………………………………………

第一篇
老年医学总论

第一章　人口老龄化与老年医学发展

学习要求

1. 掌握老年医学的定义和目标。
2. 熟悉老年医学的学科特色和核心技术。
3. 熟悉老年医学的范畴和老年医学科医师的职责。
4. 了解人口老龄化的现状。
5. 了解老年医学的形成、发展及展望。

　　老年医学（geriatrics）作为医学的分支，是研究人体衰老及其机制、老年人疾病防治、老年人卫生与保健的一门新兴的、综合性的学科，是老年学的重要组成部分，涵盖老年人疾病的预防、诊断和治疗、康复、照护、心理及社会等各方面。老年医学是以年龄来界定的医学专业，研究对象是 60 岁及以上（特别是 75 岁以上）老年人，重点关注失能和半失能的老年人、80 岁及以上高龄老年人及衰弱的老年人。从医疗服务角度，老年医学是一门服务于老年人、具有其独特的知识结构和专科技能，整合临床医学、预防医学、康复医学、护理及人文、社会和心理学科等相关内容于一体的综合性的临床医学学科。

第一节　人口老龄化成因、老龄化标准及我国老年人口现状

一、人口老龄化成因

　　人口老龄化（aging of population）标志着人类科学事业的发展、经济条件的改善、卫生事业的发达等，是社会进步的必然趋势。人口老龄化主要影响因素：①婴儿出生率下降；②人口死亡率下降。老年人口比例变化取决于老年人生存率变化及婴儿出生率改变。当今世界人口年龄结构变化最重要的趋势是人口老龄化。

二、老年人年龄划分和分期

　　衰老（aging）是渐进的过程。人体各器官衰老进度不一、个体差异很大，很难界定人类从多大年龄开始进入老年期。1982 年联合国"老龄问题世界大会"提出老年期以 60 岁为起点设定。目前一般发达国家定义 65 岁及以上为老年人，发展中国家多定义 60 岁及以上为老年人。

　　一般以 45～59 岁为老年前期（或 45～64 岁）；60 岁或 65 岁及以上为老年期；80 岁或 85 岁及以上为高龄期；90 岁及以上为长寿期。

　　老年人口系数（old population coefficient）指达到既定年龄的老年人口数占总人口数的百分比，是衡量人口老龄化的重要指标。65 岁及以上的老年人>7% 为老年人口型；4%～7% 为成年人口型；<4% 为年轻人口型。若以 60 岁及以上老年人计算，≥10% 为老年人口型。

三、我国老年人口现状

　　中国是世界老年人口最多的国家，也是世界人口老化速度最快的国家之一。根据国家统计局数据，2018 年我国≥60 周岁人口 24 949 万人，占总人口比重 17.9%，其中≥65 周岁人口 16 658 万人，占总人口比重为 11.9%。预计 2025 年，我国≥60 岁老年人口将超过 3 亿；2033 年将超过 4 亿，成为超老龄化社会；到 21 世

纪中叶,我国人口老龄化进程将达到顶峰,老年人口将达 4.87 亿。

从健康状况看,目前我国 60% 老年人患各种慢性疾病,失能、半失能人数达 4 000 万,完全失能人数达 1 200 万;2018 年人均预期寿命 77 岁,但健康预期寿命仅 68.7 岁,意味着国人带病生存时间大致有 8 年多。

中国人口老龄化有规模大、增长快、高龄化显著、地区失衡、城乡倒置、未富先老等特点。老龄化进程对我国社会经济发展、居民生活方式、健康与疾病流行模式均带来巨大影响,老龄化社会面临的健康需求日益突出,老年人的医疗卫生服务和生活照料需求叠加趋势日益显著。

第二节　老年医学的形成和发展

1909 年美国医学家 Ignatz Leo Nascher 提出老年医学(geriatric)概念,标志着老年医学诞生,1914 年他撰写了《老年病及其治疗》一书,是最早的老年医学教科书。美国于 1942 年成立全美老年医学会,1966 年开始老年医学专科培训,1982 年在 Mount Sinai Medical School 成立第一个老年医学科,1988 年举行第一次老年医学专业资格考试。1998 年美国老年协会发表老年病专科培训指南,明确了老年医学基本教育的目的,核心教育内容及专业目标。目前全美 125 所医学院校都设置了老年医学必修课程。

英国早期老年医学的发展带动了世界老年医学发展,开创的一系列老年医学基本概念与重要理念,至今仍具有现实意义。英国老年医学先驱 Marjory Warren 倡导老年医学的革新,1935 年在西米德塞克斯医院(the West Middlesex Hospital)建立老年医学科病房,开展老年患者的多学科康复和整体评价,并强调与护理相关的经济、社会和道德问题,加强对老年患者的激励。Joseph Sheldon 在 1948 年出版著作 *The Social Medicine of Aging* 中介绍了家庭物理康复治疗的重要作用及改善老年人生活环境防止跌倒等理念。Bernard Isaacs 界定了老年综合征的一些重要症状,用"giants of geriatrics"来形容几个主要老年综合征:状态不稳定(instability),身体活动障碍(immobility),智能受损(intellectual impairment),失禁(incontinence)等。

德国学者比尔格和阿布德哈登在 1938 年创立了国际上第一个老年研究杂志;日本老年学会成立于 1959 年,目前其研究领域主要集中在老年社会学、老年医学、老年生物医学、老年学、老年精神心理学、健康管理、老年护理等方面。

中国现代老年学和老年医学起步于 20 世纪 50 年代中期。北京医院和中国科学院动物研究所提出兴建我国的老年学与老年医学。1964 年 11 月中华医学会在北京召开老年学和老年医学学术会议;1980 年卫生部成立老年医学专题委员会。1981 年中华医学会老年医学分会成立;1982 年《中华老年医学杂志》创刊。1995 年老年卫生工作领导小组成立;2015 年 3 月国家老年医学中心成立,落户北京医院,成立国家老年医学中心有利于将老年医学领域的科学研究、临床医疗、康复护理与公共卫生政策、健康管理融为一体;2016 年 6 月中华人民共和国科学技术部(科技部)公布国家老年疾病临床医学研究中心:北京医院、中国人民解放军总医院、中南大学湘雅医院、四川大学华西医院、复旦大学附属华山医院和首都医科大学宣武医院;2018 年 6 月,内科老年医学专科纳入专科医师规范化培训;2018 年 8 月,国家卫生健康委员会成立老龄健康司,负责组织拟定并协调应对老龄化的政策措施,组织拟定医养结合政策、标准和规范,建立和完善老年健康服务体系,并承担全国老龄工作委员会的具体工作。这一系列工作,有力推进了我国老年医学的学科发展。

第三节　老年医学的目标及范畴

一、老年医学目标

首要目标是为老年人提供全面、合理的治疗、照护与预防保健服务,最大限度地维持或改善患者的功能状态,提高其独立生活能力和生活质量。

包括:①促进老年人健康,使老年人拥有最满意的、可能获得的生活质量和自理能力,能够全面积极地生活;②使老年人尽可能在社区独立生活;③使在医院或护理院的老人,数量保持最少及需护理的时间最短;④预防、尽早发现和治疗老年病;⑤减轻病残老年人的痛苦;⑥缩短临终依赖期,提供临终关怀,使老年人有尊严地面对死亡。

二、老年医学的范畴

根据现代医学模式(生物-心理-社会-环境医学模式),老年医学的知识范围不断深入和扩展,目前一般包括七方面。

(一)老年基础医学

主要研究老年人的基本特征、衰老及延缓衰老的机制、老年人疾病的本质和规律等。

(二)老年临床医学

主要根据老年人疾病病因、发病机制、病理过程和临床特点等,进行诊疗和防治。

老年人因躯体功能、认知功能的下降及老年综合征等因素,疾病临床表现、诊断、治疗和预防上与非老年人差别较大,有多病共存、疾病的诱因不典型、发病缓慢、临床表现不典型、容易发生并发症或出现脏器功能衰竭、药物治疗易出现副作用等特点。因此,老年临床医学需关注对老年患者的综合评估与治疗。

(三)老年护理学

研究老年患者的护理特点和规律,包括住院诊治的急症、亚急症老年患者,还包括居家养老和机构养老的广大老年患者的长期照护规律,以及研究各级护士和各级养老护理员的培训体系与培训规律。

(四)老年预防医学

主要包括老年流行病学、营养学、运动医学、养生学、保健医学、心理卫生、健康教育等。

研究目的:①不仅要维持老年人的生命,还要保障其生活质量;②了解老年人常见病和多发病的病因、危险因素和保护因素,采取有效预防措施;③加强卫生宣传,进行合理生活方式宣教,提高老年人群的自我保健意识。

(五)老年康复医学

主要内容分三类:①预防性康复处理;②一般性治疗措施;③有目的恢复已丧失功能。

强调对老年患者的康复医疗,尽早实施尤为重要(根据情况,可与急症抢救同步开始),并贯彻医疗全过程。

(六)老年社会医学

从社会学角度,应用统计学、流行病学、社会学和管理学等方法,研究社会环境(如政治、经济、文化、保健、社会福利和行为习惯等)对人体生命状态的影响,以及如何改善社会条件,进而促进老年人健康长寿。

(七)老年心理医学

主要研究人们逐步年老过程中发生的心理活动变化和规律,如表现在运动反应时间、学习和记忆、智力、性格和社会适应等方面。研究内容包括老年人感觉、知觉、记忆、思维、情感、性格、能力等心理过程与特征;社会因素和身体健康状况对老年人心理健康状态的影响。

第四节　老年医学科医师

老年医学是以老年人为中心的个体化和连续性的"全人健康"医护照料管理为重点的专科,具有其独特的知识结构和专科技能,包括慢性病筛查、预防及管理,维护老年人脏器功能、躯体功能和认知功能状态。老年医学科医师的工作宗旨是保护老年人,避免过度医疗和无效医疗,避免医源性伤害,最大化地维持老年人的功能状态和生活质量。

老年医学科医师应能用老年医学的知识和技能,对老年患者的健康问题,进行合适、正确的诊疗和康复,同时应秉承整体观和系统论思维,从生理、心理、社会、环境等方面将老年人作为整体人的特点,对其健康问题实施综合性的全面服务。在提供连续性医疗服务、制订医疗决策过程中,强调关注老年人功能状态和合理利用医疗资源,既重视医疗技术水平,也顾及服务对象的感受。关注患者胜于疾病,关注伦理胜于病理,关注满足患者的需求胜于疾病的诊疗。

第五节　老年医学特色

老年医学作为一门独立临床医学学科,具有鲜明的学科特色。

一、全人医疗

以人为中心，考虑老年人生理、功能、心理及社会层面的需求，为老年人提供全方位的医疗保健服务，促进治疗全面与完整，称为全人医疗（holistic medicine）。单靠诊疗疾病不能解决老年人的健康问题，唯有同时照顾生理、功能、心理和社会层面的需求，才能解决患者的痛苦，提高其满意度。

二、全程照护

全程照护（continuum of care）指负责老年人医疗保健服务，包括预防医学、门诊随访、急性期照护、中长期照护到临终关怀的整个过程。强调医疗管理"无缝隙连接"，目的是确保医疗的连续性和有效利用现有医疗资源。

根据老年疾病发生发展规律，老年疾病分为慢性期、急性期、亚急性期、失能期和终末期等。老年医学医疗服务相应分为慢性病管理、急性期医疗、中长期照护和临终关怀等。在多数老年病不可治愈情况下，疾病转归宜采用功能改善状态评价。全程照护是避免老年人失能的最佳方法，也是照护老年人的一大特色。

三、多学科协作诊疗

多学科协作诊疗（interdisciplinary team work）强调整合专业性团队合作，医师、护士、药师、营养师、心理治疗师及社工人员等都是不可或缺的咨询者，而患者及其家属是最重要的成员。

通过多学科团队协作诊疗，不仅能适时提供全人医疗服务，而多学科团队制订的防治计划比单一专业人员更有效，是照顾老年人的一条捷径。

四、注重生活质量

强调生命延长与生活质量的平衡，明确患者最重要的治疗目标。

生活在失能状态下，不是大多数老年人所愿。老年医学不仅追求生命的延长，更注重生活质量的提升。主要通过老年综合评估，再进行衰老预防、康复学和护理学等方面的干预，以改善功能和提高生活质量。

老年医学强调以人为中心的个体化医疗，体现"生物 - 心理 - 社会 - 环境医学模式"，关注老年人的整体健康状态和提供连续性医疗服务，最大限度地维持和恢复老年患者的功能状态和生活质量。

第六节　老年医学的核心技术

一、多学科团队

由于老年病的复杂性和特殊性，需要按照"生物 - 心理 - 社会 - 环境医学模式"，提供全人医疗和全程照料，因此需要打破专科化的垂直分科架构，组建老年医学多学科团队（interdisciplinary teams）。通常由老年病医师、护师、药师、康复师、社会工作者等核心成员组成，必要时还需要心理师、营养师等人员参与。

二、老年综合评估

老年人在衰老的基础上常有多种慢性疾病、老年综合征、不同程度的失能和接受多种药物治疗，还伴有复杂的心理、社会问题，因此采用多学科方法评估老年人的躯体情况、功能状态、心理健康和社会环境状况，并据此制订以维持及改善老年人健康和功能状态为目的的治疗计划，才能最大限度地提高老年人的生活质量。

老年综合评估（comprehensive geriatric assessment）作为老年医学科必备的核心技术之一，应该在患者入院后、住院诊疗过程中、出院随访工作中常规开展；社区服务中心也应该常规开展老年综合评估初筛工作；中长期照护机构和居家养老的老年人可把它作为医、护和养一体化管理模式中重要的组成部分。

三、老年综合征

老年综合征（geriatric syndrome）指发生在老年期，伴随衰老与老年期疾病而出现的各种功能退化的一系列临床表现（或老年问题），包括感官功能、躯体功能、心智功能和社会功能。这一组症候群由各器官系统增龄性功能减退、多种病理损害积累和／或多种诱发因素共同导致，明显损害老年人生活功能、降低老年人生活质量、容易造成严重不良后果（如跌倒引起髋部骨折）、显著增加医疗照护需求和缩短预期寿命。有学者称其为老年顽症（geriatric giants），又因许多老年综合征的英文首字母为"I"，故也称其为老年"I"症。

老年综合征既可随增龄性衰老而独立存在，也可以与老年期疾病同时或先后存在，老年期疾病叠加协同加速老年综合征的发生和发展，反之老年综合征也常促进老年期疾病的发生发展，恶化疾病预后。老年综合征在高龄老年人中发病率很高，其诊治与照护技术跨越基于器官系统划分的传统专科，是老年医学的特有技术，也是重点和难点。

第七节　老年医学展望

随着经济社会的发展，人类平均寿命的延长，生育意愿的下降，使得世界上许多国家面临人口老龄化问题。世界卫生组织 1999 年在哥本哈根会议上正式提出健康老龄化服务的战略目标，2002 年公布了《积极老龄化：一个政策框架》报告，较为系统地阐述了积极老龄化战略思路。

我国政府历来高度重视老龄工作，有效地应对我国人口老龄化，事关国家发展全局、事关亿万百姓福祉，加强顶层设计，完善重大政策制度，做到及时、科学、综合应对人口老龄化。《"健康中国 2030"规划纲要》明确提出"推进老年医疗卫生服务体系建设，推动医疗卫生服务延伸至社区、家庭。健全医疗卫生机构与养老机构合作机制，支持养老机构开展医疗服务。"国家层面指导老年健康服务工作的系列文件标志着支持老年医学学科发展的政策环境形成，将给老年医学发展带来重大发展机遇。

我国老年医学经历了半个多世纪的探索和发展，老年医学人才培养教育体系基本建立，在人才培养方面累积了一定的经验，为学科进一步发展奠定了一定的基础。2018 年，老年医学专科医师规范化培训试点工作在全国展开，标志着我国老年医学专科人才队伍的建设进入新的阶段。但目前我国仍存在老年医学科医师数量缺乏，老年医学师资队伍有待壮大，综合医院设置老年医学科的比例仍需提高，老年医学人才培养制度尚需进一步完善等情况。

人口老龄化国情决定在未来相当长一段时间里，大力发展老年医学，做好老年人的医疗卫生服务工作是我国医疗卫生工作重点之一。为积极开展应对老龄化，我们应通过确定老年医学专科的学科地位；全面推进老年医学学科的基础研究，提高我国老年医学的科研水平；支持高等院校和职业院校开设老年医学相关专业或课程，加快培养适合现代老年医学理念的复合型多层次人才；积极推进包含老年医学专科在内的住院医师规范化培训体系，完善老年医学专科医师培训体系建设等举措，形成符合中国国情、具有中国特色的老年医疗服务体系，以老年专科医院、综合医院老年医学专科为基础，以医、养结合为重点，将养老机构进行有效的整合，积极鼓励社会、老年医学与护理专家、患者、家属的共同参与，共同促进老年医学的全面发展。

（于普林　王建业）

推荐阅读资料

[1] 老年医学专科医师教育委员会. 老年医学专科医师必备的临床知识与技能. 中华老年医学杂志，2 016，35（6）：569-571.

[2] 李小鹰. 中华老年医学. 北京：人民卫生出版社，2016.

[3] 蹇在金. 现代老年医学理念 1234. 中华老年医学杂志，2016，35（8）：805-807.

[4] 于普林. 老年医学. 北京：人民卫生出版社，2019.

[5] Mitnitski A，Rockwood K. The rate of aging: the rate of deficit accumulation does not change over the adult life span. Biogerontology，2016，17（1）：199-204.

[6] STRATHEM P. A brief history of medicine: from Hippocrates to gene therapy. Philadelphia: Running Press，2005.

第二章 衰 老

衰老(aging)是人体在生长发育达成熟期后,随着增龄发生的形态结构的退行性改变和生理及心理功能等的减退。衰老导致个体对环境的适应性和抵抗力下降和易损性增加,是个体生命过程中的最后阶段,也是不可逆转的自然过程。衰老过程伴随着个体的生物学、心理学和行为学的多种改变。衰老关乎人类社会的未来,伴随着人口老龄化加剧,衰老同时也是一个重要的社会学问题,带来了医疗、养老、人口负担等种种问题。

第一节 衰老的特征

一、普遍性

衰老是多细胞生物体普遍存在的现象,具有普遍性(universal)。组成生物体的器官和细胞都会发生衰老。

二、内在性

衰老过程是生物体内自发的必然过程,即生物固有特性。即便生活在最适合的环境中,生物体也会逐渐衰老,属于内在性(intrinsic)。

三、渐进性

衰老是随着时间的推移而不断发展的不可逆转的过程,具有渐进性(progressive)。

四、危害性

衰老使生物体的生理功能降低,对外界应激的适应性下降,增加了生病和死亡的风险,具有危害性(deleterious)。

五、个体差异性

在同一类生物中,不同个体间衰老进程是不同的,具有个体差异性(individual variation),尤其在生命后期,这种差异性更为明显。只有衰老较慢的个体才有可能长寿。

六、可干扰性

虽然衰老是内在自发的过程,但外界条件可以加速或延缓这种过程。合适的环境及温度、合理的饮食、积极防治慢性疾病等,都对延长生物体的寿命有益。

第二节　衰老的衡量

一、时序年龄

时序年龄（chronological age）是判断衰老最常用的方法。时序年龄即历法年龄或年代年龄，指出生后每过 1 年则增加 1 岁。

二、生理性衰老

生理性衰老（physiological aging）是衰老的基本表现，也是狭义范围的衰老；主要包括解剖形态改变、感觉器官和周围神经功能下降、生理功能减退、生化指标变化。

（一）解剖形态改变

表现在身高、体重、胸围、腰围、皮下脂肪厚度、皮肤弹性、体表面积、脊柱变形程度、老年斑、白发数量、脱发程度、角膜老年环情况、晶体浑浊程度等指标。细胞数量减少，内脏器官萎缩、重量减轻，是导致生理功能减退的基础。

（二）感觉器官和周围神经功能下降

视觉、听觉、嗅觉、味觉、皮肤感觉（包括触觉、温度觉、痛觉）功能减退。

（三）生理功能衰退

1. 心血管系统　心肌纤维逐渐萎缩，舒张和收缩功能下降；心脏瓣膜肥厚硬化、弹性降低；传导系统的退行性改变，容易出现各种心律失常。

2. 呼吸系统　肺容量、肺活量、最大通气量降低，呼吸功能明显减退。

3. 消化系统　牙龈、牙齿逐渐萎缩性改变，各种消化酶分泌减少，胃肠道蠕动功能减退。

4. 内分泌系统　多种激素水平降低，特别是皮质醇激素和性激素。

5. 肌肉骨骼运动系统　肌纤维变细、弹性降低、收缩力减弱；骨骼中有机成分减少，无机盐增多，致使骨骼弹性和韧性降低，骨量减少、骨质疏松、易骨折。

6. 神经系统　脑细胞不同程度萎缩，脑室扩大，脑沟加深；神经传导速度降低，动作迟缓，甚至出现认知功能障碍。

（四）生化指标变化

炎性因子白介素 -6（IL-6）、白介素 -1β（IL-1β）、肿瘤坏死因子 -α（TNF-α）、C 反应蛋白（CRP）；脂肪因子如脂联素（adiponectin）、胃促生长素（ghrelin）、瘦素（leptin）；代谢相关因子如甲状腺激素（thyroid hormones）；营养相关因子如维生素 D（vitamin D）、维生素 B_{12}（vitamin B_{12}）、叶酸（folic acid）；DNA 相关因子如 DNA 甲基化（DNA methylation）和 DNA/ 染色体损伤因子（DNA/chromsomal damage），以及金属硫蛋白（metallothioneins）、高级糖基化终产物（advanced glycation end products）等指标均有变化。目前衰老相关生物化学指标，仍处于不断探寻中。衰老是机体整体衰退的过程，仅仅依靠某几个因子不能判定，需要考虑多方面因素作出综合判断。

三、心理性衰老

现代社会人均寿命普遍延长，很多 60 岁以上老年人仍然维持良好的生理功能。但部分老年人，尽管生理性衰老不明显，却心理负担沉重、难以适应日常交往，呈现心理性衰老。

心理性衰老是人体衰老的重要组成部分，与生理性衰老有着密切联系。心理性衰老容易受外界环境的影响，且随着年龄和时间的推移，出现认知功能、情绪、人格和行为变化。

（一）老年人常见心理变化

1. 产生衰老感　"我已经老了，不中用了！"这是老年人主观上产生衰老感，即老年人对自身衰老状况的体会和认识的过程。

2. 孤独寂寞　退休在家、儿女分开居住、丧偶或离婚等众多原因导致老年人缺乏沟通对象，对生活丧失兴趣。

3. 空虚无聊　从长期紧张、有序的工作与生活状态突然转入到松散、无规律的退休生活状态，一时很难适应，经常感到时间过得很慢，生活没有动力和目标，度日如年。

4. 情绪多变　往往产生不同程度的性情改变，如情绪易波动、主观固执等；少数老年人变得很难接受和适应新生事物，甚至对现实抱有对立情绪，加大了与后辈、与现实生活的距离。

5. 人老健忘　主要表现为近事记忆障碍；新接触的事物或学习的知识，特别是人名、地名、数字等没有特殊定义或难以引起联想的东西都忘得特别快；但是，对于陈年旧事却往往记忆犹新。

6. 人老话多　老年人精力有限，对许多事情是心有余而力不足，只好借助语言来表达自己以引起他人的注意，求得心理平衡；此外老年人们为了排除寂寞，也只能借助于唠叨。

7. 睡眠不调　睡眠少，睡眠浅，易惊醒，晚上不能入睡，白天没精神，或者黑白颠倒；老年人睡眠不调与其心理健康有很大关系，当然也是老年人脑功能衰退的征兆。

（二）影响老年人心理变化的因素

1. 感官老化　视力、听力逐渐减退，其他感觉如触觉、嗅觉、味觉也发生退行性变化。感官老化使老年人对外界和体内刺激的接收和反应大大减弱。

2. 疾病增加　老年人各个系统生理功能全面衰退，多种疾病使他们感到恐惧、悲伤、绝望甚至产生轻生的念头。

3. 死亡威胁　身体日渐衰退和疾病不断缠身使老年人与死亡显得特别接近，死亡恐惧症就是一种常见的老年人心理障碍。

4. 角色转变　无论在家庭还是在社会，老年人从主体角色转变为配角，权威感随之丧失，失落、自卑也由此产生。

5. 离婚丧偶　这使得老年人心理发生复杂的变化，导致悲伤感和孤独感，甚至加剧死亡。

6. 社会支持　爱护、尊重老年人的良好社会风气有利于老年人积极心理的形成，反之促进老年人心理障碍发生。

（三）心理衰老的评估

现代医学模式下，研究者构建了心理衰老综合模型和量表工具，综合考虑认知功能、情绪、人格、动机与需要等多个维度在衰老中的作用，每个维度赋予相关条目，从而评估心理衰老的程度。"成功老龄化模型""老年人半球不对称模型""心理健康理论模型"是几种常用的心理衰老度测试模型。

测评心理特征的量表，如偏重心理健康特征测评的"衰老期望调查量表（ERA-12）"、李娟等的"老年心理健康量表（城市版）"、胡寒春等提出的"中老年人衰老自评问卷"；注重生活质量评价和生活满意度方面的量表，如"世界卫生组织生活质量测定量表（WHOQOL-100）""生活满意度评定量表（LSR）"。

此外，学者们还提出以患者为对象测评情绪和行为状况的心理量表，如症状自评量表（SCL-90）、老年人焦虑自评量表（SAS）、简易智能精神状态检查量表（MMSE）等。

四、衰老的社会学标志

衰老相关的社会学标志包括社会适应能力、社会关系网或社会支持、社会服务的利用、经济状况、特殊需求、角色和文化背景等。人的社会分析判断能力、组织活动能力、社会参与及家庭和社会角色是当前衰老社会学标志测量中比较常见的内容。

世界卫生组织强调社会功能应该作为人体健康的判断标准之一，说明与机体衰老相关的改变不仅在生理功能上体现，同时与社会功能的变化关系也相当密切。研究显示，随着年龄增长，机体适应能力减弱，无法适应现存家庭和社会角色、人际关系、价值体系等。

五、"生理 - 心理 - 社会"三个层面衰老的关系

人具有生物、心理（情感）和社会多重属性。衰老机制存在复杂性、综合性和多因性，生命衰退现象并不完全与增龄同步。个体有较大差异性，有的人中年期就老态龙钟，也有老年人生理年龄远低于时序年龄。1977年美国罗彻斯特大学恩格尔教授提出"生物 - 心理 - 社会"医学模式，强调必须同时考虑患者的心理感受及社会环境。因此衰老也必须同时考虑到"生理 - 心理 - 社会"三个层面的内容，生理功能衰退是衰老的基础，是导致心理衰老和社会衰老的前提，社会层面衰老和心理衰老密切相关。三个层面相辅相成，共同组成了完整的衰老概念。

第三节　衰老的机制

衰老的机制众说纷纭,传统的理论从基因、代谢、器官三个方面提出了一系列衰老相关原因。近年来新的理论则从始发性、反应性和综合性三个方面,归纳了衰老的九大机制。

一、传统理论

(一)基因学说

1. 遗传程序学说(genetic program theory)　衰老是基因群程序性活动的结果,前一基因群激活下一基因群,并使自己限于抑制;不同基因群就像生物钟的齿轮,依次推进,直到衰老。

2. 误差学说(error theory)　蛋白质转录、翻译过程中,个别氨基酸错误地参入其中,产生差误蛋白或差误聚合酶。一部分被机体排除,未清除的在体内蓄积,逐渐造成机体代谢障碍。

3. 体细胞突变学说(Somatic cell mutation theory)　内、外环境因素损伤遗传物质,引起细胞突变,导致机体衰老。

(二)代谢学说

1. 自由基学说(free radical theory)　随增龄产生的自由基及其诱导的氧化反应对组织细胞具有毒害作用,最终引起衰老。

2. 交联学说(crosslinking theory)　人体组织细胞成分中的核酸、蛋白质等在氧化剂作用下,发生交联反应,导致细胞功能衰退和机体衰老。

(三)器官学说

1. 神经内分泌学说(neuroendocrinology theory)　神经、内分泌系统决定着组织代谢率,参与机体老化和寿命的调节,通过中枢递质和下丘脑各种激素发挥作用。

2. 免疫学说(immunological theory)　胸腺萎缩、淋巴系统识别功能减退导致免疫功能紊乱是机体老化的重要原因。

3. 应激学说(stress theory)　应激原对机体持续作用,可促使机体衰老,如动脉粥样硬化、长期精神压抑。

二、新理论

(一)始发性因素

1. 基因组不稳定性(genomic instability)　生命中遗传损伤的累积,如体细胞突变、染色体异倍体性等。

2. 端粒磨损(telomere attrition)　端粒是存在于染色体末端的 DNA-蛋白复合体,其长度反映细胞复制史及复制潜能;DNA 分子每次分裂复制,端粒就缩短一点,一旦端粒消耗殆尽,则细胞走向凋亡。

3. 表观遗传性变化(epigenetic alterations)　遗传基因核苷酸序列不发生改变的情况下,基因表达的可遗传的变化,主要包括 DNA 甲基化、组蛋白翻译后修饰等。

4. 蛋白内稳态丧失(loss of proteostasis)　蛋白稳定系统以一种协调的方式来恢复错误折叠蛋白的结构,防止损坏部件堆积。当这种稳定机制发生破坏,蛋白不能行使正常功能,称之为蛋白稳态丧失。

(二)反应性因素

1. 营养传感解除管制(deregulated nutrient-sensing)　过度的合成代谢促进衰老,如生长激素等合成类激素分泌过多,所以适度的饮食限制有助于延长寿命。

2. 线粒体功能异常(mitochondrial dysfunction)　线粒体提供细胞能量,是生命的发动机,线粒体功能损伤对衰老过程产生深远影响。

3. 细胞衰老(cellular senescence)　这是一种有益的补偿性反应,当组织耗尽再生能力时,细胞损伤会变得有害并加速衰老,适度增强衰老诱导的抑制通路可以延长寿命。

(三)综合性因素

1. 干细胞耗竭(stem cell exhaustion)　干细胞是一种具有自我复制能力的多潜能细胞,干细胞衰竭是多种衰老相关损害的综合结果,干细胞再生可能在机体水平逆转衰老表型。

2. 细胞间通信改变（altered intercellular communication） 衰老并不仅仅是一种细胞生物学现象，它与细胞间通信的普遍变化相关联，如内分泌、旁分泌、突触间隙传导等。

三、抗衰老研究

衰老是一涉及"生理 - 心理 - 社会"三个层面，由基因变化、细胞衰老、生活方式等多因素共同作用的结果。有效的抗衰老策略需综合多方面因素。如热量限制、激素替代治疗、清除自由基、靶向抗衰老药物、基于端粒的治疗药物、干细胞治疗、传统医学方法（包括针灸疗法）、心理疏导措施、合理饮食等方法都可能发挥延缓衰老的作用。

抗衰老是一项长期而艰巨的课题。衰老本身不可逆转，但是有效的抗衰老技术和药物可以预防或推迟衰老相关疾病的发生，对于我国日益严重的老龄化问题具有深远的意义。

未来的抗衰老研究，必须综合考虑经济、社会和伦理因素，临床应用必须经过严格临床前试验及伦理委员会评估和国家市场监督管理总局认证。从基础到临床，再到基础的转化是未来抗衰老医学蓬勃发展的重要实践途径。

四、小结

衰老不仅仅是一个生理功能衰退过程，也是一种心理的自我感受，在社会层面是老龄化社会的一种群体意识。人的躯体衰老无法自控和改变，但对衰老的自我体认则是可以调节和控制的。衰老的表现可能大同小异，但不同的人对衰老有不同的体会、自我意识和认知评价。

参照 2013 年中华医学会老年医学分会制定的《中国健康老年人标准》，老年医学科医师应引导老年人正确认识衰老，积极应对衰老，控制危险因素，使老年人维持良好的营养状态，身心健康，能够良好地适应环境，实现健康老龄化。

（徐哲荣）

推荐阅读资料

[1] 林菲，龙耀，曾妮，等. 健康人心理性衰老量表的构建. 中南大学学报（医学版），2017，42（4）：440-444.

[2] 赵启明，丁寰佳，包祺. 抗衰老应用技术及进展. 中国美容医学，2017，26（1）：1-6.

[3] 中华医学会老年医学分会，中华老年医学杂志编辑部. 中国健康老年人标准 2013. 中华老年医学杂志，2013，32（8）：801.

[4] LÓPEZ-OTÍN C，BLASCO M A，PARTRIDGE L，et al. The hallmarks of aging. Cell，2013，153（6）：1194-1217.

[5] WAGNER K H，CAMERON-SMITH D，WESSNER B，et al. Biomarkers of aging：from function to molecular biology. Nutrients，2016，8（6）：338.

第三章　老年综合评估

老年人增龄会出现各种功能失衡的状态，包括感官功能、躯体功能、心智功能和社会功能等，医学上称为老年综合征。

老年综合征是发生在老年期，由躯体疾病、心理、社会及环境等多种因素累加造成的一种临床表现（老年问题）或一组症候群，如老年抑郁、老年睡眠障碍、老年尿失禁、老年认知功能下降、老年跌倒、老年营养不良、压力性损伤、老年衰弱和老年肌少症等。老年综合征可以随增龄而独立存在，也可以与老年期疾病相互交叉，叠加存在。老年期疾病可以加速老年综合征的发生和发展，老年综合征反过来也可以促进老年期疾病的发展，恶化疾病预后，恶化老年人功能状态，降低生活质量。

老年综合评估（comprehensive geriatric assessment，CGA）又称"老年健康综合评估"，是采用多学科方法评估老年人的身体健康、功能状态、心理健康和社会环境状况等，并据此制订和启动以保护老年人健康和功能状态为目的的治疗计划，最大限度地提高老年人的生活质量。老年综合评估作为筛查老年综合征的核心手段，目前已成为从事老年医学相关专业人士必备技能之一，是老年综合征的临床识别和多学科多模式联合管理的基石。

第一节　老年综合评估概述

一、开展老年综合评估条件

老年综合评估涉及量表筛查、专用器械的检查，需要在经过培训的人员中规范开展，可以是医生、护士、照护人员、社会工作者、志愿者、老年医学相关从业人员。

完整的老年综合评估需要配备放大镜、助听器、视力表、秒表、音叉、卡片、图片、测评表、握力器、步态带、无扶手的椅子、助步器、人体成分分析仪或双能骨密度仪等。更需要干净、明亮的场所，有一条适合行走的防滑平整的路面。

被评估老人需穿舒适防滑的鞋和轻便的衣服。

二、老年综合评估适用人群

我国老年综合评估适用于 60 岁以上，已出现活动功能下降（尤其是最近恶化者）、已伴有老年综合征、老年共病、多重用药、合并有精神方面问题、合并有社会支持问题（独居、缺乏社会支持、疏于照顾）及多次住院者。

老年综合评估是全面评估老人躯体、心理、社会功能等，但对于合并有严重疾病（如疾病终末期、重症疾病等）、严重痴呆、完全失能的老年人及健康老年人不适合完整的老年综合评估，可酌情开展部分评估工作。

三、评估工具选择

老年综合评估作为筛查老年综合征的核心手段,目的是普查、筛查,而不是疾病确诊。评估工具尽可能信度好、效度经过检验、方便可行,为符合老年特色的初筛工具。

可根据被评估者所处环境(医院、社区、养老机构、居家)、基础疾病、评估目的等不同而选择不同的工具,如适合综合医院的评估工具、适合医养机构的评估工具或适合自评的评估工具。只有在医院 - 社区 - 中长期照护机构 - 居家一体化的延续性医养服务体系中切实有效地开展老年综合评估工作,才能从根本上实现兼顾老年人的疾病和功能状态管理这一新的老年医学管理理念。

第二节　老年综合评估内容

完整的老年综合评估内容涵盖一般情况、躯体功能状态、营养不良、认知功能、谵妄、老年抑郁、老年衰弱、肌少症、疼痛、共病、多重用药、睡眠状态、视力障碍、听力障碍、口腔问题、尿失禁、压力性损伤、社会支持和居家环境问题等。

一、一般情况

包括老年人性别、年龄、婚姻状况、身高、体重、吸烟、饮酒、文化程度、职业状况、业余爱好、是否空巢等。

二、躯体功能状态

包含日常生活活动能力、平衡和步态、跌倒风险的评估。

(一)日常生活活动能力评估

日常生活活动(activities of daily living,ADL)指老年人在生活中自己照料自己的行为能力,包括自我护理(如吃饭、穿衣、洗澡、修饰)、工作、操持家务及休闲活动。

ADL 分两种类型:①基本日常生活活动能力(basic activities of daily living,BADL),指老年人自我料理生活的能力,与坐、站、行走等身体活动有关,即进行衣、食、住、行、个人卫生等方面的基本动作和技巧和能力;②工具性日常生活活动能力(instrumental activities of daily living,IADL),与智力、使用工具或与社会活动能力有关,如老年人打电话、购物、做饭、洗衣、服药、理财、使用交通工具、处理突发事件的能力,以及其在社区内的休闲活动等,大多情况需借助或大或小的工具。

筛查老年人 BADL 和 IADL 的常见方法是用量表评估。老人日常生活自理能力部分或完全缺失称为失能,依据 ADL 得分分为轻度、中度、重度和完全失能。

1. BADL 评估　评估内容包括自理活动(进食、梳妆、洗漱、洗澡、如厕、穿衣)和功能活动(翻身、从床上坐起、转移、行走、驱动轮椅、上下楼梯)两方面。可通过直接观察老年人进行动作的能力,或间接通过询问的方式进行了解和评估。目前常用的评定 BADL 方法包括 Barthel 指数、Katz 指数、PULSES 评定、修订的 Kenny 自理评定等。

Barthel 指数临床应用最广、研究最多、信度最高,通过对进食、洗澡、修饰、穿衣、控制大便、控制小便、如厕、床椅转移、平地行走及上楼梯 10 项日常活动的独立程度打分的方法来区分功能等级,总分 100 分。60 分以上基本独立,41~60 分需要帮助,20~40 分需要很大帮助,20 分以下完全依赖帮助。我国改良的 Barthel 指数(modified Barthel index,MBI)量表用于测定老年人的日常生活能力并分级,可作为测评严重程度的定量标准。

010301
改良巴氏指数量表(MBI)(拓展阅读)

2. IADL 评估　常用有功能活动问卷(functional activities questionnaire,FAQ)、快速残疾评定量表(rapid disability rating scale,RDRS)、功能独立评定(functional independence mearsure,FIM)、Lawton IADL 指数等。

Lawton IADL 包括打电话、购物、准备饭菜、做家务、洗衣服、使用交通工具、服用药物、处理简单的经济问题 8 个项目。

010302
工具性日常生活活动能力量表(IADL)(拓展阅读)

（二）平衡和步态

1. **老年人平衡功能障碍**　平衡能力（balance ability）指身体受到来自前庭器官、躯体感觉及视觉等各方面刺激，随时纠正身体的偏移以稳定平衡的能力。平衡功能是人们运动能力、日常生活能力、生活质量等的重要影响因素。失去平衡能力常影响人的整体功能，导致跌倒发生，可造成严重并发症。

老年人平衡功能障碍指随年龄的增长或疾病、外伤等原因，造成与姿势控制有关的前庭、视觉、躯体感觉、躯体运动等系统受损，从而影响人体自动调整并维持姿势的能力。

2. **老年人平衡功能障碍评估**　目前尚缺少统一标准。一般可通过步态观察法、量表评估法、实验室仪器设备评定，明确有无平衡功能问题。

平衡功能障碍初筛常用的评估方法量表有计时起立-行走测试法（timed up and go test，TUGT）、Berg 平衡量表、Brunel 平衡量表、动态步态指数、Tinetti 量表（tinetti assessment tool）等。

Tinetti 量表包括平衡与步态测试，可用来测定可疑有平衡功能障碍的老年人的平衡能力、步行质量、行动能力，定量其严重程度。两者分数和 >24 分，无跌倒风险；19～24 分，有跌倒风险；<19 分有跌倒高风险。

Tinetti 平衡测试（拓展阅读）

Tinetti 步态测试（拓展阅读）

（三）跌倒

跌倒（fall）是指在任何场所，任何情况下，非预期性地跌坐或滑坐于地面，包括因肢体无力或扶持不住而不得不缓缓坐于地面。平衡功能障碍最常见表现为跌倒。跌倒是我国伤害死亡的第四位原因，而在 65 岁以上的老年人中则为首位。

Morse 跌倒评估量表是一个专门用于评估住院老年患者跌倒风险的量表。它由 6 个条目组成，总分为 125 分，得分越高表示跌倒风险越大。

Morse 跌倒评估量表（拓展阅读）

三、营养不良

营养不良（malnutrition）包括营养素的缺乏或过剩。多是机体需要与营养摄入不平衡，蛋白质、脂肪、碳水化合物、维生素及微量元素等营养素缺乏或过剩，对机体功能乃至临床结局发生不良的影响。老年人营养不良是影响老年患者结局的主要负面因素之一。

营养不良临床上一般分 3 种不同类型：成人消瘦型营养不良，低蛋白血症型营养不良（又称水肿型或恶性营养不良），混合型营养不良（又称蛋白质能量缺乏型营养不良）。

营养不良传统评估方法包括膳食调查法、人体测量学方法及实验室测量法。目前使用较多评估方法包括主观全面评定量表、营养风险筛查（nutritional risk screen，NRS 2002）、微型营养评定法（mini nutritional assessment-short form，MNA-SF）等工具。

营养风险筛查（NRS 2002）由丹麦肠外肠内营养学会于 2003 年发表，包括四方面评估内容，即人体测量、近期体重变化、膳食摄入情况和疾病严重程度。总评分计算方法为 3 项评分相加，即疾病严重程度评分＋营养状态受损评分＋年龄评分。其中年龄超过 70 岁者总分加 1 分（即年龄调整后总分值），总分≥3 有营养不良风险；总分值 <3 分，暂不予临床营养支持。每周复查营养风险筛查。NRS 2002 是欧洲肠外肠内营养学会（ESPEN）推荐使用的住院患者营养风险筛查方法。2008 年《中华医学会肠内肠外营养学分会肠外肠内营养临床指南》推荐 NRS 2002 作为住院患者营养风险筛查的工具，认为同样适用于老年住院患者，以期指导临床营养支持。

微型营养评定法（MNA-SF）是一种评价老年人营养状况的简单快速方法，涵盖近期饮食变化、体重变化、活动情况等多个方面。其由 2001 年 Rubenstein 简化 MNA 所得，发表于 1999 年，是根据老年人设计的一种评估方法，专门用于老年人营养状况的评价。适用于 65 岁以上老年患者及社区人群。内容包括营养筛查与营养评估 2 方面。MNA-SF 作为 MNA 的初筛试验，方便快捷，医院与社区均可使用。2009 年欧洲肠外肠内营养学会推荐的专业人员询问 MNA-SF，应根据病史、体重、精神心理状况等 6 个问题评估患者是否有营养不良或其风险，适用于各种患者。MNA-SF 得分标准为正常营养状况（12～14 分）、有营养不良风险（8～11 分）、营养不良（0～7 分），低于 7 分具有营养不良，应给予临床干预。

微型营养评定量表简版（MNA-SF）（拓展阅读）

四、认知功能

认知（cognition）是个体认识和理解事物的过程。认知功能（cognitive function）由学习推理、记忆、计算、语言理解和表达、定向力、视空间、抽象概括、分析、思维、执行能力等组成。认知功能障碍指各种原因导致的认知功能损害，按照程度从轻度认知功能损害到痴呆不等。

轻度认知功能障碍（mild cognitive impairment，MCI）指有记忆障碍和／或轻度认知损害，但对不影响日常生活、社会功能，尚未达到痴呆的程度，是介于正常衰老和轻度痴呆之间的一种状态，分为遗忘型MCI和非遗忘型MCI。遗忘型MCI包括单纯记忆损害和记忆伴其他认知功能损害两种，是阿尔茨海默病（Alzheimer's disease，AD）的前期；非遗忘型MCI为记忆力保留，存在单个或多个非记忆认知域损害，可能是多种痴呆的前期表现。

痴呆（dementia）是以认知功能损害为核心症状的、进行性、获得性智能损害的一种综合征，它可以出现思维、学习、记忆、定向、理解、表达、判断、计算、视空间等问题，也可伴随精神和运动功能症状，影响社会职业功能或日常生活能力，其中AD、血管性痴呆和混合性痴呆是临床最常见、发病率最高的痴呆类型。

认知功能的评估量表众多，大体分为筛查量表（如简易智能精神状态量表、Mini-cog、蒙特利尔认知评估量表等）、总体认知功能评定表（如韦氏智力量表、阿尔茨海默病评估量表等）和针对某一认知域的专项检测等。简易智能精神状态量表（mini-mental state examination，MMSE）评估的内容包括定向力、记忆力（即刻可忆和延迟回忆）、注意力和计算力、语言能力（命名、复述、阅读、书写、理解）、视空间能力。该量表共有10题，总分30分。Mini-cog是另一个比较通用的简易认知功能评估量表。

简易智能精神状态检查量表（MMSE）（拓展阅读）

简易认知功能评估量表（Mini-cog）（拓展阅读）

五、谵妄

谵妄（delirium）是一种急性发作的神经精神症候群，又称为急性脑综合征。65岁或65岁以上老年患者尤为多见。谵妄是一种由多种因素引起的急性的可逆性的脑器质性疾病综合征，临床上以急性意识障碍为基本特征，合并意识、注意力、认知、精神运动性行为及情感障碍，是常见的、可危及患者生命的临床综合征。

美国精神病协会指南建议采用意识障碍评估法（confusion assessment method，CAM）进行谵妄检测。

六、老年抑郁

老年抑郁症（geriatric depression）通常包括从青壮年期发病延续而来的或老年期初次发病的抑郁症。它可以由各种原因引起，表现为显著而持久的心境低落，从闷闷不乐到悲痛欲绝，甚至发生木僵；部分病例有明显的焦虑和运动性激越；严重者可出现幻觉、妄想等精神病性症状。多数病例有反复发作的倾向，每次发作大多数可以缓解，部分可有残留症状或转为慢性。

老年人抑郁症的临床表现与年轻人无明显区别，但有些临床症状较为突出，如高达30%老年抑郁患者有严重的精神运动迟滞或激越；70%的患者存在一定程度的认知功能损害；老年人抑郁核心症状不明显，反而因为各式各样的躯体症状、疑病症状和焦虑症状等就诊。当老年人表现出上述症状，特别是伴有异常疾病行为时，就需要特别警惕罹患抑郁症的可能。

有学者将慢性疼痛者、慢性内科疾病（如糖尿病、心血管病、胃肠疾病）患者、存在难以解释躯体症状的患者、反复求医者、近期有心理社会应激者归为抑郁症高危人群。在临床诊疗实践中，如遇到具有抑郁症高危因素的老年人，临床医师可以用以下4个问题筛查老年抑郁：①你对自己现在的生活满意吗？②你感到生活空虚吗？③你担心会有什么不好的事情发生吗？④你是否总是开心不起来？如果满足上述4个问题中两项，则需进一步作详细的临床评估，尤其是精神检查，必要时建议到专科进一步诊治。

量表评估在筛查或评估老年抑郁症状的严重程度中也起着非常重要的作用。目前国内外应用较多的量表主要有老年抑郁量表（geriatric depression scale，GDS）等，专家建议采用简版老年抑郁量表（the 15-item geriatric depression scale，GDS-15）进行抑郁评估。

GDS-15以15个条目代表了老年抑郁的核心，包括情绪低落、兴趣下降、退缩、痛苦的想法，对过去、现在及将来的消极评价。每个条目都是一句话，要求受试者以"是"或"否"回答。其中1、5、7、11、13为反向计分，即回答"否"计1分，其余条目均是正向计分，回答"是"计1分。0～5分：无抑郁；6～9分：轻度抑郁；≥10分：重度抑郁。也可以通过GDS-4或GDS-5来简单

老年抑郁量表（GDS-15）（拓展阅读）

筛查有无抑郁。

七、老年衰弱

衰弱（frailty）是老年综合征之一，指老年人生理储备能力降低和多个系统功能失调导致的一种症状。当老年人受到外界某个打击之后，身体的应激能力明显下降，出现一系列不良事件，如残障、跌倒、住院、死亡等。衰弱的老人会出现有无意识或不自觉的体重下降、疲劳、握力减低、行走速度减慢、身体活动能力降低等。

目前国内外无衰弱统一诊断标准。国际上较通用是美国 Fried 诊断标准和加拿大的 Rockwood 衰弱指数标准。国内目前采用 FRAIL 标准和临床衰弱分级，详见第二篇第十章。各量表评分标准如下。

Fried 标准：0 分为无衰弱；1～2 分为衰弱前期；3 分及以上为衰弱。

FRAIL 标准：0 分为无衰弱；1～2 分为衰弱前期；3～5 分为衰弱。

临床衰弱分级：1～3 级为健康和比较健康；4 级为衰弱前期；5 级为轻度衰弱；6 级为中度衰弱；7 级为严重衰弱；8 级为非常严重衰弱；9 级为终末期。

八、肌少症

肌少症（sarcopenia）是老年人伴随年龄增长，骨骼肌肌量减少、肌力下降和骨骼肌功能减退，从而导致机体功能和生活质量下降，如肌力下降、易疲劳、代谢紊乱、骨折等，也有称骨骼肌衰老症。肌少症在中老年中很常见，流行率随年龄而增大。

肌少症诊断标准来源于 2010 年欧洲肌少症工作组专家共识和 2014 年亚洲肌少症工作组专家共识推荐。2014 年亚洲肌少症工作组专家共识推荐将握力和步速同步推荐为肌少症初筛工具，并根据亚洲人种、体能的不同，确定了不同界值。

2018 年欧洲肌少症工作组再次召开会议，修正了肌少症的诊断标准。新的欧洲共识强调：低肌力是肌少症诊断的首要参数，肌力是目前衡量肌少症的最可靠的指标。当肌力低下同时合并有肌肉数量或质量低下时，才诊断为肌少症。当肌力低下、肌肉数量或质量低下及身体功能低下均存在时，则为严重肌少症。

肌少症诊治流程
（图片）

九、疼痛

疼痛（pain）是一种与组织损伤或潜在损伤相关的、不愉快的主观感觉和情感体验。

老年人疼痛分急性疼痛和慢性疼痛。急性疼痛是疾病的一个急性症状。慢性疼痛定义为持续 1 个月以上的疼痛（既往定义为 3 个月或半年的疼痛），可引起情绪和心理紊乱，严重影响患者的生活质量。慢性疼痛普遍存在于老年人群中，也是老年人一项重大健康问题。

老年人疼痛评估方法有视觉模拟评分（VAS）、数字评定量表（NRS）、词语描述量表（VDS）、McGill 疼痛问卷表等。

NRS 适用于需要对疼痛强度及强度变化进行评定的老年人，不适用于对感知直线和准确标定能力差或对描述理解力差的老年人，它要求患者从 0 至 10 中选择代表他们感受疼痛的数字，0 为无痛，10 为最痛，无法忍受。

十、共病

老年共病（geriatric multimorbidity）指老年人同时存在 2 种及以上慢性疾病。可采用老年累积疾病评估量表对各系统疾病的类型和级别进行评估（详见本篇第五章）。

十一、多重用药

多重用药的诊断标准目前尚未达成共识，目前按照美国标准，老年人应用比临床需要更多的药物或药物方案中含有 ≥1 种潜在不恰当用药，强调临床无适应证，不需要 / 不必要药物为多重用药。欧洲强调用药数目，老人每日用药数目 ≥5 种为多重用药。对使用多种药物的老年人，应详细询问并记录每种药品（处方药、非处方药、中成药和营养补充剂等）的名称、使用剂量、途径、频率和用药时长。

十二、睡眠状态

老年人增龄会导致睡眠结构发生明显的变化，具体表现为睡眠浅、深睡眠减少、睡眠呈片段化及睡眠维持能力下降等。老年人睡眠障碍临床类型表现多样，其中以失眠、睡眠呼吸暂停综合征、不宁腿综合征及周期性肢体运动障碍最为常见。老年人失眠表现为入睡困难（入睡时间超 30min）、睡眠维持障碍（整夜觉醒次数≥2 次）、早醒、睡眠质量下降和总睡眠时间减少（通常少于 6h），同时伴有日间功能障碍。

由于老年人夜间入睡困难、夜间易醒、早醒，长期应用镇静催眠药，白天极度疲乏、嗜睡，使其更容易出现焦虑或抑郁情绪、认知功能下降，增加跌倒风险，甚至增加死亡风险，因此睡眠障碍的评估尤显重要。

老年人睡眠障碍的评估方法主要包括临床评估、量表评估和客观评估等。临床评估包括具体的失眠表现形式、作息规律、与睡眠相关的症状及失眠对日间功能的影响、用药史和可能存在的物质依赖情况，进行体格检查和精神心理状态评估等。量表评估包括匹兹堡睡眠质量指数量表（Pittsburgh sleep quality index，PSQI）、阿森斯失眠量表（Athens insomnia scale，AIS）、老年抑郁量表（GDS）等。PSQI 是由美国匹茨堡大学医学中心精神科睡眠和生物节律研究中心专家于 1989 年编制。主要用于评定被试者最近 1 个月的主观睡眠质量。适用于睡眠障碍患者、精神障碍患者的睡眠质量评价、疗效观察、一般人群睡眠质量的调查研究，以及睡眠质量与心身健康相关性研究的评定工具。它包括主观睡眠质量、睡眠潜伏期、睡眠持续性、习惯性睡眠效率、睡眠紊乱、使用睡眠药物、白天功能紊乱等七方面，总分范围为 0～21 分，得分越高，表示睡眠质量越差。PSQI≥7 分，AIS≥4 分为睡眠障碍。

十三、视力障碍

视力障碍（visual impairment）一般指中心视力，轻则视力减退，重则视力丧失。根据发病进程分为急性视力障碍和慢性视力障碍。

常见的老年视力障碍有老年白内障、老年黄斑变性、老年屈光不正（老花眼）等。老年人由于各种原因导致单眼或双眼视力低下或视野缩小，影响日常生活和社会参与度。

老年视力障碍可以通过询问老年人从事日常活动（看电视、看书、开车）是否因视力不佳而受影响，或可以通过 shellen 视力表检查进行初步判定。

十四、听力障碍

听力障碍（hearing impairment）是由于各种原因导致双耳听力丧失或听觉障碍而听不到或听不清周围的声音。

老年听力障碍又称老年性耳聋或年龄相关性听力损失（presbycusis or age-related hearing loss），指双耳对称性感音神经性听力损失，没有重振或呈不全重振，不能清晰辨别言语。

听力障碍的老年人会不同程度影响购物、外出步行、打电话等日常生活自理能力，会影响社会参与度、人际交流等和情绪等。

老年听力障碍可以通过老年听力筛查量表、测听力等方式确诊。

听力障碍初步判定：可通过在患者侧方距离耳 15～30cm 处轻声说话，或用听力测量仪测定在 40dB，1 000～2 000Hz 时的听力。

十五、口腔问题

增龄会导致老年人口腔组织器官逐渐退化，表现为一系列口腔问题，如牙根面龋、楔状缺损、牙周炎、口腔黏膜病、牙列缺损、缺失等病症。

口腔问题的诊断，除口腔专科常规检查确诊以外，还可通过口腔健康相关生活质量（oral health related quality of life，OHRQOL）对口腔疾病对患者的身体、心理和社会功能进行综合评估。通过询问老人有无义齿，几颗义齿，义齿是不是影响咀嚼功能和进食，来初步判断是否存在口腔问题。

十六、尿失禁

尿失禁（urinary incontinence）是由于膀胱括约肌损伤或神经功能障碍和尿自控能力丧失，使尿液不由自主地流出。按症状按可分为溢尿失禁、反射性尿失禁、急迫性尿失禁和应激性尿失禁。

老年人膀胱过度活动症往往会出现急迫性尿失禁等症候群。急迫性尿失禁是指与尿急相伴随或尿急后立即出现的尿失禁现象。

老年人膀胱过度活动症需进行一些筛选性及选择性检查排除器质性病变后才能做出诊断。可通过排尿日记、膀胱过度活动症评分问卷表进行初筛，排尿检查常提示逼尿肌过度活动。

十七、压力性损伤

压力性损伤（pressure injury）目前国内研究较多是医院获得性压力性损伤（hospital-acquired pressure ulcers，HAPU），又称院内压力性损伤，分Ⅰ期（指压不变白的红肿）、Ⅱ期（真皮质部分缺损）、Ⅲ期（全皮肤层缺损）、Ⅳ期（组织全层缺损）和可疑深部组织损伤期（深度未知）。

压力性损伤危险评估内容主要分为量表评估和皮肤状况评估两个方面。

临床应用最广泛的压力性损伤危险量表评估工具为 Braden 评估表，对感知觉、湿度、移动力、活动力、营养状况、摩擦力和剪切力 6 个危险因素引起压力性损伤的风险程度进行评估，根据压力性损伤的不同危险因素分别使用 3 级或 4 级评分，每项分值都有文字描述以保证评估的客观性。评分范围为 6~23 分，分值越高，压力性损伤的发生风险越小，累计分值用来确认患者的压力性损伤风险程度，包括低危、中危、高危、极高危。有无风险的界值为 18 分。

十八、社会支持和居家环境

（一）社会支持

老年人社会支持的评估包括家庭关系稳定程度，家庭成员向老人提供帮助的能力和对老年人的态度，照护人员和照护能力，家庭的经济支持等。

社会支持的评估包括他人报告法和自我报告法。他人报告法是由被试社会支持网络中的重要关系人报告被试各方面的支持。自我报告法，也就是问卷调查法，主要是被试回顾过去一段时间，从哪里获得了支持，向哪些人寻求支持，支持的程度如何。自我报告法主要基于个体回忆，难以回避记忆或认知方面的差错。

目前较常用有社会支持问卷（SSQ）、社会交往方式调查（ISSI）和社会支持行为调查量表（ISSB）等国外社会支持量表和国内应用最广泛的测量社会支持评定量表（SSRS）。

SSQ 共有 27 个条目分两个维度：社会支持的数量和对所获得的支持的满意程度。社会支持的数量，即在需要的时候能够依靠别人的程度，主要涉及客观支持；而后者评定的是对支持的主观体验。

ISSI 分为社会支持可利用度和自我感觉到的社会关系的适合程度两个维度。

ISSB 包含 15 个条目，可以测量各类社会支持。以上为较有影响力的社会支持测量工具。

SSRS 量表包括客观支持（3 条）、主观支持（4 条）和对社会支持的利用度（3 条）等三个维度，共有 10 个项目。

（二）居家环境

老年人跌倒除与内在的自身生理功能衰减、突发疾病和慢性疾病等相关，还与外在的具有危险因素的居住环境有关，如光线不足、家具问题、没有防滑措施、卫生间缺乏扶手、楼梯设计不合理等。居家环境的评估目前多以自制评估问卷为主，如居家跌倒危险评估（HFHA），国外也有针对社区老人跌倒居家环境安全评估的标准量表。

第三节　老年综合征的干预

老年综合征不仅是评估，还包括评估后的干预。

老年综合评估后的干预包括传统的老年疾病诊治模式、单科会诊、老年科多学科团队干预等。老年科的多学科团队干预不同于传统的系统或器官疾病专科，它是指临床营养师、康复师、临床药师、精神卫生科医师、老年科医师、护师、评估专职人员、志愿者联合的团队干预。

老年疾病可加剧老年综合征,治疗疾病的同时尽可能改善功能状态。老年综合征加剧疾病恶化,需老年专科协同相关疾病专科共同诊治。建议:①老年综合评估筛查后,若老年综合征比较低危,可在处理老年器官或系统疾病基础上,请相应专科会诊;②若筛查后属于老年综合征中高危人群,可在以往专科疾病处理基础上,联合老年科多学科团队联合干预;③在处理老年综合征的基础上,出现器官或系统疾病加剧者,甚至危及生命者,转入专科或重症科进一步处理。

临床病例

（陈旭娇）

推荐阅读资料

[1] 陈旭娇,严静,王建业,等. 老年综合评估技术应用中国专家共识. 中华老年医学杂志,2017,36(5):471-477.

[2] 陈旭娇,严静,王建业,等. 中国老年综合评估技术应用专家共识. 中华老年病研究电子杂志,2017,4(2):1-6.

[3] 陈旭娇,严静.《中国老年综合评估技术应用专家共识》解读. 中华老年医学杂志,2018,37(2):123-124.

[4] 王秋梅,陈亮恭. 肌少症的亚洲诊断共识:未来的发展与挑战. 中华老年医学杂志,2015,34(5):461-462.

[5] 中华医学会肠内肠外营养学分会老年营养支持学组. 老年患者肠外肠内营养支持中国专家共识. 中华老年医学杂志,2013,32(9):913-929.

[6] ALLGAIER A K, KRAMER D, MERGL R, et al. Validity of the geriatric depression scale in nursing home residents: comparison of GDS15, GDS-8, and GDS-4. Psychiatr Prax, 2011, 38(6):280-286.

[7] LAWTON M P, BRODY E M. Assessment of older people: self-maintaining and instrumental activities of daily living. Gerontologist, 1969, 9(3):179-186.

[8] LEUNG S O, CHAN C C, SHAH S. Development of a Chinese version of the Modified Barthel Index-validity and reliability. Clin Rehabil, 2007, 21(10):912-922.

[9] TINETTI M E, BAKER D I, MCAVAY G, et al. A multifactorial intervention to reduce the risk of falling among elderly people living in the community. N Engl J Med, 1994, 331(13):821-827.

第四章　老年医学多学科团队

学习要求

1. 掌握老年医学多学科团队成员组成和主要职能。
2. 熟悉老年医学多学科团队的运作机制。
3. 了解老年医学多学科团队的决定因素和实施意义。
4. 了解老年医学多学科团队的起源和发展。

老年患者常患有多种慢性疾病,合并老年综合征,再加上老年人功能减退,使得老年医学多学科团队(geriatric interdisciplinary team,GIT)成为其重要的诊疗模式。多学科团队可及早发现和干预问题、定期评估诊疗效果并且调整治疗方案,更切合老年患者的实际;此外,团队有效合作有利于老年人功能状态的改善,增加老年人对幸福的感知,以及精神状态和抑郁的改善,进而促进预后改善。老年病的诊断与鉴别诊断、疾病与多器官系统相互影响、医学与人文社会科学的融合均需要多学科整合模式对老年患者进行管理和治疗,这也正是现代老年医学的重要核心内容之一。

第一节　老年医学多学科团队的历史起源和发展现状

20 世纪 90 年代,美国纽约市约翰·哈特福德基金会(the John A. Hartford Foundation of New York City)首先发起了老年病多学科团队训练(geriatric interdisciplinary team training,GITT),通过对刚毕业的医生、护士及社会工作人员进行综合性团队训练,使其能够应对老年患者可能出现的各种问题,并以患者为中心,实施个体化的综合治疗、康复和护理服务,从而最大限度地维持和恢复老年患者的功能状态和生活质量。

一、老年医学多学科团队的国外发展

在 GIT 发展的最初十年中,GITT 项目在不同国家训练超过 1 800 名从事老年患者健康照护的学生和专业人员,同时开发出一系列行之有效的训练教程,从而使 GIT 得到广泛推广。目前,GIT 已成为国外治疗老年患者的重要模式,主要模式包括老年医疗保健管理模式(geriatrics evaluation and management,GEM)单元、老年人急性期快速恢复单元(acute care for the elderly,ACE)和老年住院患者生活计划(hospital elderly life program,HELP)综合干预模式。

(一)老年医疗保健管理模式

澳大利亚经过多年探索已形成了相对完善的 GEM 单元。2002 年,在皇家珀斯医院(Royal Perth Hospital)成立了第一个 GEM 单元。GEM 照护模式是一个行之有效的、多学科参与的早期康复干预模式,根据老年患者的综合功能评估状况,来决定多学科整合管理和治疗方案,提倡老年人的独立和自我管理。GEM 模式包括 5 个关键组分:关注高风险患者;以患者为中心;协作式和跨学科服务过程;在老年医学科医生和全科医生参与下实施多学科诊断和照护计划;基于连续性照护服务流程,积极参与治疗和照护服务的管理和协调。

(二)老年人急性期快速恢复单元

ACE 源于欧美的医院内老年患者照护体系,其核心理念是通过老年综合评估(comprehensive geriatric assessment,CGA)、多学科团队照护、合理及时的安全出院计划及适宜的病房环境设置等关键技术,帮助急

性疾病的老年人尽快恢复,从而达到快速康复和重返家庭的目的。

（三）老年住院患者生活计划综合干预模式

HELP 综合干预模式最早源于耶鲁大学进行的前瞻性队列研究,发现其可以显著降低谵妄的发生率。近 20 年来,HELP 综合干预模式已在全球超过 8 个国家的 200 余家医院中实施,不仅可以有效预防谵妄的发生,减少认知功能的下降,还可预防院内发生的跌倒,减少住院时间及转入护理院的概率,由此降低了住院费用。HELP 综合干预模式由老年医学专家和老年护理专家共同主持病房管理方案,强调多学科团队的介入。多学科团队成员除老年医学专家和老年护理专家外,还包括志愿者(陪护)、临床药师、临床营养师和康复师。

二、老年医学多学科团队的国内现状

多学科团队工作模式在我国才刚刚起步,虽然在老年患者中应用尚不广泛,但是发展迅速。起初,GIT 工作模式仅局限于老年患者骨折、脑卒中、肿瘤、慢性阻塞性肺疾病和多器官功能不全综合征等疾病的诊疗和照护,而在老年共病患者中的应用甚少。近 5 年来经过逐渐发展,脑梗死、谵妄、骨科疾病、阿尔茨海默病、压疮、肺部感染、脑卒中、糖尿病、关节置换术后、慢性阻塞性肺疾病、尘肺、哮喘、跌倒、失眠、癌症、便秘、高血压、痴呆和癌痛等近 20 种疾病的诊疗和照护均有采用 GIT 工作模式。国内北京医院、北京协和医院、北京老年医院和四川大学华西医院等多家医院在 GIT 工作模式上做了成功的尝试,在建立老年医学病房、开放老年医学门诊的基础上,将多学科管理模式应用于老年病的诊疗服务,组建多学科协作的现代老年医学工作团队,成员包括老年医学科医生、老年专业护理人员、心理精神科医生、神经科医生、康复医生和技师、营养师及社会工作者等,开展集健康促进、急性病治疗、亚急性康复、慢性病管理和临终关怀于一体的老年病综合治疗,取得了较好的效果。

但从现有状况来看,我国老年医学多学科整合门诊尚未充分开设,并且医生诊疗收费过低、多学科人员配备不足等原因均制约了整合门诊的开展。虽然许多综合医院成立了老年病房或综合科,各种体制的老年病医院、护理院和临终关怀院也纷纷出现,但由于缺乏统一管理和行业标准,尚未形成规范的老年急救病房、长期护理病房、康复病房和临终关怀病房,也没有形成完善的老年人家庭照料、社区医疗、老年病科、老年病医院及老年护理院的医疗服务和转诊体系。

第二节 老年医学多学科团队的决定因素和实施意义

一、老年医学多学科团队的决定因素

随着社会发展、科学进步和医疗技术水平的提高,健康的概念逐步由一维的"躯体健康观"转向多维的"躯体 - 心理 - 社会 - 环境 - 道德平衡健康观",体现的是"生物 - 心理 - 社会 - 环境 - 工程"的医学模式。老年病多学科整合管理即是在老年病管理中应用这一医学模式,以适应现代老年医学发展的需要。

老年人往往有不同程度的生理功能减退和储备能力下降,但由于老龄化的进程和各种因素对机体产生的影响不同,老年患者个体差异大、异质性非常高。老年人的患病特点也是决定 GIT 工作模式的重要因素。

1. 多病共存 老年人大都患有 2 种以上疾病,并且患病种类随增龄而增加,可以是多系统疾病同时存在,也可以是同一器官多种病变。2013 年,我国≥65 岁老年人的慢性病患病率为 539.9‰,为全人群慢性病患病率的 4.2 倍,76.5% 的老年人患有 2 种及以上的疾病。

2. 起病隐匿缓慢 老年病多属慢性退行性疾病,其起病隐匿,发展缓慢,在相当长的时间内可以无症状,无法确定其发病时间。

3. 发病方式独特 老年人随着增龄,器官老化程度加重,常以跌倒、不想活动、精神症状、大小便失禁及生活能力丧失等老年病五联征之一或几项表现出来。

4. 表现可不典型 老年病往往表现为疾病特异性症状不出现而出现非特异性症状,共存的多种疾病之间相互影响使症状不典型,并且无症状(亚临床型)居多。

5. 容易出现并发症 如感染、水电解质紊乱、多器官衰竭、运动减少性疾病、尿路感染和体位低血压等。

6. 脏器功能变化迅速　当疾病发展到一定阶段,器官功能处于衰竭边缘,一旦发生应激反应,可使原来勉强维持代偿状态的器官发生功能衰竭,导致病情恶化。

7. 药物不良反应多　老年人因肝肾功能减退,药物代谢和排泄降低,对药物的敏感性改变及多重用药等原因,更容易出现药物不良反应,且耐受较差。

二、老年医学多学科团队的实施意义

由于老年病的特殊性和复杂性,单纯采取以治愈疾病为目标,以疾病为中心,采用一般医学诊断和药物治疗或手术治疗方法对老年患者进行分科诊治与管理已不适宜。对于门诊患者,各专科仅关注本专科的疾病,对于其他疾病及诸如跌倒、认知功能下降、抑郁、营养不良、多重用药等老年综合征及老年问题则关注不足,难以通过单次就诊来解决同时患有多种疾病的老年患者问题。对于住院患者,传统会诊制度难以完全满足诊疗需要,相关学科只是被动参与协作、缺乏主动性,多学科分别会诊意见可能不统一,同时会诊又难以保证时效性,会诊人员缺乏连续性、难以全面了解病情。

多学科整合模式以患者为中心,进行个案管理,以防治疾病、功能康复和提高生存质量为目标,采用一般医学诊断和老年综合评估方法对老年患者进行全面评价,既对患者进行药物或手术治疗,同时也给予非药物治疗,如康复训练、心理治疗、工娱治疗、营养支持和提供社工服务等。虽然 GIT 的成员来自不同学科,但各成员不仅提供各学科信息,同时还共同参与对患者管理决策的制订。

GIT 工作模式已在欧美国家普遍实施。1995 年,美国老年医学会拟定了一份声明,列举了多学科合作性照顾模式的优势:①满足了伴有多重合并症及相互交叉合并症老年人的复杂要求;②促进了卫生保健和老年病综合征预后的进一步改善;③不仅对整个医疗制度有利,而且对老年人的照顾者也有很多好处;④多学科合作的训练和教育有效储备可以向老年人提供服务的人员。

GIT 工作模式旨在有效动员多学科主动参与、强调会诊时效性和连续性、体现多学科共同救治的责任和及时利用多学科先进救治技术。国内外研究均已证实,与传统医疗模式比较,多学科整合模式能明显提高医疗服务质量,显著增强治疗效果,减少医疗缺陷,有效降低平均住院日及住院费用、机构护理和家庭护理费用,控制或减少老年病并发症发生,不适当用药也大幅度减少,出院后患者日常生活能力明显提高,社会功能明显好转或恢复,减轻了患者对社会及家庭造成的经济负担,也提高了家庭和社会对医院的满意度,值得广泛推行。

第三节　老年医学多学科团队的成员组成和主要职能

一、老年医学多学科团队的成员组成

老年医学多学科整合工作模式需要包括老年医学专家、老年医学科专科医师、老年医学专科护理人员、其他专科医师、综合评估师、社区全科医师、临床药师、营养医师、慢性病管理员、病案管理员、牙科医师、验光师、听力师、足疗师、运动生理学家、作业 / 物理治疗师、语言治疗师、精神心理医师、社会工作者、工娱治疗师、宗教工作者等多学科人员共同构成工作团队(interdisciplinary team 或 multidisciplinary team 或 transdisciplinary team),对老年患者提供整体性、系统性、连续性的医疗、康复和护理服务,同时患者本人及其家属也是团队不可缺少的重要组成部分。

老年病患者个体化差异大,在进行个案管理时需要解决的问题不同,因而 GIT 的组成和功能也有所不同。例如,在老年多器官功能不全综合征的救治过程中,确定老年医学科、呼吸科、心血管内科、肾内科、消化科、神经科、血液科、内分泌科和 ICU 为核心组成,并由营养科、康复医学科、麻醉科和耳鼻咽喉科等辅助完成;在对老年中重度慢性阻塞性肺疾病患者进行呼吸康复中,GIT 则由呼吸科医师和护士、呼吸治疗师、物理治疗师、作业治疗师、精神心理医师、营养医师、临床药师、社会医学工作者共同组成;而在老年髋部骨折的治疗中,以骨科医师和护士组成的"老年髋部骨折研究小组"为主导,针对老年患者的内科疾病,组织包括内科医师在内的多学科会诊,术后由康复科医师指导患者进行功能恢复和行为治疗。

尽管 GIT 成员所提供的服务均是老年病多学科整合模式的重要组成部分,但其核心专业成员是内科医师(包括老年医学科医师和其他专科医师)、护士、药剂师和社会工作者。GIT 成员应明确其在团队工作中的

职能分工,并根据情况调适自身专业角色、技术和知识等。

二、老年医学多学科团队的成员职能

(一)老年医学专家

老年医学专家承担着争取政策、医疗、人员储备等各项资源,领导老年医学团队,负责老年病患者的诊断、治疗和保健,协调各部门之间的关系,指导全科医师和社区服务,确定老年病的防治策略,统筹安排教学与科研的责任。

(二)老年医学科医师

老年医学科医师在以内科疾病为主的老年患者诊治过程中发挥着核心作用,因而须具备以下3方面技能。

1. 医学专业技术 老年医学科医师需要经过老年医学专门培训并取得相应资格,能够治疗和管理老年患者的多病共存和综合征,能够处理老年患者的复杂情况和疑难杂症,能为老年患者制订急性期的治疗方案和中、长期的照护计划。

2. 综合分析能力 与普通内科医师不同,老年医学科医师还需具有精神心理学、社会行为学、伦理学、环境学和道德法律等方面知识,结合工作经验,对老年患者进行综合评估,清晰梳理诊疗流程,分层次分阶段实施干预措施。

3. 统筹协调能力 在多学科协作的团队工作中,老年医学科医师往往需要统筹安排多科室共同会诊,选择时机和选择议题对于调整诊疗计划至关重要,根据老年人患病特点和个体差异,将整合意见,并通过与其他科室医师、护理人员、药剂师、营养师等之间的沟通协调,共同完成诊疗过程。同时,老年医学科医师需统一管理患者每次就诊(包括门诊、急诊和住院等)和医疗保健干预(定期检查、用药情况、康复治疗、疫苗接种等)的信息,从而避免传统亚专科模式中只主重当次就诊的片段性。

广义的老年病医师还包括从事老年专科疾病的医师,如外科、妇科、眼科、耳鼻喉科和口腔科医师等。

(三)社区全科医师

社区全科医师为老年患者处理常见健康和疾病问题,建立完善老年患者健康档案,为老年患者提供家庭保健和社区照顾,与专科医师合作,与老年医学科医师或其他专科医师形成有效地双向转诊关系,起到了非常重要的承上启下的作用。

(四)护理人员

各级护理人员在日常护理工作中,与患者及其家属的直接接触颇多,一方面进行患者病情监护和服药记录,辅助完善诊疗计划,是老年医学科医师的得力助手;另一方面及时处理患者存在的问题,取得患者和家属的信任,增加其对治疗和康复的信心,是他们的有力支持者。

(五)临床药师

临床药师为老年医学科医师的用药提出合理化建议,并根据患者实际情况对药物治疗方案进行修改和调整;为老年人的用药给予指导,并监督和检测药物不良反应。

(六)康复治疗师

物理治疗师负责训练老年患者的活动能力,职业治疗师(OT)负责评估和解决老年患者的日常生活能力,语言治疗师(SP)对有语言障碍和吞咽障碍的患者进行有针对性的训练,工娱治疗师负责组织老年患者进行相关娱乐活动。

(七)营养师

营养师评估老年患者的营养状况,确定适度的营养目标和制订有效的营养支持方案。

(八)心理师

心理师为老年患者提供心理咨询和情绪疏导,排解患者对于治疗和康复存在的焦虑,而对已经存在心理障碍的患者实施相应干预措施。

(九)社会工作者

在老年患者回归家庭和社会后,社会工作者追踪随访,为老年患者提供社会心理咨询,帮助其获得社会福利保障、医疗保险和商业保险等。

(十)患者本人及其家庭成员

患者本人是团队工作所围绕的核心,患者具备战胜疾病的决心和信心,能够主动配合治疗和康复,是

GIT 能够有效工作的根本；而家庭成员是最了解患者、最常陪伴患者的人，能够减缓患者紧张焦虑情绪，帮助患者树立对治疗和康复的信心，做患者最有力的支撑者。

第四节　老年医学多学科团队的运行机制和协调沟通

GIT 工作模式的开启和组成成员的选择由老年患者的具体情况决定，多学科团队成员需要对患者进行综合评估，达成一致的预期目标，相互分享计划，共同制订方案，并实行相互问责制和共同承担责任制。GIT 成员之间首先要建立信任，相互尊重，有效交流，并了解其他成员的工作技能及其所发挥的作用。同时取得患者本人及其家属的信任，为患者和家属树立信心，积极配合创造良好的环境打下坚实的基础。

一、老年医学多学科团队的运行原则

1. 所有成员拥有共同目标，一起工作为特定患者建立明确照护目标。
2. 患者及其家属是所有团队活动的中心，同时也是活跃的团队成员。
3. 每一位成员专业技能的全部范围应该能被团队中所有成员清晰了解；专业角色的制订富有弹性，根据团队需要、个人经验及团队成员知识和技能构成共同决定。
4. 团队成员应该通过具有建设性的个人行为来对整个团队的功能做出贡献，其中包括根据需要，进行领导者的轮换。
5. 在照护计划的制订和实施过程中，必须以团队成员间高效的交流为基础。
6. 团队必须具有管理内部矛盾的有效工具或策略。
7. 团队有规章，明确参与者的责任及确定诊疗目标和计划的流程等。
8. 在诊疗过程中，遇到新情况和新挑战时，团队必须能够较好地适应并作出应对。

二、老年医学多学科团队的技术路线

1. 制订团队规章　所有成员及参与的组织都清楚理解团队的共同目标和每次会议的目的，并严格按照规章进行工作和相互配合。
2. 根据综合评估确定目标　所有成员清楚理解和统一团队的宗旨，以特定患者为中心，团队有明确的预期目标。目标应具有可行性，并充分考虑实现目标过程中可能会出现的难点。
3. 团队成员理解目标　针对不同患者，团队目标也不尽相同，团队成员站在不同角度，对目标的理解也可能不一致，需充分沟通，整合信息，从最利于患者的角度出发并达成一致。
4. 团队组成的确定和调整　根据老年患者的病情变化，在诊疗计划实施的各个阶段，就所要解决的主要问题来确定和调适 GIT 团队的领导者、核心协作科室（成员）和辅助协作科室（成员），并根据老年患者预后的多重标准，对上一阶段团队工作运行、知识运用及技能发挥进行评估，将复杂的照护计划贯彻在患者的诊疗全过程。
5. 制订计划　包括精心规划团队会议和高效协调沟通两部分。

三、精心规划团队会议

精心规划的团队会议是促进 GIT 高效完成的必要因素，在组织策划团队会议时需要注意：①确保所有成员都清楚会议目的和会议议题；②注意观察并使每位成员的参加都能体现其价值；③承认口头和书面的交流方式，抵制团队内部不良行为；④识别冲突，探索出现不同观点的思想过程；⑤寻求相互理解，促进共同决策；⑥采用一定方法来促进会议流程、信息收集、决策制订及未来规划；⑦提供建设性的反馈意见；⑧鼓励成员进行自我评估。

四、高效交流和协调沟通

高效交流和协调沟通是 GIT 功能实现的重要基础。
（一）高效的团队交流
团队成员团结起来，与其他成员、患者及其家属建立持久的交流沟通，从而能够使大家为了同一目的，

制订出满足各方面需求的综合照护计划。导致交流障碍的原因包括缺乏共同语言、多学科间因核心价值观和术语不同所产生的差异，因制度和组织不同而产生的障碍等。提供有效的合作性照护服务，要求团队有一个明确的信息交流机制。从最简单的层面来说，需要进行团队会议和讨论患者的时间、空间及适宜时机。

　　一个理想的多学科合作性团队的交流应包括：①设计良好的记录系统；②为组员举行定期的讨论会，以商讨患者的管理问题；③举行定期的讨论会来讨论和评估团队的功能和发展，处理与人际关系相关的问题；④为了与外部系统（如医院的行政管理人员）更好的交流，建立一个包含团队如何运作的机制。

（二）有效的协调沟通

　　有效的协调沟通取决于是否愿意倾听来自其他成员对不同观点的解释，是否能够珍惜因世界观、人生观和价值观不同所引发的矛盾和冲突，是否可以通过充分的讨论、合理的建议、必要的谈判最终使团队成员在照护计划的贯彻和延续上达成共识。

　　1. 提高沟通能力，能够有效并明确地向其他成员表达自己的想法、感受与态度，亦能快速、正确地解读反馈信息，从而了解其他成员的想法、感受与态度。

　　2. 完善沟通技巧，能够运用如书面文字、口头交流及肢体语言等多种媒介实现信息的高效传递。

　　3. 坚持沟通原则，应本着诚恳、平等、宽容、理解、双赢、适度的态度进行沟通。

　　4. 尽可能多地向其他成员学习，了解其他成员的不同文化背景、不同专业知识的价值，这能够不断地增强自身的技能和能力。

　　5. 基于事物的优点来评价新方法，尽量避免采用这些观点是由谁提出及与你自身的喜好有多接近的角度来进行评估。

　　6. 避免因评论和负面言论而对一个人独特的个性形成消极的影响，团队成员间的异质性应受到尊重。

（谭　潇）

推荐阅读资料

[1] 纪泉，易端，王建业，等. 老年患者慢性肌肉骨骼疼痛管理中国专家共识（2019）. 中华老年医学杂志，2019，38（5）：500-507.

[2] 杰弗里·哈特，约瑟夫·奥斯兰德，玛丽·E. 提内蒂. 哈兹德老年医学. 李小鹰，王建业，译. 6版. 北京：人民军医出版社，2015.

[3] 谭潇，于普林. 老年医学团队工作. 中华老年医学杂志，2015，34（7）：706-708.

[4] 于普林. 老年医学. 北京：人民卫生出版社，2019.

[5] ALHAWASSI T M, KRASS I, BAJOREK B V, et al. A systematic review of the prevalence and risk factors for adverse drug reactions in the elderly in the acute care setting. Clin Interv Aging, 2014, 9: 2079-2086.

[6] YUE J, TABLOSKI P, DOWAL S L, et al. NICE to help: operationalizing national institute for health and clinical excellence guidelines to improve clinical practice. Am J Geriatr Psychiatry, 2014, 62（4）: 754-761.

第五章 老年共病管理

学习要求

1. 掌握老年共病的定义和临床特征。
2. 熟悉老年共病的结局。
3. 熟悉常用的老年共病评估工具：查尔森共病指数和老年疾病累计评分法。
4. 熟悉老年共病管理流程。
5. 了解老年共病评估工具的特点和应用。
6. 了解老年共病的流行病学特征。

共病（multimorbidity）也译为同病、合病或其他，目前国内多用共病，指个体有两种或以上疾病共同存在。如将各组症状分别考虑，均符合各自相应的诊断标准。老年人慢性疾病多，是存在共病最多的人群，临床诊疗中应高度重视和正确处理。

第一节 老年共病的定义、流行病学和结局

一、老年共病定义

老年共病（geriatric multimorbidity）是指在同一老年个体中同时存在两种及以上慢性健康问题（包括躯体疾病、老年综合征或老年问题，以及精神心理问题和药物成瘾等），彼此之间可相互影响，也可互不关联。

二、老年共病流行病学

随着人口老龄化，疾病负担不断加重，老年人共病现象日益明显。老年共病是一个复杂的社会问题，由于不同国家和地区对老年共病的理解及调查方法不同，统计老年共病的患病率存在一定差异。

欧美等国家的研究表明，65 岁及以上的老年人约 2/3 具有至少 2 种慢性疾病，约 50% 具有至少 3 种，20% 具有 5 种或更多。根据 2018 年澳大利亚一项研究，纳入 2007 年 1 月—2017 年 12 月 >6 000 万例老年人数据，发现在高收入国家中，老年共病患病率为 66.1%（四分位区间 IQR 54.4～76.6）。随着年龄的增长及纳入评估的慢性病种类增多，老年共病的患病率也增高。存在 ≥3 种或 ≥5 种慢性的共病患病率分别为 44.2%（IQR 34.0～70.3）和 12.3%（IQR 8.7～19.1）。

2014 年我国开展的"中国老年健康影响因素跟踪调查（CLHLS）"显示，60 岁以上老年人慢性病共病患病率为 34.05%，主要慢性病为高血压、心脏病、白内障、关节炎、脑卒中或脑血管疾病等。2018 年发表的《中国老年疾病临床多中心报告》，分析了我国近 10 年 69 万余人次老年住院患者的临床资料，患者平均年龄 72.25 岁，人均患病 4.68 种，老年住院共病率高达 91.36%。

三、老年共病的结局

（一）医疗决策困难和临床干预效果减弱

共病患者的临床症状不典型，使诊断更加复杂。疾病数量的增加会使个体疾病的治疗更加困难，疾病状态的组合以疾病数为基数呈指数增长，例如，2 种疾病有 4 种状态（两者均活动、两者均不活动、其中一种

活动而另一种不活动），3种疾病就会有9种状态等。当任何2种疾病均呈活动状态时，其中一种疾病还有可能会影响另一种。对于患有8种疾病（老年人较常见的疾病数）的老年人，存在多种活动状态的组合，使情况更加复杂，极大增加了医疗决策的困难性。

（二）医疗资源消耗增加

共病患者住院时间长、需要更多的卫生服务。美国一项医疗保险的数据显示，≥3种慢性病人群的医疗花费占整个医保费用的90%。

（三）共病患者的死亡率和药物不良反应增加

共病患者同时有多种疾病会到多个专科就诊，会造成多重用药，药物间相互作用会导致不良反应增加，影响患者的最终结局。

（四）直接影响老年患者的总体生活质量

老年患者身体储备能力差，机体功能状态下降，老年共病又会进一步降低其生活质量。衰老和共病引起衰弱，而衰弱又增加多种并发症的风险，导致跌倒、失能、多次住院和死亡等不良后果。

第二节　老年共病发病机制与临床分型

一、老年共病发病机制

（一）老年共病的发病基础——衰老器官交互作用

在衰老的过程中个体炎症和抗炎网络之间的不平衡可导致低级别慢性炎症状态，称为"炎症化"。人体器官的衰老在内外环境因素的作用下，可通过介导疾病的病理生理过程，改变疾病发生的阈值、严重程度和预后。老年人各器官储备功能和代偿能力均随增龄明显减低，通过不同层次、器官、系统之间的联系和整合而表现出复杂的网络状关系，在此基础上多器官慢性疾患使器官功能进一步减退。

（二）老年共病进展——老年多器官功能障碍综合征

老年人在器官老化和/或患有多种慢性疾病基础上，由某种病因激发，短时间内序贯或同时发生2个及以上器官或系统障碍与衰竭的临床综合征，称为老年多器官功能障碍综合征（multiple organ dysfunction syndrome in the elderly，MODSE），是老年共病的主要归宿和老年危重患者死亡的重要原因。

（三）老年共病危险因素

生物医学和个体因素、健康行为、社会经济特征、社会和环境因素四类。

二、共病类型

个体发生多种疾病的原因有很多，包括随机机会（如这两种疾病是人群的常见病），属于同一连续体的两种疾病；两种疾病具有共同危险因素，其中的一种疾病导致第二种疾病，或一种疾病增加了第二种疾病的风险。共病之间可以互相联系，也可以互相平行互不关联。

共病表现形式包括躯体-躯体疾病共存，如冠心病与高血压；躯体-精神心理疾病共存，如冠心病与抑郁；躯体疾病-老年综合征共存，如骨关节炎与便秘。

三、老年共病临床特点

（一）机体脆弱性增加

随着年龄增长及所患慢性疾病种类增加，老年共病患者多身体衰弱，机体多个生理系统功能及储备下降，机体功能处于临界平衡状态，表现为机体脆弱性增加，维持稳态能力下降。当患者合并感染、消化道出血等突发应激事件时，容易产生各种生理功能平衡失调，进而出现多种不良结局，如感染加重、合并二重或多重感染、多脏器功能衰竭甚至死亡。

（二）共病间相互影响

一种疾病加重另外一种疾病的病情，或增加另一种疾病发病风险；两种疾病共存对个体健康状态的影响具有协同作用；一种疾病的存在增加了共存病的诊断难度；治疗一种疾病的同时，另一种疾病病情恶化；治疗一种疾病诱发另一种疾病；两种疾病治疗方案的组合，可能引起新的临床问题。

（三）多重用药

随着年龄增长及共病种类增加，老年人日常活动能力逐渐下降，共病患者辗转于某个或某几个专科，其治疗方案常是多个单疾病治疗方案的简单叠加，患者常出现多重用药。多重用药（polypharmacy）通常指老年人应用比临床需要更多的药物或药物方案中含有≥1种潜在不恰当用药（potentially inappropriate medication，PIM），强调临床不需要/不必要药物为多重用药。

（四）各种负担加重

由于所患疾病种类增加，心脑血管、骨骼、肌肉等多个系统可同时受累，躯体疾病常还伴随精神、神经疾病，引起失眠、焦虑、抑郁甚至精神障碍。老年共病患者需要专人照顾，增加了家庭医疗照护的负担。多种疾病的治疗也增加了医疗费用和医疗负担。

第三节　老年共病的评估

目前有多种共病评估工具，查尔森共病指数（Charlson comorbidity index，CCI）及老年疾病累计评分法（cumulative illness rating scale for geriatrics，CIRS-G）是目前评估共病应用最为广泛、理想的工具。

选择共病评估工具需要考虑研究人群及研究目的、评分资料的类型及完整性。CCI仅通过医疗记录就可以进行评分，使用方便、快捷，但其只考虑了对生存有影响的疾病，评估不够全面，更适合基于电子病历或大量流行病学资料的横断面研究。CIRS-G评估内容全面，不仅考虑了现存疾病，还包括对既往所患疾病的评估，在结合疾病严重程度的基础上，对健康状况及慢性病负担进行测定，评估内容更加完整，有更强的预后价值，但评分过程较为复杂，需要对评估人员进行前期培训，限制了CIRS-G在临床工作中的应用。

一、查尔森共病指数

该评分系统是1987年由查尔森（Charlson）等开发，用于评价患者基础疾病严重程度。其将19种疾病分为4种类型，根据病种的严重程度给予不同的评分权重，包括1、2、3、6分，从而实现对基础疾病的量化。后修订为包含了年龄权值的CCI评分标准，即患者年龄达50岁年龄权值为1，之后年龄每增加10岁年龄权值加1，与合并症的CCI评分相加后得到校正年龄的CCI（age-adjusted CCI，aCCI）评分，对患者短期和长期死亡率均有较好的预测作用（表1-5-1）。

表1-5-1　查尔森共病指数

分值/分	共病积分
1	心肌梗死、充血性心力衰竭、周围血管病、脑血管病、痴呆、慢性肺病、结缔组织病、消化性溃疡、轻度肝病、糖尿病
2	偏瘫、中或重度肾脏病、糖尿病伴有终末器官损害、局部实体瘤、白血病、淋巴瘤
3	中或重度肝病
6	转移性实体瘤、获得性免疫缺陷综合征

分值/分	年龄积分
0	年龄<50岁
1	年龄50～59岁
2	年龄60～69岁
3	年龄70～79岁

注：10年生存率 $=0.983^{(e^{0.9CCI})}$。查尔森共病指数（CCI）＝（共病积分＋年龄积分）。

老年患者应用CCI时需注意：①老年人疾病谱不同，常见老年退行性疾病如帕金森病、老年性精神障碍、除心肌梗死以外的缺血性心脏病等未纳入评估；②CCI是以死亡率为导向设定的共病指数，随着医疗技术的不断发展，亦应不断更新；③痴呆、溃疡和哮喘在CCI中赋值1分，不同肿瘤如甲状腺癌、淋巴瘤均赋值2分；不同人群疾病负担不同，需调整老年人群疾病的权重值。

二、老年疾病累计评分法

1991 年 Miller 等对 CIRS 进行改良，使之更适合老年人群的评估，更名为老年疾病累计评分法（CIRS-G），主要对 14 个系统（包括心脏、血管、血液、呼吸、眼耳鼻喉、上消化道、下消化道、肝脏、肾脏、泌尿生殖、骨骼肌肉 / 皮肤、神经、内分泌代谢和乳腺、精神心理）的患病情况分别进行评估，各系统制定了详细的评分方法。总评分（total score，TSC）为所有系统分数之和；分数越高，预后越差。有学者对 CIRS-G 项目进行调整，形成改良老年疾病累计评分法（mcdified cumulative illness rating scale for geriatrics，MCIRS-G）。评分等级分为 5 级，即 0 分（没有损害）、1 分（轻度损害，但不干扰正常生活，无须治疗，预后良好）、2 分（中度损害，干扰正常生活，需要治疗，预后良好）、3 分（重度损害，可能致残，需要立即治疗，预后较差）、4 分（极重度损害，需要紧急治疗，预后严重）、5 个等级（表 1-5-2）。

表 1-5-2　改良老年疾病累计评分表

疾病	0 分 （无）	1 分 （轻度）	2 分 （中度）	3 分 （重度）	4 分 （极重度）
心脏					
高血压					
血管（含造血系统）					
呼吸系统					
眼耳鼻喉咽					
上消化道					
下消化道					
肝脏					
肾脏					
泌尿生殖系统					
肌肉骨骼系统					
神经系统					
内分泌代谢					
精神心理					

CIRS-G 评估内容全面，结合医疗记录、问诊、体格检查及辅助检查结果，不仅考虑了现存疾病，也包括对既往所患疾病的评估，在评估疾病严重度的基础上，对健康状况及慢性病负担进行测定，能够预测患者再入院率、短期及长期死亡率，有更强的预后价值。在评估老年人健康服务的客观需求、共病的一级及二级预防中也发挥重要作用。但评分过程较为复杂，耗时较多，评估人员需进行前期培训，对评分者的要求较高，限制了其应用。

第四节　老年共病的管理

老年共病管理（management of multimobodity）是"以患者为中心"的综合管理。强调老年医学的临末实践问题，应在尊重患者意愿前提下，要求临床医师对老年患者的病情进行综合评估。参考最新的临床医学证据，综合考虑应用药物或其他治疗方法来管理共病，以达到满意的疗效。

一、共病管理指导原则

2012 年美国老年医学会发布《老年共病管理策略》指出，制订共病管理方案时，应注意：①了解患者意愿，并在制订决策时加以考虑；②了解循证医学证据及其局限性，谨慎应用；③制订临时决策时，需充分考虑干预措施的风险、负担、获益及预后；④决策时考虑治疗方案本身的复杂性和可行性；⑤优化方案，选择获益最大、损害最小、能够改善生活质量的治疗方案。

2016 年英国《共病：临床评估与管理》指南提出，制订共病管理方案时，应考虑：①患者身体状况的评估，以及疾病治疗方案之间是否会相互影响，是否影响生活质量；②患者的个人需求、治疗偏好、优先事项、生活方式和目标；③遵循单一疾病治疗指南的获益和风险；④通过减少治疗费用、不良反应事件和加强护理措施，提高生活质量；⑤改善医护服务的协调性。

2018 年中国《居家（养护）老年人共病综合评估和防控专家共识》建议：共病管理需从老年患者的意愿出发，注意：①明确对于每位患者来说，什么因素最重要，如治疗可改善一种状况但会使另一种状况恶化，或治疗可带来远期获益却有短期伤害，抑或使用多种药物各有利弊需要权衡时，应考虑患者意愿作出决策；②确保患者充分了解治疗方案的利弊，需考虑治疗和干预的效果及患者对不良反应的接受程度。评估患者对信息的理解程度，尽可能使用数字化、可视化的直观手段告知患者结局、风险及相关信息；③使用恰当的方法，使患者充分知情后考虑患者的意愿，由患者从诸多结局中进行选择，确定什么结局是重要的，如延长生命、减轻疼痛、维持功能等，依据患者优先选择的结局选择治疗方案；④按照患者知情理解后的决定确定最终决策。对于认知功能障碍的患者需要与直系亲属及健康照护者共同制订治疗方案，当患者的意愿随时间的变化而改变、出现健康状况改变等新情况时需要再次评估。如果患者的选择不合理，可能导致不良预后，则不允许患者采取这样的治疗。

二、共病处理流程

（一）识别需要进行共病综合管理的老年患者

部分老年共病患者一般情况良好，同时多个疾病可理想控制并未引起明显的生活质量下降，故识别老年共病患者是共病综合管理防控的第一步。

患共病者的特征：①需要多种治疗或日常活动有困难；②在多种医疗机构寻求治疗；③存在非预期住院、合并有多种疾病；④常规服用≥10 种处方药，或常规服用处方药种类<10 种但特定不良反应风险增高；⑤患有慢性生理及心理疾病；⑥易疲劳或易跌倒。

（二）评估患者意愿

对老年共病患者需要树立以患者意愿为中心的治疗理念。需尊重患者及其家属的意愿，在平衡治疗负担与潜在获益的同时兼顾心理健康、社会问题和医疗状况。对待不同地区、不同民族及社会阶层老年共病患者应因地制宜、因人而异。包括：①保持患者独立，减少依赖；②鼓励患者参与社会活动和家庭生活；③适量运动，警惕特定的不良疾病（如脑卒中）等。考察患者对治疗的态度及潜在的治疗收益和危害，考察患者对药物依从性的认识、认知等。

（三）完成共病综合评估

对老年人进行多学科共病综合评估，包括躯体健康、身体功能、心理健康和社会环境状态的多维度综合评估，制订和实施以保护老年人健康和功能状态为目的的治疗计划，包括多学科诊断和处理的整合，恰当选择恢复、维持健康的措施，提供良好照护环境、进行预后判断并加强随访，以改善共病老人的躯体、功能、心理和社会等问题。

（四）恰当合理应用循证医学证据

在多种慢性疾病共存时，单病指南对老年共病处理的指导作用有限。需考虑：①现有证据的适用性及局限性，是否适用于老年共病人群，应慎重解读或用于共病患者的研究文献及其结论；②充分考虑损害和花费；③文献中是否报告绝对危险度下降，而不仅是相对危险度；④充分考虑获益所需时间，慢性疾病从干预到获益需要一段时间，如果患者的预期寿命不长，不足以从干预措施中获益，则需要考虑老年共病患者的预期寿命、功能状态、生活质量、危险分层、疾病负荷、治疗获益 / 风险与最终预后（包括生存期、功能状态和生活质量）等因素综合预测临床预后；⑤考虑方案的可行性，干预方案应从改善症状、延长寿命（治愈）和提高生活质量的角度，比较获益、风险、疾病负担，合理取舍。

（五）与患者达成一致形成共病管理方案

与患者讨论如下问题：①如果不治疗可能会发生什么后果？②诊疗方案将对症状、健康和寿命造成什么影响？③诊疗方案带来哪些风险和不良反应？④诊疗方案是否影响正常生活或带来不适？⑤方案是否可行？

医生团队应判断是否能完成共病管理方案，包括确定患者是否同意个性化管理计划，是否有专人协调执行治疗和护理计划,以及随访时间及紧急护理措施等。

(六)重视多重用药管理,减少医源性并发症

对于老年共病患者,过多的医疗干预未必能使老年人获益。老年共病患者多重用药率高,发生药物不良反应的风险也高。

应注意:①从整体性和个体化角度出发,优先解决对患者健康、生活质量有重大影响和患者存在的主要问题,用药时优先选择获益最大、损害最小并可以改善生活质量的用药方案;②优先考虑非药物治疗方式,如锻炼、物理康复治疗等;③强化安全用药意识,应用如 Beers 标准、老年人不恰当处方工具(IPET)、老年人潜在不恰当处方筛选工具(STOPP)、中国潜在不恰当用(PIM)目录等老年合理用药辅助工具,避免不合理用药及药物滥用;④加强监测药物不良反应,减少对老年共病患者机体的影响;⑤避免非必须预防用药,用药前应先评估患者的预期寿命,如果患者的预期寿命不足以从预防用药等干预措施中获益,应避免无谓的干预治疗;⑥考虑社会层面的影响,制订治疗用药方案时要全面评估老年共病患者的年龄、经济条件、受教育程度、具体病情等,从不同的侧重点进行相应的健康指导宣教,提高患者的依从性。

(七)实行连续性健康管理

定期对干预效果进行评估作为调整治疗方案的依据,有助于提高患者生活质量。老年人的医疗要从"以疾病为中心"的诊疗模式向"以患者为中心"的个体化诊疗模式转变,从慢性病治疗模式向失能预防模式转变。良好的家庭医疗能缩短慢性病患者的住院时间、减少医疗费用,提高患者满意度,注重医疗连续性的"转诊医疗"能够有效降低老年患者的再住院率。

第五节　共病管理的现实挑战和新进展

目前,对老年共病患者的治疗往往是多个专科疾病治疗的叠加,仅限于以单个器官系统为中心的诊疗模式。

建立老年医学多学科团队,强调对老年共病患者整体管理,根据老年患者需求及存在的问题,探索适合我国国情的多学科团队医疗管理模式非常必要。

(焦红梅)

推荐阅读资料

[1] 曹丰,王亚斌,薛万国,等. 中国老年疾病临床多中心报告. 中华老年多器官疾病杂志,2018,17(11):801-808.

[2] 路云,颜俊娴,华娟. 老年人共病管理的研究现状及经验探究. 卫生经济研究,2017,363(7):58-61.

[3] 中国老年保健医学研究会老龄健康服务与标准化分会,《中国老年保健医学》杂志编辑委员会. 居家(养护)老年人共病综合评估和防控专家共识. 中国老年保健医学,2018,16(3):28-31.

[4] GUISADO-CLAVERO M, ROSO-LLORACH A, LÓPEZ-JIMENEZ T, et al. Multimorbidity patterns in the elderly: a prospective cohort study with cluster analysis. BMC Geriatr, 2018, 18(1): 16-31.

[5] KERNICK D, CHEW-GRAHAM C A, O'FLYNN N. Clinical assessment and management of multimorbidity: NICE guideline. Br J Gen Pract, 2017, 67(658): 235-236.

[6] OFORI-ASENSO R, CHIN K L, CURTIS A J, et al. Recent patterns of multimorbidity among older adults in high-income countries. Popul Health Manag, 2019, 22(2): 127-137.

第六章　老年人心理健康

学习要求

1. 掌握老年心理学概念。
2. 掌握老龄期身心变化的特点。
3. 熟悉老年期常见社会心理问题的类型及其相应的调节方式。
4. 了解老年人心理调节和健康保健的要点。

老年人健康不仅仅指躯体健康,还包括心理健康。老年心理健康是老年卫生服务事业的重要组成部分。

老年心理学(psychology of ageing)是研究老年期个体的心理特征及其变化规律的一门学科,是发展心理学和老年学的分支,其研究目的在于增强老年人心理健康,防止心身疾病,提高老年人的生活质量。

人的心理活动是以大脑及其他器官的生理功能为基础,并受社会因素的影响。进入老年期后,人体会出现许多组织器官结构与功能的改变,精神活动逐渐趋于缓慢,灵活性与机敏性也有所下降。同时,老年期还具有一些特有的社会心理应激因素,如退休、疾病所带来的心理压力等。这些生物、心理、社会因素共同作用,如不能有效调节,则易导致老年心理问题。随着社会发展、经济水平的不断提高,越来越多的老年人不仅仅关注自身的躯体健康,更为注重晚年期的生活质量。

老年心理学研究具有重要的现实意义,一旦揭开老年心理活动特征,老年人可以更主动的调节自己的心理状态、适应和融入社会、有效安排自己的晚年生活,对维持老年心理健康、防治老年心理疾病、提高生活质量等有积极意义。

第一节　老年期心理活动变化

在增龄过程中,老年人经历一系列身体、心理、社会角色的转变,这一过程无疑较为艰难。据1986年北京大学精神卫生研究所的调查,我国60岁以上老年人中,23.4%有情绪不稳、易怒、焦虑,44%存在家庭关系紧张、人际冲突等问题。同样面对衰老,不同个体之间存在较大差异。有些老年人生活渐趋单调,疾病及衰老问题增多;有些老年人精神及躯体活动功能则能保持相对良好,甚至达到成功老龄化标准。老年人的心理状况与感知、记忆、情绪等一系列与衰老相关的生理变化有关,也与个体的应对方式有关。

一、老年人感知觉变化

进入老年期后,人体组织、器官会出现一些结构与功能改变。大脑重量和血流量较年轻人明显下降;心、肾、呼吸与代谢功能也有不同程度下降。虽然有些老年人的精神活动功能保持相对良好,但大部分老年人的精神活动不同程度地趋于缓慢,灵活性与机敏性都有所下降。

心理学家研究发现,老年人感知觉出现回归现象。由于感觉系统的退行性变化,老年人需要更强烈的刺激和更充分的感知时间。对于大部分老年人,视敏度和听力减退最为普遍,视力减退常较早出现,其次是听力和味觉减退。老年人的听力减退后表现出抗干扰能力差,在同样的噪声背景下,对声音识别或信号分辨的能力远远差于年轻人;味觉减退可导致烧菜时的口味变化,如偏咸、偏辣等;皮肤感觉减退可导致老年人流涕而不自知。这些因感知觉减退而导致行为习惯的改变,可导致老年人自尊受损和情绪障碍。

二、老年人认知功能变化

（一）记忆力下降是增龄过程中的普遍现象

老年人记忆改变的特点是对近期发生的事常转瞬即忘，而对早年的记忆保存较好，常能对往事的细节进行很好回忆。大部分记忆下降属于正常的大脑衰老现象，而部分则与疾病相关。老年人喜欢对过去的事情进行回忆是人之常情，而对当前事件的记忆能力下降属于正常现象，不必过分纠结于自己记忆能力的下降而导致情绪问题。

（二）改善老年人记忆方法

采取一些合适的方法，有助于延缓或改善正常衰老过程中的记忆力下降问题。

1．抓住时机，加强记忆锻炼。对要记的事物在刚听过、看过后头脑里还留有印象的短时间内，抓紧重复记忆。

2．主动利用记忆方法提高记忆效果。

3．注意提示备忘，生活有序，为记忆信息的提取提供线索和条件。

（三）注意可能与疾病相关的记忆力下降

老年人明显的记忆力或智力减退往往与常见的中、老年疾病有关，如老年期痴呆、中枢神经系统疾病等。如果在较短时间内出现明显的丢三落四、前说后忘等现象，特别是进展较快的，应注意大脑疾病的可能，及时就医、规范治疗。

三、老年人思维特点

有研究认为老年人思维活动更具有内倾性，常回忆过去，对新事物的注意减退，理解力和思维的敏捷性也可能出现不同程度的下降。有些老年人的思维方式呈现明显刻板的特点，固着于某些特定的想法，即使不合情理也难以改变。神经心理学检测发现，老年人可能在联想、判断、心算等任务上存在较明显困难，思维的灵活性、注意力、记忆力都所有下降。老年人的思维特点同样具备个体差异，不仅与每个个体的生理、情绪状态有关，也与智力的高低、文化教育、职业、生活经验、家庭、社会条件等均有密切关系。一般而言，文化教育水平高的人，从事脑力劳动的人，智力发展好，到老年期时思维退化较不明显；反之，则思维退化较明显。有人说"人老了脑子就糊涂"，这不是必然现象，许多健康老年人思维和智力水平不会产生明显减退，而即使到老年期，智力仍具有一定可塑性。

智力分为晶态智力和液态智力。其中，液态智力与形象思维过程有关，晶态智力与抽象概括性思维过程相关。老年人的知识和经验积累经历不断增加的过程，这意味着其判断和解决问题的能力不断提高，晶态智力持续发展。液态智力虽容易受到年龄的影响，到了老年期后会有一些下降趋势，但仍可通过学习、记忆来获得一定改善。总而言之，老年人的智力也跟中青年一样，具有一定可塑性，重视学习和训练，就能避免智力下降，从而有所保持并提高原有智力。

四、老年人情绪变化

情绪（mood）是个体的主观心理体验，是对一系列主观认知经验的通称。

老年人情绪变化与社会心理事件有关，也与自身躯体疾病有关。老年人常可因社会心理因素或躯体疾病表现出强烈、不稳定的情绪波动。如有些人离退休后变成了"闲人"，出现情绪不振、意志消沉；有些老年人因躯体疾病产生无用、无助感，情绪烦躁易怒；有些老年人因大脑疾病出现情绪激惹、偏激猜疑等。

其实年老过程并不必然伴随情感活动的显著变化。正确处理老年期所面对的各种家庭、社会、心理因素，及时对潜在的脑部疾病进行预防和治疗，老年人的情感生活可以平稳、愉悦而充实。定期体检、保持对新事物的兴趣、良好的社交和生活有助于老年人保持良好的情绪。

五、老年人人格和意志变化

人格（personality）以性格为核心，包括先天素质和后天家庭、教育、社会环境等综合影响而形成的气质、能力、兴趣、爱好、习惯的心理特征的总和。

部分老年人退休后与外界接触减少,生活圈子狭窄,并过分依赖和执着于自己过去所熟悉的事物和做法,对新事物一味抵触,过于关注自己的身体健康状况,表现为主观、敏感、多疑、固执等人格特征,不易接受他人的意见;还有部分老人出于固执和对他人动机的曲解,产生偏执、孤独和冷漠等表现,导致人际和家庭矛盾恶化。

老年期虽面临一系列重大的社会心理事件的变故,仍可采用开放的心态来面对生活的改变。积极学习和建立新的社交,避免不必要的人际和家庭矛盾。同时也需注意由疾病所导致的老年人人格改变,当老人表现出明显异于过去的人格特点时,需考虑与某些疾病特别是脑器质性疾病的相关性。

第二节　老年期社会心理问题

老龄阶段面对一系列年龄相关的特有社会心理事件,这些事件与老年人心理状况息息相关,能否有效调整和良好应对直接影响老年人心理健康和生活质量。其中,离退休问题、家庭关系问题、健康状况(衰老、疾病与死亡)是与老年人心理状态关系最为密切的生活事件。

一、离退休问题

离退休问题是老年生活中的一次重大转变,会使老年人在生活内容、生活方式、社会地位、人际交往等方面发生重大变化。虽然离退休是必然的,但研究显示20%以上的个体对离退休存在不满情绪,尤其对低社会阶层、个性和事业心强、曾经位于较高的领导岗位的老年人而言。老年人离退休后,生活范围从群体大天地转变为家庭小天地、从过去大忙人变成闲人,易产生孤独和无力感,精神活力随之衰弱。

一般而言,离退休阶段的心理调适可有以下几个阶段,包括准备阶段、蜜月阶段、清醒阶段、重新定位阶段和稳定阶段。

准备阶段,不同个体对离退休抱有不同的态度,部分老人期待离退休,部分则相反。对于缺乏思想准备的人,很容易产生烦恼、抑郁、无所适从的感受及躯体功能失调。但无论是期待还是抗拒,大多数人在看到自己的工作岗位被他人接替时,都会产生复杂的情绪。

在离退休到来时,离开自己工作多年的环境,一下子从繁忙、紧张中解脱出来,不再受上下班时间的束缚,有些老年人出现"蜜月阶段",从事一些自己原来想做而没有时间做的事。有些老年人则一下子就无所适从、茫然若失。

在经历了最初的情绪反应或蜜月阶段后,大部分老年人都产生或多或少的失落感,急于恢复原来的有序生活状态,称为清醒阶段。在这一阶段,如果能够重新定位,寻找到自己新的兴趣和方向,则可以在晚年生活中重新建立生活秩序,进入稳定阶段。反之,则可能一直处于失落状态,出现情绪和行为异常。这一阶段能否顺利过渡,与个体既往的性格基础、情绪和行为方式有较大关系。

稳定阶段对于老年人的生活质量尤为关键,老年人重新寻找到自己的价值和生活方向,重新建立生活节奏,继续为社会作贡献、发挥余热。"丧失"是离退休阶段的老年人需要克服的最严峻的心理困难,如无法面对既往地位、影响力、社会关系的丧失,则无法建立新的生活方式。

二、家庭关系问题

从出生起,家庭就伴随一个人的始终。从某种意义上,家庭的幸福就是个人的幸福。老年人常害怕孤独,喜欢家人相伴,家庭关系既是老年人最重要的心理依赖和支持的来源,也常是人际冲突的来源。

老年人最重要的家庭关系包括"老伴关系"和"老少关系"。人员关系、经济问题等都是老年人家庭冲突中的常见原因。

在老年人的夫妻关系中,常用"少年夫妻老来伴"形容。夫妻关系好坏,直接影响生活质量,家庭和睦、夫妻关系好的老年人往往具有更高的生活质量和健康水平。当失去配偶时,对于老年人而言是重大的心理打击。一项研究比较了120名丧偶老人,发现无论在最初1个月,还是之后的3年随访中,丧偶组的抑郁症状均显著高于正常对照组。丧偶会引发一系列情感和日常生活适应问题。

一般而言,丧偶的老人会经历麻木、思念、抑郁和恢复四个阶段,家庭成员的陪伴对帮助老人克服孤独和悲伤是不可或缺的重要心理支持。因此,除了和老伴的关系外,"老少关系"也是影响老年人心理健康的重要因素。两代人生活在不同的时代背景之下，难免有价值观的差异。保持相互的独立和良好的沟通是维护两代人关系的重要方式。在过多冲突的家庭中，老年人很难感受到所需要的亲密和尊重。

三、衰老、疾病与死亡

衰老和疾病是老年人无法回避的问题。在老年期，老年人可能因机体老化而各种疾患明显增多，躯体功能退化导致各种疾病，逐步丧失活动范围，从社会到家庭，从家庭到居室，最后可能受限于床上。死亡是生命的终点，也是每个人都将面对的终极问题。恐惧或逃避都无助于事，生命有始就有终，有开始就有结束，这是自然规律。在哲学和心理学的发展史上，有很多研究者都对死亡的终极意义进行了探索，对死亡的思考也是对生命价值和意义的探索。

瑞士心理学家 Elisabeth Kubler-Ross 通过对老年患者的研究，认为人面对死亡的心理过程一般包括否认、愤怒、求助于宗教、抑郁和最终接受五个阶段。面对与家人的永别，必须抛弃拥有的财富，在最初阶段，患者难以接受，常把自己与外部世界隔离，否认消息的真实性，拒不接受家人的解释。这是最初面对死亡时的正常反应，家人应充分理解、耐心陪伴。在否认之后，随之而来是愤怒。"为什么是我？""为什么是现在？"这一阶段充满怒气和抱怨。虽难以面对，但是事实无法改变。患者在愤怒阶段之后，可能转向于寻求神（宗教）的庇佑，对宗教信仰表现出极度的虔诚。随着时间的流逝，患者进入抑郁状态，面对必然失去一切的意志消沉、叹息和悲观。患者逐渐开始准备如何与家人和世界告别，逐渐恢复坦然和内心的平静，即为最终的承受阶段。面对死亡和生命意义探索的过程极度个体化，也是对自己一生的总结和思考。

根据美国心理学家埃里克森的心理社会发展阶段理论，老年期所要面对的是自我完整和孤独的冲突。只有在回顾一生时感到过往丰足、有创建性，才可能拥有自我完整和满足感，反之则充满孤独、绝望。只有在一个人自我调整能力大于绝望时，才能形成一个健全的人格，构成完整的生命周期。在这一过程中，家人、朋友的陪伴和支持具有无可替代的价值。伴随对衰老和生命意义的理解，老年人逐渐走向深刻和豁达。

第三节　老年人心理健康保健

随着社会经济的发展，老年人的晚年生活条件显著改善，其情感活动与年轻人的差别越来越小，越来越多的老年人开始关注生活质量。研究发现积极的个性特点是高质量老年生活的基本条件。不同的老年人对人、对事、对环境的认识和态度，以及处理问题的方式可以迥然不同。

个性虽有差异，但良好的心态和应对方式不但是影响生活质量的重要因素，也是长寿的重要原因。研究者对我国长寿老人的生活方式、性格特点进行调查，发现性格是影响长寿的一个重要因素。长寿老人的性格大多乐观开朗、平静温和，性情急躁的占少数，孤僻抑郁的极少。一个人到老年期已经积累了很多的阅历，可以慢慢调整对待具体问题的反应方式，所以遇事时无须过分急躁，多倾听别人的想法，表达自己的意见。有些老年人对年轻人做的事不满意，总认为自己经验丰富，这样就不容易处理好与年轻人之间的关系。在拥有丰富的人生经验的基础上，如能抱有开放的心态，积极面对不断进步的社会，能够极大地促进老年人的身心健康。

老年人的主要精神寄托和追求包括良好的自我感受、自尊自爱、社会交往、情感关怀等。这些情感和需求对老年人的心理健康至关重要。良好的自我感受是个体对待自己的基本态度，是个体与他人关系中的关键因素。老年人希望自己能一如既往地受到别人的喜欢和尊重。虽然文化背景不同，老年人在生活方式、习惯、技能、兴趣爱好、信仰和态度、行为类型上都存在差异，但所有老年人都希望自己可以一如既往地生活、交往。亲密而忠诚的关系、良好的社会交往和支持是老年人心理健康的重要因素。能够表达自己的思想和情感，建立与周围人的良好关系，有助于保持良好乐观的心态。同时，老年期相对安静的生活环境能给其足够的时间和空间，整理多年积累的私人材料、信件，总结和回忆自己一生的经历，也是自我价值总结和探索的一部分。

在这些需求中，希望受人关怀和尊重是老年人最重要的心理需求之一。如果这种心理需求能够获得满足，则可使老年人的晚年生活圆满；反之则可能是心理打击。为更好地适应这些变化，消除烦恼，应注意以下事项。

一、老年人生活方式注意事项

（一）生活要有规律

不宜过分紧张，节奏要放慢，保证充分的休息和睡眠。

（二）注意食物成分

老年人食物要含有足够的蛋白质、低脂肪、低胆固醇、少糖、少盐、维生素丰富。食品要细软、熟烂和易于消化，色香味都要重视，以提高老年人的食欲。饮食要有节制，切勿暴饮暴食以免消化不良。

（三）情绪要稳定

减少激烈的情绪波动，情绪激动或过度的喜、怒、哀、乐均可能促使心血管病或脑血管病的发生，造成不良后果。

（四）最好不要单独居住

当身体不适或发生意外时，家人或亲友可以及时发现并采取措施。

（五）注意行走安全

由于老年人的前庭器官功能衰退、肌肉萎缩、肌张力降低、关节活动不灵活，不易保持身体平衡和动作协调，往往容易摔倒。多数老年人还存在不同程度的骨质疏松，一旦摔倒就可能引起骨折和脑血管病。因此，老年人行走时可借助辅助手段，缓慢徐行，防止滑跌。

（六）适当活动

老年人不要一切依赖他人，自己进行一些力所能及的体力和脑力活动，不但能保持生命的活力，而且也增添了老年人的生活乐趣，使生活生活充实、富有朝气，精神有寄托。

二、老年人心理调节措施

（一）注意保健，防治疾病

老年人要正视自己年龄确实大了的现实，重视防治疾病，但又不必过于敏感。有条件的老年人最好每年检查一次身体，以便及时发现疾病，积极早期治疗。

（二）乐天知命，才能知足常乐

尊重新陈代谢、新老交替的规律，正确对待离退休的生活变动。认识"生老病死"的自然规律，正确对待对家庭发生的重大事故。正确看待家庭矛盾、经济和住房等困难，站得高、看得远，不过分介意。

（三）性格开朗，情绪乐观

性格积极开朗，平静温和，抱有开放和包容的心态面对生活诸事。一名学者曾经说过："一切对人不利的影响中，最能使人短命夭亡的则是不好的情绪和恶劣的心境，如忧虑、沮丧、惧怕、贪求、怯懦、忌妒和憎恨等。"乐天知命，顺其自然。

（四）生命不息，活动不止

这里指的是广义的活动，如家务劳动、生产劳动、体育锻炼、脑力劳动及各种娱乐活动。保证丰富和良好的社交，有助于心理和身体健康。

（五）互敬互让，家庭和睦

家庭是退休后老年人生活的主要场所，老年人的精神状态与家庭关系、家庭气氛息息相关。老年人要心胸豁达，不为家庭琐事增添烦恼。在老年期完成角色转换至关重要，老年人已积累丰富的经验，如能接受和面对自己所失去的，建立新的人际关系和联系，则能够继续发挥自身价值，获得满足感和价值感。

三、老年人心理治疗

各指南中推荐的适用于老年人的心理治疗技术包括支持治疗、认知行为治疗（cognitive-behavior therapy，CBT）、人际心理治疗（interpersonal therapy，IPT）、问题解决治疗（problem solving therapy，PST）等。

老年人在出现情绪危机时，需要专业的心理治疗和帮助。支持治疗是心理治疗的根本，是通过改变CBT，达到消除不良情绪和问题行为的心理治疗方法。IPT是一种人际导向的心理治疗方式，针对问题领域（复杂哀伤、人际纷争、角色转换、人际缺陷），通过改善人际支持、提高问题解决能力等改善患者的情绪。PST聚焦于具体的问题，通过一系列规范化步骤提高患者的问题解决能力，从而改善情绪。

　　综上所述，高龄不应成为自身价值和心理健康的障碍。学习应贯穿于整个生命周期。增龄或衰老虽然是无法逾越的生命规律，老年人仍可以在家人、朋友、专业人员的支持和陪伴下，重新寻找自己的人生价值和生活目标，为社会做出贡献，同时获得自己内心的平静、满足和健康。

（肖世富）

推荐阅读资料

[1] 陆林. 沈渔邨精神病学. 6 版. 北京：人民卫生出版社，2018

[2] 中华医学会精神医学分会老年精神医学组. 老年期抑郁障碍诊疗专家共识. 中华精神科杂志，2017，50（5）：329-334.

[3] BOUCHAL M，MISUREC J. The psychology and psychiatry of old age. Acta Chir Orthop Traumatol Cech，1982，49（6）：467-470.

[4] DAVIDSON J R T. Major depressive disorder treatment guidelines in America and Europe. J Clin Psychiatry，2010，71（Suppl E1）：e04.

[5] HIRSHBEIN L D. The senile mind：psychology and old age in the 1930s and 1940s. J Hist Behav Sci，2002，38（1）：43-56.

[6] INOUE K. On psychology of the elderly—focusing on intelligence and senile dementia. Nihon Ronen Igakkai Zasshi，2002，39（1）：1-7.

[7] SADOCK B J，SADOCK V A，RUII P. Comprehesive textbook of psychiatry. 10th ed. Philadelphia：Wolters kluwer，2017.

[8] THOMPSON D. Developmental psychology in the 1920s：a period of major transition. J Genet Psychol，2016，177（6）：244-251.

第七章 老年人康复

学习要求

1. 掌握老年康复的概念、主要内容和形式、对象及特点。
2. 熟悉常见老年人问题和病症的康复要点。
3. 了解康复、康复医学的定义。
4. 了解康复评定和主要康复治疗方法。

对于老年人而言，健康并不意味着没有疾病，尽可能保持功能学的完整应该是所谓成功老化（successful aging）首要目标。老化本身既非疾病，也非残疾，但老化通常伴随渐进性的生理变化和急慢性疾病增加的趋势，因此其较多地与身体残损（physical impairment）和功能残疾（functional disability）共存。

老年人群中包含很多的"衰弱老年人（frail elderly）"及共病现象。研究证实，衰弱、共病和残疾三者之间互相交叉重叠，衰弱和共病往往提示发生残疾的风险，而残疾又使衰弱和共病加剧。正是基于此，老年康复医学通过功能学视角，针对残疾进行干预，减轻或消除衰弱和共病造成的不良影响。

第一节　老年康复特点及工作内容

一、康复与老年康复

（一）康复与康复医学

1. 康复　世界卫生组织（WHO）1981 年提出的康复（rehabilitation）定义：康复是应用所有措施，旨在减轻残疾和残障状况，并使他们有可能不受歧视地成为社会的整体。

目前 WHO 将康复扩展为康复和适应训练，定义为通过综合、协调地应用各种措施，帮助功能障碍者回归家庭和社会，能够独立生活，并参与教育、职业和社会活动。其重点着眼于减轻病损的不良后果，改善健康状况，提高生活质量，节省卫生服务资源。

康复的各种措施包括医学、工程、教育、社会、职业的一切手段，分别称医疗康复（medical rehabilitation）、康复工程（rehabilitation engineering）、教育康复（educational rehabilitation）、社会康复（social rehabilitation）、职业康复（vocational rehabilitation），它们共同构成全面康复（comprehensive rehabilitation）。

康复不仅是训练患者提高其功能，以适应环境；还需要环境和社会的参与，以利于他们重返社会。康复服务计划的制订和实施，要求患者本人、其家庭及所在社区参与。康复也是一种理念、指导思想，必须渗透到整个医疗系统，包括预防、早期识别及门诊、住院和出院后患者的医疗计划。医务人员必须具有三维的思维方式，即不仅治病救命，还要特别注重其实际功能。

2. 康复医学（rehabilitation medicine）　康复医学是临床医学的一个重要分支，是以改善躯体功能、提高生活自理能力、改善生存质量为目的，以研究病、伤、残者功能障碍的预防、评定和治疗为主要任务，具有独立理论基础、功能评定方法、治疗技能和规范的医学应用学科。康复医学包括康复基础学、康复评定学、康复治疗学、疾病康复学四大方面。

世界残疾报告指出"残疾（功能减弱或丧失）是人类的一种生存状态，几乎每个人在生命中的某一个阶段都有暂时或永久性的损伤及相应的功能障碍，而步入老年的人将经历不断增加的功能障碍"。

　　康复医学的价值核心是以功能为导向，强调通过积极的功能训练和／或必要的辅助器具或措施，改善或恢复患者的功能。它的最终目的并不是"治愈"疾病，而是最大限度地使功能恢复最大化，其中包括在身体、心理和社会参与三个水平上的恢复，并且通过各种评定使功能恢复量化，逐步恢复功能，提高患者的生活质量，促进其回归社会。

　　康复医学和临床医学相互交织、相互渗透，应从医疗第一阶段就开始进行，康复开始得越早，功能恢复得越好，耗费的时间、经费和精力就越少，所以在疾病急性期开始的所有医疗内容，都含有康复的意义。

　　康复医学常采用多专业联合工作的模式，即通过组成康复团队的方式来发挥作用。康复团队的领导为康复医师（physiatrist，rehabilitation physician），成员包括物理治疗师（physical therapist，PT）、作业治疗师（occupational therapist，OT）、言语矫治师（speech therapist，ST）、康复护士（rehabilitation nurse，RN）、心理治疗师（psychological therapist）、假肢与矫形器师（prosthetist and orthotist，P&O）、文体治疗师（recreation therapist，RT）、社会工作者（social worker，SW）。

（二）老年康复

　　老年康复（geriatric rehabilitation）是将康复的理论与实践用于老年医学。对于老年病残者来说，最大限度地恢复功能是指尽可能恢复年迈体衰者及因伤病致残老年人的日常生活能力，提高生活自理程度，减少发生久病卧床和老年性痴呆的概率。而重返社会的职业康复在老年人中并不重要。

　　1. 老年康复主要研究内容　①研究制订老年常见病及障碍的康复方案；②调查研究导致老年人残疾的原因并制订预防措施；③老年人康复治疗方法的研究；④老年人的康复评定；⑤老年人康复护理；⑥老年人社区、家庭的康复医疗；⑦老年人康复用品、用具及康复设备研制。

　　2. 老年康复对象　原则上患有急慢性疾病、具有不同程度功能障碍的老年患者，都属于老年康复对象。

　　3. 老年康复主要形式　包括预防性康复、治疗性康复和恢复性康复。

　　4. 老年康复的特点　康复恢复慢、康复时间长、康复难度大、康复过程中产生的并发症多、需要更多人文关怀和社会支持等。

二、康复评定

　　康复评定是通过收集和分析病、伤、残疾者相关资料，对其功能状况和水平进行定性和／或定量描述，进而准确地判断障碍的情况并形成障碍学诊断的过程。

　　康复评定主要目的：①确定障碍层次，明确障碍情况；②制订康复目标，奠定治疗基础；③判定治疗效果，修正治疗方案；④帮助判断预后，加强医患合作。对于老年患者的康复评定，除要明确患者的障碍种类及程度，还要区分哪些是疾病或外伤引起的，哪些是衰老引起的；影响患者目前生活状况、康复效果和预后的主要因素；哪些是可逆的和可治疗的；哪些是需要优先需要处理的；患者还存在哪些潜在的风险（如潜在的并发症、跌倒、病情加重、死亡等）。

　　康复评定的实施目前普遍采用方法是 SOAP 法：①主观资料（subjective data），患者个人主诉材料、症状；②客观资料（objective data），患者客观体征和功能表现；③评定（assessment），对上述资料进行整理和分析；④计划（plan），拟订处理计划，包括有关进一步检查、会诊、诊断、康复治疗和处理等计划。

　　对功能和残疾评定应按照 WHO"国际功能、残疾和健康分类（international classification of functioning disability and health，ICF）"即"国际功能分类"模式进行。该分类与"国际疾病分类（international Classification of diseases，ICD）"配套使用。ICD 是确定所患疾病种类、名称，ICF 则是确定患者实际功能状态。ICF 结构分为功能和残疾、背景性因素两大部分，见图 1-7-1。

　　ICF 从健康和总体幸福感的角度，分析了健康与功能状态、健康与残疾及健康与环境之间的相互关系，建立了基于生物－心理－社会模式的健康、功能和残疾新模式，强调了健康是个人身体功能和结构、活动和参与及环境因素交互作用的结果。功能和残疾按照三个水平组织信息：身体水平的"身体功能和结构（body functions and structure）"、个体水平的"活动（activity）"和社会水平的"参与（participation）"。功能和残疾

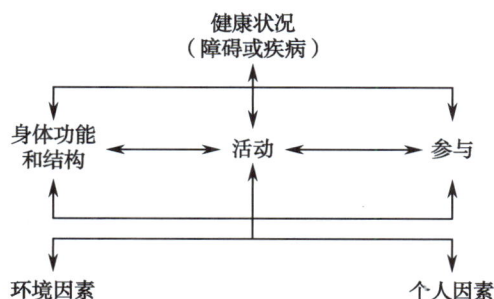

图 1-7-1　国际功能分类的结构

被认为是健康状况与情景性因素动态作用的结果。在 ICF 中，用"功能（functioning）"来表示"身体功能和结构""活动"和"参与"三个水平的积极方面，而残疾是一个伞形术语，包括损伤、活动限制和参与局限性，即用来概括三个水平的消极方面。

背景性因素包括环境因素和个人因素，分别表示功能和残疾的外在和内在影响。环境因素包括个体所处的家庭、工作场所等现实环境及社会结构、服务机构等社会环境两个不同层面，环境因素与身体功能和结构、活动和参与之间有交互作用。有障碍或缺乏有利因素的环境将限制个体的活动表现，有促进作用的环境则可以提高其活动表现。社会可能因为设置障碍（如有障碍的建筑物）或没有提供有利因素（如得不到辅助装置）而妨碍个体的活动表现。个人因素包括性别、种族、年龄、其他健康情况、生活方式、习惯、教养、应对方式、社会背景、教育、职业、经历、行为方式和性格类型、个人心理优势和其他特征等，所有这些因素或其中任何因素都可能在任何层次的残疾中发挥作用。

根据 ICF 理念和模式，康复评定包括身体水平、个体水平和社会水平三个层次，也应对背景性因素进行评估。

1．身体水平 包括身体结构和身体功能。身体结构是指身体的解剖部位；损伤是身体功能或结构出现的问题；身体功能是指身体各系统的生理功能（包括心理功能）。

2．活动水平 活动是由个体执行一项任务或行动；活动受限是个体在进行活动时可能遇到的困难。在活动水平常评测的是日常生活。

3．参与水平 参与是投入到一种生活情景中；参与局限性是个体投入到生活情景中可能经历到的问题。

4．背景性因素 代表个体生活和生存的全部背景，包括环境因素和个人因素。如老年人的合并症和并发症，老年人病前的功能水平，以及老年人的支持系统和居住环境等对康复都具有重要的意义。

三、主要康复治疗方法

1．物理治疗（physical therapy，PT） 指通过功能训练、物理因子（电、光、声、热、磁等）和手法治疗的手段恢复与重建功能的一种治疗方法。

2．作业治疗（occupational therapy，OT） 是通过选择个性化的作业活动作为治疗媒介来改善患者的功能，重点是改善认知功能、肢体功能和日常生活活动，要求患者主动参与，同时非常注重利用辅助工具和环境改良方法减轻残疾和残障，以求达到提高生活质量的目的。

3．言语治疗（speech therapy，ST） 是通过言语训练或借助于交流替代设备，对有言语障碍的患者进行针对性治疗，改善患者言语功能，实现个体之间最大能力交流的一种治疗。吞咽治疗目前也归类在言语治疗的范畴。

4．康复工程（rehabilitation engineering，RE） 是工程学原理和方法在康复医学的临床应用，通过代偿或补偿的方法来矫治畸形、弥补功能缺陷和预防功能进一步退化，使患者能最大限度地实现生活自理，回归社会。康复医学主要应用包括假肢、矫形器、助行器及自助器具等。

5．心理治疗（psychological therapy，PST） 指在良好的治疗关系基础上，由经过专业训练的治疗者运用心理治疗的有关理论和技术，通过治疗者与被治疗者的相互作用，以消除或缓解患者的心理、情绪、认知行为方面的问题或障碍，促进其人格向健康、协调的方向发展。

6．康复护理（rehabilitation nursing，RN） 是紧密配合康复医师和其他康复专业人员的工作，对康复对象进行一般的基础护理、各种专门功能训练及健康宣教，预防各种并发症和继发性功能障碍，减轻残疾的影响，以达到最大限度的功能改善和重返社会。

7．社会服务（social service，SS） 主要是对病、伤、残者提供有关就业指导、社会福利方面的咨询服务。

四、老年康复服务主要形式

老年康复服务的方式有三种：①康复机构的康复（institution-based rehabilitation，IBR），包括综合医院中的康复医学科（部）、康复门诊、专科康复门诊及康复医院（中心）、专科康复医院（中心）及特殊的康复机构等；②上门康复服务（out-reaching rehabilitation service，ORS）；③社区康复（community-based rehabilitation，CBR）。

第二节 常见老年人问题和病症的康复要点

一、跌倒

老年人跌倒近一半会引起严重的损伤,是导致老年人住院率增加和猝死的重要原因之一。

(一)康复评定

1．平衡功能评定 着重观察静态、动态和闭目条件下的身体摇摆。试验包括坐位、起立、站位及行走中的平衡,若有条件还可应用平衡评测设备进行评定。

2．步态分析 肉眼观察、简易足印法检查可以识别出异常步态,三维步态分析系统及肌电图的应用更能提供精确的实验室步态检查及分析。

3．对跌倒的恐惧心理评估 跌倒效验量表(fall efficacy scale, FES)选择 10 项 ADL 活动,评估完成活动而不跌倒的信心,由本人按目测类比测痛法(VAS)评分,从"极有信心"的 0 分到"全无信心"的 10 分。FES高分表示缺乏信心,预测 FES 得分的独立因素通常是步距、焦虑和抑郁。

(二)康复干预

1．加强跌倒健康教育 对象包括患者及其家属,能降低及消除引起跌倒的危险因素,降低跌倒的发生率和致残率。

2．跌倒风险评估与筛查 直接性的检查如步态、平衡、转向能力和关节功能等是非常必要的。通过病史和相关检查可以发现跌倒的风险因素。

3．平衡功能评估与训练 老年人应定时评估平衡功能,同时每年至少进行 1 次视力和前庭功能检查。有跌倒风险的老年人最好能够每周至少 3 次进行专业的、个体化的平衡功能训练。这些训练包括后向行走、侧向行走、脚跟行走、脚尖行走、坐姿起立,不仅可增加本体感受器的敏感度,而且可增强肌肉运动的分析能力和判断运动时间的精确度,降低跌倒的危险性。

4．增加运动量 美国健身和体育协会建议将规律运动作为中老年人跌倒的预防措施。参加低强度的运动训练、小运动量下肢训练、水中运动、步行、有氧运动、太极拳等均可有效降低跌倒率和跌倒损伤。

5．积极治疗相关疾病 包括神经系统疾病(帕金森病、脑卒中及认知功能障碍)、心血管疾病(晕厥)、骨关节肌肉疾病(下肢肌肉萎缩和骨质疏松)。

6．监控药物副作用和相互作用 对于服用多种药物和有明显副作用药物的患者,应进行跌倒风险评估,以确定是否需要更换或停药。

7．环境支持 对有跌倒史的老年人,应由专业人员为其进行家庭危险评估和环境改造。

8．生物反馈训练 有助于老年人行走时姿势的控制和体重的支撑。

二、长期卧床

长期卧床在日本定义为"卧床 6 个月以上的 60 岁以上者""用医学治疗和康复等方法没有离床希望的 60岁以上者",除年龄外要综合考虑三个方面:①造成被迫卧床的原因;②卧床的时间,应在 6 个月以上,而且大部分白天的时间是在床上;③日常生活能力严重依赖,如果有以上被迫卧床原因或 ADL 严重依赖,即使时间不到 6 个月,也可以称之为长期卧床。

(一)临床表现

主要是以失调节反应为主的废用综合征,常并发以下问题。

1．心血管系统 长期卧床可致左心室失用性萎缩,心率加快,心搏出量下降及直立性低血压。

2．运动系统 肌肉萎缩,肌力下降,每周可减少 10%～15%,而最大的致残性表现为关节挛缩,其发展速度很快,可能只两三天时间就会形成关节的僵直固定;另一种发展较快的残损是骨质疏松。

3．泌尿系统 尿失禁、尿路感染和结石。

4．心理、精神障碍 长期卧床极易导致患者出现抑郁、焦虑等不良心理甚至狂躁等精神障碍。

5．其他 压疮、坠积性肺炎、深静脉血栓、便秘等。

（二）康复干预

主要是预防性康复：首先防止出现长期卧床，卧床后防止发生继发性残疾。目前常用的是被动运动和按摩，但最有益的是主动运动，如床上体操等。进行离床运动时，应先作平衡和下肢练习再下床，活动范围为从床旁、室内到走道，逐步增加。注意严防直立性低血压和跌倒。

三、痴呆

（一）康复评定

认知评定内容一般包括感知力、定向力、注意力、记忆力、综合思维能力、解决问题能力等方面，在进行认知功能评定时，首先应从询问病史及临床观察开始，然后再选择评定量表。常用筛查量表包括简易智能精神状态检查量表（mini mental state examination，MMSE）、蒙特利尔认知评定（montreal cognitive assessment，MoCA），神经行为认知状态检查表（neurobehavioral cognitive status exam，NCSE）等，Loewenstein 作业治疗用认知评估（Loewenstein occupational therapy cognitive assessment，LOTCA）、HRB 神经心理学成套测验及韦氏智力测验则是常用成套的认知能力评定量表。

（二）康复治疗

1. 治疗原则　①以维护患者的自尊和自立、改善生命质量为宗旨；②通过训练、学习改善已经丧失但仍有可能恢复的功能，最大限度地发挥仍然保留的功能与技巧，改造和适应环境，减少残疾的影响；③重视心理、社会支持活动，增加社会接触；④加强医学管理。

2. 治疗方法　除药物治疗外，可以采取综合的治疗手段。包括：①认知功能训练，可以利用许多日常活动所包括的视、听、触、味、嗅等感觉刺激进行感觉刺激训练；②心理疗法，整个治疗过程要重视心理问题，要注意保护、尊重其自身价值观念和自尊的意识；③加强护理和社会服务。

四、慢性疼痛

慢性疼痛定义为持续 1 个月以上（既往定义为 3 个月或半年）的疼痛，可引起情绪和心理紊乱，严重影响患者的生活质量。

（一）康复评估

1. 目测类比测痛法（visual analogue scale，VAS）　是由一条 100mm 直线组成。此直线可以是横直线也可以是竖直线，线左端（或上端）表示"无痛"，线右端（或下端）表示"无法忍受的痛"，患者将自己感受的疼痛强度以"I"标记在这条直线上，线左端（上端）至"I"之间的距离（mm）为该患者的疼痛强度。该方法不适合文化程度较低或认知损害者，但可靠性强。

2. 数字疼痛评分法（numerical pain rating scale，NPRS）　是用数字计量评测疼痛的幅度或强度。数字范围为 0～10。0 代表"无痛"，10 代表"最痛"，患者选择一个数字来代表他自觉感受的痛。因 NPRS 在临床的效度较高，常用于评测下背痛、类风湿关节炎及癌痛。

3. 口述分级评分法（verbal rating scales，VRSs）　是简单的形容疼痛的字词组成 1～4 级或 5 级（由轻到重），如：①无痛；②轻微疼痛；③中等度疼痛；④剧烈的疼痛。最轻程度疼痛的描述常为零分，每增加 1 级即增加 1 分。此类方法简单，适用于临床简单的定量评测疼痛强度及观察疗效的指标。由于缺乏精确性、灵敏度，不适于科学研究。

4. McGill 问卷调查（McGill questionnaire）　此问卷调查表有 78 个描述疼痛性质的形容词，分为 20 组，每组 2～6 个词。1～10 组表示躯体方面（somatic）的字词，即对身体疼痛的感受；11～15 组是精神心理方面的字词，即是主观的感受；16 组是评价方面，即对痛的程度的评价；17～20 组是多方面的，即对多方面因素进行的评定。从这个调查表中可以得到：①疼痛评定指数（pain rating index，PRI）评分，它的评分的原则是每一组的第一字词表示"1"，第二个字词表示"2"，以此类推，最后将选择 20 组中的 20 个字词的评分相加即为 PRI；②现时疼痛强度（present pain intensity，PPI），此方法属于多因素疼痛调查评分法，能较全面地评定疼痛性质、程度及影响因素。由于相对其他疼痛评定方法评定时间较长，多应用于科研。

5. 心理评估　由于疼痛包括心理性因素，需要进行心理评估。

（二）康复治疗

1. 药物治疗　老年人使用药物起始剂量要小，观察老年人临床反应，直至达到有效浓度。严格遵守剂量个体化的原则。

2．物理因子治疗　包括光疗法、电疗法、磁疗法、超声波疗法、水疗法等。

3．运动疗法　主要通过神经反射、神经体液因素和生物力学作用等途径对运动系统、免疫功能的影响及心理精神的影响，有助于减缓疼痛。

4．认知行为疗法　50%~70%慢性疼痛患者均伴有认知行为和精神心理的改变，认知行为目的是鼓励和教育患者积极参与，帮助患者学习自我控制和处理问题的能力，改善与疼痛相关的认知结构与过程及功能状态。

5．身体支持和支具的应用　保持身体的正常对位、对线可以减缓疼痛。

6．中医治疗　包括针灸、推拿和按摩等。

7．微创介入治疗　一般用于药物及物理治疗效果不佳的慢性顽固性疼痛。

五、心脏疾病

冠心病是老年心脏疾病最常见的原因，退行性心脏病随年龄增加，发病率也逐渐增加。作为心脏终末阶段的心力衰竭，随年龄增加，所谓射血分数保留的心力衰竭的在心脏病中的占比逐渐增加，到 80 岁时接近一半。

（一）康复评定

1．病史　病史询问主要在于提供心脏病原发病的诊断线索，更重要的是发现活动性心脏病（如急性心肌梗死等），因为它们是心脏运动康复的禁忌。

2．心脏超声　评价心脏功能最常用的方法。射血分数是心脏收缩功能最常用的评定指标。多普勒血流超声有助于发现心脏舒张功能障碍。此外，心脏超声可以发现心脏结构的病变，包括肥厚型心肌病、主动脉瓣狭窄等，这些都是心脏运动康复的禁忌证。

3．心肺运动试验　诊断活动耐量下降最重要的诊断方法。它不仅可以提供病因诊断线索，而且可以量化活动耐量下降的程度。试验结果还可以为制订运动处方提供精确的参考数据（峰值摄氧量、无氧阈值）。

4．6min 步行试验　是心肺运动试验的替代试验，虽然诊断价值不如前者，但与前者具有良好的相关性，同样可用于进行康复评定。

（二）康复训练

运动训练是康复训练最重要的形式，包括有氧运动和抗阻运动，前者又是运动训练中的核心内容。运动训练计划又称运动处方，包括频率（frequency）、强度（intensity）、时间（time）和形式（type），即 FITT 原则。这四者相互关联，其中强度是核心。

一般而言，运动训练强度以患者最大摄氧量的 50%~70% 为宜，这种强度被称之为中等强度，每次运动时间 30~60min，每次运动的间隔不宜超过 2 日。近年来，间歇性高强度运动训练在心脏康复训练中逐步得到应用，研究认为这种形式的康复效果更好，且并未降低安全性。

（张存泰）

推荐阅读资料

[1] 黄晓琳，燕铁斌. 康复医学. 5 版. 北京：人民卫生出版社，2013.

[2] 杰弗里·哈特，约瑟夫·奥斯兰德，玛丽·E. 提内蒂. 哈兹德老年医学. 李小鹰，王建业，译. 6 版. 北京：人民军医出版社，2015.

[3] FRONTERA W R. DeLisa's physical medicine and rehabilitation: principles and practice. 5th ed. Philadelphia: Wolters Kluwer Health. 2010.

[4] LAHTINEN A, LEPPILAHTI J, HARMAINEN S. Geriatric and physically oriented rehabilitation improves the ability of independent living and physical rehabilitation reduces mortality: a randomised comparison of 538 patients. Clin Rehabil, 2015, 29（9）：892-906.

[5] RAO P K. Geriatric rehabilitation: from bedside to curbside. Boca Raton, FL: CRC Press/Taylor & Francis Group, 2017.

第八章 老年人健康管理

学习要求

1. 掌握健康管理、老年人健康管理的概念。
2. 熟悉我国老年人健康管理的内容和模式。
3. 了解国际老年人健康管理的内容和模式。
4. 了解老年人健康现状。

健康管理（health management）是对个体或群体的健康进行全面监测、分析、评估、提供健康咨询和指导及对健康危险因素进行干预的全过程。目的是降低不断增长的医疗费用，平衡不断增长的医疗需求和有限的医疗资源间的矛盾，有效地利用有限的卫生资源来满足最大的健康需求。

老年人健康管理（health management for the elderly）是旨在预防和控制老年相关疾病的发生与发展、提高生活质量，对老年人进行相关健康宣传教育，并对老年疾病的相关危险因素，通过监测、分析、评估及干预等手段加以改善的一系列方法。目前中国老龄化形势严峻，实施健康管理对于充分利用卫生资源，降低医疗费用，改善老年人的健康水平具有重要意义。

第一节 老年人健康现状

一、老年人健康状况复杂

我国老龄化形势严峻，老年人健康状况复杂。根据 2010 年人口普查结果，中国老年人健康状况总体良好，但不同省份老年人健康状况差异很大，东部地区老年人健康状况普遍较好，而中西部大多数地区健康老年人的比例相对较低；随着年龄的增大，老年人口健康状况恶化。调查结果显示，我国老年人口中有43.82% 自评身体健康，39.33% 基本健康，不健康者占 16.85%，生活不能自理者占 2.95%。由此推算，全国共有 3 000 万老年人处于不健康状态，无法长期照顾自己，需要长期护理的老年人总数已经超过 524 万人。

根据世界卫生组织《中国老龄化与健康国家评估报告》，随着人口老龄化进展，我国的疾病谱已经开始从传染病转向以高血压、心脏病、脑卒中等为主的慢性非传染性疾病。根据 2016 年相关统计，我国 2.2 亿老年人中近 1.5 亿人患有慢性病，并且老年人慢性病患病率随着年龄逐年升高。到 2030 年，慢性非传染性疾病的患病率将至少增加 40%。约 80% 的 60 岁及以上老年人将死于慢性非传染性疾病。

根据 1993 年、1998 年、2003 年、2008 年的四次国家卫生服务调查：60 岁以上老年人慢性病患病率增加，到 2008 年显著增加至 59.5%。而 65 岁以上老年人中共病的患病率为 55%～98%。此外，根据第四次我国城乡老年人生活状况抽样调查，失能、半失能老年人口数量较多，全国失能、半失能老年人约 4 063 万人，占老年人口的 18.3%。我国老龄化导致老年人的患病、失能和生活质量下降的问题较为突出。老年人多病共存、多重用药现象普遍，加上部分老年人健康意识淡薄，所以老年患者治疗矛盾多，健康管理难度大。

二、老年医疗资源不足

我国老龄化形势严峻，老年人健康状况复杂。我国现有的医疗资源难以满足老年人健康需求。老年专科机构、老年医学工作者的数量和质量远远不能满足老年人的需求；老年人医疗保障的覆盖面不足，保障体系的享有率低；病、残、弱老人主要由家庭提供基本护理，但照料水平较低，规范护理的需求越来越大。

地区经济发展的不均衡性和医疗卫生资源的不合理分布难以保证广大农村和边远地区的老年人平等享用卫生保健资源。与农村老年人相比，城市老年人能够享有更加全面的综合性卫生保健服务。中国的卫生专业人员和专业卫生保健机构都集中或围绕在经济发达地区，但是大部分老年人却居住在农村。城市地区和农村地区的每千人口医生数分别为 3.2 和 1.4。近几十年来，我国专科医院、康复医院和老年人医院的数目稳定增长，但其中 3/4 都集中在经济发达地区。

同时，老年人是医疗卫生资源消耗的最大群体。据统计，我国老年人消耗的卫生资源是全部人口平均消耗的 1.9 倍。随着我国老龄化形势日益严峻，老年人的医疗消耗将越来越大，会使全国有限的卫生资源更加紧张。

第二节　老年人健康管理的内容及模式

我国老龄化形势严峻，老年人健康状况复杂，慢性病人数多，且多病共存、多重用药普遍，医疗资源消耗多，但目前我国老年医疗资源难以满足老年人健康需求。所以从个人、家庭及社会的角度，加强老年人健康管理工作都势在必行。实施老年人健康管理具有重要的现实意义，可以充分利用现有的卫生资源，在减轻老年人医疗费用负担，减轻国家财政卫生支出中有着重要作用。通过健康管理有效控制老年人慢性病、常见病的发病率，可以减慢和控制已发病老年人的疾病发展进程。因政治、经济等原因，不同国家老年人健康管理的模式不同，下面分别阐述美国、英国、澳大利亚、日本等国外老年人健康管理模式及我国目前在老年人健康管理中的探索。

一、国外老年人健康管理

（一）美国老年人健康管理

美国首先提出健康管理的概念，美国蓝十字和蓝盾保险公司早在 1929 年就向教师和工人提供基本的医疗服务，对健康管理进行了实践探索。目前，美国老年人健康管理模式相对成熟。美国的老年人健康管理依托于老年医疗卫生保障系统，该系统主要通过基本医疗保险、医疗补助保险及补充医疗保险等支撑。

有代表性的模式是美国 20 世纪 70 年代开始的老年人全面照护计划（program of all inclusive care for the elderl，PACE）。这一计划采用一种全方位、个性化、团队化的模式为老年人提供健康管理服务。一个 PACE 团队成员主要有医疗服务专家、初级保健医生、有护理学基础的社工、营养师、物理治疗师、作业理疗师、活动协调员、注册护士、家庭护理员、司机等。PACE 的团队会根据老年人的需求和健康状况评估，主要有身体、医疗、心理、社会及文化等方面。

PACE 模式的内容主要包括医疗服务、社会服务及康复服务，通过完整的数据和长期随访，全面评估记录参与者的情况。PACE 模式通过提供便捷的医疗服务，以及全面而详细的社会服务和科学的康复服务最大限度地稳定慢性病，避免或减少并发症的发生。这种健康管理模式能够有效预防和主动发现服务对象的潜在健康风险并及时进行干预，从而减少了治疗中不必要的花费，是控制卫生费用的有效途径之一。

此外，美国退休养老社区连续医疗模式（continue care of retirement community，CCRC）也值得借鉴。CCRC 提供连续性医疗、保健及日常生活服务与支持。大部分老年人在加入 CCRC 时属于低龄老年人，身体健康，生活能自理。CCRC 提供基础医疗保健和预防，以及各种生活服务支持，包括餐饮、娱乐活动、宗教、图书馆、购物等。随着年龄的增长及急、慢性病和功能残缺的积累，老年人的需求逐渐升级，老年医学团队根据每位老年人的具体需求提供医疗保健服务和长期慢性病管理，从生活基本自理到部分支持，最后入住护理院服务。

（二）英国老年人健康管理

英国实行全民医疗保健制度，为此建立了以国家为核心运营机构的全民医疗卫生服务系统（national health system，NHS）。为了更好地为老年人健康管理服务，英国在 2001 年推出了一项针对 60 岁以上老年人享受卫生服务的 10 年计划 NSFOP（the national service framework for older people）。英国政府综合了医疗机构与社区结合的优势，社区中配备健康访视员，定期访问老年人，提供治疗、康复、营养等方面的服务和建议，并建立医院与社区的联系。

为了改善老年人健康管理和社会支持相对孤立的情况，英国政府推动"综合照护服务"，该服务是针对养老服务中健康照护和社会照护的"双轨制"而提出的资源整合办法，旨在消除传统卫生部门和社会服务部门的分割状态，提高资源的利用率和服务质量。"综合照护服务"对于有限的养老资源充分利用和相互协调，对提高老年人的服务体验及健康水平有重要意义。

（三）澳大利亚老年人健康管理

澳大利亚目前形成了一套相对完善的老年人健康管理模式。以社区为基础，以全科医生、医院和护理机构为老年人健康管理的主要服务提供者，构建了密切联系、双向转诊的老年医疗卫生服务网络，提供日常医疗保健、急诊和住院康复、机构护理等服务。其服务范围不仅针对老年人的身体疾病和功能障碍，也包括心理疏导和社会援助。澳大利亚采取了多种方式鼓励老年人留在家中和社区接受服务，其中包括老年病的多学科整合管理，老年人照护项目，居家延伸护理等。

（四）日本老年人健康管理

日本老年人健康管理主要是由政府主导建立了分级健康服务机构及制度，将医疗服务、护理服务甚至养老服务相结合。如日间照顾中心，主要针对需要日间康复训练的老年人。养老院接收痴呆老人和卧床不起的老年人。在护理的过程中对老人的健康情况和健康危险因素进行检测，并且对身体情况进行干预。日本的健康教育是贯穿整个健康管理过程的重要环节，通过健康知识教育，在居民中普及常见病、传染病和多发病的预防知识，引导人们自觉克服一些不良的生活习惯。

二、国内老年人健康管理

目前我国主要的老年人健康管理主要有社区健康管理、自我健康管理等。

（一）社区健康管理

世界卫生组织提出社区卫生保健是老龄化社会最经济适宜的医疗卫生模式，是解决老年健康问题的基本途径之一。我国大多数老年人居家生活，大部分时间生活在社区，部分老年人行动不便，对就医场所的距离远近比较关注，所以社区卫生保健模式适合我国老年人健康管理。但我国目前社区健康管理模式仍在发展、探索阶段，大部分社区卫生中心的工作重点还是对老年患者相关疾病的诊治，对老年人生理、心理、生活方式等方面关注度不够。老年人社区健康管理不能仅仅局限于疾病管理，应在充分考虑老年人特点的基础上，开展多方面的管理，对老年人的健康服务工作应从以疾病为主导转向以健康管理为主导。

我国有部分地区及学者对老年人健康管理模式进行了探索：①以预防控制慢性病为目标的健康管理模式，将糖尿病、高血压、慢性支气管炎等慢性非传染性疾病的老年患者作为研究对象，在社区老年人中选取某种慢性病患者，对其进行一系列的干预措施，达到提高老年人生活质量、提高治疗依从性的目的；②以疾病康复为目标的医院与社区协同的老年健康管理，针对手术后或急性病后需要长期恢复的老年患者，医院与社区协同对患者的康复进行健康管理，医院专科医生对患者做出个体化的健康管理方案，由社区医生具体执行；③以对全程健康维护的社区健康管理模式，其服务内容不仅局限于慢性病防治或术后康复治疗，而是以社区的全体居民为服务对象，对全社区居民的生命过程进行系统的健康、指导和维护服务，将预防保健、健康教育和疾病治疗结合到一起，这种健康管理模式的服务人群包含了老年人，且老年人是重点服务对象。

国家从卫生法规政策上给予支持社区健康管理，要求建立以乡镇卫生院和社区卫生服务中心为主体，以老年人服务为重点，提供公共卫生服务和基本医疗服务。如 2017 年原国家卫生和计划生育委员会发布《国家基本公共卫生服务规范（第三版）》，其中包括《老年人健康管理服务规范》，要求乡镇卫生院和社区卫生服务中心每年为辖区内 65 岁及以上的老年人提供 1 次健康管理服务，包括生活方式和健康状况评估、体格检查、辅助检查和健康指导等。

我国的社区老年健康管理目前也存在一系列问题，如相关法规、政策、资金不到位；费用不包括在社会医疗保险范围；服务模式无统一标准，服务范围相对局限；专业人才培养相对滞后等。所以需要政府加大对社区老年健康管理的政策支持和资金投入；完善老年医疗保险及健康管理费用报销机制；建立规范的健康管理实施路径和服务内容；加强社区老年健康管理人才培养；加强大型综合医院对社区卫生服务机构在健康管理方面的帮扶等。

（二）自我健康管理

老年人自我健康管理指老年人科学地管理自己的健康，主要内容有改善生活方式及管理自身疾病等。

生活方式与人们的健康和疾病密切相关，健康的生活方式可以消除或减少健康危险因素，从而减少许多疾病的患病风险，主要指有科学饮食和运动习惯等。防治高血压、糖尿病、冠心病等慢性病，要求老年人膳食符合低盐、低脂、糖尿病饮食等，补充高纤维、补充适量维生素及微量元素、优质蛋白等，强调戒烟、限酒等，并且有科学的运动，老年人需结合自身身体状况选择运动方式及强度，从而改善心肺功能，促进细胞的更新，有效地预防老年性疾病，并且延缓衰老的进程。

随着年龄的增大，老年人健康状况变差，尤其慢性病患病率及共病发病率逐年升高。所以需要老年人对自身健康状况及疾病有充分了解，定期到医院进行体检，定期监测病情，如血压、血糖、心率等。

除老年人社区健康管理、自我健康管理，也有学者提出老年健康管理应具有"六全"理念，即全人管理、全程管理、全域管理、全方位管理、全科管理、全民健康教育等。全人管理强调要重视老年人的身心健康。全程管理指建立集无病院前预防、有病院内救治、病后院外康复、日常居家照护、临终安宁疗护"五位一体"的健康管理全程的体系。全域管理指健康管理覆盖老年人的生活全域，包括个人 - 家庭 - 社区 - 环境。全方位管理指做到防治并举、康复照护并重。全科管理指结合老年共病的特点，改变单病诊疗、专科诊治为主体的医疗模式，进一步规范多学科团队及全科。全民健康教育是针对我国老年人群常见的慢性病开展健康宣教等，需要全社会力量的共同参与。

（三）老年人健康管理创新形式

老年人健康管理创新形式包括老年综合评估、老年多学科团队、互联网＋健康管理等。

1. 老年综合评估　老年人除高血压、糖尿病、心脑血管病、骨质疏松等常见慢性病外，往往合并有老年独有的常见问题，如痴呆、抑郁、谵妄、视力和听力障碍、睡眠障碍、跌倒、骨折、尿便障碍、压疮等。故老年人需要对其健康状况进行总体评价。世界卫生组织在《关于老龄化与健康的全球报告》中指出"确保每一个老龄个体都能得到综合性评估"。

老年综合评估是目前国内外比较流行的评估工具，是多维度评估老年人健康功能的工具之一，主要包括全面的医疗评估、躯体功能评估、认知和心理功能评估及社会 / 环境因素评估等方面。根据评估结果，并结合患者及家属的需求和愿望，对老年人进行分级管理、指导临床诊治和转归预测分析等以求治愈可逆性疾病、控制慢性病、强化身心与社会功能。最终目标是改善老年人的功能状态，回归家庭、回归社会。

2. 老年多学科团队　老年人多病共存，多重用药，多种老年综合征表现或多种老年问题出现等患病特点，要求老年病的管理不同于普通疾病管理，需要由多学科成员组成的整合管理团队为老年患者服务。老年多学科团队是指在传统医学诊治基础上，以老年医学科医生、营养师、精神卫生科医生、护师、康复师、社区服务人员等组成的多学科团队为支撑，以老年综合评估工具为手段，不定期地对老年患者疾病、功能状态进行全面评定，制订出贯穿住院和出院后，全面且个体化的老年病治疗新模式。

3. 互联网＋健康管理　2015 年李克强总理在政府工作报告中首次提出"互联网＋"行动计划。2018 年国务院办公厅正式发布《关于促进"互联网＋医疗健康"发展的意见》。通过"互联网＋"手段，全面推进老年健康管理服务。互联网＋健康管理的优势在于全方位系统地采集老年人个人信息，提供个性化服务；提高医疗机构效率，通过网络实现就医信息及时传输；加强医院、社区、机构等不同部门的交流；通过网络将优质医疗资源下沉至基层，推进分级诊疗，形成互联网大数据，显著提升广大基层、养老机构或居家老人心脑血管慢性病防治疗效；老年人可通过网络实现远程"求医问药"，早期发现、早期干预老年综合征，最大可能减少失能和失智等。目标是最大可能实现健康老龄化。

重视老年人健康管理，完善相关政策制度。老年健康管理将是以老年医学、预防医学、康复医学、心理学、护理学为学科支撑，以互联网＋管理为依托，以综合性评估、老年多学科团队、个性化干预为手段，以一体化治疗为体现的系统医疗服务过程，将对充分利用卫生资源、降低医疗费用、提高老年人的健康水平具有重要意义。

（陈新宇）

推荐阅读资料

[1] 巢健茜，徐辉，刘恒江等. 以社区老年人健康管理实现健康老龄化. 中华健康管理学杂志，2010，4（2）：114-115.

[2] 范利. 重视老年健康管理，应对老龄化挑战. 中华老年多器官疾病杂志，2017，16（1）：1-4.

[3] 国家卫生计生委关于印发《国家基本公共卫生服务规范(第三版)的通知》. 国卫基层发〔2017〕13 号.(2017-02-28)
〔2020-06-20〕. http://www.nhc.gov.cn/cms-search/xxgk/getManuscriptXxgk.htm？id=d20c37e23e1f4c7db7b8e25f34473e
1b.

[4] 王晓迪，LOUIS Y，郭清，等. 不同国家与地区老年健康服务模式的研究及对中国内地的启示. 中国全科医学，2018，
21(10)：1140-1150.

[5] 周光清，崔华欠，张鑫等. 城市社区老年人健康管理问题及对策. 中华老年医学杂志，2015，34(10)：1061-1064.

[6] World Health Organization. China country assessment report on ageing and health.2016.WHO Library Cataloguing-in-
Publication Data.〔2020-07-20〕. http://www.who.int/ageing/publications/china-country-assessment/en/.

第九章　老年人围手术期管理

学习要求

1. 熟悉老年患者术前评估与管理要点。
2. 熟悉老年患者术后风险防治与管理要点。
3. 了解老年患者的病理生理特点及术中管理要点。

随着中国社会人口老龄化，需接受手术治疗的老年患者也日渐增加。老年患者病理生理机制存在特殊性、脏器功能储备下降、多种疾病并存、多种药物联合使用、围手术期管理困难，导致老年患者手术死亡率和术后并发症发生率增加，老年急诊手术的死亡率和术后并发症发生率更高，因此老年人手术需慎重考虑、全面评估、优化管理。

第一节　老年患者术前评估与管理

老年患者术前评估：①老年综合评估，评估内容包括合并疾病、精神状态、营养状况、生活环境、社会支持系统和用药等，可以向外科医生提供较为全面的综合健康状况信息，以便对手术进行更准确的风险评估，同时还可基于此进行团队干预；②器官功能/疾病评估与管理，包括心脏功能、肺部并发症、血栓栓塞风险评估等。两者结合起来，更有利于对老年人进行全面的评估和充分的术前准备。

一、老年综合评估

（一）认知功能评估

对有认知障碍或痴呆病史的患者，应详细采集病史并进行认知功能评估；如根据简易智能精神状态量表（MMSE）评估患者是否存在认知障碍，如有异常可建议专科医师对患者进行进一步评估。

（二）焦虑抑郁状态评估

很多老年患者处于抑郁状态，可导致焦虑、失眠、营养不足，增加谵妄风险。焦虑及抑郁状态可导致术后死亡率增加、住院时间延长、术后疼痛及麻醉药物使用增加。可采用焦虑自评量表（SAS 表）（详见第二篇第二章）进行评估，如果分值超过 50 分，建议由神经专科医师进行进一步评估。

对抑郁的筛查，可通过患者健康问卷 -2（PHQ-2）进行初筛，该问卷只有两项条目：抑郁心境和快感缺失。对任何一个条目回答"是"即可能存在抑郁状态。进一步可应用老年抑郁评价工具（GDS-15 或 GDS-30）（详见第二篇第二章）进行评估。

（三）功能/体力状态和跌倒风险的评估

所有患者需对日常活动能力进行评估，首先，进行功能/体力状态的简短筛查试验（询问 4 个问题）：①你自己能下床或离开椅子吗？②你自己能穿衣服和洗澡吗？③你自己能做饭吗？④你自己能买东西吗？如果以上任一问题答"不能"，均应进行日常生活活动能力（activities of daily living，ADL）量表（详见本篇第二章）筛查。记录任何功能受限情况并给予围手术期干预（如推荐进行专科治疗和/或理疗），直至出院。其次，记录视力、听力或吞咽功能下降情况，再询问跌倒病史。

最后，建议采用起立行走试验（TUGT）对患者步态、运动受限情况进行评估。方法：患者坐在标准带扶手的椅子上，椅子距前方标线的距离为 3m，穿合脚的鞋并使用行走辅助器具，除此之外不应接受其他帮助；

患者按照以下指令进行检测，即从椅子上站起来（如可能，尽量不使用扶手），走到地面的标记线前面（3m），转身，回到椅子处，重新坐下。评分标准：TUGT≥15s提示有功能减弱。

（四）衰弱评估

衰弱是发生术后不良事件的独立预测因素，术前早期识别有助于评估手术风险，并可提前通过多学科团队来进行干预，预防可能的不良事件。衰弱的评估可采用FRAIL量表（详见第二篇第十章）。

（五）营养状态评估

老年患者营养不良的风险因素包括社会角色的孤立、经济来源有限、牙齿问题、饮酒嗜好、体重下降、抑郁、腹泻、便秘和其他的慢性疾病。营养不良主要带来的危害包括伤口愈合延迟、脓毒症的风险、伤口感染、增加死亡率。全面地评估包括饮食、体格检查和实验室检查，简单的工具有营养风险筛查（NRS 2002）和微型营养评价（MNA），详见第二篇第十二章。

二、器官功能/疾病评估与管理

（一）心血管系统评估与管理

心血管事件是术后最危险的并发症之一，急诊和大中型手术极易诱发和加重各种心脏事件，术前做好心脏危险的评估，并采取一些积极措施，能减少手术后的心脏事件，使患者获益。《老年患者术前评估中国专家建议（2015）》提出对所有老年患者术前进行运动耐量及心血管危险性评估，若患者的心脏合并症发生率为3级或4级，建议术前进行无创试验（如运动平板试验、核素心肌灌注显像、冠状动脉CT造影等）评价心脏风险。

对非心脏手术患者进行围手术期风险评估时，可参考美国心脏病/心脏协会（ACC/AHA）指南，或欧洲心血管病协会（ESC）颁布的老年患者术前心脏评估指南。术前危险分层的活动耐量评估可采用代谢当量（MET）进行评估（表1-9-1），1MET等于消耗氧3.5ml/（min·kg）。在预测围手术期事件时，活动耐量"差"定义为不能步行四个街区和爬两层楼梯，或无法耐受MET=4的活动，活动耐量较好的患者（如爬楼或短距离跑步或METS≥4而无症状者）极少需要无创检查或治疗来降低非心脏手术风险。

表 1-9-1　运动耐量评估表

患者功能状态
良好（MET>7的活动量）
提10.89kg重物向上走8节台阶
提36kg重物
户外工作（铲雪，铲土）
娱乐（滑雪，篮球，壁球，手球，慢跑或步行8.05km/h）
中等（MET为4~7的活动量）
性生活不需停下休息
平地上步行6.44km/h
户外工作（园艺，耙地，除草）
娱乐（溜冰，跳舞，狐步舞）
差（MET<4的活动量）
淋浴/穿衣不需停下休息，脱衣服和整理床铺，擦尘土
洗碗
平地上步行4.02km/h
户外工作（擦窗户）
娱乐（高尔夫，保龄球）

注：MET，代谢当量。

如果患者活动耐量差或有症状，可使用基于临床危险因素评估的经验性多变量预测模型中的风险指数来识别围手术期高风险患者，改良心脏风险指数（revised cardiac risk index，RCRI）由于其准确性和简便性备受青睐（表 1-9-2），其他较新的模型还有基于多个临床预测因素的全美外科手术质量提高计划（NSQIP）风险计算器。RCRI 评分有助于识别高风险心脏并发症患者，帮助确定此类患者是否可从进一步的无创心脏检查或术前预防性药物治疗中获益。

表 1-9-2　改良心脏危险指数评分（RCRI）

参数	评分
1. 高危手术（腹腔内、胸腔内和腹股沟上的血管手术）	1
2. 缺血性心脏病（心肌梗死病史或目前存在心绞痛、需使用硝酸酯类药物、运动试验阳性、ECG 有 Q 波或既往 PTCA/CABG 史且伴有活动性胸痛）	1
3. 慢性心力衰竭病史	1
4. 脑血管病史	1
5. 需胰岛素治疗的糖尿病	1
6. 术前肌酐>2.0mg/dl	1
合计	6

注：任一项预测因子如果存在得 1 分，可以据此预测心脏事件（如心肌梗死、肺水肿、心室颤动或心搏骤停、完全性传导阻滞）发生的风险。RCRI 为 0 分的患者发生重要心脏并发症的风险预计为 0.4%～0.5%；1 分的风险为 0.9%～1.3%，2 分为 4%～5.6%，3 分为 9%～11%。ECG，心电图，PTCA/CABG，经皮冠状动脉腔内血管成形术 / 冠状动脉旁路移植术。

对接受中低风险手术的病情比较稳定的老年患者可行十二导联心电图筛查，动态心电图适用于检查心律失常和无症状缺血患者。针对患有莫氏Ⅱ型二度房室传导阻滞和三度房室传导阻滞的患者，在择期手术前可放置临时起搏器。有心脏杂音的患者应常规行心脏彩超检查，排除主动脉瓣和二尖瓣疾病。在接受非心脏大手术前有症状或严重的主动脉瓣狭窄需先行主动脉瓣置换手术，伴有主动脉瓣反流的患者应采取措施预防心内膜炎。运动负荷试验为无创检查，有助于围手术期心肌缺血和心律失常的预防提供帮助，ACC/AHA 推荐作为能自主活动患者的首选。

（二）呼吸系统评估与管理

老年人慢性阻塞性肺疾病（COPD）、肺炎、呼吸暂停较为普遍。术前应详细评估病史、临床检查和功能状态。应关注病史中出现的呼吸困难、喘鸣、吸烟、咳嗽等问题。肺功能评价如爬楼能力可提供与肺功能定量测定相媲美的预测价值。肺功能定量测定对于胸部或上腹部手术肺部并发症的风险评估具有较高的价值。老年患者术后肺部并发症发生率为 2.1%～10.2%，包括肺炎、低氧血症、通气不足和肺膨胀不全等，这些并发症会明显增加 ICU 停留时间和死亡率。肺部并发症的预测因素包括手术部位、麻醉时间和方式、COPD、哮喘病史、术前呼吸道分泌物过多和胸部畸形，其中最重要的是手术部位。

术前应积极采取预防措施以降低术后肺部并发症的风险，包括：①详细的病史采集和体格检查，在术前应明确患者的活动耐力和肺部疾病情况；②术前治疗和控制 COPD 和哮喘等疾病至最佳状态，对于有感染征象者术前应加用抗生素治疗，哮喘患者在手术期应慎用 β 受体阻滞剂，以免诱发和加重哮喘；③戒烟；④术前加强呼吸肌训练和有效的咳嗽训练；⑤尽可能采用创伤小的麻醉和手术方式；⑥术后做好肺功能恢复的锻炼，并有效的控制术后疼痛；⑦必要时进行胸部 X 线检查、肺功能和动脉血气分析，或咨询呼吸专科医师进一步评估。

（三）脑卒中风险评估

脑卒中是指持续 24h 以上的突然发生的局灶性神经功能障碍。高龄患者发生脑卒中的危险因素包括高血压、动脉粥样硬化、活动不便、并发脑血管和 / 或缺血性心脏病、颈动脉狭窄、外周血管疾病、糖尿病、术中血流动力学不稳。其中比较重要的是高血压，有效的控制高血压可以大大降低脑血管并发症的发生率和死亡率。

脑卒中风险预测评分是术前评估的重要内容，术前可采用 Essen 量表进行脑卒中风险评估（表 1-9-3）。根据评估结果，可以将不同脑卒中风险的患者分层，并可选择有效的预防措施，如加强术中血压监测、维持血压在基线水平以上并选择更安全的麻醉和手术方式等。

表 1-9-3　Essen 脑卒中风险评估量表

危险因素	评分
年龄<65 岁	0
年龄 65～75 岁	1
年龄>75 岁	2
高血压	1
糖尿病	1
既往心肌梗死	1
其他心脏病（除外心肌梗死和心房颤动）	1
周围血管病	1
吸烟	1
既往短暂性脑血缺发作（TIA）或缺血性脑卒中病史	1
总分	9

Essen 脑卒中风险评分量表（ESRS）评分 3～6 分者为高度风险，年脑卒中复发风险为 7%～9%，6 分以上者为极高度风险，年脑卒中复发风险达 11%。

（四）肾功能评估

术前合并慢性肾脏病是术后发生急性肾损伤、消化道出血、心房颤动、低心排血量的独立危险因素，也是冠状动脉旁路移植术围手术期发生并发症的独立危险因素。对于老年患者应常规进行肾功能评估，对手术患者可根据肾小球滤过率评估患者的肾功能状况及术后发生急性肾损伤的风险。术前注意预防（如慎用肾毒性药物及对比剂等）或咨询肾脏专科医师采取相应的治疗等措施以降低术后发生肾衰竭的风险。

老年患者尤其需要精细的围手术期液体管理。老年人心肺功能下降、肾对水钠的调节变差，加之术前禁食、禁水及术中出血、失液等，导致容量管理困难，容易出现低血容量性休克，或容量超负荷导致心力衰竭、肺水肿。因此老年患者应密切监测生命体征、尿量及其他血流动力学参数。

三、围手术期药物管理

术前有关禁食、抗生素、抗凝药物、β 受体阻滞剂、他汀类药物、抗血小板药物的管理可参照相关指南执行。

第二节　老年患者术中管理

一、老年人的麻醉管理

高龄伴随一系列病理生理改变，并影响患者围手术期血流动力学、药代动力学等。当前针对老年人并没有一个普适的"最佳"麻醉方案，应对每个患者制订合适的个体化麻醉方案。选择麻醉方案时应注意老年人麻醉相关的病理生理改变（表 1-9-4）。

在麻醉的评估及实施过程中应全面考虑：①麻醉入路，考虑区域阻滞技术以减少术后并发症并减轻术后疼痛；②围手术期疼痛管理，注意疼痛史，采用多模式镇痛及减少阿片类药物的方案；③术后进行呕吐风险评估并采取预防措施；④预防压疮及神经损伤；⑤预防术后肺部并发症及低体温；⑥适度补液，维持血流动力学稳定，注意心血管药物的应用等。

表 1-9-4　麻醉相关病理生理改变及和临床意义

因素	病理生理改变	临床意义
心血管系统	交感神经反应降低	血压不稳
	静脉顺应性降低	易发生低血压
	前负荷降低	液体负荷重
	压力感受器受损	心脏充盈不足导致心脏功能下降
	心脏舒张功能障碍	

续表

因素	病理生理改变	临床意义
呼吸系统（食管）	肺动脉压增高 对缺氧和高碳酸反应降低 肌肉含量及肺顺应性下降 咳嗽反射和食管动力下降	易出现高碳酸血症和低氧血症 残留麻醉效应 呼吸做功增加 无效腔通气增加 误吸风险增大
神经系统	神经递质减少	术后谵妄和认知功能障碍的风险增加
内分泌系统	糖耐量受损	术中血糖升高
肝/肾	药物代谢改变 肾功能下降	药物清除率降低 易发生急性肾损伤
体温控制	肌肉量减少 血管反应性降低	低体温风险增高

二、老年人围手术期镇痛

术后疼痛会增加心肌缺血、心动过速、高血压和低氧血症的发生，从而给手术带来不良影响。有效的镇痛可以减少心肌缺血和肺部并发症的发生、促进早期下地活动、缩短住院日期并减少医疗费用。由于担心药物过量、副作用和阿片类药物成瘾风险，老年人的术后镇痛经常不足，加之疼痛的表达和感知受患者精神状态的影响，使疼痛的控制变得更难。术前应针对老年患者制订个体化镇痛方案。

目前普遍采用的术后镇痛技术包括缓释吗啡贴、非甾体抗炎药、患者自控式镇痛、局部麻醉技术（轴索、关节内、神经阻滞）和非药物措施（经穴位电刺激）。患者自控式镇痛技术因其吗啡用量较小，且与肌内注射吗啡相比并发症少而受到推崇，但前提是患者可以有效自控给药，对于有认知障碍的老年患者无法采用。

一般尽量减少阿片类药物的使用，术前、术中和/或术后增加对乙酰氨基酚的用量，或加用区域阻滞麻醉技术，如神经轴阻滞或周围神经阻滞。区域阻滞麻醉可减轻患者疼痛及镇静频率，减少机械通气时间、胃肠功能恢复时间，降低围手术期心肌梗死风险和围手术期总体风险。

三、围手术期恶心、呕吐的处理

围手术期恶心、呕吐（perioperative nausea and vomiting，PONV）是全身麻醉术后最常见的并发症之一，会降低患者满意度，延长手术后麻醉恢复时间，并增加并发症。所有接受外科手术的老年患者应评估术后恶心、呕吐的危险因素。患者因素包括女性患者、无吸烟史、术后恶心和呕吐史、晕动病、年龄<50岁；麻醉及手术相关因素包括挥发性麻醉剂和笑气（一氧化二氮）的使用、全身麻醉、术中和术后使用阿片类药物、手术时间过长。

根据美国老年医学会的相关指南，预防和治疗成人术后恶心和呕吐常用药物及其益处和风险总结见表1-9-5。

表1-9-5　预防和治疗成人术后恶心和呕吐常用药物益处和风险

药物	药物建议	风险
5-HT$_3$受体拮抗剂（如昂丹司琼）	备选方案	QT间期延长
糖皮质激素	老年人伴有谵妄或有谵妄高风险不建议使用	可能会诱发或加重谵妄
东莨菪碱经皮贴	慎用，除非无其他替代药物	强烈的抗胆碱能特性（增加谵妄/认知障碍的风险）
甲氧氯普胺	慎用，胃瘫除外	衰弱老年人锥体外系效应的风险可能增加
小剂量异丙嗪	避免使用	抗胆碱能（谵妄/认知障碍风险增加）
氯丙嗪	避免使用	抗胆碱能（谵妄/认知障碍风险增加）

四、围手术期低体温的防治

低体温是指机体的中心温度(鼻咽、食管或直肠)低于36℃。这是外科患者最常见的围手术期不良事件之一,发生率50%以上。低体温对外科手术患者预后产生明显的不良影响,包括心血管事件、手术部位感染、凝血功能障碍及麻醉药物作用时间延迟等。由于老年患者体温调节能力较差,低体温带来的影响更为明显。术后早期,中度低体温可以提高去甲肾上腺素的浓度、收缩外周血管、提高动脉压,与心血管缺血和心律失常有关。还可能增加出血和伤口感染机会,减慢药物代谢,延长住院时间。

术后保持体温正常会明显减少心脏事件等并发症的风险。预防围手术期低体温的有效措施包括主动措施如热风机、加热毯、预热输注液体等,被动措施如覆盖患者裸露部分、呼吸回路中加湿热交换器等。研究显示麻醉诱导前即开始使用被动覆盖和主动保温(热风机)措施可有效减少术后低体温发生。

寒战在高龄患者中较少出现,而出现寒战会增加20%~38%代谢率。发生术后寒战的危险因素包括术中低体温(冷液输入、冷干麻醉气体的吸入、脏器的暴露、手术时间较长、年龄和性别)、交感神经活性降低、肾上腺抑制、强烈的脊髓反射和术后疼痛。术后寒战可以通过皮肤表面加温,热照射和药物的方式治疗。因低体温而寒战的患者在主动复温的基础上可给予哌替啶、曲马多或右美托咪定治疗。

第三节 老年患者术后管理

一、老年患者术后谵妄防治

谵妄的高危因素大致分为易感因素和促发因素两类。其中易感因素包括高龄、痴呆(临床常未被识别)、生理及认知功能异常、共病情况严重等。男性、视听力受损、抑郁症状、轻度认知损害、实验室指标异常、酒精滥用也可增加谵妄风险。促发因素包括药物(尤其是镇静及抗胆碱能药物)、手术、麻醉、严重疼痛、贫血、感染、急性疾病及慢性病急性加重等。近来伦敦皇家内科医学会联合英国老年医学协会制定了相关临床指南(NICE),建议在入院时确认谵妄高危患者并将采取预防措施。已证实预防性多手段干预可减少老年住院患者谵妄的发生率(详见第二篇第三章)。

药物治疗仅适用于患者躁动症状严重、如不及时控制症状有可能危及患者自身安全(如意外拔管、拔除输液通路或引流管等)或医务人员安全。应避免使用苯二氮䓬类药物治疗谵妄,因其是谵妄的重要危险因素,限制使用可降低ICU谵妄的总体发生率。需注意的是该类药被推荐用于治疗酒精戒断综合征,另外对于苯二氮䓬类药物依赖的患者,不应突然停药。

第一代抗精神病药物氟哌啶醇是治疗谵妄的经典药物。2002年镇静临床实践指南曾推荐氟哌啶醇用于谵妄的治疗。但2013年更新指南指出"没有已发表的证据证实氟哌啶醇可以降低ICU患者谵妄的时程(无证据)"。右美托咪定作为高选择性α2肾上腺受体激动剂,有镇痛和"协同镇静"作用,对呼吸影响较小。与苯二氮䓬类和丙泊酚相比,右美托咪有可能降低机械通气患者谵妄的发生风险。其他药物治疗详见第二篇第三章。

二、跌倒的预防

住院患者跌倒的危险因素包括精神状态改变、脱水、经常如厕、跌倒史、步态或活动障碍、视力障碍等。所有入院老年患者都采取措施预防跌倒,对于术后有跌倒危险因素的老年患者,应进行有针对性的跌倒预防护理计划(详见第二篇第六章)。但相关预防措施不应限制术后早期活动。

三、血栓风险评估与防治

静脉血栓栓塞症(VTE)是医院内非预期死亡的重要原因,已经成为医院管理者和临床医务人员面临的严峻问题。国内外研究数据显示,无论外科手术还是内科住院患者,40%~60%的患者存在VTE风险。准确评估外科手术患者VTE的发生风险并给予恰当的预防措施,可以降低VTE发生率及相关的病死率。国际指南推荐采用Caprini风险评估模型评估外科手术患者VTE风险,按照不同Caprini评估分值将术后VTE发生风险分为极低危(0分)、低危(1~2分)、中危(3~4分)、高危(≥5分),该模型同样适用于中国人。抗凝的同时还需评估出血风险。

按照 2018 版《肺血栓栓塞症诊治与预防指南》，VTE 预防措施包括：①基本预防，加强健康教育，注意活动，避免脱水；②药物预防，对于 VTE 风险高而出血风险低的患者，应考虑进行药物预防，包括普通肝素、低分子量肝素、磺达肝癸钠、新型口服抗凝药等；对长期接受药物预防的患者，应动态评估预防的效果和潜在风险；③机械预防，对 VTE 风险高，但存在活动性出血或有出血风险的患者可给予机械预防，包括间歇充气加压泵、梯度加压弹力袜和足底静脉泵等。

2018 版《肺血栓栓塞症诊治与预防指南》对外科手术患者 VTE 预防推荐主要包括：①术后早期活动；②如不存在高出血风险，VTE 风险为低度（Caprini 评分 1～2 分），建议应用机械预防；③VTE 风险为中度（Caprini 评分 3～4 分），建议应用药物预防或机械预防；④VTE 风险为高度（Caprini 评分≥5 分），推荐应用药物预防或联合机械预防；⑤具有 VTE 风险患者，如同时存在较高大出血风险或出血并发症，推荐应用机械预防，如出血风险降低，改用药物预防或与机械预防联用；⑥多数 VTE 高风险患者，建议药物或机械预防至术后 7～14d，对于合并恶性肿瘤的外科手术和骨科大手术患者，建议延长预防时间；⑦不建议用下腔静脉滤器作为 VTE 的一级预防措施；⑧出血可能会导致严重后果的外科手术（如颅脑、脊柱手术等），建议应用机械预防，当风险为高度（如因恶性肿瘤行开颅），如出血风险降低，建议改为药物预防联合机械预防。

四、各系统并发症的防治

1. 呼吸系统　老年患者术后易出现各种肺部并发症，包括肺不张、院内获得性肺炎和急性呼吸衰竭等，应积极采取相关的预防措施（同前述）。

2. 脑血管　术前进行颈动脉超声检查，使用抗血栓药物及他汀降脂治疗，降低脑卒中的发生；对房颤进行有效的干预。

3. 心血管　老年患者围手术期最易出现的心血管系统并发症是心肌梗死和心肌缺血。心肌梗死的高发时段是在术后 3d，特别是手术后第 1 日。大多数术后心肌梗死是隐匿性和非 Q 波型，术后镇痛治疗和麻醉药的残余作用常使心肌梗死呈隐匿性，较难发现并及时处理。监测心电图的特殊变化（ST 段抬高、Q 波出现）并结合 CK、CKMB 酶，以及肌钙蛋白 T 和 I 水平升高可明确诊断。

五、压力性损伤

老年患者术后压力性损伤风险较高，高危因素包括由于痉挛或挛缩导致的体位异常、高龄、水肿、共病负担（心血管、神经或骨科疾病）、免疫功能低下、尿失禁、感染、活动受限、感觉丧失、剪切力、皮肤脆性、持续受压等。对所有老年术后患者应评估发生压力性损伤的风险。压力性损伤的评估及干预措施（详见第二篇第八章）。

六、术后营养

老年住院患者营养不良发生率高达 38.7%，术后营养不良与不良预后密切相关。老年患者应评估每日摄入量是否足够及误吸的风险。如有必要，需及时进行饮食咨询和 / 或吞咽能力评估。

欧洲肠外与肠内营养学会（ESPEN）推荐：胃肠手术后，尽早开始正常饮食或肠内喂养；对不能开始早期口服营养的患者应采用管饲，适应证包括因头颈部或胃肠道肿瘤接受手术、严重创伤、术前明显营养不良、口服营养摄入不足（<60% 目标量）超过 10d 等。住院期间应定期评估营养状况，必要时在出院后继续进行营养支持。ESPEN 指南推荐对于营养不良或有营养不良风险的老年患者，推荐使用口服营养补充剂增加能量、蛋白质和微量营养素的摄入，以维持或改善营养状况并提高生存率。可使用口服营养补充剂改善或维持营养状态的患者包括虚弱老年患者、有严重神经性吞咽困难的患者、早期和中度痴呆患者、髋部骨折和骨科手术后。

总之，老年外科患者的围手术期管理是一个细致、复杂的问题，涉及对社会人口结构的变化及老龄化生理学等多方面的认知。对接受手术的所有老年患者中，应进行全面细致的综合评估，实施全面精准的围手术期管理。

（奚　桓）

推荐阅读资料

[1] 于普林. 老年医学. 2版. 北京：人民卫生出版社，2017.

[2] 张建，范利. 老年医学. 2版. 北京：人民卫生出版社，2014.

[3] 中华医学会呼吸病学分会肺栓塞与肺血管病学组. 肺血栓栓塞症诊治与预防指南. 中华医学杂志，2018，98（14）：1060-1087.

[4] 中华医学会老年医学分会，解放军总医院老年医学教研室. 老年患者术前评估中国专家建议（2015）. 中华老年医学杂志，2015，34（11）：1273-1280.

[5] 中华医学会麻醉学分会老年人麻醉学组. 中国老年患者围术期麻醉管理指导意见. 国际麻醉学与复苏杂志，2014，35（10）：870-881，901.

[6] 朱鸣雷，黄宇光，刘晓红，等. 老年患者围手术期管理北京协和医院专家共识. 协和医学杂志，2018，9（1）：36-41.

[7] American Geriatrics Society Expert Panel on Postoperative Delirium in Older Adults. American Geriatrics Society abstracted clinical practice guideline for postoperative delirium in older adults. J Am Geriatr Soc，2015，63（1）：142-150.

[8] FLEISHER L A，FLEISCHMANN K E，AUERBACH A D，et al. 2014 ACC/AHA guideline on perioperative cardiovascular evaluation and management of patients undergoing noncardiac surgery：a report of the American College of Cardiology/American Heart Association Task Force on Practice Guidelines. Circulation，2014，130（24）：e278-e333.

[9] KRISTENSEN S D，KNUUTI J，SARASTE A，et al. 2014 ESC/ESA Guidelines on non-cardiac surgery：cardiovascular assessment and management：The Joint Task Force on non-cardiac surgery：cardiovascular assessment and management of the European Society of Cardiology（ESC）and the European Society of Anaesthesiology（ESA）. Eur J Anaesthesiol，2014，31（10）：517-573.

[10] MARCANTONIO E R. Delirium in hospitalized older adults. N Engl J Med，2017，377（15）：1456-1466.

[11] VOLKERT D，BECK A M，CEDERHOLM T，et al. ESPEN guideline on clinical nutrition and hydration in geriatrics. Clin Nutr，2019，38（1）：10-47.

第十章 老年人急性期照护、中期照护与长期照护

学习要求

1. 掌握老年人急性期照护、中期照护与长期照护模式的定义、目的和主要内容。
2. 熟悉老年人中期照护需符合的 5 个条件。
3. 熟悉老年人急性期照护模式的实施流程。
4. 了解谵妄病房、医院老年人生活计划和骨科老年联合单元等特殊形式的老年人照护模式。
5. 了解老年人急性期照护、中期照护与长期照护的现状。

老年人由于生理功能和储备功能均有不同程度地下降，合并多种慢性疾病，存在多重用药，伴有部分功能缺失，同时还受精神、心理、周围环境等诸多因素的影响，容易在住院期间发生跌倒、压疮、大小便失禁、谵妄等老年综合征，最终导致老年患者生活自理能力下降，甚至失能，致其难以出院。其主要原因是忽视了住院期间对老年人的功能保留。研究证实，按照传统的医疗模式，即只重视对急性病的诊治，多数老年患者容易发生住院相关的并发症，丧失患病前的穿衣、吃饭、行走、自我照顾等日常生活自理能力。

因此医疗机构需要为老年患者在疾病的急性期、中期及长期等不同时期，建立以患者为中心的照护模式，从而改善老年患者的临床结局、减少医疗开支。在欧美老年人照护模式已经比较成熟，其优势在多项大型临床研究中得到了证实。近年来该模式在国内逐渐被认识。

第一节　老年人急性期照护

一、背景及定义

近 20 年来，来自欧美越来越多的研究证实，按照传统的医疗照护模式，多数老年人在住院期间容易发生失能和医疗相关并发症，患者在出院后的日常生活自理能力或独立自理能力较入院前显著下降。调查发现，80 岁以上的老年患者在出院时约有 50% 会发生功能下降，其中 90% 的老年人在 3 个月内无法恢复到入院前的功能状态，甚至会发生更严重的失能。因此，为了避免老年患者在住院期间的功能丧失，1990 年美国 Cleveland 大学附属医院建立了世界上第一个老年人急性期照护病房，在住院期间帮助或指导老年人早期开始功能锻炼，促进老年患者的功能恢复，即老年人急性期照护模式。随后多项大型临床研究证实，老年人住院期间的功能丧失正是单纯以急性疾病诊治为核心的传统照护模式导致的结果。Mary 等分析了 13 项随机对照临床研究，发现在急性期照护模式中的患者，其住院期间的跌倒、压疮、营养不良、尿失禁及谵妄等并发症发生率较传统模式显著减少，住院时间也缩短，并能在出院前快速恢复到入院前 2 周的功能状态，患者再住院率也下降，出院后需要继续进护理机构的概率也减少，同时也节省了医疗开支，因此该模式近年来在国内逐步被认识并开始推广。

老年人急性期照护（acute care for the elderly，ACE）是指由医疗服务机构为老年急危重症患者提供的医疗救护和相关服务，包括治疗急性疾病，关注影响老年人重返健康生活的因素，改善老年患者的出院结局。其中老年人常见的急危重症包括急性脑卒中、急性心肌梗死、肺水肿、肺栓塞、气胸、血胸、消化道出血、骨折、多器官功能衰竭及各种临床危象。由于老年人的生理特点不同于其他普通人群，医疗机构不能按照普通的医疗照护模式来管理老年患者。因此，为了实现全面关注老年人健康，需要建立老年人急性期照护模

式，包括以患者为中心多学科团队合作诊疗、经常性医疗回顾和药物治疗评估、早期康复训练、早期制订出院计划，以及对病房环境改造等。一般急性期照护时间为5～10d，不超过3周。

二、老年人急性期照护的主要内容及模式

（一）急性病诊治

急性病诊治是传统照护模式的主要内容，即在短时间内解除严重威胁老年患者生命的各种疾病和相关危险因素，主要包括对重要脏器急性功能衰竭的诊治，如心力衰竭、呼吸衰竭、肝衰竭、肾衰竭等；还需要解决各种临床危象，如高血压危象、消化道出血、糖尿病危象和甲状腺危象等；也包括一些急诊手术，如有条件切除的肿瘤、骨折、不能用非手术方法解除的梗阻、器官移植或其他外科疾病的手术治疗。

（二）急性期照护模式

老年人急性期照护不仅包括对老年患者的急性病进行诊治，也需要兼顾老人的躯体、精神及社会方面的健康状况，并注重患者的功能维护。这种功能状态影响着老年人生活质量、疾病预后及医疗成本。老年人急性期照护模式包含以下5个方面。

1. 以患者为中心多学科团队医疗合作　以患者为中心，老年医学专家为主导，联合老年科护士、营养师、康复治疗师、药剂师、社会工作者及精神心理治疗师等多学科团队合作，共同为患者诊疗疾病，进行老年综合评估、制订治疗计划，防止患者出现日常自理能力或活动功能减退，并关注患者的营养状况，脱水情况，心理、精神、认知、睡眠及皮肤是否完整等方面的内容。

2. 医疗回顾和药物治疗评估　每日召开多学科会议，分享各学科所收集的患者信息，讨论患者的病情变化及各专业提出的治疗计划，汇总达成一致意见，避免患者的功能丢失，或出现与治疗相关的功能减退。同时检查患者的用药情况，避免不合理用药，防止医源性并发症的发生。

3. 早期康复训练介入　在住院期间关注老年人的运动功能和活动情况，尽量避免束缚患者。康复理疗师（包括运动治疗师、作业治疗师、语言治疗师）指导患者在病房早期开始功能训练，防止患者在住院期间出现生活自理能力下降，使患者在出院时恢复到入院前2周的功能状态。

4. 早期制订出院计划　在入院早期，由多学科合作团队与患者所在的社区或初级医疗保健服务中心的医生、护理人员，或患者家属保持密切联系，讨论患者何时出院，出院后如何继续接受治疗，以及回家后的照护计划，为患者出院后持续药物治疗、继续完成康复训练及照护等都做好准备，或为出院老年人的延续照护作出规划。

5. 环境改造　增加有利于老年人日常活动和康复锻炼的安全设施，目的是提高或保持患者在住院期间的躯体功能，同时防止患者的认知功能下降。如在病房的走廊和浴室的墙壁上为患者安装扶手，病房安装扬声器或传感器，避免其跌倒。在浴室安放淋浴座椅，为关节不便的老人准备高位马桶，增加公共活动区域，在康复站放置哑铃等运动器材，鼓励患者多运动，多交流，并独立完成日常活动。在病房安装挂钟、日历、图片，增强或保持患者的定时、定向，以及记忆学习能力。

（三）其他照护模式

与老年人急性期照护模式相似，还有其他常见模式，如谵妄病房、医院老年人生活计划、骨科老年联合单元等。

1. 谵妄病房　谵妄（delirium）在老年患者中发病率较高，谵妄的产生与多种因素有关。谵妄患者表现出精神错乱，有时症状又有波动，并常合并意识或认知功能障碍。而且老年谵妄患者容易出现功能丧失，跌倒、认知功能损害，导致患者的住院时间延长，死亡风险增加。因此需要专门为谵妄的老年患者设立独立病房，并提供特殊的照护。

2013年，Inouye等对谵妄老人的照护模式进行了一项荟萃分析，发现超过50%的老年人在疾病急性期会出现谵妄症状，分析该症状的出现与患者高龄、认知状况、基础疾病的严重程度、合并症、昼夜节律紊乱、脱水、营养不良、视听觉障碍或在住院期间使用了某些特殊药物、感染、活动减少、留置导管、手术、进入ICU等诸多因素有关。这类患者容易在病房跌倒、出现营养不良或感染等并发症，造成医疗费用增加、住院时间延长。

老年谵妄患者需要有经验的人员24h专门看护，注意避免诱发谵妄的因素，尽量减少噪声，保持病房安静，避免光和过多色彩的刺激，并为患者安排独立的活动和吃饭空间。由老年医学专家、老年医学科护士、

营养师、康复理疗师、社会工作者及心理精神科医生组成的老年多学科团队合作，负责患者的照护工作。在谵妄病房中，患者的跌倒风险下降，营养状况、睡眠节律和睡眠质量都得到了提高，同时也保证了患者的日常活动和药物治疗。研究证明，设立谵妄病房后，患者的跌倒风险较普通病房降低了73%，同时被约束的患者也显著减少，患者的住院时间缩短，并发症减少，患者及其家属的满意度提高，也节省了医疗开支。

2. 医院老年人生活计划（the hospital elder live program，HELP）　即HELP病房，指医院采取多种干预措施预防高龄老人在住院期间出现谵妄症状。该种模式较老年人急性期照护模式更复杂和昂贵，对有中度谵妄风险的患者尤其有效。

3. 骨科老年联合单元（orthogeriatric service）　主要指由骨科医生、康复科医生、有经验的护理人员、老年医学专家等组成的多学科合作团队，对有骨病的老年手术患者进行的合作诊疗，包括对患者进行老年综合评估，协同为患者制订完善的术前、术后照护计划。在手术后，康复科医生指导患者早期开始功能锻炼，可以有效地恢复患者的日常生活自理功能，防止患者术后发生再次骨折、减少患者因卧床导致的肺部感染等严重并发症。

三、老年人急性期照护的具体实施

（一）老年人急性期照护模式成功实施的依托

老年人急性期照护模式首先要获得医院管理者的支持，帮助实现病房特殊环境、设施的改造和维护，协调并建立医院多学科合作团队为老年患者服务，以及制订相关的诊疗制度和流程。

（二）医院建立稳定的多学科医疗团队

以老年医学专家为主导，联合有经验的老年医学科护理人员、康复理疗师（包括言语治疗师、运动治疗师、作业治疗师等）、营养师、药剂师、社会工作者组成的医疗团队为患者诊疗，还有随时可联系精神心理科医生协助。

老年医学科医生主要负责患者的老年综合评估，疾病的诊断和治疗，并制订出院计划；护士根据老年综合评估结果对患者进行护理干预；康复师根据患者的肌力、活动能力制订康复计划，并在病房指导或协助患者完成康复训练；营养师评估患者的营养状况，制订营养均衡的食谱或给予营养治疗；药剂师主要检查患者的用药，避免不合理用药；社会工作者了解患者的医保类型、家庭情况，以及是否有足够的经济能力完成后续的治疗和康复计划，并提供相应的帮助。患者出现精神或心理问题时，随时联系心理科或精神科医生会诊。

（三）老年人急性期照护实施的具体流程

患者入院后，老年医学科专家联合多学科医疗团队，治疗患者的急性病；同时进行老年综合评估，发现患者在临床医学、精神心理、社会行为、生活环境及其他功能方面存在的问题。

营养师负责患者的膳食配置和营养治疗。康复理疗师为患者制订康复计划。如果因疾病导致患者活动受限，康复师会在床旁帮助患者完成康复训练，或指导护理人员帮助患者完成每日的康复锻炼。医疗小组中的老年医学科医生或社会工作者联系患者所在的社区医院或与患者的家属沟通，早期为患者制订出院计划。每日下班前医疗团队召开会议，汇总所获得的患者信息，讨论与患者治疗和康复相关的问题，查看是否存在与治疗相关的功能下降，及时调整治疗方案，并达成一致意见。药剂师检查并精简患者的用药，防止不合理用药和药物不良反应。患者出现精神心理问题时，及时与精神心理科医生联系，谨慎并合理使用抗精神病药和镇静催眠药。护理人员检查患者的皮肤是否完整，减少患者卧床、床上进餐、被约束，以及尿管的使用情况，对有跌倒、压疮、谵妄等风险的患者提出个体化的照护建议，预防老年综合征发生，指导并完成相关的护理工作。实施流程见图1-10-1。

（四）老年谵妄患者急性期照护的实施

需要为老年谵妄患者建立特殊病房，并尽量采用非药物管理模式。一般谵妄病房由几张病床组成，配有独立小型的护理单元，有24h专人看护，尽量避免约束患者，进行非药物管理。

按照"TADA"原则照护谵妄患者。忍耐（tolerate）患者的情绪变化，异常言行，并预测其需要（anticipate），避免激怒患者（don't agitate）。在24h看护下，鼓励患者多活动（ambulate）。如果患者的睡眠节律改变，或出现了一些异常言行，甚至幻觉时，医护人员需要分析其原因，鉴别患者是否有原发病加重，还是出现了新的并发症。患者活动时要有人陪伴，平时有其信任的人照护，使其充分地感受到住院环境的安全和友善，尽快帮助患者恢复正常的认知。

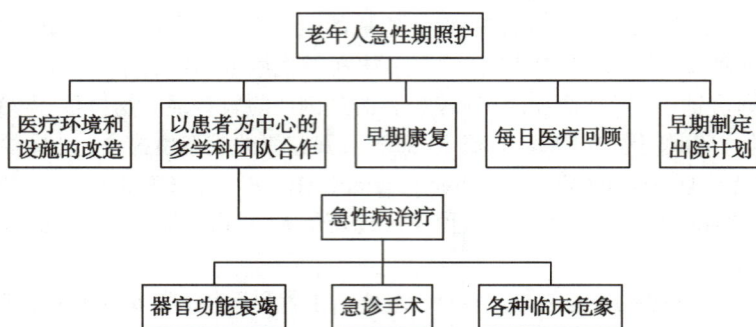

图 1-10-1　老年人急性期照护实施流程图

第二节　老年人中长期照护

在人口结构老龄化、家庭结构小型化、疾病状况慢性化、健康问题障碍化等背景下，老年照护服务需求日益增加，中长期照护已经成为全球范围内具有政策性、社会性及经济性的问题。新修订的《中华人民共和国老年人权益保障法》明确指出："国家逐步开展长期护理保障工作，保障老年人的护理需求"。老年照护服务模式是老年人实现健康生活的必要保障。老年健康服务的需求不断增长，建立有中国特色的老年照护服务模式必然是大势所趋。

一、中期照护

中期照护（intermediate care，subacute care）是一种新型的工作方法，以老年综合评估为基础，对实施中期照护的人群进行短期干预，使其尽可能恢复独立家居能力。执业医生按照中期照护的准入标准，将患者纳入中期照护机构，实施多学科、全方位、个体化的整合治疗，再按照准出标准将患者转出。

（一）中期照护是疾病发展过程中期阶段的医疗服务模式

主要是服务于具有康复潜能的急性后期和亚急性患者，提供综合性医疗、康复和护理服务。中期照护目标是提高患者生活质量和健康期望寿命，恢复患者独立生活能力、避免失能残疾，同时控制原发病。采用综合功能评估手段，为患者提供多学科整合管理服务。

中期照护是 2000 年英国卫生署在国家卫生服务计划中以官方健康照护政策提出，指在疾病急性期和恢复期之间，慢性功能缺损患者入驻机构，协助末期患者达到最佳舒适状态的照护。英国卫生署将中期照护定义为通过扩大和发展社区健康和社会公共服务，以"贴近家庭的照护"为目标的服务模式。

（二）中期照护条件

1. 服务对象是急性病好转无必要住院治疗，并且功能可以恢复的老年患者。

2. 服务内容以老年综合评估为基础，并根据评估结果制订个体化的医疗、康复和护理方案，提供多学科的综合治疗。

3. 服务目标是尽最大努力提升老年患者的功能自主独立性，使患者尽早回归家庭和社会。

4. 一般不超过 8 周。但也有认为只要可以康复都属于中期照护，时限可以更长。

5. 服务内容涵盖多学科、多专业，由老年医学多学科团队提供整合管理服务。

（三）中期照护服务地点

1. 中期照护服务地点可在综合医院，一般在老年医院、康复医院和社区医疗中心等服务机构，也可在综合医院开展的日间医院、社区中心开展的社区日间照护中心等。有条件地区可以开展家庭中期照护服务。

2. 中期照护按服务场所分为居家式照护、社区式照护和机构式照护。

（四）中期照护现状

中期照护在医疗领域尚为一新兴概念，可以为目前老年患者的医疗问题提供一种可行的替代方案。这种照护模式不仅仅以医疗为出发点，最重视的是患者能恢复独立自主生活的能力。

在美国，中期照护被称作急性后期照护（PAC），指急性病房出院后对患者的照护，以协助患者尽快恢复功能,避免短期再入院。美国卫生保健研究及质量机构报道,PAC 在美国住院患者的使用率已大幅度上涨,超过 1/3 患者出院后使用 PAC,其中 30% 为专业护理机构,17% 为中间康复设施,53% 为家庭保健。

目前国外中期照护主要有居家医院、护士主导病房和社区中期照护机构 3 种模式。

1. 居家医院　是英国流行的一种模式,指卫生保健人员在患者家中提供积极专业的治疗。通常是由社区老年医学专家或专科护士对急性病出院患者进行照护和康复护理指导,社区医生进行复诊,为期 6 周左右,以保证患者出院后的后续治疗。

2. 后 ICU 模式　是指在一些大型综合医院或专科医院的中期照护病房,为患者提供的护理水平低于 ICU,但是高于普通病房,主要适用于术后、急性期后具有康复潜能的患者,需要接受比普通病房更加精细的护理,但尚不需要入住 ICU。这种模式主要是为了减少急性病后再次入住 ICU 的概率。

3. 社区中期照护机构　是指在有病房且具备康复服务功能的社区卫生服务机构进行的中期照护,由社区医院为急性期后患者提供综合的多学科照护。

我国的中期照护处于积极探索阶段。2005 年中国台湾地区"卫生署"运用医疗发展基金,委托中国台湾老年医学会推动社区医院转型为老年人照护医院,这是中国台湾地区中期照护模式的起点。目前中国台湾已建立大量的中期照护机构,在老年人的中期照护服务方面积累了一定经验。在中国大陆地区,目前的医疗体制是重急性期的治疗及急危重症的救治而轻急性期后的康复和护理。部分学者对脑血管病、慢性阻塞性肺疾病(COPD)、心肌梗死等疾病急性期患者出院后的中期照护进行了一些研究,但尚无成型的中期照护模式。对于中期照护的准入准出标准、团队成员组成及职责及患者的治疗方案等尚无公认的标准。如何建立适合大陆地区发展情况的中期照护机构,改善老年患者的生活质量、最大可能维持老年患者的功能独立、减少入院率及死亡率、减少疾病经济支出成为目前国内老年医学工作者迫切需要解决的问题。

二、长期照护

(一)定义和概念

世界卫生组织于 2015 年发布的《关于老龄化与健康的全球报告》将长期照护(long-term care)定义为:由他人提供的老年人的照护服务,其目的是确保持续存在严重的功能丧失或有相应风险者维持一定水平的功能,以使其获得基本权利、自由和人格尊严。

长期照护的概念有多种解释。在美国,认为长期照护是指给体力上和精神上不能独立照料的人们提供广泛的医疗和非医疗服务。我国将长期照护定义为为失能或失智者提供不同程度的健康护理、个人照料和社会服务,使其尽可能独立、自主,具有自尊,享受有品质的生活。

无论国家经济发展水平或依赖照护的老年人口比重,所有国家都需要一个充分整合的长期照护系统,因此应树立和推行有关长期照护的新观念,核心目标是使失能者实现其功能的最大化发挥,将长期照护融入健康老龄化的进程中。

(二)构建长期照护系统的路径和条件

1. 构建长期照护系统的条件或基础　包括树立正确的观念和态度,实施行动计划和建立筹资机制三个方面。

2. 形成一支训练有素、可持续的工作队伍　注重保障成员工作待遇、条件和职业发展前景;重视非正式支持,给予家庭照顾者多方面的支持;动员老年人参与社区照护和建设。

3. 保证长期照护的服务质量　建立服务标准和人员认证机制,建构连接长期照护与卫生保健服务的协同工作机制,建立质量管理系统等。

(三)长期照护特点

1. 正规和专业　正规和专业是长期照护最显著的特点。提供照护的场所可以是医院、护理院和社区护理机构等有专门设施的机构,也可以是家庭。以家庭为场所的长期照护服务应该由有组织或经过培训的居家照护服务者来提供,使老年人尽可能维持正常生活状态。因此,需要逐步建立比较完善的长期照护体系,使长期照护工作进入正轨。

2. 持续时间长　长期照护持续时间数月或数年。老年人患有难以治愈的共病或长期处于残疾和失能状态时,需要长期照护。这种照护需要持久规范的体系来协助完成。

3. 具有连续性　长期照护是老年人照护的一部分,是急性期照护,中期照护的延续。在中期照护,经过综合性医疗、护理和康复治疗以后,难以恢复生活自理能力的患者,需要转入家庭或护理院,进行长期照护服务。长期照护的部分患者,如处于生命终末期,便应接受临终关怀与舒缓医疗服务。因此,长期照护是老年人照护过程的一部分。

4. 医疗护理和生活照料相结合　长期照护所提供的服务已经超出了传统意义上的医疗护理或单纯的生活照料,是二者有机的结合。一些老年人,特别是高龄老年患者,兼有日常生活能力退化的状态且相互影响,单一的医疗保健或生活照料都不能满足需要和维持正常生活状态,需要集医疗和生活照料于一体的综合性服务,这也是长期照护的特点。护理院或养老院服务,社区服务中的上门服务和对长期住院患者的照护都属于长期照护的范围。

(四)长期照护服务内容

根据各个国家长期照护发展状况及生活习惯,不同国家长期照护的服务范畴有所不同,在有的国家,长期照护包括了心理疏导服务,临终服务等方面内容。但一般意义上说,应该具备以下6点基本要求。

1. 医疗护理服务　长期照护服务要求为老年人提供必要的医疗护理服务,指导老年人正确用药,留置管道的护理,进行居家康复训练,防止误吸,指导合理饮食,均衡营养膳食等,以使患病老年人尽可能恢复正常生活状态,减少疾病恶化和再住院发生率。

2. 个人卫生服务　帮助失能老年人做好个人卫生,如梳头、刮胡子、理发、刷牙、洗澡、更换尿垫等。

3. 营养服务　准备日常膳食,并帮助老年人正确进食。

4. 日常活动服务　帮助失能老年人上下床、翻身、拍背、穿脱衣服、散步、站立、上下楼梯、出行等,做一些必要的日常活动。

5. 家务服务　帮助老年人做饭、购物、洗衣、清洁卫生。

6. 社会服务　协助老年人参加一些必要的集体活动,改善生活质量。

三、我国长期照护现状和展望

目前我国并没有形成专门的长期照护政策体系,分散于老龄事业规划、养老服务及各部门的涉老政策中。

我国养老服务政策发展可分三条线:①民政安置救济政策的延续和完善,主要面向传统民政对象及民政管辖公办养老机构,旨在保障民政基本兜底服务;②养老服务业政策的丰富和激增,主要面向全体老年人和养老服务业,旨在建立"以居家为基础、社区为依托、机构为补充"的社会养老服务体系,以满足老年人持续增长的养老服务需求;③长期护理保险政策。

目前,我国养老服务业进入快速发展阶段。社会投资规模持续加大,服务机构和服务设施建设快速发展,服务床位数量显著增长,社区养老服务设施覆盖率不断增长。但在思想认识、政策导向、方法路径等方面都存在诸多亟待解决的矛盾和深层次问题。

由于对长期照护一直未能形成广泛的社会共识和独立政策体系,使得当前存在照护变医疗、设施变摆设等突出问题,造成社会资源错配和浪费,老年人长期照护服务需求难以获得有效满足。我国长期照护服务能力薄弱,养老床位数量增长快但利用率不高;社区养老服务设施使用效率低等。近年居家养老照料中心、日间照料中心的建设推进很快,因其投资少、见效快、受益面广,成为各地基层政府扩展养老床位、满足老年人家门口养老需求的重要抓手。但是这类设施的综合使用效益亟待提高。

长期照护不能取代家庭照护。即便有正式长期照护服务,绝大部分老年人仍然生活在家庭。从德国、日本、荷兰等已建成社会长期照护保险制度的国家看,随着老年人口的不断增长,民众照护需求不断增长,长期照护支出将快速上升,即使采取减少给付项目、控制成本,或限制每年预算等措施,仍然无法降低政府财政负担,更无法满足民众多元化照护需求,因而这些国家所有举措都是在财务支出与健全服务二者之间谋求平衡,并重新发现家庭作用,给予家庭照顾者充分的支持。

建立可持续的长期照护服务体系,必须合理规划,突出重点,完善制度,引导预期,而绝非简单地将长期照护从家庭责任转移为社会责任。要以增强家庭功能为目的,统筹服务资源,形成自助、公助、共助的社会理念和运作模式,采取有力措施鼓励家庭照料,满足老年人的长期照护需求。

(张艺军　杜毓锋)

推荐阅读资料

[1] 陈茜,徐小凤,胡秀英. 老年急性照护病房管理与照护—圣路易斯大学访学见闻. 中国实用护理杂志,2018,34(13):1020-1023.

[2] 王子颖慧,尹梅. 国外养老健康服务模式对我国的启示. 中国医学伦理学,2019,32(1)95-98.

[3] 郑丽秀,庞书勤,李绵利,等. 居家高龄老人自理能力及照护需求的调查. 护理管理杂志,2016,16(7):476-478.

[4] 支晨,皮红英,章洁,等. 国内外中期照护发展现状及启示. 护理管理杂志,2017,17(3)209-211.

[5] COUNSELL S R, HOLDER C M, LIEBENAUER L L, et al. Effects of a multicomponent intervention on functional outcomes and process of care of hospitalized older patients: a randomized controlled trial of Acute Care for Elders (ACE) in a community hospital. J Am Geriatr Soc, 2000, 48(12): 1572-1581.

[6] FERRUCCI L, GURALNIK J M, PAHOR M, et al. Hospital diagnoses, medicare charges, and nursing home admissions in the year when older persons become severely disabled. JAMA, 1997, 277(9): 728-734.

[7] HSHIEH T T, YUE J, OH E, et al. Effectiveness of multicomponent nonpharmacological delirium interventions: a meta-analysis. JAMA Intern Med, 2015, 175(4): 512-520.

[8] PALMER R M, LANDEFELD C S, KRESEVIC D, et al. A medical unit for the acute care of the elderly. J Am Geriatr Soc, 1994, 42(5): 545-552.

第十一章 缓 和 医 疗

学习要求

1. 掌握缓和医疗的概念、安宁疗护的概念及二者之间区别与关系。
2. 掌握缓和医疗的原则。
3. 熟悉实施缓和医疗的核心技术。
4. 熟悉实施安宁疗护的要点。
5. 了解缓和医疗发展历史和现状。

缓和医疗（palliative care），旧称姑息医学，也称舒缓医疗等。世界卫生组织提出缓和医疗原则：重视生命并承认死亡是一种正常过程；既不加速，也不延后死亡；提供解除临终痛苦和不适的办法。在最小伤害和最大尊重的前提下让患者的最后时日尽量舒适、宁静和有尊严。

第一节　缓和医疗的定义

一、缓和医疗

给予治疗已无效果、生存期有限的患者（包括恶性肿瘤及非肿瘤疾病，如确诊为晚期恶性肿瘤、慢性充血性心力衰竭晚期、慢性阻塞性肺疾病末期等）及其家人全面照护，尽力帮助终末期患者和家属获得最好的生存质量，称为缓和医疗。缓和医疗通过尽可能控制各种症状，同时特别注重通过减轻其心理（psychological）、社会（social）、灵性（spiritual）等多层面的痛苦来实现这一目标。缓和医疗是以减轻痛苦、追求临终的安详与尊严（善终）为目的的学科，是一门医学专业技术与人文相结合的学科。实施缓和医疗的能力应该作为老年医学专科人员的基本要求。

缓和医疗的给予不依赖于疾病诊断或预后，是基于患者的需求。

除越来越多的疾病困扰和功能下降，老年人面临的不可回避的问题之一就是生命终点的到来。因此，老年医学科的医生必须了解和逐渐熟练掌握缓和医疗的理念和实施方法，从而在为老年人提供医疗服务的同时，能够帮助老年人和其家人为善终做好准备。

二、安宁疗护

安宁疗护（hospice）一词来源于中国台湾，旧称"临终关怀"。它是指人在最后阶段（一般指生命最后的半年）的照顾。因为这个阶段的照顾在患者的需求、处理措施、处理场所等方面与其他阶段的照护有很大不同，因此进行单独阐述。2017年2月9日原国家卫生和计划生育委员会发布了《安宁疗护中心基本标准及管理规范（试行）》和《安宁疗护实践指南（试行）》，以指导各地加强安宁疗护中心的建设和管理。但国内尚无明确规定的安宁疗护准入标准。

三、缓和医疗和安宁疗护的区别与关系

二者核心内容和方法并无本质区别。

二者都是着眼于死亡准备和帮助,着眼于患者和家属的生活质量。区别在于两个概念涵盖的时限及照顾对象的预计生存时间,图1-11-1。

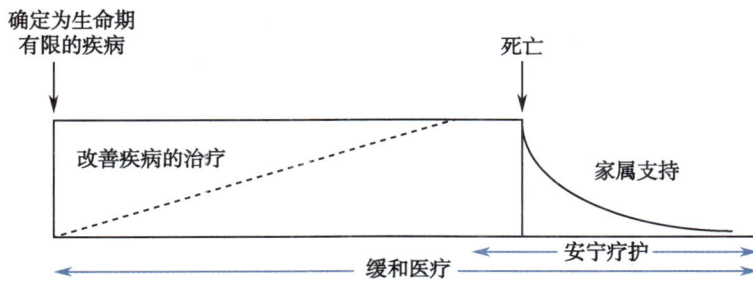

图 1-11-1 缓和医疗与安宁疗护

四、面对老年人群探讨缓和医疗需要特别考虑的问题

世界上多个国家都出现明显的人口老龄化,越来越多的老年人可以活到80岁及以上。人口分布的特点使得我们必须考虑如何帮助老年人,使其不仅保持身体功能和生活质量,更要走好人生最后一段路。

老年人的死亡原因常是慢性疾病,如慢性心力衰竭、慢性阻塞性肺疾病、糖尿病、肿瘤、认知功能障碍等,以往缓和医疗探讨主要关注如何帮助肿瘤末期患者,现在须将帮助范围扩大到患有共病的老年人。老年人的身体状况和需求复杂,因此在整个生命进程中的很多时候都有可能需要提供缓和医疗服务。其中痴呆老人的缓和医疗照顾,需要特别关注。

老年人的离世地点是值得讨论的话题。在欧洲,很多老人希望在家中临终,但只有20%～30%的患者在家中离世,且越来越多的死亡发生在医院或养老机构。在我国,农村地区居家临终的比例要高于城市。在医院、养老机构、家中临终的老人都有"得到好的照顾"的需求。最重要的解决方法就是对这些地方的相关人员进行关于缓和医疗知识的培训,在初级缓和医疗逐渐普及和熟练进行的基础上,由缓和医疗专业人员帮助处理一些复杂的情况,使得老人无论在何处临终,都可以得到一个好的照顾。政府相关部门已经开始关注这方面的工作,希望未来越来越多的人能够拥有缓和医疗的理念和技能,使得走向死亡的老人们能够得到更多的有效帮助。

同时,需要重视进行老年缓和医疗方面的研究,以期未来能够更加高效率、有针对性地服务于老人。

第二节 缓和医疗的本质与意义

缓和医疗与现行医疗有什么不同?它到底是干什么的?为什么需要这个学科?

回答这几个问题就是澄清缓和医疗本质和意义。缓和医疗与现行医疗没有任何冲突。缓和医疗并不需要任何超越现行医疗的新药或者新技术,本质上和现行医疗无异——二者的本质都是"帮助"。

需要指出的是,现行医疗更重视治愈疾病,工作的焦点在于"正确诊断""正确治疗""治疗有效",帮助人们活下去。而缓和医疗的对象则是已经明确生命时间有限的患者及其家人,目标是积极地帮助这些正在走向生命尽头的人们,以比较有质量的方式走向他们的终点。

缓和医疗存在的意义就在于能够正视"死亡"(目前医务人员往往害怕谈论也回避这个话题),聚焦于"死亡"这个事实,用心陪伴和帮助这些走向生命终点的人及其家人,帮助患者达到"善终",达到"生死两相安"。

第三节 缓和医疗的原则

1. 以患者为中心 非以患者家属为中心。

2. 关注患者的意愿、舒适和尊严 以患者为中心的具体内容就是尊重患者的意愿,而非首先考虑患者家属的意愿、舒适和尊严。家属的需求需要被考虑,但不会凌驾于患者之上。

3. 不是以治疗疾病为焦点 因为导致病况的疾病已经被认定没有更好的方法可以使用。

4. 接受不可避免的死亡　除了患者本人和其家人需要接受这一事实，更要指出的是医务人员更需要学会接受死亡接近的事实，积极面对和准备，而非在任何时候只会一味地用"先进的医疗科技手段"抗拒死亡的来临。

5. 不加速也不延缓死亡　不应使用药物加速患者死亡，也不应对心肺复苏及生命维持手段无法带来益处的患者使用心肺复苏术或生命维持手段。死亡是自然的过程，应该得到尊重。

第四节　缓和医疗的发展历史和现状

一、发展历史

现代缓和医疗的起点是 1967 年英国 Cicely Saunders 女士在伦敦建立 St.christopher 临终关怀院。随后美国及世界多个国家都开始发展缓和医疗。

华语地区，包括中国大陆地区、中国香港、中国台湾及新加坡等地都是在 20 世纪 80 年代开始发展缓和医疗。中国香港、中国台湾及新加坡三地的缓和医疗发展速度很快，水平很高，中国大陆地区由于经济相对不发达等原因发展滞后，但也有一些临终关怀机构存在，如上海南汇护理院，昆明第三人民医院关爱病房等。

二、缓和医疗发展现状

（一）国外缓和医疗发展现状

2015 年 10 月，经济学人智库发布了《2015 年度死亡质量指数》报告，在对全球 80 个国家和地区"死亡质量指数"的调查排名中，英国位居第 1 位，中国大陆则排名第 71 位，中国台湾第 6 位，中国香港第 22 位。

"死亡质量指数"是衡量全球 80 个国家和地区缓和医疗供应质量的指标，聚焦于成人缓和医疗的质量和供应情况，由 20 项定性和定量指标的得分构成，满分为 100 分，指标涵盖五大类别。

1. 缓和医疗环境（权重 20%）　体现整体的医疗环境、缓和医疗服务环境及供应情况。

2. 人力资源（权重 20%）　衡量医疗护理的供应情况、专业人员和支持人员的培训质量。

3. 医疗护理的可负担程度（权重 20%）　评估缓和医疗公共资金支持的供应情况和患者的经济负担。

4. 照护质量（权重 30%）　评估监控指导方针、阿片类镇痛剂供应情况及医疗专业人员与患者在治疗中的合作程度。

5. 公众参与（权重 10%）　衡量志愿者供应情况和公众对缓和医疗的认识。

经济学人智库根据每个国家的官方数据和现有研究构建该指数，并且采访了来自世界各地的缓和医疗专家，归纳总结，发现拥有较高的死亡质量的国家具有以下共同特点。

1. 强大且得到有效实施的国家缓和医疗政策框架。

2. 在医疗保健服务方面保持高水平的公共开支。

3. 为普通和专业医疗工作者提供广泛的缓和医疗培训资源。

4. 提供充足的补贴，以减轻患者接受缓和医疗的财务负担。

5. 阿片类镇痛药的广泛供应。

6. 公众对缓和医疗的高度认识。

事实证明，较不发达国家也可以迅速提高缓和医疗水平。如巴拿马将缓和医疗纳入本国初级医疗服务，蒙古国的临终关怀设施和教学项目表现出快速发展势头等。

国家政策对于发展缓和医疗至关重要。许多排名靠前的国家都有全面的政策框架，将缓和医疗融入本国医疗体系中。有效的政策可以带来显著的成果，如西班牙启动国家策略后缓和医疗团队增加了50%。

必须对所有医生和护士提供培训。在英国和德国，要求普通和专业医疗人员必须拥有缓和医疗专业知识，而"死亡质量指数"得分最高的几个国家都拥有成熟的缓和医疗国家认证体系。

照护质量取决于患者能否获得阿片类镇痛药和心理支持。在参与此次死亡质量指数排名的 80 个国家中，只有 33 个国家免费开放提供阿片类镇痛剂。

公益组织在提高人们对死亡的认识、鼓励谈论死亡方面非常重要。英国制定了临终事务联盟（dying matters coalition），美国的"对话工程（conversation project）"等都鼓励人们开诚布公地谈论自己的临终遗愿，正常对待有关死亡的话题。许多国家和地区通过电视、报纸和社交媒体宣传，大大促进了主流社会对缓和医疗的了解。

缓和医疗的发展需要资金投入，但是在医疗支出方面可以帮助节省费用。研究显示，使用缓和医疗和治疗成本节约之间存在显著关联，在这项死亡质量指数排名中，排名靠前的几个国家已经意识到这一点并开始扩大缓和医疗服务。

经济学人智库 2010 年发布的调查结果在全球引发了关于提供缓和医疗的政策辩论。意大利、日本、俄国、新加坡、瑞典等国都已制定新的或更新相关指导方针、法律或全国计划。

缓和医疗在政策层面所取得的进展也得到了 2014 年世界卫生大会发布的国际决议的支持，该决议呼吁各国将缓和医疗融入本国的医疗体系。

（二）我国的缓和医疗发展现况

中国大陆的缓和医疗/安宁疗护的理念和做法的普及一直很缓慢，治愈性治疗方法一直在医疗战略中占主要地位。中国大陆在 80 个国家的综合排名中位列第 71 位，缓和医疗总体的供应非常有限，而且质量不高。

1987 年，中国大陆地区接收到了从西方传入的末期照顾的理念并在天津成立临终关怀研究所。1990 年我国将世界卫生组织癌症三阶梯止痛方案推向全国。但在中国大陆 400 所专业肿瘤医院中，只有少数慈善医院和社区康复中心为患者提供安宁疗护服务。估计仅有不到 1% 的人可以享受到这方面的服务。

在一些城市，安宁疗护实践有了相当长时间的尝试：昆明第三人民医院在 1996 年就开设了"关怀科"，主要收治老年终末患者，每年约 300 位老人在此离世。与之类似的还有四川大学华西第四附属医院姑息关怀科，复旦大学附属肿瘤医院缓和医疗科，大连市中心医院关爱病房，中国医科大学附属盛京医院宁养病房，北京德胜社区卫生服务中心关爱病房，郑州市第九人民医院的缓和医疗暨宁养关爱病区，上海市政府支持的社区舒缓疗护病区，浙江医院托管的杭州市西湖区中西医结合医院安宁疗护病房等。李嘉诚基金会在全国开设的 30 多所宁养院，专门为贫困的癌症疼痛患者免费提供止痛药物，是大陆开展针对末期病患的安宁疗护慈善事业的典范。大部分安宁疗护病床并没有得到专门的国家政策支持。由于缺乏国家缓和医疗战略或指导方针，没有具体标准可以遵循，缓和医疗的质量也不均衡。

民众宣传层面上，北京生前预嘱推广协会及选择与尊严网站是向民众宣传缓和医疗理念及个人医疗自主权的社会组织，在国内缓和医疗的推动方面做了很多工作。2015 年两会提案中有代表提出了"实施缓和医疗刻不容缓"的提案，使缓和医疗的话题开始得到政府和民间更多的关注。

主流媒体加入推动缓和医疗面向民众的宣传。2016 年 10 月 8 日的世界舒缓治疗纪念日，我国进行了大量针对缓和医疗的纪念性宣传及学术活动，预示着中国大陆地区的缓和医疗发展进入加速期。民众的刚性需求使加强缓和医疗的医学生教育及医务人员相关培训变得更加必要而急迫。

教育层面上，北京协和医学院、北京大学医学部、中国医科大学、华西医科大学等十几所大学开设了"姑息医学"或"舒缓医学"的课程，但基本都是面向本科生或研究生选修课。北京协和医学院开设的课程最初为研究生选修课，此课程在 2019 年 9 月正式列为临床研究生必修课。在全国各地，根据政府、民众和医务人员的需求，缓和医疗知识方面的继续教育项目举办越来越多。

研究方面，国内目前缓和医疗领域的研究主要是涉及疼痛、患者生活质量、照顾者需求、教育等方面的横断面研究，部分研究成果已发表在国际缓和医疗专业期刊。未来需要加强缓和医疗诸多方面的研究，特别是干预性研究，进一步推动临床实践的进步和发展。

第五节　实施缓和医疗的核心技术

实施缓和医疗需做到：①处理患者的痛苦症状；②患者、家属、医疗团队之间充分沟通；③社会、心理、灵性照顾。

针对老年人实施缓和医疗，在技术层面上与非老年人群并没有本质区别。但在使用药物时，一定要考虑到老年人的特点，遵循老年人用药规律。在沟通时，要考虑老年人听力、认知等方面的情况。

一、处理患者的痛苦症状

症状控制是缓和医疗的基础和核心内容。让患者的身体尽可能地舒服、减轻症状是对患者进行心理、灵性和社会层面进行照顾的基础。

在生命的最后 1 年，很多老年人会有疼痛，食欲缺乏，情绪低落，神志模糊，失眠及尿便障碍等问题。导致老年人的症状没有得到应有的控制的原因可能有多种，如有些老年人认为自身不适是衰老的正常现象而不诉说；有些老年人是由于听力、语言的问题影响自我表达，从而得不到充分的关注和评估。值得一提的是虽然老年人使用药物时可能存在副反应，但老年人还是能够安全有效地使用止痛药。症状控制总体原则如下。

1. 有效地支持性照护是每一位患者、家属及陪护者的权利，也是各级医护人员的责任。

2. 必须先对患者做整体评估，内容需包括生理、心理、社会、灵性等方面。

3. 充足的团队技能、知识、态度及沟通能力是有效支持照护的基石。

4. 建立与患者、家属的关系，患者及家属应参与治疗计划的制订。确保患者处于治疗决策的中心，无论患者有决策能力（此时患者的意见是最重要的）或没有决策能力（此时必须做出对患者最有利的决策），都要尊重患者的自主权。

5. 以改善患者的生活质量为目的，而不是延长死亡时间。

6. 主动询问和观察患者的不适，不要等到患者抱怨时再关注。评估患者的整体情况，提供以患者为中心的问题解决方式。

7. 准确地判断问题的原因，对不同患者需要制订个体化的治疗干预措施，并根据患者的治疗反应调整。

8. 患者通常具有多重问题，评估患者相关症状缓解的优先顺序，积极建立与患者的信任关系。

9. 把握开始治疗的时机，不拖延，有症状时尽快进行治疗。

10. 不是每一种症状都必须处理，很多症状的改善、消除有很大难度，需设定实际可行的治疗目标，如不能完全消除恶心、呕吐，但可通过治疗减少次数；疼痛不能完全缓解，但不影响睡眠。如果患者自己设定的治疗目标过于乐观，试着与患者协商设定一些较容易达成的短期目标。

11. 定期重新评估，修正患者的治疗需求时，需考虑其生存期及生活品质，不同的生存预期会对应不同的处理方法。

12. 对患者的同理、理解、支持永远都是不可或缺的辅助治疗。

13. 用药方面注意事项：患者大多使用多种药物，需注意药物的相互作用；患者状态逐渐变差，需定期调整药物剂量；对某些药物可能出现的副作用，应做预防性处理，如应用阿片类药物的同时加用通便药物；患者无法口服药物时，可考虑皮下注射、透皮贴剂等方式给药；超药物说明书用药（off-label use），常用于终末期患者，国外约 25% 的安宁疗护的处方有超说明书用药。

二、患者、家属、医疗团队之间充分沟通

（一）沟通的必要性

在医疗环境中，需要沟通的环节无处不在。面对"生死大事"，需要沟通的"点"就更多。如果沟通不及时，内容不详尽，对方不明白，都可能导致患者及其家属比较强烈的情绪反应。

（二）沟通的内容

主要包括但不局限于：①目前病情和治疗现状；②治疗目标和诊治计划；③未来预期发展；④费用；⑤医疗技术层面之外，帮助患者家属接受患者生命有限、即将离世的事实，以及在这种时期家属需要做、可以做的具体事情；⑥如何与家属配合，让患者知道自己的生命有限或即将到达终点，陪伴患者，必要时建议患者做对自己来说非常必要的、重要的事情；⑦帮助患者和家属确定最佳照顾地点；⑧帮助明确患者和 / 或家庭他们希望的患者死亡地点；⑨家庭内部意见不一致时，帮助临床决策（家庭会议）。

（三）沟通技能

沟通是一门临床技能，需要学习和不断练习。目前只有少数医学院校开设了沟通课，而且课时也非常有限。

（四）告知坏消息

这个内容不可能回避，也有难度，但沟通过程有章可循。

告知坏消息常用的一个方法为 SPIKES 模型。

S（setting）：准备，提前收集患者详细疾病信息、患者及家属的社会状况、心理状态等。选择一个安静的环境，减少被打扰，将手机调为静音，请患者或家属坐下，告知人也应坐下，与被告知人视线相平。

P（perception）：指了解患者或家属对疾病的认识情况，目的是弄清被告知者已知道什么。

I（invitation）：询问患者是否希望展开这个话题。他们希望了解什么信息。工作中我们常忽略这一点，导致患者被动接受。

K（knowledge）：从患者希望的"起点"开始分享信息。医生们都非常擅长"告诉患者"，在告知坏消息的时候请从被告知者希望知道的点说起，过程要逐步进行，注意对方的反应（是否听懂，情绪是否很强烈，是否希望继续听下去等），要有充分的停顿。

E（empathy）：指与患者或家属共情，对对方的情绪反应给以回应。这部分往往是告知人非常担心的内容，觉得只要对方有情绪反应，就是伤害了对方，因此更加不敢进行。需要知道，此时的情绪反应是正常的，需要冷静面对和同理。

S（strategy/summary）：了解患者此时对他最有用的是什么。总结、制订治疗及随诊计划。情况复杂，不能一次性全部说完，应该让对方清楚后续我们要做的事，尤其是预约下一次见面，这样会让对方非常踏实。

按照模型开始学习（角色扮演，需要有教师指导进行）和练习是初学者开始困难沟通学习的好方法。

下面介绍一个家庭会议的模型，步骤清晰，通过演练、实践、反馈、改进，一定会有收获和进步。①会前会，充分准备；②会议开始，问候，介绍会议目的和计划；③来自患者和家庭的观点；④确定需要讨论的具体内容；⑤就相关医学事实进行沟通（澄清患者是照顾的中心）；⑥对情感进行回应，处理冲突；⑦确定下一步计划，勾画将要做的具体事情；⑧感谢每位参与者；⑨沟通，小结，文字工作。

三、社会、心理、灵性照顾

正如缓和医疗的定义所指：缓和医疗是"通过控制各种症状，减轻精神、心理、灵性痛苦"，尽力帮助终末期患者和家属获得最好的生存质量，称为心理灵性照顾（spiritual care）。

第一步症状控制非常重要，但在症状控制或尽可能地控制之后，针对患者及家属精神、心理及灵性层面的痛苦进行照顾是面对末期患者更难的一个话题，又是最重要的话题。

当一位患者问："大夫，你说我怎么就会得上这个病呢？"

当一位家属说："大夫，我妈妈什么时候会好起来啊？"

这些问题不再是"事实层面"上的问题，回答不是"吸烟是引发肺癌的原因"，也不是"你妈妈的病情很重，只要我们共同努力会好起起来的"！因为这些问题属于社会/灵性层面的痛苦的表达，我们需要做的是倾听、同理，而非"解释"和简单地"回答"。

学习应对这些问题，就是学习心理、社会、灵性照顾的过程。建议阅读社会、心理、灵性照顾相关书籍并积极讨论，逐渐培养关注该类问题的敏感度，并逐渐获得照顾心理、社会、灵性痛苦的技能。

第六节 关 于 临 终

临终（at the point of death）是个体生命的最后阶段，即将死亡。临终时限尚无统一标准。

临终也是医生不愿意面对的一个场景，却常不得不面对。当前医学教育中，缺乏关于生命和死亡的相关教育。除如何延迟死亡，如何判断死亡，对于死亡，人类知道的很有限。作为医生，如果思考"自己或家人面临死亡这个事件，自己会想什么？要求什么？该注意些什么？"，对在处理工作中遇到的死亡事件中的各种关系及情绪是非常重要的。

因传统观念等因素影响，认为"隐瞒病情""避免谈及死亡话题"就是表示"爱""孝"和"保护"，但死亡这件事是不可以逃避和隐瞒的。死亡的当事人需要并有权利知道真相，还有许多事情要时间去安排和表达。

一、未完成的心愿

1. 对于患者来说，"怎么样过最后有限的日子，生命才有意义"或"准备怎么过最后一段日子？"。

2. 在弥留之际，她／他要和不要什么。

3. 患者即将离世、无法与人沟通的时候，希望她／他的亲友知道和记得自己的内心想法，如"我好爱你""我原谅你""我喜欢你"等。

二、关于离世的细节

医务人员应该告知患者"面对终点"的做法不是唯一。除"去 ICU 接受气管插管、心脏按压、电击等有创救治措施"，还有"不采用有创救治措施，尽量减轻患者痛苦地离去"的选择，并让患者及家属有选择的机会。

生前预嘱（advance care planning）是老年人特别有必要完成的一个内容，对于患有神经系统慢性退行性病变，如认知症的患者，留下生前预嘱显得尤为重要，如可以减少家人的决策压力等。生前预嘱的完成通常需要有经验的医生、护士、看护人员的帮助。在预嘱中，患者可以就自己未来是否要鼻饲，是否要有创救治及离世地点等诸多细节给出自己的安排。

患者及其家人有权利知道如何让自己或自己的亲人尽量少痛苦地离去。建议组织家人召开家庭会议，讨论相关细节。尽可能尊重患者本人的意愿，而不是优先考虑家属的意见；围绕"让患者少痛苦"去沟通，多能得到认同。

三、关于告别需要思考的事情

1. 关于遗嘱，包含遗产分配等最后的嘱托和交代。

2. 关于是否要在临终前急救及器官捐赠的细节。如果患者本人没有表达意愿，由家人代为选择，往往会让家人留有各种遗憾、悔恨和纠结。"捐献器官"手续和细节比较复杂，应该提前讨论、准备。

3. 关于告别仪式。需考虑患者本人和家人的愿望。在医院和家中离世告别仪式将有所不同，患者和家人应该就此话题沟通。

（1）安葬的选择：安葬的方式、地点、费用等细节。

（2）遗体需要转运的相关细节：对于离世后遗体安放有特殊需求的家庭，应该事先了解医院或城市、国家关于遗体搬运的相关规定，才能做好相应的准备。

推荐阅读资料

[1] 国家卫生和计划生育委员会办公厅. 安宁疗护实践指南（试行）. [2020-04-26]. http://www.nhc.gov.cn/cms-search/xxgk/getManuscriptXxgk.htm？id=83797c0261a94781b158dbd76666b717.

[2] 王英伟. 安宁缓和医疗临床工作指引. 台北：财团法人中华民国（台湾）安宁照顾基金会，2010.

[3] American Geriatrics Society Panel on Persistent Pain in Older Persons. The management of persistent pain in older persons. J Am Geriatr Soc，2002，50（Suppl.）：S205-S224.

[4] BERGER M A. Principle and practice of palliative care and supportive oncology，fourth edition. Philadelphia: Lippincott Williams & Wilkins，2013.

[5] HALL S，PETKOVA H，TSOUROS D A et al. Palliative care for older people: better practices. World Health Organization regional office for Europe.2011. [2020-04-28]. https://www.euro.who.int/en/publications/abstracts/palliative-care-for-older-people-better-practices.

[6] TWYCROSS R W A. Introducing palliative care. 5th ed. Amersham: Halstan Printing Group，2016.

[7] SEYMOUR J，GOTT M，BELLAMY G，et al. Planning for the end of life: the views of older people about advance care statements. Soc Sci Med，2004，59（1）：57-68.

[8] ZEPPETELLA G. Palliative care in clinical practice. London: Springer，2012.

（宁晓红）

第十二章 老年医学伦理问题

学习要点

1. 掌握老年医学伦理学的概念和基本原则。
2. 掌握知情同意的概念和基本原则。
3. 掌握进行医疗决策能力评估的要点。
4. 掌握医疗保密的概念和要素。
5. 熟悉知情同意常见的问题和伦理学要素。
6. 了解知情同意实践中的困境和对策。
7. 了解隐私保密的伦理条件、意义及存在的争议问题。

第一节 概 述

老年医学伦理学（medical ethics for the age）是运用一般伦理学原则解决老年病诊治和老年医学发展过程中的医学道德问题和医学道德现象的科学；是运用伦理学的理论与方法，研究老年医学领域中人与人、人与社会、人与自然关系的道德问题的一门学科，是老年医学重要的组成部分。

随着时代的进步、老龄化社会的发展及老年医学的迅速崛起，影响健康的因素越来越多元化和综合化，老年患者与家属、照护者、医疗卫生服务机构、政府和社会的关系越来越复杂，传统理念中对新科技的盲目崇拜所引发的对人体无限制的技术干预，已经不再适用于具有独特生理、心理、病理、功能、社会和环境等特点的老年患者。老年医学的目标不再是简单的生命维持，而是对生命尊严的维护和生活质量的提高，这种理念的改变使得在老年医学实践中所涉及的伦理问题日益突出。老年医学伦理问题越来越被人们所关注。

一、基本原则

老年医学伦理学适用于老年医学范畴，其"尊重生命"的价值理念与所有生命伦理学相一致。其基本原则主要包括有利、尊重、不伤害和公正等四个方面。

（一）有利原则

指医务人员的诊治行为以保护老年患者利益、促进老年患者健康、增进老年患者幸福为目的。该原则主要内容：①从生理、心理到社会，全面真诚地关心患者；②提供最优化服务，努力使老年患者从中受益，解除或减少痛苦，延缓衰老，健康长寿，安度晚年；③帮助患者选择受益最大、伤害最小、费用低廉的医学决策。

（二）尊重原则

包括尊敬和重视两层意思。一是突出强调医学工作者对患者及其家属独立而平等的人格与尊严的尊重；二是强调应尊重患者的"医疗人格权"，这其中既包括患者的生命权、健康权、身体权、姓名权、肖像权、名誉权、荣誉权、人格尊严权、人身自由权、隐私权等，也包括患者的"知情同意"和"自主选择"等。即医学工作者在不侵犯患者"医疗人格权"的前提下，要切实保证患者享有疾病诊疗知情权，应主动征求患者对疾病诊疗的意见，使其全程参与诊疗决策。值得强调的是，除医患之间要互相尊重，医务人员同行之间也要相互尊重。因为老年病具有多因素致病、多病共存、多系统功能障碍或多脏器衰竭、多种老年综合征表现或多种老年问题出现等患病特点，需要由多学科成员组成的整合管理团队为老年患者服务。

（三）不伤害原则

主要是指医疗服务过程中不能让老年患者受到不应有的伤害。为了避免和预防医源性伤害，要求医学工作者要有良好的职业操守，强化以患者为中心的理念，辩证处理胆识与审慎的关系，遵循最优化原则，不滥用权力，对提供诊治措施的利弊进行认真分析和客观评价。医务工作者只有牢记并坚持这些原则，才可能将患者因疾病而遭受的痛苦、折磨、伤害减少到最低的程度。

（四）公正原则

主要指在医学服务中，面对经济自主能力低、对新事物掌握程度低的老年弱势群体，医学工作者应给予更多、更真诚的医学关怀，公平、正直地对待每一位患者。具体要求：①具有同样医疗需求及同等社会条件的患者，应得到同样的医疗待遇，不同的患者则应享受个性化的医疗待遇。②在满足基本医疗保健需求方面，要做到绝对公正，即每个人都无一例外地同样享有；在满足特殊医疗保健需求方面，要做到相对公正，即对有同样条件的患者给予毫无例外的满足。

二、问题解决策略

近年我国老年医学伦理学发展迅速，与之相适应的伦理学术获得和实践活动日益增多，一方面逐步规范了医学实践行为，另一方面也暴露出我国老年医学伦理学发展与医学实践不相匹配等诸多问题。

在老年医学的临床和科研实践中，应遵循老年医学伦理的基本原则，并做到以下几点。

1. 加强老年医学理论学习 从学科和实际工作需要出发，对衰老过程从生理、心理和社会等方面进行研究，全面扎实地掌握老年医学知识，成为一名合格的老年医学从业人员。

2. 建立适合老年患者的综合管理模式 将老年医学伦理原则贯穿于管理模式的各个环节，采用"生物-心理-社会-环境-工程"的医学模式，组成由老年医学科医师、康复师、护士、心理师、营养师、临床药师、个案管理者、社会工作者、护工等构成的多学科整合管理团队，对老年病患者实施综合性的医疗、康复和护理服务，倡导以人为本的服务理念和管理模式。

3. 始终遵循"尊重生命"的价值理念 在与老年患者交流沟通时，要从诊疗需要和患者本人意愿相结合的角度沟通和思考。切忌将老年患者作为研究工具，毫无节制地追求医学技术的突破，而忽略了医学人性的力量。

4. 加强对老年医学伦理学的教育宣传 目前的老年医学伦理问题与从业人员的伦理学教育严重滞后有关，解决老年医学伦理问题离不开对老年医学、医学伦理学的宣传贯彻。同时也要加强对患者和家属的伦理学教育，可通过推行"生前预嘱"和开展"死亡教育"等形式使其了解老年病的诊疗目的和原则，以便做出正确的伦理选择。

第二节 知情同意

知情同意（informed consent）是指医务人员在为患者实施干预前向患者作出说明并征得患者同意的过程。知情同意权是社会和法律赋予患者的一项基本权利，患者有权知晓与其生命健康有关的信息，并且有权对其治疗作出自主选择。随着医学伦理的发展，患者的知情同意权越来越受到人们的重视和维护，并陆续写进相关法律法规和伦理指南中。

老年医学伦理强调知情同意要体现"尊重与自主"的原则，强调医患双方为对等关系，即患者应尊重医生的专业知识，医生也需尊重患者的自主决策权。知情同意书已经成为多数国家开展临床试验前伦理审查的必要内容。

一、原则

由于对医疗知识了解的不对等性，在医疗实践中医务人员拥有较大的主动权，往往容易忽视了患者的知情同意权。有效的知情同意必须具备三个基本要素。

1. 知晓实情 指医务人员应该以恰当的方式向患者告知作出自主决定所需的信息。知晓的过程必须是医生直接或间接告知患者，而不是由患者通过其他手段知情，如患者自己查阅资料或由第三方告知等。

2. 决策能力　是指患者在理解被告知内容的基础上，有能力做出合理的推断和结论。

3. 自愿原则　指患者完全按照自己的意愿，而不是在被迫、被控制或受到不正当影响下作出决定。如果患者本人不具备医疗决策能力，则应该由法定监护人代替。因此，知情同意告知的对象也不仅仅局限于患者本人，当患者本人失去决策能力时，就应该引入患者的近亲或法定监护人。

二、临床实践中知情同意常遇到的问题

面对老年患者，在知情同意过程中需注意以下几点。

1. 注意对老年患者医疗服务细节　老年患者常存在听力、视力和记忆力障碍，有效沟通的难度大，必要时可以给患者佩戴眼镜、助听器等辅助设备。

2. 对老年患者的医患沟通　老年人通常受教育程度较低，对医学相关信息的理解能力较差，需要医务人员的表述通俗易懂，掌握沟通技巧，并耐心解答患者的疑问。

3. 注重老年患者意愿　老年患者在家庭中经济地位往往下降，自理能力减退，治疗所需的花费和照料任务更多由其他家庭成员进行。这时候要注意老年人表达的确实是自己的意愿而不是无奈的选择。

4. 老年患者的医疗决策　老年人往往身患多病，很多疾病会导致其医疗决策能力下降。应注意对老年患者的医疗决策能力进行评估。如果老人失去医疗决策能力，要积极与其监护人进行沟通，征得监护人的知情同意。

5. 病情突变紧急救治的相关原则　老年人病情突变需紧急救治的概率大，有时候没有充分时间取得知情同意。处理这种紧急情况基本原则：如果患者已有医疗预嘱，则遵照患者本人意愿或尊重患者预先指定监护人的意愿；否则应遵循患者获益最大化原则，首先抢救其生命或减轻其巨大痛苦。

6. 医疗预嘱　提倡老人在健康或意识清楚时（甚至更早），提前签署自己将来处于不可治愈的伤病末期、急危重症或临终状态等丧失医疗决策能力的情况下，是否接受某些治疗的意愿。目前在大部分国家和地区医疗预嘱尚未普及，相关法律程序还有待健全。

7. 风险告知　老年人疾病预后差、死亡风险增加，尤其是生命终末期患者。如何告知不可治愈的致命性疾病和近期死亡结局等消息是对医生沟通技巧的挑战，必要时需要包括心理医生在内的多学科团队支持。

三、临床研究中知情同意的伦理学要素

老年患者参与临床研究应严格履行知情同意程序，遵守完全告知、充分理解和自主选择的原则。对缺乏决策能力的老年患者，知情同意由其法定监护人完成。知情同意书应包含的信息如下。

1. 临床试验的目的、试验步骤（包括所有对患者实施的信息采集、检查、干预）和研究期限。

2. 试验可能对患者带来的风险、获益、不便和其他影响。

3. 患者可获得的备选治疗及其潜在风险与获益。

4. 参加试验是否需要付费、是否获得报酬。

5. 隐私保护和保密约定。

6. 如果有与试验相关的损害，可获得的治疗和相应补偿。

7. 说明在参与试验的任何时候都可自愿退出，不会因此遭到研究者不公平的对待。

8. 研究者和受试者双方的联系和沟通方式。

四、知情同意实践中的困境和对策

（一）知情同意主体不清的问题

医疗知情同意书是指医务人员在施行医疗行为之前充分告知患者相关医疗信息，征得患者同意后与其签订的医疗文书。其设立的本意既可以督促医疗机构履行说明告知义务，也可以对医疗机构进行合理的保护。但关于对知情同意权主体的认识，不同角色之间往往并没有一致性的认识。作为老年医学科的医生，常在临床实践中遇到难以确认知情同意权主体的境地。如手术治疗同意书中往往是患者签字，患者的近亲属或监护人也必须签字，也就是要求"双签字"。如此一来，知情同意权的主体和知情同意书的签字主体明显不一致，不利于患者自我决定权的实现，有违知情同意制度的初衷。为避免这种情况发生，就应该完善相关法律法规，明确权利主体及顺位，权利主体应为患者本人，且应处于第一顺位。只有当患者失去决策能力

时,才可征求患者近亲属的意见,且应该明确患者失去决策能力时,有权做出决定的近亲属的范围及顺位问题。

(二)"知情不同意"的问题

所谓知情同意,是指解释说明的过程,其结果可能是"同意",也可能是"不同意"。"知情不同意",医生往往难以做出临床决策,处于一种被动的伦理困境。如尊重患者的选择并放弃治疗,其结果可能导致患者病情加重甚至死亡,但自身可得到客观上的保护;如不顾一切地行使自己的医疗权,一切从"生命神圣论"出发,不在乎个人利益,其结果可能会导致医疗纠纷。遇到这种情况,建议医生再次与患者进行良好的沟通,劝说患者不要延误病情,力图取得患者的信任和同意后再行使自己的医疗权。

总之,知情同意是在老年医学临床和科研过程中对伦理原则贯彻最为重要的环节,涉及到医学、人文、伦理、法律等多个领域,并且随着医学和社会文明的进步而不断发展。

第三节 医疗决策能力的评估

医疗决策能力(medical decision-making capacity)对患者行使知情同意权具有非常重要的作用。常见的医疗决策问题包括患者是否接受医疗干预、选择诊疗方案和设立生前医疗预嘱等。

一、老年人医疗决策能力

很多情况下,各种疾病可以导致老年人决策能力受损。老年医学科医生常需要考虑到患者是否具有为自己做出治疗决定的能力。某些情况下决策能力的受损是可逆可治的,而有些是持久不可恢复的。

二、对医疗决策能力的评估

(一)判定患者可以进行自主决策的基本要求

不同国家和地区的法律法规对医疗决策能力的要求和认定程序不完全相同,一般判定患者可以进行自主决策的基本要求如下。

1. 能够进行交流,并记住交流的信息,即便是很短暂的记忆保留。
2. 能够理解医生提供的主要信息。
3. 能够了解自身的基本状况,并知道选择的后果。
4. 能够根据相关情况说明自己抉择的理由,在类似的情况下能坚持相同的结论。

(二)医疗决策能力的评估内容

1. 评估患者整体的精神状态和认知功能 尤其是执行能力的评估,如用简明精神状态检查、意识模糊评估和连线测验等方法进行评估。

2. 评价患者作出某个具体决定的能力 如医生向患者讲述问题后让患者重复这个问题,并表达对具体决定的性质和后果有什么认识。除了基本的认知功能评估外,必须进行针对具体问题决定能力的评估才有可能得出患者是否具有决策能力的结论。

一些标准化的评估工具及家人、照料者和护理人员提供的信息,有助于医生对患者进行决策能力的判断。另外,通过在与患者交谈或进行检查、治疗时观察到的信息也可作为判断患者认知功能和决策能力的辅助依据。

(三)正式评估

为了保护患者的决策权利,如果在获得适当的支持后患者仍无法行使决策能力,或面临比较复杂的情况,则需要更加正式的评估。

1. 评估通常由3人以上的团队来完成,包括神经心理师、老年医学科医生、精神科医生和其他相关领域的专家。

2. 有必要再次评估以确定患者的决策能力有无变化 随着患者病情改善或恶化,决策能力也可以随之增强或消失,有时需要再次评估。

很多时候老年医学科医生需要在保护患者自主决策能力和避免患者做出不利决定之间掌握平衡,必要时可以寻求伦理委员会、法律部门或其他有关机构的帮助。涉及纠纷和法律问题,需要出具有法律效力的医疗决策能力证明时,医疗决策能力的判定程序应该遵循当地相关法律法规。

第四节　隐私与保密

一、概述

（一）隐私

隐私（privacy）指个人不受社会、他人干涉的，在不同程度上不愿让他人知晓，特别要求保护和控制的东西。在医疗工作中，特指出于诊疗需要，患者自愿或不自愿提供给医务人员的，或医务人员在查体和治疗过程中发现的患者需要保密的内容。隐私包括患者的家族史、个人史、特殊嗜癖、恋爱婚姻史、性关系、患病史、身体或生理缺陷，以及其他患者不便说明理由而需要保密的内容。

（二）医疗保密

医疗保密（medical confidentiality）通常指医务人员或研究人员在医疗或科研过程中，不向他人泄露、能造成医疗不良后果的有关患者疾病信息的信托行为。这一定义主要包括四个要素。

1. 不向他人泄露　一般根据有关信息的性质和重要性、患者委托的范围及合理性、医疗的需要等而定。一般将信息局限于知密医生本人，或局限于与患者疾病诊治护理相关的治疗小组和医务人员。

2. 医疗不良后果　指直接影响患者疾病诊治和加重病情的情况；也包括损害医疗职业信誉，有损患者心理、人格、尊严和声誉，造成医患关系紧张，甚至造成医患矛盾和纠纷的情况。

3. 有关患者疾病信息　①患者根据医生诊断的需要而提供的有关个人生活、行为、生理和心理等方面的隐私；②诊断中已了解的有关患者疾病性质、诊断、愈后、治疗等方面的信息。

4. 信托行为　医患双方出于各自对对方的信任和尊重而对医疗信息保密要求的承诺。

需要强调的是老年患者通常伴随认知功能障碍和决策能力下降，并且由于教育背景及对保密知识认知的不同，往往缺乏保密意识和对自身隐私的维权意识，所以即使老年患者未做明确的保密委托，医务人员或研究人员仍应有自觉的保密意识。同时也要认识到，医疗保密不仅指保守患者的隐私和秘密，即为患者保密；也指在一些特定情况下不向患者透露真实病情，即向患者保密。这在老年患者中尤为重要，因为老年人多是慢性病高发、多病共存，不适宜的病情告知可能会引起老年患者情绪剧烈波动而不利于疾病的康复和治疗。此外，医疗保密还包括保守医务人员的秘密。

（三）隐私与保密

在有限范围内放弃某些个人隐私是建立保密的先决条件，人们因为有了保密作保证而放弃隐私。当患者为自身的健康寻求医疗服务而同意医生为他作体格检查、进行各种测试、询问生活史或病史时，他们便在此范围内放弃了某些个人的隐私。一般来说，除非患者要求或允许向第三方透露，或在某些例外的情况下可以有条件地透露以外，医生对所有患者个人的隐私和有关信息原则上都应该保密，否则是不道德的。

二、隐私保密的伦理条件及意义

（一）隐私保密的伦理条件

医务人员在临床实践中面对的往往不是单一的医患双方关系，尤其是老年患者，诊疗过程中还要涉及其子女、配偶，甚至其周围的相关社会人员，复杂的关系必然会带来多重利益或价值间的冲突。因此对患者隐私权的保密并不是绝对的、无限制的，而是有例外、有条件的，特别是出现以下情况时，应在坚持伦理原则的基础上加以区别对待。

1. 保密与患者自身健康利益相冲突时，生命第一位。此时生命价值原则高于保密原则。如有的老年患者在检查出重大疾病后，为了减轻子女的经济负担，可能会要求医生向家属隐瞒实际病情。此时，医生应该视情况而定，以患者的生命利益为重。

2. 保密与无辜第三者利益冲突时，不能因为患者的要求而严重影响无辜第三者的利益。医生对患者自主权的尊重和对患者隐私的保密应以不损害他人的利益为基本前提。如某慢性肺病患者在呼吸科住院期间检查出合并有肺结核，医生建议患者转往感染疾病病房，但患者以身体不便，不适应新病房为由拒绝转科，并要求医务人员为其保守病情秘密。在这种情况下，医生应该本着有利、公正的伦理原则，对患者晓之以理，说明事情的严重性，劝其选择适当的治疗措施。

3. 保密与社会利益发生冲突时，应以他人和社会利益为重。他人和社会利益应是为患者保密与否的最高判定标准。如老年患者去世后，为了继续领取退休金等，患者家属要求医生替其隐瞒实情，这种情况医生应该予以拒绝。

综上所述，医疗保密的实施必须以不伤害患者自身的健康与生命为前提，不能损害无辜者的利益和社会利益，不能与现行法律相冲突。

（二）隐私保密的意义

在临床医疗及科研课题开展的过程中，和谐的医患关系及研究者和受试者的关系是以良好的相互信任和尊重为基础。隐私保密的意义体现在以下三个方面。

1. 对患者隐私的医疗保密体现了对患者权利、人格和尊严的尊重，是患者的基本医疗权利，也是老年医学伦理的基本原则之一。患者所提供的信息，往往是患者的生活隐私，或是患者的心理活动，或是有关患者疾病的难言之隐等，这类信息的处理都涉及患者的心理、人格和尊严，保密理应成为医务人员的自觉责任。

2. 医疗保密是良好医患关系维系的重要保证，是取得患者信任和主动合作的重要条件。信任是医患关系的基石，保密是这种信任的具体体现。老年患者常被多种疾病所困，缺乏与周围及社会的有效沟通，在寻求医生诊治的过程中，出于对医生的信任，往往将身心情况完全暴露给医生，医生作为强势的一方，如果在临床医疗中违反信任原则，无论是有意还是无意泄露患者隐私信息都会对患者造成伤害，从而导致医患关系的紧张。

3. 医疗保密也是一项必要的保护性防治措施。对一些性格抑郁内向、心理承受能力差、缺少子女陪伴、患有特殊病种的老年人尤为重要，可以防止意外和不良后果的发生。

三、保密与"讲真话"的伦理争议问题

提倡有限制有条件的医疗保密，但要求医生说话应以事实为依据，应真实地告诉患者有关诊疗的情况。如何掌握适度的平衡一直都存在争议，具体体现在以下几个方面。

（一）反对"讲真话"观点

认为如果不向患者说真话是符合患者最佳利益时，说假话或隐瞒病情是必要的。在老年患者子女人群中有很多人持这种观点，他们认为因患者未经医学训练、医学知识有限而不能真正理解医生所述，在其身体不佳时适当隐瞒真情，对他们增强信心和争取病情好转都有好处。有时患者的病情会随患者自信心的增强而好转；患者需要正面鼓励，如实告诉患者坏消息毫无意义，只会加重患者的心理负担，增加其对健康的担心，甚至加重病情。

（二）赞成"讲真话"观点

认为应该对患者讲真话，知晓自身患病情况是患者的权利，尤其是对于患有不治之症的老年患者，如实、及时地告诉其疾病的预后，可以让患者对余下的时间作充分的调整和利用，可以有机会提前制订完全符合其真实意愿的生前预嘱。

对有能力自己做主的老年患者，告知真相是对其人格知情权和选择权的尊重。当然必须注意告知的表达方式、表情和语气、告知时间的选择等，可逐步进行，使其有心理准备。

（三）折中观点

认为讲不讲真话的关键在于是否伤害了患者。当患者想知道有关情况时，应让他们适当地有所了解。因为在通常情况下患者能对自身疾病性质、严重程度和预后有所推测。如果一再回避患者提出的问题，过分隐瞒真情，只会使其感到痛苦不安和自尊心受到伤害。所以应尊重患者，让他们决定自己想获悉什么信息，重要的是不能从心理上对其造成伤害。

实际临床工作中，在很多情况下医务人员首先会向老年患者的家属告知真相；并根据患者家属的意见和患者生理、心理承受能力，适时地部分或全部告知患者真相，以取得患者和家属对医疗的理解和配合。除非其家属坚决反对或患者完全无能力接受告知。

上述观点都各有其合理性，可见如何向患者表达真实情况是临床医生应掌握的艺术，需要在长期的临床实践中总结、积累和提高。

（宋岳涛）

推荐阅读资料

[1] 田喜慧. 老年医学伦理问题分析及应用. 北京：中国协和医科大学出版社，2017.

[2] 王刚石，李天志，李婷婷. 医学伦理学知识教育在老年临床工作中的实践体会. 中国老年学杂志，2016，36（24）：6301-6303.

[3] 袁钟. 做与文化相适应的医生. 中国医师，2015，76：40-41.

[4] ALBERT R. JONSEN. 临床伦理学. 台北：合记图书出版社，2014.

[5] BÆRØE K，IVES J，DE VRIES M，et al. On classifying the field of medical ethics. BMC Med Ethics. 2017，18（1）：30

[6] REEVE E，DENIG P，HILMER S N，et al. The ethics of deprescribing in older adults. Bioeth Inq，2016，13（4）：581-590.

第二篇

老年综合征与老年常见问题的评估和干预

第一章　认知功能障碍

学习要求

1. 掌握轻度认知功能障碍和痴呆的定义、诊断及认知功能的评估。
2. 了解痴呆的病因及诊断标准。
3. 熟悉病史采集,锻炼临床思维,培养临床沟通能力。
4. 了解认知功能障碍患者的分级照料和管理。

认知功能障碍(cognitive impairment)包括轻度认知功能障碍和中重度认知功能障碍,轻度认知功能障碍(mild cognitive impairment,MCI)是指记忆力或其他认知功能进行性减退,但不影响日常生活能力,且未达到痴呆的诊断标准。而中重度认知功能障碍又称痴呆(dementia)是一种以获得性认知功能损害为核心,并导致患者日常生活能力、学习能力、工作能力和社会交往能力明显减退的综合征。患者的认知功能损害涉及记忆、学习、定向、理解、判断、计算、语言、视空间功能、分析及解决问题等能力,在病程某一阶段常伴有精神、行为和人格异常。在美国精神病学会《精神障碍诊断与统计手册》第5版(*Diagnostic and Statistical Manual of Mental Disorders-V*,DSM-V)中痴呆被描述为"神经认知障碍"。

痴呆已经成为老年人群致死和致残的主要疾病之一,而阿尔茨海默病(Alzheimer's disease,AD)是痴呆的首要病因。流行病学调查显示,65岁以上老年人AD的患病率在发达国家为4%~8%,我国为3%~7%,女性高于男性,并且随着年龄的增长,AD的患病率逐渐上升,至85岁以后,每3~4位老年人中就有1位罹患AD。痴呆的危险因素有低教育程度、膳食因素、吸烟、女性雌激素水平降低、高血糖、高胆固醇、高同型半胱氨酸和血管因素等。

认知功能障碍的辅助检查包括体液检查、影像学检查、神经心理学检查、电生理检查和基因检测等。世界卫生组织的《国际疾病分类》第10版(ICD-10)中痴呆的诊断需根据病史询问及神经心理检查证实智能衰退。神经心理检查临床上常用的工具有:①总体评定量表,如简易智能精神状态检查量表(MMSE)、蒙特利尔认知评定(MoCA)等;②分级量表,如临床痴呆评定量表(CDR)等;③精神行为评定量表,如汉密尔顿抑郁量表(HAMD)等;④用于鉴别的量表,如Hachinski缺血量表等。选用何种量表,如何评价测验结果,必须结合临床表现和其他辅助检查结果综合判断。

目前尚无逆转痴呆病理变化的药物,现阶段的治疗主要是围绕药物治疗、生活方式干预和认知功能训练等的综合治疗。因MCI患者进展为痴呆的风险较高,因此要重视对MCI患者的临床监测。明确痴呆发病的危险因素,并针对这些危险因素开展早期干预和预防,是降低或延缓发病的可行方法之一。

临床病例

患者,女,73岁,因"记忆力减退7年,猜疑被窃、出门迷路2年"入院。患者7年前出现记忆力差,忘记常用物品放置位置,搞不清日常花销费用,还称邻居将坏家具换到她家,当时家人未在意,未予求治。2年前春节期间某日,患者凌晨4时步行数公里至儿子住处,说女儿拿她东西,家人送至当地医院就诊,诊断为"痴呆",予以药物治疗。但患者服药不配合,时断时续,病情持续加重,与邻居关系不和,称邻居拿东西不还,平时将钱物到处藏,随后又忘记藏匿地点。称女儿偷她的钱物,用不值钱的东西换走家中值钱的东西,子女买来的东西是自己妈妈买的。今年春节期间,2次走失后找回。今年来病情较重,常有自语,称有人到家中拿走钱物;烧饭途中走开,忘关煤气致炊具烧坏;将换下的衣服藏在席子下面;夜间将报纸折成长条塞住门缝,睡眠差、骂人;不肯吃药,将药藏在舌下,随后吐出。家人为进一步诊治,送来我院。

【问题1】 2年前该患者诊断为痴呆是否正确？

患者为老年女性，7年前开始出现记忆力下降，表现为寻物，并有计算力下降，表现为算不清日常花销，有认知功能下降症状；2年前出现猜疑家人的情况，有精神行为症状；患者的认知功能下降和精神行为症状影响到了其日常生活能力，所以需考虑"老年期痴呆"的可能性。

思路1：该患者首发症状为记忆力下降，发病至第一次就诊期间该症状呈进行性下降，同时伴有计算力下降、精神行为异常，有多个认知域受损的表现，需进行神经心理评估，明确受损认知域及程度；若经评估示认知功能障碍，则需进一步进行日常生活能力评估，若同时有日常生活能力下降，方可考虑诊断"痴呆"。

知识点

认知功能障碍及痴呆的诊断

对既往智力正常，之后出现获得性认知功能下降（记忆、执行、语言或视空间能力损害）或精神行为异常，影响工作能力或日常生活能力，且无法用谵妄或其他精神疾病来解释的患者，可拟诊为痴呆。

认知功能或精神行为损害可通过病史采集或神经心理评估客观证实，且至少具备以下5项中的2项：①记忆及学习能力受损；②推理、判断及处理复杂任务等执行功能受损；③视空间能力受损；④语言功能受损（听、说、读、写）；⑤人格、行为或举止改变。

痴呆严重程度的判定：根据临床表现、日常能力受损情况或认知评估等确定痴呆的严重程度。对于不能完成神经心理评估者，可根据以下标准判断痴呆的严重程度：①轻度，主要影响近记忆力，但患者仍能独立生活；②中度，较严重的记忆障碍，影响患者独立生活的能力，可伴有括约肌障碍；③重度，严重的智力损害，不能自理，完全依赖他人照顾，有明显的括约肌障碍。

思路2：该患者未进行神经心理评估，仅通过病史采集可判断有记忆力下降、精神行为症状，符合5项中的2项；同时，这些症状影响了患者的日常生活，但患者仍具备独立生活的能力，考虑为轻度痴呆。

【问题2】 导致患者痴呆的原因可能有哪些？

老年女性，慢性病程，症状呈进行性加重，无脑外伤、脑卒中、中毒等病史，需考虑"变性性痴呆"；患者无除认知功能损害外的其他神经系统定位症状，应首先考虑诊断"阿尔茨海默病"。

思路1：引起痴呆的病因很多，根据不同的病因，治疗的选择和预后的判断都不同。诊断痴呆后，需要结合患者病史特点、体格检查、辅助检查等，对痴呆的病因进行判断，要注意鉴别可治性、可逆性的痴呆，及早干预。

知识点

痴呆的病因及分类

临床上引起痴呆的疾病种类繁多，其分类方法主要有以下几种。

1. 变性病和非变性病痴呆　前者主要包括阿尔茨海默病（Alzheimer's disease，AD）、路易体痴呆（dementia with Lewy body，DLB）、帕金森病痴呆（Parkinson disease with dementia，PDD）和额颞叶变性（frontotemporal lobar degeneration，FTLD）等。后者包括血管性痴呆（vascular dementia，VaD）、正常压力性脑积水及其他疾病如颅脑损伤、感染、免疫、肿瘤、中毒和代谢性疾病等引起的痴呆。AD占所有类型痴呆的50%～70%。DLB发病仅次于AD，占痴呆的5%～10%。PDD约占痴呆的3.6%，FTLD占痴呆的5%～10%。VaD是最常见的非变性病痴呆，占痴呆患者的15%～20%。继发的痴呆患病率尚无准确统计。

2. 按病变部位分类　可分为皮质性痴呆、皮质下痴呆、皮质和皮质下混合性痴呆及其他痴呆。皮质性痴呆包括AD和FTLD；皮质下痴呆类型较多，包括VaD、锥体外系病变、脑积水、脑白质病变等；皮质和皮质下混合性痴呆包括多发梗死性痴呆、感染性痴呆、中毒和代谢性脑病，也见于DLB；其他痴呆包括脑外伤后和硬膜下血肿痴呆等。

3．按发病及进展速度分类　近年来病情发展较快的"快速进展性痴呆（rapidly progressive dementias，RPD）"备受关注。RPD通常指在数天、数周（急性）或数月（亚急性）发展为痴呆的情况，可能的病因归结为"VITAMINS"，依次序分别代表血管性（vascular）、感染性（infectious）、中毒和代谢性（toxic-metabolic）、自身免疫性（autoimmune）、转移癌 / 肿瘤（metastases/neoplasm）、医源性 / 先天性代谢缺陷（iatrogenic/inborn error of metabolism）、神经变性（neurodegenerative）及系统性 / 癫痫（systemic/seizures）引起的痴呆。另外，人类免疫缺陷病毒（HIV）和克 - 雅脑病（Creutzfeldt-Jakob disease，CJD）也可引起发病较快的痴呆。

思路 2：变性病引起的痴呆多进展缓慢，呈慢性进展病程；非变性病引起的痴呆多进展迅速，并且与原发病有明确的因果关系。

思路 3：变性性痴呆最为常见，其中又以 AD 最为常见，若患者单纯以认知功能障碍为表现，无合并其他神经系统病变症状，则应倾向于考虑 AD；若患者合并有锥体外系症状，则需考虑 PDD、DLB 可能；若患者疾病早期精神行为症状突出，则需考虑 FTLD 的可能。

【问题 3】　为进一步明确诊断，该患者下一步应进行哪些辅助检查？

认知功能障碍疾病的辅助检查包括影像学检查、体液生化检查、神经电生理检查及基因检测等。

思路 1：该患者目前考虑阿尔茨海默病（AD）可能，首先需完善头部影像学检查，首选头部磁共振成像（magnetic resonance imaging，MRI），冠状位观察海马皮层是否有萎缩，但患者早期可能无明显海马萎缩表现；另外可完善血清、脑脊液的生物标志物检测，可能发现 AD 的早期分子生物标志物如 Aβ 蛋白、p-tau 蛋白等。

知识点

认知功能障碍疾病的辅助检查

适当地选择辅助检查，可以有效协助认知功能障碍性疾病的诊断和鉴别诊断，监测疾病进程，指导疾病治疗。

1．血液检测　对所有首次就诊的认知障碍患者进行以下血液检测有助于揭示认知障碍病因、发现伴随疾病：全血细胞计数、肝肾功能、甲状腺功能、甲状旁腺功能、电解质、血糖、叶酸、维生素 B_{12}、同型半胱氨酸、红细胞沉降率、HIV、梅毒螺旋抗体、重金属、药物或毒物检测。

2．脑脊液检测　推荐为痴呆患者的常规检查，对拟诊 AD 的患者进行 t-tau、p-tau181 及 Aβ1-42 检测。

3．头部影像学检查　MRI 是进行痴呆诊断和鉴别诊断的常规检查，并有助于随访跟踪，判断治疗效果。临床可疑痴呆患者可考虑进行单光子发射计算机体层摄影（single photon emission computed tomography，SPECT）、正电子发射体层摄影（positron emission tomography，PET）检查，以提高诊断准确率。

4．电生理检查　脑电图（electroencephalograhpy，EEG）对于鉴别正常老化和痴呆或不同类型的痴呆具有一定辅助诊断价值；定量脑电图、诱发电位和事件相关电位对于鉴别不同类型的痴呆有意义。

5．基因检测　有明确痴呆家族史患者及有明确痴呆家族史个体应进行基因检测，可帮助诊断，以及早期发现早期干预。

思路 2：该患者除头部 MRI 检查、脑脊液生物标志物检验外，可考虑完善 EFG 检查，如患者常规血液检测、头部 MRI 检查、脑脊液生物标志物检测及 EFG 检查均无异常，可考虑 SPECT 检查；若患者有家族史，可考虑基因检测。

【问题 4】　若患者 AD 诊断成立，应该如何治疗？

痴呆的治疗分为药物治疗和非药物治疗，两者同样重要。药物治疗分为改善认知功能药物和控制精神行为症状药物，一般根据患者痴呆程度和伴随症状选择。

思路1：该患者诊断为轻度痴呆，考虑病因为 AD，可考虑使用胆碱酯酶抑制剂治疗，治疗期间应注意观察患者药物副作用，及时调整剂量，定期随访复查，观察药物疗效。

思路2：患者伴有明显的精神行为症状，可考虑连用兴奋性氨基酸受体拮抗剂或综合精神科医生会诊意见，加用抗精神病药物。

知识点

痴呆的治疗

1. 药物治疗　胆碱酯酶抑制剂是现今治疗轻度和中度 AD 的一线药物，主要包括多奈哌齐、卡巴拉汀、加兰他敏和石杉碱甲，因存在剂量效应关系，中度和重度 AD 患者可选用高剂量的胆碱酯酶抑制剂作为治疗药物，但应遵循低剂量开始逐渐滴定的给药原则，并注意药物可能出现的不良反应；兴奋性氨基酸受体拮抗剂盐酸美金刚是另一类一线药物，是 FDA 批准的第一个用于中度和重度痴呆治疗的药物，明确诊断的中度和重度 AD 患者可以选用美金刚或美金刚与多奈哌齐、卡巴拉汀联合治疗，对出现明显精神行为症状的重度 AD 患者，尤其推荐胆碱酯酶抑制剂与美金刚联合使用。

2. 非药物治疗　主要包括适度的身体锻炼、生活行为干预、认知训练、进行社交及做一些益智活动。

思路3：该患者长期独居，因认知功能障碍，并有精神行为症状，对邻居、子女皆有猜疑，与他人沟通极度减少，进一步加剧了其认知功能下降。该患者的治疗除药物外，非药物的干预十分重要，建议其与子女同住，子女应注意对其关心与沟通，加强患者的社交及智能锻炼。

【问题5】 该患者若早就诊，如何识别诊断？

患者 7 年前即有认知功能下降的表现，但其日常生活能力保持完整，无明显精神行为异常及性格改变，家属如果重视，送至医院进行认知评估，可能早期发现认知功能受损，进行早期干预，延缓疾病的进展。

思路1：记忆力或其他认知功能出现进行性减退，但不影响日常生活能力，未达到痴呆的诊断，此时可以诊断为轻度认知功能障碍，若进行早期干预，可能延缓甚至阻止疾病向 AD 的进展。

知识点

轻度认知功能障碍是指记忆力或其他功能进行性减退，但不影响日常生活能力，且未达到痴呆的诊断标准。诊断标准为：①患者或知情者报告，或有经验的临床医师发现认知的损害；②存在一个或多个认知功能域损害的客观证据（来自认知测验）；③复杂的工具性日常能力可以有轻微损害，但保持独立的日常生活能力；④尚未达到痴呆的诊断。

思路2：早期应进行认知功能评估，可早期发现认知功能受损的依据。

知识点

认知和功能的评估

对认知功能障碍患者的评估通常包括认知功能、社会和日常生活能力及精神行为症状。认知功能评估包括总体认知评估（MMSE、MoCA 等）及认知域评估；对认知功能下降为主诉的就诊者，应选择 MMSE 和 MoCA 组合或类似的筛查量表组合进行初筛，筛查阳性者，再针对不同的受损认知域选择相应量表进行标准化系统评估。

简易智力状态检查量表（视频）

【问题6】 该类患者在疾病早期是否有一些可控的危险因素？

痴呆已经成为老年人群致死和致残的主要疾病之一，作为痴呆的主要病因之一，明确 AD 发病的危险因素，并针对这些危险因素开展早期干预和预防，是降低或延缓痴呆发病的可行方法之一。

思路：如果能对 AD 发病的危险因素进行早期识别，就能进行早期干预，针对可干预的危险因素进行一级预防。

知识点

阿尔茨海默病发病的危险因素

1. 不可干预的危险因素　年龄、性别、遗传因素、家族史等。

2. 可干预的危险因素　心脑血管疾病、血压、血脂、2 型糖尿病、体重、吸烟与饮酒、饮食、教育水平、体力活动与脑力活动、脑外伤等。

（涂秋云）

推荐阅读资料

[1] GOLDMAN J S, HAHN S E, CATANIA J W, et al. Genetic counseling and testing for Alzheimer disease: joint practice guideline of the American College of Medical Genetics and the National Societv of Genetic Counselors Genet Med, 2011, 13（6）: 597-605.

[2] JIA J, WANG F, WEI C, et al. The prevalence of dementia in urban and rural areas of China. Alzheimers Dement, 2014, 10（1）: 1-9

[3] SOLDAN A, PETTIGREW C, LI S, et al. Relationship of cognitive reserve and cerebrospinal fluid biomarkers to the emergence of clinical symptoms in preclinical Alzheimer's disease. Neurobiol Aging, 2013, 34（12）: 2827-2834.

第二章　焦虑、抑郁

学习要求

1. 掌握老年焦虑、抑郁的临床表现、诊断及治疗原则。
2. 培养临床诊治思维能力。
3. 熟悉焦虑、抑郁常用量表及临床应用。

焦虑(anxiety)及抑郁(depression)均是老年人群中较常见的心理问题。焦虑是紧张不安的情绪体验，伴随自主神经功能失调及运动性不安为主的症状综合征。抑郁则表现为情绪低落、思维迟缓、兴趣减退、快感缺失等，常伴有躯体化障碍。2016年中华医学会精神病学分会发布了综合医院焦虑、抑郁与躯体化症状诊断治疗的专家共识，对焦虑、抑郁的状态和障碍等临床诊断用语进行区分与描述。状态一般指严重程度达中等或以上，超出患者承受或调节能力，对生活和社会功能造成影响，需要医学处理的状况(如抑郁状态、焦虑状态)；障碍则符合精神科相关疾病诊断标准。一般不主张综合医院非精神科医生做出障碍的诊断。

我国一项荟萃分析发现老年焦虑症的患病率为6.79%(5.61%~7.96%)，具有焦虑症状的患病率为22.11%(16.8%~27.2%)。2000~2010年中国社区老年人抑郁检出率的荟萃分析发现老年抑郁患病率为17.2%。虽然传统上认为焦虑和抑郁是两个独立的疾病，但老年焦虑及抑郁障碍共病的比率可高达40%~50%。焦虑、抑郁不仅危害老年人的心身健康，导致躯体功能下降，还增加心脑血管病的患病或死亡风险，更是引起老年人自杀的首要因素。

老年焦虑、抑郁的病因复杂，通常认为是生物、心理、社会因素综合作用的结果。慢性躯体疾病如脑卒中、高血压、心肌梗死、糖尿病，是老年焦虑、抑郁的主要诱因。而老年焦虑、抑郁患者通常又伴有大量躯体障碍，有时躯体症状完全掩盖了心理障碍，患者常因躯体不适辗转就诊多家医院，而情感症状和心理行为症状往往被忽视并导致漏诊或误诊。

老年焦虑、抑郁的量表评估可以反映患者当前是否存在症状、临床症状的严重程度及持续时间。常用的量表有Zung氏焦虑/抑郁自评量表(SAS/SDS)、综合性医院焦虑抑郁量表(HADS)、老年抑郁量表(GDS-30)等。对老年焦虑、抑郁的患者通常采取综合性治疗策略，包括健康教育和心理支持、药物治疗等，尽可能缓解或消除焦虑、抑郁与躯体化症状，降低对躯体疾病的影响，提高生活质量，维持良好社会功能。

临床病例

患者，男，76岁，因"反复气促、紧张、坐立不安7个月"入院。7个月前听闻邻居突发心肌梗死去世后，患者反复出现气促，紧张冒汗、坐立不安，同时伴有胸闷、胸痛，持续数小时，含服硝酸甘油无缓解。多次查心肌酶、肌钙蛋白及心电图未见异常。近3个月来患者还常有唉声叹气，有时暗自流泪，不喜出门，亦不愿活动，睡眠差，体重较前下降约2kg。

既往史：有高血压3级、极高危病史2年，长期服用缬沙坦降压治疗，近半年来血压控制不佳。患者1年前诊断冠心病，行冠状动脉造影提示前降支中段狭窄95%，予以植入支架1枚，术后规律服用阿司匹林、氯吡格雷、阿托伐他汀、美托洛尔等药物。

体格检查：血压175/80mmHg，表情紧张，双手不自主颤抖，心、肺、腹、神经系统未见阳性体征。

入院后查心电图、心肌酶、肌钙蛋白等未见异常，冠状动脉CT血管造影（CTA）提示前降支支架通畅，右冠状动脉、回旋支等血管未见异常，颅脑CT未见异常。经积极抗血小板聚集、调脂等治疗后效果不佳，患者仍反复出现胸闷、胸痛。

目前诊断：①老年焦虑、抑郁？②冠心病，经皮冠脉介入治疗（PCI）术后；③高血压3级，极高危。

【问题1】 该患者临床特点是什么？下一步评估方案是什么？

思路： ①老年男性患者，病情反复；②近7个月来反复出现气促、紧张冒汗、坐立不安；③多次查心电图、心肌损伤标志物未见异常，而且冠状动脉CTA提示原支架通畅，右冠状动脉、回旋支等血管未见异常；④诱发因素为听闻邻居突发心肌梗死去世的消息；⑤近来常有唉声叹气，有时暗自流泪。根据以上临床特点，要考虑心理问题，如老年焦虑/抑郁可能，下一步需要进行焦虑、抑郁的筛查评估。

知识点

1. 老年焦虑的临床表现

（1）焦虑、紧张的情感症状：表现为与处境不相符的紧张不安、害怕或恐惧、易怒等。

（2）行为异常：患者常伴有运动性不安，如坐立不安、搓手顿足、颤抖、头颈身体发紧僵硬、经常叹气等。

（3）伴有自主神经功能失调的躯体症状：涉及多个系统，表现为头昏、头晕、心悸、出汗、胸闷、气促、口干、恶心、呕吐、便秘、腹泻、尿频、尿急、皮肤潮红或苍白等症状。

2. 老年抑郁的临床表现

（1）情感和意志障碍：患者心境低落，可以从闷闷不乐到悲痛欲绝，情感反应淡漠；积极性和主动性下降，行事被动，常独处或独坐不语。

（2）思维及认知障碍：主要为思维迟缓，反应迟钝。形象化比喻为脑子像"生了锈的机器"。

（3）精神病性症状：常见症状有妄想，如疑病妄想及虚无妄想，易怀疑患有不治之症，到处求医，且不相信检查结果。

（4）躯体不适突出：老年抑郁早期常表现为各种躯体不适症状，如疲劳或乏力、睡眠障碍及多部位的慢性疼痛。消化道症状也常见。

（5）自杀行为：抑郁是老年人自杀的危险因素，老年期抑郁障碍患者自杀观念频发且牢固、自杀计划周密，自杀成功率高。

知识点

老年焦虑、抑郁的筛查量表

现在临床常用的焦虑抑郁量表有Zung氏焦虑/抑郁自评量表（SAS\SDS）（表2-2-1、表2-2-2）、老年抑郁量表（表2-2-3）等。

表2-2-1　Zung氏焦虑自评量表

指导语：请根据您现在或过去一周的情况，独立地不受任何人影响地回答下列问题。

项目	没有或偶尔/分	少部分时间/分	相当多时间/分	绝大部分或全部时间/分
1. 我觉得比平常容易紧张和着急	1	2	3	4
2. 我无缘无故地感到害怕	1	2	3	4
3. 我觉得心里烦乱或觉得惊恐	1	2	3	4
4. 我觉得我可能将要失控	1	2	3	4
5. 我觉得一切都很坏，会发生什么不幸	1	2	3	4

续表

项目	没有或 偶尔/分	少部分 时间/分	相当多 时间/分	绝大部分或 全部时间/分
6. 我手脚发抖打战	1	2	3	4
7. 我因为头痛、颈痛和背痛而苦恼	1	2	3	4
8. 我感到容易衰弱和疲乏	1	2	3	4
9. 我觉得心烦意乱，不容易静坐着	1	2	3	4
10. 我觉得心跳很快	1	2	3	4
11. 我因为一阵阵头晕而苦恼	1	2	3	4
12. 我晕倒发作或觉得要晕倒似的	1	2	3	4
13. 我呼气吸气都感到困难	1	2	3	4
14. 我手脚麻木和刺痛	1	2	3	4
15. 我因为胃痛和消化不良而苦恼	1	2	3	4
16. 我常常要小便	1	2	3	4
17. 我的手常常是潮湿寒冷的	1	2	3	4
18. 我脸红发热	1	2	3	4
19. 我不容易入睡且一夜睡得很差	1	2	3	4
20. 我做噩梦	1	2	3	4

注：得分 50 分以下为正常，50～59 分为轻度焦虑，60～69 分为中度焦虑，70 分以上为重度焦虑。

表 2-2-2　Zung 氏抑郁自评量表

指导语：请根据您现在或过去一周的情况，独立地不受任何人影响地回答下列问题。

项目	没有或 偶尔/分	少部分 时间/分	相当多 时间/分	绝大部分或 全部时间/分
1. 我觉得闷闷不乐，情绪低沉	1	2	3	4
2. 一天中，我觉得早晨的心情最好	4	3	2	1
3. 我一阵阵哭出来或觉得想哭	1	2	3	4
4. 我晚上睡眠不好	1	2	3	4
5. 我吃得跟平常一样多	4	3	2	1
6. 我与异性密切接触时，和以往一样感到愉快	4	3	2	1
7. 我发觉我的体重在下降	1	2	3	4
8. 我有便秘的苦恼	1	2	3	4
9. 我心跳比平常快	1	2	3	4
10. 我无缘无故地感到疲乏	1	2	3	4
11. 我的头脑跟平常一样清楚	4	3	2	1
12. 我做我熟悉的事情没有困难	4	3	2	1
13. 我觉得心情不安，难以平静	1	2	3	4
14. 我对将来抱有希望	4	3	2	1
15. 我比平常容易生气激动	1	2	3	4
16. 我觉得我作出决定是容易的	4	3	2	1
17. 我觉得自己是个有用的人，有人需要我	4	3	2	1
18. 我的生活过得很有意义	4	3	2	1
19. 我认为如果我死了，别人会生活得好些	1	2	3	4
20. 平常感兴趣的事我现在仍然感兴趣	4	3	2	1

注：得分 50 分以下为正常，50～59 分为轻度郁，60～69 分为中度抑郁，70 分以上为重度抑郁。

表2-2-3　老年抑郁量表（GDS-30）

请根据您在过去一周内的感受，选择最佳答案：

项目	评分标准	
	1	0
1.　您对生活基本上满意吗？	否	是
2.　您是否已经放弃了许多活动和兴趣？	是	否
3.　您是否觉得生活空虚？	是	否
4.　您是否常感到厌倦？	是	否
5.　您觉得未来有希望吗？	否	是
6.　您是否因为脑子里有一些想法摆脱不掉而烦恼？	是	否
7.　您是否大部分时间精力充沛？	否	是
8.　您是否害怕会有不幸的事落到你头上？	是	否
9.　您是否大部分时间感到幸福？	否	是
10.　您是否常感到孤立无援？	是	否
11.　您是否经常坐立不安，心烦意乱？	是	否
12.　您是否希望待在家里而不愿意去做些新鲜事？	是	否
13.　您是否常常担心将来？	是	否
14.　您是否觉得记忆力比以前差？	是	否
15.　您觉得现在生活很惬意？	否	是
16.　您是否常感到心情沉重、郁闷？	是	否
17.　您是否觉得像现在这样生活毫无意义？	是	否
18.　您是否常为过去的事忧愁？	是	否
19.　您觉得生活很令人兴奋吗？	否	是
20.　您开始一件新的工作困难吗？	是	否
21.　您觉得生活充满活力吗？	否	是
22.　您是否觉得你的处境毫无希望？	是	否
23.　您是否觉得大多数人比你强得多？	是	否
24.　您是否常为些小事伤心？	是	否
25.　您是否常觉得想哭？	是	否
26.　您集中精力困难吗？	是	否
27.　您早晨起的很快活吗？	否	是
28.　您希望避开聚会吗？	是	否
29.　您做决定很容易吗？	否	是
30.　您的头脑像往常一样清晰吗？	否	是

注：得分在0～10分为正常，11～20分为轻度抑郁，21～30分则表示有中度至重度的抑郁。

【问题2】 对患者进行 Zung 氏焦虑自评量表得分 68 分；老年抑郁量表评分 17 分。结合病史和检查，该患者诊断是什么？

　　思路：根据上述量表评分标准，符合中度焦虑及轻度抑郁。结合患者有明显的情感症状（坐立不安、紧张、唉声叹气、流泪）、自主（植物）神经功能紊乱症状（胸闷、气促、冒汗）和运动症状（表情紧张、双手不自主颤抖），神经系统体格检查未见异常，颅脑 CT 未见异常，支持老年焦虑并抑郁的诊断。注意与躯体疾病或神经衰弱等相鉴别。

知识点

老年焦虑、抑郁的诊断与鉴别诊断

老年焦虑、抑郁的评估、筛查通常根据量表来进行，但应在完整的病史采集、精神检查、体格检查与实验室检查基础上，并除外脑器质性病变及躯体疾病伴发的情感性症状等方可诊断。还要注意与以下疾病相鉴别。

1. 躯体疾病　不少躯体疾病可伴发或诱发焦虑或抑郁，如阵发性心动过速、嗜铬细胞瘤、甲状腺功能亢进等可诱发焦虑；帕金森病、颅内肿瘤等可继发抑郁。医生应通过详细询问病史、躯体和神经系统检查，以及必要的实验室及辅助检查，以排除躯体疾病，避免漏诊和误诊。

2. 神经衰弱　神经衰弱的症状是脑力活动减弱，注意力不集中，记忆力下降，易兴奋又易疲劳。而焦虑症突出症状是焦虑情绪的体验、自主神经功能失调及运动性不安。

3. 使用药物伴发的焦虑或抑郁症状　可卡因、大麻、海洛因的服用或戒断都可引起焦虑状态及自主神经功能紊乱，甚至出现典型的类惊恐发作。长期服用甲基多巴、可乐定、西咪替丁等也可引起抑郁。

【问题3】 该患者的诊治和照护要点是什么？

思路：老年男性，目前诊断为老年中度焦虑伴轻度抑郁、冠心病和支架植入术后、高血压病 3 级（极高危）。治疗方面采取综合性治疗策略，继续冠心病二级预防治疗及降压治疗，将血压控制目标为 140/90mmHg 以下，低密度脂蛋白胆固醇（LDL-C）在 1.8mmol/L 以下；针对焦虑及抑郁，辅以心理和药物（艾司西酞普兰、阿普唑仑）治疗。

知识点

老年焦虑、抑郁的治疗

老年焦虑、抑郁应考虑综合性治疗策略。症状较轻者可给予健康教育和心理支持；症状较重者，应考虑药物治疗或药物联合心理治疗、物理治疗等，必要时请精神科医师会诊或转诊。

1. 心理治疗及物理治疗　心理治疗及物理治疗是治疗焦虑抑郁患者的有效方法，但起效较慢，一般需要 2～4 个月才能显效。老年期抑郁、焦虑治疗中更倾向于心理、物理治疗与药物治疗联合使用。

2. 药物治疗

(1) 选择性 5-羟色胺再摄取抑制剂（selective serotonin reuptake inhibitors，SSRIs）：目前 SSRIs 是老年广泛性焦虑障碍及老年抑郁障碍的首选药物。抗胆碱作用弱，对心血管作用轻微，安全范围广。主要的不良反应是胃肠道反应及性功能障碍，镇静作用轻微。临床常用的有氟西汀（20～40mg/d）、帕罗西汀（20～40mg/d）、舍曲林（50～100mg/d）、氟伏沙明（100～200mg/d）、西酞普兰（20～40mg/d）、艾司西酞普兰（10～20mg/d）。但老年人使用西酞普兰时应注意药源性 QT 间期延长。

(2) 5-羟色胺去甲肾上腺素再摄取抑制剂（serotonin-norepinephrine reuptake inhibitors，SNRIs）：SNRI 药物有较强抑制 5-羟色胺（5-hydroxytryptamine，5-HT）和去甲肾上腺素（norepinephrine，NE）再摄取的作用，没有抗组胺和抗胆碱的作用，对焦虑障碍伴有明显躯体症状的患者有较好的治疗作用。主要代表药物有文拉法辛（75～225mg/d）和度洛西汀（60～120mg/d）。SNRIs 可出现与剂量相关的舒张性高血压，老年人使用时需要监测血压。SNRIs 禁止与单胺氧化酶抑制剂（monoamine oxidase inhibitors，MAOIs）和其他 5-HT 激活药联用。未经治疗的闭角型青光眼患者应避免使用度洛西汀。

(3) 苯二氮䓬类药物（benzodiazepines，BDZ）：BDZ 是老年期焦虑障碍常用药物。临床上常用的有阿普唑仑（0.2～2.0mg/d）、艾司唑仑（1.0～2.0mg/d）、劳拉西泮（1.0～4.0mg/d）、地西泮（5.0～20mg/d）、氯硝西泮（2.0～6.0mg/d）。老年人由于机体功能受损，用药后容易跌倒，应从小剂量用起。本类药物不宜长期使用，一般只需 3～6 周。停药应缓慢减量。

　　（4）5-HT1A 受体部分激动剂：5-HT1A 受体部分激动剂对广泛性焦虑障碍老年患者有效，最大优点是镇静作用较轻，不易引起呼吸抑制及运动障碍，对认知功能影响小；无耐受性和依赖性，停药后无戒断反应。但起效相对较慢，常用的有丁螺环酮（15～60mg/d）、坦度螺酮（20～60mg/d）。该药禁止与 MAOIs 联用。

　　（5）其他：①NE 和特异性 5-HT 能抗抑郁药（NaSSAs）（代表药物米氮平，常用剂量 10～30mg/d），对抑郁症有良好疗效，还兼有抗焦虑和改善睡眠作用；②去甲肾上腺素再摄取抑制剂（NRI）（代表药物瑞波西汀，常用剂量 4mg/ 次，2 次 /d）对治疗重症抑郁有效且耐受性好；③5-HT 拮抗剂和再摄取抑制剂（SARI）（代表药物曲唑酮，常用剂量 50 ～100mg/d），适用于各种焦虑患者及伴轻度、中度抑郁者；④黛力新（氟哌噻吨 / 美利曲辛）：适用于轻度、中度的焦虑及伴抑郁患者，常用剂量为 1 片 / 次，2 次 /d，老年人可减量为 1 片 / 次，1 次 /d。长期使用应注意椎体外系反应，尤其老年人使用时更需密切观察；⑤β 受体阻滞剂：β 受体阻滞剂单独用于焦虑的作用有限，但可以减轻焦虑的自主神经症状（如心动过速和出汗等）。在老年人中使用有潜在的跌倒风险；⑥MAOIs 和三环类抗抑郁药由于心血管副作用大，现在一般不推荐老年人使用。

　　（6）药物的主要适应证：主要适用于焦虑障碍的药物有丁螺环酮、坦度螺酮和苯二氮䓬类；主要适用于抑郁障碍的药物有西酞普兰、米氮平；焦虑障碍和抑郁障碍均适用的药物有帕罗西汀、氟西汀、舍曲林、氟伏沙明、艾司西酞普兰、文拉法辛、度洛西汀、曲唑酮和黛力新。伴心血管疾病患者可以酌情选择安全性较高、药物相互作用较少的药物如舍曲林；伴有明显焦虑、疼痛等躯体症状的患者可以选择文拉法辛、度洛西汀等；可考虑短期小剂量合并使用苯二氮䓬类及其他抗焦虑药。伴有明显睡眠障碍的患者也可选择具有镇静和改善睡眠作用的抗抑郁药，如米氮平、曲唑酮等。

　　因老年人药物耐受性较差，建议个体化调整初始用药剂量。在应用药物治疗时须从小剂量开始，逐步增加剂量，增加剂量的间隔时间要相对延长，并注意观察和监测药物不良反应。治疗疗程要足，减量要慢。

（曾　敏）

推荐阅读资料

[1] 中华医学会精神医学分会老年精神医学组. 老年期抑郁障碍诊疗专家共识. 中华精神科杂志，2017，50（5）：329-334.

[2] 中华医学会神经病学分会神经心理学与行为神经病学组. 综合医院焦虑、抑郁与躯体化症状诊断治疗的专家共识. 中华神经科杂志，2016，49（12）：908-917.

[3] BALSAMOM, CATALDI F, CARLUCCI L, et al. Assessment of anxiety in older adults: a review of self-report measures. Clin Interv Aging, 2018, 6（13）: 573-593.

[4] CANUTO A, WEBER K, BAERTSCHI M, et al. Anxiety disorders in old age: psychiatric comorbidities, quality of life, and prevalence according to age, gender, and country. Am J Geriatr Psychiatry, 2018, 26（2）: 174-185.

[5] MULSANTA B H, BLUMBERGER D M, ISMAIL Z, et al. A systematic approach to the pharmacotherapy of geriatric major depression. Clin Geriatr Med, 2014, 30（3）: 517-534.

[6] VALIENGO Lda C, STELLA F, FORLENZA O V. Mood disorders in the elderly: prevalence, functional impact, and management challenges. Neuropsychiatr Dis Treat, 2016, 24（12）: 2105-2114.

第三章 谵妄

学习要求

1. 掌握谵妄的临床表现、诊断标准和治疗原则。

2. 掌握谵妄的主要鉴别诊断要点。

3. 熟悉谵妄的主要发病机制。

4. 熟悉谵妄病因。

5. 了解意识模糊评估量表（CAM）、ICU 意识模糊评估量表（CAM-ICU）、护理谵妄筛查量表（Nu-DESC）等常用量表的临床应用。

谵妄（delirium）又称为急性混乱状态、急性精神障碍、急性脑病综合征。定义为急性意识混乱、注意力不集中、广泛的认知功能损害（如思维混乱、定向力障碍、生动的幻觉、妄想），同时伴有睡眠 - 觉醒周期紊乱和精神运动行为障碍，病情波动，昼轻夜重（日落现象），多数可恢复。医学之父希波克拉底是第一个描述谵妄的人，其将谵妄与其他疾病如忧郁症和躁狂症区别开来。谵妄的发生常导致一系列不良临床结局，包括严重术后并发症（如假体脱位、内固定松动）、延长住院日、延迟康复、增加住院花费、躯体及认知功能下降，甚至死亡。

2013 年，美国重症医学会（Society of Critical Care Medicine，SCCM）发布指南，指出谵妄会增加 ICU 成人患者的病死率、延长 ICU 住院日和总住院时间，ICU 期间发生谵妄与 ICU 转出后发生的认知障碍相关。2015 年，美国老年医学会（American Geriatrics Society，AGS）发布指南，提供了有临床证据支持的有效的谵妄干预措施，包括非药物干预、处理可能引起谵妄的潜在诱因、优化疼痛管理、避免使用可能诱发谵妄的高危药物、不应将苯二氮草类药物作为治疗谵妄患者激越行为的一线药物。老年患者术后谵妄与不良预后密切相关，临床医师有必要对围手术期老年患者进行全面的综合评估，包括谵妄风险评估，以便发现潜在风险，积极进行预防和干预，避免不良事件的发生。2016 年，中华医学会发布共识，将谵妄定义为急性发作的意识混乱，伴注意力不集中、思维混乱、不连贯及感知功能异常。而术后谵妄是指患者在经历外科手术后出现的谵妄，主要发生在术后第 2～3 天。

谵妄是依照美国精神障碍诊断与统计手册第 5 版（DSM-V）5 条标准进行诊断。为了快速识别谵妄，常使用一些简单可行的量表进行谵妄的筛查。全球使用最广泛的谵妄筛查工具为意识模糊评估量表（confusion assessment method，CAM），在 CAM 量表的基础上，还衍生出 ICU 意识模糊评估量表（CAM-ICU），适合患者气管内插管等无法言语配合时使用。其他常用的谵妄筛查工具包括 3min 谵妄诊断量表（3D-CAM）、记忆谵妄评估量表（MDAS）、护理谵妄筛查量表（Nu-DESC）、重症监护谵妄筛查表（ICDSC）。2019 年，中国冷静治疗研究组更新共识，推荐谵妄的预防和治疗策略，强调优化镇痛镇静治疗，改善患者的预后。并提出谵妄严重程度评估最常用的工具是谵妄分级量表 -98 版（delirium rating scale-revised-98，DRS-R-98）。

谵妄可发生于任何年龄段，虽然由于调查人群的差异和对谵妄识别诊断的偏差，流行病学调查数据结果有很大不同，但总体看来，由于年龄增长，大脑的储备功能下降，谵妄在老年人群中发病率极高，是 ICU 老年患者及老年患者术后常出现并可危及生命的严重并发症。ICU 老年人谵妄发生率最高，达 70.4%～87%。65 岁及以上患者术后谵妄的发生率为 5%～50%，由于围手术期危险因素的不同，如不同手术方式、手术类型、年龄、术前易感因素等差异，患者术后谵妄的发生率也各不相同。一项荟萃（meta）分析指出，髋关节骨折患者术后谵妄发生率为 4.0%～53.3%，一般择期手术术后谵妄发生率为 3.6%～28.3%。有研究显示，有认知功能障碍患者在入院后合并谵妄的比例高达 4.4%～35.6%。

谵妄由多种原因导致，常伴发于躯体疾病加重、感染、缺血、缺氧、手术等。易感因素及促发因素累积到一定程度可导致谵妄发生。①易感因素：包括高龄、痴呆、抑郁、共病、感觉丧失、功能丧失、营养不良、男性、酒精；②促发因素：包括手术、药物（精神活性药物及多重用药）、入住 ICU、疼痛、束缚（尿管、卧床）、急性疾病（感染、低氧血症、低灌注）、水电解质酸碱失衡、睡眠剥夺、尿潴留、便秘等。

老年谵妄的发病机制较为复杂，可能机制有以下 5 种：

1. 神经递质学说　包括单胺类（多巴胺、去甲肾上腺素、5- 羟色胺）、乙酰胆碱、γ- 氨基丁酸（GABA）、谷氨酸、组胺、内啡肽等多种神经递质的改变。目前较为认可的是乙酰胆碱能活性降低、多巴胺能活性增高或者是二者之间相对失衡。

2. 炎症反应学说　手术创伤、术后疼痛、感染等对机体产生伤害性反应引起的免疫与应激反应可使机体释放大量细胞因子如肿瘤坏死因子 -α、C 反应蛋白、白介素 -6、白介素 -8、干扰素、降钙素等，这种急性外周炎症反应可通过多种途径引发中枢神经系统炎症反应，致使脑内细胞因子及其他炎性介质释放，增加下丘脑 - 垂体 - 肾上腺皮质轴活性，促进单胺循环，活化去甲肾上腺素、5- 羟色胺，增加多巴胺，减少乙酰胆碱，致使大脑血流量减低，脑耗氧量增加等，最终导致谵妄的发生。

3. 胆碱能学说　谵妄患者中发现胆碱能神经活性下降，胆碱能神经与注意、记忆和学习相关，试验中用抗胆碱能药物可引起谵妄，老年人更易谵妄（脑功能退化及乙酰胆碱合成减少）。

4. 应激反应学说　主要激素为可的松，由下丘脑 - 垂体 - 肾上腺皮质轴调节，应激时，肾上腺皮质水平升高，透过血脑屏障作用于神经细胞产生副作用（认知、注意力障碍或精神症状）。

5. 脑血供、代谢紊乱机制　各种致谵妄因素（感染、戒断反应、急性代谢障碍、损伤、营养不良、内分泌疾病、急性血管性疾病、中毒或药物、重金属中毒）均可引起脑血供和代谢紊乱。

根据 DSM-V 的定义，谵妄诊断的金标准如下。

1. 注意障碍和意识障碍　注意障碍包括指向、集中、维持和转移注意力的能力降低；意识障碍指对环境的定向减弱。

2. 急性发作　通常数小时至数日，与平常基线的注意力和意识相比有变化，在 1d 中症状有波动的趋势。

3. 伴有其他认知功能障碍　如记忆缺陷、定向不良、语言障碍、视觉空间能力障碍或知觉障碍。

4. 第 1 条及第 3 条的异常表现无法用已有的、已确定的或正在进行的神经认知疾病来更好地解释，患者无觉醒水平的严重下降，例如昏迷。

5. 病史、体格检查或实验室检查的证据支持以上的异常表现是由躯体疾病、物质中毒 / 戒断、药物不良反应或多种病因导致的。

为了快速识别谵妄，临床工作中常使用一些简洁有效的量表进行谵妄的筛查。目前全球使用最广泛的谵妄筛查工具是 CAM 评估可在 5min 之内完成，敏感性 71%～100%，特异性 90%～95%。其他常用的谵妄筛查工具还包括 CAM-ICU、Nu-DESC。谵妄是老年患者术后最常出现并能够危及生命的严重并发症，故谵妄的干预成为老年患者术后管理的重要内容。谵妄的治疗以治疗原发病为主，祛除诱因，缓解谵妄的症状，避免并发症。

临床病例

患者，男，81 岁，因"发热、咳嗽 3d"入院。患者 3d 前着凉后出现发热，体温最高达 39℃，伴咳较多黄色黏稠痰、食欲缺乏。门诊查胸部 CT，示双下肺少许炎症，自服"莫西沙星"效果不佳。住院当晚患者突然出现烦躁，精神错乱，胡言乱语，有被害妄想和幻觉，拔输液管，辱骂儿子及医务人员，撕扯被褥，不允许旁人靠近。给予患者服用奥氮平片 2.5mg 后，其情绪逐渐稳定，入睡。醒后患者对前晚发生事件记忆模糊。既往有高血压病、前列腺增生病史，每日服用氨氯地平控制血压，坦索罗辛和非那雄胺抗前列腺增生，血压控制可，尿频症状改善。入院体格检查：体温 38.0℃，脉搏 88 次 /min，呼吸 20 次 /min，血压 130/65mmHg。时间和空间定向力差，计算力下降，颈软，双下肺可闻及少许湿啰音，心律齐，各瓣膜听诊区未闻及明显病理性杂音，腹软，无压痛及反跳痛，四肢肌力和肌张力正常，双下肢巴宾斯基征（一）。辅助检查：血白细胞计数 11.2×10^9/L，血中性粒细胞百分比 95.5%，C 反应蛋白 2.2mg/L，降钙素原 0.06ng/ml，红细胞沉降率（血沉）1mm/h，抗肺炎支原体抗体、结核分枝杆菌 DNA 测定、1, 3-β-D 葡聚糖检测均阴性。颅脑 MRI 提示多发腔隙性脑梗死（陈旧性）。

【问题1】 该患者临床特点是什么？下一步评估和诊治方案是什么？

思路： 患者临床特点为高龄男性，急性起病，症状波动、可逆，表现为烦躁、意识错乱、胡言乱语、被害妄想、幻觉、认知功能损害、睡眠周期障碍；有高血压，血压控制尚可；病史和体格检查未发现急性脑血管病变、器质性精神病。患者有发生谵妄的高危因素，下一步可进行谵妄筛查评估。

知识点

意识模糊评估量表（CAM）

1. 急性发作或症状波动。
2. 注意受损。
3. 思维不连贯。
4. 意识水平变化。

评价：满足1和2，且符合3或4之一，即可确定谵妄发生。（注：依据不同病情，还可选择CAM-ICU、Nu-DESC进行谵妄诊断筛查。）

【问题2】 该患者完善CAM评估后，结合病史及检查结果，该患者目前诊断是什么？

思路： 根据谵妄诊断的金标准DSM-V，该患者符合谵妄诊断。

知识点

谵妄的诊断依据

谵妄可通过症状、体征、辅助检查（如血药浓度、皮质醇等）、既往史（包括用药、饮酒史等）、认知功能评估，同时结合谵妄筛查评估等作出诊断。认知功能评估主要通过简易精神状态检查量表（MMSE），谵妄筛查评估可通过CAM、CAM-ICU或Nu-DESC。谵妄诊断的金标准是DSM-V。

知识点

谵妄的临床分型

按照精神运动性症状的不同可将谵妄分为三种类型：①活动减少性谵妄，最常见，约占50%，却常被临床忽视。表现为活动减少、少言、夜间起床摸索不停、脱衣解裤、随地便溺等本能障碍明显；②活动增多性谵妄，最容易识别，但最少见。表现为患者警觉、激越、多语、注意涣散、定向障碍，常伴有幻觉；③混合性谵妄约占30%，症状介于以上二者之间或在二者之间转换。

【问题3】 该患者高龄，如何确定目前临床表现并非原发性器质性精神疾病？

思路： 患者高龄，急性起病，波动、可逆性病程，有感染、发热、药物等诱因，体格检查有意识错乱、胡言乱语、被害妄想、幻觉、认知功能损害等，实验室检查提示炎症指标升高，颅脑影像排查急性脑卒中及实质性占位等病变，结合认知功能及CAM评定，该患者符合谵妄诊断标准。老年人谵妄同时需要与各种原因所致的痴呆、假性痴呆（老年期抑郁症）、精神分裂症、其他精神病性障碍、癫痫等鉴别。

知识点

谵妄的鉴别诊断

1. 痴呆 与谵妄均有认知改变，但谵妄甚为突发，伴意识水平及注意力下降，病程波动，常昼轻夜重。而痴呆多起病隐匿，逐渐加重并长期存在。

2．精神分裂、抑郁　精神分裂患者的意识、定向力、注意力多正常，而谵妄患者常伴有意识障碍、注意力下降、全面性认知功能损害等。抑郁症患者的情绪低落、无兴趣、无价值感突出，部分患者有自杀想法或自杀行为。

3．脑卒中　患者多有脑血管病危险因素，体格检查可有其他局灶性定位体征，结合影像学资料，多可诊断。

4．酒精或物质滥用导致的谵妄　有酒精或物质滥用病史。

【问题4】　该患者潜在的风险和临床后果是什么？

思路：该患者目前诊断谵妄，需高度警惕患者坠床、外伤、致残失能等，注意加强看护。

知识点

谵妄的不良后果

谵妄的不良后果包括跌倒、外伤、坠床、走失、严重术后并发症（如假体脱位、内固定松动等严重后果）、延长住院日、延迟康复、增加住院花费、躯体及认知功能下降，甚至死亡。由于谵妄的症状多样且病情易波动，临床上常被漏诊。在老年人中，谵妄常表现为活动减少，而不是活动增加，并常伴有不同程度的认知功能减低，易被误诊为痴呆或原发性精神疾病如精神分裂症。老年原发病症状可不明显，而以谵妄为主要或首发症状。因此，老年谵妄的临床诊断更加困难。谵妄如能被及时发现和治疗，可以大大降低患者的死亡率，改善预后。

【问题5】　该患者的诊治和照护要点是什么？

思路：该患者目前诊断为肺炎、高血压病、谵妄、前列腺增生症。治疗上选用抗生素，控制肺部炎症；使用降压药物，重点是注意避免低血压；使用抗前列腺增生药物，保持小便通畅；针对谵妄的干预，主要是治疗原发病，祛除诱因，避免并发症，加强照护。

知识点

谵妄的治疗原则

谵妄的治疗效果远远不如预防效果。一旦发生谵妄，患者较难逆转，预后不良。因此，早期发现、早期治疗，可以减轻并发症、减少住院时间、降低死亡率、改善预后。谵妄的治疗原则是以治疗基础病为主、解除可能导致谵妄的诱因、缓解谵妄的症状、避免并发症。谵妄的标准治疗包括非药物治疗和药物治疗，对所有谵妄患者，首选非药物治疗。

1．治疗基础病及易感因素　识别导致谵妄的各种基础器质性疾病是处理谵妄的第一个目标，一旦发现病因，立即给予治疗，以免耽误病情。如纠正各脏器功能不全、抗痴呆、营养支持、给予适当视听力帮助。

2．解除诱因　缓解术后疼痛；停用一些可能引起谵妄加重的药物或减少多重用药；提供安静舒适的环境，可用时钟恢复定向力、降低噪声、灯光适宜，避免扰乱患者正常的睡眠-觉醒周期；加强护理，适当的家人陪伴，医护人员恒定，避免更换病房；纠正水、电解质、酸碱失衡；避免束缚；抗感染；纠正低氧血症；注意保护肠道、膀胱功能，避免便秘、尿潴留等。

3．缓解谵妄的症状，药物治疗原则　①单药治疗比联合药物好，可以降低药物不良反应和药物相互作用；②以小剂量开始；③选择抗胆碱能活性低的药物；④治疗有效后应逐渐停药；⑤持续应用非药物干预措施，主要纠正引起谵妄的潜在原因。

知识点

药物治疗方案

1. 氟哌啶醇（haloperidol）　治疗谵妄最常用的药物。仅用于严重激越的患者，氟哌啶醇没有活性代谢产物，其抗胆碱能作用最低，镇静性、低血压和呼吸抑制效应弱，推荐小剂量口服或肌内注射，用于控制患者的精神症状。静脉使用会引起QT间期延长，因此应慎用。一旦治疗有效，应逐渐减量至停药。

2. 苯二氮䓬类（BZDs）药物　最佳适应证是酒精和苯二氮䓬类撤出导致的震颤谵妄。起效较其他药物迅速，可重复用药，几分钟评价一次，直到"轻度思睡"为止。老年人需注意呼吸抑制问题。

3. 非典型抗精神病药物

（1）利培酮：为新型的抗精神病药物，其疗效与氟哌啶醇相当，但引起锥体外系的不良反应少。

（2）奥氮平：起始剂量为1.25～2.5mg/d，顿服；之后剂量在1.25～10mg/d之间调整。

（3）喹硫平：推荐用速释剂型进行剂量滴定，起始剂量为50mg/d，每次加量25～50mg/d，逐渐加量至治疗剂量，然后转为缓释剂型。

（4）氯丙嗪：对于躁动严重的患者，应用氟哌啶醇或劳拉西泮无效时，可考虑应用。注意胆碱能副作用及低血压的情况，应密切监测血压。

（姜　昕）

推荐阅读资料

[1] 中华医学会老年医学分会. 老年患者术后谵妄防治中国专家共识. 中华老年医学杂志，2016，35（12）：1257-1262.

[2] 中国冷静治疗研究组. 重症患者谵妄管理专家共识. 中华内科杂志，2019，58（2）：108-118.

[3] American Geriatrics Society Expert Panel on Postoperative Delirium in Older Adults. American Geriatrics Society abstracted clinical practice guideline for postoperative delirium in older adults. J Am Geriatr Soc，2015，63（1）：142-150.

[4] BARR J，FRASER G L，PUNTILLO K，et al.Clinical practice guidelines for the management of pain，agitation，and delirium in adult patients in the intensive care unit.Crit Care Med，2013，41（1）：263-306.

[5] LAYNE T，HAAS S A，DAVIDSON J E，et al. Postoperative delirium in older adults：best practice statement from the American Geriatrics Society. J Am Coll Surg，2015，220（2）：136-148.

[6] NAEI G，PEPERSACK T. Delirium in elderly people. Lancet，2014，383（9934）：2044-2045.

第四章　头　晕

头晕（dizziness）的经典定义是美国学者 Drachman 和 Hart 于 1972 年首先描述的：头晕为一组非特异性临床症候群，包括眩晕、晕厥前、失衡和非特异性头重脚轻感，其中眩晕是指外界或自身的旋转感；晕厥前是指将要失去意识的感觉或黑矇；失衡是指不稳感；头重脚轻则是一种非特异性的较难定义的症状。该定义已约定俗成并且为绝大多数临床医师所熟悉并应用。

2009 年，国际 Barany 学会将前庭症状分为眩晕、头晕、前庭 - 视觉症状和姿势性症状 4 种类型：眩晕是指没有自身运动时的旋转感或摆动感等运动幻觉；头晕是指非幻觉性的空间位置感受障碍，但不包括现实感丧失和思维迟钝、混乱等障碍；前庭 - 视觉症状是指振动幻视、视觉延迟、视觉倾斜或运动引发的视物模糊，姿势性症状是指不稳感和摔倒感。这种分类描述对前庭症状的界定清晰，允许个体同时共存多种症状，较美国学者概念有明显进步，但是其分类标准中"头晕"的定义令人费解和难以操作，国际上遵循的比例并不高。

2010 年中华医学会关于《眩晕诊治的专家共识》认为头晕是指自身不稳感和头脑不清晰感，包括眩晕、头昏、失衡和晕厥前状态。眩晕、失衡及晕厥前状态的定义与 Drachman 和 Hart 描述基本一致；并以"头昏"代替了"非特异性头重脚轻感"，头昏是指头脑不清晰感，可有头胀、头部发紧感甚至头重脚轻感，通常与自身运动并无关联。头昏有时属于生理过程，不一定是病理性的。对于患者而言，头晕时可以是头昏、眩晕、失衡症状单独出现，也可同时出现或相继出现。

头晕是常见临床症状，患病率和发病率高，且随年龄的增长而增加，据统计年龄每增长 5 岁，头晕发生的可能性增加 10%，老年人群尤其高发，是老年人就诊的前 3 位主要原因。欧洲的一项研究报道约 30% 的普通人群中曾发生中度、重度头晕，其中 25% 为眩晕。随着世界人口的老龄化进程，60 岁以上老年人头晕 / 眩晕患病率为 30%，85 岁以上老老年人头晕患病率高达 50%。并且患病人数仍将迅猛增加。同时老年人头晕是跌倒的强预测因子，并且是 65 岁以上老年人意外死亡的主要原因。目前尚缺乏国人与头晕（尤其是老年人头晕）相关的大规模流行病学调查。

老年人头晕的危险因素主要包括年龄、颈动脉斑块、药物不良反应及全身系统性疾病等。

头晕的疾病谱涵盖范围非常广泛，临床习惯分为前庭系统疾病性头晕和非前庭系统疾病性头晕两大类。

1. 前庭系统疾病性头晕　分为周围性及中枢性。周围性前庭系统疾病性头晕主要有良性阵发性位置性眩晕、梅尼埃病、前庭神经（元）炎、迷路炎、淋巴管瘘。中枢性前庭系统疾病性头晕包括后循环缺血、脑出血、脑肿瘤、脑炎或脱髓鞘病、前庭性偏头痛、眩晕性癫痫。有的疾病可以同时出现中枢性和周围性前庭受累表现，如偏头痛眩晕可有视野缺损、短暂意识模糊中枢症状，周围前庭检查少数又可有单侧半规管轻瘫，随着时间延长多数轻瘫又可恢复。此外，药物所致眩晕可以同时有周围性和中枢性前庭受累。有时候，截然区分周围性或中枢性有一定难度。

2. 非前庭系统疾病性头晕　主要指由内科系统疾病［心血管疾病（高 / 低血压、心律失常等）、血液疾病（白血病、贫血、真性红细胞增多症等）、内分泌疾病（甲状腺功能亢进或减退）］、活动过度（久站 / 过度劳累）、环境条件改变（严寒、酷暑、高原、低氧）、头部轻微外伤后综合征、视觉疲劳及眼部疾病（如重症肌无力、青光眼）、五官的炎症、上呼吸道感染及药物不良反应或中毒引起。此外，还包括心因性头晕，如抑郁、焦虑、轻躁狂状态、强迫症。

临床上引起头晕最常见的病因类型有良性阵发性位置性眩晕、前庭神经（元）炎、梅尼埃病、后循环缺血或脑卒中、前庭性偏头痛、精神源性或心因性头晕、非前庭系统疾病性头晕；而其他中枢神经系统疾病（脱髓鞘、肿瘤、炎症等）属于较少见的头晕情况。

针对头晕患者，建议遵循如下流程进行诊断和鉴别诊断，可以明确 90% 的头晕的病因，大约仍有 10% 的头晕患者病因不明，见图 2-4-1。

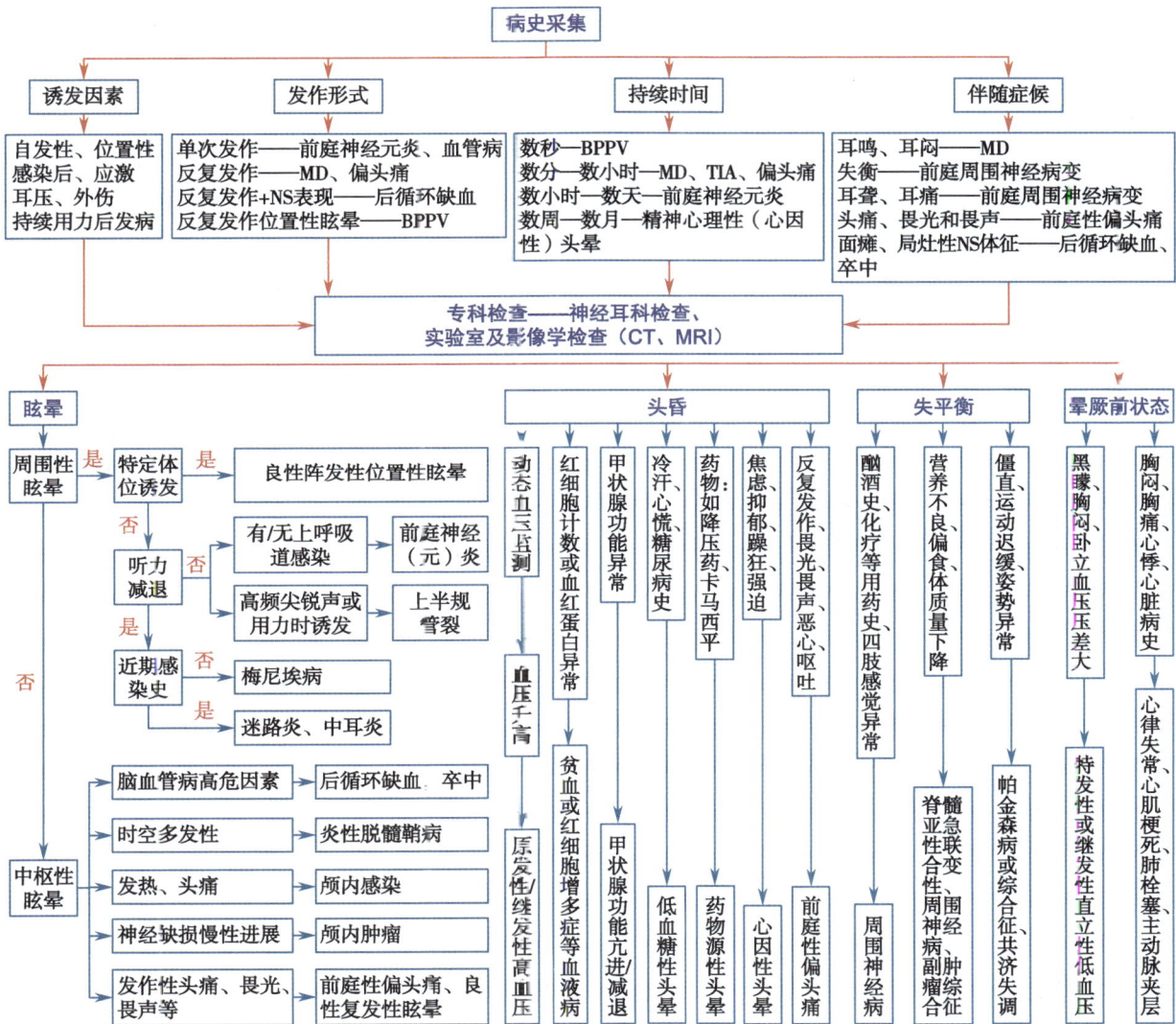

MD—梅尼埃病；BPPV—良性阵发性位置性眩晕；TIA—短暂性脑缺血发作；NS—神经系统。

图 2-4-1 头晕的诊断流程

第一步：床旁评估 详细询问病史，尤其是头晕的诱发因素、发作形式、持续时间以及伴随症候群。通过上述症状学分析，临床医师可以建立较为可靠的诊断指向。

第二步：进行详细的体格检查（包括基本的系统检查，重点是神经系统及耳科检查）和有针对性的辅助检查，对头晕的病因诊断提供依据。这一点至关重要并且有助于随后的病因治疗。

临床常用的辅助检查方法有 5 种。

1. Dix-Hallpike 检查及 Roll test 检查 当生命体征检查正常、重要的实验室检查阴性时，可依据主诉进行耳石症的体位试验。

2．平衡功能检查　常用的检查包括龙贝格征（Romberg sign）、曼氏征（Mann sign）试验和单足站立试验等。

3．音叉检查　音叉检查是判断听力损失性质的常用方法之一，包括韦伯试验（Weber test）、林纳试验（Rinne test）和施瓦巴赫试验（Schwabach test）。可用于鉴别传导性或感音神经性听力损失。

4．HINTS 检查　HINTS 检查由三部分组成：头脉冲试验（head impulse test），又称为甩头试验（head thrust test，HIT）；眼震（nystagmus）；眼偏斜试验（test of skew）。用于前庭神经炎与后循环缺血的鉴别诊断价值优于 MRI。

5．CT/MRI 检查　在头晕的病因诊断中不是必需的、首选的神经影像学方法，仅适用于高度怀疑有结构性改变的中枢或周围前庭病变时进行鉴别诊断。

第三步：综合上述材料进行鉴别诊断，明确最终的病因。

头晕的治疗措施主要包括药物治疗、物理治疗和心理治疗，极少部分病例需要进行外科治疗。治疗前应告知患者，以减轻患者的心理压力。大多数头晕的预后良好，大部分患者的头晕甚至可治愈。

临床病例

患者，女，68 岁，以"反复发作性头晕 10 年，近 1 周内发作 2 次"入院。患者于 2008 年 10 月无明显诱因下首次出现头晕，有旋转感，伴恶心、呕吐，无耳鸣，转头时明显。无意识障碍，无黑矇，无肢体活动障碍，持续 30s～1min 自行缓解。左侧卧位时好转，右侧转头时可诱发。此后每月发作 1～4 次不等，发作特点同上。近 1 周内发作 2 次。发作间隙期无不适，能够从事一般家务劳动。既往有高血压病史 5 年，规律服用降压药物治疗，血压控制尚可。糖尿病病史 6 年，使用降糖药物治疗，饮食控制不严格。体格检查：血压 146/74mmHg，心、肺、腹部无明显异常。神经系统检查：意识清楚，理解力、记忆力、计算力、定向力正常，脑神经检查正常，病理征（－）。颅脑 MRI 提示腔隙性脑梗死、轻度脑萎缩。生化检查：空腹血糖 6.8mmol/L，餐后 2h 血糖 11.5mmol/L，糖化血红蛋白 7.5%；总胆固醇 6.74mmol/L，甘油三酯 1.06mmol/L，高密度脂蛋白胆固醇 1.97mmol/L，低密度脂蛋白胆固醇 3.94mmol/L。

【问题 1】 该患者的临床特点是什么？下一步的诊疗方案是什么？

思路：老年女性，既往有高血压及糖尿病等系统性疾病。此次入院症状特点以眩晕为主，且眩晕发作与体位或头位变化有关，考虑为良性阵发性位置性眩晕（benign paroxysmal positional vertigo，BPPV）的可能性大，并应排除梅尼埃病所致头晕。此外，由于其有高血压病史，尚需排除其头晕是否由高血压所致。

为明确诊断，需要进一步完善相关辅助检查：BPPV 的基本检查为位置试验，包括 Dix-Hallpike 试验和 Roll 试验等体位诱发试验；此外应考虑前庭功能检查、耳镜检查、纯音测听和声导抗检查等听力学检查以便与梅尼埃病进行鉴别。

知识点

良性阵发性位置性眩晕（BPPV）：俗称耳石症，以反复发作的短暂性眩晕和特征性眼球震颤为表现的周围性前庭疾病，常具有自限性，易复发。占所有周围性眩晕的 20%～40%，占老年人群的 9%，男女比例为 1∶1.5～1∶2.0，通常 40 岁以后高发，且发病率随年龄增长呈逐渐上升趋势。

梅尼埃病：是一种原因不明的、以膜迷路积水为主要病理特征的内耳病，临床表现为 4 大典型症状：发作性眩晕、波动性听力下降、耳鸣和 / 或耳闷胀感。男女比例为 1∶1.3，40～60 岁高发。

【问题 2】 该患者检查结果如下：Dix-Hallpike 体位诱发试验阳性，并可引出特征性眼震、眩晕。纯音测听无听力异常，耳镜及声导抗检查未见异常。结合上述资料，导致该患者头晕的主要原因是什么？

思路：老年女性，症状特点为眩晕，与头位和体位变化相关，Dix-Hallpike 试验阳性，伴特征性眼震，诊断 BPPV 成立，纯音测听无听力异常可排除梅尼埃病。

鉴别要点：BPPV 无听力损害，而梅尼埃病患耳有波动性听力下降，听力学检查至少有 1 次以上感音神经性听力下降。此外，高血压本身也可以引起头晕，本病引起的头晕多为大脑昏昏沉沉，大脑不清晰感，但是不伴眩晕。该患者头晕病史已有 10 年，每次发作特点相似。高血压出现在头晕发作之后，且目前血压水平正常，故可排除高血压所致的头晕。

> **知识点**
>
> BPPV 临床表现有 5 个特征：①潜伏期，头位变化后 1～4s 后才出现眩晕；②旋转性，眩晕具明显的旋转感，患者视物旋转或闭目有自身旋转感；③短暂性，眩晕在不到 1min 内自行停止；④转换性，头回到原来位置可再次诱发眩晕；⑤疲劳性，多次头位变化后，眩晕症状逐渐减轻。
>
> 梅尼埃病的临床特点：①眩晕，发作性眩晕多持续 20min～12h，常伴有恶心、呕吐等自主神经功能紊乱和走路不稳等平衡功能障碍，无意识丧失；间歇期无眩晕发作，但可伴有平衡功能障碍。双侧梅尼埃病患者可表现为头晕、不稳感、摇晃感或振动幻视。②听力下降，一般为波动性感音神经性听力下降，早期多以低中频为主，间歇期听力可恢复正常。随着病情进展，听力损失逐渐加重，间歇期听力无法恢复至正常或发病前水平。③耳鸣及耳闷胀感，疾病早期间歇期可无耳鸣和 / 或耳闷胀感，发作期常伴有耳鸣和 / 或耳闷胀感。随着病情发展，耳鸣和 / 或耳闷胀感可持续存在。多数患者可出现听觉重振现象。

【问题 3】 该患者的诊断和处理要点是什么？

思路： 目前主要诊断为良性阵发性位置性眩晕（BPPV）、高血压、糖尿病、血脂异常。

处理要点：①BPPV 的临床处理原则首选手法复位（耳石复位），必要时给予药物辅助治疗和康复训练。耳石复位操作简便，效果良好。该患者经手法复位，与头位和体位变化相关的头晕症状消失。②患者同时有高血压病及糖尿病、血脂异常。目前血压控制已达标，可继续维持现有方案；同时在饮食治疗的基础上合理调整降糖、调脂治疗方案，以使血糖、血脂控制达标，具体治疗措施详见第三篇第二章第二节和第三篇第六章第一节。

> **知识点**
>
> 引起头晕的疾病众多，相关的治疗内容亦多，本章仅简要介绍引起头晕的常见疾病的治疗措施。
>
> 1. BPPV 的治疗　①耳石复位是目前治疗 BPPV 的主要方法，复位时应根据不同半规管类型选择相应的复位方法（表 2-4-1）。②原则上药物并不能使耳石复位，但复位治疗后患者若仍有明显的头晕、平衡不稳等症状时，可酌情给予药物辅助治疗，有助于改善症状。倍他司汀联合耳石复位对后半规管 BPPV 患者生活质量或情绪的改善作用显著。③手术治疗包括半规管阻塞术和单孔神经切断术，适应证为诊断清楚、责任半规管明确、经规范的耳石复位等综合治疗 >1 年无效且活动严重受限的难治性患者。④有手法复位禁忌证的患者或在复位治疗成功后，其姿势稳定性仍低于正常水平，应给予个体化前庭康复训练，如 Cawthome-Cooksey 练习、Brandt-Daroff 练习等。

表 2-4-1　良性阵发性位置性眩晕（BPPV）耳石复位一览表

受累半规管	诊断试验	复位手法
后半规管	Dix-Hallpike 试验	Epley 法、改良 Epley 法
	侧卧试验	Semont 法
外半规管	滚转试验	管结石症：Barbecue 法及 Gufoni 法（向健侧）
		嵴帽结石症：Gufoni 法（向患侧）、改良 Semont 法
前半规管	Dix-Hallpike 试验	Yacovino 法
	正中深悬头位试验	
多半规管		采用相应的手法依次治疗各半规管 BPPV

2. 前庭神经（元）炎　尽早使用糖皮质激素，尽早进行适当的活动，部分病例未及时治疗或因单侧前庭功能严重受损，姿势性不稳可迁延不愈。

3. 梅尼埃病　①眩晕发作期：可使用前庭抑制剂（包括抗组胺类、苯二氮䓬类、抗胆碱能类及抗多巴胺类药物)有效控制眩晕急性发作,原则上使用不超过72h;如果急性期眩晕症状严重或听力下降明显,可酌情口服或静脉给予糖皮质激素;如恶心、呕吐症状严重,可加用补液支持治疗;对诊断明确的患者,按上述方案治疗的同时可加用甘露醇、碳酸氢钠等脱水剂。②间歇期的治疗:可采取阶梯性疗法,包括限制食盐的摄入(每日最大摄入量不超过2g)、忌烟酒、咖啡等刺激性食物,口服倍他司汀及利尿剂等(可减轻内淋巴积水从而控制眩晕的发作,用药期间需定期监测血钾等电解质浓度),对于药物保守治疗无效的患者可以考虑鼓室注射糖皮质激素,并且有助于同时保存耳蜗及前庭功能;或鼓室注射庆大霉素(可能存在听力下降的风险)。

保守治疗无效时可采取有创性治疗(推荐内淋巴囊手术或半规管阻塞术,前者为药物或保守治疗无效患者的一线手术方式;后者有一定听力下降的风险)。

4. 后循环缺血　①急性期治疗:开展脑卒中单元的组织化治疗模式。对起病3h内的合适患者可以开展重组组织型纤溶酶原激活物(rt-PA)静脉溶栓治疗。有条件者行动脉溶栓治疗,治疗时间窗可适当放宽。对所有不适合溶栓治疗且无禁忌证者,应予以阿司匹林100～300mg/d治疗。②预防:主要是改变不良生活方式(饮食、吸烟、活动缺乏等)、减轻体重,积极控制各种血管性危险因素(高血压、糖尿病、高脂血症等),单用或联合使用抗血小板制剂有重要的预防作用。

5. 前庭性偏头痛　①发作期的治疗原则是针对眩晕、呕吐等前庭症状进行对症治疗,包括选用曲坦类药物和前庭抑制剂,可酌情给予镇静剂。②发作间期用药可参照偏头痛治疗原则,可供选择的药物包括β-受体阻滞剂、钙通道阻滞剂、抗癫痫药(丙戊酸、托吡酯),对症治疗药物如天麻素(天眩清)、尼麦角林等。

6. 心因性(精神心理性)头晕　依赖良好的医患关系,消除精神紧张情绪;减轻患者的焦虑不安,并借助暗示疗法(如语言性暗示或药物性诱导)、行为治疗法、生物反馈松弛法和抗焦虑或抗抑郁药物以解决基本的焦虑及失眠等问题,但要避免长期使用镇静药物,以免增加药物的耐受性和依赖性。对于有明确精神或心理障碍的患者或正在服用精神科药物的患者,则须请精神科医生会诊,以协助治疗。

7. 药物性头晕　多数有抗癫痫药、降压药、抗精神病性药物、前庭抑制剂、氨基糖苷类抗生素及部分抗肿瘤药物等用药史,多数药物性头晕在停药后症状可缓解。

8. 晕厥前状态　常见于直立性低血压、直立性自主神经调节障碍及某些心血管病等系统性疾病引起血流动力学障碍的患者。血容量不足者尽快开通静脉通道,补充血容量;降压药物过量所致者应立即减停该类药物;自主神经功能障碍者应予病因治疗,必要时使用糖皮质激素或盐酸米多君等;避免诱因,如空腹或饱食后的过量运动;心脏疾患应转诊至专科治疗。

(文　宏)

推荐阅读资料

[1] 戚晓昆,王晓风. 掌握头晕的概念、分类与诊断流程. 转化医学杂志,2016,5(1):2-3.

[2] 中华耳鼻咽喉头颈外科杂志编辑委员会,中华医学会耳鼻咽喉头颈外科学分会. 良性阵发性位置性眩晕诊断和治疗指南(2017). 中华耳鼻咽喉头颈外科杂志,2017,52(3):173-177.

[3] 中华耳鼻咽喉头颈外科杂志编辑委员会,中华医学会耳鼻咽喉头颈外科学分会. 梅尼埃病诊断和治疗指南(2017). 中华耳鼻咽喉头颈外科杂志,2017,52(3):167-172.

[4] FERNÁNDEZ L, BREINBAUER H A, DELANO P H. Vertigo and dizziness in the elderly. Front Neurol, 2015,6:144.

[5] FUJIMOTO C, KAWAHARA T, KINOSHITA M, et al. Aging is a risk factor for utricular dysfunction in idiopathic benign paroxysmal positional vertigo. Front Neurol, 2018,9:1049.

[6] HUH Y E, KIM J S. Bedside evaluation of dizzy patients. J Clin Neurol, 2013,9(4):203-213.

第五章 晕 厥

学习要求
1. 掌握晕厥的定义、分类和病理生理机制。
2. 掌握晕厥的诊断和高危晕厥的识别。
3. 熟悉反射性晕厥和直立性低血压晕厥的处理。
4. 了解心源性晕厥的处理。

晕厥（syncope）定义为脑灌注不足导致的短暂性意识丧失，特征为起病迅速、持续时间短和可以自行完全恢复。短暂性意识丧失（transient loss of consciousness，TLOC）定义为一种真正或明显的失去知觉的意识丧失状态，其特征是在无意识期内出现失忆、运动控制异常、反应丧失和持续时间较短。

流行病学研究表明，晕厥的发生率可高达 41%，而复发性晕厥为 13.5%。反射性晕厥最常见，占 21%，其次为心源性晕厥 9%，直立性低血压（orthostatic hypotension，OH）9%，不明原因晕厥 37%。美国晕厥患者占所有急诊患者的 0.77%。

晕厥的特征性核心病理生理机制是全身血压下降伴全脑灌注减少，这是不同原因导致晕厥的最终共同途径（图 2-5-1）。

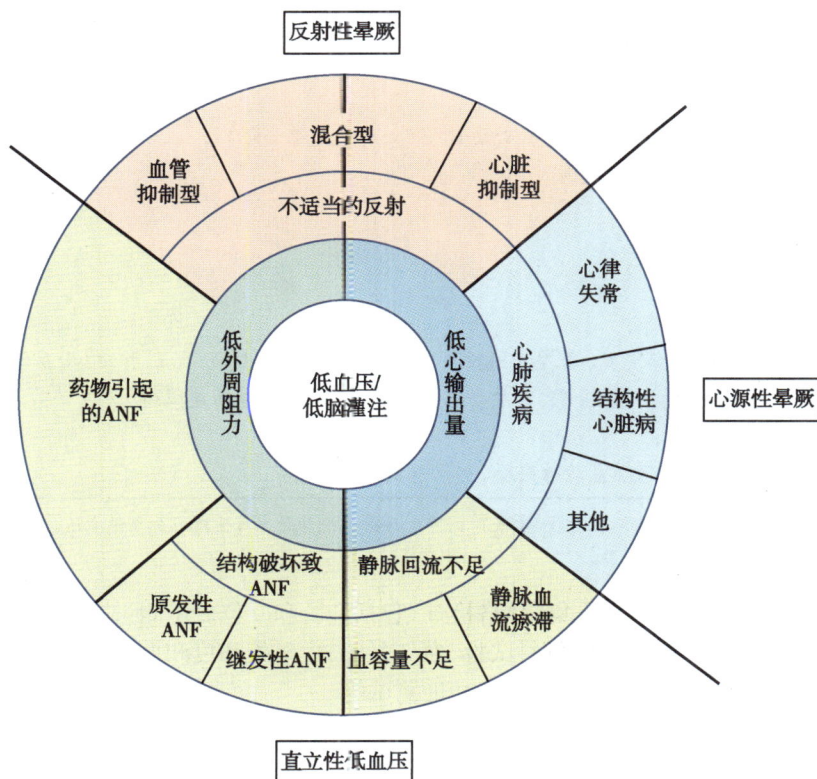

ANF—自主神经功能衰竭。

图 2-5-1 晕厥的病理生理机制

根据病因和病理生理机制,晕厥分为反射性(神经介导性)晕厥、OH 晕厥和心源性晕厥三大类(表 2-5-1)。

知识点

表 2-5-1　晕厥的分类

分类	亚类
反射性(神经介导性)晕厥	血管迷走性晕厥(vasovagal syncope,VVS): - 直立性 VVS:站立,坐位少见 - 情绪性 VVS:恐惧、疼痛(躯体或内脏)、操作、恐血症 情境性晕厥: - 排尿 - 胃肠刺激(吞咽、排便) - 咳嗽、打喷嚏 - 运动后 - 其他(如大笑、管乐演奏) 颈动脉窦综合征 不典型晕厥(无先兆和/或无明显诱发因素和/或不典型临床表现)
直立性低血压(OH)晕厥*	药物性直立性低血压(OH 最常见原因): - 如血管扩张剂、利尿剂、吩噻嗪类、抗抑郁药 血容量不足: - 出血、腹泻、呕吐等 原发性自主神经功能衰竭(神经性 OH): - 单纯性自主神经功能衰竭、多系统萎缩、帕金森病、路易体痴呆 继发性自主神经功能衰竭(神经性 OH): - 糖尿病、淀粉样变性、脊髓损伤、自身免疫性自主神经病、副肿瘤自主神经病、肾衰竭
心源性晕厥	心律失常性晕厥: 心动过缓: - 窦房结功能障碍(包括心动过缓/心动过速综合征) - 房室传导系统疾病 心动过速: - 室上性 - 室性 结构性心脏病: - 主动脉瓣狭窄、急性心肌梗死/缺血、肥厚型心肌病、心脏肿物(心房黏液瘤、肿瘤等)、心包疾病/心脏压塞、冠状动脉先天畸形、人工瓣膜功能障碍 心肺及大血管: - 肺栓塞、急性主动脉夹层、肺动脉高压

注:*运动时(运动诱发的)、餐后(餐后低血压)和长时间卧床后引起的静脉血流瘀滞可加重低血压。

　　晕厥的初步评估包括详细的病史采集、体格检查(包括仰卧和立位血压测量)和心电图。进一步检查有心电监测(床旁或遥测)、颈动脉窦按摩、倾斜试验、血红蛋白、血氧饱和度和血气分析、肌钙蛋白、D 二聚体、超声心动图、心电生理检查、运动试验、自主神经功能测试等。

　　晕厥的治疗:总的治疗原则是根据危险分层和针对晕厥发生的机制进行治疗。治疗目标之一是减少晕厥发作,其次是治疗基础疾病。心源性猝死高危患者需要仔细评估患者的风险。

　　建立晕厥中心可方便患者就诊,提高晕厥患者的诊断率,减少复发率,降低心血管事件及不必要的医疗费用。

临床病例

患者，男，90岁，因"发现血压升高42年，反复发作意识丧失1年，加重1周"来诊。患者42年前发现血压升高，近1年来血压波动大，在120～210/50～100mmHg之间，多次血压降至120～130/50～70mmHg时发作意识丧失，近1周发作频繁，每1～2d发作1次，多于早餐后1～2h内坐位排大便时发生，亦有坐位未排便时发作，表现为面色发白、出冷汗，然后突然头下垂，向一侧倾倒，意识丧失，呼之不应，无口吐白沫及抽搐，当时测血压120～130/50～70mmHg，平躺约5min苏醒。因血压不稳定自行停服降压药坎地沙坦。近1周来食欲缺乏。既往有前列腺癌去势手术20年，发现肝、骨多发转移瘤2个月。冠心病冠状动脉搭桥术（CABG）后11年。记忆力下降2年。否认糖尿病等病史。体格检查：卧位血压203/102mmHg，心率72次/min，心律齐，坐位（患者虚弱不能站立）1min血压175/83mmHg，心率81次/min，3min血压208/100mmHg，心率79次/min。神志清晰，反应迟钝，心、肺、腹未见异常。

【问题1】 该患者初步评估和诊断是什么？

思路：初步评估TOLC需回答以下关键问题。①患者是否为TOLC，是晕厥还是非晕厥；②是否有明确的病因；③是否有心血管事件或猝死高风险。患者初步检查，心电图：心率72次/min，窦性心律。血生化提示低钾、低钠，考虑与食欲缺乏、进食少有关。患者反复短暂意识丧失，诱因明确，先有面色发白、出冷汗等先兆，卧位后自行完全恢复，无口吐白沫，符合晕厥。坐位血压下降>20/10mmHg，符合直立性低血压（OH），坐位心率增加<10次/min，提示可能为神经性OH。因患者认知障碍配合欠佳未行Valsalva试验和深呼吸试验。结合患者晕厥与排便、坐位、餐后（餐后血压最低下降16/7mmHg）有关，初步诊断为反射性晕厥合并OH，需进一步评估心血管风险。

知识点

在晕厥的初步评估中，常规行卧立位试验（主动站立），建议用血压计和心率计在患者仰卧时和站立后间歇测量血压和心率3min（如怀疑早发型OH建议连续无创血压监测），当收缩压从基线值下降>20mmHg或舒张压下降>10mmHg，或收缩压降至<90mmHg，且同时出现自发症状，可确诊为OH晕厥。下列特点高度支持OH：晕厥和晕厥先兆在站立时出现，平卧时消失，坐位时较轻或无；早晨易发；坐位或卧位缓解；运动后、餐后或高温下加重。

当怀疑有心律失常性晕厥时，立即对高危患者进行心电监测（床旁或遥测）。当有已知心脏病，或证据提示有结构性心脏病或心源性晕厥时，行超声心动图检查。如怀疑有出血时行血细胞比容和血红蛋白检测；怀疑有缺氧时进行血氧饱和度和血气分析；怀疑有心肌缺血相关晕厥时进行肌钙蛋白检测；怀疑有肺栓塞时行D-二聚体检查等。

需要鉴别可能误诊为晕厥的情况有癫痫、心理性假性晕厥（psychogenic pseudosyncope，PPS）、跌倒、颅内出血、短暂性脑缺血发作（transient ischemic attack，TIA）、低血糖、低氧血症、中毒等。

晕厥的初步评估诊断标准：

（1）如果晕厥是由疼痛、恐惧或站立引起，并且伴典型的进行性加重的先兆（苍白、出汗和/或恶心），则是很可能的VVS。

（2）如果晕厥发生在特定诱因期间或之后，则很可能是情境性晕厥。

（3）当晕厥发生在站立时，并伴有明显的OH时，可确诊为OH晕厥。

（4）在没有达到上述标准的情况下，当存在反射性晕厥或OH的特征，且不存在心源性晕厥的特征时，应考虑可能的反射性晕厥或OH。

（5）当心电图显示下列情况时则是很可能的心律失常性晕厥：持续窦性心动过缓<40次/min或窦性停搏>3s且患者处于清醒无体力活动时；二度Ⅱ型和三度房室传导阻滞；左、右束支传导阻滞交替出现；室性心动过速或快速阵发性室上性心动过速；非持续性多形性室性心动过速合并长或短QT间期；起搏器或植入型心律转复除颤器（implantable cardioverter defibrillator，ICD）故障伴心脏停搏。

（6）当晕厥伴急性心肌缺血（有或无心肌梗死）时，可确诊为心肌缺血相关晕厥。

（7）当心房黏液瘤脱垂、左心房球形血栓、严重主动脉瓣狭窄、肺栓塞或急性主动脉夹层患者出现晕厥时，很可能是结构性心肺疾病引起的晕厥。

晕厥的诊断流程见图 2-5-2。

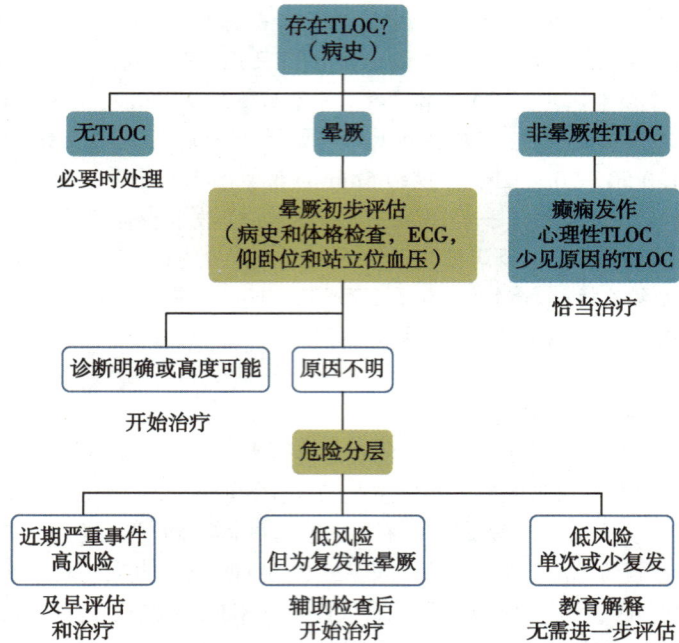

TLOC—短暂性意识丧失；ECG—心电图。

图 2-5-2　晕厥的诊断流程

【问题 2】　急诊室晕厥患者如何管理？

思路：如果患者初诊在急诊室，还需回答患者是否应该住院。该患者有冠心病史，为坐位晕厥，近 1 周晕厥发作频繁，有高危临床特征，尽管初步诊断为反射性晕厥合并 OH，建议住院检查进一步明确心脏等情况。

> **知识点**
>
> 急诊室晕厥的管理基于危险分层。建议有高危特征的患者在晕厥单元或急诊观察室或住院部接受早期加强监护和快速评估。
>
> 晕厥的高危特征：新发胸部不适、气促、腹痛或头痛；用力或静息时晕厥；突发心悸后即刻晕厥；结构性心脏病或心电图异常伴无先兆或先兆短（<10s）、家族年轻心源性猝死史或坐位晕厥；严重的结构性心脏病或冠心病（心力衰竭、射血分数降低或既往心肌梗死病史）；不明原因收缩压低于 90mmHg；直肠指检提示胃肠道出血；清醒无活动情况下持续心动过缓（心率 <40 次 /min）；不明原因的收缩期杂音；心电图异常，如急性心肌缺血改变等。

【问题 3】　需做什么诊断性检查进一步评估？

思路：患者有冠心病史，为坐位晕厥，近 1 周晕厥发作频繁，入院行超声心动图结果为冠心病 CABG 术后改变，无室壁运动障碍，射血分数 67%，肌钙蛋白和脑钠肽（BNP）正常，心电监测未发现心律失常和 ST 段改变。因患者年龄大、虚弱且存在颈动脉斑块，未行颈动脉窦按摩和倾斜试验。上述检查结果基本排除心源性晕厥。

> **知识点**
>
> **诊断性检查**
>
> 对 40 岁以上不明原因可疑反射性晕厥患者需进行颈动脉窦按摩。如果颈动脉窦按摩导致有自发症状的心动过缓和 / 或低血压，并且患者符合反射性晕厥的临床特征，则可确诊颈动脉窦综合征。

对怀疑有反射性晕厥、OH、体位性心动过速综合征或心理性假性晕厥（PPS）的患者应考虑行倾斜试验。如果倾斜试验再现了符合这些疾病的临床表现，则应考虑诊断这些疾病。PPS 患者倾斜试验时心率和血压正常或增高。

对不明原因晕厥合并双支传导阻滞或可疑心动过速患者，行心电生理检查。对既往有心肌梗死或其他瘢痕相关疾病的晕厥患者，当无创评估后仍晕厥不明，可行心电生理检查。对活动中或活动后出现晕厥的患者行运动试验。

【问题4】 该患者如何治疗？

思路：患者坐位排便改为床上卧位排便（稍抬高床头）；延长排便与进餐之间的时间，尽量在进餐 2h 以后排便；改在下午排便；适量使用缓泻药物乳果糖；停服长效降压药，改为晚上睡前服短效降压药卡托普利以控制卧位高血压；予助消化药，保证足够液体和盐摄入。经上述处理未再发作晕厥。

知识点

晕厥的治疗

心源性猝死高危患者需要仔细评估患者的风险。对所有反射性和 OH 晕厥患者，均需教育、改变生活方式及安抚，要解释诊断、复发的风险，避免诱发因素和场景。这些非药物手段是治疗的基础，对减少晕厥复发有很好的效果。

1. 反射性晕厥的治疗　尽管预后良好，但反复发作和无法预测可能使患者致残。一旦出现先兆则尽快取坐位或卧位并使用肢体用大动作（physical counter-pressure manoeuvres，PCM），如双腿交叉并下蹲，适合有晕厥先兆并能完成这些动作的患者。确保口服液体和盐摄入。减少或停服可降低血压药物，如降压药、硝酸酯类、利尿剂、抗抑郁药、抗胆碱药等，在收缩压降压目标为 140mmHg、对低血压敏感的患者有效。年轻患者可考虑倾斜训练。药物治疗，氟氢可的松适合正常血压值偏低且没有药物禁忌的年轻直立性 VVS 患者，α 受体激动剂对直立性 VVS 可能有效。当年龄≥40 岁且心电监测异常与临床症状相关时，应考虑双腔心脏起搏治疗以减少晕厥发作。

2. OH 和直立不耐受综合征的治疗　保证足够的水和盐的摄入，摄入目标每日 2～3L 水，10g 氯化钠。停服或减少可降低血压药物。ACEI、ARB 和 CCB 较 β 受体阻滞剂和利尿剂相对较少引起 OH。使用腹带和 / 或弹力袜。进行 PCM。头高倾斜位睡眠（>10 度）可预防夜间多尿，改善夜间高血压。如症状未缓解应考虑 α 受体激动剂米多君，每次 2.5～10mg，每日 3 次，可提高卧位和立位血压。如症状未缓解应考虑氟氢可的松，0.1～0.3mg，每日 1 次。

3. 心源性晕厥的治疗　确保所有心源性晕厥患者接受针对致病心律失常和 / 或基础疾病的治疗。对于心脏性猝死高危的不明原因晕厥患者，如左心室收缩功能障碍、肥厚型心肌病、致心律失常右室心肌病或遗传性心律失常疾病，要充分权衡 ICD 的利弊。

晕厥的治疗原则和流程（组图）
注：I、Ia、IIb 和III 均为推荐类别

（何 文）

推荐阅读资料

[1] 刘文玲，胡大一，郭继鸿，等. 晕厥诊断与治疗中国专家共识（2014 年更新版）. 中华内科杂志，2014，53（11）：916-925.

[2] 中国心脏联盟晕厥学会直立倾斜试验专家组. 直立倾斜试验标准操作流程中国专家推荐意见. 中国循环杂志，2016，31（8）：807-808.

[3] 中国生物医学工程学会心律分会，中国老年保健医学研究会晕厥分会，中国老年学和老年医学学会心血管病专业委员会等. 中国晕厥中心建设专家建议. 中国循环杂志，2019，34（1）：29-31.

[4] BRIGNOLE M，MOYA A，J DE LANGE F，et al. 2018 ESC guidelines for the diagnosis and management of syncope. Eur

Heart J，2018，39（21）：1883-1948.

[5] BRIGNOLE M，MOYA A，J DE LANGE F，et al. Practical instructions for the 2018 ESC guidelines for the diagnosis and management of syncope. Eur Heart J，2018，39（21）：e43-e80.

[6] SHEN W K，SHELDON R S，BENDITT D G，et al. 2017 ACC/AHA/HRS guideline for the evaluation and management of patients with syncope: executive summary. Heart Rhythm，2017，14（8）：e218-e254.

第六章 跌 倒

跌倒（fall）是指突发、不自主的、非故意的体位改变，倒在地上或更低的平面上。按照国际疾病分类方法（ICD-10）对跌倒的分类，跌倒包括两类：①从一个平面至另一个平面的跌落；②同一平面的跌倒。跌倒是老年人的头号杀手，是我国伤害死亡中的第四大原因，而在老年人中则是首位死因。跌倒是造成老年人致残的重要原因，可使健康预期寿命减少 5～10 年，是入住养老院的独立危险因素，严重威胁着老年人的身心健康。跌倒导致经济损失巨大，美国每年因跌倒而产生的费用超过 310 亿美元，其中住院成本占 2/3。我国每年>2 000 万人发生 2 500 万次跌倒，直接医疗费用>50 亿，相关经济负担 180 亿元人民币。跌倒不仅给老年人造成重大的身心伤害，而且给家庭和社会造成巨大负担。因此，预防老年人跌倒具有重要的意义。

老年人发生跌倒的地点多在床边、浴室、厕所或过道等地方。发生时间多位于进餐前后、上厕所、上下床、从椅子或马桶上起身、伸手拿床头柜上物品及从地上捡东西等情况。一旦发生髋部骨折，老年人很难愈合，其半年病死率达 20%～50%，50% 丧失自理能力，仅 30% 能恢复到病前的水平，第二次跌倒发生髋部骨折者占 10%。

老年人跌倒，并不像普通人认为的是一种意外，而是存在潜在的风险，因此老年人跌倒可以预防和控制。老年人跌倒的评估应遵循一定的工作流程。

1. 筛查问题　您在近 1 年内有无跌倒或撞到其他物体（墙壁、椅子等）？回答"是"者则需要做移动/平衡能力的评估。

2. 初筛试验　Morse 跌倒危险因素评估量表（FRA）是专门用于预测跌倒可能性的量表。由跌倒史、>1 种疾病诊断、行走辅助、静脉治疗、步态、认知状态 6 个条目组成。总分 125 分，评分 0～24 分提示无跌倒风险；25～45 分为跌倒低风险；>45 分为跌倒高风险。

3. 进一步检查

（1）起立行走计时试验（timed up-and-go test，TUGT）：该试验主要了解老年人的移动能力和步态，适用于能行走的老年人，如步态不稳可使用助步器来测试。嘱受试者从椅子（46cm 高）上起身，尽快向前走 3m，然后转身走回椅子坐下（共 6m）。记录完成试验的时间，正常人<10s，≥15s 为阳性，20s 内完成者能独立活动，20～29s 完成者有轻度依赖，≥30s 完成者为重度依赖。还要观察有无坐立不稳、起坐困难、转身不连续、身体摇晃、路径偏移、抬脚高度降低、步幅缩小、走路磕磕绊绊、脚下打滑或几乎跌倒等，如发生跌倒，说明有严重异常。该试验的敏感度为 88%，特异度为 94%。不能完成试验者可见于髋、膝、踝关节病变、下肢或背部肌无力、小脑共济失调、帕金森病、脑卒中后遗症等。

步速（gait spend）是检测移动能力另一个可替代性评估方法，正常>1.0m/s，步速下降是疾病发生的指示灯，也是预测将来失能的一个重要指标。

（2）5 次起坐试验（five-times sit-to-stand test，FTSST）：该试验主要了解下肢肌力。受试者双手交叉放于胸前，从椅子（座高 46cm）上起立并坐下 5 次，尽可能快且不用手臂支撑，完成时间正常<10s。如完成时间≥10s 或不能完成 5 次起坐，表明下肢股四头肌无力，跌倒风险高，对预测将来发生功能障碍很有价值。

（3）改良 Romberg 试验：该试验主要了解平衡功能。让受试者先两脚分开站立，与肩同宽，如能保持平衡，可依次并脚站立，前后半脚站立，前后脚站立，每一步骤分别评估睁眼和闭眼的平衡性，记录维持平衡的时间，正常>10s。如 10s 内不能维持平衡者，则跌倒风险增加。睁眼时不能维持平衡，提示视觉平衡能力受损；闭眼时不能维持平衡，则提示本体感平衡能力受损；睁眼、闭眼都不能维持平衡，提示小脑病变。

（4）前庭平衡功能量表：上述定性试验异常时，应进一步做此量表。不仅可检测有无行动障碍，而且能量化其严重程度，辨别出步态和平衡项目中最易受影响的部分，有利于制订治疗计划。步态测试最高分 12 分，平衡测试最高分 16 分，总分 28 分；<19 分者跌倒风险高，19～24 分有跌倒的可能性。

4. 老年人跌倒后的处理

（1）现场处理原则

1）不要急于挪动跌倒的老年人。

2）轻者局部冷敷，重者及时就医。意识清楚的老年人不能随意扶起或搬动，应询问对跌倒过程是否有记忆；如果没有记忆，应考虑晕厥、脑卒中等原因。

3）脑卒中患者需要搬动，应平移至平板上。对于意识不清楚的老年人，有外伤出血者应行止血、包扎；如有呕吐，应将其头偏向一侧、清理呕吐物；如有抽搐，将其身下垫软物，牙列间垫硬物。

4）如有心搏骤停，可根据情况行胸外按压、人工呼吸；如需搬动，需保持平卧、平稳。

跌倒的老年人起身步骤如下：

1）如果背部先着地，应弯曲双腿，挪动臀部到放有毯子或垫子的椅子或床铺旁，然后使自己较舒适地平躺，盖好毯子，保持体温，如可能要向他人寻求帮助，见图 2-6-1。

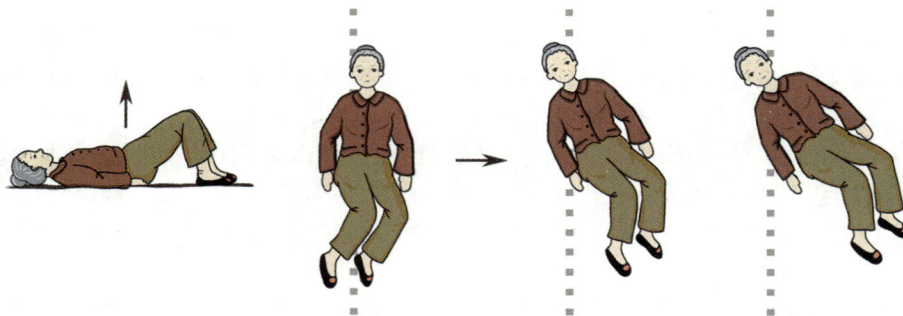

图 2-6-1 跌倒的老年人如何起身 -1

2）休息片刻，等体力准备充分后，尽力使自己向椅子的方向翻转身体，使自己变成俯卧位，见图 2-6-2。

图 2-6-2 跌倒的老年人如何起身 -2

3）双手支撑地面，抬起臀部，弯曲膝关节，然后尽力使自己面向椅子跪立，双手扶住椅面，见图 2-6-3、图 2-6-4。

图 2-6-3　跌倒的老年人如何起身 -3

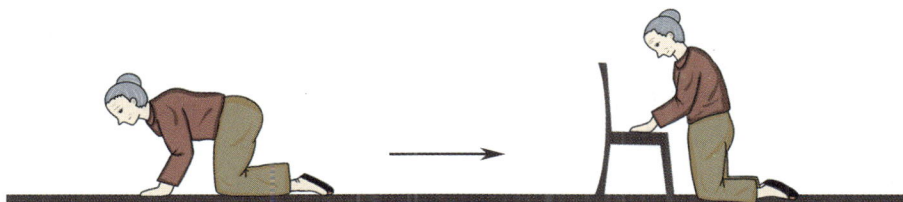

图 2-6-4　跌倒的老年人如何起身 -4

4）以椅子为支撑，尽力站起来或坐位休息. 见图 2-6-5。部分恢复体力后，打电话寻求帮助，最重要的是报告自己跌倒了。

图 2-6-5　跌倒的老年人如何起身 -5

（2）骨折后处理：对于有手术指征的老年人，多学科团队先做术前评估，后进行术前准备。具备手术条件者应尽早手术治疗。术后应积极开始康复疗法，尽早下床活动。

老年人跌倒可防可控，应定期进行移动 / 平衡能力的评估，一般 1 年 1 次，高危者半年 1 次，发现问题及时干预。针对多个危险因素干预，能使跌倒风险降低 20%～40%。加强运动可使跌倒风险降低 17%，同时降低跌倒后的损伤程度。预防家中跌倒的最佳方式是改造家庭环境和加强运动。最大限度降低损伤策略是加强骨质疏松的筛查及干预，反复跌倒者应安装髋部保护装置和降低床的高度。

临床病例

患者，男，90 岁，因"跌倒后右髋部疼痛伴活动受限 9h"入院。患者自诉 9h 前在家走路时不慎跌倒致右侧髋部受伤，当时右侧髋部伤处疼痛伴活动受限、右下肢行走不能，立即送医院急诊。X 线片诊断"右侧股骨粗隆间粉碎性骨折"。

既往史：左髋关节置换术后（2006 年）；高血压病；2 型糖尿病；冠状动脉硬化性心脏病，经皮冠状动脉介入治疗（PCI）术后，心功能 3 级；非酒精性脂肪性肝病；良性前列腺增生；双眼白内障、右眼人工晶体植入术后。

查体：体温 36.2℃，心率 71 次 /min，呼吸 20 次 /min，血压 170/83mmHg。发育正常，营养良好，神志清楚。专科检查：右侧髋部可见肿胀青紫，右下肢呈外旋缩短畸形，外旋约 90°，右侧髋部压痛明显，右髋关节活动受限，右足足趾活动可，右下肢末端血运皮感可；左侧髋部可见 1 个长约 12cm 左右手术瘢痕，左髋关节活动可。

入院后在完善相关检查的基础上，进行术前评估和术前准备，基本具备手术条件的情况下，入院后 1 周在全身麻醉下行右股骨粗隆骨折股骨近端防旋髓内钉（PFNA）术，手术顺利。

术后患者出现谵妄，经精神科会诊，予奥氮平 2.5mg 口服，术后 1 周转入老年病科进行康复治疗，10d 后谵妄缓解。

【问题1】 该患者当前主要问题是什么?

思路:高龄患者,尽管基础疾病(高血压病、2型糖尿病、冠心病等)较多,但通过药物治疗病情相对稳定。此次是因跌倒所致右侧髋部骨折住院,经手术和康复等积极治疗,病情恢复较顺利,认知功能完全恢复,肢体活动能力基本康复,扶助行器可以自己在室内走动和上卫生间等,日常生活轻度依赖。老年综合评估发现骨质疏松、直立性低血压、餐后低血压、跌倒史、跌倒恐惧症、跌倒高风险、谵妄、肌少症、衰弱、多重用药等老年综合征。此外,家庭环境存在安全隐患。目前亟待解决的问题是该患者仍然存在跌倒高风险。

> **知识点**
>
> 老年人跌倒后容易发生跌倒后综合征(跌倒恐惧症,占58.8%),表现为害怕跌倒和损伤、限制活动,最终导致衰弱、卧床不起,更易跌倒和损伤的恶性循环。跌倒往往是肌少症、衰弱的标志,需要做老年综合评估。

【问题2】 该患者为什么会反复跌倒?有哪些危险因素?

思路:该患者于12年前第一次跌倒导致左侧髋部骨折,行左侧髋关节置换术,术后恢复良好。此次为第二次跌倒导致右侧髋部骨折,手术后康复尚满意。该患者先后两次跌倒导致双侧髋部骨折,其间还有数次跌倒只是未造成骨折等严重后果,目前仍存在跌倒高风险。反复跌倒主要与多种危险因素(表2-6-1)有关,如高龄、跌倒史、多病共存、骨质疏松、直立性低血压、多重用药、跌倒恐惧症、肌少症风险、衰弱等。此外,还存在家庭环境的安全隐患。患者的危险因素愈多,跌倒风险愈高。控制和祛除危险因素,就能降低患者的跌倒风险。

> **知识点**
>
> **表2-6-1 老年人跌倒的危险因素**
>
> | 分类 | 危险因素 | 具体内容 |
> |---|---|---|
> | 无法改变 | 人口学因素 | 高龄、女性、白种人、亚洲人、低体重等 |
> | | 社会学因素 | 独居、低教育、低收入等 |
> | 难以改变 | 跌倒史 | |
> | | 疾病 | 糖尿病、白内障、贫血、脑卒中、慢性关节炎、帕金森病等 |
> | | 多病共存 | 多病共存 |
> | | 认知缺陷 | 轻中重度认知障碍 |
> | 可以改变 | 日常生活能力受损 | 穿衣、行走、进食、洗澡、如厕等能力下降 |
> | | 生理学因素 | 骨质疏松、平衡、步态、步速和肌力等异常 |
> | | 多重用药 | 简化用药方案 |
> | | 心理、行为学因素 | 跌倒恐惧、抑郁症、不经常出门活动和药物等 |
> | | 环境因素 | 楼道灯光黑暗、地面不平、家具或电话线绊倒、椅子过低等 |
> | | | 不适合的穿着(打滑的鞋子、过长的裙、裤等) |
> | | | 不适合的辅助工具 |

【问题3】 有哪些措施能预防该患者的反复跌倒?

思路:尽管无法改变的(高龄)及难以改变(多病共存、跌倒史)的危险因素往往无法干预,但可以改变的危险因素可以成为干预的重点。针对可以改变的危险因素进行干预,有时可获得明显效果。骨质疏松应坚持药物治疗;直立性低血压使用3个30s(醒后30s再起床,起床30s再站立,站立30s再行走)、高盐饮食及多饮水;餐后低血压采用少食多餐、高盐饮食及多饮水;跌倒恐惧症应接受心理疗法;肌少症和衰弱应坚持运动和营养疗法;多重用药应简化用药方案;家庭进行适老性改造等。老年综合征的干预往往以非药物疗法为主,药物、手术为辅。这些非药物疗法需要老年人及其家属积极配合并持之以恒,才能达到预期的效果。

知识点

老年人跌倒的危险因素

1. 药物相关因素,见表2-6-2。

表2-6-2　老年人跌倒的药物相关因素

药物相关因素	对应措施
苯二氮䓬类、镇静-催眠药、抗精神病药、抗抑郁药 近期改变了药物剂量、数目 使用>4种药物 使用其他与跌倒相关药物	尽可能逐渐减量和停药 采用非药物干预措施解决睡眠和情绪问题 针对合理用药和监测药物不良反应进行宣教 复习用药方案、尽可能调整用药 监测药物治疗反应和剂量变化后的反应

2. 活动相关因素,见表2-6-3。

表2-6-3　老年人跌倒的活动相关因素

活动相关因素	对应措施
存在环境危险因素(如床的高度不合适、行走的地面杂乱、没扶手、光线差)	改善光照,尤其在晚上 移走地面的障碍物(如过松的地毯) 将现有家具更换成安全的家具(如合适的高度、更稳定) 安装支持设施(如扶手和把手,尤其在浴室) 应用浴室防滑垫
步态、平衡或移动功能障碍	转诊到理疗科,进行全面的评估和康复 步态训练 平衡和力量锻炼 如果能进行前后脚站成一线的动作,推荐患者进行太极、瑜伽或姿势的警觉练习 进行移动技巧训练 选择合适的辅助用品 使用髋关节保护垫 进行环境改变(如安把手、升高便器的座板) 穿合适的鞋(如合脚的、防滑的)
下肢或上肢肌力下降、关节活动范围受损、存在本体感觉异常	力量锻炼(如使用阻力的橡胶带、油泥) 2～3次/周的抗阻力训练,直到可重复进行最大关节活动范围运动>10次,然后再增加阻力

3. 医疗因素,见表2-6-4。

表2-6-4　老年人跌倒的医疗因素

医疗因素	对应措施
帕金森病、骨性关节炎、抑郁症、认知功能障碍、其他增加跌倒风险的慢性疾病	优化药物治疗方案 监测疾病进展及其对活动的影响和造成的功能损害情况 确定是否需要使用活动辅助设备 如果夜尿频繁,可使用床旁便桶

续表

医疗因素	对应措施
直立性低血压	复习可能会引起直立性低血压的药物,并调整剂量或换成较少引起低血压的药物,尽可能避免使用血管扩张剂和利尿剂
	进行能够减少低血压的活动宣教,如缓慢起立、踝关节伸曲活动、握拳、抬高床头
	应用弹力袜
	如果可以,不限制盐的摄入
	对餐后低血压的患者,进餐时饮用浓咖啡(1杯)或服用咖啡因 10mg
	使用药物升高血压(如高血压、心力衰竭及低血钾不严重)
视觉或听觉损害	纠正屈光不正
	白内障晶体摘除
	良好的照明
	家庭安全评估
	对视力障碍患者进行活动训练
	消除耳垢
	如果可以,进行听力评估、佩戴助听器

老年人跌倒防治工作是一项社会系统工程,政府应成立多部门组成的工作组,制定预防老年人跌倒工作规范,明确各部门职责和任务。对一个社区来说,需要社区管理部门制定支持性政策,加强社区管理;需要物业部门加强社区物理环境的管理和修缮;需要公共卫生部门的技术指导;需要社区卫生服务机构的个性化卫生服务;需要家庭子女的密切配合;需要老年人的具体参与等,全面落实所制定的干预措施。

【问题4】 这些措施如何在该患者实施完成?

思路:为了全面落实所制定的干预措施,首先需要老年人的积极参与;其次需要家人的支持与配合;最后需要医务人员定期的耐心指导,并定期评估干预效果。

(周白瑜)

推荐阅读资料

[1] 中华人民共和国卫生部. 老年人跌倒干预技术指南. 2011.

[2] ALEXANDER B H, RIVARA F P, WOLF M E. The cost and frequency of hospitalization for fall-related injuries in older adults. Am J Public Health, 1992, 82(7): 1020-1023.

[3] Centers for Disease Control and Prevention, National Center for Injury Prevention and Control. Web-based Injury Statistics Query and Reporting System(WISQARS). 2010. [online]. [2020-06-20]. https://xueshu.baidu.com/usercenter/paper/show? paperid=c7344c2d2b603a0dca2c7cbec162961a&site=xueshu_se.

[4] ENGLANDER F, HODSON T J, TERREGROSSA R A. Economic dimensions of slip and fall injuries. J Forensic Sci, 1996, 41(5): 733-746.

[5] STERLING D A, O'CONNOR J A, BONADIES J. Geriatric falls: injury severity is high and disproportionate to mechanism. J Trauma, 2001, 50(1): 116-119.

[6] STEVENS J A, CORSO P S, FINKELSTEIN E A, et al. The costs of fatal and nonfatal falls among older adults. Inj Prev, 2006, 12(5): 290-295.

[7] TROMP A M, PLUIJM S M F, SMIT J H, et al. Fall-risk screening test: a prospective study on predictors for falls in community-dwelling elderly. J Clin Epidemiol, 2001, 54(8): 837-844.

[8] U.S. Centers for Disease Control and Prevention. Costs of falls among older adults. [2020-05-01]. http://www.cdc.gov/HomeandRecreationalSafety/Falls/fallcost.html.

第七章 尿便障碍

第一节 女性压力性尿失禁

压力性尿失禁（stress urinary incontinence）指当打喷嚏、咳嗽或运动等腹压增高时尿液不自主从尿道外口漏出的疾病。

该病的典型症状表现为咳嗽、喷嚏、大笑等腹压增加时不自主漏尿。体征是在增加腹压时，能观察到尿液不自主地从尿道漏出。尿动力学检查表现为充盈性膀胱测压时，在腹压增加而逼尿肌稳定性良好的情况下出现不随意漏尿。

在女性人群中，23%～45% 有不同程度的尿失禁，7% 左右有明显的尿失禁症状，其中约 50% 为压力性尿失禁，其次为混合性尿失禁和急迫性尿失禁。可导致本病较明确的危险因素包括年龄、生育次数、生育方式、盆腔脏器脱垂（pelvic organ prolapse，POP）、肥胖及种族遗传因素等。

临床病例 1

患者，女，56 岁，因"咳嗽、打喷嚏时漏尿 3 年，加重半年"入院。患者 3 年前于咳嗽或打喷嚏时出现不自主漏尿，起初漏尿量不大，仅在用力咳嗽时出现，平素不需佩戴尿垫。半年前上述症状加重，快速行走时也可出现漏尿，2 个月前开始佩戴尿垫，每日 1 片。

专科体格检查：外阴发育正常，未见 POP 征象；压力诱发试验阳性，1h 尿垫试验漏尿量为 4g，棉签试验和膀胱抬举试验均为阳性，膀胱残余尿为 30ml。腹压漏尿点压（abdominal leak point pressure，ALPP）为 78cmH$_2$O（1cmH$_2$O=0.133kPa）。

【问题 1】 该患者临床特点是什么？下一步评估和诊治方案是什么？

思路：中年女性患者，临床表现主要为腹压增加时出现不自主漏尿，近 1 年加重。体格检查可见压力诱发试验阳性，1h 尿垫试验漏尿量为 4g，棉签试验和膀胱抬举试验均为阳性，膀胱残余尿量不多。为了明确诊断，首先应对其症状和严重程度进行评估，常用的诊断工具包括国际尿失禁咨询委员会尿失禁问卷表简表（ICI-Q-SF），同时还应完善体格检查和辅助检查。

压力性尿失禁诊断的依据为主观症状和客观检查，并需除外其他疾病。本病的诊断步骤应包括确定诊断、程度诊断、分型诊断。

知识点

压力性尿失禁诊断方法

1. 患者病史　与腹压增加有关的尿失禁症状包括在大笑、咳嗽、喷嚏、跳跃或行走等各种腹压增加状态下，尿液是否不自主漏出；停止腹部加压动作后漏尿是否随即终止。

2. 问卷评估　建议应用排尿日记和ICI-Q-SF（表2-7-1）评估患者症状。

表2-7-1　国际尿失禁咨询委员会尿失禁问卷表简表（ICI-Q-SF）

提问与评估
①您漏尿的次数？
（在□空格内打√）

从来不漏尿□ 0
1星期大约漏尿1次或经常不到1次□ 1
1星期漏尿2次或3次□ 2
每日大约漏尿1次□ 3
1日漏尿大于1次□ 4
一直漏尿□ 5

②我们想知道您认为自己漏尿的量是多少？
在通常情况下，您的漏尿量是多少（不管您是否使用了防护产品）
（在□空格内打√）

不漏尿□ 0
少量漏尿□ 2
中等量漏尿□ 4
大量漏尿□ 6

③总体上看，漏尿对您的日常生活影响如何？
请在0（表示没有影响）～10（表示有很大影响）之间的某个数字上画圈

0　1　2　3　4　5　6　7　8　9　10

3. 体格检查

（1）全身体检：神经系统检查包括下肢肌力、会阴部感觉、肛门括约肌张力及病理征等；腹部检查注意有无尿潴留体征。

（2）专科检查：有无盆腔脏器膨出及程度；外阴部检查则包括棉签试验、压力诱发试验及双合诊；直肠指诊并观察有无直肠膨出。

4. 实验室检查和辅助检查

（1）实验室检查：血常规、尿常规和肝、肾功能等实验室检查。

（2）推荐辅助检查：尿流率和膀胱残余尿量检查。

（3）复杂病例的额外检查：尿动力学检查、膀胱镜检查、膀胱尿道造影和静脉尿路造影等。

知识点

症状严重程度的评估

1. 依据临床症状进行程度诊断

（1）轻度：一般活动及夜间无尿失禁，腹压增加时偶发尿失禁，不需佩戴尿垫。

（2）中度：腹压增加及起立活动时，有频繁的尿失禁，需要佩戴尿垫生活。

（3）重度：起立活动或卧位体位变化时即有尿失禁，严重影响患者的生活及社交活动。

2. ICI-Q-SF

3. 1h尿垫试验
（1）轻度：1h漏尿≤1g。
（2）中度：1g<1h漏尿<10g。
（3）重度：10g≤1h漏尿<50g。
（4）极重度：1h漏尿≥50g。

知识点

女性压力性尿失禁的分型诊断

1. 常用压力性尿失禁的分型方法

（1）0型（type 0）压力性尿失禁：患者具有典型压力性尿失禁病史，但临床和尿动力学检查未能显示压力性尿失禁，影像尿动力学示膀胱颈近端尿道位于耻骨联合下缘上方，在腹压增加的状态下膀胱颈近端尿道开放并有所下降。

（2）Ⅰ型：在腹压增加的状态下出现漏尿，膀胱底部下移<2cm。

（3）Ⅱ型：在腹压增加的状态下出现漏尿，膀胱底部下移>2cm。

（4）ⅡA型：膀胱底部下移在应力状态下出现者。

（5）ⅡB型：膀胱底部下移在静息状态下就出现者。

（6）Ⅲ型：在静息期膀胱充满时，膀胱颈和近段尿道就已经处于开放状态，可伴或不伴下移。

2. 腹压漏尿点压（ALPP） 采取中速膀胱内灌注（50~70ml/min），在膀胱容量达到200ml或达到1/2膀胱功能容量时停止膀胱灌注。嘱患者做Valsalva动作，直到可见尿道口有尿液漏出。记录尿液开始漏出时刻的膀胱内压力即为ALPP。

ALPP是一个连续参数，一般认为当ALPP≤60cmH$_2$O时，提示尿道括约肌关闭功能受损，为Ⅲ型压力性尿失禁；当ALPP≥90cmH$_2$O时，提示尿道活动过度，为Ⅰ型压力性尿失禁；当ALPP为60~90cmH$_2$O时，提示尿道括约肌关闭功能受损和尿道过度活动同时存在，或为Ⅱ型压力性尿失禁；若ALPP>150cmH$_2$O仍未见尿液漏出，提示尿失禁有其他因素存在。

【问题2】 压力性尿失禁应与哪些疾病进行鉴别？

思路：通过对该患者的病史询问和症状评估，其女性压力性尿失禁诊断明确，临床上一些疾的临床表现和压力性尿失禁存在共性，如膀胱过度活动症、盆腔脏器脱垂、逼尿肌收缩力减退和膀胱出口梗阻等。

知识点

压力性尿失禁的鉴别诊断

在诊断压力性尿失禁的同时，必须高度重视可以影响压力性尿失禁治疗效果的常见合并盆底疾病，主要包括膀胱过度活动症（即混合型尿失禁）、盆腔脏器脱垂、逼尿肌收缩力减弱及膀胱出口梗阻。

【问题3】 压力性尿失禁的治疗原则是什么？有哪些治疗方法可供选择？

思路：压力性尿失禁患者的症状严重程度及发病机制存在较为显著的个体差异，因此治疗的原则和方法也不是僵化的。常见的治疗方法包括保守治疗和手术治疗。

知识点

1. 压力性尿失禁的非手术治疗 治疗方法包括控制体重、盆底肌训练、生物反馈、生活方式的调节、电刺激治疗、磁刺激治疗和药物治疗等。药物治疗的主要作用原理是增加尿道闭合压，提高尿道关闭功能。可以选用的药物有度洛西汀、雌激素和选择性α$_1$-肾上腺素受体激动剂。

　　2. 压力性尿失禁手术治疗　常见的手术类型包括无张力尿道中段吊带术、单切口尿道中段吊带术、传统吊带术、尿道旁注射术。

第二节　老年下尿路症状

　　下尿路症状（lower urinary tract symptoms，LUTS）的临床症状包括储尿期症状、排尿期症状及排尿后症状。储尿期症状包括尿频、尿急、尿失禁及夜尿增多等；排尿期症状包括排尿踌躇、排尿困难及间断排尿等；排尿后症状包括排尿不尽、尿后滴沥等。

临床病例2

　　患者，男，73岁，因"尿频、尿急5年，排尿费力1年"入院。患者5年前无明显诱因出现尿频、尿急伴尿不尽，夜尿3~4次/晚，3年前曾就诊于当地医院，考虑为前列腺增生症，一直服用非那雄胺片和特拉唑嗪片治疗，效果尚可。1年前出现排尿费力，排尿踌躇，尿线细，无力，尿流中断，尿滴沥。为行进一步治疗入院。既往有高血压病、拜新同控制血压，血压控制可，血压130/70mmHg。否认糖尿病、心脑血管疾病等病史。专科体格检查：直肠指诊前列腺Ⅲ度大，质韧，中央沟消失，未触及硬结，指套无红染。辅助检查：国际前列腺症状评分（International prostate symptom score，IPSS）为24分，生活质量评分（quality of life，QoL）5分。血常规（-）。血肌酐72mmol/L。尿常规（-）。前列腺特异性抗原（tPSA）1.231ng/ml，游离前列腺特异性抗原（fPSA）0.295ng/ml，fPSA/tPSA比值0.24。前列腺超声：前列腺体积55.1ml。尿流率：最大尿流率（Qmax）9.5ml/s，尿量165ml。双肾超声未见积水。

　　【问题1】 该患者临床特点是什么？下一步评估方案是什么？

　　思路：老年男性患者，临床主要表现为LUTS症状，用药期间症状加重；体格检查前列腺体积增大。IPSS评分为24分（重度），QoL评分5分。前列腺超声示其体积55.1ml，最大尿流率小于15ml/s，PSA不高，初步考虑前列腺增生症诊断。术前可进一步行尿动力学检查评估膀胱逼尿肌功能及有无下尿路梗阻情况。

　　【问题2】 患者为行手术治疗入院，超声检查提示膀胱残余尿310ml，还需哪些进一步评估？

　　思路：膀胱残余尿310ml时，需进一步评估，行尿动力学检查。

尿动力学检查
（视频）

知识点

　　良性前列腺增生患者拟行手术及微创治疗前如出现以下情况，建议行尿动力学检查：①尿量≤150ml；②50岁以下或80岁以上；③残余尿>300ml；④怀疑有神经系统病变或糖尿病所致神经源性膀胱；⑤双侧肾积水；⑥既往有盆腔或尿道手术史。

　　【问题3】 该患者有前列腺增生手术治疗的必要性吗？前列腺增生手术治疗的适应证有哪些？

　　思路：高龄男性，主诉尿频、尿急，排尿费力，夜尿增多，目前IPSS评分24分，QoL评分5分，最大尿流率9.5ml/s，服用药物治疗效果不佳，患者本人有手术治疗意愿，因此可手术治疗，符合前列腺增生手术治疗适应证。

知识点

　　当良性前列腺增生导致以下并发症时，建议采用手术和微创治疗：①反复尿潴留（至少在一次拔管后不能排尿或两次尿潴留）；②反复血尿，药物治疗无效；③反复泌尿系感染；④膀胱结石；⑤继发性上尿路积水（伴或不伴肾功能损害）。

第三节　男性压力性尿失禁

年龄超过 65 岁的男性中尿失禁的患病率为 11%～34%。男性压力性尿失禁的危险因素包括前列腺手术、骨盆创伤及神经系统疾病。最容易导致压力性尿失禁的两种前列腺手术为经尿道前列腺切除术和根治性前列腺切除术。

临床病例 3

患者，男，78 岁，因"前列腺癌根治术后尿失禁 5 年半"入院。患者 5 年半前穿刺确诊为前列腺癌，于当地医院行腹腔镜前列腺癌根治术，术后未行放疗或内分泌治疗，血 tPSA 控制在 0.01ng/ml 以下。术后自觉出现尿失禁，平卧可控制，晨起可自主排尿约 300ml，走路时有漏尿，使用塑料袋控制漏尿，每日漏尿量约 1 000ml，现为进一步诊治来我院。既往无特殊病史。体格检查：生命体征平稳，身高 172cm，体重 50kg。心、肺、腹、神经精神系统体格检查未见明显异常。耻骨联合上叩诊鼓音，嘱患者咳嗽可见尿液流出。

【问题 1】 该患者临床特点是什么？下一步评估和诊治方案是什么？

思路：高龄男性患者，既往前列腺手术史，病史明确。临床表现为不受控制漏尿，体格检查嘱患者咳嗽可见尿液不受控制流出，患者有发生男性尿失禁的高危因素，即前列腺手术史。考虑男性尿失禁诊断。

知识点

诊断性评估

采集病史、体格检查及尿液分析足以指导男性尿失禁的初步评估。初步评估也有助于确认尿失禁的类型（急迫性、压力性、混合性、不完全排空性），这将指导治疗选择。

【问题 2】 该患者的治疗措施是什么？

思路：老年男性患者，目前诊断前列腺术后尿失禁。治疗目的为获得满意控尿效果。选用口服药物治疗及其他保守治疗策略未能达到控尿要求，故采用人工尿道括约肌植入术。注意术后 6 周激活控制泵，保持切口附近干燥，谨防感染。

知识点

保守治疗策略：非药物治疗包括生活方式建议（特别是减轻体重和饮食改变）、膀胱训练、生物反馈及盆底肌锻炼。辅助措施包括放置尿失禁垫、留置导尿管、外置式尿管及阴茎尿失禁夹。

手术治疗策略：男性压力性尿失禁最常用的治疗措施有经尿道填充物、会阴吊带术及人工尿道括约肌。

第四节　大 便 失 禁

大便失禁（fecal incontinence，FI）是指反复发生的不能控制的粪质排出。症状持续至少 3 个月，包括被动型 FI（患者无意识的粪便外漏）、急迫型 FI（患者有意识但主观无法控制）和漏粪（紧随 1 次正常排便之后的粪便漏出）。

正常排便节制机制涉及肠动力、肛门直肠感觉、粪便体积和稠度、肛门括约肌、盆底肌与神经功能等。任何一种或多种机制受损即可导致 FI。

老年人群的 FI 确切发生率尚不清楚，其发生率常因患者羞于求医而被低估。65 岁以上人群中发生率可达 11%（男性）和 13%（女性）。老年精神病患者中约 56% 存在不同程度的 FI，在这个年龄组 FI 是正常人的 12 倍。

临床病例 4

患者，女，78 岁，因"反复不能控制排便、排气，漏粪 3 年，加重半年入院"。患者 3 年前开始反复出现不能控制排便、排气，伴有漏粪，近半年较前明显加重，长期液体状大便流出、少有干便，需要长期使用尿垫及纸尿裤，服用蒙脱石散、洛哌丁胺等止泻药，效果不明显，严重影响生活质量，逐渐出现情绪不稳定，厌食等，发病来体重下降 10kg。曾行生物反馈治疗，效果不佳。患者既往患脑梗死，康复后，左下肢及上肢无力。婚育史：生产 3 子女，其中 1 个子女生产过程出现会阴部撕裂。现活动不便，需要家人辅助活动。体格检查：腹部平坦，腹软，无压痛，左下肢及左上肢肌张力 2 级。肛周视诊：肛周明显红肿、皮肤破溃、湿疹。直肠指诊：直肠内空虚，肛门松弛，张力极低。辅助检查：肛门直肠测压，肛门静息压力明显降低。

【问题 1】　该患者诊断是什么，下一步评估方案是什么？

思路：患者为老年人，长期不能控制排便、排气，漏粪，有脑血管病史，肛门直肠测压显示静息压明显降低，因此大便失禁（FI）诊断明确。

知识点

大便失禁的诊断

1. 病史　初诊时需要详细询问病史。

克利夫兰评分系统（CCF-FIS）因与大量生活元素相结合，应用简便，是评价 FI 的有效工具，见表 2-7-2。

表 2-7-2　克利夫兰大便失禁评分

失禁类型	发作频率				
	从不	很少	有时	经常	总是
固体	0	1	2	3	4
液体	0	1	2	3	4
气体	0	1	2	3	4
需要用垫	0	1	2	3	4
影响生活	0	1	2	3	4

说明：总分 0 分为没有失禁，20 分为完全失禁。

"从不"为 0 分；"很少"为 ≤1 次/月；"有时"为 ≥1 次/月且 <1 次/周；"经常"为 ≥1 次/周且 <1 次/d；"总是"为 ≥1 次/d。

2. 体格检查　评估从全身检查开始，患者是否存在引起大便失禁（FI）的潜在系统性疾病，常取左侧卧位进行肛门直肠视触诊和直肠指诊。

（1）视诊：严重的 FI，常会引起肛周皮肤侵蚀、发红、糜烂，会阴陈旧瘢痕。

（2）触诊：触诊可评估肛周区域敏感性和肛周皮肤反射。

3. 辅助检查

（1）结肠镜检查：腹泻或近期有排便习惯改变者，应行乙状结肠镜检查。用以排除器质性疾病。

（2）肛门直肠测压：对评估肛门直肠的生理反射、感觉功能、节制功能、内外括约肌功能等有重要价值。

（3）盐水灌注试验：评估 FI 的一个简单方法，尤其评估术后和生物反馈治疗后症状的改善。

（4）肛管影像学检查：包括肛管内镜超声（EUS）和盆底磁共振成像（MRI），均可用于检查有无肛门括约肌变薄或结构缺损。EUS 是检查 FI 患者肛门括约肌功能的首选方法。

（5）排粪造影：可通过放射学造影技术观察排便时肛门、直肠的解剖学结构和盆底运动情况。

（6）神经电生理检查：可了解盆底肌肉和神经的损伤情况，预测括约肌修补术的预后等。

【问题2】该患者下一步治疗措施是什么？

思路：患者诊断大便失禁(FI)，保守治疗无效，严重影响生活，有手术适应证，无明显禁忌。行乙状结肠造瘘术，术后恢复顺利，改善了生活质量。

> **知识点**
>
> **大便失禁的治疗**
>
> FI 的治疗目的是恢复排便节制，提高患者的生活质量，以对症治疗为主，同时治疗基础疾病。老年患者由于其生理性退行性改变，往往效果欠佳。
>
> 1. 支持治疗　调整生活方式，皮肤护理，心理指导。
>
> 2. 止泻药　用于伴腹泻的 FI 患者，常用药物：①阿片受体激动剂，如洛哌丁胺；②吸附剂，如蒙脱石散剂。
>
> 3. 生物反馈治疗　对支持治疗和药物治疗无效的 FI 患者。
>
> 4. 外科手术　对内科治疗无效或有明确适应证的患者，可考虑行外科手术治疗。常用术式包括括约肌成形术、肛门后方修补术、人工肛门括约肌、骶神经刺激和结肠造口术。

（王建业）

推荐阅读资料

[1] 段继宏，杨勇，吴士良，等. 北京地区尿失禁发病率调查. 北京医科大学学报，2000，32(1)：74-75.

[2] 中国医师协会肛肠医师分会. 便秘外科诊治指南(2017). 中华胃肠外科杂志，2017，20(3)：241-243.

[3] GORINA Y，SCHAPPERT S，BERCOVITZ A，et al. Prevalence of incontinence among older americans. Vital Health Stat 3，2014，(36)：1-33.

[4] ROBINSON D，STASKIN D，LATERZA R M，et al. Defining female voiding dysfunction：ICI-RS 2011. Neurourol Urodyn，2012，31(3)：313-316.

[5] WHITEHEAD W E，BORRUD L，GOODE P S，et al. Pelvic floor disorders network. Fecal ncontinence in US adults：epidemiology and risk factors. Gastroenterology，2009，137(2)：512-517.

第八章 压力性损伤

学习要求

1. 掌握压力性损伤的发生机制、分期、防治原则。
2. 培养资料收集能力和分析能力、临床思维能力和临床处理能力、制定规范化治疗方案的能力。
3. 熟悉 Braden 评估表和压力性损伤筛查与评估流程。
4. 熟悉压力性损伤治疗方法及各期压力性损伤的处理原则。
5. 了解压力性损伤延伸。

压力性损伤(pressure injury)是脊髓损伤、脑卒中、脑外伤、昏迷、长期卧床患者、老年人常见的并发症,不仅给患者带来痛苦,延长住院天数,且有较高的患病率。一旦发生压力性损伤,其临床治疗相对困难,治疗周期长,花费高,给患者和社会带来了沉重的经济负担,且往往加重病情,增加死亡风险,因此应给予高度重视。

压力性损伤又称压疮,2016 年美国压疮咨询委员会(NPUAP)将压疮更名为压力性损伤,是指皮肤或皮下组织,由于压力或联合有剪切力和 / 或摩擦力作用,发生在骨隆突处或皮肤与医疗设备接触处的局限性损伤。

目前压力性损伤的发病率和患病率在各个国家、地区、人群或各种医疗场所各不相同,在医疗保健机构中较高。对老年疗养院、康复机构的患者和一些特殊人群而言,压力性损伤是一个重要的健康问题。压力性损伤的发病率各研究机构报告也不尽相同,可能与其收治的患者病种密切相关。我国压力性损伤的流行病学资料并不完善,目前为数不多的调查资料显示,我国大型医院的压力性损伤患病率为 1.14%~1.579%。也有报道显示,在住院患者中,压力性损伤发病率为 3%~12%,老年患者压力性损伤发生率为 10%~25%,其中 ICU 发生率最高,其次为老年医学科、内科,院内压力性损伤发生率有随年龄增大而升高,随住院时间延长而升高的趋势。

压力性损伤的发生是各种危险因素共同作用的结果,压力性损伤与压力、摩擦力、剪切力作用有关,其中压力是最重要的因素。

1. 压力 垂直作用于受力面,压力性损伤形成的关键是压力的强度和持续时间、皮肤及其支持结构对压力的耐受力,因此只要施加足够压力并持续足够长的时间,任何部位都可发生溃疡。毛细血管最大承受压力为 32mmHg,当外部施加压力超过 32mmHg 并持续一段时间,就会影响局部组织的微循环发生缺血坏死。

2. 剪切力 当身体同一部位受到不同方向的作用力时就会产生剪切力,比压力更易致压力性损伤。由于剪切力可以使血管发生扭曲(角度的变化)甚至完全关闭,从而影响局部组织血供而引起组织坏死。剪切力最常发生在患者取半卧位时,身体因重力作用,深筋膜和骨骼趋向下滑,而椅子或床单的摩擦力使皮肤和浅筋膜保持原位,从而产生了剪切力。

3. 摩擦力 身体重心向反方向移动时对皮肤的牵拉作用即摩擦力,摩擦力可破坏角质层和皮肤角化层,增加皮肤的敏感性,可使局部皮肤温度升高,促进压力性损伤的最终形成。

目前压力性损伤的机制主要有缺血性损伤学说、代谢障碍学说、再灌注损伤学说、细胞变形学说、深部组织损伤学说。

目前评估压力性损伤风险的量表较多,如 Norton 量表、Waterlow 量表、Braden 评估表等,在全球领域上应用最广泛的是 Braden 评估表即压力性损伤风险评估量表(表 2-8-1),具有良好的信效度,包含六个指标,其中活动能力、感知能力、移动能力三个指标主要检测压力性损伤产生的危险程度；营养摄取能力、潮湿度、摩擦力和剪切力主要用于评估组织对于压力耐受性。

知识点

压力性损伤风险评估

Braden 评估表（表 2-8-1）即压力性损伤风险评估量表，总分 23 分，其中评分越低，表示发生压力性损伤的风险性越高，其评分标准如下：≥18 分者为无压力性损伤发生风险，15～17 分者表示存在轻度压力性损伤风险，12～14 分表示存在中度压力性损伤风险，9～11 分表示存在高度压力性损伤风险，<9 分表示存在极度压力性损伤风险。

表 2-8-1　Braden 评估表

评分内容	评估计分标准				得分
	1分	2分	3分	4分	
感知能力	完全受限	大部分受限	轻度受限	无损害	
潮湿程度	持续潮湿	常常潮湿	偶尔潮湿	罕见潮湿	
活动能力	卧床	坐椅子	偶尔步行	经常步行	
移动能力	完全受限	非常受限	轻微受限	不受限	
营养摄取能力	非常差	可能不足	充足	丰富	
摩擦力和剪切力	存在问题	潜在问题	不存在问题		

根据压力性损伤的严重程度，一般可以将压力性损伤分为六期。Ⅰ期压力性损伤：皮肤完整，局部出现指压不变的红斑。Ⅱ期压力性损伤：部分真皮层缺损，形成表浅型溃疡（水疱等）。Ⅲ期压力性损伤：皮肤全层缺损，但尚未侵犯肌膜。Ⅳ期压力性损伤：全层组织缺损，深达肌肉、肌腱、骨骼。Ⅴ期压力性损伤（不明确分期的压力性损伤）：全层组织缺损，表面有腐肉和 / 或焦痂覆盖。Ⅵ期压力性损伤（深部组织压力性损伤）：皮肤完整或不完整，局部黑紫或有水疱，伴硬结、疼痛。

新的指南将黏膜压力性损伤和设备相关压力性损伤纳入了压力性损伤的范畴。黏膜压力性损伤是使用医疗器械所致的局部黏膜部位的损伤。由于损伤部位的解剖特点，不能进行分期。设备相关压力性损伤是医疗设备在使用过程中对局部组织所造成的损伤。其外观表现与医疗设备的性状相符合，此种损伤应该使用上述分期系统进行分类。

压力性损伤的治疗措施包括全身治疗、非手术治疗和手术治疗。全身治疗包括控制原发疾病、营养支持、抗感染、止痛及其他对症治疗。非手术治疗包括换药治疗、负压治疗、物理治疗和中药治疗。手术治疗包括清创手术、皮片移植、皮瓣移植，如臀大肌肌皮瓣、腰臀皮瓣、胸脐皮瓣、臀动脉为血管蒂的穿支皮瓣移植。

临床病例

患者，男，83 岁，因"骶尾部疼痛溃烂 2d"入院。患者 2d 前因卧床后出现骶尾部疼痛，随后出现破溃，未予治疗。自起病以来，无畏寒、发热，无胸闷、胸痛，无咳嗽、咳痰，无腹痛、腹胀、腹泻，无恶心、呕吐，无惊厥、抽搐等。患者饮食睡眠差，大小便正常，体重无明显变化。为进一步治疗，门诊以"压力性损伤"收住入院。

既往史：诊断高血压 3 级，极高危组 11 年，规律服用氨氯地平 5mg+ 培哚普利 4mg，每日早晨口服 1 次，血压控制可；诊断 2 型糖尿病病史 8 年，三餐前规律皮下注射门冬胰岛素 8 个单位，血糖控制可；卧床多年；3 次脑梗死。否认冠心病史，否认心、肝、肺、肾等重要器官系统疾病史。否认肝炎、结核等传染病史。

体格检查：体温 36.8℃，血压 135/85mmHg。心率 70 次 /min，鼻导管吸氧下氧饱和度 96%。发育正常，体形消瘦，营养不良，神志清楚，体格检查合作。胸廓无畸形，呼吸运动对称，触诊语颤正常，叩诊清音，听诊双肺呼吸音稍粗，未闻及干湿啰音。心脏、腹部（−）。右上肢肌力Ⅲ级，右下肢肌力Ⅲ级，左上、下肢肌力Ⅴ级。双下肢轻度凹陷性水肿。骶尾部可见 6cm×5cm 大小的溃烂面，深达脂肪组织。

【问题 1】 该患者的临床特点是什么？下一步评估和诊治方案是什么？

思路： 结合患者病史和体格检查，根据 Braden 评估表，患者压力性损伤风险评分为 11 分（感知能力 3 分，潮湿程度 3 分，活动能力 1 分，移动能力 2 分，营养摄取能力 1 分，摩擦和剪切力 1 分），存在高度压力性损伤风险，初步考虑压力性损伤可能。需进一步检查受压部位是否有皮肤破损、破损大小及深度。

知识点

压力性损伤筛查与评估流程

Braden 评估表评估患者是否存在压力性损伤风险，≥18 分者为无压力性损伤发生风险，≤17 分者为存在压力性损伤发生风险。

对存在压力性损伤发生风险的患者进一步检查皮肤：一视，查看皮肤颜色和完整性及渗出液；二触，触摸皮肤弹性和压力性损伤周围水肿范围；三量，测量皮肤变色区域、水疱、压力性损伤面积及深度——与身体长轴平行方向的距离为长，垂直身体长轴方向为宽，用棉签垂直插入伤口最深处测得的长度为深度，长（cm）× 宽（cm）= 面积（cm²）；四断，判断压力性损伤分期按美国 NPUAP 更新的压力性损伤分期；五录，记录于表格中。

该患者完成测量后，骶尾部有 6cm×5cm 溃烂面，深达脂肪组织，肌腱、肌肉、骨未外露，未见腐肉。

【问题 2】 结合病史及检查结果，该患者目前诊断是什么？

思路： 根据美国国家压疮咨询委员会 2016 年压力性损伤分期表，该患者诊断为骶尾部 3 期压力性损伤。

知识点

美国国家压疮咨询委员会 2016 年压力性损伤最新分期

Ⅰ期：皮肤完整，局部出现指压不变的红斑，常位于骨隆突处。与邻近组织相比，这一区域可能会疼痛、发硬、柔软、发凉或发热。

Ⅱ期：部分真皮质缺损，创面呈粉红色或红色，湿润，也可表现为完整或破损的浆液性水疱，脂肪及深部组织无外露，无腐肉及瘀伤。

Ⅲ期：皮肤全层缺损，创面达脂肪组织，但未到筋膜、肌肉，通常可见肉芽组织或创缘内卷，局部也可有腐肉和／或焦痂，可出现窦道和潜行。

Ⅳ期：全层皮肤和组织损失形成溃疡，溃疡深达软骨或骨溃疡面，可见筋膜、肌肉、肌腱、韧带，软骨或骨外露，局部可有腐肉和／或焦痂；通常会有窦道和潜行。

Ⅴ期（不明确分期的压力性损伤）：全层皮肤和组织缺损，其表面有腐肉和／或焦痂覆盖，掩盖了组织损伤的程度，一旦祛除腐肉和／或焦痂，就能明确是Ⅲ期或是Ⅳ期压力性损伤。

Ⅵ期（深部组织压力性损伤）：皮肤完整或不完整，下面软组织的损伤可导致皮肤局部出现持续指压不变的深红色、栗色、紫色或表皮分离后可见黑色创基或充血的水疱。

此种损伤是在骨隆突处受到了强烈的压力和／或持续的压力和剪切力所致，可能迅速进展并呈现组织损伤的实际程度，也可能经过处理后或可能无组织损伤而不出现组织缺损。如果出现坏死组织、皮下组织、肉芽组织、筋膜、肌肉或其他深层组织，则为皮肤全层的压力性损伤（不可分期、Ⅲ期或Ⅳ期）。

【问题 3】 该患者的防治原则是什么？

思路： 该患者有高血压 3 级（极高危组）、2 型糖尿病、3 次脑梗死病史，有肢体偏瘫、长期卧床。治疗原则为全身治疗与局部治疗相结合。全身治疗：积极治疗原发性疾病，控制高血压、稳定血糖、防止脑梗死治疗，加强营养支持，若压力性损伤疼痛明显，可行对症支持治疗。同时，按照压力性损伤防治原则，做好相关工作。

压力性损伤的防治原则

1. 加强基础护理及皮肤管理 良好的护理是防止压力性损伤发生的前提。保持床单干净、干燥和皮肤清洁，做到勤擦洗、勤更换、勤翻身、勤检查，避免潮湿刺激，如小便失禁的患者可留置导尿，大便失禁患者可用透明贴膜、溃疡糊贴膜贴于肛周皮肤。

2. 减压 减压是压力性损伤防治的关键，减轻局部压力是预防压力性损伤最重要的措施。为防止易受累部位局部毛细血管压力过高，必须尽量使患者的体重分散在尽可能大的体表面积上。强烈推荐使用压力再分布床垫来预防和管理压力性损伤，可合理使用支撑性工具，如翻身床、水垫床、气垫床、气圈、楔形海绵垫等，严禁应用橡皮圈。此外，应教会患者在规律翻身的间隙自我减压。勤翻身可避免局部压力，应为压力性损伤危险患者建立翻身时间卡，记录翻身频次和体位。翻身时，注意检查受压皮肤情况，以2h翻身一次为最佳，可采取侧斜30°方法预防压力性损伤，当人体侧卧与床面成30°时，利于人体骨隆突部位压力分散和血液循环，能降低压力性损伤发生的风险。

3. 降低剪切力和摩擦力 卧床患者，半卧位床头抬高45°时患者最易滑动，增加骶尾部的剪切力，形成压力性损伤，因此以5°～15°为宜，床头抬高不宜超过30°，同时摇起膝下支架，在腘窝放软枕并将软枕固定于床沿，使屈髋30°，防止下滑并扩大身体支持面。在搬动患者时一定要抬起患者身体，避免拖、拉、拽等动作产生摩擦力。

4. 营养支持 营养不良是压力性损伤形成的不良因素之一，影响压力性损伤愈合，降低机体抵抗力和皮肤抗压、抗摩擦能力。营养支持可改善患者营养状况，促进创面愈合。给予患者高蛋白、高热量、高维生素饮食，保证正氮平衡，适当补充微量元素如锌、镁、铜等，可预防压力性损伤发生。

5. 心理疏导 压力性损伤发生后，患者易产生焦虑及恐惧的心理，部分老年人因生活不能自理，压力性损伤形成后创面的异味也加重患者自卑的心理，因此，应做好心理疏导和护理，缓解患者紧张心理，增加战胜疾病的信心。

【问题4】 该患者的压力性损伤创面如何处理?

思路：该患者有多种疾病共存，在处理好全身疾病，遵照压力性损伤防治原则的前提下，应做好压力性损伤创面的处理。

压力性损伤的非手术治疗

1. 换药治疗 换药治疗是压力性损伤局部治疗的基础，在此基础上，可局部应用生长因子，如转化生长因子-β、血小板生长因子、重组碱性纤维细胞生长因子、血管内皮细胞生长因子、表皮生长因子等及相关敷料。

2. 负压治疗 通过负压吸引治疗，将创面渗出的液体引流，防止创面积液积脓，促进创面肉芽组织增生，改善局部创面的生长环境，促进伤口愈合，适用于Ⅲ期、Ⅳ期压力性损伤。

3. 物理治疗 局部高浓度氧疗、电刺激、短波、紫外线照射、远红外频谱照射等。

4. 中药治疗 中药疗法被广泛应用于压力性损伤治疗。

各期压力性损伤的局部处理要点

Ⅰ期压力性损伤的治疗在于舒缓局部压力、改善局部血运，避免压力性损伤进展，可使用水胶体敷料（溃疡贴或透明贴）。Ⅱ期压力性损伤的治疗在于保护创面，预防感染。对未破的小水疱应减少摩擦；

防感染，促进自行吸收；大水疱可使用无菌刀片或注射器针头划开切口，充分引流后，外面覆盖水胶体敷料（溃疡贴或透明贴）。Ⅲ期、Ⅳ期压力性损伤的治疗在于清创（清创方法包括外科清创、机械清创、自溶清创、酶解清创）、祛除坏死组织，促进肉芽组织生长、控制感染。

（白　松）

推荐阅读资料

[1]　褚万立，郝岱峰. 美国国家压疮咨询委员会 2016 年压力性损伤的定义和分期解读. 中华损伤与修复杂志（电子版），2018，13（1）：64-68.

[2]　邓欣，吕娟，陈佳丽. 2016 年最新压疮指南解读. 华西医学，2016，31（9）：1496-1498.

[3]　贾晓明. 压疮的流行病学特点及诊断与治疗进展. 中华损伤与修复杂志（电子版），2018，13（1）：4-7.

[4]　李小鹰. 中华老年医学. 北京：人民卫生出版社，2015.

[5]　张月霞，吴梅兰. 风险管理联合 Braden 评估表在预防压疮中的应用. 中国卫生标准管理，2018，24（9）：180-183.

[6]　National Pressure Ulcer Advisory Panel，European Pressure Ulcer Advisory Panel and Pan Pacific Pressure Injury Alliance. Prevention and treatment of pressure ulcers: clinical practice guideline. Perth：Cambridge Media，2014.

[7]　National Pressure Ulcer Advisory Panel（NPUAP）announces a change in terminology from pressure ulcer to pressure injury and updates the stages of pressure injury.（2016-04-21）[2019-06-13]. http://www.woundsource.com/blog-category/industry-news；April 21，2016.

[8]　Wound，Ostomy and Continence Nurses Society-Wound Guidelines Task Force. WOCN 2016 guideline for prevention and management of pressure injuries（ulcers）：an executive summary. J Wound Ostomy Continence Nurs，2017，44（3）：241-246.

第九章 吞咽障碍与误吸

学习要求

1. 掌握吞咽障碍的概念、分类和并发症。
2. 熟悉吞咽障碍的临床表现。
3. 熟悉吞咽障碍的筛查、临床评估和治疗。
4. 掌握误吸的危险因素。
5. 了解吞咽障碍与误吸的鼻饲喂养的照护要点。

吞咽（swallowing）是指食物经口摄入并经咽腔、食管传输到达胃的过程，它是人体最复杂的躯体反射之一。在中枢神经系统的控制与调节下，各吞咽器官的活动相互之间密切精准配合，共同完成有效的吞咽，是维持生命所需的最基本的能力之一。吞咽障碍（dysphagia）是指在口腔准备吞咽时和/或将食物从口腔推送到食管、从食管移动到胃部时产生障碍，使食物不能安全有效地输送到胃内。误吸（aspiration）是指将口咽部内容物或胃内容物吸入声门以下呼吸道的现象。老年人随着年龄的增长、生理功能的减退、受多种疾病并存等因素的影响，发生吞咽障碍的危险明显增高，这易进一步导致误吸、吸入性肺炎、营养不良等严重并发症甚至危及生命。

许多疾病进展过程中都可出现吞咽障碍，包括中枢神经系统疾病、脑神经病变、神经肌肉接头疾病、肌肉疾病、口咽部器质性病变、消化系统疾病等。老年人由于牙齿缺失、牙周疾病、唾液减少等原因使食团不能在口腔准备充分；同时，咀嚼肌无力、下颌骨质疏松、环咽肌功能下降等肌肉骨骼因素使其吞咽效率下降；此外，还有脑卒中、帕金森病、严重认知障碍、代谢性肌病、药物、体质虚弱等问题，以上因素均增加了发生吞咽障碍的风险。吞咽障碍在神经系统疾病患者，特别是在重症患者中发生率较高：50%～67% 的脑卒中患者有吞咽障碍，痴呆患者则高达 80%，50% 的帕金森病患者出现吞咽障碍。2016 年《欧洲吞咽障碍学会-欧盟老年医学会白皮书》指出：独居老人吞咽障碍的发生率为 30%～40%，老年急症患者为 44%，养老/医疗机构的老人出现吞咽障碍的概率高达 60%。中国台湾地区老人吞咽障碍发生率为 51%，而中国大陆地区尚无大规模流行病学的统计资料。

吞咽障碍的临床表现是多方面的。根据食物通过的部位将吞咽过程分为口腔期、咽期和食管期，不同时期吞咽障碍的临床表现不尽相同。口期表现为流涎、进食时食物从口角漏出、长时间将食物停留在口腔内不吞咽、需要额外液体将食物湿化或帮助吞咽等；咽期表现为饮水、进食呛咳，咽下困难，吞咽后声音改变，发声困难等；食管期多表现为食物滞留。

误吸是吞咽障碍最常见且最需要处理的并发症。伴有咳嗽的误吸称为显性误吸；若会厌保护性关闭反射减弱或喉抬升不足，常导致没有咳嗽的误吸，称为隐性误吸。在吞咽障碍的患者中误吸发生率超过 40%，其中约 1/3 的患者发展为吸入性肺炎。吸入性肺炎是由于液体、外源性颗粒或内源性分泌物误入下呼吸道而造成的感染，占护理机构感染事件的 13%～48%，在院内感染中排第二位。老年患者由于高龄伴随多种基础疾病，吸入性肺炎的临床表现多不典型。营养不良、脱水、心理与社会交往障碍也是吞咽障碍常见的并发症。

吞咽障碍的筛查、评估、治疗需要多学科协同完成。筛查包括问卷筛查、饮水试验、改进的 Mann 吞咽能力评估（modified Mann assessment of swallowing ability，MMASA）、多伦多床旁吞咽筛查试验（Toronto bedside swallowing screening test，TOR-BSST）等。如果筛查结果显示患者无吞咽障碍，可进食水；如异常，需进行全面专业评估。

全面专业评估包括临床评估及仪器评估。

1. **临床评估** ①询问病史；②吞咽功能的评估，包括口腔、咽、喉、食管等吞咽器官的结构、运动、感觉及反射功能的检查；③床旁进食评估，容积-黏度测试（volume-viscosity swallow test, V-VST）。

2. **仪器评估** ①吞咽造影检查（video fluoroscopy swallow study, VFSS）：可动态、全面地评估口、咽和食管上部的吞咽功能，能明确患者是否发生误吸及其原因，是诊断吞咽障碍的金标准；②软管喉镜吞咽功能评估（flexible endoscopic evaluation of swallowing, FEES）是利用软管喉镜进入患者口咽部和下咽部，观察会厌、会厌谷、舌根、咽壁、喉、梨状隐窝等结构，以及这些结构在呼吸、发音、咳嗽、屏气和吞咽食物时的运动。其他的仪器评估还包括咽腔测压检查、超声、MRI、CT及脉冲血氧饱和度监测等。

吞咽障碍的治疗需团队合作完成，包括医生、护士、营养师和治疗师等。治疗包括营养管理、促进吞咽功能训练、代偿方法（包括食物调整、姿势调整、进食工具、一口量调整、环境改造等）、外科手术及康复护理等。

临床病例

患者，男，70 岁，因"头晕半个月，加重伴右侧肢体活动障碍、言语不能、呛咳 3d"入院。患者于入院前半个月无明显诱因感头晕，无明显头痛，无视物模糊及视物成双，无耳鸣、耳聋，休息后可好转，未予重视。入院前 3d 突然头晕加重，伴右侧肢体力弱，持物费力，行走困难，同时出现言语不能，饮食水呛咳。外院行颅脑 CT 未见出血，血常规、胸片未见异常，予阿司匹林、辛伐他汀口服，症状无缓解。入院前 1d 右侧肢体无力加重，伴咳嗽、咳痰、发热、嗜睡。MRI 示脑桥、双侧大脑角、右侧枕叶多发急性脑梗死，脑内多发缺血灶。CT 示右肺上叶炎症。血常规白细胞计数 16.11×10⁹/L，中性粒细胞百分比 83.10%。

既往发现血压高 1 年，血压最高 160/110mmHg，未用药；否认糖尿病、冠心病病史，肩部骨折术后 10 年余。

体格检查：血压 148/104mmHg，体温 37.5℃，心率 98 次/min，呼吸 24 次/min，嗜睡，能叫醒，能理解，构音不清，双侧瞳孔等大，约 2.5mm，等圆，直接、间接对光反射灵敏，双眼震（+），右侧鼻唇沟浅，右侧口角低垂，伸舌右偏，右侧上下肢肌力 1 级，左侧上下肢肌力 4 级，右下肢巴宾斯基征（+），双肺呼吸音粗，右肺湿啰音。心、腹未见异常，格拉斯哥昏迷量表评分为 9 分。

入院诊断：①急性缺血性脑血管病；②高血压病；③肺部感染；④老年问题，吞咽障碍与误吸。

脑部磁共振图像
（组图）

CT 右肺上叶见斑片状高密度影，边界欠清
（组图）

【问题 1】 该患者临床特点是什么？是否存在吞咽障碍？简单介绍一下吞咽障碍的筛查和评估方法？

思路： 根据临床表现、体格检查、辅助检查结果，患者有发生吞咽障碍的多种危险因素，结合临床特点考虑存在吞咽障碍。

知识点

吞咽筛查量表-10（eating assessment tool-10, EAT-10）（表 2-9-1）是由 Belafsky 等总结的量表，有助于识别吞咽障碍和误吸。EAT-10 有 10 项吞咽障碍相关问题，每项评分分为 5 个等级，0 分无障碍，4 分严重障碍；如果总分超过 3 分，则可能存在吞咽问题，需要进一步评估。

表 2-9-1 吞咽筛查量表-10（EAT-10）

询问内容	回答选项					得分
我的吞咽问题已让我的体重减轻	0	1	2	3	4	
我的吞咽问题影响到我在外就餐	0	1	2	3	4	
饮液体时费力	0	1	2	3	4	
吃固体食物费力	0	1	2	3	4	
吞药片（丸）费力	0	1	2	3	4	
吞东西时有疼痛	0	1	2	3	4	
我的吞咽问题影响到我享用食物的乐趣	0	1	2	3	4	
我吞东西时有食物卡在喉咙里的感觉	0	1	2	3	4	
我吃东西时会咳嗽	0	1	2	3	4	
我吞咽时紧张	0	1	2	3	4	

知识点

饮水试验：临床常用洼田饮水试验，由日本人洼田俊夫在 1982 年提出，用于评估患者有无吞咽障碍及其程度。患者先单次饮 2～3 勺水，如无问题，再饮 30ml 水，观察并记录饮完水所用时间、有无呛咳及饮水状况等。结果分 5 级：Ⅰ级为 1 次喝完，无呛咳；Ⅱ级为 2 次以上喝完，无呛咳；Ⅲ级为能 1 次喝完，有呛咳；Ⅳ级为 2 次以上喝完且有呛咳；Ⅴ级为常呛住，不能全部喝完。诊断标准：正常为Ⅰ级，在 5s 内完成。可疑为Ⅰ级，但超过 5s 以上完成；以及Ⅱ级。异常为Ⅲ、Ⅳ、Ⅴ级。

知识点

容积 - 黏度吞咽测试（V-VST）：用于吞咽障碍进食安全性和有效性的评估。容积包括低容积（5ml）、中容积（10ml）和高容积（30ml），首先测试患者吞咽糖浆样液体的能力，顺利通过后测试患者吞咽蜂蜜样液体的能力，最后测试吞咽布丁状稠度半固体的能力，三种黏度的液体吞咽测试结果可以指导患者从哪种黏度的食物开始进食是安全的。测试过程中要尽量避免误吸的风险，首先从中等程度低容积开始，在测试过程中使用脉冲血氧饱和度监测血氧是否下降，及时检出隐性误吸。

知识点

吞咽障碍的筛查和评估流程见图 2-9-1。

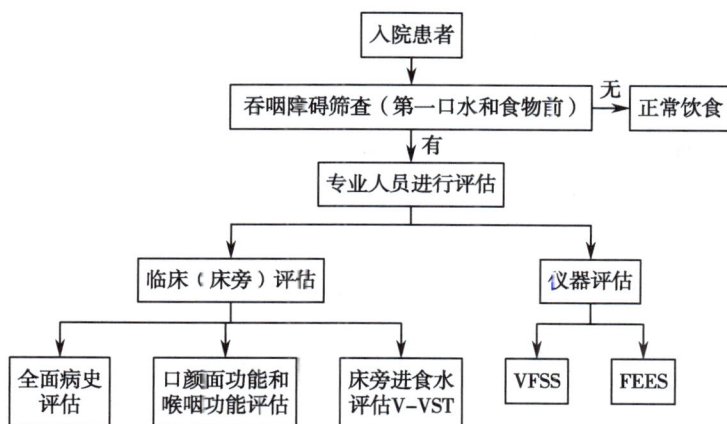

图 2-9-1　吞咽障碍的筛查和评估流程

【问题 2】 该患者能否进行饮水试验？能否行 V-VST、VFSS？采取何种方式进食？

思路：患者急性脑卒中，格拉斯哥昏迷量表评分为 9 分，小于 13 分，同时有右侧面瘫，根据急性脑卒中吞咽障碍的筛查标准，不能进行饮水试验及 V-VST、VFSS，应直接采用鼻饲管进食。

知识点

急性脑卒中吞咽障碍筛查

于脑卒中患者入院时完成，如果存在以下其中任何一项，则停止筛查。①格拉斯哥昏迷量表小于 13 分；②面部不对称 / 力弱；③舌不对称 / 力弱；④软腭不对称 / 力弱；⑤饮水试验中任何误吸的体征。

【问题 3】 该患者肺部感染，是否考虑为吸入性肺炎？

思路：老年男性，有引起误吸的多种危险因素，误吸是吞咽障碍患者引起肺部感染的主要原因之一。结合基础疾病：急性脑卒中，有意识障碍、卧床、生活不能自理，饮食水呛咳后出现咳嗽、咳痰、发热，有肺部体征，血常规白细胞计数及中性粒细胞比例增高，CT右肺上叶斑片状高密度影，考虑吸入性肺炎。

知识点

误吸的危险因素

1. 医源性因素
（1）气管切开术后：患者气管内食物、分泌物的残留是误吸的主要因素。
（2）长期辅助呼吸：影响患者的咳嗽反射和吞咽功能，同时存在鼻饲时，误吸的发生率明显升高。
（3）留置鼻饲管：鼻饲管作为异物刺激口咽部分泌物增多，增加误吸的风险。
2. 病理性因素
（1）意识障碍：张口反射下降、咳嗽反射减弱、胃排空延迟、体位调节能力丧失、抵御咽喉部分泌物及胃内容物反流入呼吸道的能力下降。
（2）神经性疾病：如外伤后昏迷、急性脑血管意外、帕金森病等使胃肠功能紊乱、动力减弱，易导致误吸。
（3）神经肌肉障碍：如重症肌无力、多发性肌炎、声带麻痹、头颈部肿瘤放射治疗后等，使吞咽的生理反射机制被破坏引起误吸。
（4）药物使用不当：药物中毒、镇静剂过量等可使患者意识改变，导致误吸。
3. 其他因素　口腔卫生不良、口腔菌群失调，基础肺部疾患，老年人吞咽能力、呼吸功能和咳嗽、排痰能力下降，且并发多种基础疾病，易导致误吸。

【问题4】 该患者的诊治和照护要点是什么？

思路： 老年男性，入院诊断为急性缺血性脑血管病变、高血压病、肺部感染。予抗血小板聚集、他汀类药物维持内皮功能稳定、营养神经、改善脑代谢、抗感染、监测血压、营养管理、对症治疗等。急性脑卒中患者的血压应在能够达到脑组织血液灌注的前提下实施缓慢平稳的降压。对于吸入性肺炎主张使用广谱抗生素联合甲硝唑的经验治疗。患者存在吞咽障碍及误吸，短期内需要通过鼻饲喂养来维持患者的营养需要。应按照吞咽障碍与误吸的鼻饲喂养的照护要点进行管理。

知识点

吞咽障碍与误吸的鼻饲喂养的照护要点

1. 对患者进行评估　评估患者的病情、意识状态、合作与否、有无禁忌证等。
2. 置管成功后固定并标示鼻饲管位置，每次喂食水前确定鼻饲管在胃内且没有胃潴留方可喂食。
3. 进食前先行口腔护理，痰多时先吸痰，进食中抬高床头38°～40°，进食后保持坐位或半坐卧位至少30min。
4. 食物温度在38～40℃，放于前臂内侧不觉得烫方可注入，开始时鼻饲量应少，适应后逐渐增多，每次鼻饲量不超过200ml，4～5次/d，每次间隔3h。
5. 鼻饲过程中观察患者有无呛咳、呼吸困难、恶心、呕吐及血氧饱和度降低等情况的发生，如有，立即停止鼻饲，并立即吸出口鼻腔及呼吸道的误吸物。
6. 记录患者的鼻饲量、出入量，及时发现患者的摄入量与消耗量是否平衡以调整进食方案。

（贾海玉）

推荐阅读资料

[1] 窦祖林. 吞咽障碍评估与治疗. 2版. 北京：人民卫生出版社，2017.

[2] 李小鹰. 中华老年医学. 北京：人民卫生出版社，2016.

[3] 中国卒中吞咽障碍与营养管理专家组,中国卒中学会,国家神经系统疾病临床研究中心等. 中国卒中吞咽障碍与营养管理手册. 中国卒中杂志,2017,12(9):951-967.

[4] 中国老年医学学会营养与食品安全分会,中国循证医学中心,《中国循证医学杂志》编辑委员会,等. 老年吞咽障碍患者家庭营养管理中国专家共识(2018 版). 中国循证医学杂志,2018,18(6):547-559.

[5] 中国吞咽障碍康复评估与治疗专家共识组. 中国吞咽障碍评估与治疗专家共识(2017 版). 中华物理医学与康复杂志,2017,39(12):881-892.

[6] BAIJENS L W,CLAVÉ P,CRAS P,et al. European Society for Swallowing Disorders-European Union Geriatric Medicine Society white paper: oropharyngeal dysphagia as a geriatric syndrome. Clin Interv Aging,2016,11:1403-1428.

[7] WIRTH R,DZIEWAS R,BECK A M,et al. Oropharyngeal dysphagia in order persons-from pathophysiology to adequate intervention: A review and summary of an international expert meeting . Clin Interv Aging,2016,11:189-208.

第十章 衰　弱

衰弱（frailty）是指老年人随着年龄增加，各脏器生理储备功能减退，应激适应能力及维持自身稳态的能力下降，机体易损性增加，外界较小刺激即可引起不良临床事件发生的一种非特异性状态。其核心特点是涉及多系统（包括骨骼肌、神经、内分泌、免疫系统等）病理生理变化，导致一系列负性临床事件（跌倒、谵妄、感染、失能或死亡、急性疾病、恢复缓慢、住院及住院日延长、手术或侵入性治疗后并发症风险增加等）。

衰弱老年人的致残、致死率均显著高于非衰弱老年人，与无衰弱老年人相比，平均死亡风险增加 15%～50%。及时识别、评估和干预，可使老年人死亡发生降低 3%～5%。衰弱前期可被逆转至健康状态，一些衰弱状态也可被逆转至衰弱前期，从而预防衰弱相关的独立性丧失和其他不良后果，最大限度维护和恢复老年人的功能，提高生活质量，减少个人、家庭和社会负担，减少医疗卫生资源的浪费。

因采用诊断标准的不同，各地区报道衰弱患病率也不尽相同，但总趋势是随增龄而增加，女性高于男性，医疗机构中老年人患病率高于社区。美国心血管健康研究数据发现，≥65 岁老年人衰弱患病率为 6.9%，年龄在 65～70 岁，75～79 岁、85～89 岁分别为 3.2%、9.5% 和 25.7%。西班牙养老院 65 岁以上老年人衰弱患病率为 68.8%，衰弱前期 28.4%，无衰弱仅 2.8%。荷兰横断面研究显示，入住老年医学科患者均为衰弱老年人，其他病房老年人衰弱患病率 50%～80%。我国流行病学数据较少，患病率报道差异较大，为 4.9%～83.4%。四川都江堰地区 2005 年人口普查数据表明，90 岁以上社区老年人衰弱患病率为 61.8%。北京地区 55 岁以上社区老年男性人群中，衰弱患病率为 12.3%，女性老年人群中患病率为 18.6%。

衰弱易患因素包括遗传、增龄、女性、慢性病（心脑血管疾病、髋部骨折、慢性阻塞性肺疾病、糖尿病、关节炎、恶性肿瘤、肾衰竭、HIV 感染及手术等）、老年综合征（抑郁、肌少症、营养不良等）、多重用药（包括一些特定药物如抗胆碱能、抗精神病药物，过度使用质子泵抑制剂等）、不良生活方式、精神心理因素、独居、低收入、低教育水平及社会支持较差的老年人群等。肌少症是衰弱发生的核心因素。

衰弱的发病机制尚不十分明确，目前认为与机体老化（自由基、氧化应激、细胞衰老、线粒体损伤、表观遗传学等来自分子和细胞水平的改变等）密切相关，并受遗传、环境、生活方式和疾病等多因素影响，涉及肌肉 - 神经 - 内分泌 - 免疫系统自稳态网络。慢性炎症在衰弱发生发展中起重要作用，白细胞介素（IL-6）、C 反应蛋白（CRP）、肿瘤坏死因子 -α（TNF-α）、白细胞和单核细胞计数升高，较高的纤维蛋白原和 D- 二聚体、异前列烷和脂蛋白磷脂酶 A2（Lp-PLA2）水平等，与骨骼肌分解代谢、疲乏、消瘦和食欲下降等衰弱特征性表现相关；下丘脑 - 垂体 - 性腺轴、生长激素 -IGF-1 轴、肾上腺皮质轴等功能下降，睾酮、雌二醇、脱氢表雄酮、生长激素、IGF-1 减低，皮质醇释放增多，胰岛素抵抗，维生素 D 减少等改变，均参与无力、疲乏、肌肉萎缩、功能降低等症状的发生发展，加之多种慢性病、营养不良、体力活动减少，精神心理因素和社会支持不足等，最终导致衰弱。

衰弱老年人可有以下一种或几种临床表现。①非特异性表现：虚弱、疲惫、无法解释的体重下降和反复感染；②跌倒：平衡功能下降和步态受损，即使轻微的疾病或刺激也不足以维持步态完整性而致跌倒；③谵安:应激时可导致脑功能障碍加剧而出现谵妄;④波动性失能:功能状态变化较大,常表现出功能独立和需要照顾交替出现。

有关衰弱诊断的研究很多,但目前缺乏"金标准"。2017年中华医学会老年医学分会发布了"老年患者衰弱评估与干预中国专家共识",推荐所有70岁及以上老年人或最近1年内,非刻意节食情况下出现体重下降(≥5%)的人群进行衰弱筛查和评估。目前临床和科研中普遍采用的有美国学者Fried的衰弱诊断标准,加拿大学者Rockwood的衰弱指数(frailty index,FI),国际老年营养学会提出的FRALL量表等。

衰弱的预防和治疗尚处于初步探索阶段,特异性干预衰弱的临床试验较少,但早期干预十分重要,可有效逆转衰弱,延缓老年人功能减退和慢性病进展。目前国内外共识推荐的治疗原则包括运动锻炼、营养干预、共病和多重用药管理、多学科团队合作的医护模式、减少医疗伤害、药物治疗等。

临床病例

患者,女,82岁,因"乏力2年余,加重伴进行性体重下降1年"入院。2年前无明显诱因下自觉双下肢无力,近1年加重,稍活动即感疲劳,行走速度减慢,食欲下降,近1年体重减轻4.5kg,伴跌倒2次,易感冒,睡眠差,记忆力差,听力减退,情绪低落,多次住院治疗。病程中无肢麻疼痛和活动障碍,无头晕、黑矇、活动后胸闷、气促不适。

既往有多灶性脑梗死病史,高血压病史10年余,现服硝苯地平控释片(30mg,1次/d),血压120~130/60~70mmHg,糖尿病病史3年,服沙格列汀(5mg,1次/d),空腹血糖7mmol/L左右,长期服用阿司匹林、调脂药、活血化瘀中成药、鱼油制剂及钙剂等,否认慢性阻塞性肺疾病、骨关节疾病、慢性胃肠道疾病等。

体格检查:神清,对答切题,体温、血压、脉搏、呼吸等正常范围,身高158cm,体重46kg,体重指数18.4kg/m²,双肺呼吸音清,未闻及干湿啰音,心率70次/min,心律齐,无杂音,肺部(-),神经系统检查未见明显异常,四肢关节活动无异常。

辅助检查:血尿便常规、生化等无异常,糖化血红蛋白7%,甲状腺功能、肿瘤标志物、胸腹部超声、CT、MRI等未见明显异常。入院后行MMSE评分17分。

入院诊断:①乏力原因待查;②2型糖尿病;③高血压病;④老年问题,衰弱。

【问题1】 该患者临床特点如何?对不良临床结局的预测能力如何?

思路:该患者高龄,女性,不明原因体重下降,乏力,行走能力下降,食欲下降,跌倒史,营养不良,既往史和体格检查无导致其症状的基础疾病和体征,有多病共存和多重用药,存在衰弱风险因素,需行衰弱筛查评估,预测失能等潜在不良临床结局。

知识点

衰弱、失能和多病共存是不同的概念,但三者相互影响,并有一定的重叠。衰弱和多病共存可预测失能,失能是衰弱和多病共存的危险因素,多病共存又可促进衰弱和失能的发展。衰弱老年人也可无失能和/或共病,仅有疲劳、消瘦、沮丧等。

知识点

衰弱对临床不良结局具有预测价值。衰弱作为失能前的"窗口期",是介于生活独立与死亡的中间阶段,可预测跌倒、ADL受损、谵妄、失能、死亡,也可预测急性病、住院或入住照料机构概率、住院时间延长、手术化疗等高风险治疗和一些侵入性检查的风险,能解释急性疾病或打击后预后差、易出现并发症、康复效果和生活质量的差异,因此,它比生物学年龄和一般临床指标更能客观反映老年人的健康问题和医疗需求,是高龄老年人进行危险分层的实用工具。

【问题2】 衰弱发生病理生理机制?

思路:老年衰弱涉及多种风险因素,掌握相关影响因素及病理生理机制(图2-10-1),有助于选择恰当的评估诊断标准。

知识点

图 2-10-1　衰弱的风险因素及病理生理机制

危险因素　　　内环境系统紊乱　　　多系统储备下降　　　衰弱临床表型　　　负性临床事件

衰老
　自由基损伤
　衰老细胞
　端粒细胞
　DNA损伤

基因变异

慢性疾病
　心脑血管疾病
　抑郁、肾衰
　慢性感染、
　糖尿病、肿瘤

营养不良
运动减少
环境因素

慢性炎症
CRP、IL-6、
TNF-α、Fg、
D-二聚体、
白细胞↑

神经内分泌失调
T、DHEA-S、
E2、IGF-1、
VitD↓
皮质醇↑
胰岛素抵抗

骨骼肌肉
内分泌
神经
心血管
免疫

肌少症
骨量减少
体重下降
疲乏
运动减少
行动迟缓

急性事件
或疾病

治疗干预
或手术

跌倒、骨折
谵妄、失能
住院治疗
住院时间长
恢复慢
预后差
死亡率高

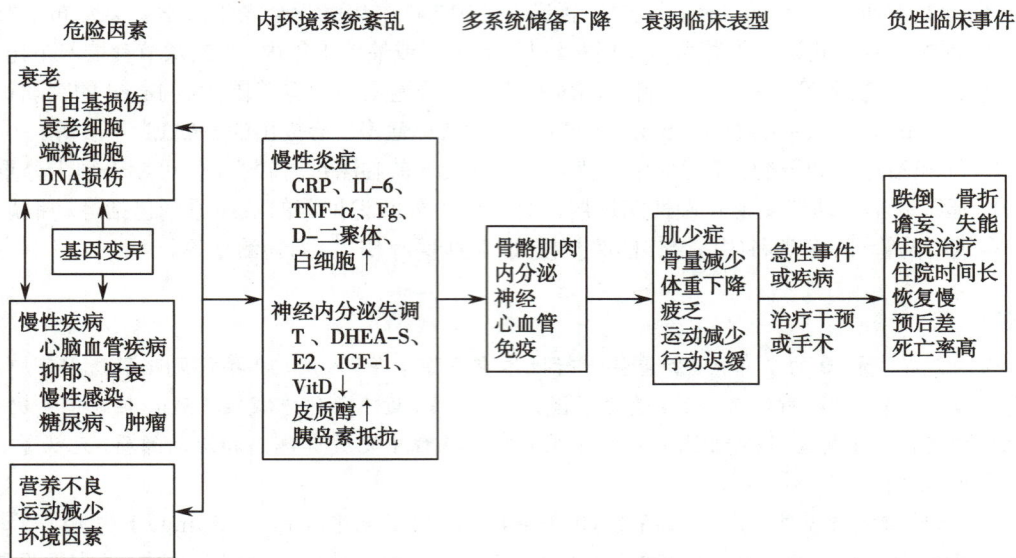

CRP—C 反应蛋白；TNF—肿瘤坏死因子；Fg—血纤蛋白原；IL—白细胞介素；E2—雌二醇；IGF—胰岛素样生长因子；DHEA-S—脱氢表雄酮 -S；VitD—维生素 D。

图 2-10-1　衰弱的风险因素及病理生理机制

【问题3】　如何进一步筛查和诊断衰弱？

思路： 国内外专家共识均明确提出，对所有 70 岁及以上老年人或最近 1 年内非刻意节食情况下出现体重下降（≥5%）的人群进行衰弱的筛查和评估，采用 Fried 衰弱评估标准或 FRAIL 量表，该患者可诊断为衰弱。

知识点

常用的衰弱诊断方法

1. Fried 衰弱综合征标准（表 2-10-1）

表 2-10-1　Fried 衰弱评估标准

序号	检测项目	男性	女性
1	体重下降	过去 1 年中，意外出现体重下降 >4.5kg 或 >5.0% 体重	
2	行走时间（4.57m）	身高≤173cm：≥7s	身高 159cm：≥7s
		身高 >173cm：≥6s	身高 >159cm：≥6s
3	握力 /kg	BMI≤24.0kg/m²：≤29	BMI≤23.0kg/m²：≤17
		BMI24.1～26.0kg/m²：≤30	BMI23.1～26.0kg/m²：≤17.3
		BMI 26.1～28.0kg/m²：≤30	BMI 26.1～29.0kg/m²：≤18
		BMI>28kg/m²：≤32	BMI>29.0kg/m²：≤21
4	体力活动（MLTA）	<1 602.855kJ/ 周（约散步 2.5h）	<1 129.95kJ/ 周（约散步 2h）
5	疲乏	CESD 的任一问题得分 2～3 分	
		您在过去的 1 周内以下现象发生了几天？	
		（1）我感觉我做每一件事都需要经过努力；	
		（2）我不能向前行走	
		0 分：<1d；1 分：1～2d；2 分：3～4d；3 分：>4d	

注：BMI：体重指数；MLTA：明达休闲时间活动问卷；CESD：流行病学调查用抑郁自评量表；散步 60min 约消耗 627.75kJ；具备表中 5 条中 3 条及以上被诊断为衰弱综合征；不足 3 条为衰弱前期；0 条为无衰弱健康老年人。

2. 衰弱指数（FI） 该评估工具基于老年人累积健康缺陷概念，所选指标涉及躯体及认知功能、心理及社会等多维度，不同的评估工具所含测量指标数目不一，如老年人综合评估包含约 60 项指标。在评价时计算健康缺陷指标所占比例，即为 FI，FI≥0.25 提示该老年人衰弱；FI<0.12 为无衰弱；FI 0.12～0.25 为衰弱前期。FI 对衰弱的诊断及分期更能反映老年人整体健康情况，对健康不良事件及临床预后的预测作用较强，但测量指标数目繁多，评价时间较长。

3. FRAIL 量表 2008 年由国际老年营养学会提出（表 2-10-2）。

表 2-10-2 FRAIL 量表

序号	条目	询问方式
1	疲乏	过去 4 周内大部分时间或所有时间感到疲乏
2	阻力增加 / 耐力减退	在不用任何辅助工具及不用他人帮助的情况下，中途不休息爬 1 层楼梯有困难
3	自由活动下降	在不用任何辅助工具以及不用他人帮助的情况下，走完 1 个街区（100m）较困难
4	疾病情况	医生曾经告诉你有 5 种以上如下疾病，包括高血压、糖尿病、急性心脏疾病发作、脑卒中、恶性肿瘤（微小皮肤癌除外）、充血性心力衰竭、哮喘关节炎、慢性肺病、肾脏疾病、心绞痛等
5	体重下降	1 年或更短时间内出现体重下降≥5%

注：具备以上 5 条中 3 条及以上被诊断为衰弱；不足 3 条为衰弱前期；0 条为无衰弱健壮老年人。

4. 临床衰弱量表 把衰弱按照功能状况分为 9 等级（表 2-10-3）。

表 2-10-3 临床衰弱评估量表

衰弱分级		定义
等级 1	非常健康	身体强壮、积极活跃、精力充沛、充满活力，定期进行体育锻炼，处于所在年龄段最健康的状态
等级 2	健康	无明显的疾病症状，但不如等级 1 健康，经常进行体育锻炼，偶尔（如季节性地）非常活跃
等级 3	维持健康	存在的健康缺陷能被控制，除常规行走外，无定期的体育锻炼
等级 4	脆弱易损伤	日常生活不需他人帮助，但身体的某些症状会限制日常活动，常见的主诉为白天"行动缓慢"和"感到疲乏"
等级 5	轻度衰弱	明显的动作缓慢，工具性日常生活活动需要帮助（如去银行、乘公交车、干重的家务活、用药），轻度衰弱会进一步削弱患者独自在外购物、行走、备餐及干家务活的能力
等级 6	中度衰弱	所有的室外活动均需要帮助，在室内上下楼梯、洗澡需要帮助，可能穿衣服也会需要（一定限度的）辅助
等级 7	严重衰弱	个人生活完全不能自理，但身体状态较稳定，一段时间内不会有死亡的危险（<6 个月）
等级 8	非常严重的衰弱	生活完全不能自理，接近生命终点，已不能从任何疾病中恢复
等级 9	终末期	接近生命终点，生存期<6 个月的垂危患者，除此之外无明显衰弱迹象

【问题 4】 对该患者的干预手段有哪些？

思路：首先筛查其潜在的、未治愈的、可以引起代谢状态改变和体重丧失或营养摄入减少的疾病和因素，早期干预其中可逆性因素，避免体力活动减少、营养不足，慎用促分解代谢的药物，以预防肌肉丧失，改善力量和能量。

知识点

运动锻炼和营养补充

运动锻炼包括抗阻力运动和有氧运动。研究表明，即使最衰弱的老年人都可从任何可耐受的运动中获益。衰弱老年人运动方案的选择，可参考中华医学会老年医学分会"高龄稳定性冠心病患者运动康复中国专家共识"。

营养补充包括能量、蛋白质和维生素 D 等。富含亮氨酸的必需氨基酸混合物可以增加肌容量改善衰弱，健康成人需要蛋白质 0.83g/（kg·d），老年人日常所需要略高于年轻人，推荐量为 0.89g/（kg·d），衰弱患者合并肌少症时建议补充量为 1.2g/（kg·d），应激状态时，补充量增加至 1.3g/（kg·d）。当血清25- 羟维生素 D 水平 <100nmol/L 时可考虑每日补充 800IU 维生素 D，同时联合补充钙剂，以改善下肢力量和功能。有研究发现，只有加上运动锻炼，营养补充剂才可以起效，单独使用不能达到肌肉质量、力量的增加或功能改善。

知识点

共病及多重用药管理

老年衰弱患者常合并抑郁、心力衰竭、肾功能不全、认知功能障碍、糖尿病，视力及听力问题、骨关节病等，多病共存和多重用药对衰弱的发生发展产生重要作用，应积极管控现患共病，并根据 Beers 标准、老年人不适当处方筛查工具（STOPP）及 START 标准核查用药情况，及时纠正不合理用药。

知识点

多学科团队合作的医疗护理模式

衰弱老年人是综合评估最大的获益人群，需要多学科团队（包括老年医学科医师、专科医师、护理人员、临床药师、营养师、康复医师、社会工作者等）工作，以改善功能为目标，尊重患者意愿，针对不同的群体（社区老年人、入住护理机构和医院的老年人等）采取长期、个体化、连续性的医疗护理模式，尽量减少对中、重度衰弱老年人的侵入性检查和治疗，避免医源性伤害，延缓衰弱老年人功能减退，改善不良临床结局。

知识点

药物治疗

目前尚无针对性治疗药物，正在研究的有激素类似物（睾酮和生长激素替代治疗）、血管紧张素转化酶抑制剂（能够阻止活动能力减退及肌肉力量的下降）、抗炎类药物、中药、抗氧化物等。

（康冬梅）

推荐阅读资料

[1] 董碧蓉. 新概念老年医学. 北京：北京大学医学出版社，2015.

[2] 薛祺，王云. 老年衰弱综合征的研究进展. 北京医学，2018，40（1）：59-62.

[3] 中华医学会老年医学分会. 老年患者衰弱评估与干预中国专家共识. 中华老年医学杂志，2017，36（3）：251-256.

[4] CLEGG A，YOUNG J. The frailty syndrome. Clin Med（Lond），2011，11（1）：72-75.

[5] HAO Q，SONG X，YANG M，et al. Understanding risk in the oldest old：frailty and the metabolic syndrome in a Chinese community sample aged 90+ years.J Nutr Health Aging，2016，20（1）：82-88.

[6] ROCKWOOD K，SONG X，MITNITSKI A，et al. 老年医学与衰弱老年人的医疗服务. 中华老年医学杂志，2009，28（5）：353-365.

[7] TANG Z，WANG C，SONG X，et al. Co-occurrence of cardiometabolic diseases and frailty in older Chinese adults in the Beijing longitudinal study of ageing. Age Ageing，2013，42（3）：346-351.

第十一章 肌 少 症

学习要点

1. 掌握肌少症的定义、肌少症筛查问卷（SARC-F）的评估方法、肌少症筛查与评估流程、肌少症2014年亚洲肌少症工作组（AWGS）诊断标准及肌少症的治疗与照护要点。

2. 熟悉肌少症的病因、病理生理机制、原发性肌少症与继发性肌少症的鉴别诊断、肌少症的不良后果。

3. 了解肌少症的流行病学调查、2011年国际肌少症工作组（IWGS）肌少症共识、2018年欧洲老年肌少症工作组（EWGSOP）肌少症共识。

肌少症（sarcopenia）又称肌肉减少症或肌肉衰减症，定义为与增龄相关的进行性全身骨骼肌量减少，和/或骨骼肌力量下降，或骨骼肌生理功能减退。1989年Ronsenberg首次阐述增龄相关的骨骼肌量减少会对老年健康产生广泛的不良影响，1997年提议将其命名为"肌少症"。肌少症对老年健康产生的不良影响包括衰弱、跌倒、骨密度下降、代谢紊乱和失能等，严重影响老年人的生活质量，是导致老年人日常生活能力下降的重要原因；还显著增加老年人的住院率及医疗、照护费用，并与老年人死亡率密切相关。

2011年国际肌少症工作组（International Working Group on Sarcopenia，IWGS）公布共识，指出肌少症的病因是多方面的，包括老年期各种常见情况与问题，如慢性疾病、骨骼肌废用、内分泌功能改变、营养不良等。恶病质和肌少症可能合并存在，但二者本质上不同：恶病质患者体重显著下降，去脂组织和脂肪组织同时减少，食欲显著下降，合并低蛋白血症、贫血和C反应蛋白水平增高；肌少症患者常体重恒定，骨骼肌减少而脂肪组织增加（肌少型肥胖），食欲不变，不一定合并低蛋白血症和贫血，C反应蛋白水平正常。

2014年，亚洲肌少症工作组（Asian Working Group on Sarcopenia，AWGS）发表共识，推荐肌少症的筛查流程和诊断标准，提出亚洲老年人肌少症的预防和治疗策略。2018年，欧洲老年肌少症工作组（European Working Group on Sarcopenia in Older People，EWGSOP）更新肌少症共识，推荐采用F-A-C-S法（find-access-confirm-severity）进行筛查和诊断，用于对疾病风险及严重程度进行评估。2019年AWGS推出最新共识，修订了亚洲肌少症的诊断策略、界值和治疗方案。

对于不同级别的医疗机构采用不同的肌少症诊断策略是此次AWGS2019的亮点，提供了可操作性更强的"筛查-评估-干预"诊疗流程及操作方法。为了早期识别肌少症或其风险人群进而干预，AWGS2019提出"可能肌少症（possible sarcopenia）"的概念，即肌肉力量下降和/或躯体功能下降；并推荐对社区医疗机构发现的"可能肌少症"居民进行生活方式干预和相关健康教育，也鼓励转诊至医院进行诊断；但无论最后是否诊断，生活方式的干预应贯彻始终。AWGS2019认为肌肉力量和躯体功能下降均是肌肉质量下降的结果，而且对预后有不良影响，因此只要肌力或功能下降，合并肌肉质量下降即可诊断肌少症，若肌力和功能同时下降，则为严重肌少症。但由于多中心及干预性研究不足，本教材仍采用AWGS2014的诊断界值。AWGS2019调整诊断标准后对肌少症的发生率及预后的影响有待进一步研究，验证和优化对亚洲肌少症患者的治疗方案。

肌少症患病率随增龄而增加，与性别相关，男性更易患病。但目前报道的肌少症患病率存在较大差别，其可能原因有采用的测量方法和诊断标准不同，研究人群和对照人群不同，评价肌肉质量、肌肉强度和肌力状态的阈值不同。研究发现，人的骨骼肌量随增龄下降，30岁后平均每10年下降6%，50岁后平均每年减少1%~2%，60岁以上慢性肌肉丢失估计30%，80岁以上丢失达50%。肌力随增龄下降更为显著，50~70岁间每 10 年下降 15%，70 岁后每 10 年下降达到 30%。男性骨骼肌衰减的速率快于女性。

2014 年，美国对 10 063 名 65 岁以上老年人调查结果显示，采用 IWGS 诊断标准，人群肌少症患病率男性为 5.1%，女性为 11.8%；采用 EWGSOP 诊断标准，人群肌少症患病率男性为 5.3%，女性为 13.3%。2017 年采用 AWGS 诊断标准，对我国苏州地区 316 名年龄大于 60 岁的老年人进行调查，显示肌少症患病率为 28.8%，其中男性 30.4%，女性 27.9%。中国香港进行的一项前瞻性研究显示，65 岁及以上的社区人群肌少症的年发病率为 3.1%。长期居住于老人护理院人群的肌少症患病率显著高于社区居住的老年人。有研究报道，急诊就诊的老年人 10% 可诊断肌少症，80~90 岁高龄老人患病率高达 50%~60%。

肌少症有多种致病因素，主要是衰老（尤其是代谢内分泌系统衰老和肌肉生长抑制蛋白水平升高）、不合理饮食引起营养缺乏（尤其是蛋白质、支链氨基酸和维生素 D 的缺乏）、卧床或多坐少动的生活方式、慢性疾病和某些药物治疗等。肌少症的病理改变包括骨骼肌容积减少、肌纤维质量改变和肌肉的组织学改变，主要表现为骨骼肌横断面积减小、肌纤维数量减少、Ⅰ 型肌纤维增多、Ⅱ 型肌纤维减少、肌间脂肪增加等。最核心的病理生理机制是骨骼肌蛋白质净降解，即蛋白质的分解大于合成。

肌少症的筛查与评估采用问卷调查表，根据问卷评分进行进一步测量筛查；测量内容包括调查步速、优势手握力和肌量；肌少症的诊断标准目前我国采用 2014 年 AWGS 诊断标准。肌少症的防治，主要是倡导积极的生活方式贯穿生命全周期，合理膳食与运动锻炼相结合；关注并治疗促进肌少症发生发展的基础疾病，祛除诱因；其他治疗包括运动治疗、营养治疗、内分泌激素治疗和药物治疗。

临床病例

患者，女，81 岁，因"乏力、行走迟缓、1 年内跌倒 1 次"入院。患者近 1 年自觉四肢乏力，体力活动明显减少，步行距离较前缩短，连续步行一般不超过 400m，走过一个房间尚无困难，但从椅子上起身或走上 10 级台阶都有些困难，近 1 年内跌倒 1 次，2~3 次差点跌倒；跌倒前后不伴头晕、心悸，无意识丧失及肢体活动障碍；无活动后胸闷、气促不适。胃纳及体重近 1 年无明显下降。

有高血压病史 50 年，2 型糖尿病病史 25 年，现服用替米沙坦（80mg，1 次 /d）控制血压，阿卡波糖（50mg，3 次 /d）、二甲双胍（850mg，2 次 /d）控制血糖。目前血压、血糖控制尚可，血压 140/65mmHg，餐前血糖 6.5mmol/L，三餐后 2h 血糖 7.0~10.0mmol/L 左右，1 个月前检测糖化血红蛋白为 7.0%。否认脑血管疾病、类风湿性关节炎、冠心病等。无药物过敏史。个人史、婚育史、月经史、家族史无特殊。

体格检查：体温、血压、脉搏、呼吸正常范围，神志清晰，身高 155cm，体重 50.5kg，体重指数（BMI）20.8kg/m²。心、肺、腹、神经系统未见明显异常，四肢、关节无疼痛，活动度正常，双下肢不肿。

入院诊断：①老年肌少症？②高血压病；③2 型糖尿病；④老年问题，跌倒。

【问题 1】 该患者临床特点是什么，下一步评估方案是什么？

思路：高龄女性患者，临床主要表现为乏力、跌倒、身体活动能力下降；虽高血压和糖尿病并存，但血压、血糖控制尚可；病史和体格检查未提示局部肌肉骨骼、血管病变，未发现中枢或周围神经系统异常及恶病质表现。患者有发生肌少症的高危因素，应完成肌少症筛查问卷（SARC-F），见表 2-11-1。

知识点

表 2-11-1 肌少症筛查问卷（SARC-F）

评估项目	询问内容	回答选项	得分
行走迟缓	"这个星期您连续步行过 400 米吗？有几次这样的步行"	>2 次	0
		1~2 次	1（√）
		0 次	2
步行辅助	"您走过一个房间有多大困难"	没有困难	0（√）
		有一些困难	1
		有很大困难，或需使用步行工具，或完全无法完成	2

续表

评估项目	询问内容	回答选项	得分
从椅子上起身	"您从床或椅子上起身有多大困难"	没有困难	0
		有一些困难	1（√）
上台阶	"您走上10级台阶有多大困难"	没有困难	0
		有一些困难	1（√）
		有很大困难，或没有他人帮助无法完成	2
跌倒	"过去1年中您跌倒过几次"	没有跌倒	0
		1～3次	1（√）
		4次或以上	2

评价：0～3分为无肌少症风险；4～10分为肌少症风险。括号内为该患者评分结果。

该患者SARC-F评分为4分，提示有肌少症风险。需按照肌少症的诊断流程，完善步行速度、握力、肌肉重量的测定。

知识点

肌少症筛查与诊断流程：①同时测定肌肉力量（握力）和骨骼肌功能（日常步速），若握力与步速不降低，则无肌少症；②若握力和/或步速降低，则测定肌量；若肌量正常，则排除肌少症；若肌量减少，则诊断为肌少症。肌量测定首选双能X线（DXA），也可根据实际情况选择生物阻抗分析（BIA）或MRI、CT测量。肌量诊断阈值：低于参照青年健康人峰值的2个标准差。

2014年AWGS推荐的肌少症筛查与诊断流程见图2-11-1。

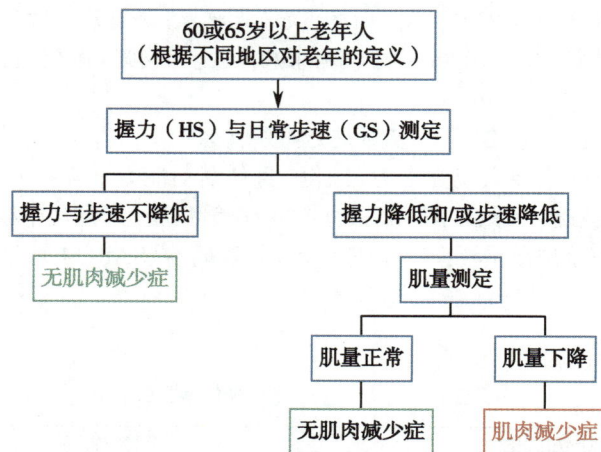

图2-11-1　2014年AWGS推荐的肌少症筛查与诊断流程

【问题2】 该患者完成测量后，结果：以平常速度行走6m用时14s，步速为0.43m/s；右手握力14.2kg，左手握力13.5kg；四肢肌肉容积指数（bioelectrical impedance analysis，BIA法）5.25kg/m^2；结合病史及检查结果，是否符合肌少症的诊断？

思路：根据2014年AWGS诊断标准（表2-11-2），符合肌少症的诊断。

知识点

表2-11-2 肌少症2014年亚洲肌少症工作组（AWGS）诊断标准

项目	方法与标准
身体活动能力测定	方法：6m日常步速
	标准：步速≤0.8m/s
肌力测定	方法：优势手握力测量
	标准：男性<26kg，女性<18kg
肌量测定	方法一：双能X线（DXA）
	标准：骨骼肌容积指数（SMI） 男性<7.0kg/m^2，女性<5.4kg/m^2
	方法二：生物阻抗分析（BIA）
	标准：骨骼肌容积指数（SMI） 男性<7.0kg/m^2，女性<5.7kg/m^2

【问题3】 该患者有高血压病和2型糖尿病，是否促进肌少症的发展？

思路：肌少症的病因包括衰老、未控制的慢性病、潜在的炎症和其他多种继发因素，在同一患者可能存在多种病因。该患者虽然有糖尿病病史，但目前血糖控制尚可，无严重并发症表现，因此考虑该患者以原发性肌少症为主（表2-11-3）；但是二甲双胍减轻体重的作用可能对肌少症有不利影响，宜停服，改用不减轻体重且低血糖风险也低的降糖药，如西格列汀。该患者高龄，高血压病史长达50年，服用降压药物，要特别警惕直立性低血压和餐后低血压，应测量卧-立位血压、餐后血压予以排除。

知识点

表2-11-3 原发性肌少症和继发性肌少症鉴别诊断

类型	相关性	鉴别要点
原发性	增龄相关	衰老相关性内分泌系统激素改变、线粒体功能减退、运动神经元丢失等
继发性	营养不良相关	限食、蛋白质摄入不足、钙和维生素D缺乏、胃肠功能失调、营养吸收障碍、药物导致的不良反应等
	活动相关	骨骼肌废用，包括卧床不起、基本不动的生活方式、制动或失重状态等
	疾病相关	慢性疾病未控制、器官功能衰竭、炎症性疾病、肿瘤、甲状腺功能异常等内分泌疾病

【问题4】 该患者的诊治和照护要点是什么？

思路：老年女性患者，目前诊断为肌少症、高血压病、2型糖尿病。治疗上血压控制目标为120～140/60～90mmHg，注意监测卧-立位血压和餐后血压，以发现和处理直立性低血压、餐后低血压；控制目标为空腹血糖值5～7mmol/L，三餐后2h血糖值为7～10mmol/L，糖化血红蛋白6.5%～7.5%。选用降压和降糖药物，重点是注意避免低血压和低血糖，需改造居住环境，以防跌倒。监测体重和营养指标，避免体重下降。如食欲不好、体重下降，必要时可用小剂量胰岛素促进食欲、增加体重的同时控制血糖。针对肌少症的干预，主要是进行运动训练和营养治疗。

知识点

肌少症的治疗

首先注重消除诱因，有效控制慢性病和老年综合征。采取积极的生活方式，常进行户外活动，保持良好的心态。原发性肌少症的治疗方案主要包括运动训练和营养治疗，药物尚在进一步研发当中。

1. 运动训练　运动训练能够改善老年人的身体活动能力、减少跌倒并提高肌容积。常用于老年人的运动训练有抗阻力训练、平衡训练、有氧运动、步行训练及一些专为老年人设计的舞蹈、体操等方案。运动训练方案应设计合理得当，有助于患者坚持，并注重实施训练过程中的安全性。可以考虑有氧运动 30min/d，达到全身出微汗；或抗阻力运动 2 次/周，如坐位抬腿、静力靠墙蹲、举哑铃、拉弹力带等。减少静坐/卧，增加日常身体活动量（如打太极拳、做肌肉按摩等舒缓运动疗法）。全身振动训练需要借助特殊的仪器，有利于提高老年人腿部肌肉的力量、缓解下腰痛、改善腰椎和股骨颈的骨密度。游泳锻炼可以降低跌倒发生的次数，改善神经肌肉功能。

2. 营养治疗　营养补充治疗能够提高老年人的肌容积、增加肌力。健康老人每日摄入蛋白质量1.0～1.5g/（kg•d），其中 50% 为优质蛋白质，尤其是乳清蛋白、亮氨酸，补充维生素 D 和钙。每日在餐间/时或锻炼后额外补充 2 次营养制剂，每次摄入 15～20g 富含必需氨基酸或亮氨酸的蛋白质，同时补充 836.8kJ（200kcal）左右能量，有助于克服增龄相关的肌肉蛋白质合成抗性。另外，增加深海鱼油、海产品等富含 n-3 多不饱和脂肪酸的食物摄入；增加深色蔬菜和水果等富含抗氧化营养素（维生素 C、维生素 E、类胡萝卜素、硒）食物的摄入，或添加含多种抗氧化营养素的膳食补充剂以减少氧化应激对肌肉的损伤；适当补充含多种抗氧化营养素的膳食补充剂。营养补充联合运动治疗效果更好。

3. 药物　停止服用或慎重服用减轻体重的药物（如有消化道不良反应者）、促进分解代谢类药物（如甲状腺片、左甲状腺素、茶碱等）。目前尚无专门治疗肌少症的药物，受到关注的药物目前有血管紧张素转化酶抑制剂（ACEI）、肌酸、肌肉生长抑制蛋白抑制剂等。

知识点

住院患者的运动治疗

住院老年患者常无法进行主动抗阻运动。对缺乏运动或受身体条件制约不能运动的老年人，可使用水疗、全身振动和功能性电刺激（functional electrical stimulation，FES）等物理治疗。此外，其他物理因子如电磁场、超声等在肌肉减少的防治中也有一定作用。

老年病科教学查房（老年肌少症）（视频）

（刘幼硕）

推荐阅读资料

[1] 董碧蓉. 新概念老年医学. 北京：北京大学医学出版社，2015.

[2] 肌肉衰减综合征营养与运动干预中国专家共识. 营养学报，2015，37（4）：320-324.

[3] 中华医学会骨质疏松和骨矿盐疾病分会. 肌少症共识. 中华骨质疏松和骨矿盐疾病杂志，2016，9（3）：215-227.

[4] 中国老年学和老年医学学会骨质疏松分会肌肉、骨骼与骨质疏松学科组. 肌肉、骨骼与骨质疏松. 中国骨质疏松杂志，2016，22（10）：1221-1229.

[5] CHEN L K，LIU L K，WOO J，et al. Sarcopenia in Asia: consensus report of the Asian working group for sarcopenia. JAMDA，2014，15（2）：95-101.

[6] CHEN L K，WOO J，ASSANTACHAI P，et al. Asian Working Group for Sarcopenia: 2019 consensus update on sarcopenia diagnosis and treatment. JAMDA.，2020，21（3）：300-307.

[7] JETOFT C，BAHAT G，BAUER J，et al. Sarcopenia: revised European consensus on definition and diagnosis. Age Ageing，2019，48（1）：16-31.

[8] WANG Y J，WANG Y，LIU Y S，et al. Sarco-osteoporosis: prevalence and association with frailty in Chinese community-dwelling older adults. Int J Endocrinol，2015，2015：1-8.

第十二章　营养不良

学习要求

1. 掌握营养筛查与评估方法及结果判断。
2. 掌握营养干预时机、原则及营养制剂选择。
3. 熟悉营养干预并发症及其干预措施。

营养不良（malnutrition）是指营养摄入量与实际营养需求量不平衡所导致的营养不足或营养过剩。通常所说的营养不良主要是指营养不足。老年患者营养不良常造成机体功能受损和/或器官功能受损，最终可导致各种临床不良结局，如疾病的康复时间延长、感染、死亡率升高等。

老年人受生理功能减退或失能、易患病、病程长、病因复杂等多种因素影响，普遍存在营养缺乏的问题。我国居民 2002 年营养与健康状况调查发现，中国人群的营养与健康状况存在明显的城乡差异，研究表明，老年人群中农村人群的营养不良率明显高于城市。2012 年由中国营养学会老年医学分会组织的全国五大城市营养风险筛查发现，我国养老机构营养风险发生率高达 66%，社区营养风险发生率占 37%，数据显示我国老年人群营养状况不容乐观。2012 年中华医学会肠外肠内营养学分会调查显示，具有营养不良风险的老年人高达 49.7%，已发生营养不良者达 14.67%。2015 年中国老年人群营养与健康报告指出，我国老年人群营养风险整体较高，48.4% 的老年人存在营养状况不良风险，因此应该重视老年人营养不良的预防与管理。营养管理是一项整体性和连续性的工作。老年医学科医生在面对复杂或特殊的临床问题时，还需要多学科团队的协作，建立与临床营养师、康复治疗师及相应专科医师的合作。

营养不良由多种因素所致。常见的原因有慢性阻塞性肺疾病、帕金森病、脑卒中等疾病因素；胃大部切除、脊柱手术等手术因素；抗肿瘤药物、质子泵抑制剂（PPIs）等药物因素等。同时，随着年龄的增加，牙齿松动、脱落导致咀嚼功能受损；神经功能下降，如嗅觉、味觉敏感度下降，影响食欲；消化功能下降，消化酶分泌减少，肝、肾功能下降，肠蠕动减弱，影响各种营养素吸收。在疾病情况下，老年人往往会接受一些不正确的饮食指导，如素食、限食、禁食等。这些不恰当的饮食方式可能是引起营养不良的重要原因。同时，社会地位、经济状况、环境因素等都会影响老年人的营养状况。

营养不良、衰弱、肌少症三者在临床表现上常有重叠。营养风险与营养不良风险的定义有区别。营养风险（nutritional risk）是指现存的或潜在的营养和代谢状况导致患者出现不利临床结局的风险，并非指营养不良发生的风险。老年人营养不良是老年综合征的一种，涉及机体各个器官及系统。通常体重下降是一项易察觉的营养不良指标，以身体重量和身高作为参数计算出的体重指数（body mass index，BMI）平衡了个体身高差异，能够较好地反映个体营养状况。BMI<18.5kg/m^2，并结合临床情况常作为判定营养不良的标准之一。肌肉力量减弱，自觉乏力感是另一项老年人营养不良的常见临床表现。不同于身体质量下降，肌力下降往往不易察觉、且不易量化，通常被忽视。老年人活动耐量、活动范围下降、精神萎靡、感觉减弱、皮肤干燥等都是营养不良的隐匿表现。

营养风险和临床结局密切相关，改善临床结局是临床营养支持的终极目标，只有改善临床结局才能使患者真正获益。因此，早期筛查发现营养风险患者，并给予有效干预，才能获得最佳疗效。1996 年，Guigoz 等首次提出老年人营养评估方法，即微型营养评介（mini-nutritional assessment，MNA）。2001 年，Rubenstein 等在 MNA 的基础之上，提出简易营养评价法（short-form mini-nutritional assessment，MNA-SF）。2003 年欧洲肠外肠内营养学会（ESPEN）基于循证医学基础，将营养风险筛查（nutritional risk screening，NRS 2002）推荐为住院患者适用的营养不良筛查方法。

针对住院患者早期采用敏感、特异、易用的营养筛查及评估是开展规范化营养支持的起始依据，老年患者应定期接受营养筛查/评估。通常认为，所有年龄≥65岁、预计生存期>3个月的老年住院患者都应接受例行营养筛查。营养筛查与评估包括预筛查、营养筛查、临床评估。

住院患者出现以下两种情况之一，通常需要进行微型营养评价（MNA-SF）或2002营养风险筛查（NRS 2002）：①非自主性身体质量下降（与平日身体质量相比，6个月内身体质量下降≥10%或3个月内身体质量下降≥5%）；②与日常进食相比，经口摄入减少。预筛查后进行营养风险筛查，8分≤MNA-SF≤11分提示存在营养不良风险；MNA-SF<8分提示存在营养不良；NRS 2002≥3分提示存在营养风险；MNA-SF≥12分或NRS 2002<3分，则建议定期重复营养评估。住院患者存在营养不良风险或营养不良时，常用临床营养干预方法：①治疗性干预，肠内营养（enteral nutrition，EN）、肠外营养（perenteral nutrition，PN）、肠内联合肠外营养支持；②预防干预，食物材质适中，合理安排饮食与食物搭配，多做户外活动。

临床病例

患者，男，89岁，因"肢体活动障碍1年"入院。患者1年前因双下肢无力就诊，结合颅脑MRI检查诊断为脑梗死，经治疗肢体功能部分恢复。起病以来，生活自理能力进行性下降，其间反复多次肺部感染，住院治疗好转后出院。本次因进食量减少，食欲下降，体重下降入院进一步诊治。近半年来，患者体重下降7kg，大小便正常。既往有冠心病心脏支架植入术史，有2型糖尿病多年，长期口服氯吡格雷、阿托伐他汀、阿卡波糖，皮下注射甘精胰岛素治疗，血糖控制良好。体格检查：身高170cm，体重50.3kg，血压128/74mmHg，体温36.5℃，呼吸17次/min，神志清楚，对检查基本能配合，双肺未闻及干湿啰音，心率86次/min，心律齐，无杂音。腹平坦，全腹无压痛，肝、脾未触及。双下肢无水肿，双上肢肌力4级，双下肢肌力3级，未引出病理反射，小腿围双侧均为25cm。

【问题1】 该患者是否需要进行营养风险筛查？

思路： 患者大于65岁，进食量减少，非自主性体重近半年下降超过10%，预期寿命大于3个月，入院后诉食欲下降，进食较前减少，需要常规进行营养风险筛查。

【问题2】 患者MNA-SF评分分10分，NRS 2002评分5分；实验室检查：白蛋白29.3g/L，前白蛋白17mg/L，C反应蛋白11.4mg/L，肝、肾功能及电解质正常，洼田饮水试验4级。结合患者临床评估数据，该患者是否需要营养干预？营养干预的时机与方法是什么？营养制剂应该如何选择？

老年营养筛查与评估（视频）

思路： 根据MNA-SF评分和NRS 2002评分，该患者存在营养不良风险，完善白蛋白、前白蛋白、CRP等实验室检查，以及体重指数、体质量等人体测量和握力、吞咽功能等评估。结合患者实验室检查及握力评估等，且患者进食量不足目标量60%，需要进行营养干预，结合患者评估数据情况，首选EN治疗。患者血压正常，洼田饮水试验4级，进食量不足目标量60%，决定给予经鼻胃管管饲营养支持。

知识点

肠内营养

肠内营养制剂按氮源分为三大类，包括氨基酸型、短肽型、整蛋白型。

肠内营养（EN）包括经口营养补充剂（oral nutritional supplement，ONS）和管饲，患者进食量不足目标量80%时，推荐使用ONS。ONS应在两餐间使用，这样既可以达到营养补充目的，又不影响日常进餐。对不能摄入普通食物者，建议啜饮（50～100ml/h），食物做成糊状，在清醒状态进行，以不影响睡眠为准。当口服摄入不足目标量的60%时，可考虑管饲。

管饲适应证：昏迷、吞咽障碍经口摄入不能或不足；经口摄入小于目标量的60%。根据患者是否有反流误吸风险决定应用鼻胃管或鼻肠管，预期大于4周者，建议经皮内镜下胃造瘘术（PEG）/空肠造瘘置管（PEJ）。

肠外营养（PN）的适应证：EN 不能应用或 EN 摄入小于患者需求的 60% 预期 3～5d 以上，需应用 PN。

老年人胰岛素敏感性下降，PN 中供给过多的葡萄糖不仅会引起血糖紊乱，还易引起脂肪肝、胆汁淤积，导致肝功能障碍，因此需要注意控制 PN 中葡萄糖的含量。

营养制剂的选择：①标准整蛋白配方适合胃肠道耐受，且无严重代谢异常的老年患者；②氨基酸和短肽类肠内营养制剂适合消化吸收功能障碍的老年患者；③对需要限制液体入量的老年患者推荐高能量密度的整蛋白配方；④对特殊疾病患者可选择专用医学营养配方制剂，如糖尿病患者适用糖尿病专用型配方，肝胆疾病患者宜选用含中链三酰甘油（MCT）的配方，慢性肾病患者可选用优质蛋白配方等；⑤富含混合膳食纤维的配方制剂尤其适合老年患者，有利于改善肠道功能。优化脂肪酸配方，如富含单不饱和脂肪酸（MUFA）的配方，长期应用可降低心血管事件发生率；⑥匀浆膳适用于胃肠功能正常，仅咀嚼、吞咽功能障碍的患者。

【问题3】 如何评估患者肠内营养是否有效？

思路：临床通常需评估肠内肠外营养干预是否有效，以及制订下一步诊疗方案是否需要调整。

知识点

常用评价营养状况的指标

临床上常用评价营养状况的指标包括血浆白蛋白（35～45g/L，半衰期为 16～20d，<35g/L 为低于正常范围）、转铁蛋白（2.0～4.0g/L，半衰期为 8～10d）、前白蛋白（250～400mg/L，半衰期 2～3d，<180g/L 为低于正常范围）和视黄醇结合蛋白（26～76mg/L，半衰期 10～12h）。当患者处于感染和炎症期时，建议同时检测 C 反应蛋白。由于住院患者在应激状况下分解代谢亢进，短时间内即可出现血浆蛋白浓度降低，半衰期较长的白蛋白和转铁蛋白可反映人体内蛋白质的亏损。而半衰期短、代谢量少的前白蛋白和视黄醇结合蛋白则可更敏锐地反映蛋白质的营养状况，因而可反映短期营养支持的效果。其他评价指标包括体重增加，小腿围增加，握力提升等。

【问题4】 患者如何补充基本能量需求，各成分占比应如何调整？

思路：能量需求因人而异，针对个体情况制订个体化能量需求及营养成分占比。

知识点

营养支持目标量

临床常推荐营养支持目标量 20～30kcal/(kg·d)，急性期适当减少，康复期适当增加，低体质量老年人按实际体重的 120% 计算，肥胖老年人按理想体重计算。

为预防再喂养综合征，对已有严重营养不良患者，特别是长期禁食、长期饥饿患者，需要严格控制喂养目标量，逐渐增加营养素摄入（包括肠内和肠外途径）。蛋白摄入至少 1.0～1.5g/(kg·d)，随营养状况、体力活动、疾病状态不同进行个体化调整。WHO 推荐脂肪量一般不超过摄入总能量的 35%，且饱和脂肪酸应少于总能量的 10%，多不饱和脂肪酸可以提供必需脂肪酸，应占总能量的 6%～11%，尽可能增加单不饱和脂肪酸比例。老年人通常有便秘的胃肠道问题，膳食纤维可以维持肠道正常功能，建议 25～30g/d 膳食纤维摄入。

【问题5】 常见的并发症有哪些？ 并发症如何处理？

思路：在实施营养干预过程中，要密切观察肠内肠外营养并发症发生并给予及时相应处理。

知识点

肠内营养并发症预防与处理

1. 管饲并发症

（1）堵管：管饲最常见的并发症是堵管，每次喂养前后用温开水或生理盐水 20~30ml 冲管。对持续输注者，则每隔 4h 用 30ml 温开水脉冲式冲管 1 次。饲管喂药避免与营养液同时输注，以防化学反应，沉积物阻塞管腔。营养液使用前摇匀。一旦发现堵管，及时用 20ml 注射器抽温开水或 5% 碳酸氢钠溶液反复低压冲洗管道。也可用胰酶溶液 10ml 注入管腔内保留 30min，待沉淀物溶解后，再用温开水反复低压冲洗管道。导管移位可能导致多种并发症，除固定牢靠，还应密切观察导管位置，如果高度怀疑导管移位，应行影像学检查以确诊。其他的方法包括导丝疏通、使用加温器、应用营养泵，避免捏、拧及钳夹导管等。

（2）腹泻：注意 EN 的温度、速度和浓度。营养液温度维持在 38~42℃为宜，必要时使用自动恒温增温仪。输注速度根据患者耐受情况逐渐增加，对速度敏感或病情较重者，建议使用输注泵。注意无菌操作，做到现配现用，营养液配制后如果暂时不用，可放冰箱冷藏保存，但冷藏 >24h 后应弃去不再使用。因肠道菌群失调引起的腹泻，推荐用含膳食纤维或益生菌的肠内营养制剂。乳糖不耐受者推荐采用不含乳糖的配方。避免引起腹泻的药物。低蛋白血症患者应及时纠正低蛋白血症。

（3）误吸：卧床者管饲取 30°~45° 半卧位，并保持到管饲结束后 0.5h，预防误吸的发生。

（4）上消化道出血：每次管饲前应回抽内容物，检查胃内容物颜色，判断有无消化道出血，回抽时用力不宜过大，且要用力均匀，出血量小可密切观察与消化道出血相关临床症状，继续予以管饲，出血量大者应停止管饲，按消化道出血常规处理。

2. PN 并发症　以空气栓塞最为严重，其他包括气胸、血胸、血管损伤、臂丛神经损伤、胸导管损伤、导管错位或移位、血栓性静脉炎。

3. 代谢性并发症　包括糖代谢异常、电解质失衡、高脂血症、脂肪超载综合征、过度喂养及容量超负荷等。主要有糖代谢异常，包括胰岛素用量不当引起的高血糖和低血糖，以及葡萄糖用量过多引起的肝损害。预防方法包括监测血糖，注意胰岛素用量及速度。另有脂代谢异常包括脂肪乳输注过多过快引的脂肪超载综合征，以及长期 PN 导致肝脏脂肪廓清能力下降引起的 PN 相关性胆汁淤积。预防方法包括避免单瓶输注，糖脂配比应适宜，尽可能避免长期 PN。PN 致肠道黏膜萎缩、肠屏障功能减退、继发性肠道细菌和内毒素移位导致肠源性感染，而早期 EN 可以预防。不必应用抗生素预防导管相关性感染，对于拔除的静脉导管不做常规细菌培养，只有在怀疑发生导管相关血源性感染时才进行。

【问题6】　**什么是再喂养综合征？**

思路：对于部分严重营养不良的患者，在喂养开始 1 周内可能发生再喂养综合征，需密切监测其代谢指标的变化情况。

知识点

再喂养综合征

再喂养综合征（refeeding syndrome，RFS）系指机体经过长期饥饿或营养不良，提供营养（包括经口摄食、EN 或 PN）后，发生以低磷血症为特征的严重电解质代谢紊乱、葡萄糖耐受性下降和维生素缺乏，以及由此产生的一系列症状。通常在喂养开始 1 周内发生，主要症状为心律失常、心力衰竭、休克、呼吸困难；神经系统受累可出现瘫痪、震颤及幻觉等；胃肠道受累则表现为腹泻、便秘及肝功能异常。RFS 易发生于营养不良患者，尤其数月内体重下降 >10%，其他如长期饥饿或禁食（绝食）、长期嗜酒及消耗性疾病后亦是高危人群。对有风险的患者，给予 EN 期间应密切监测其代谢指标变化，营养补充应遵循先少后多、先慢后快、先盐后糖、多菜少饭、逐步过渡的原则，及时纠正机体水电解质紊乱和补充维生素 B_1，1 周后再逐渐达到目标量。

【问题7】 患者情况好转后出院,针对营养方面,如何对患者进行出院指导及随访安排?

思路: 出院后随访评估管理指导,以保证营养管理连续性。

> **知识点**
>
> 出院指导
>
> 1. 自我营养管理方法
>
> (1)食物摄入量记录:记录患者每日摄入食物(包括水)的种类和量。
>
> (2)营养支持记录:记录患者每日管饲或 ONS 的途径和摄入。
>
> (3)体质量记录:选择晨起排空大小便后,每周测 1 次。
>
> 2. 管饲患者的注意事项
>
> (1)体位:患者进食或 ONS 时,尽可能保持坐位,管饲时保持 30°~45° 半卧位,至少保持到管饲后 0.5h,以预防误吸。
>
> (2)鼻胃管口径选择:管饲尽可能选择较细的管子,减少对咽后壁刺激。当管饲超过 4 周时,推荐使用 PEG/PEJ。如因故不能使用 PEG/PEJ 者应每个月复诊,更换 1 次鼻饲管。
>
> (3)管道固定方法:妥善固定喂养管,防止脱管。更换固定胃管的胶带 2 次/周,请先清洁皮肤,每次变换胶带粘贴部位。管饲后将胃管开口处夹闭,鼻胃管固定在衣领处,胃造瘘管固定在腹壁,避免管道滑脱。同时应注意鼻饲管的深度,定期更换鼻饲管。
>
> (4)管道护理:更换造瘘口纱布 1 次/d。保持造瘘口周围皮肤清洁干燥。管饲前后均以温开水 30ml 脉冲式冲洗管道,以管道上无食物残留为宜。持续滴入管饲过程中,应每 4h 用 30ml 的温水冲洗 1 次。管饲过程中严禁注入任何药物,避免堵管。一旦堵管,应及时用 20ml 注射器以温开水脉冲式反复冲洗;不成功者,及时就医。若需要经饲管注药,应与管饲营养液分开时段进行。
>
> (5)营养液的配制:所有用具使用前须洗净消毒,操作前须洗手。粉剂应按说明书或医嘱配制,现配现用。营养液配制后暂时不用,可放冰箱冷藏保存,但冷藏 >24h 后应弃去不再使用。管饲时营养液温度不宜过低。
>
> (6)需定时翻身和吸痰的患者,应先实施后,再开始管饲。
>
> (7)保持口腔清洁,尽量鼓励患者自己刷牙漱口。
>
> (8)相应并发症的处理
>
> 1)便秘:适当增加饮水量和膳食纤维的摄入量,必要时应用药物通便。
>
> 2)腹泻:轻度稀便者,积极寻找原因,如喂养不当,通便药物过量等,及时纠正。严重腹泻者需及时就医。
>
> 3)管饲时出现呛咳:立即停止喂养,抽空胃内所有食物,胃管尾端放入水碗内结合胃管体外长度判断胃管是否在胃内。如果在胃内,并完全恢复正常状态后可继续喂养,可疑管道移位需送医院就诊。
>
> 4)需及时就医的情况:意外拔管、管道堵塞/断裂、管道移位、消化道出血(抽出鲜红色/咖啡色胃液、黑便)、水样便、腹胀、腹痛、呕吐、1d 内发生 2 次以上胃潴留、体重 1 周增加 >2kg 及合并严重感染等其他病情变化。
>
> 5)胃潴留:管饲前先回抽胃液确认饲管在胃内,判断胃内残留的食物总量,胃残余量 >150ml 时,暂停喂养 1 顿。存在喂养不当,如速度、温度、药物及不洁饮食等应及时纠正。暂停喂养 2 次以上者需及时就医。
>
> (9)随访频率:每 2~4 周随访 1 次。

(刘焕兵)

推荐阅读资料

[1] 李立明,饶克勤,孔灵芝,等. 中国居民 2002 年营养与健康状况调查. 中华流行病学杂志,2005,26(7):473-484.

[2] 中华医学会老年医学分会. 老年医学（病）科临床营养管理指导意见. 中华老年医学杂志，2015，34（12）：1388-1395.

[3] 中国老年医学学会营养与食品安全分会. 老年患者家庭营养管理中国专家共识. 中国循证医学杂志，2017，17（11）：1251-1259.

[4] KONDRUP J，RASMUSSEN H H，HAMBERG O，et al. Nutritional risk screening（NRS 2002）：a new method based on an analysis of controlled clinical trials. Clin Nutr，2003，22（3）：321-336.

[5] RUBENSTEIN L Z，HARKER J O，SALVA A，et al. Screening for under-nutrition in geriatric practice：developing the short-form mini-nutritional assessment（MNA-SF）. J Gerontol Series A Biol Sci Med Sci，2001，56（6）：M366-M372.

第十三章　慢性疼痛

学习要求

1. 掌握慢性疼痛的评估方法。
2. 掌握慢性疼痛的药物治疗种类及几种掌用药物的适应证和主要不良反应。
3. 熟悉慢性疼痛的不典型临床表现及常合并抑郁、焦虑等心理问题的表现。
4. 熟悉疼痛的体格检查。
5. 了解慢性疼痛的非药物治疗方法。

慢性疼痛是指持续超过 1 个月的疼痛，神经系统功能被重组（神经塑性），可伴发自发性和特发性神经兴奋。慢性疼痛可引起患者情绪和心理紊乱，严重影响生活质量。慢性疼痛是老年人最常见的疾病之一，也是老年综合征评估内容之一。

研究表明在老年人群慢性疼痛的发生率为 20%～60%。老年人常见的慢性疼痛可分为肌肉骨骼疼痛、神经病理性疼痛（带状疱疹后遗神经痛等）、癌痛、内脏痛（心绞痛、慢性胰腺炎等）、免疫及代谢相关疼痛（痛风、类风湿性关节炎、骨质疏松等）、其他疾病所致疼痛（脑卒中、下肢动脉粥样硬化闭塞症）等。其口肌肉骨骼的疼痛，如腰痛和关节疼痛是老年人最常见的三诉。

老年人慢性疼痛原因多，涉及全身多个系统，表现各异，需要科学地加以鉴别。在一些特殊老年样体中，如高龄老年人、脑卒中后遗症和痴呆患者，因为存在认知功能障碍、失语、精神性疾病等，疼痛症状无法表述，却表现出躁动不安、情绪波动、哭喊、呻吟、忧郁、蹙眉、痛苦表情、动作迟缓、步态改变等疼痛行为。因此，对于认知功能障碍的患者，医生一方面应从主要看护人处获取更可靠的病史，另一方面通过观察疼痛相关行为进行评估。

老年人的慢性疼痛，对心理健康也造成极大影响，常会导致抑郁和焦虑等心理疾病。慢性疼痛会导致老年人睡眠混乱、食欲和记忆力减退、自主活动和社会活动减少、情绪不佳，甚至感觉自己已经成为家庭、亲人的负担，严重时会出现自杀倾向。

目前针对疼痛程度的单一测评量表较多，常用的有视觉模拟评分量表（visual analogue scale，VAS）、数字评分量表（numerical pain rating scale，NPRS）和语言描述评分法（verbal rating scales，VRSs）。这些项目中，对于存在视觉、动作灵活度和认知功能障碍的老年人群，VRSs 最易完成，VAS 次之。对于更年轻的患者可选用 McGill 问卷调查（McGill questionnaire），该量表可较全面的评定疼痛部位、持续时间、性质和情感，多应用于科研。

老年人慢性疼痛的治疗应在综合评估、诊断的基础上加以解决，采用多学科团队协作的模式进行，由老年医学科医生、疼痛科医生、心理医生、护士及物理治疗师等多种专业的人员组成治疗小组，同时包括患者的家属和看护人员的积极配合。

慢性疼痛的治疗需根据原发病的性质加以区别对待。在可能的情况下袪除病因，同时辅以药物治疗、微创介入治疗和功能锻炼、理疗等治疗手段，改善生活质量是疼痛治疗的根本目的。老年人疼痛和治疗不足是一个带有普遍性的问题，因此应掌握各类镇痛药物和镇痛方法的适应证、不良反应和注意事项，尽可能做到在缓解疼痛的同时减少副作用。

临床病例

患者，女，66 岁，因"胸、背部疼痛 5 年，加重 2 个月"入院。患者 5 年前背部撞击后出现胸、背部疼痛，右侧较重，疼痛呈胀痛、跳痛、发作性，劳累后加重，近 2 个月疼痛加重，表现为程度加重，发作较前频繁，并可沿肋间放射至前胸，伴有胸、背部束带感，有间断心悸、胸闷，坐位尚可，仰卧位较重，影响夜间睡眠。有冠心病家族史，否认高血压及糖尿病病史，有长年二手烟暴露史。体格检查：生命体征均正常，体重指数 27.6kg/m^2，听诊双肺呼吸音清，心率 78 次 /min，节律规整，未闻及额外心音和杂音，双下肢无水肿。$T_{4\sim5}$、$T_{5\sim6}$、$T_{6\sim7}$ 棘突间隙及相应椎旁双侧压痛，右侧明显压痛。胸部 $T_{4\sim6}$ 皮肤痛觉敏感。NPRS 评分 7 分。

【问题 1】 该患者临床特点是什么？主要的鉴别疾病有哪些？

思路：老年女性，有明确外伤史，随后出现胸部和背部疼痛，并有肋间放射痛，疼痛与体位相关，夜间影响睡眠。有冠心病家族史，有长年二手烟暴露史。体格检查：心脏未发现明显异常，$T_{4\sim5}$、$T_{5\sim6}$、$T_{6\sim7}$ 棘突间隙及相应椎旁双侧压痛，右侧明显压痛。胸部 $T_{4\sim6}$ 皮肤痛觉敏感。NPRS 评分 7 分。主要的鉴别疾病包括脊柱源性疼痛、肋间神经痛、冠心病、其他内脏疼痛（胃食管反流病）、缺血性脊髓血管病等。

【问题 2】 根据上述分析，患者完善了心电图、心脏超声、胃超声和腹部超声均未发现明显异常，胸椎 CT 加三维重建检查提示：①胸椎骨质增生；②$T_{7\sim8}$、$T_{8\sim9}$、$T_{9\sim10}$ 椎间盘积气；③$T_{10\sim11}$ 椎间盘纤维环钙化。患者进一步检查冠状动脉 CTA 提示左冠状动脉前降支近段 30% 狭窄，余无明显异常。临床诊断为脊神经后支卡压综合征、胸椎退行性变，诊断依据是什么？

思路：患者有明确的背部外伤史，外伤容易导致肌肉韧带损伤、小关节紊乱等，并可能加速椎体各部分的退变，近 2 个月出现外伤部位后背部疼痛，并出现继发性肋间神经痛，症状与体位相关，体格检查 $T_{4\sim5}$、$T_{5\sim6}$、$T_{6\sim7}$ 棘突间隙及相应椎旁双侧压痛，右侧明显压痛。胸部 $T_{4\sim6}$ 皮肤痛觉敏感，提示脊神经根后支甚至脊神经根也受累而产生疼痛，结合胸椎 CT 表现，故诊断为脊神经后支卡压综合征和胸椎退行性变。

需要注意的是，该患者存在较多冠心病的危险因素，如冠心病的家族史、二手烟吸入史、体型偏胖等，而且疼痛为发作性，劳累后加重，伴有心悸和胸闷，均支持冠心病诊断，另外部分非甾体抗炎药存在心血管风险，因此排除冠心病在临床治疗中至关重要。患者心电图正常，心脏超声提示左心室舒张功能减低，上述辅助检查并不能排除冠心病，故进一步检查了冠状动脉 CTA，发现左冠状动脉前降支近段 30% 狭窄，属于轻度狭窄，尚不足以引起心绞痛及放射痛，结合该项检查，考虑患者疼痛的主要原因是脊柱源性疼痛，在诊治的过程中仍需分析有无脊柱源性疼痛基础上诱发冠状动脉痉挛的可能性。

知识点

脊神经后支卡压综合征：脊神经出椎间孔后，分为前支和后支，前支较粗大，其中胸神经多保持节段性分布，而脊神经后支远较前支细小，多数脊神经后支在走行中需绕过脊柱小关节、横突，走行于横突之间、肌肉与韧带之间，支配脊柱旁皮肤、肌肉、韧带等。由于脊神经后支穿过的筋膜裂隙、骨纤维孔、骨纤维管等结构细小坚韧、缺乏弹性，还有韧带老化、小关节骨质增生等因素，导致血管、神经卡压，从而产生非特异性颈胸腰背疼痛。多表现为一侧或两侧后背部疼痛，范围多与受卡压的脊神经后支分布区相关，夜间可有加重，体格检查棘突、小关节、横突处（特别是横突根部）有压痛点，可向痛区放射。需要注意的是，体格检查对本病病变节段的定位较影像学更为重要。

胸椎退行性变：随着年龄增长，胸椎椎间盘水分丢失、关节软骨发生退变、小关节增生、黄韧带肥厚、后纵韧带增生硬化等，通过影像学均可发现上述改变。临床症状如后背部疼痛、肋间神经放射痛等，即可做出临床诊断，此外由于交感神经在椎旁分布广泛，该病也可合并交感神经症状，如恶心、呕吐、心动过速、心动过缓、胸闷、出汗等。

【问题 3】 患者背部疼痛，如何体格检查？

思路：对于背部疼痛，常规脊柱检查有利于病因的诊断及痛点的定位。因此，脊柱体格检查在诊疗过程中非常重要。

> **知识点**
>
> 胸段脊柱常规体格检查包括视、触、叩、量和特殊的体格检查。
>
> 胸段脊柱体格检查（视频）

【问题4】 患者明确诊断后，需进行的进一步评估有哪些？

思路： 患者明确诊断后，进一步评估分为两个层次，第一层次为疼痛程度评估，第二层次为多学科综合评估。对于老年人，随着年龄增长，跌倒、合并用药、衰弱、认知障碍和营养不良等问题日益增多，因此除了对疼痛进行评估外，还应进行综合评估，包括功能评估（ADL、IADL、站立和行走步态评估）、焦虑和抑郁评估等，从而对患者的功能状态有综合全面的评估和了解，以利于下一步的诊断和治疗。

> **知识点**
>
> ### 疼痛测评量表
>
> 目前针对疼痛单一的测评量表较多，常用的有视觉模拟评分量表（VAS）、数字评分量表（NPRS）和语言描述评分法（VRSs）。这些项目中，对于存在视觉、动作灵活度和认知功能障碍的更老年的人群，VRSs 是最易完成，也是描述疼痛最佳的，VAS 次之。
>
> VAS 的评估方法是在无痛和剧痛之间划一条长线，线上不作标记、数字，以免影响评估结果。一端代表无痛，另一端代表剧痛，让患者在线上最能反映自己疼痛程度之处画记号（图 2-13-1）。
>
> VRSs 常将采用 0~5 级评分法，0 级为无痛，5 级为疼痛无法忍受，严重干扰睡眠，伴有其他症状或被动体位（图 2-13-1），让患者根据自身感受说出疼痛的程度。
>
> 数字评分量表法（NPRS）用数字进行直观表达，用从 0-10 这 11 个数字表示疼痛的程度，0 表示无痛，10 表示难以忍受的剧痛，让患者根据个人疼痛程度选择一个数字（图 2-13-1）。
>
> **视觉模拟评分量表（VAS）**
>
> 无痛 |————————————————————| 剧痛
>
> **数字评分量表（NPRS）**
>
> 0　1　2　3　4　5　6　7　8　9　10
>
> **语言描述评分法（VRSs）**
> 0级　无痛
> 1级　轻度疼痛，不影响正常生活睡眠
> 2级　中度疼痛，适当干扰睡眠，需要用止痛药
> 3级　重度疼痛，干扰睡眠，需要口服麻醉止痛剂
> 4级　剧痛，干扰睡眠较重，伴有其他症状
> 5级　无法忍受，严重干扰睡眠，兼有其他症状或被动体位
>
> **图 2-13-1　疼痛强度评估常用量表**

该患者采用的疼痛评估方法为数字评分量表（NPRS），评分为 7 分，属于重度疼痛。老年综合评估发现的主要问题是轻度抑郁、睡眠障碍和多重用药。

【问题5】 针对评估结果，该患者需要如何治疗？ 老年人在慢性疼痛的治疗中有何特殊之处？

思路： 该患者的治疗需综合休息、微创介入治疗、营养神经、非甾体抗炎药、理疗、抗抑郁等方法，疼痛逐渐缓解。对于老年人慢性疼痛的治疗，需要注意如下事项。

1. 药物治疗需注意低剂量起始，缓慢加量，需定期进行疼痛评估，并相应给予调整，老年人尤其容易出

现多重用药、药物间相互作用等问题。

2. 采用安全、精准的微创介入治疗对于多重用药的老年患者可能会减少用药，效果更好，收益更大。

3. 联合抗焦虑、抗抑郁等治疗才能使疼痛的治疗更为有效。

4. 家庭简易物理治疗需加强患者教育，避免低温烫伤等。康复训练有助于预防疼痛反复发作。

知识点

老年人慢性疼痛的药物治疗

老年人慢性疼痛的药物治疗包括非甾体抗炎药、麻醉性镇痛药、糖皮质激素、离子通道阻滞剂、精神类药、其他类型等。

1. 非甾体抗炎药（NSAIDs） NSAIDs 适用于轻、中度疼痛，用于肌肉和骨骼的慢性疼痛。此类药物通过抑制环加氧酶（COX）而抑制前列腺素合成，发挥镇痛和抗炎作用，抑制 COX-2 可发挥镇痛抗炎作用，但是有可能增加心血管疾病的发生率。抑制 COX-1 则与消化性溃疡等副作用相关，选择性 COX-2 抑制剂有塞来昔布、罗非昔布和依托考昔。使用 NSAIDs 需注意胃肠道反应、肝、肾、心血管、血液系统不良反应等，尤其是长期服用、共病患者（心力衰竭、糖尿病、高血压等）、多重用药，特别是联合抗血小板聚集药物等。

常用非选择性 COX 抑制剂有阿司匹林、对乙酰氨基酚、双氯芬酸、布洛芬、吡罗昔康等。老年人推荐使用对乙酰氨基酚，是轻中度慢性疼痛的首选药物，其不良反应少，最大剂量 4g/d，肝衰竭患者应注意。

2. 麻醉性镇痛药 阿片类药物常用，在癌痛的治疗中有重要的作用，使用时需从小剂量开始，逐步滴定剂量。副作用是呼吸抑制、直立性低血压、排尿困难、跌倒风险、成瘾性、恶心、呕吐、腹胀、便秘等。老年人不推荐使用哌替啶，否则增加谵妄、癫性发作风险，且存在毒性代谢产物。

3. 糖皮质激素 可减轻疼痛部位充血、水肿、炎症反应，减少炎症引起的局部瘢痕和粘连，多用于局部治疗。

4. 离子通道阻滞剂 治疗神经病理性疼痛，如加巴喷丁、普瑞巴林和卡马西平，加巴喷丁和普瑞巴林属于治疗神经病理性疼痛的一线药物，常见不良反应为头晕和困倦，卡马西平可能引起危险的甚至致命的皮肤反应，建议服用卡马西平之前进行 *HLA-B*1502* 等位基因检测。

5. 精神类药物 抗抑郁药的作用不仅局限于调节情绪，对于非抑郁症患者也存在止痛效果。三环类抗抑郁药镇痛效果优于其他抗抑郁药物，起效也比较快，但存在抗胆碱能不良反应，如便秘、尿潴留、直立性低血压等，通常选用的剂量低于其抗抑郁的剂量。选择性 5- 羟色胺再摄取抑制剂老年人使用更安全，5- 羟色胺和去甲肾上腺素再摄取抑制剂同时具有抗抑郁和抗焦虑作用。需要注意的是该药多需 2 周以上起效，停药也需缓慢进行。

6. 其他 神经营养药物、肌松药物、降钙素、局部使用利多卡因等都有应用。

知识点

老年人慢性疼痛的非药物治疗

1. 物理治疗 如按摩、热敷、光疗、电疗、磁疗等，多通过改善循环、抗炎、调节神经兴奋性和传导性等发挥镇痛作用。

2. 疼痛神经阻滞 指在脑、脊神经（或神经节）、交感神经节等神经附近，注射药物或使用物理方法暂时可逆的阻断神经传导、对相应神经具有抗炎和消除异常兴奋的作用，药物多为局部麻醉药物和糖皮质激素。

3. 疼痛微创治疗 包括射频、臭氧、针刀等方法，多需疼痛科专科医生在影像学指导下完成。

4. 预防疼痛反复发作 纠正不良生活方式、社会心理支持、肌肉康复训练对于预防疼痛反复发作有重要作用。

（李 杰）

推荐阅读资料

[1] 樊碧发,冯智英,傅志俭,等. 慢性肌肉骨骼疼痛的药物治疗专家共识(2018). 中国疼痛医学杂志,2018,24(12): 881-887.

[2] 刘波涛,樊碧发. 老年患者癌性疼痛的规范化药物治疗. 中华老年医学杂志,2014,33(8): 828-830.

[3] 刘延青. 实用疼痛学. 北京:人民卫生出版社,2013.

[4] 苗丰,于凤歧,张洪颖,等. 住院老年患者非心源性胸痛的诊治探讨. 中华实用医学,2003,5(20): 110-111.

[5] 裴福兴. 骨科学. 北京:人民卫生出版社,2016.

[6] MARCHETTINI P, LACERENZA M, MAURI E, et al. Painful peripheral neuropathies. Curr Neuropharmacol, 2006, 4 (3): 175-181.

第十四章 视 力 障 碍

学习要求

1. 掌握老年人视力障碍的常见原因、症状特点和治疗原则。

2. 熟悉老年人视力障碍的常规检查。

3. 了解老年人视力障碍的治疗新进展。

随着人口老龄化的发展，老年人群的生活质量已日渐成为一个热点问题。老年人高水平的生活质量离不开良好的视觉功能，因此，积极预防和治疗老年人的眼病对提高生活质量至关重要。

大多数眼病会导致视觉器官的损伤和功能丧失，导致盲和视力损伤。不同年龄的人群中，盲和视力损伤的患病率明显不同，老年人群患病率明显增高。据世界卫生组织的资料显示，在全球范围内，前五位致盲病因分别是白内障、未矫正屈光不正、青光眼、年龄相关性黄斑变性及角膜混浊，其中，白内障、青光眼及年龄相关性黄斑变性是老年人视力损伤最重要的病因。

老年性眼病严重影响老年人的视功能，从而影响了老年人的生活质量。正确地诊断、合理地治疗此类疾病将大大改善老年人的视觉功能，提高他们的生活质量，并能为防盲治盲工作做出巨大的贡献。

临床病例

患者，男，70 岁，右眼渐进性视力下降 2 年余。患者 2 年前出现右眼渐进性视力下降，为眼前雾状模糊感，戴镜矫正视力不提高。既往无眼科疾病病史，无眼外伤史，无屈光不正。2 型糖尿病病史 10 年，血糖控制平稳，规律口服降糖药治疗。

视力检查：右眼裸眼视力 0.2，矫正视力 0.2；左眼裸眼视力 0.6，矫正视力 1.0。

【问题 1】 根据上述病史，该患者可能的诊断有哪些？应该重点询问哪些病史？

思路：引起老年人视力下降的常见原因有老年性白内障，年龄相关性黄斑变性，急性原发性闭角型青光眼，原发性开角型青光眼，糖尿病性视网膜病变等。需要结合患者的眼科病史及全身疾病病史，眼科检查体征加以鉴别及诊断。

问诊时，应该重点询问患者视力下降的具体表现，是突发还是缓慢病程，是否有眼痛，是否有眼前固定黑影遮挡，是否有视物变形等表现。

【问题 2】 患者应该进一步做哪些检查？

思路：患者应进一步行裂隙灯眼前节检查、眼压检查、眼底检查及眼科辅助检查。

1. 裂隙灯眼前节检查　裂隙灯检查是眼科的基本检查。在裂隙灯下，可以检查患者的结膜有无充血、分泌物增多；检查角膜是否透明，有无角膜上皮、基质病变及角膜后沉着物；检查前房深度，是否存在浅前房，有无前房细胞及丁达尔现象；检查瞳孔对光反射是否灵敏；检查虹膜有无萎缩及有无新生血管；检查晶状体是否透明及是否在位；检查前段玻璃体是否有混浊。

2. 眼压检查　眼压检查可以帮助判断有无青光眼的危险因素，对于急性眼痛伴眼压升高的患者可以提示存在急性闭角型青光眼的可能。

3. 眼底检查　眼底检查可以显示患者视盘的颜色及形态，黄斑区有无出血、渗出、瘢痕和水肿，视网膜动静脉比例，有无视网膜新生血管，有无视网膜脱离等重要的信息。

4．常见的眼科辅助检查

（1）眼B超检查：对于由于屈光间质混浊而难以进行眼底检查的患者，眼B超检查可以显示玻璃体是否混浊，视网膜是否在位及是否存在眼球内占位性病变等信息。

（2）视野检查：对于怀疑青光眼及脑血管病变和垂体病变的患者，视野检查可以提供具有诊断意义的信息。青光眼的典型视野改变早期为旁中心暗点和鼻侧阶梯，而后发展为弓形暗点、环形暗点，最后为管状视野、颞侧视岛直至视野全部丢失。

（3）光学相干断层扫描（optic coherence tomography，OCT）：OCT是一种无创的黄斑区断层扫描，它通过对黄斑区视网膜结构的细致扫描，可为黄斑变性的诊断提供详尽信息。结合眼底图像，OCT可以明确病变的性质、范围及层次。

（4）荧光血管造影（fluorescence angiography，FA）：荧光血管造影常被用来确认有无活动性新生血管并确定病变的位置及新生血管的组成。

补充询问了患者病史，并完善了裂隙灯、眼压及眼底检查。患者描述右眼视力下降为眼前雾状混浊感，如"一层塑料袋遮挡"，无突发视力下降的过程，无眼痛，无眼前固定黑影，无视物变形等表现。

裂隙灯检查：双眼结膜未见充血及分泌物。双眼角膜清，角膜后沉着物kp（－），前房深，未见前房细胞及丁达尔现象，瞳孔对光反射灵敏，虹膜纹理清。右眼晶状体皮质中度混浊，核3级，后囊混浊明显，左眼晶状体皮质轻度混浊，核2级，未见后囊混浊。

眼压：右眼13mmHg，左眼15mmHg。

眼底检查：双眼视盘边清色正，C/D 0.3，双眼黄斑区未见出血、渗出、玻璃膜疣，双眼视网膜动静脉比1∶2，视网膜在位，未见视网膜出血点、硬渗及视网膜新生血管。

【问题3】 根据以上信息，考虑该患者的诊断是什么？诊断依据是什么？

思路：根据该患者的病史及眼科检查结果，考虑该患者的诊断是右眼老年性白内障。

诊断依据是：①症状，患者为渐进性无痛性视力下降，且无其他相关的眼科临床表现；②体征，从裂隙灯检查可见右眼晶状体混浊，尤其是晶状体后囊混浊明显，后囊下型白内障可以较早的引起视力明显下降。

【问题4】 该患者的治疗原则是什么？该病治疗新进展有哪些？

思路：目前，对于老年性白内障，手术治疗是唯一有效的治疗方法。手术方式有以下4种。

1．白内障超声乳化术（phacoemulsification） 为近年蓬勃发展起来的新型白内障手术方式。白内障超声乳化技术是显微手术的重大成果，自1967年美国的Kelman医生发明了第一台超声乳化仪并用于临床，经过众多眼科专家40多年不断改进、完善，Phaco已成为世界公认的、先进而成熟的手术方式。该技术目前在发达国家已普及，我国自1992年开始引进并推广，是使用超声波将晶状体核粉碎使其呈乳糜状，然后连同皮质一起吸出，术毕保留晶状体后囊膜，可同时植入后房型人工晶状体。老年性白内障发展到视力低于0.3，或白内障的程度和位置显著影响或干扰视觉功能，患者希望有好的视觉质量，即可行超声乳化白内障摘除手术。其优点是切口小，组织损伤少，手术时间短，视力恢复快。

2．白内障囊外摘除术（extracapsular cataract extraction，ECCE） 切口较囊内摘除术小，将混浊的晶状体核娩出，吸出皮质，但留下晶状体后囊。后囊膜被保留，可同时植入后房型人工晶状体，术后可立即恢复视功能。

3．白内障囊内摘除术（intracapsular cataract extraction，ICCE） 大切口切开角巩膜缘，牵开切口用冷冻头冻住晶状体，向外牵拉造成悬韧带的断裂，娩出晶体。摘除白内障后，眼球内就丧失了晶状体这一必不可少的结构，视物仍不清楚，需佩戴矫正眼镜或植入前房型人工晶体。目前这种手术方式对于常规白内障已较少应用，但对于存在晶状体脱位的患者仍是一种治疗选择。

4．飞秒激光辅助的白内障手术 目前流行的白内障超声乳化联合人工晶体植入手术，虽然使患者术后视觉质量大大改善，但是仍有术后散光，连续环形撕囊技术不佳致前囊不圆等问题。利用飞秒激光技术可以帮助解决这些问题，能更好地提升患者术后的视觉质量。

目前，白内障超声乳化吸出术联合折叠人工晶体的植入已成为当今主要的白内障手术方式。临床上常用的人工晶体根据光学性能不同可分为多种不同类型。传统的人工晶体为无色的单焦点晶体，它的特点是平行光线通过人工晶体后只能形成1个焦点，因此，若需要保证术后远距离视力良好，在视近物时则需要佩

153

戴远视镜辅助，反之若保证术后近距离视力良好，则在视远处时需要佩戴近视镜辅助。随着光学技术及人工晶体制作工艺的发展，通过人工晶体上的折射或衍射环可以形成视近距离和视远距离的双焦点人工晶体，帮助患者同时满足远近两种距离的视力要求，而通过折衍结合技术，则可以形成视远、视近和视中距离的三焦点人工晶体，在满足远近两种距离视力要求的同时，还能满足中距离即 80cm 左右的视力要求。同时，还有散光矫正型人工晶体可以矫正较大程度的角膜散光问题。除此之外，可变色人工晶体、可调节人工晶体等多种类型的人工晶体可满足不同人群的视觉需求（表 2-14-1）。

知识点

表 2-14-1　老年人视力障碍的常见鉴别诊断及治疗原则

项目	老年性白内障	急性闭角型青光眼	原发性开角型青光眼	年龄相关性黄斑变性	糖尿病性视网膜病变
年龄	老年多见	中老年	中老年	老年	中老年
性别	无明显差别	女性略多	无明显差别	无明显差别	无明显差别
症状特点	无痛性渐进性视力下降	突发眼胀痛、视力下降伴虹视、头痛、恶心、呕吐	起病隐匿，病程缓慢，早期无明显症状，晚期视野缩窄至失明	早期无明显症状，可有视物变形，出现新生血管后可突发眼前黑影遮挡伴视力下降	早期无明显症状，出现玻璃体积血时可出现突发视力下降甚至失明
裂隙灯及眼压检查	晶状体混浊	急性发作时眼压升高明显，可见角膜水肿，前房浅至周边前房消失，发作后的三联征为角膜后色素性沉着，虹膜节段性萎缩及晶状体表面的青光眼斑	前房深度正常，眼压升高	无特殊	早期无特殊，晚期可见虹膜新生血管，可出现急性眼压升高
眼底检查	无特殊	伴或不伴青光眼特征性视神经改变	视盘增大，视网膜神经纤维层反光消失	早期可见黄斑区玻璃膜疣，晚期可见黄斑区出血、渗出及瘢痕，地图样萎缩	非增殖期可见出血点、微血管瘤、硬渗和棉絮样斑。增殖期可见玻璃体积血，新生血管，增殖膜和视网膜脱离
常用辅助检查	眼科 B 超	超声生物显微镜（UBM）；视野	视野；视神经纤维层扫描	OCT；眼底荧光造影；OCT-A；自发荧光	OCT；眼底荧光造影
治疗原则	手术治疗：目前常用手术为白内障超声乳化＋人工晶体植入术	药物治疗：降眼压药物；激光治疗：周边虹膜激光切除手术治疗：周边虹膜切除；部分患者只需行单纯白内障手术即可达到治愈效果	药物治疗：降眼压药物；激光治疗：选择性激光小梁成形（selective laser trabeculoplasty, SLT）；手术治疗：小梁切除术；引流阀植入术等	早期无特殊治疗；新生血管期用抗血管内皮生长因子（vascular endothelial growth factor，VEGF）药物，包括雷珠单抗、阿柏西普、康柏西普、贝伐单抗（此为超说明书用药）	控制血糖，早期应定期检查眼底，严重非增殖期病变应激光治疗，出现玻璃体积血、视网膜增殖膜或视网膜脱离时可行玻璃体切除手术

021401

玻璃体腔注射（视频）

（黄剑锋）

推荐阅读资料

[1] 刘家琪,李凤鸣. 实用眼科学. 北京:人民卫生出版社,2010.

[2] 张承芬. 眼底病学. 北京:人民卫生出版社,1998.

[3] 张舒心. 青光眼治疗学. 北京:人民卫生出版社,2011.

[4] BRAD B. Kanski's clinical ophthalmology:a systemic approach. 8th ed. Boston:Butterworth Heinemann,2016.

第十五章　听　力　障　碍

学习要求

1. 掌握老年性聋定义及临床特征。
2. 熟悉老年性聋病理学特点及治疗方案。
3. 了解老年性聋流行病学特点及病因。

随着年龄的增长，人体各个器官都会出现老化，如记忆力下降、毛发变白、牙齿脱落、肌肉萎缩及血管硬化等现象。因为听觉系统衰老而引起的功能障碍，有一个专门的名词叫老年性聋（presbycusis）。老年性聋是指因为听觉系统老化引起的听力障碍，或是指在老年人中出现的、而非其他原因引起的听力障碍。

老年性聋是老年人群第三大常见的慢性病，对其发病率评估不尽相同，有报道称随年龄增加发病率呈指数增长，65 岁以上发病率 25%，75 岁以上 75%，100 岁以上 99%。2018 年世界卫生组织数据显示，约 1/3 的 65 岁以上老年人存在中度或重度以上的听力损失。国内 1997 年一项针对 6 个城市共 8 252 名老年人的横断面流行病学调查显示，60 岁以上老年人听力损失的总患病率为 33.7%。基于我国第二次全国残疾人抽样调查数据推算，60 岁以上老年人听力残疾比例高达 11%，人数超过 2 000 万名。2016 年一项我国四省调查研究发现，听力损失发病率随年龄增长显著升高，60～74 岁老年人占比 53.65%。

老年性聋主要是因为听觉器官的退化所致，这种退化过程快慢不一，但终生不停。老化遍及全身各个器官，其中感觉器官较明显。一般来说，年龄越大老化越快，但也有明显的个体差异。在老年性聋的病因中，年龄老化并不是主要因素，而一些未知因素，如遗传、饮食、环境因素、精神压力、代谢异常等，以及一些老年性疾病如高血压、冠心病、动脉硬化、高脂血症等是加速老年性听力损失的重要因素。

老化过程影响到耳的各个部位。年龄老化所致的外耳和中耳的解剖学改变，一般不会引起显著的传导性听力下降。最大的临床损害是耳蜗和前庭。老年性聋的病理变化比较复杂，范围广泛，但是每个个体的主要病变部位一般仅局限 1～2 处，且个体差异较大。

老年性聋的主要症状：①听力下降，不明原因的双侧感音神经性聋，起病隐匿，进行性加重，但进展速度通常非常缓慢；②耳鸣，多数人均有一定程度的耳鸣，开始为间歇性的，仅在夜深人静或特别安静的时候出现，以后逐渐加重，耳鸣多数为高调。有些患者主诉搏动性耳鸣，可能与合并的高血压，颈部及颅内动脉硬化有关。

诊断老年性聋常用的检查如下。

1. 耳镜检查　鼓膜无特征性改变。
2. 音叉试验　林纳试验多阳性，韦伯试验没有特异性，施瓦巴赫试验双侧听力减退。
3. 纯音测听　纯音测听显示双侧感音神经性聋，以高频听力下降为主。
4. 言语测听　老年人言语识别率明显降低，与纯音听力下降程度不一致。有些患者纯音听力图仅显示轻度听力下降，而言语识别率却明显下降；相反，有些言语识别率轻度降低，纯音听力却明显下降。

60 岁以上老年人出现的双耳对称渐进性感音神经性聋，在排除其他病因以后，即可诊断老年性聋。鉴别诊断需要排除药物中毒性聋、噪声性聋、梅尼埃病、耳硬化症、鼓室硬化、中耳粘连、听神经瘤、高脂血症、糖尿病及自身免疫性感音神经性聋、遗传性感音神经性聋等。

衰老是一个自然规律，迄今尚无法逆转。对于老年性聋，一方面需要加强科普教育，提醒人们注意用耳健康，避免不必要的听觉器官损伤，如避免长期噪声刺激，加强职业防护，尽量不用耳毒性药物。注意饮食健康,减少脂类食物摄入,戒烟戒酒。另一方面,如果出现听力下降,尽早选择合适的助听器进行干预,提高老年人生活质量,避免出现心理、社会问题。如果听力下降严重,助听器无法提供帮助,特别是双耳重度聋患者,可以选择人工耳蜗植入术。

临床病例

患者,女,82岁,双耳听力下降20年余,进行性加重。目前与人交流听不清说话内容,常需要别人重复或提高音量。双耳耳鸣,持续,高音调,夜间明显。

既往无耳毒性药物史。无中耳炎病史。高血压病史15年,2型糖尿病病史25年。

体格检查:双侧外耳道、鼓膜未见异常。

辅助检查:纯音测听显示双侧感音神经性聋,所有频率的听力均下降,听力图显示平坦型。双侧平均听阈分别是左耳55dB,右耳60dB。

诊断:老年性聋。

【问题1】 该患者出现听力下降的主要原因是什么?

思路:该患者长期高血压、糖尿病病史,考虑导致听力下降的最大可能是高血压、糖尿病引起内听动脉狭窄,血管纹毛细血管网的密度下降,减少了血管纹毛细血管与内淋巴的接触面积,螺旋器营养不良、退化。

知识点

老年性聋的病因可能和下列因素有关。

1. 机体衰老 听觉系统的衰老和机体的衰老一样,它是组织、细胞衰老的结果。细胞的衰老可能与细胞中沉积的代谢废物影响了细胞的正常活动有关。也可能与DNA-蛋白质合成过程中的差错积累有关。

2. 遗传 在听觉器官的衰老过程中遗传因素具有重要作用。老年性聋的发病年龄及其发展速度,在很大程度上与遗传因素有关。有学者认为人体的衰老是由于存在衰老基因,它在生命的早期并没有表达,直到生命后期方开始活化。

3. 外部环境噪声 人体在生命过程中不断受到交通噪声、音乐、火器发射、空调、计算机、冰箱等家用电器、锅炉、鼓风机等各种噪声长期损伤的积累。

4. 内环境的改变

(1) 血液流变学:在老化过程中,血液黏稠度、红细胞僵硬度和红细胞滤过能力的改变与老年性聋有关。近来已证实,高脂血症使血液黏稠度增加,血小板聚集,此时内耳血流下降,导致内耳血管纹萎缩,螺旋神经节细胞减少,螺旋器表面实质化或空泡性突起,内外毛细胞损伤。

(2) 血管病变:动脉硬化等血管病变也是人体衰老的基本表现之一。全身,也包括听觉系统在内的血管病变,以及其伴随的代谢障碍等,也是老年性聋的致病因素之一。患有高血压、冠心病的老年人,其纯音听阈及言语识别率均明显低于健康老年人。高血压可以引起内听动脉狭窄,血管纹毛细血管网的密度下降,减少了血管纹毛细血管与内淋巴的接触面积,使内外淋巴分泌减少,螺旋器营养不良、退化。血管纹萎缩范围与听力损失程度有因果关系。

(3) 耳蜗线粒体DNA突变:老年性聋患者4 977mtDNA缺失,导致线粒体氧化磷酸化作用下降,影响听觉系统的功能。

(4) 谷氨酸神经毒性:目前认为在老年性聋的发病机制中,谷氨酸的耳蜗神经毒性是老年人缺血或缺氧状态的可能后果。根据生物化学和电生理研究,谷氨酸被认为是耳蜗毛细胞和听觉神经传入纤维间突触的重要递质。谷氨酸能神经传递仅限于内毛细胞水平。谷氨酸是中枢神经系统兴奋传递的最佳递质。同时谷氨酸具有兴奋毒性。过剩谷氨酸的清除和再循环机制常不足以清除过量释放的递质,此现象多见于神经元损伤后,如缺血缺氧所引起的神经元损伤。已损伤的谷氨酸能突触的神经元中毒效应,也可能是老年人神经细胞退变的一个重要因素。老年人耳蜗神经节细胞的丧失伴有毛细胞的丧失,其损害大多集中在蜗底区域,可能与谷氨酸的神经毒性有关。老年性听觉损失螺旋血管萎缩在蜗底常见,蜗底内毛细胞将首先因局部缺氧状况而受损。

【问题2】 该患者内耳病理改变有可能以哪种改变为主?

思路:老年性聋的病理学改变有很多种,该患者长期高血压、糖尿病,小血管硬化,导致血管纹萎缩,听力进行性下降。该患者听力图显示双侧平坦型听力下降,符合血管性老年性聋。

知识点

老年性聋分型

1993 年,Shuknecht 等根据发病机制的不同将老年性聋分为 4 型。

1. 感音性老年性聋(sensory presbycusis) 以柯替氏器螺旋器内外毛细胞丢失为主。病变从底周末端开始,逐渐向顶周缓慢进展。外毛细胞一般首先受累,然后累及内毛细胞。纯音听力图以高频陡降型为特点,早期低频听力正常。也有学者认为支持细胞可能是最早发生退变的细胞。

2. 神经性老年性聋(neural presbycusis) 耳蜗螺旋神经节和神经纤维退行性变是本型的主要特征,表现为神经节细胞大小不一、核固缩、偏移,细胞量减少,伴神经纤维变性,数量减少,但神经膜细胞正常。病变以底周和顶周较重。临床表现为所有频率均出现听力下降,高频通常较重,言语识别能力明显下降,与纯音听阈变化程度不一致。

3. 血管性老年性聋(stria presbycusis) 又称代谢性老年性聋。本型以耳蜗血管纹萎缩为病变特点,病损常累及全部血管纹,所以患者的听力曲线多呈平坦型,言语识别率可正常。

4. 耳蜗传导性老年性聋(cochlear conductive presbycusis) 又称机械性老年性聋。在本型,耳蜗及听神经均无明显改变,但基底膜因为增厚、透明变性、弹性纤维减少而变得僵硬,特别是在底周末端基底膜最狭窄处,尤为明显。纯音听力图表现为以高频听力下降为主的缓降型。

【问题3】 该患者听力下降的程度是多少?

思路:该患者双侧平均听阈分别是左耳 55dB,右耳 60dB,按照听力损失程度分级标准,符合中度耳聋。

知识点

听力损失分级

1997 年世界卫生组织颁布了新的沿用至今的听力分级划分标准。它根据 500Hz、1 000Hz、2 000Hz、4 000Hz 4 个频率的听力平均值,将听力损失分为 4 级。

1. 正常听力者 纯音测听听阈一般≤25dB,我们自己一般不会感觉到有听能力的下降,可以听到耳语声,分辨声音的细微变化。

2. 轻度听力损失者 纯音测听听阈一般为 26~40dB,患者本人往往没有听力下降或仅感觉与平日相比或与对侧耳相比有轻微的听力下降,这时一般不影响正常的言语交流,但如果仔细观察会发现自身对一些细小的声音难以分辨,如树林中的风声、衣服的摩擦声等。

3. 中度听力损失者 纯音测听听阈一般为 41~60dB,患者对于声源距离稍远、周围环境比较嘈杂时捕捉自己想听的声音的能力下降,经常感觉听见有动静却分辨不出具体声音的来源或确切的字句内容,即"听见却听不清",家人也会发现患者在不经意间将电视音量开得越来越大。

4. 重度听力损失者 纯音测听听阈一般为 61~80dB,这时只有在近距离条件下,才能听见较大的声音,虽然可以辨别大的环境噪声或元音,但对辅音的感知、分辨能力明显下降,听声音感到模糊,会明显影响日常的言语交流能力。

5. 极重度听力损失者 纯音测听听阈>81dB,这时听力损伤耳只能听见叫喊声或很洪亮的声音,如大的汽车喇叭声、鼓声等。如果双耳听力均达到这种听力损失,往往无法正常言语交流,多需要唇读与肢体语言的帮助。

音叉实验(视频)

【问题4】 患者治疗方案是什么?

思路:该患者中度听力下降,病史很长,药物治疗基本没有效果,根据患者生活需求决定是否佩戴助听器。

知识点

老年听力损失的治疗和干预与其病因密切相关。首先强调对原发疾病的治疗，同时按照听力损失程度选择适宜的干预方法。早期以药物和聆听训练为主，效果不佳时酌情验配助听器。为老年人验配助听器的关键是使其能在不同聆听环境下轻松理解言语，重新获得对声音的真实感受，最终接受助听器并从中获益。

知识点

助听器的适应证

1. 轻、中度听力损失者，尤其是安静环境下言语识别率较好者，建议首选助听器作为听力补偿手段。

2. 重度、极重度听力损失者，在佩戴助听器后不能满足听力基本需求时，要及时考虑人工耳蜗植入。如暂时不具备手术条件，则仍建议使用大功率助听器。

3. 双耳听力损失者，推荐双耳验配助听器。

知识点

老年性聋的危害性

老年听力损失可以引起听觉言语交流能力减退和生活质量下降等一系列严重问题，需要全社会给予足够的重视，积极开展早期干预。

1. 言语交流能力下降　老年听力损失早期以高频听力损失为主，主要表现为言语识别率下降，特别是在噪声环境下言语交流更加困难；当听力损失累及中低频率时，即使在安静环境下言语交流也很困难。因此，老年人会主动减少社会交往。

2. 情感和社会交流能力下降　老年人出现听力损失和言语识别能力下降，导致对周围事物不感兴趣，久之则变得多疑、猜忌和自卑，甚至出现焦虑、抑郁等心理精神问题及社会隔离现象。研究发现，24% 的老年听力损失患者有不同程度的心理或精神异常，同时约 40% 伴有耳鸣、20% 伴有平衡障碍。老年人随着听力损失加重，接受和处理外界信息的能力减弱，导致老化加速、生活质量急剧下降。

3. 认知能力下降　在老年听力损失患者中认知能力下降比较常见。研究发现，阿尔茨海默病在伴有轻、中、重度听力损失老年人中的发病率分别是听力正常老年人的 2 倍、3 倍和 5 倍。但二者之间的具体关系和发生机制目前尚不十分清楚。

4. 避险能力下降　老年听力损失患者对日常生活中的危险警告声（如交通工具鸣笛、火警、周围人的提醒声等）的感知能力下降，同时伴随年龄增长会出现声源定位能力下降，对危险警告信号的方位判断也会出现问题。因此，老年听力损失带来的安全风险不容忽视。

（王利一）

推荐阅读资料

[1] 胡向阳，郑晓瑛，马芙蓉，等. 我国四省听力障碍流行现况调查. 中华耳鼻咽喉头颈外科杂志，2016，51（11）：819-825.

[2] 黄魏宁. 老年人听力下降及耳鸣的流行病学调查. 中华老年医学杂志，2003，23（2）：82-83.

[3] 刘铤. 内耳病. 北京：人民卫生出版社，2006.

[4] 全国防聋治聋技术指导组,中华医学会耳鼻咽喉头颈外科学分会,中华耳鼻咽喉头颈外科杂志编辑委员会,等. 老年听力损失诊断与干预专家共识(2019). 中华耳鼻咽喉头颈外科杂志, 2019, 54(3): 166-173.

[5] 于丽玫,孙喜斌,魏志云,等. 全国老年听力残疾人群现状调查研究. 中国听力语言康复科学杂志, 2008, 28(3): 63-65.

第十六章　睡　眠　障　碍

学习要求

1. 掌握老年常见的睡眠障碍类型的临床表现、诊断标准及鉴别要点、药物治疗原则和方法。
2. 熟悉睡眠、认知、抑郁焦虑、快速眼球运动睡眠行为障碍等相关量表评估、多导睡眠监测的临床应用。
3. 了解失眠患者认知行为治疗、阻塞性睡眠呼吸暂停无创气道正压通气治疗。

睡眠是人类最基本的生命活动，人一生大约有 1/3 的时间是在睡眠中度过的，睡眠是机体复原、整合和巩固记忆的重要环节。国外研究报道约 60% 老年人罹患睡眠障碍，国内调查数据显示睡眠障碍发生率 49.9%～64.9%。常见的老年睡眠障碍包括失眠、睡眠呼吸障碍、快速眼动期睡眠障碍、不宁腿综合征和睡眠时相前移等。睡眠障碍不但影响老年人的日间功能和情绪，还增加心血管疾病、糖尿病、肥胖和癌症等的发病率和死亡风险，损害老年人的认知功能，严重影响其心身健康和生活质量。

第一节　失　　眠

失眠（insomnia）是最常见的睡眠障碍，是指尽管有合适的睡眠机会和睡眠环境，依然对睡眠时间和 / 或睡眠质量不满意并影响日间社会功能的一种主观体验。

老年人为失眠好发人群，主要原因：①生理因素，随着年龄增长，松果体功能逐渐减退，褪黑素分泌减少，睡眠模式、睡眠结构和睡眠与觉醒节律等均随之而改变。表现为平均睡眠时间减少，约 6.5h；入睡潜伏期延长；睡眠连续性下降及唤醒阈值降低；浅睡眠增多；睡眠时相前移等。②心理因素，老年人心理更脆弱和无助，易出现抑郁和焦虑。③社会和环境因素，退休离开工作环境，生活节奏改变，日间活动减少，适应能力下降等。④合并躯体疾病，是导致老年人失眠的主要原因，如疼痛、瘙痒、呼吸障碍、心血管疾病、消化系统疾病、泌尿系统疾病及神经系统疾病。⑤药物因素，利尿药、麻黄碱、氨茶碱、利血平、甲状腺素、类固醇及非甾体抗炎药等均可影响睡眠。

临床表现为入睡困难（入睡潜伏期超过 30min）、睡眠维持障碍和早醒，伴有日间功能障碍，包括疲劳困倦、注意力减退、情绪低落或激惹、躯体不适、认知障碍等。根据病程可分为短期失眠（病程 <3 个月）和慢性失眠（病程≥ 3 个月）。

临床评估主要包括采集病史、记录睡眠日记、填写量表及客观评估等。失眠的治疗包括非药物治疗和药物治疗，非药物治疗中最重要的一线治疗是认知行为治疗，包括刺激控制、睡眠限制、矛盾意念、放松疗法和睡眠卫生教育等。物理治疗、中医中药、芳香疗法和按摩等也可能有所帮助。

老年患者首选非药物治疗，合并躯体疾病者应积极治疗基础疾病。失眠治疗药物主要包括苯二氮䓬类、非苯二氮䓬类、褪黑素受体激动剂、食欲素受体拮抗剂、组胺受体拮抗剂和具有催眠效应的抗抑郁药。药物治疗短期疗效已被临床试验证实，但长期用药仍需承担药物不良反应、成瘾和反跳等风险。

临床病例

患者，女，66 岁，因"睡眠障碍 4 个月"就诊。患者 4 个月前因家人患病而出现入睡困难。经常每晚 22 时上床，需 1～2h 方能入睡，约 2～3h 后醒来，难以再入睡，自估夜间睡眠时间 4～5h。晨起无口干，常感白天疲乏无力，记忆力下降，困倦但难以入睡，无肢体麻木无力。食欲差，体重无变化。既往高血压病史 10 年余，口服氨氯地平和吲达帕胺治疗。体格检查：心率 78 次 /min，血压 160/86mmHg，余无明显异常。

【问题1】该患者诊断是什么？下一步评估方案是什么？

思路：老年女性，临床表现为睡眠异常症状，并出现与失眠相关的日间症状，至少每周3次，至少持续3个月，且不能被其他类型睡眠障碍解释。诊断为慢性失眠、高血压病。下一步评估方案：①患者下午4时服用利尿剂吲哚帕胺，可能会因夜尿影响睡眠。②患者存在易怒、食欲下降，记忆力减退，应评估是否合并认知障碍和心境障碍。选择匹兹堡睡眠质量指数（Pittsburgh sleep quality index，PSQI）、Epworth嗜睡量表（Epworth sleepiness scale，ESS）、汉密尔顿抑郁量表（Hamilton depression scale，HAMD）、汉密尔顿焦虑量表（Hamilton anxiety scale，HAMA）、简易智力状态检查量表（MMSE）和蒙特利尔认知评估量表（MoCA）等相关量表评估。③患者无打鼾、睡眠中异常语言或行为，无日间嗜睡的非重度单纯失眠，可暂不行整夜多导睡眠监测（polysomnography，PSG）。

知识点

失眠的诊断流程见图2-16-1。

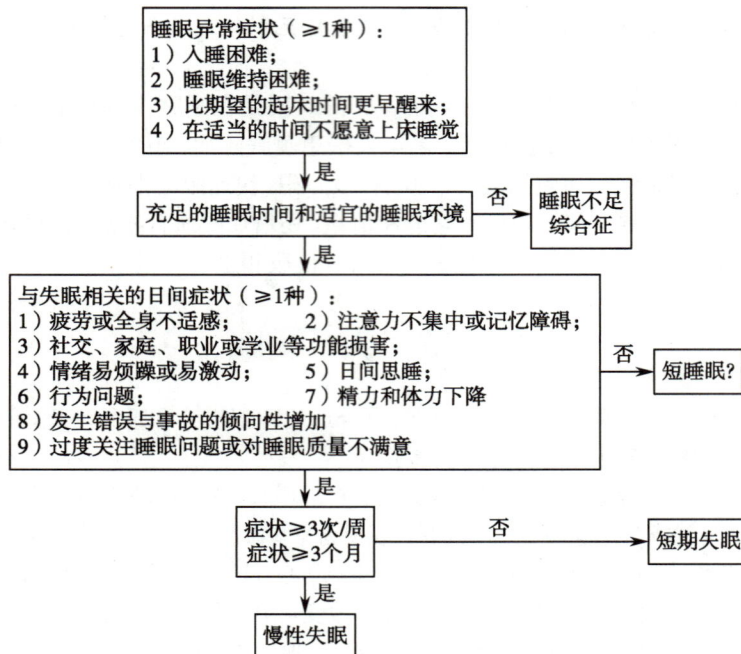

图2-16-1　失眠的诊断流程

【问题2】该患者PSQI 18分，ESS 3分、HAMD 6分、HAMA 7分、MMSE 28分、MoCA 27分，诊治方案是什么？

思路：患者睡眠质量很差，不符合抑郁或焦虑的诊断，无认知功能障碍。针对慢性失眠和高血压病，下一步治疗如下。

1. 祛除可能病因，停用可能引起夜尿增多而致觉醒的吲达帕胺，更换其他降压药。低盐饮食、加强运动。

2. 心理疏导，引导患者正确认识疾病，祛除恐惧，鼓励家人陪伴。

3. 认知治疗，不要过分关注睡眠，保持合理的睡眠期望，形成正确的睡眠习惯，进行睡眠卫生教育，如避免下午和晚间饮用茶、咖啡等刺激性饮品；避免就寝前烟酒及饱餐；避免就寝前3h锻炼运动；避免傍晚或睡前打盹等。

4. 行为治疗，试用刺激控制疗法，告知患者只有感到睡意时才上床，如果卧床20min不能入睡则起床，离开卧室，待出现睡意再上床，不在床上进行与睡眠无关的活动。不管何时入睡，保持规律的起床时间。同时可联合应用渐进式放松治疗，引导患者深呼吸，依序调节全身肌群的紧张度和松弛度。

5. 可同时辅以太极拳及按摩等。

6. 认知行为治疗无效时,可考虑药物治疗。首选褪黑素受体激动剂雷美替胺,次选非苯二氮䓬类药物,如右佐匹克隆等。应短期(不超过 4 周)由最小有效剂量开始,间歇按需给药。必须使用苯二氮䓬类药物时需谨慎,可能引起肌张力降低而致跌倒、幻觉、呼吸抑制及可能增加痴呆发生率等。

老年慢性失眠长期接受药物连续治疗的患者应避免突然停药,应逐渐减量或变更连续治疗为间歇治疗。

知识点

失眠的诊治流程见图 2-16-2。

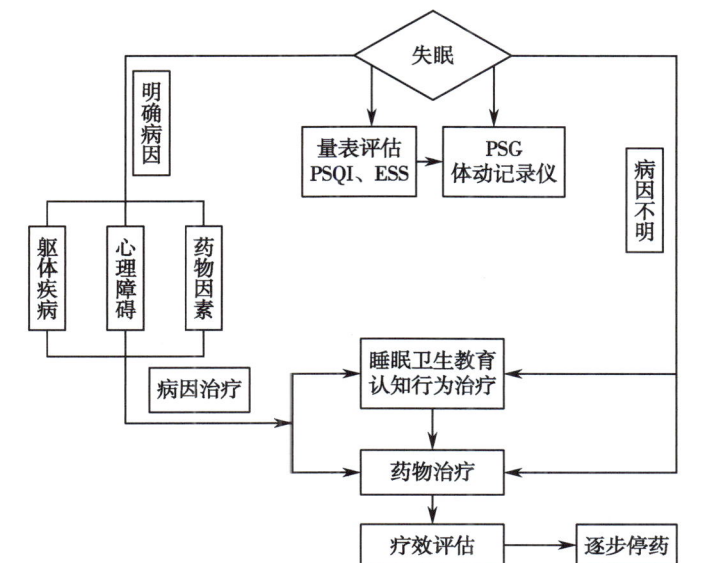

PSQI：匹兹堡睡眠质量指数　ESS：Epworth思睡量表　PSG：多导睡眠监测

图 2-16-2　失眠的诊治流程

知识点

失眠的药物治疗见表 2-16-1。

表 2-16-1　失眠的药物治疗

药物名称	药物达峰时间 /h	半衰期 /h	成人口服剂量 /mg	主要适应证	常见不良反应	老年人注意
非苯二氮䓬类						
唑吡坦	0.5～3.0	2.4	10	入睡困难或睡眠维持障碍	头晕、头痛、遗忘	5mg
佐匹克隆	1.5～2.0	≤5	7.5	入睡困难或睡眠维持障碍	口苦	3.75mg半衰期约 7h
右佐匹克隆	≤1.0	≤6	1～3	入睡困难或睡眠维持障碍	味觉异常	1～2mg,65 岁以上半衰期 9h
扎来普隆	≤1.0	≤1.0	5～10	入睡困难	头晕、共济失调	5～10mg
苯二氮䓬类						
艾司唑仑	3.0	10～24	1～2	入睡困难或睡眠维持困难	宿醉、口干、虚弱,高剂量可致呼吸抑制	0.5mg,注意呼吸抑制
阿普唑仑	1.0～2.0	12～15	0.4～0.8	入睡困难或睡眠维持困难	撤药反应、呼吸抑制、头痛、乏力、言语不清	半衰期约 19h

163

续表

药物名称	药物达峰时间 /h	半衰期 /h	成人口服剂量 /mg	主要适应证	常见不良反应	老年人注意
地西泮	0.5～2.0	20～70	5～10	入睡困难或睡眠维持困难	思睡、头痛、乏力、共济失调	用于焦虑伴失眠
劳拉西泮	≤2.0	12～18	2～4	入睡困难或睡眠维持困难	疲劳、思睡	用于焦虑伴失眠
褪黑素类						
褪黑素缓释片	未知	6	2	入睡困难或睡眠维持困难	无明确描述	适用于大于 55 岁
雷美替胺	0.75	2.0	8	入睡困难、昼夜节律失调	疲乏、头晕、恶心、呕吐、失眠恶化、幻觉	禁与氟伏沙明联用
具有催眠作用的抗抑郁药						
多塞平	1.5～4.0	17	6	睡眠维持困难	思睡、头痛	3mg
曲唑酮	1～2	6～8	25～150	抑郁症	直立性低血压、阴茎异常勃起	适用于焦虑 / 抑郁伴失眠
米氮平	0.25～2	30	3.75～15	抑郁症	过度镇静、食欲 / 体重增加	适用于焦虑 / 抑郁伴失眠
食欲素受体拮抗剂（苏沃雷生）	2	12	10～20	入睡困难、睡眠维持困难	残余的镇静作用	发作性睡病禁用

第二节　阻塞性睡眠呼吸暂停

阻塞性睡眠呼吸暂停（obstructive sleep apnea，OSA）是最常见的睡眠呼吸障碍，由于睡眠中上气道塌陷，反复出现打鼾、呼吸暂停，引发氧饱和度降低及睡眠结构紊乱，出现日间嗜睡和头痛等，并可导致高血压、冠心病、心律失常、脑血管病、认知功能障碍、2 型糖尿病等多器官多系统损害。

老龄使 OSA 发生风险增高。老年咽部气道塌陷为关键因素，上气道扩张肌群松弛，咽喉肌对化学和机械刺激的反应下降等，共同导致了老年 OSA 的发生。

临床表现为睡眠间断打鼾、可见呼吸暂停、夜尿增多、日间困倦或思睡等，可出现的神经精神症状包括注意力不集中、记忆力下降、易怒、焦虑或抑郁，并出现多系统功能损害。

常规体格检查包括血压、心率、体重指数和颌面、鼻腔、咽腔及心肺等。诊断的客观检查为多导睡眠检测（polysomnography，PSG）或睡眠中心外睡眠监测（OCST），主观评估可使用 STOP-BANG 筛查问卷、柏林问卷、Epworth 嗜睡量表（ESS）等。

诊断必须满足下述（A+B）或 C 标准。A，出现以下至少 1 项：①患者主诉困倦、非恢复性睡眠、乏力或失眠；②因憋气或喘息从睡眠中醒来；③同寝室或其他目击者报告患者在睡眠期间存在习惯性打鼾、呼吸中断或二者皆有；④已确诊高血压、心境障碍、认知功能障碍、冠心病、脑血管疾病、充血性心力衰竭、心房颤动或 2 型糖尿病。B，PSG 或 OCST 证实睡眠中发生呼吸事件（阻塞性呼吸暂停、混合性呼吸暂停、低通气和呼吸努力相关性觉醒）≥5 次 /h。C，PSG 或 OCST 证实睡眠中发生呼吸事件≥15 次 /h。

治疗应依据睡眠呼吸暂停的严重程度选择相应的措施，采用多学科治疗模式，包括病因治疗即纠正引起 OSA 或使之加重的基础疾病、长期行为干预（戒烟戒酒、减重、体位治疗等）、持续正压通气、口腔矫治器和外科治疗。持续气道正压通气（continuous positive airway pressure，CPAP）为中重度 OSA 患者的一线治疗。自动持续气道正压通气适用于体重增减显著、频繁饮酒、体位及快速眼球运动睡眠相关的 OSA 患者。双水平气道正压通气适用于 CPAP 治疗压力超过 15cmH₂O、不能耐受 CPAP 者及合并肺泡低通气疾病（慢性阻塞性肺疾病、神经肌肉疾病及肥胖低通气综合征）的 OSA 患者。

临床病例

患者，男，70 岁，因"白天困倦 3 年"就诊。患者近 3 年出现白天困倦，开会、开车和看电视时易入睡，睡眠可持续半小时到数小时，醒后无明显清醒感。夜间打鼾，有时憋醒，晨起口干，夜间起夜 2～3 次。自觉记忆力下降。无发作性肢体无力。既往高血压病史 2 年，糖尿病病史 1 年，均未服药。饮酒史 30 年，250g/d。体格检查：心率 68 次/min，血压 150/91mmHg，身高 175cm，体重 89kg，体重指数 29kg/m²，神志清楚，体型肥胖，颈短，改良马氏分级Ⅲ级，双扁桃体不大，心肺腹（-）。空腹血糖 7.1mmol/L，糖化血红蛋白 8.1%。

【问题 1】　该患者的临床特点是什么？下一步怎样评估？

思路：老年男性，白天困倦，夜间打鼾，晨起口干，夜间多尿。体格检查：肥胖，改良马氏分级Ⅲ级。既往糖尿病、高血压病史。应进行 PSG 明确诊断，ESS、STOP-BANG 筛查问卷主观评估，排查是否合并其他相关疾病（图 2-16-3）。

知识点

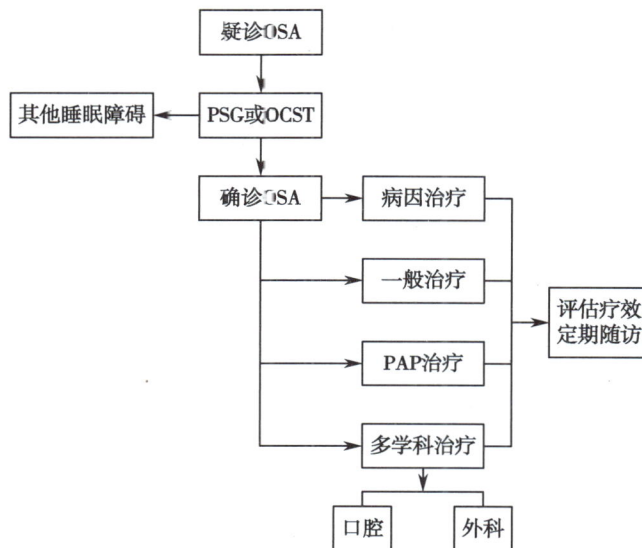

OSA—阻塞性睡眠呼吸暂停；PAP—气道正压通气；PSG—多导睡眠监测；OCST—睡眠中心外监测。

图 2-16-3　阻塞性睡眠呼吸暂停诊断流程

【问题 2】　PSG 报告呼吸暂停低通气指数（apnea hyponea index，AHI）69 次/h，最低氧饱和度 71%，STOP-BANG 筛查问卷 8 分，ESS 15 分，下一步诊疗措施是什么？

思路：目前诊断明确为重度 OSA、高血压病、2 型糖尿病。

治疗：①教育引导与干预，告知患者 OSA 的概念和危害，与高血压病、糖尿病之间的关系，可以采取的治疗措施；②一般治疗，戒烟戒酒，低盐、低脂糖尿病饮食，减重；③对症治疗，必要时药物控制血压、血糖；④无创气道正压通气治疗：患者有明显日间过度嗜睡、晨起头昏、认知下降、容易疲劳，伴有高血压、糖尿病等合并症，首选 CPAP 或自动持续气道正压通气治疗。应对患者进行治疗相关教育并选择合适的鼻罩，进行 PSG 下整夜人工压力滴定或自动压力滴定来确定治疗压力；⑤定期随访，治疗后 1 周、1 个月、3 个月、半年、1 年及此后每年面访，评估症状和并发症，下载呼吸机治疗数据。

知识点

成人 OSA 病情程度判断依据及干预措施见表 2-16-2。

表2-16-2　成人阻塞性睡眠呼吸暂停病情程度判断依据及干预措施

AHI/(次·h⁻¹)	程度	病因治疗	行为干预	气道正压通气
5～15	轻度	√	√	症状明显或并发心、脑、血糖异常等疾病√
15～30	中度	√	√	√
>30	重度	√	√	√

注：AHI，呼吸暂停低通气指数。

第三节　快速眼球运动睡眠行为障碍

快速眼球运动睡眠行为障碍（rapid-eye-movement sleep behavior disorder，RBD）是一种在REM睡眠期间，伴随梦境发生的言语和/或肢体活动为特征的睡眠疾病。RBD通常发生在50岁以上的人群，70岁以上人群发病率为7%～8%，男性明显高于女性，约（2～5）:1。根据病因不同可分为特发性RBD和继发性RBD。

典型临床表现为鲜活恐怖或暴力的梦境及与梦境有关的呓语、肢体动作和情绪反应。睡眠期间出现异常发声（说话、大叫、咒骂、尖叫等）和不同程度的肢体活动（拳打、脚踢、翻滚等），甚至坠床，可伤人或毁物。患者清醒后可清晰回忆梦境内容，但对睡眠中出现的异常行为无记忆。绝大多数患者仅诉睡眠期间身体受伤，严重者可出现硬膜下血肿、腰椎骨折等。个别患者也可仅表现为频繁的肌肉抽动和喃喃自语，而自觉睡眠正常，醒后能叙述梦境样心理活动。女性患者暴力梦境少见，多为受害者角色。

RBD诊断除了病史，还可进行RBD筛查问卷等评估。PSG诊断标准中最显著的特征是REM睡眠骨骼肌迟缓状态消失，出现肌张力增高或大量肌电增高。

RBD目前治疗药物：①氯硝西泮，可显著控制RBD的症状，建议睡前服用0.25～2mg，最高不要超过4mg，部分患者0.25mg即可取得较好疗效，对于伴有神经退行性疾病、OSA和肝功能异常患者，应严密监测。②褪黑素，对于合并神经系统变性病的RBD患者有明确疗效。睡前服用3～12mg控制效果良好，不良反应少而轻，可出现晨间头痛、白日困倦、妄想和幻觉等。③多巴胺及多巴受体激动剂、帕罗西汀、多奈哌齐、非苯二氮䓬类、氯氮平、卡马西平等可能有效。

临床病例

患者，男，71岁，因"梦呓10年余，坠床1d"入院。患者近10年来多梦，梦呓，时有伸拳和踢腿动作，多能回忆梦境，未诊治。1d前睡眠中坠床，坠床后清醒，自述在梦中奔跑，无头痛、头晕，无胸闷、心慌，无肢体无力或抽搐，无大小便失禁，来院急诊。行颅脑CT未见明显异常。体格检查：神志清，精神可，头皮见2cm擦伤划痕，心肺腹（-）。

【问题1】　该患者的临床特点是什么？下一步如何评估？

思路：老年男性，反复发作的睡眠相关的言语和复杂运动行为，推测为RBD，填写RBD筛查问卷，并行PSG明确诊断。

知识点

快速眼球运动睡眠行为障碍（RBD）分类见图2-16-4，诊断必须符合以下标准。

1. 反复发作的睡眠相关言语和/或复杂的运动行为。

2. PSG证实行为发生在REM期，或者根据临床病史出现梦境相关的行为，推测该行为发生在REM睡眠。

3. PSG证实R期骨骼肌失弛缓。

4. 不能用其他睡眠障碍、精神障碍、疾病、药物或物质滥用更好地解释。

知识点

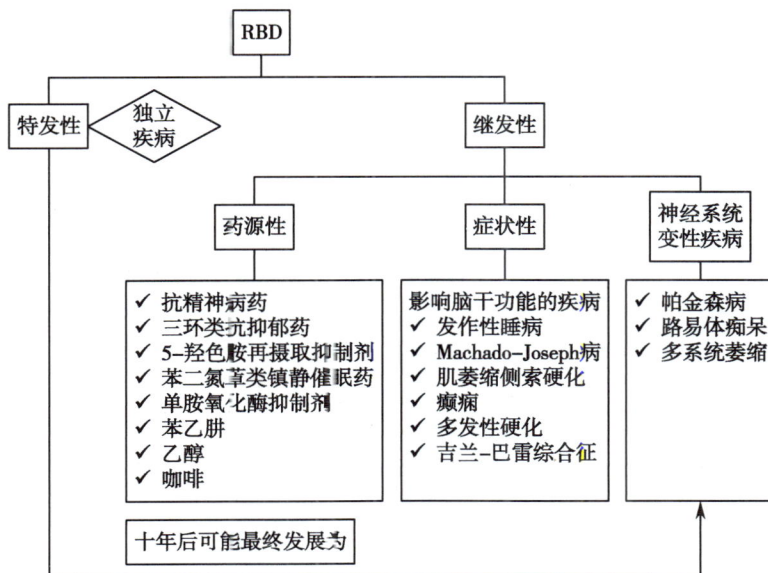

RBD—快速眼球运动睡眠行为障碍。

图 2-16-4　快速眼球运动睡眠行为障碍分类

【问题 2】 RBD 筛查问卷 8 分,PSG 下颏肌电可见 10 帧 REM 睡眠中,至少 >50% 含有暴发性、短暂的肌电活动,多发短暂肌电活动持续时间 0.1～5s、幅度 >4 倍背景肌电活动。下一步诊疗措施是什么?

思路:病史加 PSG 可明确诊断 RBD,应寻找可能的原因,尤其是排查继发性因素。治疗如下。

1．非药物治疗　与患者及家属沟通,保证安全的睡眠环境至关重要,推荐床边放置床垫,软物包裹家具边角,移去危险物品,如利器、水杯、水壶、玻璃等。建议同床者分居,直至症状控制。同时需规律作息时间,避免使用精神兴奋药物和酒精刺激。

2．药物治疗　可选用氯硝西泮 0.25mg 或褪黑素 3mg。

3．与家属而非患者交流病情　特发性 RBD 可能性大,但也可能是神经系统变性病,如帕金森病、多系统萎缩等的早期症状,应密切随访观察,注意避免使用可诱发锥体外系症状药物。

知识点

RBD 的鉴别诊断见表 2-16-3。

表 2-16-3　快速眼球运动睡眠行为障碍的鉴别诊断

状态	睡眠癫痫	睡惊症	睡行症	梦魇	RBD
发作期	N_1 期、N_2 期常见,很少 R 期	N_3 期	N_3 期	REM	REM
动作特点	多为重复动作	尖叫伴惊醒	离床活动	惊醒不伴暴力运动	各种动作 异常发声
自主神经活动	多无	有	无	有	无
是否醒来	否	否	否	是	否
遗忘	有	有	有	多无	多无
PSG	脑电图示癫痫波	慢波睡眠中突然惊醒	部分或完全的持续性睡眠	R 期突然清醒	R 期肌电活动,无张力迟缓

注:REM,快速眼球运动睡眠;RBD,快速眼球运动睡眠行为障碍;PSG,多导睡眠监测。

（江文静）

推荐阅读资料

[1] 美国睡眠医学会. 美国睡眠医学会睡眠及其相关事件判读手册（规则、术语和技术规范 2.3 版）. 高和，译. 北京：人民卫生出版社，2017.

[2] 赵忠新. 睡眠医学. 北京：人民卫生出版社，2016.

[3] 中国医师协会睡眠专业委员会. 成人阻塞型睡眠呼吸暂停多学科诊疗指南. 中华医学杂志，2018，98（24）：1902-1914.

[4] 中华医学会神经病学分会，中华医学会神经病学分会睡眠学组. 中国成人失眠诊断与治疗指南（2017 版）. 中华神经科杂志，2018，51（5）：1-12.

[5] 中华医学会神经病学分会睡眠障碍学组. 中国快速眼球运动睡眠期行为障碍诊断与治疗专家共识. 中华神经科杂志，2017，50（8）：567-571.

[6] PATIL S P，AYAPPA I A，CAPLES S M，et al. Treatment of adult obstructive sleep apnea with positive airway pressure: an American Academy of Sleep Medicine clinical practice guideline. J Clin Sleep Med，2019，15（2）：335-343.

第十七章　多重用药

学习要求

1. 掌握多重用药的评估流程及减少多重用药的系统方法。
2. 熟悉多重用药的原因及危险因素。
3. 了解多重用药的药物相互作用。

老年人常多病共存,导致多重用药(polypharmacy)。目前,多重用药的定义尚未统一。美国强调临床需要,指老年人应用比临床需要更多的药物或药物方案中含有≥1种潜在不恰当用药(potentially inappropriate medication,PIM),强调临床不需要/不必要药物为多重用药。欧洲强调用药数目,定义老年人每日用药数目≥5种为多重用药。此定义虽简单可行,但目前多病共存使得多数老年人用药已超过这一标准。药学界主张老年人处方质量评估是对药物治疗方案利弊的总体评估,而不是简单计数所用药物。Fulton指出,老年人多病共存需要多种药物治疗,以用药数目来定义多重用药可能是不恰当的。因此,我们建议临床使用无适应证的药物称为多重用药。多重用药可导致一系列不良后果,正日益成为全球严重的公共卫生问题。

一组美国老年人用药调查显示,用药过多和用药不足(有指征而未用药)都在临床流行。42%老年人既有用药过多又有用药不足,45%仅有用药过多或用药不足,13%既没有用药过多也没有用药不足(合理用药)。就老年人多重用药来看,欧美老年人用药>5种占50%左右,用药>10种占12%。我国台湾地区老年人用药>5种占30%。我国住院老年人用药>5种占70%~90%,>10种占30%~60%,PIM占13%~17%,平均用药8~9种,最多19~23种。失能老年人用药>5种占81%,>10种为38.1%。干休所老年人用药>5种达92%,>10种70%。因此,住院、失能和干休所老年人用药最多。

临床上多重用药的主要原因:老年人多病共存,需要多种药物治疗;共病患者多科就诊,多位医师开药而无用药协调者(药师、老年病医师及全科医师);以往就诊医师开的对症药物未及时停药,一直应用至今;患者自行购非处方药,如非甾体抗炎药、通便药等;处方瀑布(处方极联),由于药物不良反应(adverse drug reaction,ADR)的临床表现与疾病极其相似,极易误诊。一旦ADR被误为新的医疗问题而开具新药,新药又导致ADR再开新药,以致用药越来越多,如同瀑布一样启动一系列ADR。正如希波克拉底所说:"不作任何处理有时是一种好疗法"。

多重用药的危险因素包括患者、医师、制度等方面。就患者而言,高龄、低体重、≥6种慢性病、肌酐清除率(Ccr)<50ml/min、日常生活能力(ADL)受损、>9种药物、每日服药≥12剂、高危药物、有ADR史均为危险因素。就医师而言,老年药理学知识缺乏、乐意开新药、不愿意停药均为危险因素。从制度考虑,保健医疗提供者增加访问次数、药房数量增加、药物种类增加、药物市场快速增长均为危险因素。只要是药物就有可能引起ADR,但最容易导致ADR的药物包括神经精神药、心血管药、非甾体抗炎药、降糖药、抗凝药、抗癌药、抗生素、糖皮质激素及生物制剂等几大类。

多重用药常通过药物相互作用而引起ADR,最终导致老年人发病率和病死率增加,主要有以下几个方面。

1. 药物-药物相互作用　研究表明,同时使用2种药物的相互作用概率为6%,同时使用5种药物可达50%,同时使用8种药物的相互作用概率为100%。虽然药物-药物相互作用并非都引起ADR,但这种潜在的风险无疑是增加的。药物-药物相互作用可发生于体内所有过程。例如,硫糖铝使环丙沙星吸收减少,抗感染作用降低;呋塞米使华法林从蛋白结合型变为游离型,抗凝作用增强;卡马西平使茶碱代谢加快,呼吸困难加重；青霉素使甲氨蝶呤在肾小管分泌减少，导致甲氨蝶呤中毒。细胞色素 P450（CYP450）酶作为药物代谢最重要的酶系，参与>90% 药物的氧化代谢。酶诱导剂使 CYP450 酶活性增强，药物代谢增加，浓度下降，疗效降低；酶抑制剂使 CYP450 酶活性减弱，药物代谢降低，药物浓度升高，ADR 升高。药效学方面：沙丁胺醇与 β 受体阻滞剂联用，可使前者扩张支气管作用下降；阿司匹林与华法林合用，易导致消化道出血。

2. 药物 - 疾病相互作用　一方面，疾病状态下的药效动力学和药代动力学可能发生改变；另一方面，部分药物也会影响疾病的发生发展。例如，长期使用非甾体抗炎药可使高血压病患者血压升高；维拉帕米使心力衰竭患者病情加重；利尿剂、泼尼松引起糖尿病患者的血糖升高；非甾体抗炎药、造影剂导致慢性肾功能不全患者发生急性肾衰竭。

3. 药物 - 食物相互作用　药物 - 食物相互作用表现为药代动力学和药效动力学两个方面。例如，高蛋白饮食使左旋多巴吸收下降，普萘洛尔吸收增加；高碳水化合物使茶碱水平下降，高脂饮食使茶碱水平升高；任何食物都能使双磷酸盐吸收下降，效应减弱。

药物是一把"双刃剑"，合理用药在保障人类健康方面发挥不可替代的作用，而多重用药则会带来一系列不良后果。①资源浪费：老年人使用一些不必要药物不仅导致资源浪费，而且还会启动处方瀑布引起一系列 ADR，造成更大浪费；②依从性下降：由于用药种类多、用量用法不同及其自身原因，导致 50%～70% 老年人不按医嘱用药，表现为漏服、错服或重服，最终治疗无效和发生 ADR。因此，减少用药种类和简化方案是提高患者依从性的重要措施；③发病率 / 死亡率增加：多重用药通过药物相互作用而引起 ADR，这不仅使老年人发病率增加，现已成为老年人住院的第三大原因；而且使老年人死亡率增加，药源性死亡占住院死亡的 11%～20%，老年人占药源性死亡的 51%。

老年人 ADR 表现各种各样，但较常见的表现如下。①精神症状（抗胆碱能药、抗抑郁药、洋地黄、抗心律失常药等）；②低血压、头晕（降压药、抗精神病药、多巴胺受体激动剂等）；③急性肾衰竭（非甾体抗炎药、造影剂等）；④跌倒（苯二氮䓬类、降压药、抗精神病药等）；⑤便秘（阿片类、抗胆碱能药物、抗抑郁药等）；⑥尿失禁、尿潴留（三环抗抑郁药、抗帕金森病药物、袢利尿剂等）；⑦耳毒性（氨基糖苷类抗生素、多黏菌素等）。ADR 已构成大多数老年综合征的三大原因之一，一旦诊断老年综合征，首先考虑是否为药物所致。

临床病例

患者，男，90 岁，因"右股骨粗隆骨折术后 10d"入院。否认药物过敏史。体格检查：体温 36.3℃，脉搏 91 次 /min，呼吸 20 次 /min，血压 120/58mmHg，体重 70.0kg，肌酐清除率 63ml/min。入院诊断：①右股骨粗隆粉碎性骨折术后（2017 年）、左髋关节置换术后（2006 年）；②2 型糖尿病；③高血压病；④冠心病；⑤直立性低血压、餐后低血压；⑥非酒精性脂肪性肝病；⑦良性前列腺增生症；⑧双眼白内障、右眼人工晶体植入术后。患者老年综合评估结果见表 2-17-1，出院用药见表 2-17-2。

表 2-17-1　该患者老年综合评估

评估内容	评分	结论
跌倒 / 坠床风险评估	13 分	跌倒高风险
谵妄评定（CAM）	有	谵妄
肌少症筛查问卷（SARC-F）	9 分	肌少症风险
衰弱筛查量表	3 分	衰弱
简易营养状态评估（MNA-SF）	7 分	营养不良
Braden 评估表	12 分	压疮高风险
视力筛查	有	视力下降
听力筛查	有	听力下降
便秘筛查	有	便秘
多重用药	16 种	多重用药
ADL 巴氏指数评定表（Barthel index）	30 分	重度依赖
洼田饮水试验	1 级	（一）

表 2-17-2　该患者出院用药（12 种）

疾病诊断	药物	用法用量	评估结果
右股骨粗隆粉碎性骨折术后	利伐沙班	10mg，1 次 /d	
2 型糖尿病	格列苯脲	2mg，1 次 /d	
	伏格列波糖	200μg，2 次 /d	
高血压	厄贝沙坦氢氯噻嗪	75mg，1 次 /d	
冠心病	富马酸比索洛尔	5mg，1 次 /d	
	阿托伐他汀	20mg，1 次 /d	
	贝前列素	40μg，2 次 /d	
直立性低血压			
餐后低血压			
前列腺增生	非那雄胺	5mg，1 次 /d	
	坦洛新	200μg，每晚 1 次	
	锯叶棕果实提取物软胶囊	160mg，2 次 /d	
谵妄	阿普唑仑	400μg，每晚 1 次	
	富马酸喹硫平	100mg，每晚 1 次	

【问题 1】　该病例有哪些临床特点？

思路：该病例有以下临床特点。①高龄、重度衰老合并多种慢性病（共有疾病包括糖尿病、高血压、冠心病等，特有疾病包括直立性低血压、餐后低血压、白内障等）和部分老年综合评估（睡眠障碍、便秘、听视力减退等）；②此次住院是跌倒导致髋部骨折所致，且手术成功，但功能未恢复；③该患者由于跌倒、手术、麻醉等原因导致谵妄、多重用药、营养不良、肌少症、衰弱、压疮等多种老年综合征，互为因果，形成恶性循环，从而导致诊疗难度增加、住院时间延长及资源消耗增加。

【问题 2】　从该病例如何体现老年病的完整诊断？

思路：内科诊断往往不能反映老年病的全貌，老年病的完整诊断应包括如下内容。

1. 疾病　①髋部骨折、半髋置换术后（2017 年）左髋部骨折术后（2006 年）；②2 型糖尿病；③高血压病；④冠心病；⑤餐后低血压、直立性低血压；⑥非酒精性脂肪性肝病；⑦良性前列腺增生症；⑧双眼白内障、右眼人工晶体植入术后。

2. 老年综合征　①跌倒；②谵妄；③睡眠障碍；④肌少症；⑤衰弱；⑥营养不良；⑦力性损伤；⑧便秘；⑨多重用药。

3. 社会问题　居家环境存在安全隐患（马桶、浴室无扶手等）。

4. 功能状态　重度依赖。

【问题 3】　该患者有多种慢性病和多种老年综合征，本文只讨论多重用药。该患者发生多重用药的危险因素有哪些？

思路：该患者具有高龄、≥6 种慢性病、ADL 受损、>9 种药、每日服药≥12 剂 5 种危险因素，是发生多重用药的高危患者，应及时评估、早期干预。

【问题 4】　多重用药的评估流程如何？

思路：多重用药的评估流程如下。

1. 筛查问题　"您每日用药是否>5 种？"，回答"是"，已用 12 种（表 2-17-3），应做初筛试验。

2. 初筛试验　①要求老年人在就诊时将所用药物带来（包括处方药、非处方药，中成药和局部用药）；②将所用药物与疾病相匹配，记录患者用药清单；③指出多重用药（未匹配的药物，无指征的药物）、用药不足（有指征而未用药）、滥用药物（有指征但需调整药物、调整剂量）。

3. 进一步处理　①用药过多做减法；②用药不足做加法；③滥用药物要调整。

【问题 5】　多重用药的评估方法有哪些？

思路：多重用药的评估方法有以下几种。

1．凭常识

（1）每种药物评价（图 2-17-1）

1）是否有适应证。该患者使用的贝前列素属于无适应证用药；锯叶棕果实提取物软胶囊属于重复治疗。

2）是否有效。该患者使用的阿普唑仑属于存在禁忌证。

3）是否有 ADR。谵妄可能与手术、麻醉、病情、用药等多因素有关。如有 ADR 应减量、停药。

4）是否花费高。该患者用的利伐沙班价格高，可用华法林替代；但考虑为短期用药，也可不予更换。

（2）整个药物方案评价（图 2-17-2）

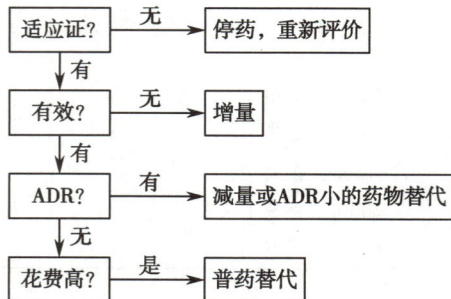

ADR—药物不良反应。

图 2-17-1　每种药物评价流程图

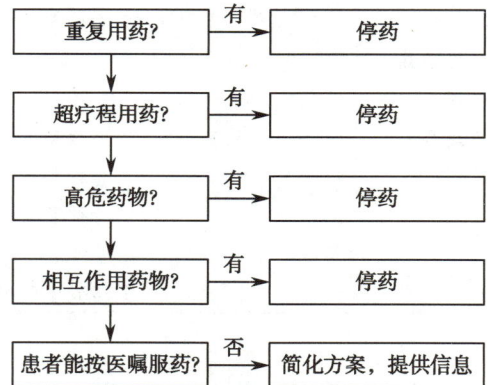

图 2-17-2　整个药物方案评价流程图

1）是否重复用药。因良性前列腺增生症使用非那雄胺、坦洛新和锯叶棕果实提取物软胶囊等 3 种药，后两者作用相似，应停用其中的锯叶棕果实提取物软胶囊。

2）是否超疗程用药。该患者未用此类药物。

3）是否有高危药物。该患者未用此类药物。

4）是否有相互作用的药物。①药物 - 药物相互作用：从药效学考虑，利伐沙班 - 贝前列素有相互作用致出血风险增加，故停用贝前列素。从 CYP450 酶系考虑，非那雄胺、富马酸喹硫平、阿托伐他汀都经 CYP3A4 代谢，可导致某药排泄减少而发生 ADR；但富马酸喹硫平用于治疗谵妄，短期内可停药；普伐他汀不经 CYP450 酶系代谢，可替代阿托伐他汀。②药物 - 疾病相互作用：阿普唑仑可诱发谵妄和跌倒，应停止使用。

5）患者是否能按医嘱服药。该患者为 90 岁高龄，服药种类多、用量用法不同，按医嘱服药可能有一定困难，希望家人给予帮助。

2．根据指南规定

（1）Beers 标准：该患者未用此类药物。

（2）老年人不适当处方筛查工具（STOPP）：发现格列苯脲用于 2 型糖尿病存在持续性低血糖风险。

（3）老年人处方遗漏筛查工具（START）：发现生活自理、预期寿命>5 年者才用他汀类治疗。

表 2-17-3　该患者出院用药（12 种）

疾病诊断	药物	用法用量	评估结果
右股骨粗隆粉碎性骨折术后	利伐沙班	10mg，1 次 /d	昂贵药物，短期用药
2 型糖尿病	格列苯脲	2mg，1 次 /d	低血糖风险
	伏格列波糖	200μg，2 次 /d	
高血压	厄贝沙坦氢氯噻嗪（2C9）	75mg，1 次 /d	
冠心病	富马酸比索洛尔	5mg，1 次 /d	
	阿托伐他汀（3A4）→普伐他汀	20mg，每晚 1 次	相互作用药物
	贝前列素	40μg，2 次 /d	无指征用药，相互作用药物

疾病诊断	药物	用法用量	评估结果
直立性低血压			
餐后低血压			
良性前列腺增生症	非那雄胺（3A4）	5mg，1次/d	
	坦洛新	200μg，每晚1次	
	锯叶棕果实提取物软胶囊	160mg，2次/d	重复用药
谵妄	阿普唑仑	400μg，每晚1次	二线用药（诱发谵妄）
	富马酸喹硫平（3A4）	100mg，每晚1次	短期用药

知识点

每种药物评价

1. 是否有适应证　根据老年人特征和药物特征，停用不必要的药物治疗。包括目前尚无充分的临床用药指征（无适应证用药）；只需单药治疗，却使用多种药物治疗（重复治疗）；使用非药物疗法更适宜（非药物疗法更适宜）；由毒品滥用、酗酒或抽烟引起（使用成瘾性药物）；正在用药治疗另一药物的不良反应（处方瀑布）。

2. 是否有效

（1）治疗目标（治疗要达到的效果）：因为设立治疗目标需要临床适应证，评价效果需要治疗目标。依据适应证确定治疗目标，再评价疗效。每种药物都要有明确治疗目标，否则不需使用。如心房颤动患者使用华法林使国际标准化比率（INR）2～3（>75岁，1.6～2.5），使用美托洛尔使其静息心率为60～80次/min，中等运动使其心率为90～110次/min。

（2）无效药物：①所用的药物不是该病最有效的药物，需更换另一种药物（还有更有效的药物）；②疾病对现有药物耐药，需更换另一种药物（对药物有耐药或抗药性）；③药物剂型不适合，需更换另一剂型（药物剂型不适合）；④患者为该药物禁忌使用的人群（存在禁忌证）；⑤药物对目前的病情无效（药物不符合该适应证）。

3. 是否有ADR　有ADR要注意减量、停药。切忌用一种药物去治疗另一种药物副作用。

4. 是否花费高　花费高的药物可用更廉价药物替代。

知识点

整个药物方案评价

1. 是否重复用药　狭义是指同时使用2种同类药物，如非甾体抗炎药、ACEI、袢利尿剂。广义是指只需单药治疗，却使用多种药物治疗（数量）。应先考虑单药治疗，无效再加用其他类药物。其危害轻者造成经济损失，重者危及生命。

2. 是否超疗程用药（当疗程有明确规定时）　如绝经者用雌激素（乳腺，子宫肿瘤风险增加）：<2年；特立帕肽（骨肿瘤风险增加）：<2年；抗过敏药物（氯雷他定，西替利嗪等）：<1个月，否则产生耐药；含激素软膏（醋酸氟轻松）：<4周，久用效果差，可导致皮肤萎缩、色素沉着、毛细血管扩张、继发感染。

3. 是否有高危药物　在Beers标准中，有50+种/类PIM，此类药物对老年人弊大于利（受益/风险<1），为ADR高危药物。

4. 是否有相互作用的药物　见ADR发生机制。

5. 患者依从性　通过减少用药种类、简化用药方法，提高患者的依从性。

【问题6】 多重用药如何干预?

思路: 对于多重用药可进行以下干预措施。

1. 祛除可改变的危险因素　该患者有高龄、≥6种慢性病、ADL受损、>9种药、每日服药≥12剂、有ADR史6种危险因素,其中>9种药和每日服药≥12剂是可改变的危险因素,应尽量纠正。了解危险因素,关注高危者,采取及时评估、早期干预,始终防重于治。

2. 用药过多做减法　该患者可停用贝前列素(无指征用药、相互作用药物)、锯叶棕果实提取物软胶囊(重复用药)、阿普唑仑(二线用药)3种药物。当骨折术后康复疗效满意、患者下地能行走时,可停用利伐沙班(昂贵药物)。谵妄好转,可减量、停用富马酸喹硫平。

3. 用药不足做加法　近半数老年人可同时存在用药过多和用药不足(该患者则无),如只对过多用药进行干预不可能做到合理用药,还要对存在的用药不足进行干预。

4. 滥用药物要调整

(1)调整药物种类:该患者可用华法林替代利伐沙班(昂贵药物);普伐他汀(非酶代谢)替代阿托伐他汀。

(2)调整剂量:

该患者为90岁,普伐他汀可考虑减量至20mg,每日1次;其预期寿命(3.9年)<5年也可不用他汀类药物(表2-17-4)。

表2-17-4　该患者出院用药调整

疾病诊断	药物	用法用量	评估结果
右股骨粗隆粉碎性骨折术后	利伐沙班	10mg,1次/d	可换华法林,短期用药
2型糖尿病	格列苯脲	2mg,1次/d	低血糖风险
	伏格列波糖	200μg,2次/d	
高血压	厄贝沙坦氢氯噻嗪(2C9)	75mg,1次/d	
冠心病	富马酸比索洛尔	5mg,1次/d	
	普伐他汀	20mg,每晚1次	可不用药
直立性低血压			非药物疗法
餐后低血压			非药物疗法
前列腺增生	非那雄胺(3A4)	5mg,1次/d	
	坦洛新	200μg,每晚1次	
谵妄	富马酸喹硫平(3A4)	100mg,每晚1次	短期用药

注:药物种类由16种调整至12种,再至9种,最后为6种。

5. 多种老年综合征协同处理　跌倒是该患者此次发病的诱因,谵妄使病情加重,衰弱又使常规医疗干预风险增大,多重用药引起ADR导致患者发病率和死亡率增加,这些都是互为因果,形成恶性循环。在防治上,应强调了解危险因素、关注高危者,采取早期评估、及时干预,阻断恶性循环。此外,还要对营养不良、肌少症、压力性损伤、视听力下降等老年综合征进行协同处理。

知识点

用药过多做减法

根据Beers标准、STOPP、药物相关常识,结合患者特性和药物特性,停用不必要的药物,包括无指征用药、对症用药(缓和医疗除外)、重复用药(使用2种同类药物)、疗效不确定或无效药物、治疗ADR药物(处方瀑布)、难以耐受副作用药物、高危药物(PIM、低治疗指数药物)、相互作用药物(尤其酶抑制剂或酶诱导剂)。

知识点

用药不足做加法

用药不足的干预应遵循 START 指南。需要增加药物治疗的情况：需要给予预防性药物治疗，以减少患新病的风险（预防性治疗）；一种疾病需要开始药物治疗（存在未治疗的疾病）；一种疾病需要增加药物治疗，以获得协同作用（协同增效治疗）。由于老年人多为慢性病，每次开药最好只增加 1 种，不用 2 种，以避免发生 ADR 时无法判断。在同类药物中，应选择相对安全的一种药物。非肝酶代谢的药物，如他汀类中的普伐他汀、匹伐他汀，质子泵抑制剂中的雷贝拉唑，老年人应优先选择。

总结

一、减少多重用药的系统化方法

1. 老年人在就诊时应将所用药物带来（处方药，OTC，中成药，局部用药）。
2. 把所用药物与疾病相匹配，记录患者用药清单，并指出多重用药、用药不足、滥用药物。
3. 停用那些不必要的药物，如无指征用药、重复用药、超疗程用药、高危药物、相互作用药物、无效药物及难以耐受副作用药物。
4. 如果一种药物是用于治疗另一种药物的副反应，应选择副反应小且更能耐受的药物，以防止启动处方瀑布。
5. 减少每日服药的数量和剂量，简化用药方案，提高依从性。
6. 了解患者的嗜好（烟、酒）。

二、评估目的

多学科团队采用老年综合评估的方法，最终对用药适当性进行评估，使患者的用药与老年人用药指南、功能、老年综合征和预期寿命相匹配。

（塞在金）

推荐阅读资料

[1] 赫思. 老年病病例教程. 张存泰，译. 北京：人民卫生出版社，2012.

[2] 中国老年保健医学研究会老年内分泌与代谢病分会，中国毒理学会，国家药物不良反应监测中心. 老年人多重用药安全管理专家共识. 中国全科医学，2018，21（29）：3533-3544.

[3] American Geriatrics Society 2015 Beers Criteria Update Expert Panel. American Geriatrics Society 2015 updated Beers Criteria for potentially inappropriate medication use in older adults. J Am Geriatr Soc，2015，63（11）：2227-2246.

[4] GNJIDIC D，LE COUTEUR D G，KOULADJIAN L，et al. Deprescribing trials：methods to reduce polypharmacy and the impact on prescribing and clinical outcomes. Clin Geriatr Med，2012，28（2）：237-253.

[5] MORTAZAVI S S，SHATI M，KESHTKAR A，et al. Defining polypharmacy in the elderly：a systematic review protocol. BMJ Open，2016，6：e010989.

[6] O'MAHONY D，O'SULLIVAN D，BYRNE S，et al. STOPP/START criteria for potentially inappropriate prescribing in older people：version 2. Age Ageing，2015，44（2）：213-218.

[7] PATTERSON S M，HUGHES C A，KERSE N，et al. Interventions to improve the appropriate use of polypharmacy for older people. Cochrane Database Syst Rev，2012，5：CD008165.

[8] WONG H，HEUBERGER R，LOGOMARSINO J，et al. Associations between alcohol use，polypharmacy and falls in older adults. Nurs Older People，2016，28（1）：30-36.

第三篇
常见老年疾病特点及综合诊治

第一章　神经系统疾病

第一节　脑血管病

学习要求

1. 掌握老年脑血管病的临床特征、诊断和鉴别诊断、并发症和治疗原则。
2. 熟悉老年脑血管病的康复和预防。
3. 熟悉老年脑血管病的常见类型。
4. 了解老年脑血管病的病理生理机制。

脑血管病（cerebrovascular disease，CVD）是指由脑血管病变所引起的脑功能障碍，是中枢神经系统的常见病和多发病。其中，影响老年人生命健康的主要是脑卒中（stroke），这是一种由脑局部血液循环障碍所致的神经功能缺损综合征，其特征在于快速发展的临床症状或局灶性体征，有时可为全脑功能丧失，症状持续超过24h或导致死亡，按病理改变又分为缺血性脑卒中和出血性脑卒中。

临床病例

患者，男性，79岁。

主诉：突发右侧肢体无力伴吐词不清1d。

现病史：1d前患者晨起进食早餐过程中突感右侧肢体无力，右上肢无法上抬，持物不能，伴步态不稳、吐字不清，发病时曾呕吐1次，非喷射性，呕吐物为胃内容物，无咖啡色样物质。当时感轻微头晕，无视物旋转、头痛，无口角歪斜、吞咽困难，无肢体麻木、发热、头痛、视物模糊，无双眼凝视、抽搐、大小便失禁，家属遂呼叫120急救中心，约35min后将患者送至医院急诊科。

既往史：患者有高血压病史10年，最高血压180/120mmHg，平素服用替米沙坦片40mg/d，血压控制在130/90mmHg。

个人史：吸烟史30年，每日约20支，无饮酒史。否认肝炎、结核病史，否认外伤、手术史。

体格检查：血压157/105mmHg，体温36.7℃，神志清楚，发音含糊，精神可，查体合作，心率99次/min、律齐，双肺未闻及干湿啰音，腹平软，无压痛，无反跳痛，双下肢无水肿。双瞳孔等大等圆，对光反射灵敏，伸舌右偏，左侧肢体肌力Ⅴ级，右上肢肌力Ⅰ级，右下肢肌力Ⅱ级。右侧肢体深感觉减退。双侧腱反射对称，右侧巴宾斯基征、查多克征阳性。美国国立卫生研究院脑卒中量表（national institute of health stroke scale，NIHSS）评分6分。

血常规：白细胞计数$9.32×10^9$/L，中性粒细胞百分比73%。肝肾功能、电解质、心电图未见明显异常。血气分析：pH 7.40，PO_2 75mmHg，PCO_2 40mmHg，血氧饱和度93%。

一、初步诊断

患者因突发右侧肢体无力伴吐字不清1d入院。突然起病，以肢体偏瘫和言语障碍为主要表现，危险因素有高血压病、大量吸烟史，结合入院体格检查有肢体肌力减退，病理征阳性，考虑诊断脑卒中。

【问题1】老年脑血管病的常见病因与发病机制有哪些?

脑血管病的病因以血管性因素为主,其中缺血性脑血管病的常见病因主要包括动脉粥样硬化、心源性因素、小血管血栓形成、脉管炎等;出血性脑血管病的常见病因包括高血压病、动脉瘤、血液系统病变等。

1. 缺血性脑卒中

(1)动脉粥样硬化:老年人较易出现脂质代谢障碍,这是动脉粥样硬化的病变基础,而管腔狭窄与血流动力学异常改变则是脑卒中的重要病理基础。受累的动脉从内膜的脂质积聚、血栓形成发展为累及动脉中层的钙化,最终导致血管腔狭窄。当受损血管发生部分或完全阻塞时,由该动脉所供应的组织则会发生缺血或坏死。当该病变发生于脑部时,则为缺血性脑卒中。

(2)心源性因素

1)心房颤动及房性心律失常:心房颤动或房性心律失常患者不规律的心房收缩导致心房内易形成血栓,该血栓从心房内脱落进入外周血液循环可栓塞动脉系统,导致脑卒中或其他疾病。

2)心肌梗死:心肌梗死可引起心内膜损伤,炎症的发生也增加了血栓形成的风险。若同时伴有心力衰竭,则血栓发生概率将进一步增加。同时,心力衰竭也是心房颤动的危险因素之一。

3)卵圆孔未闭:静脉循环的栓子可经由未闭的卵圆孔进入动脉循环,使得栓子进入颅内动脉引发缺血性脑卒中的概率升高。

4)瓣膜疾病及手术等:许多瓣膜系统疾病如二尖瓣狭窄、二尖瓣脱垂、感染及非感染性心内膜炎,或人工心脏瓣膜置换手术均会增加心脏内血栓形成的风险。

5)心脏肿瘤:这是较为少见的心源性脑梗死的病因之一,包括弹力纤维瘤、黏液瘤等。

(3)小血管血栓形成:老年人易患糖尿病等疾病,使血管老化和血管壁受损。当血管内皮受损之后,将会促进血液内凝血因子的形成,同时多种抗凝物质如前列环素的生成将会减少,进而引发血栓的形成。而当血糖升高时,血液黏稠度也随之升高,血小板的凝集性增强,红细胞也更容易发生聚集,进而促进血栓形成。

(4)脉管炎、高凝状态:脉管炎的发生大多与人体免疫反应有关,可引起血管腔的狭窄、闭塞,病变累及脑血管时引发脑梗死。而感染、中毒、肿瘤等因素则可引发血管内的高凝状态,继而引发弥散性血管内凝血,表现为因凝血因子大量被激活导致的小血管内广泛纤维蛋白沉积与全身性的出血倾向。

2. 出血性脑卒中

(1)高血压病:高血压病会引发脑部动脉的病理性改变,主要为动脉血管壁上发生纤维样或玻璃样变性或发生局灶性坏死,降低了血管壁的强度,甚至可能形成微小的动脉瘤。当患者因过度劳累、情绪激动或其他原因引起血压剧烈升高时,将会导致已经病变的脑血管发生破裂和出血。血管破裂最常见于大脑中动脉的中央支(最常见为豆纹动脉)出血,即内囊出血。

(2)动脉瘤:颅内动脉瘤是指因脑动脉局限性异常扩大所造成的瘤状突出,多在脑动脉管壁局部压力升高和管壁缺陷的基础上产生,它是引发蛛网膜下腔出血的重要病因之一。

(3)血液系统病变:凝血功能障碍常可以引起出血,如血友病。血友病以活性凝血活酶生成障碍为主要特征,主要表现为凝血时间延长,重症血友病患者在无明显外伤的条件下也可有明显的出血倾向。

【问题2】老年脑血管病的常见类型有哪些?

1. 脑梗死　脑梗死也称为缺血性脑卒中,中医称之为中风。本病是由各种原因引起的局部脑组织血流供应障碍所导致的脑组织缺血缺氧性病变坏死,进而产生了相应的神经功能缺失症状。脑梗死依据病因的不同可分为动脉粥样硬化型血栓形成、心源性脑栓塞、腔隙性脑梗死、其他原因所致的脑梗死及原因不明的脑梗死等。

(1)动脉粥样硬化型血栓形成:各种原因所引起的脑血管内膜增厚、血管腔狭窄闭塞与血栓形成是该病的主要原因之一。中老年多由动脉粥样硬化所引起,青年则常见由脉管炎引起,常在静息状态或睡眠中发病,患者往往意识障碍程度较轻,部分患者既往可有短暂性脑缺血发作病史,局灶性神经功能障碍多于发病后48h内逐渐加重至顶峰。

(2)心源性脑栓塞:血液中各类栓子随血流进入并阻塞脑部血管,因侧支循环无法完全代偿所引起。各年龄均有发病,患者既往可有心房颤动、心律失常、风湿性心脏病或其他易引发循环系统栓子形成的病史。发病可无明显诱因,是起病最急的脑卒中,进展快速。栓塞部位不同,临床表现也有所不同。最常见的是大脑中动脉栓塞,可引起偏身感觉障碍、偏瘫、语言功能障碍等,严重时可引起昏迷及死亡。基底动脉栓塞常出现眩晕、复视、肢体共济失调,可伴有面神经、三叉神经、迷走神经麻痹症状。

(3)腔隙性脑梗死:常发生在长期高血压的基础上,大脑半球或脑干深部小穿通动脉的血管壁发生病变,导致管腔闭塞形成小梗死灶。常见的发病部位有尾状核、内囊、壳核、丘脑及脑桥,少数位于放射冠及脑室管膜下区。腔隙性脑梗死往往为直径 0.5～15mm 的病灶,可呈多发性,常表现为各种腔隙综合征,如纯运动性偏瘫、纯感觉性脑卒中、感觉运动性脑卒中、共济失调性轻偏瘫、构音障碍 - 手笨拙综合征。

(4)其他原因所致的脑梗死:临床上可见于由感染性、免疫性或中毒等因素所导致的急性脑梗死。诊断时应具备临床体征或影像学检查显示存在急性缺血性脑卒中的病灶。由血液病所致者可进行血液学相关检查,并应排除由心源性及动脉病变等因素所导致的脑梗死。

(5)原因不明的脑梗死:是一种特殊类型的隐源性脑卒中,经多种检查未能发现明确病因。其中卵圆孔未闭和阵发性心房颤动是其最主要的潜在病因。

2.脑出血

(1)脑实质出血:在没有明显外因的条件下所发生的颅内出血称为自发性脑出血,因其具有自发性,往往使得症状突然出现。因其出血部位与出血量的多少有所不同,临床症状也不尽相同,严重时可危及生命。

1)高血压性脑出血:中老年多见,偏瘫、失语及意识障碍往往较为严重。

2)血管畸形性脑出血:好发于中青年男性,但可见于任何年龄阶段,轻度偏瘫为主,可无明显颅内压增高的表现。

3)肿瘤性脑出血:既往有颅内肿瘤病史,或影像学检查提示有颅内占位性病变者,应考虑该病可能。

4)淀粉样脑血管病:该病为正常血压老年人发生自发性脑出血的重要原因之一,且发病率随年龄增长而呈逐渐增加的趋势。该病常伴有阿尔茨海默病的精神行为症状及认知功能障碍,故临床表现较难区分,需经病理学才能诊断。伴发脑出血时,多位于皮质或皮质下,可单发或多发。

(2)蛛网膜下腔出血:原发性蛛网膜下腔出血是指脑表面或底部的血管出血,血液直接进入蛛网膜下腔所引发的疾病。继发性蛛网膜下腔出血则为脑实质、硬膜外或硬膜下的血管出血,血液透过脑组织进入蛛网膜下腔所引起。常表现为突发剧烈头痛、呕吐,脑膜刺激征阳性,无神经系统局灶性定位体征。

(3)硬膜下出血:多因脑挫裂伤处的血管破裂所致,或由脑内血肿穿破至硬脑膜下腔而形成,也可见于血管畸形等病理性原因。常为单侧发生,部位以额顶部和颞顶部多见。血肿多伴有脑挫裂伤。急性硬膜下出血临床症状较重且恶化迅速,意识障碍的程度逐渐加深。较早出现颅内压增高症状和脑疝症状,局灶性症状以偏瘫或失语为多见。慢性硬膜下出血的颅内压增高症状常于受创后 1～3 个月后出现,精神行为症状可表现为记忆力减退、认知功能下降、精神失常等,局灶性症状也可表现为偏瘫或失语。

【问题3】　老年脑血管病的临床表现有哪些?

1.常见表现　老年脑血管病和其他年龄的患者有相似的临床表现,典型表现为局灶性神经功能缺失,如肢体偏瘫、偏身感觉障碍、单肢瘫痪和 / 或感觉障碍、言语障碍、偏盲、象限盲、面舌瘫、癫痫发作等,也可以有全脑神经功能缺失的表现,如意识障碍、剧烈头痛、喷射性呕吐等。其中,脑梗死常在睡眠或安静状态下发病,脑出血多在过度劳累、用力排便、情绪激动时急性发病,蛛网膜下腔出血大多数发病前无前驱症状,起病突然,但老年人起病可以相对缓慢,可以精神症状起始,而头痛、颈项强直可不明显,且意识障碍和脑实质损害较重,易漏诊。

2.不典型表现

(1)谵妄:谵妄是一种急性、一过性、广泛性的认知障碍和意识障碍综合征,具有急性起病、波动性病程、夜间为重的特征,临床常表现为注意力不集中、思维混乱、意识水平改变、精神行为异常、认知障碍等。

(2)记忆障碍:各类型的脑卒中往往都以短时记忆功能障碍为主要表现,其次为瞬时、长时记忆功能障碍,累及部位往往是与认知相关的区域,如海马、颞叶、额叶、丘脑等,且双侧受损时记忆功能障碍更为严重。

【问题4】　老年脑血管病的院前初筛项目有哪些?

如果老年人突然出现以下任一症状,则应考虑脑卒中的可能。①一侧面部或肢体出现麻木或无力;②口角歪斜;③语言功能障碍;④双眼向一侧凝视,单眼或双眼视力丧失或模糊,视物成双;⑤持续眩晕伴呕吐;⑥既往少见的严重头痛、呕吐;⑦意障碍或抽搐;⑧不明原因的跌倒;⑨记忆和认知障碍;⑩精神行为异常;⑪吞咽困难、饮水呛咳。

入院后，急诊颅脑CT：右侧丘脑可疑腔隙性梗死灶、右侧上颌窦炎症、右侧上颌窦及后组筛窦囊肿。

颅脑MRI：延髓左侧急性脑梗死，双侧额顶叶、半卵圆中心、基底节区多发小梗死灶及缺血灶，见图3-1-1。

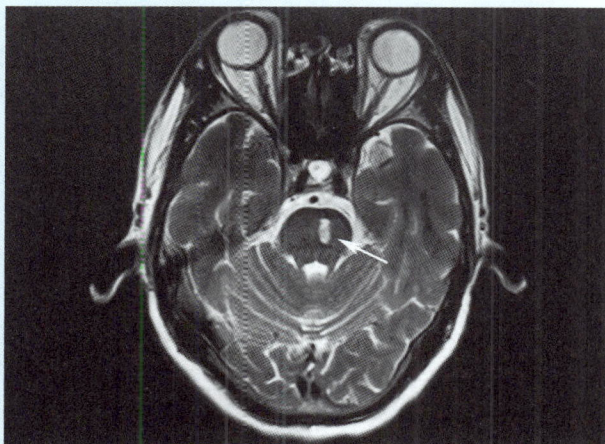

图 3-1-1　颅脑 MRI
T_2WI 示延髓左侧急性脑梗死（箭头）。

二、辅助检查及诊断

患者起病急，病程短，以局灶性神经系统症状和体征为表现，包括右侧肢体偏瘫、言语障碍等症状，肌力下降、病理征阳性等体征，且有脑血管病的危险因素（高血压病和吸烟史），颅脑 CT 及 MRI 提示脑梗死，结合病史及体格检查，因此，诊断急性脑梗死。

【问题5】　老年脑血管病的诊断要点是什么？

1. 病史和体格检查

（1）详细询问病史：包括发病情况、诱因、发病时的状态、症状出现顺序、达到高峰的时间、既往病史、存在的脑血管病危险因素（家族史、烟酒嗜好、肥胖等）。

（2）体格检查：包括生命体征、心脏检查、全面的神经系统体格检查、眼底检查。

2. 评估　美国国立卫生研究院脑卒中量表（national institute of health stroke scale，NIHSS）可用于快速评定急性脑卒中的严重程度。我国根据国内临床实际情况和特点，建立了中国脑卒中量表（Chinese stroke scale，CSS），主要包括 8 项检查内容：①意识水平；②水平凝视；③面瘫；④语言；⑤肩部；⑥手部；⑦下肢；⑧步行功能。CSS 最低得分 0 分，最高得分 45 分，分数越高代表病情越重。

3. 实验室检查　血常规、肝肾功、电解质、血糖、心肌缺血标志物、凝血功能、血氧饱和度、血脂、同型半胱氨酸等，必要时脑脊液检查。

4. 影像学检查

（1）颅脑 CT：首选影像学检查，可快速鉴别脑出血（均匀一致的高密度、没有脑回形态）、蛛网膜下腔出血（脑沟、脑池的密度增高）和缺血性脑血管病（发病 6h 后可见低密度灶，但中线结构移位不多见）。

（2）磁共振成像（MRI）：对早期脑缺血性脑卒中较 CT 敏感，对颅后窝小脑和脑干的梗死灶更具优越性；对早期脑出血不如 CT 敏感，对亚急性出血较易识别。

5. 诊断标准

（1）缺血性脑卒中：起病急，出现局灶或全面神经功能受损，症状持续 24h 以上，影像学提示脑部出现缺血责任病灶时，无论症状持续时间长短均可诊断为缺血性脑卒中。

（2）出血性脑卒中：起病急，多伴有意识障碍及颅内压增高症状，可有偏瘫、语言功能障碍等局灶性神经系统症状、体征，脑脊液检查可为血性，颅脑 CT 检查可以确诊。

（3）蛛网膜下腔出血：突发颅内压增高症状或脑膜刺激征阳性，无明显局灶神经功能受损，影像学检查提示蛛网膜下腔内有高密度征象，脑脊液检查为高压力血性改变。

【问题6】 老年脑血管病的鉴别诊断要点有哪些?

应与脑血管病相鉴别的疾病有偏头痛、癫痫、颅内结构病变、肿瘤、动脉瘤、动静脉畸形、慢性硬膜下血肿、头部外伤、脑炎、脑脓肿、多发性硬化症、低血糖、低钠血症、低钙血症、酒精或药物中毒、重症肌无力、心理疾病等。以下就老年人常见的原因进行鉴别。

1. 癫痫　老年期是癫痫发病的一个高峰,临床表现复杂多样,痉挛、失张力发作等与部分脑卒中症状相似,应注意鉴别。当患者既往有癫痫病史时,应进行脑电图检查,但脑卒中可诱发癫痫的产生。当两者同时出现时,仅进行脑电图检查不能完全确诊,应结合影像学检查进一步诊断。

2. 脑脓肿　因脓肿形成的大小、快慢、部位与疾病发展阶段的不同,其临床表现也有所不同。常见表现为急性感染及全身中毒症状、颅内压增高症状、局灶定位征、脑疝及脑膜刺激征。典型影像学表现是囊壁光滑的环形强化占位病变,周围伴不同程度水肿。

3. 低血糖　老年患者,尤其是病史较长者,发生低血糖时其自主神经兴奋症状常不明显,且因伴有脑动脉硬化,临床症状主要表现为中枢神经功能异常,如头晕头痛、意识障碍、认知功能下降、肢体麻木或无力等,与脑卒中症状相似。因此,对糖尿病患者或既往有低血糖发作病史的患者,应进行血糖监测,以鉴别低血糖与脑卒中。

三、初步治疗

该患者自发病至收入急诊医学科脑卒中绿色通道已经24h以上,超过静脉溶栓或取栓的时间窗,且经沟通告知静脉溶栓相关收益和风险后家属拒绝溶栓治疗。遂予以抗血小板、调脂稳定斑块、控制血压及肢体康复治疗。住院期间患者出现发热、咳嗽、咳痰,测体温38.2℃,查血常规白细胞计数 $10.19×10^9/L$,中性粒细胞百分比88%;体格检查双下肺闻及少量湿啰音,考虑患者发病时呕吐、误吸导致吸入性肺炎,予以哌拉西林他唑巴坦钠静脉滴注抗感染及止咳、化痰治疗。

【问题7】 老年脑血管病的治疗策略是什么?

1. 缺血性脑卒中的治疗

(1)一般处理

1)呼吸与吸氧:无须常规吸氧,在必要的时候给予吸氧使血氧饱和度维持在94%以上,气道通气受限时可予以气道支持或辅助呼吸。

2)心脏监测与心脏病变处理:依据病情变化,可进行心电图检查或至少24h持续心电监护,可早期发现心源性病因如心律失常或心房颤动等。应慎用加重心功能负担的药物。

3)血压控制:应谨慎处理缺血性脑卒中患者的血压升高,在脑卒中发生24h以内,当血压升高至收缩压≥200mmHg 或舒张压≥110mmHg 时,可予以适当降压治疗,但应注意避免血压快速下降,并严密观察其变化。准备进行溶栓或取栓治疗的患者,应将血压控制在收缩压<180mmHg 及舒张压<100mmHg。若在病情稳定后血压持续≥140/90mmHg 且无禁忌证时,可予以相应降压治疗。若发生低血压症状,应积极寻找原因,必要时予以扩容升压治疗。

4)血糖:积极监测血糖,当血糖超过10mmol/L 时,可给予胰岛素,使血糖控制在7.8~10mmol/L。当血糖低于3.3mmol/L 时,可给予葡萄糖口服或注射,以恢复正常血糖。

(2)特异性治疗

1)静脉溶栓:当前最重要的血流恢复措施为静脉溶栓治疗,使用尿激酶、重组组织型纤溶酶原激活剂(rtPA)和替耐普酶等药物。适用于80岁以下的老年人,发病于4.5h 内的急性脑梗死,无明显意识障碍,且症状持续1h以上比较严重者。常用方案:rtPA 0.9mg/kg 静脉滴注(最大剂量为90mg),在最初 1min 内静脉推注总量的10%,其余部分在 1h 内持续静脉滴注。对于发病在 6h 内的患者,也可给予尿激酶 100~150 万IU 溶于生理盐水 100~200ml,30min 内持续静脉滴注。所有的静脉溶栓治疗期间及治疗后24h 内应严密监护患者。

2)血管内介入治疗:对于急性脑梗死患者,如果满足以下条件,可采用血管内介入治疗。发病 6h 内,年龄大于 17 岁,病变发生于颈内动脉或大脑中动脉 M1 段且发病前改良 Rankin 量表(mRS 量表)评分小于 2分、NIHSS 评分和 Alberta 脑卒中项目早期 CT 评分(ASPECTS)量表评分均大于 5 分。治疗方案包括动脉溶栓、血管成形术及机械取栓等。

3）抗栓治疗：对于无法进行血管内取栓或静脉溶栓的患者，在无禁忌证的情况下，应在脑梗死发病后尽早给予阿司匹林进行抗血小板治疗。对于已经进行溶栓治疗的患者，抗血小板凝集的药物应在溶栓 24h 后尽快开始使用。对不能耐受阿司匹林者，可以考虑选择氯吡格雷等其他药物进行治疗。对大多数急性脑梗死患者，不推荐无选择地早期进行抗凝治疗。关于进行过心脏机械瓣膜置换手术等少数特殊的急性脑梗死患者能否进行抗凝治疗，需综合评估患者情况后谨慎选择。

4）他汀类药物：急性缺血性脑卒中患者在发病前已经服用他汀类药物时，可继续进行他汀类药物的治疗。但应根据患者的实际情况对药物剂量进行相应调整。

2．自发性脑出血的治疗

（1）内科治疗

1）适应证：①轻、中度脑定位体征的无明显意识障碍的患者，血压≤200/120mmHg，为原发性非闭塞性脑室内出血且无或仅有轻度脑积水，中线结构的移位需要<1cm。②血肿<30ml 的继发性脑室内出血或多发性出血无明显意识障碍者及不宜手术者。

2）治疗原则：止血、降低颅内压、减轻脑水肿、控制血压，需要注意防止并发症及改善预后。

（2）外科治疗：有研究表明，在发病后 8h 内进行手术，血肿量为 20~50ml 或年龄为 50~69 岁的脑出血患者接受手术治疗的预后较好。并有证据显示，当血肿表浅且无脑室内出血的患者接受手术治疗后的获益更加明显。

1）手术指征：当有下列表现之一时，可考虑行紧急手术。①基底节、丘脑、脑叶出血，出现颞叶钩回疝；影像学提示有明显颅内高压表现或实际测量颅内压 >25mmHg；②脑室出血，如果仅有少量到中等量出血，无梗阻性脑积水，可保守治疗或行腰池持续外引流；如果出血量较大，超过侧脑室容积 50%，合并梗阻性脑积水者，可行脑室钻孔外引流；如果出血量很大，超过脑室容积 75% 或完全脑室铸型，颅内高压明显者，可行脑室钻孔外引流或行开颅手术直接清除脑室内血肿；③小脑出血，小脑血肿 >10ml；第四脑室、脑干受压或并发梗阻性脑积水。

2）手术方法：脑内血肿穿刺吸除术和引流术、骨窗开颅与骨瓣开颅血肿清除术、脑室穿刺脑脊液引流术。

3．蛛网膜下腔出血的治疗　　一般治疗：保持呼吸道通畅，进行心电监护的同时监测血压，积极保护心功能，使收缩压<160mmHg，平均动脉压>90mmHg。监测血糖，使空腹血糖 <10mmol/L。如出现发热应积极降温。

特异性治疗包括手术治疗、治疗脑积水、预防再出血及动脉痉挛等。

（1）手术治疗：介入栓塞或手术夹闭均能降低动脉瘤再次破裂出血的风险。对于同时适用介入栓塞及手术夹闭的动脉瘤患者，应首先考虑进行介入栓塞治疗，且应尽可能选择完全栓塞的治疗方案。对于年龄超过 70 岁，无占位效应的血肿存在的患者，也应优先选择栓塞治疗。

（2）治疗脑积水：急性脑积水患者伴第三、第四脑室积血时可考虑行脑室引流，伴有临床症状的慢性脑积水患者可考虑行临时或永久的脑脊液分流术。

（3）预防再出血：卧床休息有利于减少再出血的发生，但针对病因的治疗则是预防再出血的根本措施。早期短疗程抗纤溶药物治疗也可减少再出血的发生。

（4）预防动脉痉挛：使用尼莫地平可有效预防动脉痉挛，维持有效的循环血容量可预防迟发性缺血。在动脉瘤治疗后，如发生动脉痉挛性脑缺血，可以通过诱导血压升高缓解缺血症状，但若自身血压较高者或心功能情况不允许时则不能进行。

【问题 8】　老年脑血管病常见的并发症有哪些？

1．感染　　脑卒中发生后，出现感染的可能性很高，尤其是肺部感染，在老年脑卒中患者中更为常见。老年患者往往呼吸系统及免疫系统的功能衰退，上常伴有慢性阻塞性肺疾病、哮喘、慢性支气管炎等基础疾病；同时，当脑卒中发生后，部分患者出现意识障碍、吞咽功能障碍时，易产生吸入性肺炎。当明确感染时应积极治疗，合理选择抗菌药物。

2．抑郁　　抑郁是脑卒中的一个常见并发症。瑞典一项全国调查发现 1/7 的脑卒中患者在第一次发病后出现抑郁症状，虽然其病因尚未被阐明，但研究发现有无抑郁的脑卒中患者前额皮质中发现了结构异常，灰质、白质与脑脊液均有差异，可能与抑郁症状相关。建议采取个性化的抗抑郁治疗，同时考虑发病原因和患者可能服用的其他药物的潜在影响。

3. 认知障碍　认知障碍是脑卒中的另一个常见并发症，是指脑卒中事件后 6 个月内出现并达到认知障碍诊断标准的一系列综合征，强调了脑卒中与认知障碍之间潜在的因果关系。因此，脑卒中患者应该常规进行认知功能筛查，及时综合干预，包括药物治疗和康复治疗。药物推荐胆碱酯酶抑制剂，如多奈哌齐、加兰他敏、卡巴拉汀；美金刚的安全性和耐受性好，但认知及总体改善不显著。

四、进一步治疗和复查

治疗 2 周后，患者无明显咳嗽、咳痰，右上肢可在床上移动，但仍不能对抗重力，右下肢肌力较前稍好转，但仍不能对抗重力。体格检查：神志清楚，体温 36.5℃，心率 75 次 /min，血压 120/80mmHg，氧饱和度98%。双肺呼吸音清，未闻及干湿啰音，四肢肌张力正常，右上肢及右下肢肌力Ⅱ级，对侧肌力正常。

复查血常规：白细胞计数 $7.5×10^9$/L，中性粒细胞百分比 65%。感染控制，仍有肢体功能障碍，嘱继续康复和二级预防治疗。

【问题9】　老年脑血管病的康复治疗有哪些？

老年脑卒中患者由于各系统功能衰退、体力与耐力下降、代偿功能差，且往往合并多种疾病，容易出现意识障碍、压疮、坠积性肺炎及全身衰竭等严重并发症。其病程较长，恢复慢，容易遗留后遗症。因此，除了药物治疗与护理外，更需要全面、综合康复治疗进一步改善患者的功能障碍，以提高患者的生活质量及改善预后。

1. 运动康复　运动训练应该遵循循序渐进、个体化、持之以恒的原则，在疾病不同时期采用不同的方式进行康复训练。一般应该包括耐力、力量、平衡、关节灵活性和功能性训练，在脑卒中急性期以被动训练为主，当不能主动训练时也可进行辅助或被动训练。

2. 心理治疗　老年脑卒中患者往往会产生心理负担，造成焦虑、抑郁、猜疑等心理问题。因此，使用适当的心理治疗有利于脑卒中患者的症状控制及预后的改善。应针对患者个体差异及所处疾病阶段的不同心理表现，综合应用相应的干预措施，实施有效的心理治疗。常用方法有建立良好的治疗关系、取得家庭和社会的支持、心理支持疗法。

【问题10】　老年脑血管病的预防措施有哪些？

1. 一级预防

（1）控制血压：高血压病患者应将血压控制在<140/90mmHg，老年人根据其耐受情况，可将收缩压放宽至<150mmHg，如果伴有糖尿病或肾病的患者，根据个体实际情况可进一步降低目标血压。如伴有心肌梗死或心力衰竭，应积极进行抗高血压治疗。对于血压位于正常高值者，应积极监测血压并注意预防高血压的发生。

（2）戒烟：吸烟与被动吸烟均为脑卒中的危险因素，应注意避免被动吸烟，吸烟者应主动戒烟。

（3）控制血糖：糖尿病患者应注意监测血糖，当连续数月血糖控制不理想时，应积极更改治疗方案。糖尿病高危人群应注意定期监测血糖，必要时应进行糖化血红蛋白检测或进行糖耐量试验，且注意改善饮食结构及生活方式。

（4）控制心源性因素：高危人群应定期进行体检，早期发现心律失常、心房颤动等并积极进行治疗。

（5）控制血脂：脑卒中高危人群建议定期检测血脂，根据实际情况确定血脂目标值。注意改善生活方式，必要时进行药物治疗。

（6）改善睡眠：阻塞性睡眠呼吸暂停为脑卒中的危险因素之一，有条件者应积极进行相应检查与治疗。

（7）适当运动：选择适合自己的运动强度进行锻炼，中老年人应注意不宜进行强度过高的运动。

2. 二级预防　在一级预防的基础上，可使用药物及非药物治疗手段控制原发疾病，以达到降低脑卒中再次发病的风险的目的。

（1）抗血小板治疗：口服阿司匹林、氯吡格雷等抗血小板药物可有效降低严重血管事件的发生风险。对于非心源性缺血性脑卒中或短暂性脑缺血发作患者，可常规服用抗血小板药物而非抗凝药用以预防脑卒中的发生。

（2）抗凝治疗：对伴有心房颤动的患者，应口服华法林或新型口服抗凝药物（如利伐沙班、达吡加群）进行抗凝治疗，预防血栓栓塞的发生。

（3）颈部动脉狭窄治疗：颈动脉、椎动脉粥样硬化或狭窄的患者，在内科治疗无效的情况下，应选择手术治疗作为替代。

（4）积极处理其他原发病：如动脉夹层、卵圆孔未闭、动脉瘤等疾病应做到早发现、早治疗。

（吕 洋）

推荐阅读资料

[1] 中国卒中学会，卒中后认知障碍管理专家委员. 卒中后认知障碍管理专家共识. 中国卒中杂志，2017，12（6）：519-531.

[2] 中华医学会神经病学分会，中华医学会神经病学分会脑血管病学组，中华医学会神经病学分会神经血管介入协作组. 中国急性缺血性脑卒中早期血管内介入诊疗指南 2018. 中华神经科杂志，2018，51（9）：683-691.

[3] 中华医学会神经病学分会，中华医学会神经病学分会脑血管病学组. 中国急性缺血性脑卒中诊治指南 2018. 中华神经科杂志，2018，51（9）：666-682.

[4] 中华医学会神经病学分会，中华医学会神经病学分会脑血管病学组. 中国蛛网膜下腔出血诊治指南 2015. 中华神经科杂志，2016，49（3）：182-191.

[5] 中华医学会神经外科学分会. 自发性脑出血诊断治疗中国多学科专家共识. 中华急诊医学杂志，2015，24（12）：1319-1323.

[6] NAIR A K, SABBAGH M N. Geriatric neurology. New Jersey：Wiley-Blackwell，2014：302-310.

第二节 帕 金 森 病

帕金森病（Parkinson's disease）是一种老年常见的神经系统变性疾病，大部分帕金森病患者为散发病例，仅有不到 10% 的患者有家族史。其最主要的病理改变是中脑黑质多巴胺（dopamine）能神经元的变性死亡和路易小体形成，由此而引起纹状体多巴胺含量显著性减少而致病，导致这一病理改变的确切病因目前仍不清楚。帕金森病作为慢性老年疾病，其发病机制包括遗传因素、年龄因素、环境因素等，临床治疗方面存在一定的难度。

临床病例

患者，男，76 岁，高中文化程度。

主诉：左侧肢体不自主抖动 10 年，加重伴头晕 1 周。

现病史：10 年前无明显诱因出现左上肢远端不自主抖动，为细小震颤，以静止时为著，紧张时加重，手部静止性震颤在行走时加重，频率为 4～6Hz 的"搓丸样"震颤。随意运动时缓解，入睡后消失。当时无引起重视，未予诊治。5 年前上述症状进行性加重，并累及左下肢，伴运动迟缓，表现为穿衣、吃饭等日常活动较前明显变慢，就诊于医院帕金森病门诊，给予口服多巴丝肼片 125mg，3 次 /d；吡贝地尔 25mg，3 次 /d，上述症状好转。但此后患者一直未复诊。约 4 年前患者病情进行性加重，行动迟缓，始动困难，起床迈步转身费力。行走时运动幅度减小，尤其是重复运动时明显，呈弯腰驼背姿势，将多巴丝肼片调整为 250mg，3 次 /d，吡贝地尔 25mg，3 次 /d，症状有所改善。6 个月前患者自觉肢体抖动症状加重，伴乏力，走路时左腿发沉，似乎有点拖拉，自诉为"我经常越走越快，止不住步"，走路向前冲。同时夜间出现翻身较困难，伴睡眠差，多梦易醒，记性差，反应慢，伴有便秘，无大便失禁，无吞咽困难和饮水呛咳，生活尚能自理。自行加用口服药物苯海索片 2mg，3 次 /d，后感抖动症状较前缓解，但仍感乏力明显，近 1 周患者感间断头晕，步态不稳，故来院治疗。

既往史：10 年前行"腰椎手术"；5 年前行"胆囊切除术"；"冠心病"病史 5 年，规律口服阿司匹林 100mg，1 次 /d；阿托伐他汀 20mg，每晚 1 次；否认头部外伤史，一氧化碳中毒、重金属和农药中毒史，脑卒中、脑炎、甲状腺功能亢进病史。否认有帕金森家族史。

神经系统体格检查：神志清楚，言语清晰，反应较迟钝，表情略呆板，面具脸，颜面皮脂分泌增多，双眼各向活动无障碍，卧位血压 134/82mmHg、立位血压 125/80mmHg。左侧肢体静止性震颤为"搓丸样"震颤，四肢肌张力增高，呈齿轮样强直，左侧明显。四肢肌力 5 级，运动迟缓，走路时步距短小，两上肢不作前后摆动，初走时缓慢，以后愈来愈快，不能及时停步，而且转弯困难呈慌张步态，双侧指鼻试验、轮替试验笨拙，后拉试验（+），闭目难立征（+），双侧巴宾斯基征阴性。小写征明显。

一、初步诊断

定位诊断：锥体外系，黑质纹状体通路受损。

患者老年，起病缓慢，有运动迟缓、肌强直、静止性震颤、姿势平衡障碍等运动症状，行走缓慢、床上翻身困难、走路易摔倒。体格检查发现患者颈部肌张力和四肢肌张力增高，左侧明显，双侧对指试验、轮替试验笨拙，后拉试验阳性，对左旋多巴治疗有效，无眼外肌麻痹、锥体束征、小脑体征及直立性低血压。

定性诊断：帕金森病。

根据 2016 版中国帕金森病诊断标准，该患者为单侧起病，病情进行性加重，除运动症状（运动迟缓、静止性震颤、肌强直）外，还伴有便秘、嗅觉减退等非运动症状，从体格检查来看以左侧体征为重，无其他系统受累体征，且在治疗阶段对左旋多巴制剂有反应，支持帕金森病的诊断。

【问题 1】　帕金森病的流行现状及未来趋势？

随着老龄化社会的到来，帕金森病患病率、发病率随年龄的增长而成倍升高。流行病学研究显示 65 岁以上人群帕金森病的患病率达 1.7%。我国目前约有帕金森病患者近 300 万人，造成经济负担约为 170 亿元。世界卫生组织专家预测，2030 年我国的帕金森病患者总人数将达到 500 万人。

【问题 2】　帕金森病常见病因及发病机制？

帕金森病主要病理改变为黑质多巴胺能神经元变性死亡，但原因及发病机制尚未完全阐明，通常与下列因素密切有关。

1. 环境因素　20 世纪 80 年代美国加利福尼亚州吸毒者吸食自行合成的海洛因毒品后快速出现了酷似人类帕金森病的病理改变及临床症状，而且对左旋多巴亦有较好的治疗反应。进一步研究发现他们合成的海洛因毒品中含一种 1- 甲基 -4- 苯基 -1，2，3，6- 四氢吡啶（MPTP）的嗜神经毒性物质，MPTP 的毒性作用可导致黑质多巴胺能神经元变性凋亡。后来发现一些杀虫剂、除草剂的化学结构与 MPTP 相似，很可能是 PD 的致病因素之一。

2. 遗传因素　绝大多数帕金森病患者为散发性病例，仅 5%～10% 的帕金森病患者有家族史，通常为多代多人发病，可呈常染色体显性遗传、隐性遗传。近年来遗传因素在帕金森病发病中的作用越来越受到重视。目前分子遗传学的研究证明导致帕金森病发病的重要致病基因有：*PARK1* 基因 [α- 突触核蛋白（α-synuclein 基因）]、*PARK2* 基因（*Parkin* 基因）、*PARK5* 基因（*UCH-L1* 基因）、*PARK7* 基因（*DJ-1* 基因）、*LRRK2* 基因。

3. 年龄老化（促发因素）　本病主要发生于 50 岁以上中老年人，40 岁以前极少发病，60 岁以上发病明显增多，提示老龄与发病的相关性。研究发现随着年龄增长，黑质多巴胺能神经元数目逐渐减少，纹状体内多巴胺递质水平逐渐下降，纹状体 D1 及 D2 受体逐年减少，酪氨酸羟化酶（tyrosine hydroxylase，TH）和多巴脱羧酶（dopa decarboxylase，DDC）活力亦减低。而实际上，只有当黑质多巴胺能神经元数目减少 50% 以上，纹状体多巴胺递质含量减少 80% 以上时，临床上才会出现帕金森病的运动障碍症状，正常神经系统老化并不会达到这一水平，故年龄老化只是帕金森病发病的一个促发因素。

4. 其他因素　脑外伤、吸烟、饮咖啡等因素也可能增加或降低罹患帕金森病的危险性。吸烟与帕金森病的发生呈负相关，这在多项研究中均得到了一致结论。咖啡因也具有类似保护作用。严重的脑外伤则可能增加患帕金森病风险。

目前普遍认为，帕金森病发病可能是多种因素共同作用的结果。除了某个基因突变导致遗传家系中多个成员发病，在散发性帕金森病中遗传因素也可增加患病易感性。在环境因素及年龄老化等因素相互作用下，通过氧化应激、线粒体功能紊乱、蛋白酶体功能障碍、炎性和 / 或免疫反应、钙稳态失衡、兴奋性毒性、细胞凋亡等多种病理机制共同作用下，才引起黑质多巴胺能神经元大量变性死亡导致发病。

【问题3】 帕金森病的临床特点?

帕金森病起病隐袭,进展缓慢。该病的主要临床特点如下。

1. 运动症状(motor symptoms) 常始于一侧上肢,逐渐累及同侧下肢,再波及对侧上肢及下肢。

(1)运动迟缓(bradykinesia):运动缓慢,在持续运动中运动幅度或速度的下降,或逐渐出现迟疑、犹豫、暂停。根据受累部位的不同,运动迟缓可表现在多个方面。面部表情动作减少,瞬目减少称为面具脸。说话声音单调低沉、吐字欠清。写字可变慢变小,称为"小写征"。洗漱、穿衣和其他精细动作可变的笨拙、不灵活。行走速度变慢,手臂摆动幅度会逐渐减少甚至消失。步距变小。因不能主动吞咽致唾液不能咽下而出现流涎。夜间可出现翻身困难。在疾病的早期,患者常将运动迟缓误认为是无力,且常因一侧肢体的酸胀无力而误诊为脑血管疾病或颈椎病。因此,当患者缓慢出现一侧肢体的无力,且伴有肌张力的增高时应警惕帕金森病可能。

(2)静止性震颤(resting tremor):约70%的患者以震颤为首发症状,多始于一侧上肢远端,静止时出现或明显,随意运动时减轻或停止,精神紧张时加剧,入睡后消失。手部静止性震颤在行走时加重。典型的表现是频率为4~6Hz的"搓丸样"震颤。部分患者可合并姿势性震颤。

(3)肌强直(rigidity):检查者活动患者的肢体、颈部或躯干时可觉察到有明显阻力,这种阻力的增加呈现各方向均匀一致的特点,类似弯曲软铅管的感觉,故称为"铅管样强直"。患者合并有肢体震颤时,可在均匀阻力中出现断续停顿,如转动齿轮,故称"齿轮样强直"。

(4)姿势步态障碍(postural instability and gait disorder):姿势反射消失往往在疾病的中晚期出现,患者不易维持身体平衡,稍不平整的路面即有可能跌倒。检查者站在患者背后,嘱患者做好准备后牵拉其双肩。正常人能在后退两步之内恢复正常直立。而姿势反射消失的患者往往要后退三步以上或是需人搀扶才能直立。帕金森病患者行走时常会越走越快,不易止步,称为慌张步态。晚期帕金森病患者可出现冻结现象,表现为行走时突然出现短暂的不能迈步,双足似乎粘在地上,须停顿数秒后才能再继续前行或无法再次启动。冻结现象常见于开始行走时(始动困难),转身,接近目标时,或担心不能越过已知的障碍物时,如穿过旋转门。

2. 非运动症状(non-motor symptoms) 非运动症状贯穿于帕金森病的整个病程,在疾病早期就出现症状,如便秘、疼痛、抑郁、焦虑、嗅觉减退、智能减退、睡眠障碍等,在疾病后期,还会出现认知障碍、幻觉、尿便障碍、直立性低血压等。这些症状往往比运动症状更影响患者的生活质量。便秘在帕金森病患者中发生率高,往往可以是帕金森病的早期症状。其主要原因是由于帕金森病患者全身活动缓慢,身体僵硬,且肠肌间神经丛受损,导致肠蠕动减慢。此外,帕金森病患者的自主神经受到影响,会不自觉地流口水、出汗及出现不正常的油脂分泌,也可能是导致便秘的原因。此外,长期帕金森病的药物治疗,也会带来一定的副作用,加重便秘的症状。疲劳感也是帕金森病常见的非运动症状。

入院后进一步检查。颅脑磁共振(MRI):脑内散在慢性缺血灶,双侧脑室周围缺血性脑白质变性。颈部彩超:右侧锁骨下动脉斑块形成。心脏彩超:左心室轻度增大。经颅多普勒血流分析仪检查未见明显异常。外周血检查:血常规、肝肾功能、铜蓝蛋白、甲状腺功能、同型半胱氨酸、自身免疫抗体、维生素D等指标未见明显异常。

二、辅助检查及诊断

根据患者病史、症状体征及相关辅助检查,帕金森病诊断明确,进一步调整药物治疗。

【问题4】 帕金森病的辅助检查有哪些?

1. 常规血和脑脊液检查无异常,但通过检测脑脊液中 α-synuclein、DJ-1 蛋白水平有助于早期诊断 PD 并评估病情。

2. 嗅觉检查多可发现帕金森病患者存在嗅觉减退;心脏间碘苯甲胍(metaiodobenzylguanidine,MIBG)闪烁扫描清晰记录心脏交感神经元的功能,研究提示早期 PD 患者的 MIBG 摄取量减少。

3. 影像学检查 经颅超声(transcranial sonography,TCS)可通过耳前的听骨窗探测黑质回声,可以发现绝大多数 PD 患者黑质回声异常增强(单侧回声面积>20mm²)(图3-1-2)。颅脑 CT、MRI 检查无特征性改变。分子影像正电子发射体层摄影（PET）或单光子发射计算机体层摄影（SPECT）在疾病早期甚至亚临床期即可显示异常，有较高的诊断价值。其中 ^{123}I-β-CIT、^{11}C-CFT、^{99m}Tc-TRODAT-1 作为示踪剂行多巴胺转运体（DAT）功能显像可显示 DAT 数量减少（图 3-1-3），但此项检查费用较贵，尚未常规开展。

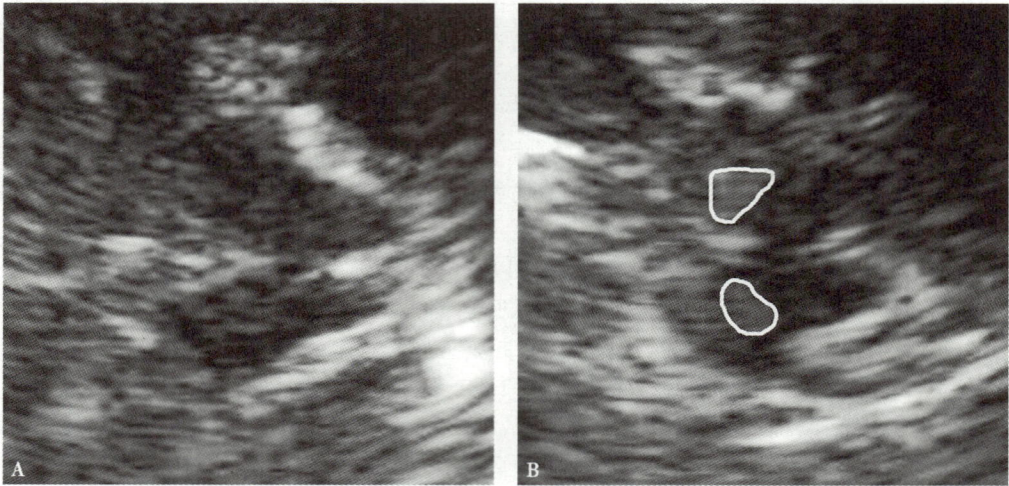

图 3-1-2　颅脑超声
A. 正常人；B. 帕金森病患者。

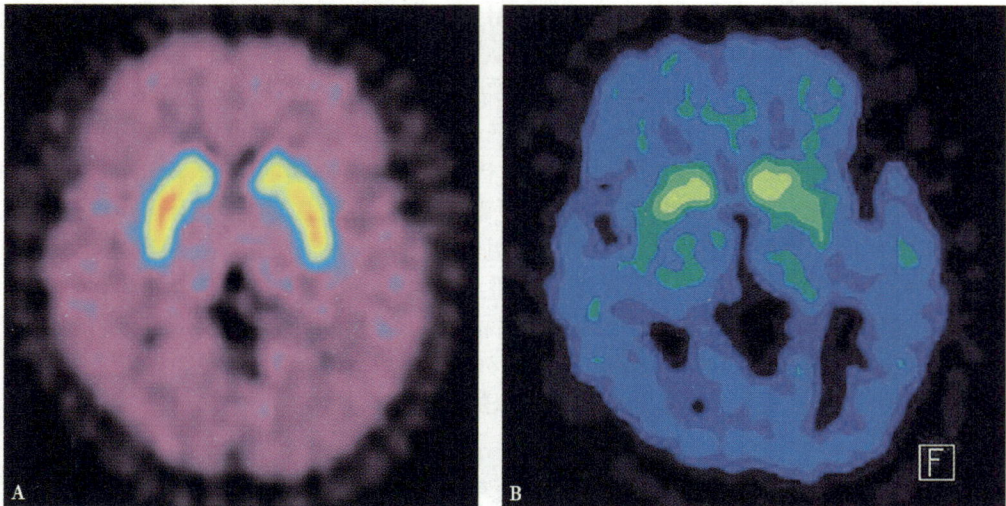

图 3-1-3　^{11}C-CFT 核素显像
A. 正常人；B. 中晚期帕金森病患者。

【问题 5】　帕金森病的诊断要点是什么？

按照 2016 版中国帕金森病的诊断标准（表 3-1-1），帕金森综合征诊断的确立是诊断帕金森病的先决条件。诊断帕金森综合征基于 3 个核心运动症状，即必备运动迟缓和至少存在静止性震颤或肌强直 2 项症状的 1 项，上述症状必须是显而易见的，且与其他干扰因素无关。

一旦患者明确诊断存在帕金森综合征表现，可按照以下标准进行临床诊断。

1. 临床确诊的帕金森病需要具备

（1）不存在绝对排除标准。

（2）至少存在 2 条支持标准。

（3）没有警示征象。

2. 临床很可能的帕金森病需要具备

（1）不符合绝对排除标准。

（2）如果出现警示征象则需要通过支持标准来抵消；如果出现 1 条警示征象，必须需要至少 1 条支持标准抵消；如果出现 2 条警示征象，必须需要至少 2 条支持标准抵消；如果出现 2 条以上警示征象，则诊断不能成立。

表 3-1-1　中国帕金森病的诊断标准（2016 版）

标准	临床表现
诊断标准 （必备条件）	1. 运动迟缓（核心症状） 2. 至少存在静止性震颤或肌强直 2 项症状的 1 项
支持标准	1. 患者对多巴胺能药物的治疗明确且显著有效。在初始治疗期间，患者的功能可恢复或接近至正常水平。在没有明确记录的情况下，初始治疗的显著应答可定义为以下两种情况：①药物剂量增加时症状显著改善，剂量减少时症状显著加重。以上改变可通过客观评分（治疗后 UPDRS-III 评分改善超过 30%）或主观描述（由患者或看护者提供的可靠而显著的病情改变）来确定；②存在明确且显著的开/关期症状波动，并在某种程度上包括可预测的剂末现象 2. 出现左旋多巴诱导的异动症 3. 临床体格检查观察到单个肢体的静止性震颤（既往或本次检查） 4. 以下辅助检测阳性有助于鉴别帕金森病与非典型性帕金森综合征：存在嗅觉减退或丧失，或颅脑超声显示黑质异常高回声（>20mm²），或心脏间碘苄胍闪烁显像法显示心脏去交感神经支配
绝对排除标准 （出现下列任何 1 项即可排除帕 金森病的诊断）	1. 存在明确的小脑性共济失调，或小脑性眼动异常（持续的凝视诱发的眼震、巨大方波跳动、超节律扫视） 2. 出现向下的垂直性核上性凝视麻痹，或向下的垂直性扫视选择性减慢 3. 在发病后 5 年内，患者被诊断为高度怀疑的行为变异型额颞叶痴呆或原发性进行性失语 4. 发病 3 年后仍局限于下肢的帕金森样症状 5. 多巴胺受体阻滞剂或多巴胺耗竭剂治疗诱导的帕金森综合征，其剂量和时程与药物性帕金森综合征相一致 6. 尽管病情为中等严重程度（即根据 MDS-UPDRS，评定肌强直或运动迟缓的计分大于 2 分），但患者对高剂量（不少于 600mg/d）左旋多巴治疗缺乏显著治疗应答 7. 存在明确的皮质复合感觉丧失（如在主要感觉器官完整的情况下出现皮肤书写觉和实体辨别觉损害），以及存在明确的肢体观念运动性失用或进行性失语 8. 分子神经影像学检查突触前多巴胺能系统功能正常 9. 存在明确可导致帕金森综合征或疑似与患者症状相关的其他疾病，或基于全面诊断评估，由专业医师判断其可能为其他综合征，而非帕金森病
警示征象	1. 发病后 5 年内出现快速进展的步态障碍，以至于需要经常使用轮椅 2. 运动症状或体征在发病后 5 年内或 5 年以上完全不进展，除非这种病情的稳定与治疗相关 3. 发病后 5 年内出现延髓麻痹症状，表现为严重的发音困难、构音障碍或吞咽困难（需进食较软的食物，或通过鼻胃管、胃造瘘进食） 4. 发病后 5 年内出现吸气性呼吸功能障碍，即在白天或夜间出现吸气性喘鸣或频繁的吸气性叹息 5. 发病后 5 年内出现严重的自主神经功能障碍：①直立性低血压，即在站起后 3min 内，收缩压下降至少 30mmHg 或舒张压下降至少 20mmHg，并排除脱水、药物或其他可能解释自主神经功能障碍的疾病；②发病后 5 年内出现严重的尿潴留或尿失禁（不包括女性长期存在的低容量压力性尿失禁），且不是简单的功能性尿失禁（如不能及时如厕）。对于男性患者，尿潴留必须不是由前列腺疾病所致，且伴发勃起障碍 6. 发病后 3 年内由于平衡障碍导致反复（>1 次/年）跌倒 7. 发病后 10 年内出现不成比例的颈部前倾或手足挛缩 8. 发病后 5 年内不出现任何一种常见的非运动症状，包括嗅觉减退、睡眠障碍（睡眠维持性失眠、日间过度嗜睡、快动眼期睡眠行为障碍）、自主神经功能障碍（便秘、日间尿急、症状性直立性低血压）、精神障碍（抑郁、焦虑、幻觉） 9. 出现其他原因不能解释的锥体束征 10. 起病或病程中表现为双侧对称性的帕金森综合征症状，没有任何侧别优势，且客观体检亦未观察到明显的侧别性

【问题6】 帕金森病的鉴别诊断？

1. 特发性震颤　此病隐袭起病，进展很缓慢或长期缓解。约1/3患者有家族史。震颤是唯一的临床症状，主要表现为姿势性震颤和动作性震颤，即身体保持某一姿势或做动作时易于出现震颤。震颤常累及双侧肢体，头部也较常受累。频率为6～12Hz。情绪激动或紧张时可加重，静止时减轻或消失。此病与帕金森病明显的不同在于特发性震颤起病时多为双侧症状，不伴有运动迟缓，无静止性震颤，疾病进展很慢，多有家族史，有相当一部分患者生活质量几乎不受影响。

2. 帕金森叠加综合征　帕金森叠加综合征包括多系统萎缩（multi-system atrophy，MSA）、进行性核上性麻痹（progressive superanuclear palsy，PSP）和皮质基底节变性（corticobasaldegeneration，CBD）等。在疾病早期即出现突出的语言和步态障碍，姿势不稳，中轴肌张力明显高于四肢，无静止性震颤，突出的自主神经功能障碍，对左旋多巴无反应或疗效不持续均提示帕金森叠加综合征的可能。尽管上述线索有助于判定帕金森叠加综合征的诊断，但要明确具体的亚型则较困难。一般来说，存在突出的直立性低血压或伴随有小脑体征者多提示多系统萎缩。垂直注视麻痹，尤其是下视困难，颈部过伸，早期跌倒多提示进行性核上性麻痹。不对称性的局限性肌张力增高，肌阵挛，失用，异己肢现象多提示皮质基底节变性。

3. 继发性帕金森综合征　此综合征是由药物、感染、中毒、脑卒中、外伤等明确的病因所致。通过仔细询问病史及相应的实验室检查，此类疾病一般较易与原发性帕金森病鉴别。药物是最常见的导致继发性帕金森综合征的原因。用于治疗精神疾病的神经安定剂（吩噻嗪类和丁酰苯类）是最常见的致病药物。需要注意的是，临床有时也会使用这些药物治疗呕吐等非精神类疾病，如应用异丙嗪止吐。其他可引起或加重帕金森样症状的药物包括利血平、氟桂利嗪、甲氧氯普胺、锂、氟哌噻吨美利曲辛片和异烟肼等。

4. 其他　遗传变性性帕金森综合征往往伴随有其他的症状和体征，因此一般不难鉴别。如肝豆状核变性可伴有角膜色素环和肝功能损害。抑郁症患者可出现表情缺乏、思维迟滞、运动减少，有时易误诊为帕金森病，但抑郁症一般不伴有静止性震颤和肌强直，对称起病，有明显的情绪低落和快感缺乏可资鉴别。

　　患者因抖动症状较前加重，自诉"药物不像以前那样管事了，以前服一次药能维持4h，现在2h药就过劲了"，自行加用苯海索2mg/次，3次/d，3个月后出现排尿困难，情绪低落明显，同时伴近期记忆力减退，住院后告知患者苯海索不良反应并停用，并进行简易智能量表测定（MMSE：26分），将药物调整为：多巴丝肼片250mg/次，4次/d，司来吉兰5mg/次，2次/d；吡贝地尔25mg/次，3次/d；阿普唑仑0.4mg/次，1次/d；多奈哌齐5mg/次，1次/d；患者震颤、强直运动症状改善，失眠及抑郁、记忆力等非运动症状较前改善。1个月后门诊随诊，患者诉口服药物1h后头部及四肢舞蹈样运动，身体不自主晃动，无法控制，持续约1.5h后逐渐缓解，再发运动迟缓、肢体僵硬，考虑出现运动并发症，予以药物调整：多巴丝肼片187.5mg/次，4次/d，吡贝地尔50mg/次，3次/d，其余药物同前所述。患者诉药效时间可维持约4h，身体不自主晃动症状较前有所改善。

三、治疗及随访

　　患者在长期的左旋多巴治疗中出现运动并发症（剂末现象、剂峰异动），发病年龄和病程均是不可控的因素，因此通过优化左旋多巴的治疗方案可尽量延缓运动并发症的出现。针对该患者酌情减少了多巴丝肼片的用量，适当增加多巴胺受体激动剂用量，使得运动并发症有了明显好转。

【问题7】 帕金森病的治疗方法？

1. 综合治疗　帕金森病的治疗方法和手段包括药物治疗、手术治疗、运动疗法、心理疏导及照料护理等综合治疗。药物治疗为首选，手术治疗是药物治疗的一种有效补充。目前无论是药物或手术治疗，只能改善患者的症状，并不能阻止病情的发展，更无法治愈。因此，治疗不仅要立足当前，并且需要长期管理，以达到长期获益。

2. 用药原则　提倡早期诊断、早期治疗，不仅可以更好地改善症状，而且可能会达到延缓疾病进展的效果。应坚持"剂量滴定"以避免产生药物的急性副作用，力求实现"以小剂量达到满意临床效果"的用药原则，避免或降低运动并发症尤其是异动症的发生。特别是使用左旋多巴时不能突然停药，以免发生撤药恶性综合征。

3. 治疗策略　根据临床症状严重程度不同，将帕金森病的病程分为早期（Hoehn-Yahr 分级 1～2.5 级）

和中晚期（Hoehn-Yahr 分级 3～5 级）。

（1）早期治疗：一旦确诊，应尽早于始治疗，争取掌握疾病的修饰时机，对今后帕金森病的整个治疗成败起关键性作用。早期治疗可以分为非药物治疗（包括认识和了解疾病、补充营养、加强锻炼、坚定战胜疾病的信心及社会和家人对患者的理解、关心与支持）和药物治疗。一般疾病初期多予单药治疗，但也可采用优化的小剂量多种药物（多靶点治疗）的联合应用，力求达到疗效较好、维持时间更长而运动并发症发生率最低的目标。

首选药物原则如下。

1）早发型患者，在不伴有智能减退的情况下，可选择：①非麦角类多巴胺受体激动剂；②单胺氧化酶 B 型（MAO-B）抑制剂；③金刚烷胺；④复方左旋多巴；⑤复方左旋多巴 + 儿茶酚 -0- 甲基转移酶（COMT）抑制剂。首选药物可根据不同患者的具体情况而选择不同方案。若遵照美国、欧洲的治疗指南应首选方案①、②或⑤；若患者由于经济原因不能承受高价格药物，则可首选方案③；若因特殊工作之需，力求显著改善运动症状，或出现认知功能减退，则可首选方案④或⑤；也可在小剂量应用方案①、②或③时，同时小剂量联合应用方案④。对于震颤明显而其他抗帕金森病药物疗效欠佳的情况下，可选用抗胆碱能药，如苯海索。

2）晚发型或有伴智力减退的患者，一般首选复方左旋多巴治疗。随着症状的加重，疗效减退时可添加多巴胺受体激动剂、MAO-B 抑制剂或 COMT 抑制剂治疗。尽量不应用抗胆碱能药物，尤其针对老年男性患者，因其具有较多的副作用。

（2）中晚期治疗：一方面力求改善患者的运动症状，另一方面妥善处理运动并发症和非运动症状。

【问题8】 帕金森病常见运动并发症及处理方法？

运动并发症（症状波动和异动症）是帕金森病中晚期常见症状，调整药物种类、剂量及服药次数可以改善症状，手术治疗如脑深部电刺激术（DBS）亦有疗效。

1. 症状波动有两种形式　剂末恶化、开 - 关现象。

（1）剂末恶化的处理方法：①不增加服用复方左旋多巴的每日总剂量，而适当增加每日服药次数，减少每次服药剂量（以仍能有效改善运动症状为前提），或适当增加每日总剂量（原有剂量不大的情况下），每次服药剂量不变，而增加服药次数；②由常释剂换用控释剂以延长左旋多巴的作用时间，更适宜在早期出现剂末恶化，尤其发生在夜间时为较佳选择，剂量需增加 20%～30%［美国神经病学学会公布的最新帕金森病循证医学指南认为不能缩短"关"期，为 C 级证据，而英国国家卫生与临床优化研究所（NICE）发布的成人帕金森病指南推荐可在晚期患者中应用，但不作为首选，为 B 级证据］；③加用长半衰期的多巴胺受体激动剂，其中普拉克索、罗匹尼罗为 B 级证据，卡麦角林、阿扑吗啡为 C 级证据，溴隐亭不能缩短"关"期，为 C 级证据，若已用多巴胺受体激动剂而疗效减退可尝试换用另一种多巴胺受体激动剂；④加用对纹状体产生持续性多巴胺能刺激的 COMT 抑制剂，其中恩托卡朋为 A 级证据，托卡朋为 B 级证据；⑤加用 MAO-B 抑制剂，其中雷沙吉兰为 A 级证据，司来吉兰为 C 级证据；⑥避免饮食（含蛋白质）对左旋多巴吸收及通过血脑屏障的影响，宜在餐前 1h 或餐后 1.5h 服药，调整蛋白饮食可能有效；⑦手术治疗主要为丘脑底核（STN）行 DBS 可获益，为 C 级证据。

（2）对开 - 关现象的处理较为困难，可以选用口服多巴胺受体激动剂，或可采用微泵持续输注左旋多巴甲酯或乙酯或多巴胺受体激动剂（如麦角乙脲等）。

2. 异动症（abnormal involuntary movements，AIMs）　又称为运动障碍，有 3 种形式，分别为剂峰异动症、双相异动症和肌张力障碍。

（1）对剂峰异动症的处理方法：①减少每次复方左旋多巴的剂量；②若患者是单用复方左旋多巴，可适当减少剂量，同时加用多巴胺受体激动剂，或加用 COMT 抑制剂；③加用金刚烷胺（C 级证据）；④加用非典型抗精神病药如氯氮平；⑤若使用复方左旋多巴控释剂，则应换用常释剂，避免控释剂的累积效应。

（2）对双相异动症（包括剂初异动症和剂末异动症）的处理方法：①若在使用复方左旋多巴控释剂应换用常释剂，最好换用水溶剂，可以有效缓解剂初异动症；②加用长半衰期的多巴胺受体激动剂或延长左旋多巴血浆清除半衰期的 COMT 抑制剂，可以缓解剂末异动症，也可能有助于改善剂初异动症。微泵持续输注多巴胺受体激动剂或左旋多巴甲酯或乙酯可以同时改善异动症和症状波动，目前正在试验口服制剂是否能达到同样效果。其他治疗异动症的药物如作用于基底节非多巴胺能的腺苷 A2A 受体拮抗剂等治疗效果的相关临床试验正在开展。

（3）对晨起肌张力障碍的处理方法：睡前加用复方左旋多巴控释片或长效多巴胺受体激动剂，或在起床前服用复方左旋多巴常释剂或水溶剂；对"开"期肌张力障碍的处理方法同剂峰异动症。

【问题9】　遇到帕金森病的常见非运动症状如何处理？

1. 精神障碍　帕金森患者在疾病晚期可出现精神症状，如幻觉、欣快、错觉等。首先考虑抗帕金森病药物的副作用引起这些症状，依次逐渐减少或停用抗胆碱能药、金刚烷胺、司来吉兰、多巴胺受体激动剂、复方左旋多巴。如果药物调整效果不理想就要考虑对症治疗，采用相应的对症治疗药物。针对幻觉与和妄想的治疗，推荐选用氯氮平或喹硫平。针对抑郁或焦虑的治疗，可应用选择性5-羟色胺选择性重摄取抑制剂（SSRI），也可应用多巴胺受体激动剂。针对认知障碍和痴呆，可应用胆碱酯酶抑制剂，如利伐斯明、多奈哌齐、美金刚。

2. 自主神经功能障碍　对于流涎过多的患者，临床上应用1%阿托品滴眼液口服，用法为1滴/次，每日1次或2次。对于便秘的患者可增加饮水量、多进食富含纤维的食物。同时也可减少抗胆碱能药物的剂量或服用通便药物。如左旋多巴，它在肠道必须依靠转运蛋白，即"载体"才能进入血液循环，到达脑内发挥药力。肉和奶含有大量的蛋白质，其分解产物氨基酸会很快占用所有的转运"载体"。药物就要等到"载体"空闲下来时才能穿过肠壁入血。因此，最好在摄入肉、奶之前60min服用左旋多巴，这样可以保证它们优先吸收入血，不受食物影响。也避免药物和食物互相影响，减少便秘发生。

3. 睡眠障碍　帕金森病患者可出现入睡困难、多梦、易醒、早醒等睡眠障碍。如果夜间失眠与帕金森病症状未能得到良好控制有关，可以增加原来药物服用次数或增加作用时间较长的抗帕金森病药物。如果睡眠障碍是因为疾病发展到一定程度而出现的，则可以在医生的指导下选用安眠药。

4. 其他　另外，有关泌尿障碍的患者可减少晚餐后的摄水量，或在医生的指导下应用外周抗胆碱能药物。直立性低血压患者应增加盐和水的摄入量，可穿弹力袜，必要时，可在医生指导下应用药物治疗。

四、预后

帕金森病是慢性进展性老年常见疾病，不同类型患者疾病进展的速度不同。目前尚不能治愈。早期患者通过药物治疗多可很好控制症状，至疾病中期虽然药物仍有一定的作用，但常因运动并发症的出现导致生活质量下降。疾病晚期由于患者对药物反应差，症状不能得到控制，患者可全身僵硬，生活不能自理，易发生骨折，甚至长期卧床，最终多死于肺部感染等并发症。

【问题10】　帕金森病的预防措施及护理方法？

1. 预防　目前尚无有效的预防措施阻止疾病的发生和进展。因此，如何早期发现临床前患者已成为帕金森病研究领域热点之一。有关多巴胺能神经元的保护性药物目前尚在研究之中。流行病学证据显示每日喝3杯绿茶可以降低患帕金森病风险。

2. 康复运动及照料护理　帕金森病患者的饮食无特殊要求。服用左旋多巴制剂的患者用药应与进餐隔开，应餐前1h或餐后1.5h用药。康复与运动疗法对帕金森病症状的改善乃至对延缓病程的进展可能都有一定的帮助。近来研究表明，太极拳、健身操、慢跑等运动对患者的平衡功能、步态和姿势均有帮助。早期患者日常生活可自理，至中期多数患者需要一定程度的帮助，晚期患者日常生活需要照料。吞咽困难、饮水呛咳的患者可给予鼻饲饮食。长期卧床者应定期翻身拍背，以避免压疮和坠积性肺炎的发生。尿失禁者需行导尿。科学的护理可防止误吸或跌倒等意外事件的发生。

（朱爱琴）

推荐阅读资料

[1] 刘疏影，陈彪. 帕金森病流行现状. 中国现代神经疾病杂志，2016，16（2）：98-101.

[2] 贾建平，陈生弟. 神经病学. 8版. 北京：人民卫生出版社，2018.

[3] 中华医学会神经病学分会帕金森病及运动障碍学组，中国医师协会神经内科医师分会帕金森病及运动障碍专业委员会. 中国帕金森病的诊断标准（2016版）. 中华神经科杂志，2016，49（4）：268-271.

[4] 中华医学会神经病学分会帕金森病及运动障碍学组. 中国帕金森病治疗指南（第三版）. 中华神经科杂志，2014，47（6）：428-433.

[5] FOX S H，KATZENSCHLAGER R，LIM S Y，et al. International Parkinson and movement disorder society evidence-based medicine review: update on treatments for the motor symptoms of Parkinson's disease. Mov Disord，2018，33（8）：1248-1266.

第三节　阿尔茨海默病

学习要求

1. 掌握阿尔茨海默病的临床表现、诊断标准及鉴别诊断要点。
2. 熟悉阿尔茨海默病的治疗方案。
3. 熟悉阿尔茨海默病的前沿诊断标准。
4. 了解阿尔茨海默病的病理生理机制。

阿尔茨海默病（Alzheimer's disease，AD）是一种起病隐匿的进行性发展的神经系统退行性疾病。临床上以记忆障碍、失语、失用、失认、视空间技能损害、执行功能障碍、精神行为改变及日常生活能力下降等全面性痴呆表现为特征。病理以炎性淀粉样斑块及神经原纤维缠结形成致进行性的皮质神经元萎缩为特征，Aβ淀粉样蛋白是斑块的主要成分，过度磷酸化的 tau 蛋白则是神经原纤维缠结的主要成分，整个病理过程始于海马及内嗅皮质，逐渐蔓延至颞叶、顶叶、额叶的相关皮质区域，萎缩的皮质乙酰胆碱相对性缺乏、谷氨酸能神经元损害。β淀粉样前体蛋白（APP）基因、早老素基因（PS1，PS2）基因突变可致家族性 AD，ApoEε4携带提高 AD 发病率5～10倍。临床治疗以胆碱酯酶抑制剂及谷氨酸受体拮抗剂为主要治疗药物。

临床病例

患者，女，70岁。

主诉：记忆力减退5年，逐渐加重伴行为异常2年。

现病史：5年前家属发现其记忆力出现减退，尤其是近记忆力，主要表现为不记得已买过的东西，重复购买；不记得刚放置的物品位置，丢三落四；做菜不记得已放盐，多次加盐；不记得刚服用药，反复吃降糖药，曾导致出现低血糖等，并且上述症状逐渐加重，出现外出购物归途中不认路，在小区锻炼时迷路等情况。为便于得到照顾，于2年前搬到女儿家，病情明显加重，并出现精神行为异常，表现为易怒、脾气古怪、怀疑保姆偷窃钱财、不讲究卫生，甚至还出现随地便溺的情况。目前需要人看护，不能独立外出散步和购物，需要家属督促洗澡、换衣服等。无行动迟缓、幻觉、晕厥、四肢抽搐、猝倒发作等情况。

既往史：糖尿病10年余，应用口服药物控制，控制尚可。

家族史：母亲可疑为"老年痴呆"症。

体格检查：血压 110/60mmHg，呼吸 13 次/min，血氧饱和度99%，心率 68 次/min，脉搏 68 次/min。双肺听诊呼吸音清，未闻及干湿啰音；律齐，各瓣膜听诊区未闻及病理性杂音；腹软，无压痛、无反跳痛及肌紧张。双下肢无水肿。神经系统体格检查：神清，语利，100-7=87、时间、地点、人物定向力差，近记忆力、理解力明显减退。双眼直接、间接对光反射灵敏，双瞳等大等圆，直径 3mm，双侧眼球各向运动充分，无眼震，双侧咬肌对称有力，双侧额纹、鼻唇沟对称，听力检查欠配合，悬雍垂居中，双侧软腭上抬有力，咽反射灵敏，双侧转颈和耸肩对称有力，伸舌右偏。四肢肌力、肌张力正常，四肢腱反射未引出。双侧病理征未引出。共济运动、深浅感觉检查欠合作。颈软，脑膜刺激征阴性。颈部各血管听诊区未闻及杂音。

辅助检查如下。

1. 各项评分结果：简易精神状态检查（MMSE）评分 17 分；蒙特利尔认知评估（MoCA）评分 13 分；Rey听觉言语学习测验（即刻回忆6分，延迟回忆0分）词语流畅性测验15分；Boston命名试验16分；连线测验A部分120s，B部分300s；数字广度试验3分；日常生活能力量表44分；神经精神问卷55分。

2. 血清叶酸、维生素 B$_{12}$、甲状腺功能、肿瘤标志物均在正常水平。血清 APOE 基因为 APOE4 基因型。患者及家属拒绝进行脑脊液检查。

3. 脑电图检查示双额叶、双颞前叶、双颞、双顶叶弥漫性低中波幅 θ 波。

4. 颅脑 MRI 可见全脑皮质萎缩，冠状位海马萎缩 MTA-scale 评分 4 分。

5. SPECT 可见双侧对称性脑血流灌注量减少，额、颞叶尤明显。患者未行 PET 检查。

一、初步诊断（结合病人实际具体临床情况，确定患者的诊断）

患者日常生活工作能力受损，且生活能力和执行能力较先前水平降低。无法用谵妄或其他严重精神疾病来解释。根据患者家属提供的病史及进行认知功能量表测定后患者认知或行为受损至少包括以下中的 2 项：①学习记忆新信息功能受损，症状包括重复的发问或话语、乱放个人物品、在熟悉的地方迷路；②推理及处理复杂任务的能力受损、判断力受损，症状包括对危险缺乏理解、不能胜任财务管理、决断力差、不能计划一连串的复杂活动；③视空间能力受损，症状包括无法识别面孔或常见物品、视力良好不能发现正前方物品、不能使用简单的工具或衣物且躯体关系定向困难；④语言功能受损（说、读、写），症状包括说话时找词困难、犹豫，说话、拼写和书写错误；⑤人格或行为举止改变，症状包括非特异的情绪波动，对先前所从事活动兴趣降低、出现社会不当行为等。

在符合痴呆诊断标准的基础上，患者隐匿起病，缓慢进展，持续数月至数年，并非数小时或数日。看护人员报告或观察到明确的认知功能恶化，且病史及体格检查发现早期显著的认知障碍，分类如下。

1. 遗忘表现　AD 最常见症状，学习、回忆新近习得的知识功能受损，以及至少一项认知功能受损证据。

2. 非遗忘表现　主要表现：①语言障碍，最突出的缺损是找词困难，同时存在其他认知功能缺损；②视空间障碍，最突出的缺损是空间认知受损，包括物体、面容、动作失认、失读，同时还表现其他认知区域受损；③执行功能障碍，最突出的缺损是推理、判断及解决问题能力受损，同时还表现为其他认知区域受损。此外，本患者通过 MRI 检查排除了血管性痴呆诊断。临床症状上不符合路易体痴呆及额颞叶痴呆（详见鉴别诊断）。

对 AD 进行临床拟诊时，主要根据患者症状、长期护理人员提供的病史进行分析，得出初步诊断，再做相应的辅助检查加以验证，使其起到支持或排除初步诊断的佐证作用，及时修正或完善诊断。病史和体征是诊断资料的主要来源，也是临床思维导向的主要依据，因此应夯实询问病史和体格检查的基本功。体格检查既要注意了解患者的一般情况，更需注重神经系统专科检查，尤其是可与 AD 相鉴别的疾病体征。

病史询问思路如下。

1. 明确症状出现的时间非常重要，是急性发作，还是逐渐出现。

2. 认知功能的哪几方面出现问题（记忆、语言、定向、计算、注意力、逻辑思维、判断、视空间觉及执行能力），是否影响日常生活能力。

3. 伴随症状，是否有行动迟缓、震颤、跌倒、晕厥、幻觉等鉴别诊断的症状。

4. 症状发展进程（如起病即达高峰之后好转或逐步进展或阶梯样进展）。

5. 既往有无脑血管病史、外伤史、脑炎病史、肿瘤病史，家族中是否有痴呆病史。

【问题 1】 诊断 AD 的辅助检查有哪些？

诊断 AD 的辅助检查包括 2 个级别，A 为条件差的县级医院能开展的检查项目；B 为条件好的县级医院能开展的检查项目，在需要给予的检查项目中标注为 A 或 B。

1. 神经心理量表检测　判断是否为痴呆及痴呆的程度，但有些量表需要经过规范化的培训。基本量表介绍如下。

（1）筛查量表（A 级）：简易精神状态检查（MMSE）为痴呆的筛查量表，总分范围 0～30 分，轻度痴呆患者评分为 18～26 分，中度痴呆评分为 10～17 分，重度痴呆评分为 <10 分；蒙特利尔认知评估（MoCA）量表为轻度认知障碍（mild cognitive impairment, MCI）筛查量表，总分为 30 分，≤26 分为可疑 MCI。

（2）认知检测（B 级）：包括检测情景记忆的加州言语学习测验（California verbal learning test, CVLT）和 Rey 听觉言语学习试验（the Rey auditory verbal learning test, RAVLT）；语义记忆的语义流畅性测验、图片命名任务、词语和图片定义测验；检测执行功能的言语流畅性测试、Wisconsin 卡片分类测验中的持续反应、连线测验（trail making test）加工速度；检测言语功能的 Boston 命名测验、SIB-L 测试。还有常用于临床药物观察的 AD 评定量表 - 认知（ADAS-Cog）检测量表及严重损害量表（severe impairment battery, SIB）。

（3）日常生活能力量表（activity of daily living，ADL）（A 级）：痴呆日常生活能力检测量表。共 10 项，每项分 4 级，有两项或两项以上达 3 级（需要帮助）或 4 级（能力丧失）者，或总分≥26 分时，可认为有日常生活能力缺损。

（4）神经精神科问卷（neuropsychiatric inventory，NPI）（B 级）：检测 AD 的精神行为量表。

（5）总体功能的评估（B 级）：临床医师访谈时对病情变化的印象补充量表（clinicians' interview-based impression of change-plus，CIBIC-Plus），临床医师访谈时对病情变化的印象补充量表。

（6）痴呆分级量表（B 级）：临床痴呆评定（clinical dementia rating，CDR）痴呆分级量表，0 分为正常，0.5 分为 MCI，1 分为轻度痴呆，2 分为中度痴呆，3 分为重度痴呆。全面衰退量表（GDS），痴呆分级量表，分 7 个等级：①正常；②极轻；③轻度；④中度；⑤中重度；⑥重度；⑦极重度。

（7）Hachinski 缺血量表（Hachinski ischemic scale，HIS）（A 级）：AD 与血管性痴呆的鉴别量表，由 13 项组成。总分≥7 分为血管性痴呆，≤4 分为 AD，4～7 分为混合性痴呆。

2. 血清、血叶酸、维生素 B_{12}、甲状腺功能、肿瘤标志物检测（A 级）　以排除由于叶酸、维生素 B_{12} 缺乏、甲状腺功能减退及副肿瘤综合征导致的痴呆。血 APOE4 基因检测有利于痴呆的诊断（B 级）。

3. 脑脊液（B 级）　近期研究发现，同时检测脑脊液中 $\beta_{1\sim42}$ 和 tau 蛋白可能有特殊意义。据报道，约 96% 的 AD 患者同时具有脑脊液 tau 蛋白或 p-tau 蛋白水平的增高和 $A\beta_{1\sim42}$ 的降低。

4. 脑电图（electroencephalogram，EEG）和脑电地形图（B 级）　AD 的 EEG 无特异性改变，早期可表现为普遍波幅下降和 α 节律变慢。继之可出现低和中波幅不规则活动，额叶 θ 波，逐渐发展为弥漫性低中波幅 θ 波和阵发中高波幅 δ 活动。其异常程度多和痴呆轻重有关。

5. 颅脑 CT（B 级）及 MRI 检查（A 级）　可显示脑萎缩改变，即皮质萎缩（在先）及脑室扩大（在后），冠状位显示海马萎缩，可通过内侧颞叶萎缩视觉评定量表（MTA-scale）来评分（图 3-1-4），影像学检查还可帮助鉴别血管性痴呆。MTA-scale 分级：0 级，没有萎缩；1 级，仅有脉络膜裂的增宽；2 级，同时伴有侧脑室颞脚的扩大；3 级，海马体积中度缩小（高度下降）；4 级，海马体积重度缩小。

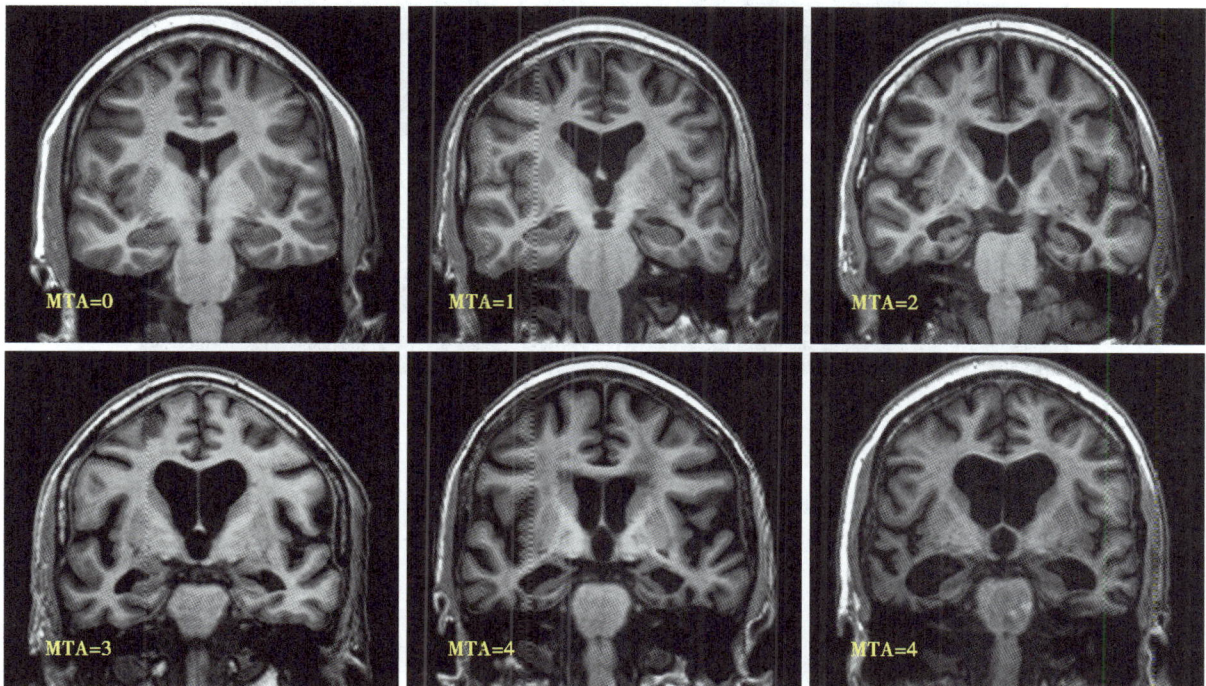

图 3-1-4　颅脑 MRI

6. 单光子发射计算机体层摄影（SPECT）（B 级）　表现为双侧对称性脑血流灌注量减少，额叶、颞叶尤明显（图 3-1-5）

7. 正电子发射体层摄影（PET）（B 级）　显示额、颞、顶叶代谢率及葡萄糖利用率均显著低下，Aβ 增多（图 3-1-6）。

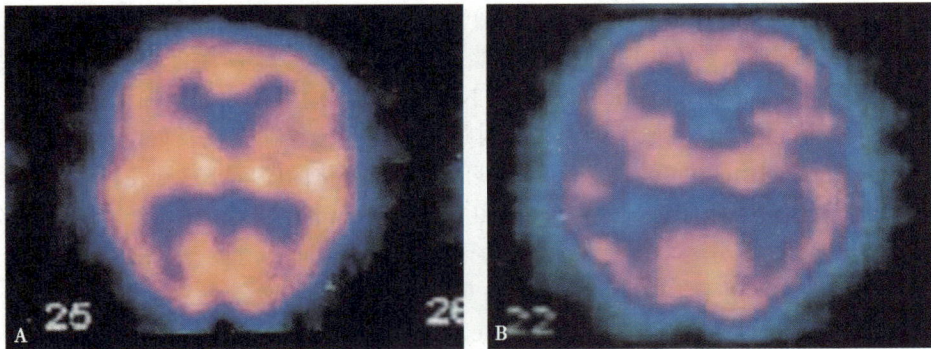

图 3-1-5　单光子发射断层扫描
A. 正常人；B. 阿尔茨海默病患者。

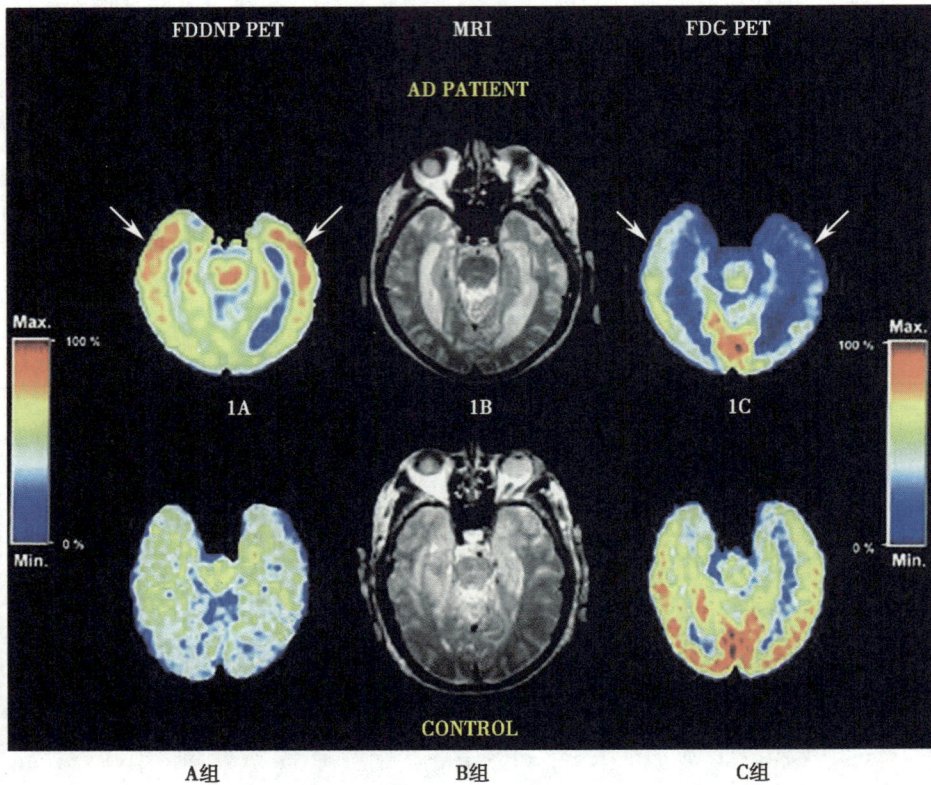

图 3-1-6　正电子发射断层摄影
A 组为 FDDNP PET 显示 Aβ，1A 为 AD 患者颞顶叶 Aβ 显示增多，正常对照 Aβ 显示较低；B 组为
MRI 显示内侧颞叶，1B 为 AD 患者内侧颞叶萎缩，正常对照显示内侧颞叶正常；C 组为 FDG PET
显示葡萄糖代谢，1C 为 AD 患者颞顶叶葡萄糖代谢减低，正常对照显示葡萄糖代谢正常。

【问题 2】　AD 的诊断标准与鉴别诊断？

根据 2011 年美国国立老年研究院及阿尔茨海默病协会（National Institute on Aging and the Alzheimer's Association workgroup）推出阿尔茨海默病重新定义的诊断标准（NIA-Alzheimer's Association criteria-Redefining AD），将 AD 分为了 AD 临床前阶段（the preclinical of AD）、AD 轻度认知功能损害阶段（MCI due to AD）和 AD 的痴呆阶段（the dementia of AD）。

尽管确诊 AD 需要组织活检（极少完成）或尸检，但是这些诊断标准在中度 AD 患者中的诊断特异性 ≥85%。可与淀粉样斑块结合的 florbetapir F18（Amyvid）示踪剂，通过 PET，可显示 AD 患者脑内的老年斑，已经通过美国 FDA 认证用于 AD 的临床诊断。脑脊液中 Aβ、tau、磷酸化的 tau 蛋白测定协助 AD 诊断已经商业化，但由于为有创检查，用于辅助临床诊断仅具相对较好的准确性，故该项检测尚未广泛应用。

知识点

阿尔茨海默病的痴呆阶段诊断标准

1. 符合很可能的痴呆诊断标准如下。

具备以下认知或行为（神经 - 精神）症状时可以诊断为痴呆。

(1) 日常生活工作能力受损，且

(2) 生活能力和执行能力较先前水平降低。且

(3) 无法用谵妄或其他严重精神疾病来解释。

(4) 认知损害可由以下方式发现或诊断：①病史采集（患者及知情者）；②客观认知评价（神经心理、精神状态测试，神经心理测试应在常规病史采集及精神状态检查不能提供确信诊断时进行）。

(5) 认知或行为受损至少包括以下中的 2 项：①学习记忆新信息功能受损，症状包括重复的发问或话语、乱放个人物品、忘记重要事件或约会、在熟悉的地方迷路；②推理及处理复杂任务的能力受损、判断力受损，症状包括对危险缺乏理解、不能胜任财务管理、决断力差、不能计划复杂的或一连串的活动；③视空间能力受损，症状包括无法识别面孔或常见物品、视力良好不能发现正前方物品、不能使用简单的工具或衣物与躯体关系定向困难；④语言功能受损（说、读、写），症状包括说话时找词困难、犹豫，说话、拼写和书写错误；⑤人格或行为举上改变，症状包括非特异的情绪波动，如激越、动机受损、主动性丧失、淡漠、动力缺乏、社会退缩、对先前所从事活动兴趣降低、悟性丧失、强迫行为、出现社会不当行为。

熟练的临床医生根据患者和知情者所提供的日常生活事件的描述做出诊断。

2. 符合很可能 AD 的诊断标准

符合痴呆诊断标准，并具以下特点。

(1) 隐匿起病，缓慢进展，数月至数年，并非数小时或数日。

(2) 报告或观察到明确的认知功能恶化，且

(3) 病史及检测发现早期显著的认知障碍如下分类。

1）遗忘表现：AD 最常见症状，学习、回忆新近习得的知识功能受损，及至少一项认知功能受损证据。

2）非遗忘表现：①语言障碍，最突出的缺损是找词困难，同时存在其他认知功能缺损；②视空间障碍，最突出的缺损是空间认知受损，包括物体、面容、动作失认、失读，同时还表现其他认知区域受损；③执行功能障碍，最突出的缺损是推理、判断及解决问题能力受损，同时还表现其他认知区域受损。

3. 排除：a 血管性痴呆（VaD）；b 路易体痴呆（DLB）；c 额颞叶痴呆（FTD）；d 其他。

知识点

阿尔茨海默病的鉴别诊断

1. 变性病性痴呆（degenerative dementia） 除 AD 外的变性病性痴呆。

(1) Pick 病及额 - 颞叶痴呆（frento-temporal dementia，FTD）：Pick 病主要类型为 FTD，FTD 核心诊断症状为 50～60 岁起病，呈隐袭性缓慢渐进性发展，早期有人格改变、社交人际能力下降、精神行为异常、自制力缺乏、情感淡漠、缺乏洞察力及言语进展性障碍，脑电图正常，影像学上表现为额颞叶萎缩。与 AD 比较，FTD 早期即有人格改变，AD 早期认知改变为主，很少有人格和行为异常。

(2) Lewy 体病（dementia with Lewy bodies，DLB）：呈波动性进展，有认知障碍、视幻觉和帕金森综合征，上述 3 个症状中出现 2 个即可诊断。

(3) 帕金森病伴痴呆（Parkinson's disease dementia，PDD）：继发于帕金森病后出现认知功能障碍，常为轻度健忘、思维缓慢、抑郁等。帕金森病患者可有 20%～40% 出现 PDD。

（4）帕金森综合征伴痴呆

1）进行性核上性麻痹（progressive superanuclear palsy，PSP）：病理显示中脑 - 脑桥被盖部明显萎缩，可见 NFT。临床表现为锥体外系症状，包括强直、少动、震颤；眼球垂直运动障碍；痉挛性构音困难；吞咽障碍；锥体束征阳性；痴呆；癫痫。MRI 示中脑存在边缘清晰的局灶性萎缩，中脑导水管、四叠体池、脚间池、第三脑室扩大。

2）多系统萎缩（multiple system atrophy，MSA）：包括夏伊 - 德雷格综合征（Shy-Drager syndrome，SDS）、纹状体黑质变性（striationigral degeneration，SND）、橄榄体脑桥小脑萎缩（olivopontocerebellar atrophy，OPCA），表现为自主神经功能紊乱，小脑体征，睡眠呼吸暂停，情绪波动，核上眼肌麻痹，痴呆，左旋多巴疗效差。

3）皮质基底神经节变性（cortical-basalganglionicdegeneration，CBGD）：病理显示额叶后部、顶叶皮质萎缩，黑质、纹状体、丘脑底、红核、中脑顶盖可见 NFT。临床表现为锥体外系症状（不对称性一侧肢体强直震颤少动），锥体束征阳性，皮质症状（异己肢体、视患肢外来、肢体忽略、肌阵挛、后跌、皮质型感觉缺失、关节位置觉、痛觉差），晚期有轻度痴呆。影像学可见受累肢体对侧的额叶、顶叶萎缩。

4）Huntington 舞蹈症：30～45 岁起病，发病率为（4～7）/100 000，三倍体常染色体异常，表现为舞蹈样动作、抑郁、精神症状及痴呆。影像上可见尾状核、壳核、苍白球萎缩，侧脑室扩大，外缘平直。

2. 非变性病性痴呆（nondegenerative dementia）

（1）血管性痴呆（vascular dementia）：包括脑缺血性痴呆、脑出血性痴呆、皮质下白质脑病（Binswangers's disease）、合并皮质下梗死和白质脑病的常染色体显性遗传性脑动脉病（CADASIL）。根据 CAD-DTC 及 NINDS-AIREN 诊断标准，同时满足下列 3 项：痴呆（记忆力减退 +1 个其他领域的认知功能障碍，影响社交、日常及工作能力，排除其他疾患及意识障碍）、脑血管疾病的证据（病史、体征及影像学）、痴呆与脑血管病相关（脑血管病发病 3 个月出现痴呆，并持续半年以上），一般疾病呈波动性、阶梯性加重。

（2）正常颅内压脑积水：表现为痴呆、行走困难、括约肌障碍。影像学上可见脑室明显扩大。

（3）抑郁和其他精神疾病所致痴呆。

（4）感染性疾病所致的痴呆 包括①神经梅毒、神经钩端螺旋体、莱姆病，艾滋病，病毒性脑炎，细菌、霉菌性脑膜炎、脑炎，慢病毒脑病，如海绵状脑病、Creutzfeldt-Jacob 病、皮质 - 纹状体 - 脊髓变性。病理上有慢病毒，大脑皮质、纹状体海绵状变性，大脑皮质、纹状体、小脑、丘脑、脑干、脊髓前角神经元变性。临床上出现痴呆、精神障碍、肌阵挛、锥体外、锥体束征，小脑征，病毒感染征（C 反应蛋白升高，发热、头痛、EEG 异常，影像上有广泛脑萎缩、T_2WI 白质对称性高信号。）

（5）脑肿瘤所致痴呆。

（6）脑外伤性痴呆。

（7）代谢性脑病：包括心肺衰竭所致脑病、慢性肝性脑病、慢性尿毒症性脑病、贫血、慢性电解质紊乱、叶酸和维生素 B_{12} 缺乏症（如 Wernicke 脑病、KorsaKorff 综合征）。

（8）中毒性脑病：①药物中毒，常见药物如吩噻嗪类（氯丙嗪、奋乃静、利血平、氟哌啶醇、甲氧氯普胺等）易致帕金森综合征，病理可见阻滞 DAR，临床上见静止性震颤、动作迟缓、强直少动、姿势不稳、肌张力失调、智能障碍（反应迟钝、记忆力下降），服用抗胆碱药（苯海索）可有效。②酒精中毒性脑病，临床表现为共济失调、步态不稳、痴呆等，影像上有大脑弥漫性萎缩、小脑弥漫性萎缩、乳头体缩小、白质无异常改变。③一氧化碳（CO）中毒脑病，病理上有低氧血症、中毒后脑血管痉挛、出血、血栓形成，脑梗死、软化、坏死。苍白球、海马、小脑临床表现为锥体外系、痴呆、小脑征，影像可见双侧苍白球低信号、脑白质异常、广泛脑萎缩。

二、治疗和预后

给予本例患者盐酸多奈哌齐 5mg，1 次 /d，美金刚 10mg，1 次 /d。患者精神行为症状有所控制，但仍需家人进行日常护理。

【问题3】 阿尔茨海默病如何治疗?

AD 的治疗方案应包括 2 个级别,A 为条件差的县级医院能开展的治疗;B 为条件好的县级医院能开展的治疗,在应给予的治疗方案中应标注 A 或 B)。

知识点

抗阿尔茨海默病一线用药

抗 AD 的一线用药主要有乙酰胆碱酯酶抑制剂(AChEI)和 N- 甲基 -D- 天冬氨酸(NMDA)拮抗剂(美金刚)。欧洲神经学会联盟(EFNS)、美国神经病学学会(AAN)及美国心理协会(APA)指南均推荐 AChEI(多奈哌齐、卡巴拉汀和加兰他敏)及美金刚为 AD 的一线治疗药物,无论是从病理机制还是大量的临床研究均验证了该药的有效性和安全性。

1. AChEI(A 级)　中枢胆碱能系统变性,严重影响学习、记忆能力。AChEI 能抑制乙酰胆碱酯酶对乙酰胆碱(ACh)降解,提高 ACh 来改善 AD 患者的认知等功能,还可激活蛋白激酶 C 减少 Aβ 淀粉样沉淀及过度磷酸化 tau(p-tau)蛋白生成,是目前应用广泛,研究最多,相对有效的一类药物。

(1)盐酸多奈哌齐(Donepezil):又名安理申(Aricep),为哌啶类药物,是高选择性、可逆性 AChEI。1997 年第二个获美国 FDA 批准治疗轻至中度 AD,我国 1999 年上市并用于治疗轻、中度 AD,2005 年 FDA 批准治疗重度 AD。其优点是服用方便,每日只需服用 1 片(5mg/d 或 10mg/d),作用时间长,半衰期为 70h,可出现胆碱能样外周反应,即恶心、呕吐、腹泻、头晕等。

(2)重酒石酸卡巴拉汀:又名艾斯能,为氨基甲酸类药物,是一种假性不可逆性、双向胆碱酯酶抑制剂,可选择性结合皮质和海马等脑区的乙酰胆碱酯酶及丁酰胆碱酯酶(BuChE),抑制两者对 ACh 降解。随着 AD 病情加重患者脑中的 BuChE 水平明显升高,并参与降解 ACh。2000 年美国 FDA 批准治疗轻至中度 AD,2005 年 FDA 批准治疗 PDD。可出现胆碱能样外周反应,即恶心、呕吐、腹泻、头晕等。

(3)石杉碱甲:该药是从石杉属植物千层塔中分离得到的一种新生物碱,是可逆性 AChEI。可出现口干、嗜睡、胃肠道反应、视力模糊等副作用。

AChEI 可改善患者的症状而不能根治疾病,临床治疗出现副作用或效果不明显时可相互转换或合并应用。因此提高 ACh 水平,促进其合成释放,减少其分解,可提高其药物活性。

其他提高 ACh 的药物,如胆碱能受体激动剂(突触后选择性毒蕈碱样 M1 受体激动剂 xanomeline、特异性烟碱样受体激动剂)及突触前胆碱能受体拮抗剂 BIBN 等,尚未上市。

2. 谷氨酸受体拮抗剂(A 级)　谷氨酸通过 N- 甲基 -D- 天冬氨酸(NMDA)及 AMPA 受体介导学习和记忆过程。AD 患者谷氨酸信号受到干扰,导致认知功能受损及兴奋性毒性氨基酸的细胞毒性。AD 患者谷氨酸持续释缓慢释放,激活 NMDA 受体,镁离子去阻断,钙离子细胞内流,背景噪声增强,信号转导紊乱,长时程增强(long-term potentiation LTP)不能诱导,突触可塑性受损,学习记忆障碍,还可导致细胞持续去极化、肿胀、凋亡。

1)美金刚(Memantine)是中亲和性、非竞争性 NMDA 受体拮抗剂,通过阻断 NMDA,纠正信号转导,保护神经元。FDA 批准治疗中、重度痴呆,2005 年在我国上市。每日服用剂量 10~20mg。

2)其他谷氨酸受体拮抗剂,如 AMPA(α-amino-3-hydroxy-5-methyl-4-isoxazole-propionicid)受体调节剂及 α4 和 α7 尼古丁受体激动剂,尼古丁受体位于谷氨酸能神经终末突触前膜,调节谷氨酸释放。均在临床试验阶段,在我国尚未上市。

3. 联合用药获益更大(A 级)　APA 指出,联合 AChEI 和美金刚治疗比单独应用 AChEI 可让患者更有效获益。相关研究显示,两者联合应用有相互增效的作用。

4. 应交代药物治疗的受益期望　以确保长期治疗临床目前面临的问题在于,医师未与患者和家属详尽探讨患者的受益限于延缓疾病的发展或轻度好转,不能完全逆转或治愈疾病,以免许多患者在用药 2~3 个月后因感觉不到治疗效果而停药,以致疾病逐渐加重。

5. 注意药物的副作用　APA 指南提醒医生应用 AChEI 时,由于 ACh 外周 M 受体有降低血压、减慢心率、增加腺体分泌等作用,患有病态窦房结综合征或严重房室传导阻滞、急性胃炎、胃溃疡、严重哮喘或慢性阻塞性肺疾病的患者,应谨慎使用。但ACh不良反应在用药2～4d后就会逐渐减轻。

6.随访　EFNS指南建议,应至少每3～6月随访1次,对治疗进行评估,如使用MMSE,以根据评估结果调整药物的剂量及治疗方案,确保治疗的有效性。

知识点

诊疗阿尔茨海默病的注意事项

阿尔茨海默病患者就诊的主要原因,通常是家属发现功能的异常,而患者不自知,因此临床问诊中与其相陪伴的家属或护工提供的信息很重要。临床诊治过程中需重点与其他变性疾病导致的痴呆及血管性认知障碍相鉴别,一旦临床高度怀疑本病则应积极给予AD一线药物治疗,并长期进行随访。临床医生应提醒家属避免频繁更换护理人员及家庭住所,以避免可能导致患者病情突然加重。

知识点

阿尔茨海默病前沿的诊断标准

目前的AD诊断标准主要局限于根据患者、家属及知情者提供的学习、记忆及思维障碍等症状,获得相应的临床依据,再作出AD临床诊断。但是研究发现,出现AD临床症状前的几年,甚至几十年就已有AD的改变。2011年美国国立老年研究院及阿尔茨海默病协会推出AD重新定义的诊断标准,将AD分为了AD临床前阶段(the preclinical of AD)、AD轻度认知损害阶段(MCI due to AD)和AD的痴呆阶段(the dementia of AD),在原2007年AD的诊断标准基础上,增加了AD临床前阶段和AD轻度认知功能减退阶段的诊断标准。

1.AD临床前阶段　AD的生物标识(脑影像学及脑脊液化学改变)可在AD症状前检测到AD极早期的变化,目前尚无这一阶段的临床诊断标准,但提供这一阶段的检测手段,有利于更好地研究。这一阶段又分为3个阶段,其临床特点及生物标识见表3-1-2。

表3-1-2　阿尔茨海默病临床前阶段的生物标识特性

	类型	Aβ(PET或CSF)	神经损伤标识(tau,FDG,sMRI)	轻微认知改变的依据
阶段1	无症状脑淀粉样变性	阳性	阴性	阴性
阶段2	无症状脑淀粉样变性加"下游"神经变性	阳性	阳性	阴性
阶段3	无症状脑淀粉样变性加"下游"神经变性加轻微认知/行为下降	阳性	阳性	阳性

注:PET,正电子发射体层摄影;CSF,脑脊液;FDG,氟代脱氧葡萄糖;sMRI,结构性磁共振成像。

2.AD轻度认知功能减退阶段　在记忆及思维能力方面的轻度改变,但未影响到日常生活能力。

(1)阿尔茨海默病轻度认知功能减退阶段的临床及认知评估

1)建立临床和认知标准:①患者或知情者或医生述有认知改变(认知下降病史或被观察到有认知下降);②一个或多个领域认知减退的客观依据。典型的包括记忆(建立认知多领域规范检测);③生活自理能力保留;④尚未痴呆。

2)与AD病理改变过程相符的病因学检测:①排除血管性、外伤性、药源性认知下降;②提供认知纵向下降的依据;③有AD相关基因。

(2)轻度认知障碍(MCI)临床和认知评估见表3-1-3。

表 3-1-3　轻度认知障碍临床和认知评估

诊断类型	AD 病因学的可能生物标识	Aβ（PET 或 CSF）	神经损伤标识（tau, FDG, sMRI）
MCI- 核心临床标准	尚不明确	相矛盾 / 中度 / 未检测出	相矛盾 / 中度 / 未检测出
MCI due to AD- 中度可能	中度	阳性	未检测出
		未检测出	阳性
MCI due to AD- 高度可能	高度	阳性	阳性
MCI- 不似 AD	低度	阴性	阴性

注：AD，阿尔茨海默病；PET，正电子发射体层摄影；CSF，脑脊液；FDG，氟代脱氧葡萄糖；sMRI，结构性磁共振成像；MCI due to AD；AD 轻度认知功能损害阶段。

3. AD 涉及的认知领域比较广泛，故应作详细的量表检查，临床上常用的较全的认知功能及心理测验检查见表 3-1-4。

表 3-1-4　常用神经心理测验量表分类

临床用途	常用量表
轻度认知障碍（MCI）筛查	蒙特利尔认知评估（MoCA）
	临床痴呆评定（CDR）：CDR=0.5
	总体衰退量表（GDS）：2、3 级
痴呆筛查	简易智能状态检查（MMSE）
	画钟测验（CDT）
	认知能力筛查量表（CASI）
	长谷川痴呆量表（HDS）
	简易智力检测量表（AMTS）
认知功能的评估	
轻中度认知障碍	阿尔茨海默病评定量表 - 认知（ADAS-Cog）
重度认知障碍	严重损害量表（SIB）
认知功能亚项	韦氏记忆
	临床记忆
	加州言语学习测验（CVLT）
记忆力检测	Rey 听觉言语学习试验（RAVLT）
	数字跨度
注意力检测	连线测试
执行功能检测	画钟测验（CDT）
日常生活能力的评估	日常生活能力量表（ADL）
	日常生活能力问卷（ADCS-ADL）
	社会活动功能量表（FAQ）
	痴呆残疾评估表（DAD）
	进行性病情恶化评分（PDS）
	阿尔茨海默病功能评定和变化量表（ADFACS）
	痴呆日常生活能力衰退检查（IDDD）
精神行为	神经精神科问卷（NPI）
	痴呆行为评定量表（BRSD）

续表

临床用途	常用量表
总体评定	临床总体印象 - 变化量表（CGIC）
	临床医师访谈时对病情变化的印象补充量表（CIBIC-Plus）
	Gottfries-Brane-Steen 量表（GBS）
痴呆分级	临床痴呆评定（CDR）
	总体衰退量表（GDS）
	功能评定分期（FAST）
鉴别与排除诊断	Hachinski 缺血量表（HIS）
	HAMD 抑郁量表

（彭丹涛）

推荐阅读资料

[1] DUBOIS B，HAMPEL H，FELDMAN H H，et al. Preclinical Alzheimer's disease：definition，natural history，and diagnostic criteria. Alzheimers Dement，2016，12（3）：292-323.

[2] JACK C R，BENNETT D A，BLENNOW K，et al. A/T/N：an unbiased descriptive classification scheme for Alzheimer disease biomarkers. Neurology，2016，87（5）：539-547.

[3] JACK C R，BENNETT D，BLENNOW K，et al. NIA-AA research framework：toward a biological definition of Alzheimer's disease. Alzheimers Dement，2018，14（4）：535-562.

[4] SEO S W，AYAKTA N，GRINBERG L T，et al. Regional correlations between [^{11}C] PIB PET and post-mortem burden of amyloid-beta pathology in a diverse neuropathological cohort. Neuroimage Clin，2017，13：130-137.

[5] VANNINI P，HANSEEUW B，MUNRO C E，et al. Hippocampal hypometabolism in older adults with memory complaints and increased amyloid burden. Neurology，2017，88（18）：1759-1767.

[6] ZWAN M D，BOUWMAN F H，KONIJNENBERG E，et al. Diagnostic impact of [^{18}F] flutemetamol PET in early-onset dementia. Alzheimers Res Ther，2017，9（1）：2.

第二章　心血管系统疾病

第一节　冠　心　病

学习要求

1. 掌握老年人稳定型心绞痛、急性心肌梗死的特点、临床表现、诊断标准、鉴别诊断及治疗原则。
2. 熟悉稳定型心绞痛、急性心肌梗死的诊疗流程。
3. 熟悉心电图及相关实验室检查在疾病早期筛查及鉴别中的重要作用。
4. 熟悉各种药物的应用指征及作用机制。
5. 熟悉心脏超声、冠状动脉CTA、冠状动脉造影等辅助检查在疾病诊断评估中的作用。
6. 了解介入治疗、外科旁路移植治疗。

一、稳定型心绞痛

稳定型心绞痛（stable angina pectoris）也称劳力性心绞痛，是在冠状动脉固定性严重狭窄基础上，由于心肌负荷增加引起心肌急剧的、暂时的缺血缺氧的临床综合征。

临床病例

患者，男，75岁。

主诉：反复活动后胸闷2年。

现病史：患者近2年每当快步行走、上坡、劳累时出现心前区闷胀感，伴有气憋、左肩背部疼痛，每次持续5～10min，休息后可缓解，一直未正规诊治及规律服药。

既往史：有高血压病史10年，血压最高达180/120mmHg，平素口服硝苯地平控释片控制血压，血压控制在150/95mmHg左右。糖尿病病史7年，平素口服二甲双胍降糖治疗，未正规监测血糖，自诉偶尔监测血糖空腹多为7～9mmol/L。

体格检查：体温36.8℃，心率75次/min，呼吸20次/min，血压162/90mmHg，神志清，精神可。双肺呼吸音清，未闻及干湿啰音；心界向左下扩大，心尖部位于第五肋间左锁骨中线外0.5cm，心律齐，未闻及病理性杂音；腹软，无压痛及反跳痛，肝脾未触及；双下肢无水肿；病理征阴性。

实验室检查：血、尿、便常规未见明显异常。生化检查：肝肾功能、电解质均未见明显异常；肌酸激酶（CK）、肌酸激酶同工酶（CK-MB）、心肌肌钙蛋白T（cTnT）均阴性。血脂：总胆固醇（TC）4.62mmol/L，总甘油三酯（TG）2.21mmol/L，高密度脂蛋白（HDL）0.89mmol/L，低密度脂蛋白（LDL）3.08mmol/L；空腹血糖8.20mmol/L。

（一）初步诊断

该老年患者快步行走、上坡、劳累时反复出现胸闷、气憋，伴有左肩背部放射痛，持续5～10min，休息后可缓解，症状反复出现，疼痛性质、持续时间、缓解方式较一致；入院体格检查血压偏高，有左心界扩大；实验室检查提示血糖、血脂偏高，心肌酶和肌钙蛋白均阴性；既往明确诊断高血压、糖尿病。综合以上患者症状、体征及相关辅助检查，目前诊断初步考虑冠心病，稳定型心绞痛，心功能Ⅱ级，原发性高血压3级（很高危组），2型糖尿病。

【问题1】 心绞痛发作性胸痛的特点是什么？

1. 诱因 心绞痛发作常由体力劳动或情绪激动（如愤怒、焦急、过度兴奋等）所诱发，饱食、寒冷、吸烟、心动过速、休克等亦可诱发。疼痛多发生于劳力或激动时，而不是在劳累或激动之后。典型的心绞痛常在相似的条件下重复发生。

2. 部位 主要在胸骨体之后，可波及心前区，有手掌大小范围，甚至横贯前胸，界限不很清楚。常放射至左肩、左臂内侧达无名指和小指，或至颈、咽或下颌部。

3. 性质 胸痛常为压迫、发闷或紧缩性，也可有烧灼感，但不像针刺或刀扎样锐性痛，偶伴濒死的恐惧感觉。

4. 持续时间 疼痛出现后常逐步加重，达到一定程度后持续一段时间，然后逐渐消失，心绞痛一般持续数分钟至十余分钟，多为3～5min，很少超过0.5h。

5. 缓解方式 一般在停止原来诱发症状的活动后即可缓解；舌下含服硝酸甘油等硝酸酯类药物也能在几分钟内使之缓解。

【问题2】 老年患者心绞痛应注意哪些问题？

1. 心绞痛症状常不明显，在老年患者中，典型的压榨样及烧灼感疼痛比较少见，仅表现为胸闷、乏力、心悸等症状。

2. 心绞痛发作时疼痛部位可不典型，部分患者表现为左肩、下颌、颈部、头部等部位疼痛，也有表现为上腹不适、食管阻塞感等，此种情况很容易被误诊为胃肠道疾病。

3. 老年人合并基础疾病较多，高危患者多。

【问题3】 稳定型心绞痛体格检查有什么特殊体征？

稳定型心绞痛平时一般无异常体征。心绞痛发作时常见心率增快、血压升高、表情焦虑、皮肤冷或出汗，有时出现第四或第三心音奔马律。可有暂时性心尖部收缩期杂音，是乳头肌缺血以致功能失调引起二尖瓣关闭不全所致。

（二）辅助检查及诊断

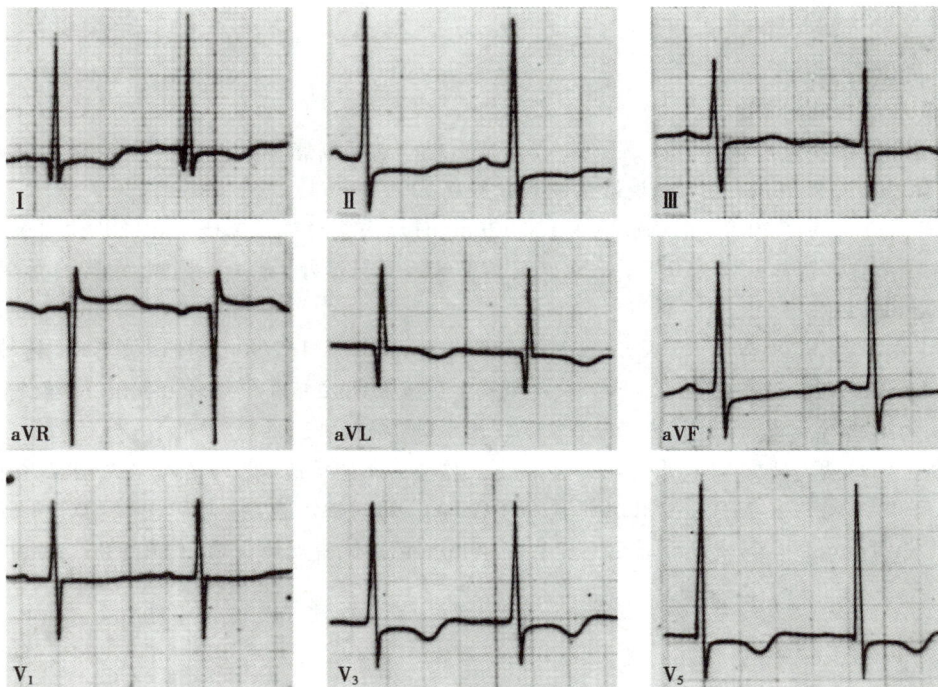

图 3-2-1 心绞痛发作时心电图改变

住院期间患者发作时心电图提示：Ⅰ、Ⅱ导联 ST 段压低，T 波倒置；Ⅲ导联 ST 段压低；aVF 导联 ST 段压低，T 波平坦；aVR 导联 ST 段抬高；aVL 导联 T 波倒置；V_3、V_5 导联 ST 段压低，T 波倒置（图 3-2-1）。根据患者临床症状，结合年龄和存在冠心病危险因素及发作时心电图改变，支持心绞痛诊断。可进一步完善冠状动脉 CTA 有助于无创性评价冠状动脉管腔狭窄程度及管壁病变性质和分布。

【问题 4】　心绞痛发作时心电图是否有动态演变？

心绞痛发作时绝大多数患者可出现暂时性心肌缺血引起的 ST 段移位。因心内膜下心肌更容易缺血，故常见反映心内膜下心肌缺血的 ST 段压低（≥0.1mV），发作缓解后恢复。有时出现 T 波倒置。在平时有 T 波持续倒置的患者，发作时可变为直立（"假性正常化"）。

【问题 5】　其他可评估患者心肌缺血情况的辅助检查有哪些？

1. 超声心动图　多数稳定型心绞痛患者静息时超声心动图检查无异常，但有助于发现其他需与冠状动脉狭窄导致的心绞痛相鉴别的疾病如梗阻性肥厚型心肌病、主动脉瓣狭窄等。

2. 心电图负荷试验　最常用的是运动负荷试验，运动中出现典型心绞痛，心电图改变主要以 ST 段水平型或下斜型压低≥0.1mV 持续 2min 为运动试验阳性标准。心肌梗死急性期、不稳定型心绞痛、明显心力衰竭、严重心律失常或急性疾病者禁止进行运动试验。本试验有一定比例的假阳性和假阴性。

3. 心电图连续动态监测　Holter 检查可连续记录并自动分析 24h（或更长时间）的心电图，胸痛发作时相应时间的缺血性 ST-T 段改变有助于确定心绞痛的诊断，也可检出无痛性心肌缺血。

4. 冠状动脉 CTA　临床中应用最为广泛，用于判断冠状动脉管腔狭窄程度和管壁钙化情况，对判断管壁内斑块分布范围和性质也有一定意义。

【问题 6】　心绞痛严重程度分级是什么？

加拿大心血管学会（CCS）将心绞痛严重程度分为四级。

Ⅰ级：一般体力活动不受限，只有在快速、持续、高强度活动时才诱发心绞痛发作。

Ⅱ级：患者的活动受到轻度限制，在快步行走、饱餐后、寒冷刺激、情绪激动等情况下可出现心绞痛发作。一般行走 200m 以上或登楼一层以上受到限制。

Ⅲ级：一般体力活动明显受到限制，平地行走 200m 以内或登楼一层左右就发作心绞痛。

Ⅳ级：轻微活动或在安静休息时就会诱发心绞痛发作。

【问题 7】　胸痛的鉴别诊断有哪些？

本病需与急性冠脉综合征、X 综合征、严重的主动脉瓣狭窄或关闭不全、风湿热或其他原因引起的冠状动脉炎、梅毒性主动脉炎引起的冠状动脉口狭窄或闭塞、肥厚型心肌病、先天性冠状动脉畸形等引起的心绞痛、肋间神经痛、食管病变、膈疝、溃疡病、肠道疾病、颈椎病等所引起的胸、腹疼痛相鉴别。

（三）初步治疗

该患者入院后，除进行健康宣教外，给予抗血小板聚集、调脂、减少心肌耗氧等治疗，同时给予降血压、降血糖对症治疗，患者症状较前明显好转，活动耐量增加，病情得到控制。

【问题 8】　心绞痛患者长期治疗方案是什么？如何进行药物的选择？

1. 发作时立刻休息，一般患者在停止活动后症状即逐渐消失。较重的发作，可使用作用较快的硝酸酯制剂。这类药物除扩张冠状动脉，降低阻力，增加冠状动脉循环的血流量外，还通过对周围血管的扩张作用，减少静脉回流心脏的血量，降低心脏前后负荷和心肌的需氧，从而缓解心绞痛。

副作用有头痛、面色潮红、心率反射性加快和低血压等，尤其老年人应注意可能发生直立性低血压。

2. 所有患者只要没有用药禁忌都应该服用阿司匹林。不能耐受阿司匹林的患者可改用氯吡格雷作为替代治疗。

3. β 受体拮抗剂能够降低心肌耗氧量以减少心绞痛的发作和增加运动耐量。禁用于有病态窦房结综合征和高度房室传导阻滞、有明显的支气管痉挛或哮喘的患者。外周血管疾病及严重抑郁是相对禁忌证，慢性肺心病的患者可小心使用高度选择性的 β_1 受体拮抗剂。

4. 所有冠心病患者，无论其血脂水平如何，均应给予他汀类药物，并根据目标低密度胆固醇脂蛋白（LDL-C）水平调整剂量。

5. 在稳定型心绞痛患者中，合并高血压、糖尿病、心力衰竭或左心室收缩功能不全的高危患者建议使用血管紧张素转化酶抑制剂（ACEI）。不能耐受 ACEI 类药物者可使用血管紧张素受体阻滞药（ARB）类药物。

6. 曲美他嗪通过抑制脂肪酸氧化和增加葡萄糖代谢，提高氧的利用效率而治疗心肌缺血；尼可地尔是一种钾通道开放剂，与硝酸酯类制剂具有相似的药理特性，对稳定型心绞痛的治疗可能有效。如症状发作较频繁,可考虑使用。

7. 钙通道阻滞剂可抑制心肌收缩,减少心肌氧耗;扩张冠状动脉,解除冠状动脉痉挛,改善心内膜下心肌的供血;扩张周围血管,降低动脉压,减轻心脏负荷;还降低血黏度,抗血小板聚集,改善心肌的微循环。更适用于同时有高血压的患者。副作用有头痛、头晕、失眠等。

(四)进一步治疗和复查

> 给予患者饮食、锻炼指导,健康宣教。出院后定期复查血常规、电解质、血脂、肝肾功能、心电图,监测血压、血糖等,定期门诊随访。

【问题 9】　患者规律治疗后心绞痛症状仍反复发作或有加重倾向,可给予何种检查及治疗?

1. 冠状动脉造影为有创性检查手段,目前仍然是诊断冠心病较准确的方法(图 3-2-2)。冠状动脉狭窄根据直径变窄百分率分为四级:①Ⅰ级,25%~49%;②Ⅱ级,50%~74%;③Ⅲ级,75%~99%(严重狭窄);④Ⅳ级,100%(完全闭塞)。一般认为,管腔直径减少 70%~75% 或以上会严重影响血供,部分 50%~70%者也有缺血意义。

经皮冠状动脉介入治疗(percutaneous coronary intervention,PCI)是指一组经皮介入技术,包括经皮球囊冠状动脉成形术(PTCA)、冠状动脉支架植入术和粥样斑块消蚀技术等。不仅可以改善生活质量,而且可以明显降低高危患者的心肌梗死发生率和死亡率。

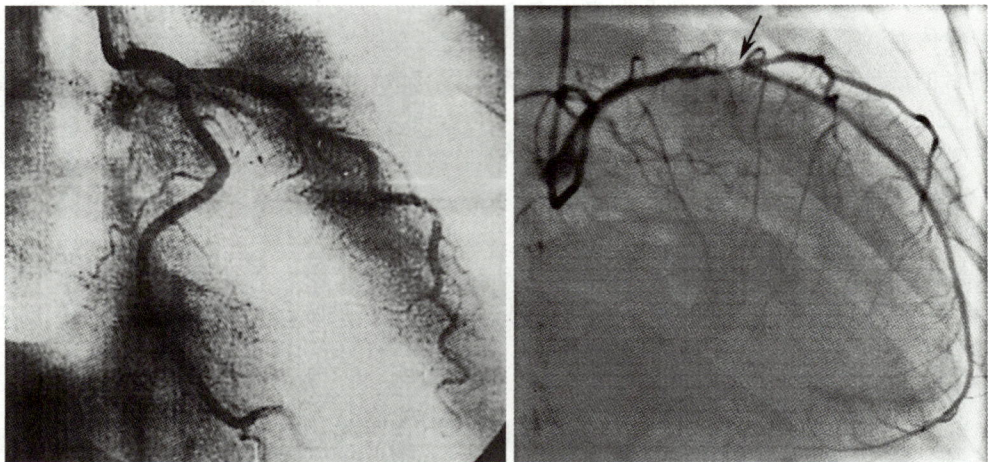

图 3-2-2　冠状动脉造影检查术

2. 冠状动脉旁路移植术(coronary artery bypass graft,CABG)　术后心绞痛症状改善者可达 80%~90%,且 65%~85% 的患者生活质量有所提高。

PCI 或 CABG 术的选择需要根据冠状动脉病变的情况和患者对开胸手术的耐受程度及患者的意愿等综合考虑,对全身情况能耐受开胸手术者,左主干合并 2 支以上冠状动脉病变(尤其是病变程度评分较高者),或多支血管病变合并糖尿病者,CABG 为首选。

(五)预后

稳定型心绞痛患者大多能生存很多年,但有发生急性心肌梗死或猝死的风险,有室性心律失常或传导阻滞者预后较差,合并糖尿病患者预后明显差于无糖尿病患者,但决定预后的主要因素为冠状动脉病变范围和心功能状态。

二、急性 ST 段抬高型心肌梗死

急性 ST 段抬高型心肌梗死(ST-segment elevation myocardial infarction,STEMI)是指急性心肌缺血性坏死,大多是在冠状动脉病变的基础上,发生冠状动脉血供急剧减少或中断,使相应的心肌严重而持久地急性缺血所致。通常原因为在冠状动脉不稳定斑块破裂、糜烂基础上继发血栓形成导致冠状动脉血管持续、完全闭塞。

临床病例

患者,男,74 岁。

主诉:突发上腹痛伴恶心、呕吐 3h。

现病史:患者于发病 3h 前散步中出现上腹部闷痛不适,伴恶心、呕吐,呕吐物为胃内容物,伴左肩背部放射痛,同时出现大汗淋漓,否认心前区及胸骨后压榨样疼痛,否认胸背部撕裂样疼痛,否认黑矇、晕厥、心悸等不适,立即原地休息约半小时症状持续不缓解,自行返回家中服用胃药(具体不详)后症状仍不能缓解,由家人送至医院急诊科。

既往史:高血压病史 20 年,血压最高达 200/120mmHg,平素未正规服药,未正规监测血压。吸烟史 40 年余,约 20 支/d,现未戒烟;偶有饮酒,量少。

体格检查:体温 37℃,心率 80 次/min,呼吸 20 次/min,血压 155/90mmHg,神志清,精神欠佳。双肺呼吸音清,未闻及干湿啰音;心脏相对浊音界正常,心尖部位于第五肋间左锁骨中线内 0.5cm,心律齐,未闻及病理性杂音;腹软,剑突下有压痛,无反跳痛,肝脾未触及;双下肢无水肿;病理征阴性。

辅助检查:急诊心电图提示Ⅲ、aVF 导联 QRS 波群呈 Qr 型,ST 段抬高;Ⅱ导联 QRS 波群呈 qRsr 型,ST 段抬高;Ⅰ、aVL 导联 ST 段压低,T 波倒置(图 3-2-3)。

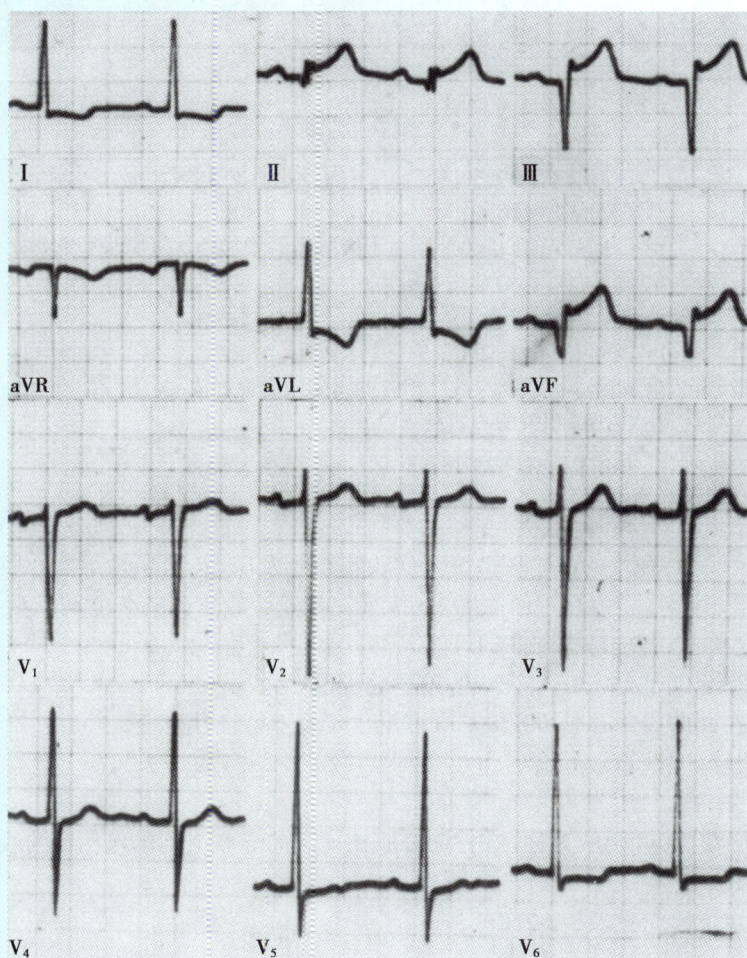

图 3-2-3 急性心肌梗死发作心电图

实验室检查:CK 2470.22IU/L,CK-MB 158.91ng/ml,cTnT>1.52ng/ml;血常规:白细胞计数 10.51×10⁹/L,中性粒细胞百分比 80.40%,血红蛋白浓度 140g/L,血小板计数 104×10⁹/L;血、尿淀粉酶,肝肾功能,粪便常规及潜血试验均未见明显异常。

（一）初步诊断

该老年患者于活动中出现腹部不适，伴有恶心、呕吐、肩背部放射痛，自行服用药物后症状未见缓解；入院体格检查未见明确异常；心电图提示Ⅱ、Ⅲ、aVF 导联 ST-T 段抬高；实验室检查提示 CK、CK-MB、cTnT 均升高，既往明确诊断高血压，未正规服药。综合以上危险因素、患者症状、体征及相关实验室检查，目前诊断初步考虑冠心病，急性下壁心肌梗死，心功能Ⅱ级，原发性高血压 3 级（很高危组），需完善心脏超声等进一步明确诊断，完善腹部立位平片、腹部超声等除外急腹症。

【问题 1】　老年人急性心肌梗死的特点是什么？

1. 临床症状可不典型　有报道发现 20%～30% 患者症状常以发作性的呼吸困难、左心衰竭、肺水肿为首发症状，或表现为原因不明的低血压、心律失常，也有患者以突然昏迷、晕厥、抽搐等脑血管病症状为主要表现，也有起病表现为上腹痛、恶心、呕吐，疑为胃肠道疾病。

2. 并发症较多　常易合并心力衰竭、心律失常、低血压、心源性休克，病死率较高。有报道≥80 岁急性心肌梗死（AMI）死亡率是<80 岁的 2 倍，老年 AMI 心力衰竭表现者占 20%～70%。老年冠心病患者冠状动脉造影显示多支血管病变、多处血管病变较多，合并糖尿病者常为小分支病变；合并症多，高危病患者多，使老年冠心病患者的病情更复杂。

【问题 2】　老年患者上腹痛需进行的鉴别诊断有哪些？

腹痛相关鉴别诊断：急腹症（急性胰腺炎、消化性溃疡穿孔、急性胆囊炎、胆石症等）、AMI、动脉夹层等。

【问题 3】　AMI 的分型是什么？

AMI 的分型见表 3-2-1。

表 3-2-1　急性心肌梗死分型

分型		心肌梗死类型
1 型心肌梗死		自发性心肌梗死
2 型心肌梗死		继发于缺血的心肌梗死，由于心肌需氧增加和供氧减少引起，如冠状动脉痉挛或栓塞、贫血、高血压、心律失常等
3 型心肌梗死		心脏性猝死
4 型心肌梗死	4a 型	PCI 相关的心肌梗死
	4b 型	经皮冠状动脉介入治疗相关的支架内血栓形成
5 型心肌梗死		与 CABG 相关的心肌梗死

注：PCI，经皮冠状动脉介入治疗。CABG，冠状动脉旁路移植术。

（二）辅助检查及诊断

根据患者的临床表现，特征性的心电图改变及实验室检查发现，诊断急性下壁心肌梗死。对老年患者，突然发生严重心律失常、休克、心力衰竭而原因未明，或突然发生较重而持久的胸闷和胸痛、上腹痛、恶心、呕吐突发严重胃肠道症状者，都应考虑本病的可能。

【问题 4】　心电图在诊断急性心肌梗死中的重要地位是什么？

1. STEMI 心电图在面向透壁心肌坏死区的导联上出现以下特征性改变。

（1）宽而深的 Q 波（病理性 Q 波）。

（2）ST 段抬高呈弓背向上型。

（3）T 波倒置，往往宽而深，两肢对称，在背向心肌梗死区的导联上则出现相反的改变，即 R 波增高、ST 段压低、T 波直立并增高。

2. STEMI 心电图定位诊断见表 3-2-2。

表 3-2-2　急性心肌梗死的心电图定位诊断

梗死部位	导联改变	梗死部位	导联改变
前间壁	V_1、V_2、V_3	下壁	Ⅱ、Ⅲ、aVF
前壁	V_3、V_4、V5	高侧壁	Ⅰ、aVL
前侧壁	V_5、V_6、V_7	正后壁	V_7、V_8、V_9
广泛前壁	V_1～V_5、Ⅰ、aVL	右室	V_{3R}、V_{4R}、V_{5R}

【问题5】 AMI心脏标志物变化在诊断、判断治疗效果、预后中的作用是什么?

1. cTnI或cTnT是反映急性心肌梗死的指标,起病3～4h后升高,cTnI于11～24h达高峰,7～10d降至正常;cTnT于24～48h达高峰,10～14d降至正常。

2. CK-MB在起病4h内增高,16～24h达高峰,3～4d恢复正常,其增高的程度能较准确地反映梗死的范围,其高峰出现时间是否提前有助于判断溶栓治疗是否成功。

3. 肌红蛋白起病2h内升高,12h内达高峰,24～48h内恢复正常。

【问题6】 其他检查在评估病情中的作用是什么?

1. 超声心动图 有助于了解心室壁的运动和左心室的功能。在评价有胸痛而无特征性心电图变化时,超声心动图可以帮助除外主动脉夹层。可以评估心脏整体和局部功能、乳头肌功能不全和室间隔穿孔的发生。

2. 放射性核素检查 静脉注射^{99}Tc^m-焦磷酸盐或^{111}In-抗肌凝蛋白单克隆抗体进行"热点"扫描或照相;可显示心肌梗死的部位和范围。放射性核素心腔造影(常用^{99}Tc^m-标记的红细胞或白蛋白)可观察心室壁的运动和左心室射血分数,有助于判断心室功能,判断梗死后造成的室壁运动失调和室壁瘤。

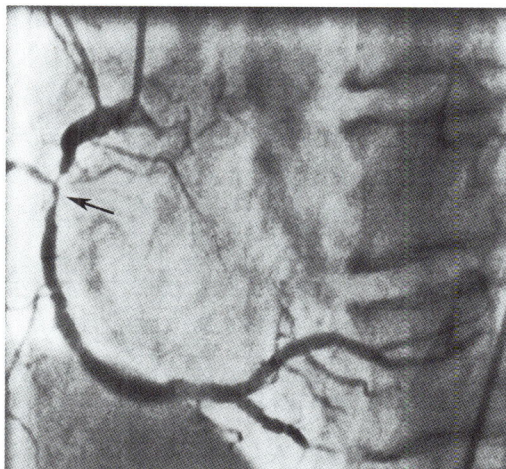

图3-2-4 选择性右冠状动脉造影

(三)初步治疗

患者入院后完善相关检查后诊断考虑急性心肌梗死,给予患者阿司匹林300mg嚼服及服用氯吡格雷300mg,同时治疗上给予吸氧、镇痛、改善心肌供血等对症处理。完善相关术前检查未见明确手术禁忌,急诊行介入手术,术中可见右冠状动脉完全闭塞(图3-2-4),给予植入支架1枚。

【问题7】 再灌注治疗的适应证与禁忌证是什么?

1. 溶栓疗法的适应证

(1)两个或两个以上相邻导联ST段抬高(胸导联≥0.2mV,肢体导联≥0.1mV),或病史提示AMI伴左束支传导阻滞,起病时间<12h,患者年龄<75岁。

(2)ST段显著抬高的心肌梗死患者年龄>75岁,经慎重权衡利弊仍可考虑。

(3)STEMI发病时间已达12～24h,但如仍有进行性胸痛、广泛ST段抬高者也可考虑。

2. 禁忌证

(1)既往发生过出血性脑卒中,6个月内发生过缺血性脑卒中或脑血管事件。

(2)中枢神经系统受损,颅内肿瘤或畸形。

(3)2～4周内有活动性内脏出血。

(4)可疑主动脉夹层。

(5)入院时有严重且未控制的高血压(>180/110mmHg)或慢性严重高血压病史。

(6)目前正在使用治疗剂量的抗凝药或已知有出血倾向。

(7)近期(2～4周)创伤史,包括头部外伤、创伤性心肺复苏或较长时间(>10min)的心肺复苏。

(8)近期(<3周)外科大手术。

(9)近期(<2周)曾有在不能压迫部位的大血管行穿刺术。

3. 溶栓再通的判断标准 根据冠状动脉造影观察血管再通情况直接判断(TIMI分级达2～3级者表明血管再通),或根据以下症状间接判断。

(1)胸痛症状2h内明显减轻。

(2)2h内心电图抬高的ST段下降≥50%。

(3)2h内出现再灌注心律失常。

(4)血清CK-MB峰值提前出现。

以上4项指征中达到2项以上即可判断为冠状动脉再通,但(2)和(3)组合不能被判定再通。

4. PCI适应证。

（1）所有症状发作12h以内并且有持续新发的ST段抬高或新发左束支传导阻滞患者。

（2）即使症状发作在12h以上，但仍然有进行性缺血证据，或仍然有胸痛和心电图变化。

（3）在合并严重心力衰竭或心源性休克的患者，建议直接实施PCI而非溶栓。

（4）与单纯球囊成形术比较，直接PCI时优先考虑支架术。

【问题8】　AMI可能出现的并发症有哪些？

1．心律失常　是AMI最常见的并发症，以室性心律失常最多、最危险。总的发生率为60%～100%，是急性期死亡的主要原因之一。

2．心力衰竭　心肌缺血坏死后，心肌的射血功能减弱，出现肺水肿及低血压，常表现为呼吸困难、喘憋，平卧位加重，严重时咳粉红色泡沫样痰。特别是老年人心肌梗死并发心力衰竭的死亡率较高。

3．心源性休克　若心肌坏死的范围很大，可产生严重的心力衰竭而导致休克。80%的心源性休克发生在发病24h内，患者表现出皮肤发凉、苍白、出冷汗，尿量减少，烦躁不安或表情淡漠，重者意识模糊，甚至昏迷。心源性休克是急性心肌梗死最严重的并发症之一。

4．心脏破裂　是急性心肌梗死最严重且并不少见的并发症，尤其是左心室游离壁破裂，患者往往迅速死亡。

5．心室室壁瘤　心脏收缩时，梗死区坏死的心室壁在心室腔内压力下，呈瘤样向外膨出，因而称为室壁瘤。室壁瘤的发生率约为20%，特别是大面积梗死的患者易于发生。

6．乳头肌功能失调或断裂　总发生率可高达50%。二尖瓣乳头肌因缺血、坏死等使收缩功能发生障碍，造成不同程度的二尖瓣脱垂并关闭不全，心尖区出现收缩中晚期喀喇音和吹风样收缩期杂音，可引起心力衰竭。乳头肌整体断裂极少见，多发生在二尖瓣后乳头肌，见于下壁心肌梗死，心力衰竭明显，可迅速发生肺水肿在数日内死亡。

7．心肌梗死后综合征　发生率约10%，于心肌梗死后数周至数月内出现，可反复发生，表现为心包炎、胸膜炎或肺炎，有发热、胸痛症状，可能为机体对坏死物质的过敏反应。

【问题9】　PCI术后长期药物治疗方案是什么？

1．抗栓治疗　阿司匹林100mg/d长期维持；氯吡格雷75mg/d或替格瑞洛90mg/（2次·d）。目前推荐氯吡格雷或替格瑞洛加阿司匹林联合应用。肝素在急性STEMI中视临床情况而定。

2．硝酸酯　大多数心肌梗死患者有应用硝酸酯药物指征，而在下壁心肌梗死、可疑右心室梗死或明显低血压的患者（收缩压低于90mmHg）不适合应用。

3．β受体阻滞剂　在AMI最初几小时，使用β受体阻滞剂可以限制梗死面积，并能缓解疼痛，减少镇静剂的应用。无禁忌证的情况下应尽早常规应用，且用于AMI后的二级预防，能降低发病率和死亡率。

4．ACEI　有助于改善恢复期心肌的重构，减少AMI的病死率和充血性心力衰竭的发生。除非有禁忌证，应全部选用。一般从小剂量口服开始，防止首次应用时发生低血压，在24～48h内逐渐达到足量。如不能耐受可考虑给予ARB类。

5．降脂治疗　近年的研究表明，他汀类药物可以稳定斑块，改善内皮细胞功能，应建议早期应用。

（四）进一步治疗和复查

术后密切复查血常规、电解质、心电图等，在积极纠正心肌缺血、控制血压、稳定斑块等治疗基础上，预防并发症的发生，对出现的并发症早期积极处理。

【问题10】　如何处理AMI患者住院期间常见的心律失常？

1．室性心律失常血流动力学稳定者可选用利多卡因或胺碘酮，血流动力学不稳定者应采取同步直流电复律。

2．对持续性多形性室性心动过速或心室颤动，尽快采用非同步直流电除颤。

3．对缓慢的心律失常，可用阿托品0.5～1mg静脉注射。

4．房室传导阻滞发展到二度或三度，伴有血流动力学障碍者，宜用人工心脏起搏器作临时的经静脉右心室心内膜起搏治疗，待传导阻滞消失后撤除。

5．室上性快速心律失常用洋地黄制剂、维拉帕米等药物不能控制时，可考虑用同步直流电转复窦性心律，或采用快速起搏的超速抑制疗法。

（五）预后

AMI 预后与梗死范围大小、侧支循环的产生及治疗是否及时有关，但仍随时可能出现急性再发心肌梗死、恶性心律失常、心源性休克、猝死的可能。死亡多发生在第 1 周内，发生严重心律失常、休克或心力衰竭者病死率尤其高。

（周晓辉）

推荐阅读资料

[1] 葛均波，徐永健. 内科学. 8 版. 北京：人民卫生出版社，2013.

[2] 李法琦，司良毅. 老年医学. 2 版. 北京：科学出版社，2008.

[3] 谭梦琴. 2018 年全球心肌梗死统一定义更新解读. 实用心电学杂志，2018，27（6）：381-385.

[4] TASK FORCE MEMBERS，MONTALESCOT G，SECHTEM U，et al. 2013 ESC guideline on the management of stable coronary disease：the Task Force on the management of stable coronary artery disease of the European Society of Cardiology. Eur Heart J，2013，34（38）：2949-3003.

第二节　高　血　压

学习要求

1. 掌握老年高血压的特点、分型、治疗目标和策略。
2. 掌握原发性高血压和继发性高血压的鉴别诊断。
3. 掌握老年高血压急症的处理原则。
4. 掌握正确的血压检测方法。
5. 熟悉高血压危险因素及靶器官损害评估。
6. 了解老年高血压的发病机制。
7. 了解老年高血压的社区支持及管理。

原发性高血压（primary hypertension）是老年人最常见的慢性疾病之一，是导致心脑血管疾病的重要危险因素。高血压可显著增加老年人发生缺血性心脏病、脑卒中、肾衰竭、主动脉与外周动脉疾病等靶器官损害的风险，是老年人致残、致死的主要原因之一。我国 2012 年慢性病监测数据表明：我国≥60 岁人群高血压患病率城市为 60.6%，农村为 57.0%，但农村地区的患病率增长速度快于城市。在年龄≥80 岁的人群中，高血压的患病率更高，接近 90%。这些数据说明老年人高血压病的患病率明显高于成年人。老年人是一个独特的群体，与中青年患者相比，老年人高血压的发病机制、临床表现及预后等方面均具有一定特殊性，在临床实践中应予以重视。

临床病例

患者，男，70 岁。

主诉：反复头晕 1 年，加剧伴咽痛、咳嗽、低热 2d。

现病史：1 年前起患者反复感头晕不适，无头痛、意识不清，无恶心、呕吐，无四肢乏力等。曾到社区医疗服务点测量血压增高（超过 3 次，具体不详），但未重视，未进一步诊治。2d 前受凉后出现咽痛、咳嗽，伴低热，自觉头晕加剧，出现黑矇，无意识障碍，休息片刻即可缓解，无视物不清，无耳鸣及听力下降等，为进一步诊治来院。

既往史：否认冠心病、糖尿病、高脂血症、慢性肾病等慢性疾病史，平素不体检。

个人史：患者吸烟 30 余年，每日 20 支，否认饮酒史。

家族史：父亲有高血压病史，因脑出血已故；母亲已故，有糖尿病病史。

体格检查：体温 37.8℃，心率 90 次/min，呼吸 22 次/min，血压 180/98mmHg；神清，咽后壁充血红肿；心律齐，心尖搏动呈抬举性并向左下移位，主动脉瓣第一听诊区闻及收缩早期喷射性杂音，A_2 亢进；双肺未闻及干湿啰音；腹平软、无压痛；神经系统无阳性体征。

门诊实验室检查：全血细胞分析白细胞计数 $9.85×10^9/L$，血红蛋白含量 160g/L，中性粒细胞百分比 76.9%，血小板计数 $196×10^9/L$；C 反应蛋白 26mg/L。

一、初步诊断

【问题 1】 该患者除急性上呼吸道感染诊断外是否可以诊断为高血压？

根据《中国老年高血压管理指南 2019》对老年高血压的定义：年龄≥65 岁，在未使用降压药物情况下，血压持续或 3 次以上非同日坐位收缩压≥140mmHg 和/或舒张压≥90mmHg，可诊断老年高血压。

患者为老年男性，本次因急性上呼吸道感染就诊，测血压 180/98mmHg，虽然合并呼吸道感染，有发热及其他呼吸道症状，机体处于应激状态，可影响血压水平，但根据既往超过 3 次在社区医疗服务点测量血压增高，高血压诊断可以明确。

【问题 2】 该患者目前降压治疗是否合理？

无论是老年人还是普通成年人，在初诊明确高血压诊断后，开始干预之前，应完善心血管危险因素及亚临床靶器官损害的评估，并先予以积极的生活方式干预。根据高血压分级分层情况决定是否开始药物治疗。

该患者收缩压≥180mmHg，不考虑心血管危险因素及靶器官情况，就血压而言已属高危，可启动药物治疗。

【问题 3】 为进一步明确诊断还需追问哪些病史、完善哪些检查和评估？

1. 病史询问　应详细询问高血压的患病时间、血压升高的程度、自觉症状和病情经过，仔细确认心血管疾病和慢性肾脏病等症状或既往史，以及可能影响血压的药物（镇痛消炎药、选择性 $α_1$ 肾上腺素受体阻断剂、抗抑郁药、中药等）服用史，还要了解与继发性高血压有关情况。原发性高血压的发病与遗传和环境有关，故需详细询问高血压的家族史及生活习惯、心理因素等。

2. 体格检查　除门诊已完善的体格检查外，还需测量患者身高、体重，计算体重指数（BMI），测量腹围，测量立卧位血压，听诊腹部有无血管杂音，触诊双下肢有无水肿等。

3. 血压监测　如诊室血压测量、立卧位血压测量、24h 动态血压监测。

知识点

规范的血压测量方法

老年人血压测量时需注意以下问题：①患者取坐位测量血压，保持室内环境安静；②测量血压前需静坐至少 5min；③血压袖带与心脏保持同一水平；④首次测量血压时应测双侧上肢血压，评估时应以较高一侧血压为准；⑤老年人直立性低血压多见，因此初次测量血压和调整用药后，应注意立位血压的测量；⑥老年人假性高血压多见，可采用 Osler 手法袖带法辅助诊断；⑦另外由于老年人血压的波动性较大，有时需要多次测量不同时间段的血压才能诊断。

老年人白大衣高血压多见，家庭自测血压有助于提高血压评估的准确性。但需注意由于血压测量设备的标准化及质控有待进一步完善，老年高血压诊断仍以诊室血压测量为主要依据，家庭自测血压仅作血压评估及监测依据，不作为诊断的独立依据。

知识点

特殊血压检测方法

体位改变血压检测方法：检测前患者排空膀胱安静休息 10min，平卧至少 5min 后，先测量卧位血压。嘱患者站立后，分别测量站立 1min、3min 血压。但也有一些老年人直立时间超过≥3min 才出现明显的血压下降，若高度怀疑存在直立性低血压，在保证患者安全的前提下可适当延长站立时间至出现明显的血压波动。

餐后血压检测方法：清晨患者清醒后在早餐前 15min 测量餐前血压，并于餐后 60min 再测量血压。

4．辅助检查　由于该患者未正规诊治，在开始治疗的同时，应完善高血压靶器官及危险因素的评估（表 3-2-3），并排除继发性高血压。

表 3-2-3　高血压危险因素及靶器官损害评估

	评估项目	临床意义
心脏	心电图	筛查左心室肥厚，$S_{V1}+R_{V5}$≥3.8mV 或 Cornell 乘积 >244mV•ms
	超声心动图	左心室质量指数（LVMI）：男≥115g/m², 女≥95g/m²
血管		
大血管	颈动脉多普勒	颈动脉内膜中层厚度（IMT）≥0.9mm
		或动脉粥样斑块
	脉搏波速度（PWV）*	颈 - 股 PWV≥12m/s
	踝 - 臂指数（ABI）*	ABI<0.9
小血管	眼底检查	视网膜动脉出血或渗出
		视盘水肿
肾脏	血肌酐、尿酸、eGFR	eGFR 30～59ml/(min•1.73m²)
		或血清肌酐轻度升高：男：115～133mol/L，女：107～124mol/L
	尿微量蛋白	微量白蛋白尿：30～300mg/24h
	尿白蛋白 / 尿肌酐	白蛋白 / 肌酐比：≥30mg/g（3.5mg/mmol）
脑	MRA/CTA	脑腔隙性病灶、无症状性脑血管病变及脑白质损害（不作为靶器官受损筛查）
	经颅多普勒超声	脑血管痉挛、狭窄或闭塞
	MMSE/MoCA	认知功能障碍：MMSE<27 分 /MoCA<26 分
其他	血脂	TC≥6.2mmol/L（240mg/dl）或 LDL-C≥4.1mmol/L（160mg/dl）或 HDL-C<1.0mmol/L（40mg/dl）
	血糖	• 糖耐量受损（2h 血糖 7.8～11.0mmol/L）和 / 或空腹血糖异常（6.1～6.9mmol/L）
		• 糖尿病
		新诊断：
		空腹血糖≥7.0mmol/L（126mg/dL）
		餐后血糖≥11.1mmol/L（200mg/dL）
		已治疗但未控制：
		糖化血红蛋白（HbA1c）≥6.5%

注：*：考虑血管壁随增龄而发生退行性改变，且目前国内老年人群脉搏波速度参考范围尚无标准，故可选做，仅作参考。eGFR，估算肾小球滤过率；MRA，磁共振血管造影；CTA，CT 血管造影；MMSE，简易精神状态检查；MoCA 蒙特利尔认知评估。

知识点

与继发性高血压的鉴别

诊断高血压时必须与继发性高血压相鉴别。在老年高血压患者中，肾实质性高血压和动脉硬化性肾血管性高血压相对较多，需进行鉴别。老年人慢性肾小球肾炎、慢性肾盂肾炎、糖尿病肾病及淀粉样变性等疾病较中青年高血压者更为多见，因此在询问病史时需了解患者高血压和蛋白尿等症状出现的时间顺序,以进行鉴别诊断。此外,肾血管性高血压也是老年继发性高血压的重要因素,如听到腹部血管杂音或在高血压治疗过程中血压急速上升、血压难以控制或应用血管紧张素转化酶抑制剂(ACEI)引起肾功能恶化时,均应高度怀疑继发性高血压的可能。老年内分泌性高血压(原发性醛固酮增多症、嗜铬细胞瘤或库欣综合征等)的发生率较低。

患者为进一步评估以及排除继发性因素首次门诊就诊后完善以下检查。

尿液分析组合:pH 6,尿蛋白 300mg/dl,尿糖 30mg/dl,白细胞(镜检)0.4/HP,红细胞(镜检)0.8/HP。

尿量 1 600ml,24h 尿总蛋白 376mg/24h,24h 尿微量白蛋白 507mg/24h。

糖化血红蛋白 6.4%,空腹血糖 7.09mmol/L。

口服葡萄糖耐量试验(OGTT):空腹血糖 7.83mmol/L,0.5h 血糖 11.57mmol/L,1h 血糖 15.47mmol/L,2h 血糖 16.88mmol/L,3h 血糖 11.22mmol/L。

电解质:Na^+ 140mmol/L,K^+ 3.6mmol/L,Cl^- 104mmol/L。

肾功能:肌酐 105.4μmol/L,尿素氮 6.90mmol/L,尿酸 484.00μmol/L,eGFR 68ml/(min·1.73m²)。

肝功能:白蛋白 47.5g/L,谷丙转氨酶 39.0IU/L,谷草转氨酶 23.0IU/L,γ-谷氨酰转肽酶 178.2IU/L。

血脂:甘油三酯 1.72mmol/L,总胆固醇 6.2mmol/L,低密度脂蛋白 4.20mmol/L。

心电图:窦性心律,心率 70 次/min;ST-T 段改变,$S_{V1}+R_{V5}>3.8mV$。

直立性血压监测见表 3-2-4。

表 3-2-4 直立性血压监测

单位:mmHg

体位	第一次		第二次		第三次	
	收缩压	舒张压	收缩压	舒张压	收缩压	舒张压
卧位	154	92	162	95	152	98
立位 1min	148	80	140	78	140	82
立位 3min	135	82	135	80	138	80

24h 动态血压(ABPM):全天平均血压 175/98mmHg,白昼平均血压 174/90mmHg,夜间平均血压 155/85mmHg,昼夜平均收缩压及舒张压均明显升高,昼夜节律非杓型。

超声心动图:室间隔厚度 12mm,左心室舒张末期内径 47mm,左心室收缩末期内径 30mm,左心室后壁厚度 11mm;射血分数 60%。

颈动脉多普勒:右颈总动脉内膜中层厚度(IMT)0.8mm,右颈内动脉 IMT 0.6mm,右颈总分叉部 IMT 1mm;左颈总动脉 IMT 0.9mm,左颈内动脉 IMT 0.6mm,左颈总分叉部 IMT 1mm;双侧颈动脉硬化图像伴双侧斑块形成。

肾上腺超声:双侧肾上腺区未见明显异常回声。

肾动脉超声:双肾动脉流速及阻力指数未见明显异常。

肾脏 CTA:双侧肾上腺未见异常,肾动脉 CTA 未见明显异常。

颅脑 CT 平扫:两侧基底节区腔隙灶。

眼底检查:眼底动脉Ⅱ级硬化,黄斑变性。

MoCA 评分:28 分。

二、诊断与评估

结合病史及实验室检查该患者的诊断为:原发性高血压 3 级(很高危);直立性低血压;2 型糖尿病;高脂血症;慢性肾脏病 2 期;腔隙性脑梗死。

患者多次血压监测,收缩压≥140mmHg,舒张压≥90mmHg,最高血压 180/98mmHg,故高血压诊断明确,分级为 3 级。

老年人常见继发性高血压病因有肾性高血压、肾血管性高血压、内分泌相关高血压(肾上腺疾病、嗜铬细胞瘤等)。肾性高血压一般都有肾脏疾病病史,详细询问病史可以发现肾脏疾病发生早于高血压,实验室检查可以发现蛋白尿、血清肌酐水平升高、eGFR 下降、超声发现肾脏结构异常等。但需与高血压导致的肾脏功能损害鉴别。鉴别要点包括病史、肾功能损害程度、肾脏结构等。该患者无肾脏病史,有肾功能损害,但考虑与高血压有关,故肾性高血压诊断依据不足。

老年人因动脉粥样硬化可引起单侧或双侧肾动脉狭窄,因肾缺血导致肾血管性高血压,在临床上非常常见,如出现以下情况需排除肾血管狭窄:①血压持续升高,≥160/100mmHg 伴冠心病及其他大血管狭窄病史;②合并轻度低钾血症;③体检发现脐周血管杂音;④突然血压难以控制或顽固性恶性高血压;⑤非对称性肾萎缩;⑥服用 ACEI 或 ARB 出现血肌酐明显升高。该患者无上述症状体征,且肾动脉 CTA 未见明显异常,故排除肾血管性高血压。

老年人原发性醛固酮增多症发病率与普通成年人一致。原发性醛固酮增多症的临床特点比较典型,但老年人可能症状不典型,当出现以下情况时需排查。①难治性高血压;②顽固复发性低钾血症;③肾上腺偶发瘤;④家族早发脑血管意外。

老年人还需注意药物相关性高血压,如非甾体类抗炎药物、激素类、抗抑郁药物、甘草等。在病史询问时应详细询问上述药物使用情况。

该患者存在多个心血管危险因素及靶器官损害。患者存在左心室肥厚,但目前心功能正常;颈动脉粥样硬化斑块形成;肾功能轻度受损,尿微量白蛋白增高;糖尿病诊断成立;总胆固醇和低密度脂蛋白升高。故患者高血压分层为很高危组。

【问题 4】　老年高血压的发病机制是什么?

老年高血压病的发病机制尚未明确,与人体衰老改变有一定关系,与其他成年人高血压相比有以下特点。

1. 大动脉粥样硬化　增龄使动脉壁结构发生改变导致大动脉弹性降低。大动脉僵硬造成压力波反射传导加快,反射波的叠加提前到收缩期,产生较高的收缩压。而舒张期主动脉无足够的弹性回缩来维持,故舒张压下降,脉压增大。

2. 外周血管阻力显著升高　老年人外周血管阻力明显升高。主要有两方面的原因:①器质性原因,增龄过程中,小动脉粥样硬化程度加重、管腔缩小阻塞,导致血管阻力升高;②功能性原因,血管衰老导致血管平滑肌 β 受体的反应性降低,而 α 受体的反应性却无明显变化,促使血管收缩占优势,外周血管阻力升高。

3. 细胞外容量增加　多数老年高血压患者血浆肾素水平和血管紧张素Ⅱ水平低下,且对食物中摄入的钠敏感,导致细胞外容量增加。这也是临床上老年高血压对利尿剂治疗效果较好的原因之一。

【问题 5】　老年高血压的特点是什么?

1. 单纯收缩期高血压多见　单纯收缩期高血压(isolated systolic hypertension, ISH)诊断标准:血压持续升高或 3 次以上非同日坐位收缩压≥140mmHg,舒张压<90mmHg,或袖带式电子血压计自测,收缩压≥135mmHg,舒张压 <85mmHg。老年人收缩压水平随年龄增长而升高。舒张压亦随年龄增长平缓地升高,但在 60 岁左右舒张压呈缓慢下降趋势。在老年患者中,ISH 发病率超过 50%,是老年高血压中最为常见的类型。

2. 脉压增大　脉压是反映动脉弹性的重要指标,也是心血管事件发生的预测因子。正常人脉压值多在 30~40mmHg 之间,老年人脉压常明显增大,可达 50~100mmHg。多项研究显示:60 岁以上老年人的基线脉压水平与全因死亡、心血管死亡、脑卒中和冠心病发病均呈显著正相关。

3. 血压波动大　随着增龄,动脉壁僵硬,血管顺应性降低,动脉壁上的压力感受器敏感性降低,血压调节功能减退,致使血压波动范围增大。此外,血压更易随情绪、季节的变化而出现明显波动。

4. 直立性血压变化　直立性低血压(orthostatic hypotension, OH)是指从卧位改变为直立体位的 3min 内,收缩压下降≥20mmHg 或舒张压下降≥10mmHg,同时伴有低灌注的症状。OH 在年龄 65 岁及以上人群总体患病率可达 20%~50%。OH 是跌倒、晕厥和心血管事件的重要危险因素。

直立性高血压(orthostatic hypertension, OHT)是直立性血压变化的另一常见类型。OHT 在人群中的患病率为 2.4%~20.3%。血压直立性升高包括卧位转为直立位后血压在短时间内升高及持续升高两种情况。现多采用诊室立位激发试验或 20min 直立倾斜试验,以体位改变后收缩压升高 20mmHg 作为诊断标准。

OHT 的发病机制可能与自主神经功能障碍、交感神经系统过度激活有关。研究证实，OHT 并不是一种良性的血压波动，OHT 和心血管疾病相关。

5. 餐后低血压多见　餐后低血压（postprandial hypotension，PPH）是指餐后血压较餐前下降而表现出的一组临床综合征。符合下列 3 条标准之一，即可诊断。①餐后 2h 内收缩压比餐前下降 20mmHg 以上；②餐前收缩压不低于 100mmHg，而餐后 <90mmHg；③餐后血压下降未达到上述标准，但出现餐后心脑缺血症状（心绞痛、乏力、晕厥、意识障碍）。

在老年人群较为常见。其发病机制主要是由于餐后内脏血流量增加、回心血量和心排血量减少，压力感受器敏感性减低，交感神经代偿功能不全；同时餐后具有扩血管作用的血管活性肽分泌增多所致。高碳水化合物、大量进食、热饮、胃排空快也是导致 PPH 的重要因素。高血压、糖尿病、OH、帕金森病、老年性痴呆、自主神经损害、多系统萎缩、瘫痪、血液透析等发生 PPH 的危险性亦明显增高。扩血管药物、利尿剂等均易诱发 PPH。上述情况在临床实践中应予以足够重视。

6. 高血压晨峰　老年人清晨高血压发生率高，60 岁以上老年人发生率约 44%。高血压晨峰主要是由于清晨交感神经的兴奋性增高或肾素 - 血管紧张素系统功能亢进所致。清晨高血压者心血管疾病病死率明显增加。及早控制清晨高血压有利于减少心血管事件的发生。为提高清晨高血压的检出应重视动态血压监测和家庭血压测量。

7. 血压昼夜节律异常多见　老年高血压患者常伴有血压昼夜节律的异常，表现为夜间血压下降幅度 <10%（非杓型）或 >20%（超杓型），甚至表现为夜间血压不降反较白天升高（反杓型），使心、脑、肾等靶器官损害的危险性增加。这与老年人动脉硬化、血管壁僵硬度增加和血压调节中枢功能减退有关。

8. 白大衣高血压多见　大衣高血压（white coat hypertension，WCH）指患者仅在诊室内测得血压升高而诊室外血压正常的现象。诊断标准为未经治疗的老年患者经过多次随访诊室血压 ≥140/90mmHg，而动态血压监测所测 24h 平均血压 <130/80mmHg、白天平均血压 <135/85mmHg；或多次家庭血压监测血压均值 <135/85mmHg。WCH 患者处理不当常导致过度降压治疗。其发病可能与患者在医疗环境中精神紧张、交感神经活性增强有关。家庭自测血压和 24h 动态血压监测是诊断 WCH 的重要手段。

9. 假性高血压多见　假性高血压（pseudohypertension，PHT）是指用普通袖带测压法所测血压值高于经动脉穿刺直接测的血压值，多见于动脉严重钙化的老年人。PHT 也常见于糖尿病、尿毒症患者。患病率为 1.7%～50.0%，有随增龄而增加的趋势。其原因是各种因素导致严重的动脉硬化阻碍了血压测量时袖带对肱动脉的压迫，从而使血压测值假性升高。

PHT 诊断标准尚不一致，我国高血压防治指南推荐的诊断标准：袖带法所测血压值高于动脉内测压值，收缩压升高 ≥10mmHg 或舒张压升高 ≥15mmHg。有创血压测量法（也称直接法）是检测假性高血压的金标准，但由于其难度高而且有创伤，故不适合高血压患者的普查及长期血压监测。

PHT 由于检出困难，临床上常被忽视，容易导致过度降压，引起心、脑血管供血不足等严重后果。临床上出现以下情况时需考虑存在假性高血压的可能：①持续存在的高血压，无明显靶器官损伤；②高血压患者经过抗高血压治疗后，出现晕厥等症状；③高血压患者经过规范降压药物种类和剂量的反复调整，血压状况并未改善或对高血压药物出现耐药的情况。

10. 难治性高血压　难治性高血压（refractory hypertension，RH）是指在改善生活方式的基础上联合 3 种不同作用机制的降压药物（包括利尿剂）治疗至少 1 个月，血压仍不能达标，或至少需要 4 种降压药物才能使血压达标的情况。

老年 RH 较为常见，可能存在几方面原因：药物依从性较差，尤其是存在认知功能障碍的老年人；老年人共病，服用多种药物，药物间的相互作用；与年龄相关的血管重塑及交感紧张。近年来研究发现阻塞型睡眠呼吸暂停低通气综合征（OSAS）是导致老年人难治性高血压的一个重要原因。

11. 并发症多　老年高血压常伴发动脉粥样硬化性疾病，如冠心病、脑血管病、外周血管病、缺血性肾病及血脂异常、糖尿病、老年痴呆等疾患。随着病情进展，血压持续升高，可导致靶器官损害，最终导致各种并发症。应进行综合评估并制订合理的治疗策略。

三、治疗与随访

诊断明确后，嘱患者低盐低脂饮食，戒烟，适当运动，控制体重。同时予以氨氯地平片 5mg（每日 1 次）

联合贝那普利片 10mg（每日 1 次）降压，二甲双胍 0.5g，3 次 /d，控制血糖，阿托伐他汀钙片 20mg，每晚 1 次，调脂。4 周后复测血压 155/75mmHg，加用氢氯噻嗪 12.5mg，每晚 1 次。8 周后复测血压 145/70mmHg，息者频繁夜间干咳，停用贝那普利片，改用厄贝沙坦片 150mg，每日 1 次。

患者在半年随访中，血压稳定在 140～150/70～80mmHg。此后自行停服氨氯地平、氢氯噻嗪，于药房购买服用厄贝沙坦 150mg。1 年后的某日清晨，息者在家中突感剧烈头痛，左侧肢体不能活动，急诊测血压 190/105mmHg，意识不清，双眼向右侧凝视，左侧肢体肌力 0 级、肌张力消失、针刺感消失、巴宾斯基征阳性。急查颅脑 CT 提示右侧基底节区出血（图 3-2-5）。

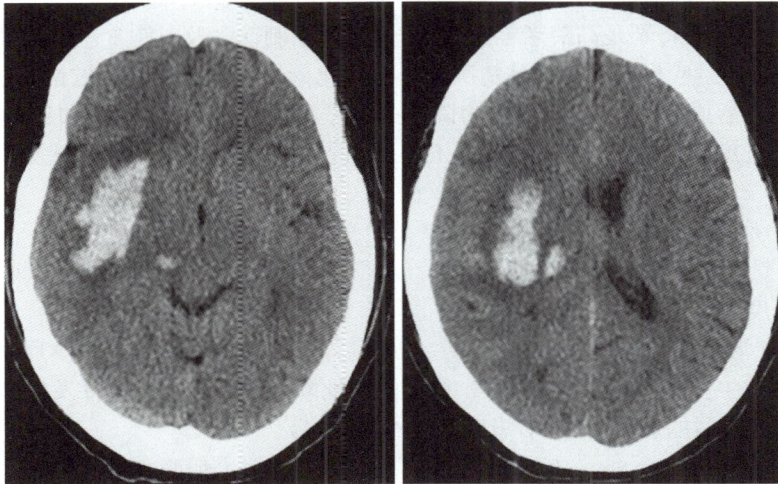

图 3-2-5　颅脑 CT

【问题 6】　老年高血压治疗目标是什么？

老年高血压的治疗目标是最大限度地降低患者心血管并发症及发生死亡的危险，提高其生活质量。需要治疗所有可逆性心血管危险因素、亚临床靶器官损害及各种并存的临床疾病。根据近年来我国高血压防治指南及老年高血压诊治专家建议推荐，起始治疗血压值≥150/90mmHg。老年人降压治疗目标值：年龄≥65 岁患者，血压应降至 150/90mmHg 以下，如能耐受可进一步降至 140/90mmHg 以下；年龄≥80 岁患者一般情况下不宜低于 130/60mmHg；老年人高血压合并糖尿病、冠心病、心力衰竭和肾功能不全患者降压目标应 <140/90mmHg。

在多个药物联合治疗下，该患者血压控制尚可，但考虑合并糖尿病且存在肾功能不全，在患者可以耐受的情况下应严格控制血压。

【问题 7】　老年高血压治疗策略是什么？

生活方式干预应贯穿整个治疗过程。药物治疗方面，需要对危险因素、靶器官损害及并存疾病进行综合治疗。老年人降压药物的选择应符合平稳、有效、安全、服药简单、依从性好等特点。常用降压药物包括钙通道阻滞剂（CCB）、ACEI、血管紧张素受体拮抗剂（ARB）、利尿剂和 β 受体阻滞剂五类，α 受体阻滞剂可应用于伴良性前列腺增生及难治高血压的患者。

1. 老年高血压非药物治疗　非药物治疗是高血压治疗的基础，包括纠正不良生活方式及不利于身心健康的行为和习惯。

（1）减少钠盐的摄入：老年人群中盐敏感性高血压更为常见，建议老年高血压患者每日摄盐量应少于 5g。

（2）调整膳食结构：鼓励老年人摄入多种新鲜蔬菜、水果、鱼类、豆制品、粗粮、脱脂奶及其他富含钾、钙、膳食纤维和多不饱和脂肪酸的食物。

（3）减少膳食脂肪及饱和脂肪酸摄入：饮食中脂肪含量应控制在总热量的 25% 以下，饱和脂肪酸的量应 <7%。

（4）戒烟：吸烟及二手烟增加高血压发病危险、使患者血管弹性降低、促进动脉粥样硬化斑块的进展、增加心脑血管事件发生率及病死率。戒烟并避免吸入二手烟对老年人血压控制、减少其心脑血管事件发生率和死亡率具有十分重要的意义。

（5）限酒：老年人应限制酒精摄入。每日摄入酒精量 >30g 者，随饮酒量增加血压升高，降压药物疗效降低。

（6）肥胖者适当减轻体重：建议将 BMI 控制在 $25kg/m^2$ 以下。

（7）规律适度的运动：适量运动有利于减轻体重和改善胰岛素抵抗，提高心血管调节能力，降低血压。老年高血压患者可根据个人爱好和身体状况选择适合并容易坚持的运动方式，如快步行走，一般每周 3～5 次，每次 30～60min。

（8）避免情绪波动：减轻精神压力，保持心理平衡。

需要注意的是，老年人（特别是高龄老年人）过于严格的控制饮食及限制食盐摄入可能导致营养障碍及电解质紊乱，如低钠血症。应根据患者具体情况选择个体化的饮食治疗方案。过快、过度减轻体重可导致患者体力不佳影响其生活质量，甚至导致抵抗力降低而易患其他系统疾病。因此，应鼓励老年人适度、逐渐减轻体重而非短期内过度降低体重。运动方式更应因人而异，需结合患者体质状况及并存疾病等情况制订适宜的运动方案。

2. 老年人药物治疗的特殊性

（1）注意防止直立性低血压的发生：在药物治疗初期及调整治疗方案过程中应注意监测立位血压，避免因直立性低血压或过度降压给患者带来的伤害。

（2）降压治疗的 J 形曲线：是指血压下降至一定程度后，心血管事件或总死亡率反而增加的一种临床现象。老年高血压治疗的主要目的是保护靶器官，最大限度地降低患者心血管事件发生和死亡的风险。血压过度降低可影响各重要脏器的血流灌注，对患者产生不利影响。

冠心病患者舒张压水平低于 65～70mmHg 时，可能会增加不良心脏事件的危险。对于伴有缺血性心脏病的老年 ISH 患者，在强调收缩压达标的同时，应避免过度降低舒张压。脑卒中与 J 形曲线的关系并不明显。由于我国老年人脑卒中发生率远高于西方人群，降压达标对老年高血压患者预防脑卒中尤为重要。

3. 药物选择和应用

（1）药物选择：老年人使用利尿剂和长效 CCB 疗效好、副作用较少，推荐用于无明显并发症的老年高血压患者的初始治疗。若患者已存在靶器官损害，或并存其他疾病和 / 或心血管危险因素，则应根据具体情况选择降压药物（表 3-2-5）。

表 3-2-5　特殊情况下高血压药物选择

	首选药物	注意事项
糖尿病	ACEI/ARB	控制不佳加用 CCB
肾功能不全		
eGFR≥30ml/（min·1.73m²）	ACEI/ARB	监测肾功能及血钾
eGFR<30ml/（min·1.73m²）	袢利尿剂、CCB、β 受体阻滞剂、α 受体阻滞剂	慎用 ACEI/ARB
冠心病	β 受体阻滞剂	控制不佳加用 CCB
慢性心功能不全	ACEI、β 受体阻滞剂、利尿剂、醛固酮拮抗剂	ACEI 不能耐受时用 ARB
COPD、哮喘、间歇性跛行	CCB	慎用 β 受体阻滞剂

注：在药物剂型选择方面，老年人应以长效制剂（谷峰比值 >50%）为主，它不仅能提高依从性，而且能平稳降压、减少血压波动、保护靶器官。

COPD，慢性阻塞性肺疾病；ACEI，血管紧张素转化酶抑制剂；ARB，血管紧张素受体阻滞药；CCB，钙通道阻滞剂。

（2）药物应用

1）小剂量开始、缓慢增量：老年高血压患者降压治疗时降压药应从小剂量开始，在患者可以耐受的前提下，逐步降压达标，避免因过快降压所导致的重要器官供血不足。

2）顺序疗法：优先降压药物的使用方法有阶梯疗法和顺序疗法两种。当使用的第一种药物无效时，阶梯疗法在此基础上加第二种，如仍无效加第三种，以此类推。而顺序疗法则是更换另一种，如仍无效再换一种。老年人通常是多病共存、多药合用，药物不良反应发生率很高。老年人应优先采用顺序疗法，可以减少用药种类和药物不良反应。当多种药物无效时，再用阶梯疗法，即联合用药。

3）联合用药：老年高血压患者通常需服用两种或两种以上的降压药物才能使血压达标。老年人的联合用药应强调低剂量联合，既可增加疗效又可减少药物不良反应。

四、常见老年高血压类型及治疗

1. 老年单纯收缩期高血压 老年单纯收缩期高血压患者收缩压≥150mmHg，舒张压60～90mmHg，可起始单药治疗。收缩压≥160mmHg或高危者可联合用药。而舒张压<60mmHg时，降压治疗应以不加重舒张压进一步降低为前提。舒张压<60mmHg时，若收缩压140～150mmHg，宜观察，可不用药物治疗；若收缩压150～179mmHg，可谨慎用单药、小剂量降压药治疗，并密切观察；若收缩压≥180mmHg，则用小剂量降压药治疗，谨慎联合用药。降压药可用小剂量利尿剂、CCB，也可选择ACEI或ARB等。

2. 老年体位低血压伴卧位高血压 此类患者首先应鉴别病因，如存在血容量不足，则补充血容量；然后考虑有无药物因素（包括利尿剂、α受体阻滞剂、血管扩张剂、硝酸酯类、三环类抗抑郁药物和β受体阻滞剂等）和疾病因素（包括心脑血管疾病和神经系统疾病），并进行病因治疗。一旦明确诊断，应首先考虑非药物治疗。建议患者逐渐变换体位，做物理对抗动作如腿交叉、弯腰及紧绷肌肉等；必要时停用或减少降压药物用量，穿弹力袜、使用腹带等。根据情况应用容量扩张剂、血管收缩剂及改善贫血药物。卧位高血压-立位低血压综合征患者可在夜间使用短效降压药。

3. 老年人高血压合并餐后低血压 对该类患者主要是治疗基础疾病，纠正可能的诱因。症状不明显者可用非药物治疗，包括餐前饮水、减少碳水化合物摄入、少量多餐、餐后取坐位或卧位，避免饮酒，血液透析患者避免血液透析时进食，降压药宜在两餐之间服用。药物治疗可采用减少内脏血流量、抑制葡萄糖吸收和增加外周血管阻力的药物，如咖啡因、阿卡波糖、古尔胶，但目前尚缺乏循证医学证据。

4. 白大衣高血压 白大衣高血压患者比血压正常人群更容易发展为持续性高血压，提示白大衣高血压需要干预，防止其发展为持续性高血压。对于无危险因素的白大衣高血压患者，可不予药物治疗，进行健康宣教、生活方式干预，并做好定期随访。对于合并代谢紊乱危险因素的患者，需要针对相应的危险因素进行药物治疗。此时药物治疗是对生活方式改变的补充（具体措施包括控制体重、调节糖代谢、调脂治疗等），以及定期随访（动态血压、血糖、血脂、体重指数等）。对于合并无症状性靶器官损害的患者，在生活方式改变和血压监测的基础上，需给予相应药物治疗，包括降压、保护靶器官功能等药物治疗。

5. 高龄、衰弱老年高血压 高龄老年人是指年龄≥80岁者。高龄老年高血压患者常伴多种疾病，认知功能下降及衰弱的发生率高于其他年龄段的老年患者。故在治疗高血压的同时，还需对其认知功能及衰弱程度进行评估。

高龄高血压患者治疗应从单药小剂量开始，结合患者自身特点，制订个体化治疗方案，在强调降压达标的同时，需要注意伴随疾病的影响，并加强靶器官的保护，避免过度降压。根据患者对降压药的反应情况调整剂量或药物种类，在患者能耐受的前提下，在数周甚至数月内逐渐使血压达标。

高龄老年人衰弱发生率升高，衰弱可加重不良预后，因此降压靶目标不宜太低，欧洲高血压学会建议，高龄衰弱老年患者的收缩压目标是<150mmHg，但不低于130mmHg。同时应重视在血压管理中进行虚弱评估。治疗过程中，应注意监测患者的立位血压和24h动态血压；制订降压药物方案需综合评估多重用药的副作用。同时应注重老年综合评估，制订个性化营养支持方案、运动方案等，都将有助于对高龄患者血压水平的控制。

【问题8】 老年高血压急症处理的原则是什么？

高血压急症指高血压患者，在某些诱因下，血压突然和显著升高（一般>180/120mmHg），并伴有急性进行性心、脑、肾等重要靶器官功能不全。老年高血压急症主要有高血压脑病、颅内出血、脑梗死、急性心力衰竭、急性冠脉综合征、主动脉夹层等。

老年高血压急症处理原则：①在30～60min内将血压降至安全水平，但需注意第1～2小时内平均动脉压不可下降超过25%；②加用口服降压药物，缓慢减少静脉降压药物，在后续2～6h内将血压降至160/100mmHg；③在后续24～48h内逐步降至正常水平。

【问题9】 如何进行老年高血压社区支持及管理？

该患者由于疏于血压监测管理，自行更换药物，导致出现高血压急症。老年高血压患者血压波动大，易发生直立性低血压、餐后低血压，同时合并多种疾病。有部分老年人自理能力及认知功能受损导致血压不能很好控制，极易出现高血压并发症。而高血压和慢性疾病治疗管理不仅需要专科医生，更需要患者及家庭、社区的支持。应推进社区随访制度完善，如入户随访、家庭监测和远程服务。

（方宁远）

推荐阅读资料

[1] 中国高血压防治指南修订委员会. 中国高血压防治指南 2018. 心脑血管病防治，2019，19（1）：1-44.

[2] 中国老年学和老年医学学会. 老年高血压的诊断与治疗中国专家共识（2017 版）. 中华内科杂志，2017，56（11）：885-893.

[3] 中国老年医学学会高血压分会. 老年人异常血压波动临床诊疗中国专家共识. 中国心血管杂志，2017，22（1）：1-11.

[4] 中国老年医学学会高血压分会. 中国老年高血压管理指南 2019. 中华老年多器官疾病杂志，2019，18（2）：81-106.

[5] ARONOW W S, FLEG J L, PEPINE C J, et al. ACCF/AHA 2011 Expert Consensus Document on Hypertension in the Elderly: a report of the American College of Cardiology Foundation Task Force on Clinical Expert Consensus documents developed in collaboration with the American Academy of Neurology, American Geriatrics Society, American Society for Preventive Cardiology, American Society of Hypertension, American Society of Nephrology, Association of Black Cardiologists, and European Society of Hypertension. J Am Coll Cardiol, 2011, 57（20）: 2037-2114.

[6] BENETOS A, BULPITT C J, PETROVIC M, et al. An Expert Opinion from the European Society of Hypertension-European Union Geriatric Medicine Society Working Group on the management of hypertension in very old, frail subjects. Hypertension, 2016, 67（5）: 820-825.

[7] KARIO K, SHIMADA K. Risers and extreme-dippers of nocturnal blood pressure in hypertension: antihypertensive strategy for nocturnal blood pressure. Clin Exp Hypertens, 2004, 26（2）: 177-189.

[8] WANG J W, ZHANG L X, WANG F, et al. Prevalence, awareness, treatment, and control of hypertension in China: results from a national survey. Am J Hypertens, 2014, 27（11）: 1355-1361.

[9] WILLIAMS B, MANCIA G, SPIERING W, et al. 2018 ESC/ESH Guidelines for the management of arterial hypertension. Eur Heart J, 2018, 39（33）: 3021-3104.

第三节　心律失常

学习要求

1. 掌握心房颤动的病因、临床表现及诊治原则。
2. 掌握心房颤动的栓塞风险评估及预防。
3. 掌握病态窦房结综合征的病因、临床表现及诊疗原则。
4. 熟悉常用的控制心室率、房颤复律和维持窦性心律药物。
5. 熟悉病态窦房结综合征永久起搏器的植入适应证。
6. 了解老年人心律失常的发病机制。

心律失常（arrhythmia）是心脏冲动的频率、节律、起源部位、传导速度或激动次序的异常。老年人心律失常的发生，除了患者的基础心血管疾病或其他疾病因素，增龄引起的心脏退行性变（包括心肌细胞数量减少、心肌纤维化、瓣膜钙化等）也是重要原因。老年人心律失常不仅发病率高，且常伴有很多复杂的临床情况，给诊治带来一定困难，在指南指导下进行个体化治疗非常重要。下面结合两种常见老年心律失常的病例进行说明。

一、心房颤动

心房颤动（atrial fibrillation），简称"房颤"，是一种以心房不规则激动，致心房机械功能逐渐恶化为特征的心律失常。临床特点为心悸、脉律绝对不规整。当心电图显示 P 波消失、代之以不规则的心房颤动波

(f波)，RR间期绝对不规则，可诊断房颤。房颤的患病率及发病率均随年龄增长逐步增加，是老年人群最为常见的心律失常。脑栓塞是房颤引起的最主要、最严重的并发症。

临床病例 1

患者，男，76岁。

主诉：间断心悸半年，再发加重1周。

现病史：患者半年前无明显诱因出现心悸，持续数十分钟后减轻消失。后间断出现心悸，与运动、饮食无关，每次持续半小时至数小时，心悸时自测脉搏不齐。心悸非突发突止，无胸闷、胸痛、气促、下肢水肿，无咳嗽、咳痰、咯血、发热。1周前又出现心悸，且持续不消失，活动时加重、伴气短。遂来门诊就诊。

既往及个人史：原发性高血压3级10年，服氨氯地平、缬沙坦，日常未监测血压；否认冠心病、风湿性心脏病病史；否认糖尿病、甲状腺功能亢进病史。

体格检查：体温36.2℃，心率106次/min，脉律不齐，呼吸24次/min，血压161/65mmHg，神志清楚，呼吸稍快。皮肤及巩膜无黄染，浅表淋巴结无肿大。双肺呼吸音清，双下肺少许细湿啰音。心界不大，心率117次/min，律绝对不齐，心音强弱不等，未闻及杂音。腹软，无压痛及反跳痛，肝脾肋下未及。双下肢不肿。四肢肌力正常，生理反射存在，病理征阴性。

门诊心电图（图3-2-6）：心房颤动（心室率约124次/min）；未见ST-T异常改变。

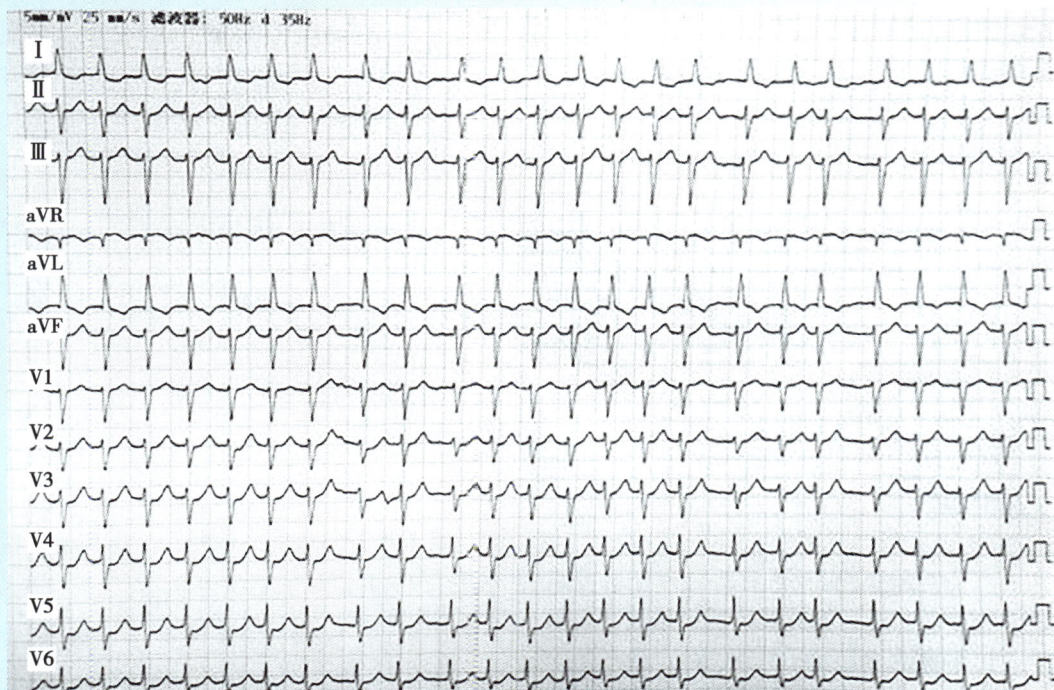

图3-2-6　病例1的门诊心电图

（一）初步诊断

该患者为老年患者，有明确高血压病史，虽服药但日常未监测血压，门诊测量血压偏高，提示平日血压可能控制不佳；既往无风湿性心脏病、甲状腺功能亢进（简称"甲亢"）病史；体格检查未发现有心脏杂音、心音强弱不等提示结构性心脏病的体征。该患者间断心悸已有半年，提示当时已存在"阵发性房颤"。近期心悸已持续1周，推测房颤很可能也已持续1周，按房颤的分类应属"持续性房颤"，中途可能存在短暂转复的时间，但仍应先按"持续性房颤"进行治疗。房颤发生原因多与增龄和高血压相关。因此，该患者初步诊断应为"原发性高血压3级，持续性房颤"。

【问题1】　房颤发生的原因有哪些？

房颤的常见病因和危险因素有增龄、高血压病、风湿性心脏病、扩张型心肌病、心力衰竭、甲亢、冠心

221

病、慢性阻塞性肺疾病、糖尿病等。有统计显示我国非瓣膜性房颤（即无风湿性二尖瓣狭窄、机械/生物瓣膜置换、二尖瓣修复等情况下发生的房颤）、瓣膜性房颤和孤立性房颤的比例分别为65.2%、12.9%和21.9%。

【问题2】　房颤如何分类？

目前按照房颤发作的频率和持续时间进行分类已成为共识，有助于指导房颤的临床管理，一般分为首诊房颤、阵发性房颤、持续性房颤、长程持续性房颤、永久性房颤5类，其定义见表3-2-6。

表3-2-6　房颤的分类

分类	定义
首诊房颤	首次确诊（首次发作或首次发现）
阵发性房颤	持续时间≤7d（常≤48h），能自行终止
持续性房颤	持续时间>7d，非自限性
长期持续性房颤	持续时间≥1年，患者有转复愿望
永久性房颤	持续时间>1年，不能终止或终止后又复发

（二）辅助检查

接诊该患者后应根据患者的症状和体征，完善相关检查和评估，进一步制订治疗方案。房颤初始评估时应重点关注血清电解质、肝肾功能、血常规、凝血常规、甲状腺功能、经胸超声心动图（TTE）、动态心电图，根据临床情况还可加做B型脑利钠肽（BNP）、肌钙蛋白等。甲亢是房颤的重要原因之一，以无器质性心脏病的年轻患者多见，但老年房颤患者也应常规排查。TTE能评估结构性心脏病、测量左心房大小、评估左心室收缩功能、评估左心耳血栓风险。动态心电图有助于发现短阵房颤及无症状性房颤，对制订治疗方案和评价治疗效果也有重要意义。

患者入院后基本检查结果：血清电解质、肝肾功能、血常规、凝血常规、甲状腺功能、肌钙蛋白均正常。血浆N末端脑钠肽前体（NT-proBNP）926pg/ml↑。

经胸超声心动图：左心房扩大（40mm），左心室、右心房、右心室不大；室间隔（12mm）、左心室后壁（12mm）增厚；心脏瓣膜未见异常；射血分数（EF）56%。

动态心电图：全程房颤；心室率91~138次/min，平均122次/min；未见ST-T异常改变。

患者现诉心悸症状明显，且感活动后气短。

（三）初步治疗

动态心电图提示房颤时平均心室率达122次/min，此时患者常有明显的心悸感。考虑病情为快速心室率房颤，并存在心功能不全，应选择静脉洋地黄类（去乙酰毛花苷丙）。待症状改善、心室率控制后，改用口服地高辛维持，今后视心功能改善情况加用或替换为β受体阻滞剂。

【问题3】　房颤患者心悸、气短的原因是什么？

心脏结构和功能正常的初发房颤，心室率异常（不齐和过快）所引起的心悸是主要表现。快的心室率对心排出量也产生一定影响，加之房颤时心房功能下降，将进一步引起心排出量下降15%或以上，产生气短等症状。已有心功能损害者如心室肥厚和扩张等，则对心功能的影响更为明显，可诱发和加重心力衰竭、引起呼吸困难。

【问题4】　快速房颤时应如何治疗以改善症状？

心室率控制是房颤管理的主要策略，也是房颤治疗的基本目标之一，可明显改善房颤相关症状。房颤心室率控制包括急性心室率控制和长期心室率控制。

（1）急性心室率控制：房颤急性发作时，心室率控制是持续时间≥48h房颤患者的首选治疗方式。治疗目标值是静息心室率≤100次/min或行走时心室率≤110次/min。急性发作时主要应用静脉制剂控制房颤快速心室率，药物主要包括β受体阻滞剂、非二氢吡啶类钙通道阻滞剂、洋地黄类和胺碘酮四大类（表3-2-7）。非二氢吡啶类钙通道阻滞剂和β受体阻滞剂均有较好的减慢心室率作用，尤其是存在高肾上腺素水平时，如房颤合并感染、急性消化道出血、贫血、甲亢等。洋地黄类药物在急性心力衰竭伴快速心室率房颤的患者可作为首选。胺碘酮仅在其他药物不能使用或效果不佳时使用。

（2）长期心室率控制：一旦心室率得以控制，应换用口服药物维持。对于心室率达标后症状控制不满意者，可将心室率控制目标下调至 80～100 次 /min。对于老年房颤患者，β 受体阻滞剂是无用药禁忌者的首选，合并心力衰竭的患者可同时加用地高辛。

表 3-2-7　常用的控制心室率药物

分类	静脉制剂（急性期）	口服制剂（长期维持）
β 受体阻滞剂		
酒石酸美托洛尔	2.5～5.0mg 静脉注射 2min，效果不理想者可再重复给药 2 次	6.25～100mg，2 次 /d
琥珀酸美托洛尔缓释片	无	23.75～190mg，1 次 /d
阿替洛尔	无	3.125～25mg，1～2 次 /d
比索洛尔	无	1.25～10mg，1 次 /d
非二氢吡啶类钙通道阻滞剂		
维拉帕米	5～10mg 加入 5% 葡萄糖注射液 20ml 中，缓慢静脉注射 3min，效果不理想者 10min 后可再重复上述给药 1 次	普通剂型：40～160mg，3～4 次 /d　缓释剂型：120～240mg，1～2 次 /d
地尔硫䓬	10mg（0.15～0.25mg/kg）用生理盐水或葡萄糖注射液稀释成 10ml，缓慢静脉注射 3min；效果不满意 15min 后可重复；5～15μg/（kg·min）静脉滴注维持	普通剂型：15～60mg，3～4 次 /d　缓释剂型：90mg，1～2 次 /d
洋地黄类		
地高辛	0.25～0.5mg，用 5% 葡萄糖注射液稀释后缓慢注射；以后可用 0.25mg，每隔 4～6h 按需注射；每日总量不超过 1mg	0.125～0.25mg，1 次 /d
去乙酰毛花苷丙	0.2～0.4mg，5% 葡萄糖注射液稀释后缓慢静脉注射 10min；2～4h 后可重复上述给药 1 次	无
其他		
胺碘酮	300mg 静脉注射 1h，然后 10～50mg/h 维持 24h	100～200mg，1 次 /d

当日上午予静脉毛花苷丙治疗后，下午患者心悸改善，气短消失。体格检查：双肺呼吸音清，未闻及干湿啰音；心界不大，心率 105 次 /min，律绝对不齐，心音正常。

（四）进一步治疗（抗凝）

该患者房颤持续时间已达 1 周（远超过 48h），具备附壁血栓形成的条件。CHA2DS2-VASc 系统评分为 3 分（高血压 1 分，年龄≥75 岁 2 分），提示血栓栓塞风险较高，因此需应用华法林或新型口服抗凝药物（NOAC）。最新研究显示，与华法林相比，NOAC 能更有效降低 75 岁以上老年患者的缺血性脑卒中和出血事件，因此推荐高龄房颤患者（≥75 岁）起始抗凝治疗首选 NOAC。

【问题 5】　房颤可能出现哪些严重并发症？

房颤持续 48h 以上即可发生附壁血栓，其中左心耳是最常见的血栓附着部位。血栓一旦脱落极易引起动脉栓塞，其中脑栓塞最常见，是房颤患者致残和致死的主要原因。即使在房颤转复为窦性心律后，左心房的功能仍需 4 周以上才能恢复，在此期间仍有形成左心房附壁血栓和引起栓塞的危险。因此，预防房颤引起的血栓栓塞事件，是房颤治疗的重要环节。

【问题 6】　临床如何评估房颤的栓塞风险？

目前对房颤患者血栓栓塞风险的评估推荐采用 CHA2DS2-VASc 评分方法（表 3-2-8）。CHA2DS2-VASc≥1 分的男性或≥2 分的女性，建议应用华法林或新型口服抗凝药物（NOAC）进行抗凝。

表 3-2-8 CHA2DS2-VASc 评分系统

	危险因素	积分
C	充血性心力衰竭 / 左心室功能障碍	1
H	高血压	1
A	年龄 ≥ 75 岁	2
D	糖尿病	1
S	脑卒中 / 短暂性脑缺血发作 / 血栓栓塞病史	2
V	血管疾病	1
A	年龄 65～74 岁	1
Sc	性别（女性）	1
	总积分	9

【问题 7】 如何安全有效预防房颤的栓塞事件？

应用华法林时应使国际标准化比值（INR）维持在 2.0～3.0（≥ 75 岁可适当降低为 1.6～2.5）。用药前应测定基础 INR，初始剂量一般为 1.0～3.0mg/d，也可通过基因多态性检测（CYP2C9 和 VKORC1）来帮助选择初始剂量。在开始治疗时应每周监测 INR 1～2 次，依此调整华法林剂量，用 2～4 周达到目标 INR；抗凝强度稳定后（连续 3 次 INR 均在监测窗内），应每月复查 1～2 次。老年患者华法林清除减少，合并其他疾病或合并用药较多，应加强监测。应用达比加群酯和利伐沙班时无须检测 INR，但需根据肌酐清除率（CrCl）决定剂量（表 3-2-9）。

表 3-2-9 达比加群酯和利伐沙班使用建议

肾功能	达比加群酯	利伐沙班
正常 / 轻度肾功能不全	150mg，1～2 次 /d （CrCl>30ml/min）	20mg，1 次 /d （CrCl>50ml/min）
中度肾功能不全	75～150mg，2 次 /d （CrCl>30ml/min）	15mg，1 次 /d （CrCl 30～50ml/min）
重度肾功能不全	75mg，2 次 /d （CrCl 15～30ml/min）	15mg，1 次 /d （CrCl 15～30ml/min）
终末期肾病	禁用 （CrCl<15ml/min）	禁用 （CrCl<15ml/min）

患者要求服华法林抗凝。目前口服华法林 4 周，监测 INR 稳定在 2.0～2.6。逐渐加用口服琥珀酸美托洛尔缓释片，停用地高辛，并继续服氨氯地平、缬沙坦。目前无心悸、气短症状，血压多在 130/65mmHg 左右，心律仍为持续性房颤，心室率 75～102 次 /min。体格检查：双肺未闻及啰音，双下肢不肿。

（五）进一步治疗（复律）

经过心室率控制和抗凝治疗的逐步调整优化，该患者的心悸已明显改善，血压和心室率均控制良好，心力衰竭的症状和体征消失，血栓等并发症得到有效预防，因此可不行复律，继续目前的治疗。但如患者提出节律控制的意愿，也可考虑给予胺碘酮试行复律。

【问题 8】 心室率控制和节律控制的临床预后有何异同？

心室率控制和节律控制是改善房颤患者症状的两项主要治疗措施。节律控制是指在抗凝和心室率控制的基础上尝试恢复并维持窦性心律，包括抗心律失常药物和 / 或射频消融治疗。但目前所有比较节律控制和心室率控制的临床试验均未发现二者在主要心血管事件（脑卒中 / 栓塞、住院、心力衰竭）和死亡率上存在差别。

【问题 9】 节律控制的适应证是什么？

节律控制仅适用于经充分室率控制治疗后仍有症状的房颤患者，其他节律控制的相对适应证还包括心室率不易控制的房颤患者、年轻房颤患者、初发房颤、患者有节律控制的意愿。对于老年患者，在大多数情况下应优先应用心室率控制，不需进行节律控制。常用的房颤复律和维持窦性心律药物见表 3-2-10。

表 3-2-10　常用的房颤复律和维持窦性心律药物

药物	给药途径	剂量
复律药物		
胺碘酮	口服	600~800mg/d，分次口服，直至总量达 10g；然后 200mg/d 维持
	静脉	150mg 静脉注射 10min，然后 1mg/min 维持 6h，然后 0.5mg/min 维持 18h
普罗帕酮	口服	450~600mg，顿服
依布利特	静脉	体重≥60kg 时 1mg，体重<60kg 时 0.01mg/kg，静脉注射 10min，无效者间隔>10min 可重复给药 1 次
维持窦性心律药物		
胺碘酮	口服	400~600mg/d，分次口服，2~4 周；然后 100~200mg/d 维持
	静脉	150mg 静脉注射 10min，然后 1mg/min 维持 6h，然后 0.5mg/min 维持 18h；24h 后可减量至 0.25mg/min
普罗帕酮	口服	起始：150~300mg，8h 1 次；维持：225~425mg，12h1 次
索他洛尔	口服	40mg~160mg，12h 1 次
决奈达隆	口服	400mg，12h 1 次

患者继续行心室率控制和抗凝治疗，未行节律控制，监测 INR 稳定在 2.0~3.0。1 年后因"食管念珠菌感染"服用氟康唑治疗。1 周后出现黑便，查大便隐血试验(+)、血红蛋白 102g/L。复查 INR 升至 5.8。

（六）并发症处理

氟康唑可增强华法林的抗凝作用，是引起消化道出血、INR 升高的最可能原因。应停用华法林，肌内注射维生素 K_1，监测 INR 变化。并静脉应用质子泵抑制剂（PPI）治疗消化道出血，同时密切监测血常规，如血红蛋白继续下降，需考虑输血。新型口服抗凝药物（NOAC）与药物和/或食物的相互作用很少，且与华法林相比缺血性脑卒中和出血事件更少，因此本次消化道出血停止后，建议换用 NOAC 抗凝。对于消化道出血风险高的患者，可同时长期服用 PPI 进行预防。

【问题 10】 服华法林时出现消化道出血和 INR 波动的可能原因是什么？

抗凝治疗可能增加患者出血性并发症的风险。出血可以表现为轻微出血和严重出血：轻微出血包括鼻出血、牙龈出血、皮肤黏膜瘀斑、月经过多等；严重出血可表现为肉眼血尿、消化道出血，最严重的可发生颅内出血。有研究显示华法林目标为 INR 2~3 时严重出血的发生率为每年 1.4%~3.4%。此外，药物、饮食、各种疾病状态均可改变华法林的药代动力学，增强或抑制其抗凝作用。影响华法林代谢的常见药物包括抗生素、抗真菌药、胺碘酮、他汀类、贝特类、非甾体抗炎药、组胺再摄取抑制剂等。

【问题 11】 INR 高于目标范围和/或发生出血事件时，如何调整抗凝方案？

INR 升高超过治疗范围，根据升高程度及出血危险采取不同的方法（表 3-2-11）。

表 3-2-11　国际标准化比值（INR）异常升高或出血时的处理

INR 异常升高或出血情况	需采取的措施
INR>3.0 但≤4.5（无出血并发症）	适当降低华法林剂量（5%~20%）或停服 1 次，1~2 日后复查 INR。当 INR 恢复到目标值以内后调整华法林剂量并重新开始治疗；或加强监测 INR 是否能恢复到治疗水平，同时寻找可能使 INR 升高的因素
INR>4.5 但<10.0（无出血并发症）	停用华法林，肌内注射维生素 K_1（1.0~2.5mg），6~12h 后复查 INR。INR<3 后重新以小剂量华法林开始治疗
INR≥10（无出血并发症）	停用华法林，肌内注射维生素 K_1（5mg），6~12h 后复查 INR。INR<3 后重新以小剂量华法林开始治疗。若患者具有出血高危因素，可考虑输注新鲜血浆、凝血酶原浓缩物或重组凝血因子Ⅶa
严重出血（无论 INR 水平如何）	停用华法林。肌内注射维生素 K_1（5mg）。输注新鲜冰冻血浆、凝血酶原浓缩物或重组凝血因子Ⅶa，随时监测 INR。病情稳定后需要重新评估应用华法林治疗的必要性

患者停用氟康唑，暂停华法林，并予以维生素 K_1 治疗 2d 后，复查 INR 降至 1.5，大便隐血转阴。后逐渐恢复华法林口服，未再出现出血事件。

（七）复查与随访

房颤患者应定期复查常规心电图、动态心电图、心脏彩超、血清电解质、肝肾功能、血常规等。华法林治疗时需长期监测 INR，抗凝强度稳定后（连续 3 次 INR 均在监测窗内）应每月复查 1~2 次。

房颤的临床诊疗
（拓展阅读）

二、病态窦房结综合征

病态窦房结综合征（sick sinus syndrome，SSS），简称病窦综合征，是由窦房结病变导致功能减退，产生多种心律失常的综合表现。患者可在不同时间出现一种以上的心律失常，且常同时合并心房自律性异常。心电图主要表现：①非药物引起的持续而显著的窦性心动过缓（心率 50 次/min 以下）；②窦性停搏或窦性静止与窦房传导阻滞；③窦房传导阻滞与房室传导阻滞并存；④心动过缓-心动过速综合征（慢快综合征），即心动过缓与房性快速性心律失常（心房扑动、心房颤动或房性心动过速）交替发作。

临床病例 2

患者，男，85 岁。

主诉： 乏力、头晕 3 个月。

现病史： 患者 3 个月前无明显诱因出现乏力，有时伴头晕，无胸闷、胸痛、心悸、呼吸困难，无黑矇、头痛、肢体麻木、偏瘫，无腹痛、黑便、食欲缺乏、消瘦等。近期自觉症状逐渐加重，遂来门诊就诊。

既往及个人史： 原发性高血压 2 级 5 年，服用酒石酸美托洛尔片治疗；否认冠心病、风湿性心脏病病史；否认糖尿病、脑血管病史。

体格检查： 体温 36.6℃，心率 43 次/min，呼吸 20 次/min，血压 149/62mmHg，神志清楚，皮肤及巩膜无黄染，浅表淋巴结无肿大。双肺呼吸音清，无明显干湿啰音。心界不大，心率 43 次/min，律齐，心音正常，未闻及杂音。腹软，无压痛及反跳痛，肝脾肋下未及。双下肢轻度水肿。四肢肌力正常，生理反射存在，病理征阴性。

门诊心电图（图 3-2-7）：窦性心动过缓（心率 45 次/min）；未见 ST-T 异常改变。

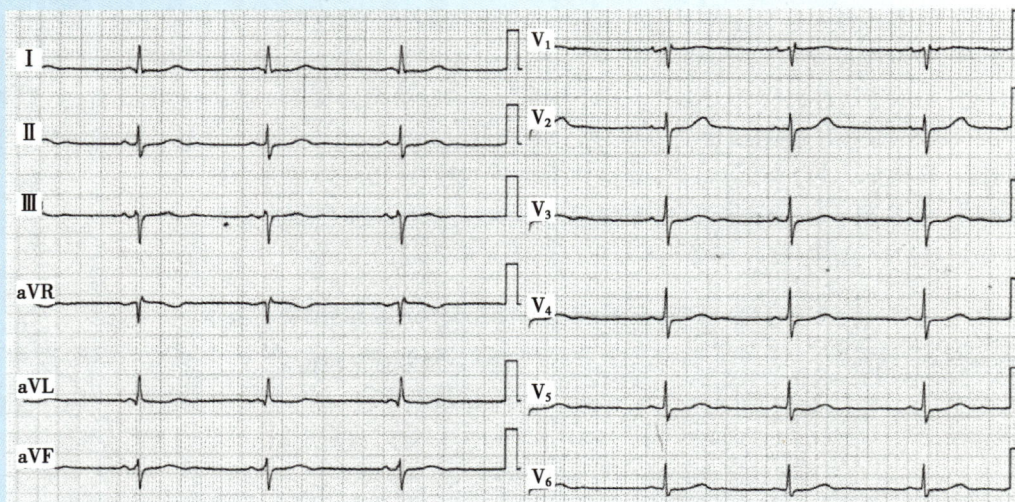

图 3-2-7 病例 2 的门诊心电图

（一）初步诊断和鉴别诊断

结合患者现病史、既往史、体格检查和心电图资料，目前发现的主要异常是存在明显的窦性心动过缓，还需做动态心电图等进一步明确；此外，还应完善神经系统、血液系统、内分泌系统等方面的检查评估。因此初步诊断为"乏力、头晕待查：缓慢型心律失常可能"，鉴别诊断主要包括脑血管病、贫血、甲状腺功能减退症、肾上腺皮质功能减退症等。

【问题1】　老年人乏力、头晕的常见原因有哪些?

引起乏力、头晕的老年常见疾病:①心血管疾病,低血压、心动过缓等;②神经系统疾病,脑血管病、颈椎病等;③血液系统疾病,各种原因导致的贫血、出血等;④内分泌疾病,甲状腺功能减退症、肾上腺皮质功能减退症等;⑤其他,营养不良、低血糖等。

(二)辅助检查

实验室检查应完善血常规+网织红细胞、肝肾功能、电解质、血糖、甲状腺功能、肿瘤标志物、肾上腺皮质功能、大便隐血、营养状况筛查等。影像学检查应重点完善颅脑MRI、颈椎MRI、超声心动图、颈动脉彩超等,必要时加做头颈血管MRA。此外,还应常规进行动态血压和动态心电图检查。

辅助检查回报:血常规+网织红细胞、肝肾功能、电解质、血糖、甲状腺功能、肿瘤标志物、肾上腺皮质功能、大便隐血、营养状况筛查均正常。

颅脑MRI:双侧额叶少许缺血/腔隙性梗死灶。

颈椎MRI:颈椎退变;$C_{4\sim5}$、$C_{5\sim6}$、$C_{6\sim7}$椎间盘突出;颈髓信号未见异常。

头颈血管MRA:颅内动脉粥样硬化,未见明显狭窄。

超声心动图:主动脉瓣退行性变;余未见明显异常;射血分数(EF)62%。

动态血压:全天血压平均151/62mmHg,最高169/68mmHg,最低107/52mmHg。

动态心电图:窦性心动过缓,可见窦性停搏;心率37~58次/min,平均45次/min;最长RR间期2.7s;未见ST-T异常改变。

(三)初步治疗

结合上述检查结果,可排除低血压、贫血、甲状腺功能减退症、肾上腺皮质功能减退症、营养不良等情况;神经系统虽存在脑缺血/腔隙性梗死、颈椎间盘突出,但病情较轻;而动态心电图进一步证实了存在严重的窦性心动过缓,且伴有窦性停搏,可诊断"病窦综合征"。

在评估起搏器植入适应证时,应同时注意是否存在引起或加重心动过缓的心脏外因素,老年人群尤应注意药物的影响。本例患者长期服酒石酸美托洛尔片,对心脏产生负性变时作用,可能是加重心动过缓的一个因素。目前患者尚不存在紧急植入起搏器的指征,因此可先停用酒石酸美托洛尔片,换用其他类降压药物,观察患者症状和心率的变化情况。

【问题2】　老年人心动过缓可能由哪些原因引起?

老年人心动过缓的原因除"病窦综合征"外,还见于颅内疾患、严重缺氧、高钾血症、低温、甲状腺功能减退症、阻塞性黄疸,以及应用拟胆碱药物、胺碘酮、β受体阻滞剂、非二氢吡啶类钙通道阻滞剂或洋地黄等药物。

停用酒石酸美托洛尔片,换用替米沙坦控制血压,3d后患者自觉乏力、头晕开始改善。1周后复查动态心电图:窦性心动过缓;心室率43~69次/min,平均54次/min;最长RR间期2.2s。患者出院,未植入起搏器。

2年后,患者因黑矇1d入院。询问患者未服用除替米沙坦外的其他药物,急查血常规、肝肾功能、电解质、甲状腺功能均正常。动态心电图(图3-2-8)窦性心动过缓,可见窦性停搏;心率34~51次/min,平均41次/min;最长RR间期3.5s。

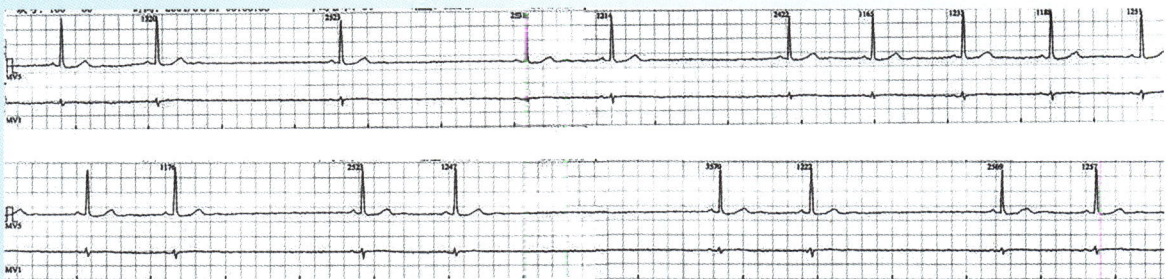

图3-2-8　患者的动态心电图

（四）进一步治疗

随年龄增长，患者"病窦综合征"逐渐加重，目前平均心室率仅 41 次 /min，部分时间<40 次 /min，最长 RR 间期>3s，并出现严重的脑缺血症状"黑矇"，已具备植入永久起搏器的指征，且应尽早植入，以预防晕厥等更严重并发症。AAI 起搏器适用于单纯窦房结功能不良患者，如考虑到高龄患者易伴发房室传导阻滞，也可植入 DDD 起搏器。

【问题3】　老年退行性心律失常的进展特点有哪些？

老年退行性心律失常总体呈进展趋势，初期可能进展缓慢，但至一定年龄时，严重的老化或老化急速加剧可迅速加重病情。有研究显示，起搏细胞随年龄增长而逐渐减少，75 岁时仅剩不到 10% 有功能的起搏细胞；传导系统的房室结、希氏束、左右束支也随着衰老、心脏骨架钙化而受到影响。因此，具备起搏器植入相对适应证的老年患者，有很大可能在今后发展为起搏器植入的绝对适应证。

【问题4】　"病窦综合征"时永久起搏器的植入适应证有哪些？

（1）病窦综合征或房室传导阻滞，心率经常低于 50 次 /min，有明确的临床症状，或清醒状态下间歇发生心室率<40 次 /min；或有长达 3s 的 RR 间期，虽无症状，也应考虑植入起搏器。

（2）有窦房结功能障碍和 / 或房室传导阻滞的患者，因其他情况必须采用具有减慢心率的药物治疗时，应植入起搏器保证适当的心室率。

植入永久起搏器后，患者未再出现黑矇，乏力、头晕较前改善。起搏器功能检测提示：起搏感知功能正常。

（五）复查与随访

起搏器随访的主要目的是评估和优化起搏器的性能和安全性，识别和校正异常情况，预测电池寿命并确定择期更换时机等。植入后第 1、3、6、12 个月进行随访，之后每年至少随访 1 次。当随访发现电池耗竭征象时，应每 1～3 个月进行随访。

病窦综合征的临床诊疗（拓展阅读）

（张存泰）

推荐阅读资料

[1]《老年人心房颤动诊治中国专家建议》写作组，中华医学会老年医学分会，中华老年医学杂志编辑委员会. 老年人非瓣膜性心房颤动诊治中国专家建议（2016）. 中华老年医学杂志，2016，35（9）：915-928.

[2] 葛均波，徐永健，王辰. 内科学. 9 版. 北京：人民卫生出版社，2018.

[3] 郭继鸿. 老年性心律失常. 临床心电学杂志，2010，19（1）：58-67.

[4] 黄从新，张澍，黄德嘉，等. 心房颤动：目前的认识和治疗建议（2018）. 中华心律失常学杂志，2018，22（4）：279-346.

[5] 刘梅林. 老年心血管病学. 北京：人民军医出版社，2011.

[6] 中华医学会心血管病学分会，中国老年学学会心脑血管病专业委员会. 华法林抗凝治疗的中国专家共识. 中华内科杂志，2013，52（1）：76-82.

[7] B HALTER J, G OUSLANDER J, E TINETTI M. 哈兹德老年医学. 6 版. 李小鹰，王建业，主译. 北京：人民军医出版社，2015.

[8] KIRCHHOF P, BENUSSI S, KOTECHA D, et al. 2016 ESC Guidelines for the management of atrial fibrillation developed in collaboration with EACTS. Eur Heart J, 2016, 37（38）: 2893-2962.

第四节　心　力　衰　竭

学习要求

1. 掌握心力衰竭的定义、临床表现、分类及心功能分级。
2. 掌握急、慢性心力衰竭的治疗流程。

3. 掌握老年人心力衰竭的临床特点、诊断评估要点及治疗特点。

4. 熟悉老年人心力衰竭的病因、诱因及预后。

5. 了解老年人心力衰竭的病理生理机制。

心力衰竭（heart failure，HF）简称"心衰"，是由于多种原因导致心脏结构或功能的异常改变，使心室收缩和 / 或舒张功能发生障碍，从而引起的一组复杂临床综合征，其主要临床表现为呼吸困难、疲乏和液体潴留（肺淤血、体循环淤血）等。心衰是老年人最常见的心血管疾病之一，发病率和患病率随着年龄增长而增加。

临床病例

患者，女，66 岁。

主诉：活动后胸闷、气促 10 余年，双下肢水肿 1 周。

现病史：患者于 10 余年前开始反复出现活动后胸闷、气促，但一直未就诊治疗。1 周前因天气变化受凉后出现咳嗽、咳痰，为白色黏痰，不伴发热；同时出现夜间平卧时呼吸困难等症状，坐起后可好转，需高枕卧位，伴有双下肢水肿，呈对称性凹陷性水肿，尿量减少、体力较前明显下降。

既往史：患者自诉 40 余年前在医院体检被告知可能存在"心脏病"，具体诊断不详。体检曾发现血压达 160/90mmHg，未行正规监测治疗。既往无慢性呼吸系统疾病。无吸烟、酗酒史，无家族性遗传性疾病史。

体格检查：体温 36.3℃，呼吸 24 次 /min，脉搏 68 次 /min，血压 185/95mmHg。神志清楚，自动体位，口唇无发绀，皮肤巩膜无黄染，浅表淋巴结未触及肿大，颈静脉充盈，肝 - 颈静脉回流征阳性。双肺呼吸音粗，右下肺呼吸音较对侧稍弱，左下肺可闻及细湿啰音。心界向两侧扩大，心音有力，心率 76 次 /min，心律绝对不齐，第一心音强弱不等，心尖部可闻及 3/6 级收缩期杂音和中度舒张期杂音，主动脉瓣区可闻及轻度舒张期杂音，周围血管征阴性，腹软，肝肋下 3～4 指可触及，无明显压痛及反跳痛，移动性浊音阴性，双下肢轻度凹陷性水肿。

血常规：白细胞计数 7.13×10^9/L，中性粒细胞百分比 79.10% ↑，淋巴细胞百分比 13.4%，单核细胞百分比 5.50%，红细胞计数 3.96×10^{12}/L，血红蛋白浓度 121g/L，血小板计数 110×10^9/L。尿常规：白细胞（+），余阴性。肝肾功能血电解质：血尿素氮（BUN）5.7mmol/L，血肌酐（SCr）111.4μmol/L，血尿酸（BUA）332.3μmol/L，总胆红素（TBil）31.7μmol/L ↑，直接胆红素（DBil）16.2μmol/L ↑，天冬氨酸转氨酶（AST）23IU/L，丙氨酸转氨酶（ALT）9IU/L，总蛋白（TP）57.5g/L，白蛋白（ALB）28.7g/L ↓，K^+ 3.0mmol/L ↓，Na^+ 140mmol/L。心肌酶谱：肌酸激酶（CK）106IU/L，LDH 121IU/L，肌酸激酶同工酶（CK-MB）1.5ng/ml，肌钙蛋白（TnI）0.083ng/ml。血浆 N 末端脑钠肽前体（NT-pro BNP）>9 000pg/ml。急诊胸片：双肺纹理增多、紊乱，双肺门影增大；普大心，主动脉结相对缩小；双侧胸膜增厚、粘连，右下肺外带透亮度减低（图 3-2-9）。

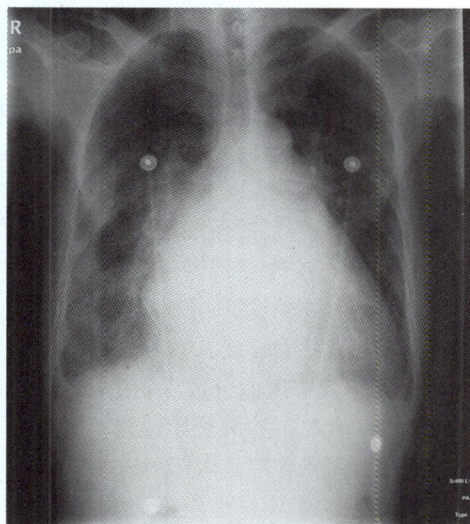

图 3-2-9　入院时胸片正位片

一、初步诊断

患者女性，因"活动后胸闷、气促 10 余年，再发加重伴双下肢水肿 1 周"入院，既往有可疑器质性心脏病的基础病史，体格检查心尖部可闻及病理性杂音，胸片提示"普大心"，心肌酶谱和肌钙蛋白正常，NT-pro BNP >9 000pg/ml，因此初步诊断考虑"慢性心衰急性失代偿"。

【问题 1】　老年人心衰的常见病因和诱因是什么？

高血压、冠心病、心脏瓣膜病和原发性心肌损害是引起老年人心衰最常见的病因，可以多病因并存共同致病。除心血管疾病外，非心血管疾病如急性肾衰竭、输液过多过快、肿瘤放疗或化疗等也可导致心衰。识别这些病因是心衰诊断的重要部分，从而能尽早采取特异性或针对性的治疗。

有基础心脏病的患者，其心衰症状往往由一些增加心脏负荷的因素所诱发。常见诱发心衰的原因：①感染，由于老年人机体抵抗力下降，各种感染特别是呼吸道感染成为最常见、最重要的诱因；②心律失常，心房颤动（简称"房颤"）是老年人最常见的心律失常之一，一旦发生房颤可使患者的心输出量下降20%~30%，尤其是快速型房颤，常诱发和加重心衰；其他各种类型的快速性心律失常及严重的缓慢性心律失常均可降低心排血量，诱发心衰；③血容量增加如摄入钠盐过多、静脉输入液体过多、过快等；④过度体力劳累或情绪激动，由于老年人常有衰弱和营养不良，体力活动或大便用力等诱发心衰的机会也较常见；⑤肺栓塞，急性肺栓塞可增加右心负荷，加重右心衰竭；⑥原有心脏病变加重或并发其他疾病，如冠心病发生急性心肌梗死、风湿性心脏瓣膜病出现风湿活动、血压急剧显著升高、肾功能恶化、合并甲状腺功能亢进或贫血等。

【问题2】 老年人心衰的常见鉴别诊断有哪些？

老年人心衰主要应与以下疾病相鉴别。

1. 支气管哮喘或慢性阻塞性肺疾病（chronic obstructive pulmonary disease，COPD）急性加重 "心源性哮喘"是左心衰竭和急性肺水肿等引起的发作性喘息，应与支气管哮喘相鉴别。前者多见于老年人有高血压、冠心病或老年退行性心脏瓣膜病史，后者始于青少年时期即可时有发作；前者发作时常须端坐呼吸，重症者肺部有干湿啰音或咳粉红色泡沫状痰，后者发作时双肺可闻及典型哮鸣音。COPD出现呼吸困难常有咳嗽、咳痰症状，肺部湿啰音部位固定，可伴哮鸣音，咳痰后喘息减轻。测定血浆B型脑利钠肽（B-type natriuretic peptide，BNP）或NT-pro BNP等生物标志物水平对鉴别心源性和肺源性呼吸困难具有重要价值。

2. 心包积液、缩窄性心包炎 由于腔静脉回流受阻同样可以引起颈静脉怒张、肝大、下肢水肿等表现，应根据病史、心脏及周围血管体征与右心衰竭进行鉴别，超声心动图、心脏CT/MRI检查有助于确诊。

3. 肾源性水肿、肝硬化腹水伴下肢水肿 应与慢性右心衰竭鉴别，除基础心脏病体征有助于鉴别外，非心源性肝硬化一般不会出现颈静脉怒张等上腔静脉回流受阻的体征。

【问题3】 老年人心衰病理生理机制的特点是什么？

老年人与年轻人心衰的特征有所不同，具有相对独特的病理生理机制，与增龄性的心血管的代偿能力下降即心血管衰老有关。年龄相关的其他器官系统的改变也会影响老年患者对心脏的代偿能力和对药物的反应。老年人比年轻人具有更大的全身血管阻力，更高的去甲肾上腺素浓度、尿素氮和肌酐水平，更低的肾小球滤过率。因此，射血分数降低的心衰（heart failure with reduced ejection fraction，HFrEF）的老年人对循环中去甲肾上腺素的反应表现为更强的血管收缩和迟钝的心率反应。与年龄相关的血管、心肌、自律性及整体功能状态的改变使老年人更容易发生心脏泵血能力下降、心血管负担加重、重要器官灌注不足。同时，老年人骨骼肌的萎缩和异常，包括骨骼肌纤维的分布改变和毛细血管-肌纤维比值的下降，可导致峰值耗氧量下降，更易发生心衰。

在老年人中射血分数保留的心衰（heart failure with preserved ejection fraction，HFpEF）更为常见，特别是老年女性，随着年龄增长导致的动脉和心肌僵硬度增高使老年人更易发生HFpEF。高血压、糖尿病、慢性肾脏病、房颤和肥胖都是老年HFpEF患者普遍存在的合并症，均可能促进舒张功能减退、心室-血管偶联改变和心房心室的重构。老年人心衰患者死亡率的预测因子包括年龄、性别、糖尿病、左心室扩张、收缩功能不全、缺血性心脏病、肾功能不全、低钠血症、峰值耗氧量降低等。

该患者入院后，完善超声心动图检查，提示二尖瓣重度狭窄并重度关闭不全（舒张期二尖瓣开口面积0.6cm²），主动脉瓣重度关闭不全，三尖瓣重度关闭不全，肺动脉增宽并中度肺动脉高压；双心房、左心室增大（左心房8.2cm，左心室6.1cm，右心房5.9cm，右心室3.9cm），左心室射血分数（left ventricular ejection fraction，LVEF）34%；少量心包积液。心电图提示房颤，不完全性右束支传导阻滞，Ⅱ、Ⅲ、aVF导联ST-T改变。空腹血糖4.54mmol/L。血脂：总胆固醇（TC）3.51mmol/L，甘油三酯（TG）0.57mmol/L，高密度脂蛋白胆固醇（HDL-C）1.59mmol/L，低密度脂蛋白胆固醇（LDL-C）1.79mmol/L。甲状腺功能、糖化血红蛋白、凝血功能正常。

二、辅助检查及诊断

通过超声心动图等辅助检查，患者明确诊断为风湿性心脏瓣膜病（联合瓣膜病）、慢性射血分数降低的心衰（HFrEF）急性失代偿，同时合并高血压、心律失常房颤，而上呼吸道感染为本次发病的主要诱因。

【问题4】　心衰的分类和心功能分级是什么？

根据 LVEF，心衰可分为 HFrEF、HFpEF 和射血分数中间值的心衰（heart failure with mid-range ejection fraction，HFmrEF）3 种（表 3-2-12）。根据累及部位，可分为左心衰竭、右心衰竭和全心衰竭。根据心衰发生的时间、速度，分为慢性心衰和急性心衰。多数急性心衰患者经住院治疗后症状部分缓解，而转入慢性心衰；慢性心衰患者常因各种诱因急性加重而需住院治疗。

目前认为心衰是慢性的、自发进展性的疾病，神经内分泌系统激活导致心肌重构是引起心衰发生和发展的关键因素。心肌重构早期对心功能产生部分代偿作用，但随着心肌重构的加剧，心功能逐渐由代偿期向失代偿期转变而出现明显的症状和体征。纽约心脏协会（NYHA）心功能分级是临床常用的心功能评估方法（表 3-2-13），用于评价患者的症状随病程或治疗而发生的变化。根据心衰发生发展过程，分为 4 个阶段（表 3-2-14），旨在强调心衰重在预防。

表3-2-12　心力衰竭的分类和诊断标准

诊断标准	HFrEF	HFmrEF	HFpEF
1	症状和/或体征	症状和/或体征	症状和/或体征
2	LVEF<40%	LVEF 40%～49%	LVEF≥50%
3		利钠肽升高，并符合以下至少1条：①左心室肥厚和/或左心室扩大；②心脏舒张功能异常	利钠肽升高，并符合以下至少1条：①左心室肥厚和/或左心室扩大；②心脏舒张功能异常
注	随机临床试验主要纳入此类患者，有效的治疗已得到证实	此类患者临床特征、病理生理、治疗和预后尚不清楚，单列此组有利于对其开展相关研究	需要排除患者的症状是由非心脏疾病引起的，有效的治疗尚未明确

注：利钠肽升高为 B 型脑利钠肽（BNP）>35ng/L 和/或 N 末端 B 型脑利钠肽前体（NT-pro BNP）>125ng/L；射血分数保留的心力衰竭（HFpEF）主要的心脏结构异常包括左心房容积指数 >34ml/m²、左心室质量指数≥115g/m²（男性）或 95g/m²（女性）；心脏舒张功能异常指标主要包括 E/e′≥13、e′ 平均值（室间隔和游离壁）<9cm/s；其他间接指标包括纵向应变或三尖瓣反流速度。

HFrEF，射血分数降低的心力衰竭；HFmrEF—射血分数中间值的心力衰竭。

表3-2-13　纽约心脏协会（NYHA）心功能分级

分级	症状
I	活动不受限。日常体力活动不引起明显的气促、疲乏或心悸
II	活动轻度受限。休息时无症状，日常活动可引起明显的气促、疲乏或心悸
III	活动明显受限。休息时可无症状，轻于日常活动即引起显著的气促、疲乏、心悸
IV	休息时也有症状，任何体力活动均会引起不适。如无须静脉给药，可在室内或床边活动者为Ⅳa级；不能下床并需静脉给药支持者为Ⅳb级

表3-2-14　心力衰竭 4 个阶段与纽约心脏协会（NYHA）心功能分级的比较

心力衰竭阶段	定义	患病人群	NYHA 心功能分级
A 阶段（前心力衰竭阶段）	患者为心力衰竭的高危人群，无心脏结构或功能异常，无心衰竭症状和/或体征	高血压、冠心病、糖尿病、肥胖、代谢综合征、使用心脏毒性药物史、酗酒史、风湿热史，心肌病家族史等	无
B 阶段（前临床心力衰竭阶段）	患者已发展为器质性心脏病，但无心力衰竭症状和/或体征	左心室肥厚、陈旧性心肌梗死、无症状的心脏瓣膜病等	I

续表

心力衰竭阶段	定义	患病人群	NYHA 心功能分级
C 阶段（临床心力衰竭阶段）	患者有器质性心脏病，既往或目前有心力衰竭症状和/或体征	器质性心脏病患者 伴运动耐量下降（呼吸困难、疲乏）和液体潴留	Ⅰ～Ⅳ
D 阶段（难治性终末期心力衰竭阶段）	患者器质性心脏病不断进展，虽经积极的内科治疗，休息时仍有症状，且需要特殊干预	因心力衰竭反复住院，且不能安全出院者；需要长期静脉用药者；等待心脏移植者；使用心脏机械辅助装置者	Ⅳ

【问题 5】　老年人心衰如何诊断和评估？

心衰的诊断和评估依赖于病史、体格检查、实验室检查、心脏影像学检查和功能检查（图 3-2-10）。首先，根据病史、体格检查、心电图、胸片判断有无心衰的可能；然后，通过 BNP 或 NT-pro BNP 等生物标志物检测和超声心动图明确是否存在心衰（表 3-2-12），再进一步确定心衰的病因和诱因；最后，还需评估病情的严重程度及预后、是否存在并发症及合并症等。全面准确的诊断是心衰患者有效治疗的前提和基础。

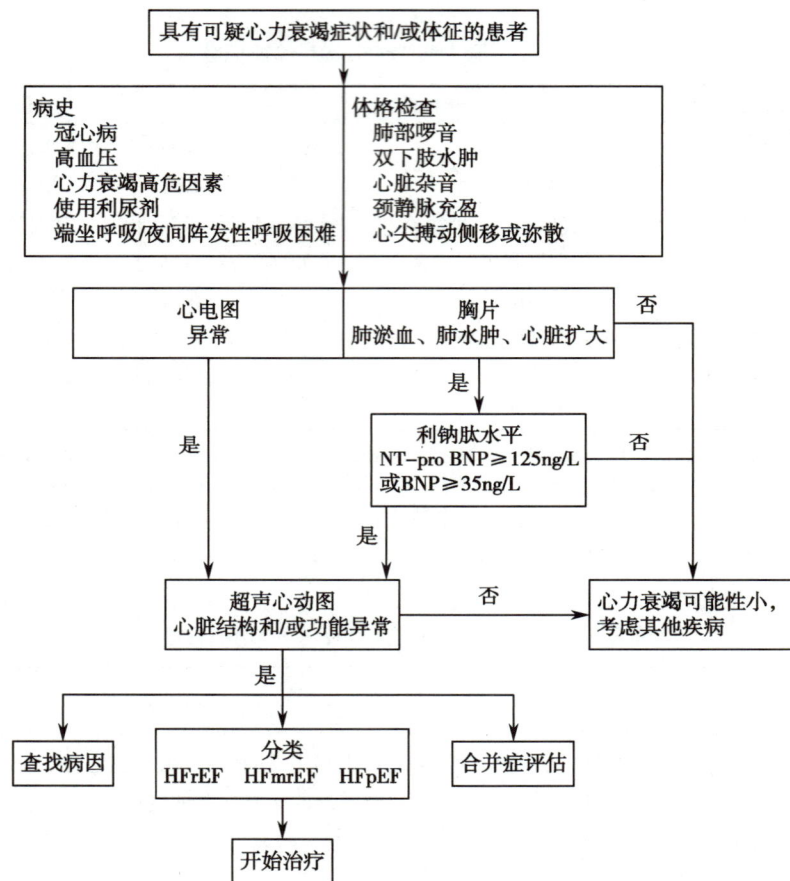

NT-pro BNP—N 末端 B 型脑利钠肽前体；BNP—B 型脑利钠肽；HFrEF—射血分数降低的心力衰竭；HFmrEF—射血分数中间值的心力衰竭；HFpEF—射血分数保留的心力衰竭。

图 3-2-10　慢性心衰的诊断流程

由于老年人活动量相对较小，很多心衰患者的临床症状不典型，没有呼吸困难、气短等典型的心衰表现；部分患者由于存在认知功能障碍和语言表达能力的下降使其对心衰症状的感知和反馈延迟，这些因素均可导致老年心衰不易被早期发现。因此，如老年患者在有基础心脏病的情况下新出现容易疲乏、精神差、头晕，不伴发热的咳嗽、咳痰，食欲减退，尿量减少，心率增快等症状或体征时都应警惕心衰的可能。由于 BNP 或 NT-pro BNP 随着年龄的增长有升高的趋势，因此老年人尤其是高龄老年人诊断心衰的利钠肽水平阈值一般要高于年轻人。评估心衰的常规检查包括心电图、X线胸片、生物标志物、经胸超声心动图、实验室检查（如肝肾功能、血糖血脂、电解质、甲状腺功能、糖化血红蛋白）等。必要时还可进行心脏MRI、冠状动脉造影、冠状动脉CTA、负荷超声心动图、心肺运动试验、6min步行试验、心内膜心肌活检等特殊检查进一步明确病因或评估病情。

三、初步治疗

明确诊断后，嘱该患者适当控制水钠摄入，给予综合治疗：①祛除诱因、抗感染治疗，头孢甲肟2.0g，每日2次，静脉滴注；②抗心衰治疗，利尿（呋塞米20mg，每日2次，静脉推注，根据尿量调整剂量，水肿控制后改为呋塞米片口服）；强心（毛花苷丙0.4mg稀释后缓慢静脉推注，每日1次，患者呼吸困难等症状逐步改善后改为地高辛0.125mg，每日1次，口服）；扩血管（硝酸甘油静脉泵入，呼吸困难改善、血压控制后停用）；神经内分泌拮抗治疗（培哚普利4mg，每日1次，口服；螺内酯20mg，每日1次，口服；待病情稳定后，小剂量开始加用β受体阻滞剂琥珀酸美托洛尔）；③抗凝治疗，华法林3mg，每晚1次，口服，监测国际标准化比值（INR）的变化调整华法林剂量，INR目标值为2.0~3.0；④降压治疗，氨氯地平片5mg，每日1次，口服，根据血压调整剂量；⑤纠正低钾血症，氯化钾缓释片1.0g，每日3次，口服，复查血钾恢复正常后停用。

【问题6】　老年心衰如何进行一般性治疗？

心衰治疗目标是改善临床症状和生活质量，预防或逆转心脏重构，降低再住院率和死亡率。心衰的治疗原则包括去除病因或诱因治疗；调整代偿机制，降低神经体液因子活性，防止和延缓心室重塑；缓解症状，改善患者的心功能状态。

一般性治疗包括祛除心衰诱发因素，调整生活方式：①适当休息，控制体力活动，避免精神刺激；失代偿期需卧床休息，可做被动运动，心功能改善后鼓励心衰患者主动运动，从床边小坐开始逐步增加症状限制性有氧运动，如散步等；②监测体重，控制水钠摄入，限钠（<3g/d）有助于控制NYHA心功能Ⅲ~Ⅳ级心衰患者的淤血症状和体征；心衰急性发作伴有容量负荷过重的患者，要限制钠摄入<2g/d；轻中度症状患者常规限制液体并无益处，对于严重低钠血症（血钠<130mmol/L）患者水摄入量应<2L/d；③适当营养支持，多数老年人消化功能存在一定程度的衰退，发生心衰时胃肠淤血，容易造成胃肠功能紊乱、营养吸收障碍，加重心衰形成恶性循环；严重心衰伴明显消瘦（心脏恶病质）或营养不良者，应给予适当的营养支持；④慢性心衰患者易合并焦虑、抑郁等心理疾病，必要时给予心理和精神治疗；⑤如合并严重的睡眠呼吸暂停综合征或急性肺水肿低氧血症时，建议给予氧疗。

【问题7】　慢性HFrEF的治疗流程是什么？

对初诊HFrEF患者的治疗流程见图3-2-11。心衰治疗优化药物过程中应根据用药指征（表3-2-15）合理选择药物及起始剂量，逐渐滴定至各自的目标剂量或最大耐受剂量，以使患者最大获益，治疗中应注意监测患者症状、体征、肾功能和电解质等。

（1）对所有新诊断的HFrEF患者应尽早使用血管紧张素转化酶抑制剂（ACEI）和β受体阻滞剂（除非有禁忌证或不能耐受）。不能耐受ACEI者，推荐应用血管紧张素受体拮抗剂（ARB）。有淤血症状和/或体征的心衰患者应先使用利尿剂以减轻液体潴留。

（2）患者接受上述治疗后应进行临床评估，根据相应的临床情况选择以下治疗。若仍有症状且估算的肾小球滤过率（eGFR）≥30ml/（min·1.73m²）、血钾<5.0mmol/L，推荐加用醛固酮受体拮抗剂如螺内酯；若仍有症状且血压能耐受，建议用血管紧张素受体脑啡肽酶抑制剂（angiotensin receptor-neprilysin inhibitor，ARNI）沙库巴曲缬沙坦代替ACEI/ARB；若β受体阻滞剂已达到目标剂量或最大耐受剂量，仍窦性心律≥70次/min、LVEF≤35%，可考虑加用伊伐布雷定；若符合心脏再同步化治疗（cardiac resynchronization therapy，CRT）/植入型心律转复除颤器（implantable cardioversion defibrillation，ICD）的适应证，应予推荐。以上治疗方法可联合使用，不分先后。若患者仍持续有症状，可考虑加用地高辛治疗。

（3）瓣膜性心脏病经诱因去除和急性症状减轻后，应建议心脏外科行瓣膜置换手术治疗。

（4）经以上治疗后病情进展至终末期心衰的患者，可根据病情选择心脏移植、姑息治疗、左心室辅助装置等治疗。

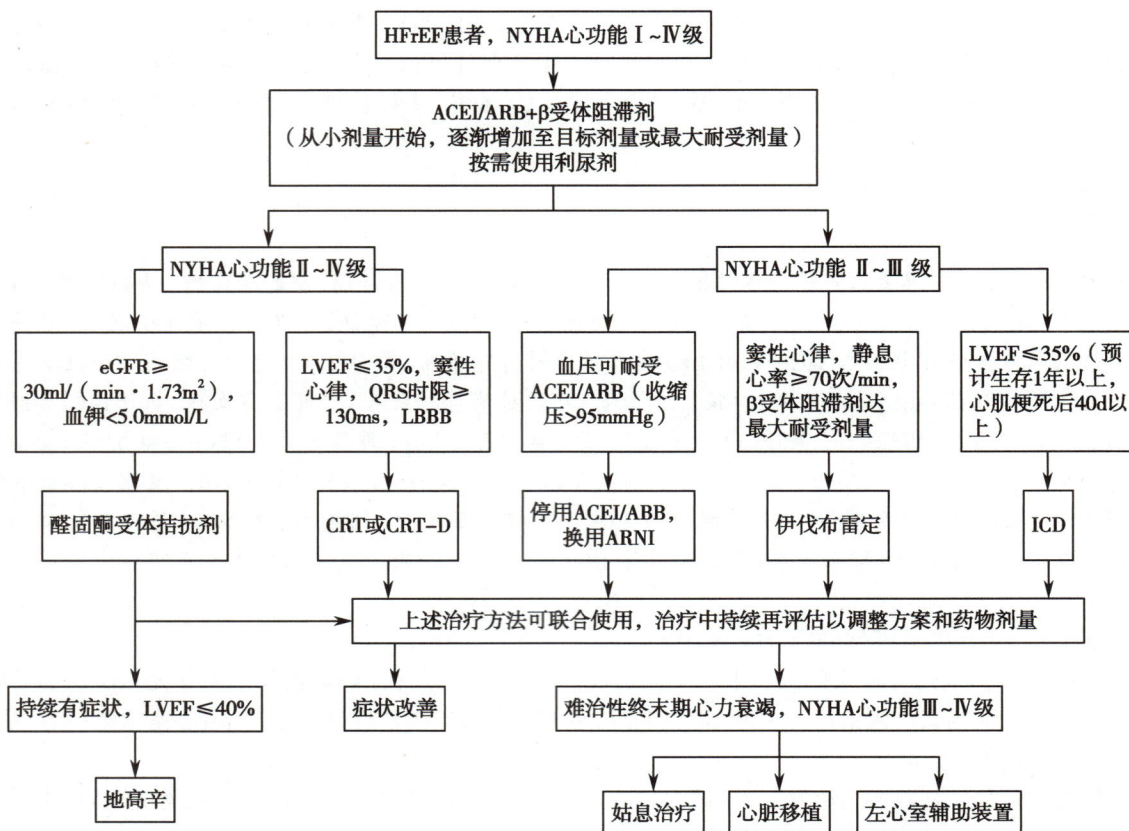

HFrEF—射血分数降低的心力衰竭；NYHA—纽约心脏协会；ACEI—血管紧张素转换酶抑制剂；ARB—血管紧张素Ⅱ受体阻滞剂；eGFR—估算的肾小球滤过率；LVEF—左心室射血分数；LBBB—左束支传导阻滞；CRT—心脏再同步治疗；CRT-D—具有心脏转除颤功能的CRT；ARNI—血管紧张素受体脑啡肽酶抑制剂；ICD—植入型心律转复除颤器；1mmHg=0.133kPa。

图3-2-11　慢性HFrEF患者的治疗流程

表3-2-15　慢性射血分数降低的心力衰竭(HFrEF)患者药物治疗推荐

药物	推荐	推荐类别	证据水平
利尿剂	有液体潴留证据的心衰患者均应使用利尿剂	I	C
ACEI	所有HFrEF患者均应使用，除非有禁忌证或不能耐受	I	A
β受体阻滞剂	病情相对稳定的HFrEF患者均应使用，除非有禁忌证或不能耐受	I	A
醛固酮受体拮抗剂	LVEF≤35%、使用ACEI/ARB/ARNI和β受体阻滞剂后仍有症状的慢性HFrEF患者	I	A
	急性心肌梗死后LVEF≤40%，有心力衰竭症状或合并糖尿病的患者	I	B
ARB	不能耐受ACEI的HFrEF患者推荐用ARB	I	A
ARNI	对于NYHA心功能Ⅱ～Ⅲ级、有症状的HFrEF患者，若能够耐受ACEI/ARB，推荐以ARNI替代ACEI/ARB，以进一步降低心衰的发病率及死亡率	I	B
伊伐布雷定	LVEF≤35%的窦性心律患者，已使用ACEI/ARB/ARNI、β受体阻滞剂、醛固酮受体拮抗剂，β受体阻滞剂已达到目标剂量或最大耐受剂量，心率仍≥70次/min	Ⅱa	B
	窦性心律，心率≥70次/min，对β受体阻滞剂禁忌或不能耐受的HFrEF患者	Ⅱa	C
地高辛	应用利尿剂、ACEI/ARB/ARNI、β受体阻滞剂、醛固酮受体拮抗剂后，仍持续有症状的HFrEF患者	Ⅱa	B

注：NYHA—纽约心脏协会；ACEI—血管紧张素转换酶抑制剂；ARB—血管紧张素Ⅱ受体阻滞剂；LVEF—左心室射血分数；ARNI—血管紧张素受体脑啡肽酶抑制剂。

目前大部分临床研究结果显示，ACEI、ARB、ARNI、β 受体阻滞剂、醛固酮受体拮抗剂、伊伐布雷定等药物在老年 HFrEF 患者中减少心血管事件的效果与年轻人相似。ICD、CRT、左心室辅助装置等器械治疗在老年心衰人群中应用的循证医学证据相对较少，需根据病情严格把握适应证，综合评估其风险 - 获益比后慎重选择。

【问题 8】 急性心衰的治疗流程是什么？

急性心衰是由多种病因引起的急性临床综合征，心衰症状和体征迅速发生或急性加重，需立即进行医疗干预，通常需要紧急入院治疗。15%～20% 的急性心衰为新发心衰，大部分则为原有慢性心衰的急性加重，即急性失代偿性心衰。临床上以急性左心衰最为常见。老年人急性心衰以 HFpEF 更常见，更易发生肺水肿、低氧血症和重要器官灌注不足。

急性心衰应根据基础心血管疾病、诱因、临床表现及各种检查（如胸片、超声心动图、利钠肽）作出诊断，并评估严重程度、分型和预后。根据是否存在淤血（分为"湿"和"干"）和外周组织低灌注情况（分为"暖"和"冷"）的临床表现，可将急性心衰患者分为"干暖""干冷""湿暖"和"湿冷" 4 型，其中"湿暖"型最常见。治疗原则为减轻心脏前后负荷、改善心脏收缩和舒张功能、积极治疗诱因和病因。具体治疗流程见图 3-2-12。

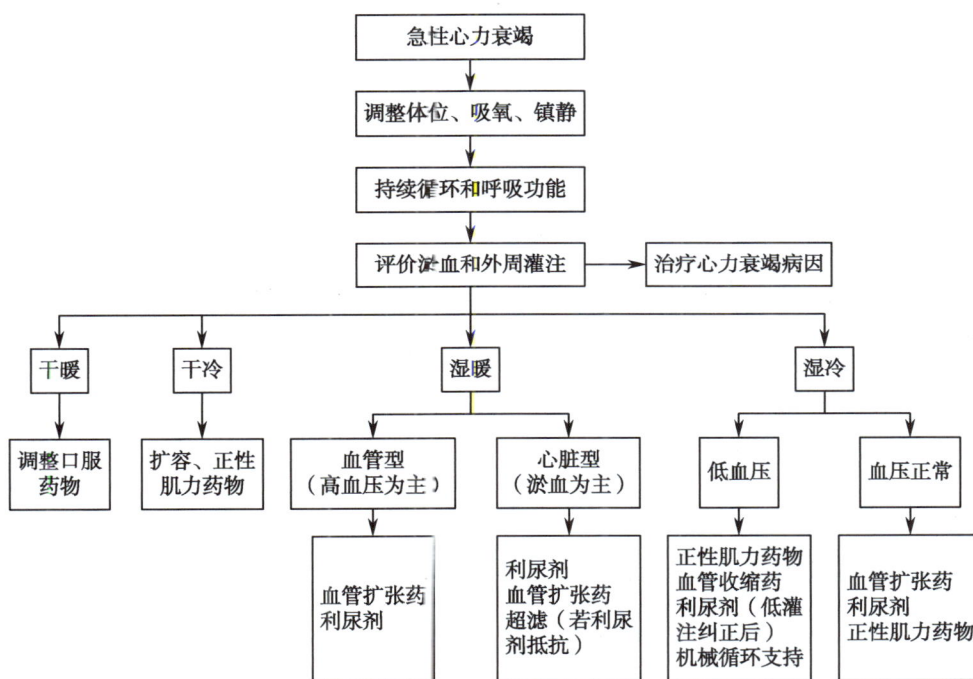

图 3-2-12 急性左心衰竭治疗流程图

【问题 9】 老年人心衰治疗的特殊性有哪些？

老年心衰患者治疗具有一定的特殊性。

（1）由于被大部分临床试验排除在外，非药物治疗（如 ICD、CRT）和 >75 岁以上的高龄老年人的循证医学证据相对缺乏。

（2）合并用药多，常伴有肝肾功能减退，易发生药物相互作用和不良反应。老年心衰患者的最佳剂量多低于年轻人的最大耐受剂量，一般建议小剂量起始，根据耐受情况逐步调整剂量，治疗要注意个体化。

（3）合并症多，需全面治疗和综合管理。研究发现 >65 岁的老年人中超过 40% 具有 5 个以上合并症。

（4）容易发生水电解质紊乱及酸碱失衡，需要相对更严密的监测。

（5）衰弱在老年心衰患者中很普遍，影响其临床预后，应寻找和处理其原因。

（6）老年心衰患者常存在不同程度的认知功能下降，导致其不能及时识别和反映心衰症状，治疗依从性相对较差。抑郁等精神心理问题导致老年患者自我管理和获取社会帮助的能力下降，与预后不良相关。对老年患者进行综合评估和多学科管理，有助于识别上述情况并尽可能避免其不利影响。

（7）高龄老年人面临预期寿命缩短、手术风险增加等问题，选择非药物治疗需严格掌握适应证，仔细评估风险 - 获益比。

（8）老年患者面临更多的经济、社会问题，就医和随访难度大，医生需结合其生活状态选择恰当的方式，适当运用电话随访和远程监护，鼓励患者家庭监测和社区随访。

四、治疗转归

经过上述方案治疗 1 周后，该患者咳嗽、咳痰、夜间胸闷、憋气及端坐呼吸的症状明显缓解，可平卧入睡。出院时体格检查：血压 125/75mmHg，心率 66 次 /min，双下肢水肿明显消退，活动耐量明显提高，血钾水平恢复正常（4.1mmol/L）。复查 INR 为 2.1。

嘱患者如能耐受，出院后长期口服 ACEI、β 受体阻滞剂、螺内酯、华法林，监测体重，必要时间断口服利尿剂。定期监测凝血功能将 INR 控制在 2～3，定期复查肾功能、电解质、超声心动图，定期门诊随访。建议尽早评估外科手术适应证，择期进行心脏瓣膜置换术。

【问题 10】　如何对老年心衰患者进行随访管理？

心衰患者的管理应遵循心衰指南及相关疾病诊治指南，需要多学科合作，以患者为中心，涉及住院前、住院中、出院后的多个环节，包括急性期的救治、慢性心衰治疗的启动和优化、合并症的诊治、有计划和针对性的长期随访、运动康复、生活方式的干预、健康教育、患者自我管理、精神心理支持、社会支持等。良好的心衰管理对于改善患者的生活质量、延缓疾病的恶化、降低再住院率具有重要意义。

根据患者病情制订随访频率和内容，出院后的前 2～3 个月应适当增加随访频率，每 1～2 周 1 次，待病情稳定后可改为每 1～2 个月 1 次。

随访内容：①监测症状、NYHA 心功能分级、血压、心率、心律、体重、肾功能和电解质；②神经内分泌拮抗剂（如 ACEI/ARB/ARNI、β 受体阻滞剂）是否达到最大耐受或目标剂量；③调整利尿剂的种类和剂量；④经过 3～6 个月优化药物治疗后，是否具有 ICD 或 CRT 等器械治疗的指征；⑤针对病因的治疗（如心脏瓣膜病的外科治疗、冠心病的血运重建治疗）；⑥合并症的治疗；⑦评估治疗依从性和药物不良反应；⑧必要时行利钠肽、胸片、超声心动图、动态心电图等检查；⑨关注有无焦虑和抑郁等心理和精神疾病。

（王朝晖）

推荐阅读资料

[1] 苏冠华, 卢永昕. 老年人心力衰竭的病理生理机制探索新动向. 中华老年多器官疾病杂志, 2014, 13（9）: 648-651.

[2] 中华医学会心血管病学分会心力衰竭学组, 中国医师协会心力衰竭专业委员会, 中华心血管病杂志编辑委员会. 中国心力衰竭诊断和治疗指南 2018. 中华心血管病杂志, 2018, 46（10）: 760-789.

[3] GUERRA F, BRAMBATTI M, MATASSINI M V, et al. Current therapeutic options for heart failure in elderly patients. Biomed Res Int, 2017, 2017: 1483873.

[4] PONIKOWSKI P, VOORS A A, ANKER S D, et al. 2016 ESC Guidelines for the diagnosis and treatment of acute and chronic heart failure: the Task Force for the diagnosis and treatment of acute and chronic heart failure of the European Society of Cardiology（ESC）Developed with the special contribution of the Heart Failure Association（HFA）of the ESC. Eur Heart J, 2016, 37（27）: 2129-2200.

[5] YANCY C W, JESSUP M, BOZKURT B, et al. 2013 ACCF/AHA guideline for the management of heart failure: executive summary: a report of the American College of Cardiology Foundation/American Heart Association Task Force on practice guidelines. Circulation, 2013, 128（16）: 1810-1852.

[6] YANCY C W, JESSUP M, BOZKURT B, et al. 2017 ACC/AHA/HFSA Focused Update of the 2013 ACCF/AHA guideline for the management of heart failure: a report of the American College of Cardiology/American Heart Association Task Force on clinical practice guidelines and the Heart Failure Society of America. J Am Coll Cardiol, 2017, 70（6）: 776-803.

第五节　退行性心脏瓣膜病

学习要求

1. 掌握主动脉瓣狭窄的临床表现、诊断依据和鉴别诊断。
2. 掌握主动脉瓣狭窄的分类、干预指征和治疗方法。
3. 熟悉各类老年心瓣膜病的病因及病理生理。
4. 熟悉心脏瓣膜病换瓣术后抗凝的管理。
5. 熟悉老年综合评估和多学科团队协作在老年心瓣膜病围手术期的作用和意义。
6. 熟悉主动脉瓣关闭不全的临床表现及处理原则。
7. 熟悉二尖瓣关闭不全的临床表现及处理原则。
8. 熟悉二尖瓣狭窄的临床表现及处理原则。

心脏瓣膜病（valvular heart disease，VHD）是指各种原因引起的心脏瓣膜狭窄和 / 或关闭不全所致的心脏疾病。随着生活水平的提高及人口老龄化的加速，风湿性心脏瓣膜病的发病率逐渐减少，而老年退行性心脏瓣膜病的发病率逐年上升。老年退行性心脏瓣膜病主要累及主动脉瓣，其次是二尖瓣。

临床病例

患者，男，69 岁。

主诉：反复晕厥 6 年。

现病史：6 年前活动时突发晕厥，约数十秒左右自行清醒，无肢体抽搐、牙关紧闭，无大小便失禁，醒后无遗留肢体无力、言语含糊、步态不稳，无头晕、头痛等，未重视及特殊诊治，晕厥多次反复发作，多于活动时出现。平素上 3 层楼感气促，无胸痛。2d 前于外院就诊，诊断为"心脏病"来院心脏手术。

个人史：吸烟 20 余年，平均 1～2 包 /d，已戒 10 年，无饮酒嗜好。

既往史：否认高血压病、糖尿病、冠心病病史。有腰椎手术史。

体格检查：体温 36.3℃，心率 71 次 /min，呼吸 19 次 /min，血压 110/70mmHg。神志清楚，颈静脉充盈，双肺未闻及明显干湿啰音。心尖搏动位于左锁骨中线第 5 肋间外 1.0cm，心率 71 次 /min，律齐，$A_2=P_2$，主动脉瓣第一听诊区可闻及 3～4/6 级收缩期喷射样杂音及轻度舒张期叹气样杂音，水冲脉、毛细血管搏动征、股动脉枪击音等周围血管征不明显。腹平软，全腹无明显压痛及反跳痛，肝脾肋下未触及，肠鸣音 4 次 /min，双下肢无水肿。双侧病理征阴性。

实验室检查：外院超声心动图示主动脉瓣钙化，左心房、左心室扩大，左心室壁肥厚，主动脉瓣重度狭窄伴反流（++），二尖瓣反流（+～++），三尖瓣反流（+），轻度肺动脉高压，左心室壁运动欠协调，左心室舒张功能减退。

一、初步诊断

患者，男，69 岁，因反复晕厥 6 年入院，目前上 3 层楼气促。体格检查：血压 110/70mmHg，主动脉瓣第一听诊区可闻及 3～4/6 级收缩期喷射样杂音及轻度舒张期叹气样杂音，考虑为心脏瓣膜病，主动脉瓣狭窄伴关闭不全，心功能Ⅱ级。结合外院超声心动图结果：主动脉瓣重度狭窄伴关闭不全，可明确诊断"老年退行性心瓣膜病，重度主动脉瓣狭窄伴关闭不全"。

【问题 1】　老年退行性心脏瓣膜病的病因及发病机制、病理生理？

1. 病因　在西方国家，老年退行性变是心脏瓣膜病最主要病因，占 80%，我国目前老年退行性变引起的心脏瓣膜病也明显增加。其他少见心脏瓣膜病还有家族性高胆固醇血症、高尿酸血症、甲状腺功能异常、自身免疫性疾病如系统性红斑狼疮等。

2. 发病机制　长期以来，钙化性主动脉瓣狭窄（aortic stenosis，AS）被认为是一种被动的退行性变过程

（磨损现象）。近年来认为 AS 是一种主动的复杂有序的病理生理过程，其机制包括炎症反应、脂质沉积、肾素 - 血管紧张素 - 醛固酮系统（RASS）系统激活、血管间质细胞的成骨细胞转化及钙化的病理生理过程，同时受某些基因和细胞信号通路的调控。

3. 病理生理　正常主动脉瓣口面积是 $3\sim4cm^2$，当主动脉瓣口面积 $<1.5cm^2$ 时，主动脉瓣与左心室开始出现压力差。当主动脉瓣口面积 $<1cm^2$，进一步加重血流梗阻及左心室压力负荷增加，左心室代偿性肥厚，以克服增高的收缩期左心室高压。在代偿的同时，左心室肥厚导致左心室心腔顺应性下降，左心室舒张末期压力升高，舒张受限。此外老年 AS 患者通常合并全身性动脉硬化，使得后负荷增加，左心室收缩功能减退。狭窄进一步加重时，左心室肥厚不足以克服射血阻力时，出现心排出量减少，LVEF 下降，临床出现供血不足的症状，如脑供血不足导致头晕，甚至晕厥，心肌供血不足出现心绞痛症状，即使没有合并冠心病。同时，左心室舒张末期压力升高可通过二尖瓣传导至左心房，最终导致肺动脉高压，甚至出现右心衰。

> 入院后选择性冠状动脉造影（CAG）示右冠状动脉近段狭窄约20%，TIMI 血流 3 级。左主干未见明显狭窄，前降支近段狭窄约30%，回旋支未见明显狭窄，TIMI 血流 3 级。超声心动图检查：主动脉瓣增厚，瓣膜钙化，反流明显，主动脉瓣口最大血流速度 5.66m/s，主动脉瓣最大跨瓣压差 128mmHg，平均压差 82mmHg，左心房、左心室增大（左心房 36.8mm，左室舒张末期直径 73.2mm），左心室壁增厚（室间隔厚度 13.8mm，左心室后壁 12.6mm），EF 46.2%，E/E'=14.0。超声心动图诊断：①主动脉瓣狭窄（重度）伴关闭不全（中重度反流）；②二尖瓣轻中度反流；③左心室壁增厚；④左心房、左心室增大；⑤左心室整体收缩及舒张功能减退。

主动脉瓣狭窄的超声心动图表现（组图）A：左室长轴切面；B：连续多普勒频谱

二、辅助检查及诊断

【问题2】　老年退行性主动脉瓣狭窄（AS）的诊断和鉴别诊断要点是什么？

1. 症状　AS 是逐渐发展的过程，老年退行性 AS 可有很长（7~8 年）的无症状期，直至瓣膜狭窄严重（瓣膜口面积 $\leq1cm^2$）时才出现临床症状，其中呼吸困难、心绞痛、晕厥是典型的三联征。

2. 体征　主动脉瓣第一听诊区收缩期喷射样杂音可诊断 AS。

3. 辅助检查　超声心动图有助于主动脉瓣狭窄程度的评估。老年退行性 AS 早期的超声心动图表现为主动脉瓣增厚，回声增强，伴有局部钙化，多由瓣叶根部逐渐向瓣尖扩展，瓣膜钙化很少累及瓣膜交界处。但晚期严重狭窄时瓣膜明显钙化，瓣叶融合，无法区分瓣叶和交界，瓣叶活动明显受限，瓣口变小。

【问题3】　老年退行性主动脉瓣狭窄的诊断和鉴别诊断要点是什么？

老年退行性主动脉瓣狭窄应与以下疾病鉴别。

1. 梗阻性肥厚型心肌病　收缩期二尖瓣前叶前移，可导致左心室流出道梗阻，可在胸骨左缘第 4 肋间闻及中晚期收缩期喷射性杂音，不向颈部传导。超声心动图显示左心室壁不对称性肥厚，室间隔厚度 / 左心室后壁厚度 ≥1.3，主动脉瓣没有狭窄的征象。

2. 冠心病　主动脉瓣狭窄患者出现心绞痛及呼吸困难时需与冠心病鉴别。单纯冠心病未合并瓣膜病变患者心脏听诊无杂音，行冠状动脉 CTA 或冠状动脉造影及超声心动图检查可鉴别。

3. 风湿性主动脉瓣狭窄　起病较年轻，女性多于男性，多合并二尖瓣病变及主动脉瓣关闭不全，单纯风湿性 AS 罕见，病理变化及超声心动图表现为瓣叶交界处粘连，瓣膜增厚钙化，瓣叶游离缘病变明显。

三、治疗方案

根据患者反复晕厥、上三层楼气促，心界向左下扩大和主动脉瓣第一听诊区杂音特点及超声心动图检查结果，本例"老年退行性心脏瓣膜病，重度主动脉瓣狭窄伴中度反流，心功能Ⅱ级"诊断明确，有手术适应证，于全身麻醉体外循环下行"主动脉瓣机械瓣置换术"，术中见左心室明显扩大，伴肥厚，升主动脉全程扩张，约40mm，心内探查主动脉瓣三叶交界均融合增厚明显，全瓣叶均钙化固定，失去瓣膜结构致主动脉瓣重度狭窄伴关闭不全，切除病变瓣膜，清除钙化灶，瓣环植入机械瓣。术后予华法林抗凝等治疗，定期监测 INR。

【问题4】　主动脉瓣狭窄的分类有哪些？

多普勒超声心动图是评估主动脉瓣狭窄严重程度的首选方法。诊断重度主动脉瓣狭窄需要综合瓣膜口面积、跨瓣峰值流速、压差、左心室功能、左心室大小、室壁厚度、瓣膜钙化程度多种指标及患者的血压水平、一般情况等进行评估。2017 年欧洲超声心动图学会与美国超声心动图学会关于超声心动图评估主动脉瓣狭窄,建议将主动脉瓣狭窄分为 3 类,见表 3-2-16。当测量的峰值流速、压差和瓣扣面积结果相吻合时,很容易对 AS 狭窄程度进行分类,但当以上测量结果互相矛盾时,AS 的评估变得具有挑战性。对于难以分类的亚组可参考 2017 年欧洲心脏病学会(ESC)指南建议,见表 3-2-17。

表 3-2-16　主动脉瓣狭窄程度的分类标准

参数	轻度	中度	重度
峰值流速 /(m•s^{-1})	2.6～2.9	3.0～4.0	≥4.0
平均压差 /mmHg	<20	20～40	≥40
主动脉瓣口面积 /cm^2	>1.5	1.0～1.5	<1.0
主动脉瓣口面积指数 /(cm^2•m^{-2})	>0.85	0.60～0.85	<0.60
速度比值	>0.50	0.25～0.50	<0.25

表 3-2-17　主动脉瓣狭窄的分类

参数	高压差 AS	低血流、低压差伴 EF 下降	低血流、低压差伴 EF 保留	正常血流、低压差伴 EF 保留
瓣膜口面积	<1cm^2	<1cm^2	<1cm^2	<1cm^2
平均跨瓣压差	>40mmHg	<40mmHg	<40mmHg	<40mmHg
EF	可正常	<50%	>50%	>50%
每搏输出量指数	可正常	<35ml/m^2	<35ml/m^2	>35ml/m^2
AS 狭窄程度评估	重度	若进行小剂量多巴酚丁胺负荷试验后仍然存在瓣膜口面积 <1cm^2、低心排出量,考虑重度	应仔细排除检验误差,综合临床症状、左心室肥厚情况、瓣膜 CT 钙化评分等进行评估	中度

注:AS,主动脉瓣狭窄;EF,射血分数。

【问题 5】　主动脉瓣狭窄的干预指征有哪些?

药物治疗并不能改善主动脉瓣狭窄(AS)的自然预后。对于不适合行手术或经皮主动脉瓣置换术(TAVI)及正在等待手术或 TAVI 的有心衰症状患者应积极治疗心衰。由于高血压在 AS 患者中比较常见,也可能是 AS 的危险因素,并增加左心室总压力负荷,可增加瓣膜梗阻程度,因此对有高血压共病患者应谨慎降压治疗,避免发生低血压,降压治疗应遵循高血压指南,从低剂量开始,逐步加量或联合用药,以使血压达标;目前还没有针对 AS 患者特定降压药物的研究,但如果患者左心室腔小,应避免使用利尿剂,因利尿可导致左心室体积更小可能引起心输出量下降;ACEI 用于伴高血压 AS 患者的降压可能有益,因为 ACEI 还可能对左心室纤维化有潜在的防治作用。β 受体阻滞剂适合于合并冠心病的 AS 患者。

目前还无证据显示他汀类药物对 AS 患者的进展有防治作用,因此如果没有合并冠心病,一般不推荐使用他汀类药物。但是,对所有 AS 患者,要进行高胆固醇血症的筛查并遵循相关指南进行冠心病的一级或二级预防。在用药过程中需经常对患者做出重新评估。对合并心房颤动患者维持窦性心律很重要。AS 的干预指征见表 3-2-18。

表 3-2-18　主动脉瓣狭窄(AS)的干预指征

类型	推荐级别	证据水平
高压差的重度 AS 患者	I	B
低血流、低压差伴 EF 下降且有血流储备的重度 AS	I	C
低血流、低压差伴 EF 下降且无血流储备的重度 AS	IIa	C
低血流、低压差伴 EF 正常的重度 AS,但干预的获益性尚不明确	IIa	C

续表

类型	推荐级别	证据水平
无症状的严重 AS 患者伴 EF 下降（LVEF<50%），排除其他引起 EF 降低的原因	I	C
无症状的严重 AS 患者行运动负荷试验表现出与 AS 狭窄有关的症状	I	C
无症状的严重 AS 患者行运动负荷试验出现血压下降至基线水平	IIa	C
无症状的严重 AS 患者，伴 EF 正常，且行运动负荷试验无异常结果，存在以下几种情况也可考虑行 SAVR 　a. 极重度 AS（V_{max}>5.5m/s） 　b. 严重瓣膜钙化，主动脉瓣口峰值流速每年增加超过 0.3m/s 　c. BNP 水平显著升高 　d. 排除其他原因引起的严重肺动脉高压	IIa	C

注：EF，射血分数；LVEF，左室射血分数；SAVR：外科主动脉瓣置换术；V_{max}，跨瓣峰值流速；BNP，B 型脑利钠肽。

【问题6】　主动脉瓣狭窄干预方式中如何选择外科主动脉瓣置换术和经导管主动脉瓣植入术？

1. 外科主动脉瓣置换术（surgic aortic valve replacement，SAVR）　倾向行 SAVR 的因素：①外科手术风险低（STS 或 Euro SCOREII<4 分）；②年龄 <75 岁；③怀疑感染性心内膜炎；④冠脉开口与主动脉瓣瓣环相邻；⑤解剖上不适合行 TAVI（血管入路不良、瓣环大小不合适、二叶式主动脉瓣等）；⑥合并其他心脏手术指征（如冠状动脉脉搭桥、升主动脉瘤、其他瓣膜病变）；⑦左心室血栓或动脉血栓形成。

2. 经导管主动脉瓣植入术（transcatheter aortic valve implantation，TAVI）　是指将组装好的主动脉瓣经导管植入到主动脉根部替代原有主动脉瓣，在功能上完成主动脉瓣的置换。倾向行 TAVI 的因素：①外科手术风险高（STS 或 Euro SCOREII≥4 分）；②年龄≥75 岁；③合并严重共病心脏外科手术史；④解剖上适合 TAVI，包括血管入路、瓣环钙化程度，主动脉瓣环内径、三叶式主动脉瓣等；⑤行动受限或其他影响外科手术康复的因素；⑥瓷化主动脉、严重胸廓畸形、脊柱侧弯等不适合行 SAVR 者；⑦可能出现人工瓣膜 - 患者不匹配者；⑧衰弱。

术后 9d，体格检查：血压 110/ 74mmHg，神志清楚，颈静脉无充盈，心率 78 次 /min，律齐，主动脉瓣听诊区可闻及机械瓣开瓣音，各瓣膜听诊区未闻及杂音，周围血管征不明显。复查超声心动图：主动脉瓣口最大血流速度 2.70m/s，主动脉瓣最大跨瓣压差 29mmHg，平均压差 17mmHg，左心房室增大（左心房 35.4mm，左室舒张末期直径 57.0mm），左室壁增厚（室间隔厚度 13.5mm，左心室后壁 15.0mm），EF 46.9%，E/E'=12.2。超声心动图诊断：①主动脉瓣置换术后，机械瓣位置及功能未见明显异常；②左心室壁增厚；③左心房室增大；④左心室整体收缩功能及舒张功能减退。嘱患者出院后终身口服华法林抗凝，监测 INR，INR 控制在 2.0～3.0，定期复查超声心动图。

主动脉瓣狭窄换瓣术后的连续多普勒频谱（图片）

【问题7】　心脏瓣膜病换瓣术后抗血栓治疗如何管理？

所有置换机械瓣的患者应终生口服华法林抗凝治疗，稳定后，至少每月定期复查凝血酶原时间（PT）+ INR，控制 INR 为 2.0～3.0，禁忌使用非维生素 K 拮抗剂（NOACs）。对植入生物瓣的患者前 3 个月应口服低剂量阿司匹林或抗凝治疗。TAVI 术后推荐使用双联抗血小板药 3～6 个月，若无其他抗凝指征，3～6 个月后终生使用单一抗血小板药。研究表明，TAVI 术后单一抗血小板比双联抗血小板具有更好的安全性。与双联抗血小板相比，抗凝治疗更能降低亚临床血栓栓塞的风险，但仍需进一步的研究证实。

【问题8】　如何预防感染性心内膜炎？

对人工心脏瓣膜、经导管瓣膜置换、使用人工瓣膜材料修复或以前曾发生感染性心内膜炎的高危患者，应预防性使用抗生素；在牙龈、根尖周区域或口腔黏膜的操作应考虑预防性使用抗生素以防止感染性心内膜炎的发生。

【问题9】　老年综合评估（CGA）和多学科团队在主动脉瓣狭窄术前（TAVI 和 SAVR）评估有何意义？

由于老年人经常有衰弱和认知功能障碍等老年综合征及共病、残疾等问题，因此，除了使用传统工具进行风险分层外，还应进行老年综合评估以便评估手术和 TAVI 的预期效益。手术前通过多学科心脏团队的协作和优化，可以减少心脏、神经、肌肉、呼吸和肾脏等多重损害，减少围手术期的风险，也可减少术后的死亡，提高生活质量。

一项纳入 10 项关于术前衰弱和 TAVI 术后早期（≤30d）或晚期（>30d）死亡关系队列研究（n=4 592）的荟萃分析表明，接受 TAVI 的衰弱患者每年死亡率高于无衰弱患者（34/100 $vs.$ 19/100）。TAVI 前进行老年综合评估的国际多中心前瞻性的登记研究（CGA-TAVI）发现，多因素预后指数（multidimensional prognostic index，MPI）评分高的主动脉瓣狭窄患者 TAVI 后 3 个月内的死亡和 / 或住院的一级终点的风险是 MPI 评分低的 3.34 倍，而短期身体活动能力（short physical performance battery，SPPB）评分低的患者是 SPPB 高的患者的 1.15 倍。

FRAILTY-AVR 研究表明，在老年主动脉瓣狭窄患者实施 SAVR 或 TAVI 前进行简单的坐立试验、认知障碍、贫血和低白蛋白血症 4 个项目量表的评估优于其他衰弱量表，值得推广应用。日本多中心注册研究（OCEAN-TAVI）纳入 1 256 例行 TVAI 的患者，术前进行 5m 步速研究的结果表明，步速快慢与患者 1 年累积死亡率有显著差异，步速越慢死亡率越高，经过对几个混杂因素进行校正后，最慢步速者和不能行走患者中期死亡率分别增加 1.83 倍和 4.28 倍。步速 <0.385m/s 的患者，其 1 年死亡率增加 2.40 倍。

为研究预测 TAVI 患者术后 12 个月全因死亡率的影响因素，Eichler 等报道在介入治疗前进行 6min 步行试验和衰弱指数（包括日常生活活动、认知、营养和活动评分）等综合评估，结果发现虽然整体衰弱指数没有预测全因死亡的能力，但它的组成部分特别是营养因素如 MNA 评分每增加 1 分，患者在 12 个月内死亡率就降低 17%；活动能力差的患者死亡危险增加 5.12 倍。

综上所述，在进行老年主动脉瓣狭窄的干预（SAVR 或 TAVI）前，应融入现代老年医学理念，特别是对高龄、共病、体质量低、衰弱等 AS 患者进行多学科心脏团队协作和老年综合评估以选择进行 SAVR 或 TAVI 干预的合适患者，减轻风险。

【问题 10】　老年退行性心脏瓣膜病还包括哪些疾病？其处理原则是什么？

老年退行性心脏瓣膜病主要还包括主动脉瓣关闭不全、二尖瓣关闭不全和二尖瓣狭窄等。

1. 主动脉瓣关闭不全（aortic regurgitation，AR）　可由主动脉瓣原发疾病和 / 或主动脉根部和升主动脉结构形状异常引起。退行性三叶瓣和二叶瓣 AR 最常见，也可见于感染性和风湿性心内膜炎。临床上可以分为慢性 AR 和急性 AR。急性 AR 的主要原因是感染性心内膜炎，而主动脉夹层引起的较少见。慢性 AR 主要诊断依据有呼吸困难、心绞痛等、脉压增宽、周围血管征（+）和主动脉瓣第一或第二听诊区有泼水样舒张期杂音和超声心动图的表现而诊断。急性 AR 诊断主要是急性呼吸困难或肺水肿症状、心动过速，可出现肺水肿、心源性休克等临床表现，由于脉压较窄，舒张期杂音和周围体征可不明显。

超声心动图可以评估主动脉瓣反流、瓣膜形态、反流机制及其严重程度和主动脉扩张程度。对于无症状的严重 AR 患者，必须对其症状、左心室大小和功能进行随访。

瓣膜手术最合适的适应证是出现症状和 / 或 LVEF<50% 和 / 或左心室收缩末期内径为 50mm。对于伴有主动脉扩张的患者，主动脉病理的确定和主动脉直径的精确测量至关重要。二叶型主动脉瓣患者主动脉直径为 55mm 或 50mm，或存在其他危险因素时主动脉直径 45mm，建议手术治疗。对于有瓣膜手术适应证的患者主动脉直径≥45mm，应同时行主动脉手术。

2. 二尖瓣关闭不全（mitral regurgitation，MR）　MR 是常见的瓣膜疾病。最常见的原因为退行性病变，还可见于黏液瘤变性、二尖瓣脱垂、感染性心内膜炎等。临床可分为急性 MR 和慢性 MR。

慢性器质性 MR 患者可能多年无临床症状。临床可根据心悸、活动耐力下降、呼吸困难症状、心界向左侧扩大、可有心房颤动、心尖区可闻及病理性收缩期杂音、可有肺动脉高压和超声心动图的表现诊断。而急性严重 MR 可根据出现急性严重的呼吸困难、急性肺水肿或充血性心力衰竭和心尖区收缩期杂音等作出诊断。

超声心动图在评估 MR 的病因学、瓣膜解剖和功能必不可少。二尖瓣关闭不全干预的适应证是以症状和风险分层为指导，包括评估左心室功能和大小、有无合并心房颤动、肺动脉收缩压和左心房大小。手术修复二尖瓣是二尖瓣退行性关闭不全首选的治疗方法。

急性重症 MR 患者需要进行紧急手术。有慢性 MR 症状，无手术禁忌者，亦可手术治疗。

（1）需要二尖瓣置换手术的适应证：①有症状的 LVEF >30% 患者（Ⅰ，B）；②无症状的左心室功能障碍患者（LVESD ≥45mm 和 / 或 LVEF ≤60%）（Ⅰ，B）。

（2）可考虑二尖瓣置换手术的适应证：①无症状的左心室功能保留（LVESD<45mm，LVEF >60%）和继发于二尖瓣关闭不全或肺动脉高压（静息时肺动脉收缩压 >50mmHg）的心房颤动患者（Ⅱa，B）；②无症状 LVEF>60% 和 LVESD 40～44mm 患者，且至少存在以下情况之一：A. 连枷状瓣叶；B. 在窦性心律中存在显著左心室扩张（体积指数 ≥60ml/m^2 体表面积）。

（3）考虑二尖瓣修复手术：①有症状，LVEF<30% 和 / 或 LVESD>55mm，预测修复成功的可能性高而且合并症低（Ⅱa，B）；②有症状的严重左心室功能障碍（LVEF<30% 和 / 或 LVESD>55mm）的患者，当药物治疗无效，预测成功修复的可能性较低且合并症较低时（Ⅱb，C）。

（4）药物治疗：急性二尖瓣反流时，可用硝酸酯类和利尿剂来降低心脏充盈压力。硝普钠可减少后负荷和反流。低血压和血流动力学不稳定的患者可以用正性肌力药物和主动脉内球囊反搏。没有证据支持左心室功能良好的慢性二尖瓣反流患者预防性使用血管扩张剂包括 ACEI。然而，当不适合手术或术后症状持续存在，应考虑使用 ACEI、β- 受体阻滞剂和螺内酯（或依普利酮）等。

3. 二尖瓣狭窄（mitral stenosis，MS）　老年性 MS 的病因主要是退行性钙化，特别是有心血管危险因素的患者常见，老年风湿性二尖瓣狭窄较少，其他少见的病因有风湿免疫性疾病如类风湿性关节炎、系统性红斑狼疮、药物诱导、Fabry 病、黏多糖病、Whipple 病、心房肿瘤导致的瓣膜堵塞等。

（1）诊断主要根据：活动后心悸气促、心尖区可闻及隆样舒张期杂音及超声心动图的表现。

（2）药物治疗：利尿剂可暂时改善呼吸困难。地高辛、β 受体阻滞剂或钙通道阻滞剂可提高运动耐受性。新发或阵发性房颤的二尖瓣狭窄患者、经皮二尖瓣成形术或外科手术后的房颤应使用维生素 K 拮抗剂（华法林）抗凝治疗，目标 INR 为 2～3。不能应用阿司匹林或其他抗血小板药替代抗凝药。

（3）外科干预的适应证：有临床症状的中度至重度二尖瓣狭窄（瓣膜面积 <1.5cm^2）的患者。如果患者有临床症状而不能用其他原因解释，虽然二尖瓣瓣膜面积为 >1.5cm^2，但解剖结构良好，可考虑经皮二尖瓣切开术（PMC）。干预方式选择 PMC 或外科手术（以瓣膜置换术为主）。PMC 的禁忌证：①二尖瓣膜面积 >1.5cm^2；②左心房血栓；③中度以上二尖瓣关闭不全；④严重的或半融合钙化；⑤无联合融合；⑥伴有严重的主动脉瓣膜病，或合并需要手术的严重三尖瓣狭窄或关闭不全；⑦合并需要旁路手术的冠状动脉疾病。

临床症状明显的二尖瓣狭窄（中重度）行经皮二尖瓣切开术（PMC）或二尖瓣置换术的适应证（瓣口面积 ≤1.5cm^2）见表 3-2-19。

表 3-2-19　临床症状明显的二尖瓣狭窄（中重度）行经皮二尖瓣切开术（PMC）或二尖瓣置换术的适应证（瓣口面积 ≤1.5cm^2）

推荐意见	推荐级别	证据水平
有二尖瓣狭窄的症状、无不利的临床和解剖特征*的患者推荐 PMC	Ⅰ	B
有二尖瓣狭窄的症状、有手术禁忌证或高危风险的患者推荐 PMC	Ⅰ	C
有二尖瓣狭窄的症状、不适合 PMC 的患者推荐二尖瓣置换术	Ⅰ	C
有症状但瓣膜解剖状态不佳，无不利的临床特征患者，应考虑 PMC 作为起始治疗	Ⅱa	C
无症状且无不利临床和解剖特征，如存在血栓栓塞风险（既往栓塞病史、左心房高密度回声、新发或阵发性房颤）和 / 或血流动力学失代偿高风险（静息状态肺动脉收缩压 >50mmHg、需行心脏大外科手术、备孕），应考虑行 PMC	Ⅱa	C

（洪华山）

推荐阅读资料

[1] 中华医学会心血管病学分会结构性心脏病学组，中国医师协会心血管内科医师分会结构性心脏病专业委员会. 中国经导管主动脉瓣置换术临床路径专家共识. 中国循环杂志，2018，33（12）：1162-1169.

[2] AFILALO J，LAUCK S，KIM D H，et al. Frailty in older adults undergoing aortic valve replacement：The FRAILTY-AVR study. J Am Coll Cardiol，2017，70（6）：689-700.

[3] ANAND A，HARLEY C，Visvanathan A，et al. The relationship between preoperative frailty and outcomes following

transcatheter aortic valve implantation: a systematic review and meta-analysis. Eur Heart J Qual Care Clin Outcomes，2017，3（2）：123-132.

[4] BAUMGARTNER H，FALK V，BAX J J，et al. 2017 ESC/EACTS Guidelines for the management of valvular heart disease . Eur Heart J，2017，38（36）：2739-2791.

[5] BAUMGARTNER H，HUNG J，BERMEJO J，et al. Recommendations on the echocardiographic assessment of aortic valve stenosis：a focused update from the European Association of Cardiovascular Imaging and the American Society of Echocardiography. J Am Soc Echocardiogr，2017，30（4）：372-392.

[6] EICHLER S，SALZWEDEL A，HAMATH A，et al. Nutrition and mobility predict all-cause mortality in patients 12 months after transcatheter aortic valve implantation. Clin Res Cardiol，2018，107（4）：304-311.

[7] HABIB G，LANCELLOTTI P，ANTUNES M J，et al. 2015 ESC Guidelines for the management of infective endocarditis：the Task Force for the management of infective endocarditis of the European Society of Cardiology（ESC）. Endorsed by：European Association for Cardio-Thoracic Surgery（EACTS），the European Association of Nuclear Medicine（EANM）. Eur Heart J，2015，36（44）：3075-3128.

[8] KANO S，YAMAMOTO M，SHIMURA T，et al. Gait speed can predict advanced clinical outcomes in patients who undergo transcatheter aortic valve replacement：insights from a Japanese Multicenter Registry. Circ Cardiovasc Interv，2017，10（9）：e005088.

[9] NISHIMURA R A，OTTO C M，BONOW R O，et al. 2017 AHA/ACC focused update of the 2014 AHA/ACC Guideline for the management of patients with valvular heart disease：a report of the American College of Cardiology/American Heart Association Task Force on clinical practice guidelines. J Am Coll Cardiol，2017，70（2）：252-289.

[10] UNGAR A，MANNARINO G，VAN DER VELDE N，et al. Comprehensive geriatric assessment in patients undergoing transcatheter aortic valve implantation-results from the CGA-TAVI multicentre registry. BMC Cardiovasc Disord，2018，18（1）：1.

第六节 周围血管疾病

学习要求

1. 掌握下肢动脉粥样硬化疾病的临床表现、诊断流程及临床分型。
2. 掌握下肢动脉粥样硬化疾病的鉴别诊断要点。
3. 熟悉下肢动脉粥样硬化疾病的治疗原则和方案。
4. 了解诊断下肢动脉粥样硬化疾病的常用检查方法的特点。

周围血管疾病包括周围动脉、静脉及淋巴管疾病，其中以外周动脉疾病（peripheral arterial diseases，PAD）最为重要和常见。PAD 是指除冠状动脉和主动脉之外所有的动脉疾病，主要包括下肢动脉、颈动脉和椎动脉、上肢动脉、肾动脉、肠系膜动脉病变，其主要病因是动脉粥样硬化。PAD 多发于老年人，全球范围内，老年人 PAD 患病率可达 10%～20%。PAD 患者常合并脑血管和冠状动脉疾病，发生心血管事件与全因死亡是非 PAD 患者的 1.6～2 倍。在所有 PAD 中下肢动脉粥样硬化性疾病（lower extremity atherosclerotic disease，LEAD）所占比例最高。

临床病例

患者，男，72 岁。

主诉：双下肢间歇性跛行 1 年，左下肢疼痛加重半个月。

现病史：患者于 1 年前无明显诱因出现行走 400～500m 时双下肢乏力不适，伴右臀部酸痛，无腰背痛，休息几分钟后可缓解，自以为腰椎病，自行理疗但效果不佳。半个月前左下肢疼痛加重，休息时也有疼痛，夜间明显，足下垂时疼痛可减轻，伴左足麻木发凉，足趾形成溃疡，无红肿渗出，无畏寒发热，为求诊治来门诊就医。发病以来，睡眠差，进食尚可，二便正常。

既往史：糖尿病病史 15 年，应用胰岛素治疗，空腹血糖控制在 8mmol/L，餐后 11mmol/L 左右，发现尿蛋白半年；高血压病史 4 年，每日口服缬沙坦 80mg，血压控制在 140/80mmHg 左右；心肌梗死病史 3 年，平时口服阿司匹林。吸烟 30 余年现已戒；腰椎间盘突出病史。

体格检查：体温 36.4℃，心率 86 次/min，呼吸 18 次/min，血压 160/80mmHg，神清语利，心、肺、腹未见明显异常，双侧股动脉搏动弱，左足背及胫后动脉未触及搏动，双足皮肤干燥，趾甲过度角化；左足皮温较对侧明显降低，第 1、2、3 足趾可见 1cm 左右溃疡，无红肿及渗出（图 3-2-13）。神经系统检查无明显异常。

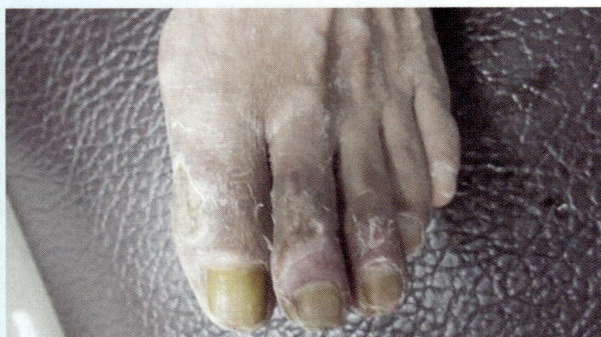

图 3-2-13　患者左足

一、初步诊断

老年男性患者，有多种动脉粥样硬化危险因素，自述行走一段距离时下肢乏力不适，休息后短时间内缓解，再次行走时症状又出现，符合血管性间歇性跛行特点。间歇性跛行属稳定病变，但有 10%～20% 的患者症状会加重，1%～2% 的患者可进展为严重肢体缺血。患者入院前半个月出现静息痛及足部溃疡等肢体严重缺血表现，结合患者下肢动脉搏动减弱/消失及足部营养障碍性改变，皮温低，足趾溃疡，初步诊断下肢动脉粥样硬化性疾病（LEAD）。

【问题 1】　LEAD 的临床特点有哪些？

1. LEAD 高危人群　①年龄≥65 岁；②年龄 50～64 岁，有动脉粥样硬化的危险因素（如糖尿病、吸烟史、高脂血症、高血压）或外周动脉疾病家族史；③年龄 <50 岁，有糖尿病和一项其他动脉粥样硬化的危险因素；④有已知的其他部位动脉粥样硬化疾病者（如冠状动脉、颈动脉、锁骨下动脉、肾动脉、肠系膜动脉狭窄或腹主动脉瘤）。

2. 临床表现

（1）症状类型：下肢动脉疾病的临床表现多样，大多数患者的症状体征不典型，即使疾病进展程度和病变范围相似，患者的症状及其严重性也不同，根据临床表现，可分为 4 类。

1）无症状性 LEAD：多数 LEAD 患者无肢体缺血症状，仅踝肱指数（ankle-brachial index，ABI）低于 0.9 或无脉。这其中部分患者是因某些因素如心力衰竭无法行走足够的距离或疼痛敏感性降低（如糖尿病神经病变）所致，通常这些患者高龄、合并症多、有较高的心血管事件和肢体缺血风险，即使轻微的外伤也可能导致足趾坏死，预后较差。因此，在评估患者是否有跛行前，需要评估患者的行走能力及检查其是否有神经病变。

2）间歇性跛行（intermittent claudication，IC）：是 LEAD 的主要症状之一，表现为步行一段距离时发生下肢肌群的疼痛、疲乏不适或痉挛，短时间休息常少于 10min，症状可缓解，再次运动症状又出现。跛行距离可提示缺血的程度，疼痛部位通常与血管狭窄或闭塞部位有关，小腿部疼痛提示股浅动脉、腘动脉或胫动脉的病变；大腿和小腿疼痛提示髂-股动脉病变；髋部和臀部疼痛提示主-髂动脉病变。

3）慢性肢体严重缺血（chronic limb-threatening ischemia，CLTI）：表现为持续 2 周以上的缺血性静息痛，可伴有溃疡、坏疽或感染，其踝动脉收缩压 <50mmHg 或趾动脉收缩压 <30mmHg。缺血性静息痛指患肢在静息状态下出现的持续性疼痛，预示肢体存在近期缺血坏死风险，疼痛部位多位于肢端，通常发生于前足或足趾，在夜间或平卧时明显，早期肢体下垂后疼痛可能减轻。疼痛常使患者睡眠紊乱，不能行走需要麻醉药止痛。而伴有神经病变的糖尿病患者常无疼痛表现，直接表现为肢体严重缺血与组织坏死。缺血性溃疡常见部位是足趾或足外侧，但任一足趾都可受累。通常用 WIfI（W 伤口、I 缺血和 fI 足部感染）分级系统对慢性肢体严重缺血的程度进行分级。如不进行有效治疗，6 个月内常需进行截肢手术。

4）急性下肢缺血（acute limb ischemia，ALI）：在动脉硬化狭窄的基础上合并血栓形成或动脉栓塞时，肢体动脉灌注突然迅速减少导致肢体严重缺血，表现为急性疼痛、皮肤苍白、趾端凉、无脉、瘫痪、感觉异常。症状的严重程度常取决于血管闭塞的部位和侧支代偿的情况，常需要紧急处理，快速开通血管。

（2）体征：主要有下肢动脉收缩压下降，动脉搏动减弱或消失，尤其是两侧动脉搏动有差别时，提示有动脉闭塞，部分患者由于侧支循环存在，使局部动脉搏动接近正常。病变血管近端可闻及收缩期杂音，但未听到杂音并不代表无病变。此外还可发生皮温降低、肌肉萎缩、营养障碍性改变如皮肤干燥变薄、毛发脱落及趾甲变厚等，晚期足趾和角质突出部位可见缺血性溃疡。

二、辅助检查及诊断

为明确诊断和初步评估病变程度，该患者进行了踝肱指数（ABI）测定和多普勒超声检查，结果回报：左侧和右侧 ABI 分别为 0.42、0.94；下肢及腹部动脉超声：右髂动脉狭窄，左股浅动脉闭塞，双侧胫前动脉狭窄，双侧股总动脉管壁散在粥样硬化斑块样回声。考虑多普勒超声对髂动脉敏感性较低，为获得清晰的影像学资料，进一步行下肢动脉 CTA 检查，结果示左侧股浅动脉闭塞，右髂动脉重度狭窄，双侧胫前动脉、胫后动脉及腓动脉显影淡。右髂动脉重度狭窄，与患者间歇性跛行时伴右臀部酸痛症状相符。左侧股浅动脉闭塞与患者半个月前出现的左下肢静息痛及左足趾溃疡符合，故诊断明确。

【问题 2】 诊治 LEAD 时需行哪些检查，各有什么特点？

ABI 和多普勒超声可以帮助诊断，但确诊和拟定手术治疗方案时，可根据需要进一步行 MRA、CTA、DSA 等检查。

1. 踝肱指数（ABI） ABI 是诊断 LEAD 的首选无创检查方法，用于初筛肢体缺血的患者，评估肢体缺血的程度，为手术适应证的选择提供客观依据，并可监测疗效，预测心血管事件风险。计算方法是胫后动脉或足背动脉收缩压与较高一侧的肱动脉的收缩压之比。正常值为 1.00～1.40，临界值为 0.91～0.99，ABI≤0.90 为异常，0.41～0.90 表明血流轻中度减少，ABI≤0.40 血流严重减少，此时发生静息痛、缺血性溃疡或坏疽的风险很高。

影响 ABI 准确性的因素：糖尿病病史长、终末期慢性肾脏疾病和高龄等，因动脉中层钙化严重，动脉弹性降低可导致假性高压的发生。当临床怀疑下肢缺血，ABI >0.9 并不表明完全排除 LEAD，需进一步行 ABI 运动试验和 / 或超声检查明确诊断。ABI >1.40 表明血管严重钙化或弹性减低，可采用趾肱指数（TBI）进行诊断，TBI 指足趾收缩压与肱动脉收缩压的比值，趾动脉通常不涉及近端弹性动脉的钙质沉着，TBI≤0.7 即可诊断下肢动脉疾病。

2. 多普勒超声 可作为首选的影像学检查，用于诊断下肢动脉疾病的病变部位和狭窄程度。但超声检查的准确性依赖仪器及操作者的水平，并不能在空间上整体显示整条血管路径，术前还需要其他影像学检查。

3. CT 血管成像（CTA） 是术前常用的诊断方法，用于判断下肢动脉病变的解剖学位置和狭窄的严重程度。如动脉壁有严重钙化可影响动脉的有效显影无法反映真实血管情况，对远端小动脉的显影有时不理想。磁共振血管成像（magetic resonance angiography，MRA）的禁忌有安装起搏器、除颤器等，这时 CTA 可代替 MRA，且 CTA 扫描时间明显短于 MRA，但因需要含碘对比剂才能使血管显影，所以肾功能不全或高龄患者选择 CTA 受限。

4. 磁共振血管成像（MRA） 也是术前常用的诊断方法，可显示下肢动脉病变的解剖部位和狭窄程度。但因湍流，MRA 有时会高估狭窄的程度。体内有起搏器、除颤器等铁、磁性金属植入物时不适合行 MRA。另外扫描时间长、老年或幼儿患者耐受性差。因无法显示动脉钙化，有助于对高度钙化的病变进行评估。MRA 对膝关节以下动脉疾病诊断的准确性高于多普勒超声和 CTA。

5. 数字减影血管造影（DSA） 是目前诊断下肢动脉疾病的金标准，但作为一种有创检查，有一定的并发症发生率。随着 CTA 和 MRA 技术的提高，DSA 较少单独用于诊断。

6. 初诊的实验室检查 血、尿常规，空腹血糖和 / 或糖化血红蛋白，血脂，同型半胱氨酸水平，肾功能和凝血功能等。这些检查便于检出可干预的危险因素及诊断相关疾病。

【问题 3】 LEAD 的诊断过程是什么？

1. LEAD 的诊断流程 见图 3-2-14。

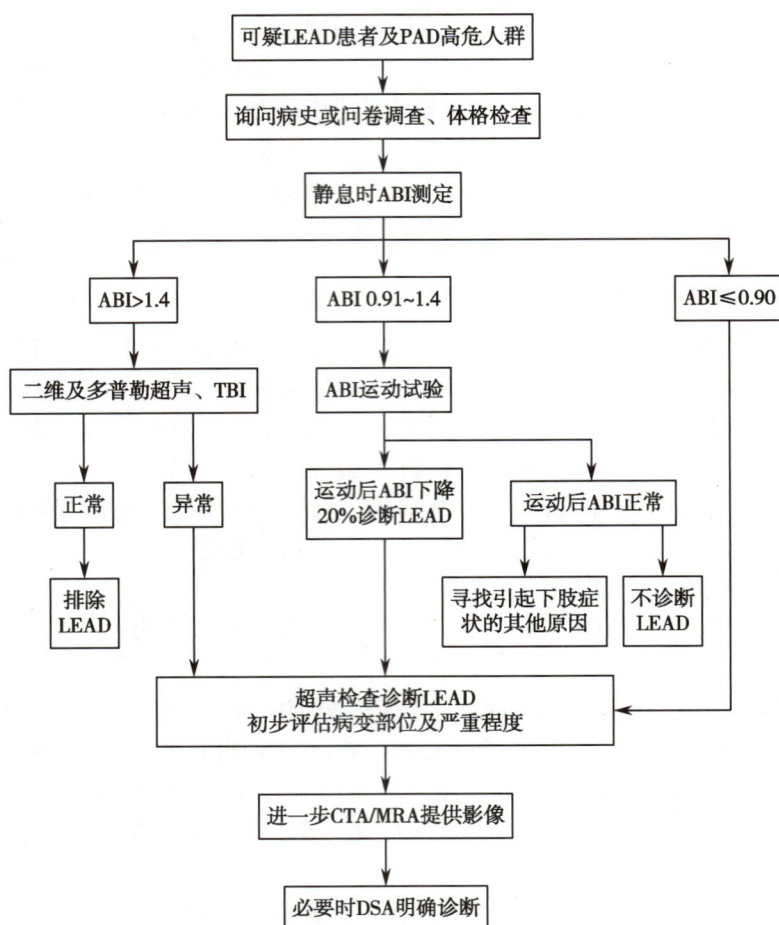

ABI—肱踝指数；TBI—趾肱指数；LEAD—下肢动脉粥样硬化性疾病；
DSA—数字减影血管造影；CTA—CT 血管造影；MRA—MR 血管造影。

图 3-2-14　下肢动脉粥样硬化性疾病的诊断流程

2. 临床分期　LEAD 严重程度可根据 Fontaine 分期和 Rutherford 分类法（表 3-2-20）

表 3-2-20　Fontaine 分期和 Rutherford 分类法

Fontaine 分期		Rutherford 分类		
分期	临床表现	分期	类别	临床表现
I	无症状	0	0	无症状
IIa	轻微跛行（步行距离 >200m）	I	1	轻微跛行
IIb	中至重度跛行（步行距离 ≤200m）	I	2	中度跛行
III	缺血性静息痛	I	3	重度跛行
IV	溃疡或坏疽	II	4	缺血性静息痛
		III	5	轻度组织丧失
		IV	6	溃疡或坏疽

【问题 4】　LEAD 需与哪些疾病进行鉴别诊断？

1. 间歇性跛行　除下肢动脉粥样硬化外，多种非动脉粥样硬化性血管病变，也可引起下肢间歇性跛行，如多发性大动脉炎、血栓闭塞性脉管炎等。此外，其他疾病包括神经根压迫、椎管狭窄、有症状的贝克囊肿、慢性肌筋膜综合征、神经性疼痛、髋关节炎、静脉疾病等可引起假性间歇性跛行（表 3-2-21）。当患者的临床表现与血流动力学检查不相符时，应考虑非 LEAD 原因。

表 3-2-21 间歇性跛行的鉴别诊断

疾病	疼痛或不适的部位	疼痛的性质	症状与运动的关系	休息的影响	体位的影响	其他特征
神经根压迫（椎间盘突出）	沿患肢向下的放射性疼痛,常位于后方	尖锐的针刺样痛	坐、立、行走时可在很短时间内诱发	休息时也常出现	改变体位可缓解症状	有背部疾病史;坐位时加重;仰卧或坐位时缓解
椎管狭窄	通常发生在双侧臀部,腿后部	无力感和疼痛感	行走或站立一段时间后发生	休息较长时间可有不同程度缓解	腰椎前屈时症状减轻	站立或脊柱后伸时加重
有症状的贝克囊肿	膝关节后方,沿小腿向下	肿胀压痛	活动后发生	休息时也可出现		非间歇性
慢性肌筋膜综合征	小腿肌群	突发紧缩样疼痛	运动过多（慢跑）后发生	缓解很慢	抬高肢体可快速缓解	常见于肌肉发达的运动员
髋关节炎	髋关节外侧,大腿	疼痛不适	不同程度的活动后发生	不能很快缓解	不承重时减轻	症状多变;退行性关节炎病史
静脉性跛行	全下肢,小腿更重	突发紧缩样疼痛	行走后发生	缓解慢	抬高肢体可快速缓解	髂股深静脉血栓形成史;静脉淤血及水肿征象
足/踝关节炎	踝,足,足弓	酸痛	不同程度的运动后发生	不能很快缓解	可通过不承重缓解	症状多变,可能与活动量有关

2.静息痛应与周围神经病变引起的疼痛相鉴别 后者常见于糖尿病和椎管狭窄。糖尿病周围神经病变的患者,振动觉和位置觉受损,反射减弱。椎管狭窄压迫神经根所引起的疼痛,在直立或后伸等体位变化时会进一步加重。

3.足部溃疡 静脉性足部溃疡,多发生于下肢内踝上方（足靴区）,溃疡周围湿疹和皮肤色素沉着。周围神经病变也可导致下肢溃疡的形成。神经性溃疡通常位于身体承重部位,有鸟眼状外观和较厚的胼胝,溃疡周围皮肤感觉丧失,无痛感,触诊足部温暖,肢体远端动脉搏动存在。

【问题5】 如何通过症状鉴别下肢动脉与腰椎病变引起的间歇性跛行?

腰椎管狭窄引起的跛行除行走一段距离后发生,站立一段时间也可发生,常表现为一侧和双侧腰酸、腿疼、下肢麻木、无力,体位改变如坐下、蹲下或弯腰可缓解症状,直立或脊柱后伸时加重。腰椎间盘突出压迫神经根往往出现下肢放射性疼痛,部位常以累及的神经分布区域为主,主要有腰骶部、臀后部、大腿后外侧、小腿外侧至足背部,坐、立、行走时很快即可发生疼痛,休息不会很快缓解,甚至休息时也可出现,改变体位可缓解。而 LEAD 所致的血管性跛行多在停止行走后短时间缓解,与体位变化无关,无腰痛。

三、初步治疗

对于间歇性跛行,除抗血小板、应用他汀类药物、控制危险因素等治疗外,运动锻炼是缓解跛行症状的最有效的方法,还可根据个体情况应用改善跛行症状的药物如前列腺素类药物等。出现严重下肢缺血时应积极恢复患肢血供,从而避免截肢的风险。CLTI 患者应转诊至有条件的医院进行血管重建,对于已严重坏死或严重感染的肢体,可考虑截肢。此外还应注意伤口护理,疼痛明显时可给予止痛治疗。

【问题6】 LEAD 的治疗原则与方案是什么?

1.处理原则

(1)无症状 LEAD:积极控制危险因素,不主张侵入性治疗。有指征者应用抗血小板治疗,降低心血管缺血事件的危险。

(2)间歇性跛行:治疗目标是缓解症状、提高运动能力。优先考虑药物治疗联合运动锻炼,对药物治疗无效的严重跛行患者可考虑血运重建治疗。

(3)CLTI:治疗目标是保存肢体、减轻缺血疼痛、治疗神经缺血性溃疡及并发症、提高生活质量、延长寿命。主要疗效指标是无截肢生存率。CLTI 患者截肢的风险不仅取决于缺血的严重程度,还取决于伤口和感染的情况。为挽救肢体,必须早期识别组织坏死或感染,请血管外科专科医生诊治,只要有可能都应该对肢体进行血运重建的手术。

（4）ALI：首要治疗目标是阻止血栓蔓延和恶化性缺血事件。一旦诊断明确，尽快给予肝素和适当止痛治疗。是否急诊手术则需要根据临床表现，有神经功能损伤表现者需要紧急血运重建，不需等待影像学结果；无神经损伤表现者，可根据患者情况和影像学结果选择血运重建方式。

2. 非药物治疗　戒烟，控制体重，患足保持干燥、保暖和预防外伤，运动锻炼有助于促进侧支循环的建立，是治疗间歇性跛行最有效的方法，最有效的运动为平板运动或走步，强度达到引发间歇性跛行后休息，每次步行 30～45min，每周至少 3 次，至少持续 12 周。其他的运动方式还有伸踝或屈膝运动等。

3. 药物治疗

（1）控制危险因素：①调脂治疗，他汀类药物可改善心脑血管疾病的预后，增加最大跛行距离和减轻疼痛。所有 LEAD 患者均应口服他汀类药物，使 LDL-C 降低到≤2.6mmol/L 以下，对于发生缺血事件极高危患者，使 LDL-C 降低到≤1.8mmol/L；②控制血压，β 受体阻滞剂对于患者症状的改善、截肢率等没有显著负面影响，不是禁忌。CCB 或 ACEI/ARB 有潜在扩张周围动脉的作用，可为 LEAD 患者合并高血压时的首选药物；③糖尿病治疗，应积极控制血糖，糖化血红蛋白应 <7.0%，高龄老年患者可酌情放宽控制目标。

（2）抗血小板药物：阿司匹林或氯吡格雷能抑制血小板的聚集。对于有症状的 LEAD，推荐抗血小板治疗，包括阿司匹林或氯吡格雷。抗血小板治疗能减少 LEAD 患者发生心肌梗死、脑卒中或血管性死亡的风险。

（3）改善肢体缺血的药物：应用血管活性药物来改善步行距离的获益仍不确定，具有很大的变异性，通常是轻微到中度。

常用药物：①前列腺素类药物，分为静脉和口服剂型，前者如前列腺素 E_1（前列地尔）等，后者如贝前列腺素等，有扩张血管和抗动脉粥样硬化作用，可提高患肢 ABI，改善由下肢缺血引发的间歇性跛行、静息痛及溃疡等症状；②西洛他唑，具有抗血小板和舒张血管作用，可增加无心力衰竭的间歇性跛行患者的行走距离；③己酮可可碱，能够改善 CLTI 患者症状，增加间歇性跛行患者最大行走距离；④沙格雷酯，选择性 5- 羟色胺（5-HT）2 受体拮抗药，可抑制血小板凝集及血管收缩，用于改善慢性动脉闭塞症引起的溃疡、疼痛及冷感等缺血症状。

4. 血运重建治疗　血运重建术的指征：①严重间歇性跛行影响患者的生活质量，应用药物治疗无效；②有静息痛；③皮肤溃疡及坏疽。血运重建方法包括经皮腔内血管成形术和外科手术治疗。

5. 自体干细胞移植　适用于无法行或无法耐受血运重建治疗并且保守治疗无效的慢性下肢缺血患者。

（吴秀萍）

推荐阅读资料

[1] 老年人四肢动脉粥样硬化性疾病诊治中国专家建议 2012 写作组. 老年人四肢动脉粥样硬化性疾病诊治中国专家建议（2012）. 中华老年医学杂志，2013，32（2）：121-131.

[2] 中华医学会外科学分会血管外科学组. 下肢动脉硬化闭塞症诊治指南. 中华普通外科杂志，2016，10（1）：1-18.

[3] ABOYANS V, RICCO J B, BARTELIN M-L E L, et al. 2017 ESC guidelines on the diagnosis and treatment of peripheral arterial diseases, in collaboration with the European Society for Vascular Surgery（ESVS）. Eur Heart J，2018，39（9）：763-816.

[4] WRITING COMMITTEE MEMBERS; GERHARD-HERMAN MD, GORNIK HL, et al.2016 AHA/ACC Guideline on the management of patients with lower extremity peripheral artery disease: executive summary. Vasc Med，2017，22（3）：NP1-NP43.

第三章　呼吸系统疾病

第一节　肺部感染

学习要求

1. 掌握老年肺部感染的临床特点、诊断流程及治疗原则。
2. 熟悉老年肺部感染的常见病因及发病机制。
3. 熟悉老年肺部感染的预防措施。

肺部感染（pneumonia）是威胁老年人健康的主要问题，无论是发达国家还是发展中国家，肺部感染都是老年人重要的死亡原因。老年人肺炎的发生率是青年人的 10 倍左右。肺炎已成为全世界第三大死亡原因，我国老年肺炎病死率高达 42.9%～50%，并且常为 80 岁以上老年人群死亡的第一病因。老年肺部感染的防治，必然会受到越来越多临床医生的关注。

老年肺部感染发生率和死亡率高的原因主要有两点：①老年肺部感染起病隐匿，临床表现不典型，基础疾病和合并症多，易误诊为其他疾病从而延误诊治；②机体老化，呼吸系统的局部防御和免疫功能下降，各重要脏器功能储备减弱或患多种慢性疾病，使治疗效果不佳。

临床病例

患者，男，76 岁。

主诉：发热伴咳嗽咳痰 3d 入院。

现病史：患者 3d 前因受凉后出现发热，发热无规律性，体温最高达 38℃，咳嗽、咳少量黄色或黄白色痰，咳嗽呈阵发性，以夜间较重，伴食欲明显下降。无畏寒、寒战，无恶心、呕吐，无腹泻、腹胀，无胸闷、胸痛，无夜间阵发性呼吸困难。

既往史：既往有高血压 30 余年，服用硝苯地平控释片 30mg/ 片，自诉血压控制可；发现冠心病 20 余年，间断服用单硝酸异山梨酯片；5 年前发生腔隙性脑梗死，随后出现老年认知功能障碍。

体格检查：体温 37.8℃，心率 90 次 /min，呼吸 22 次 /min，血压 130/78mmHg，体型较瘦，双肺呼吸音低，右中下肺可闻及散在湿啰音，未闻及胸膜摩擦音。心脏、腹部查体无异常发现，双下肢轻度凹陷性水肿。

一、初步诊断

老年男性，急性起病；临床症状为发热、咳嗽；体格检查发现右中下肺散在湿啰音；故初步诊断考虑：①社区获得性肺炎；②冠心病（心绞痛型），稳定型心绞痛，心功能Ⅲ级；③高血压病 2 级（极高危组）；④腔隙性脑梗死；⑤老年认知功能障碍。

【问题1】　老年肺部感染的危险因素及发病机制是什么？

1. 呼吸系统退行性变　由于机体的老化，老年人的鼻及喉黏膜系统的防御功能减弱，病原体易在上呼吸道定植并繁殖。老年人喉头反射与咳嗽反射减弱，病原体容易进入下呼吸道。老年人肺通气功能下降，气道阻力增加。气道黏膜清除和局部防御功能减退，分泌物聚集难以排出，使病原体易发生定植并繁殖，从而诱发呼吸道感染。

2. 合并多种慢性基础疾病　随着年龄的增长易合并多种慢性疾病。研究发现80%以上的老年肺部感染患者至少合并一种或多种慢性基础疾病。其中以神经系统疾病、肾功能不全、慢性支气管炎、糖尿病、营养不良、胃肠道功能紊乱等对肺部感染的影响较大。

3. 免疫功能减弱　随着年龄增长，老年人的胸腺日渐退化，胸腺激素减少，免疫力逐渐下降，中性粒细胞功能受损，其吞噬和杀灭病原微生物的能力逐渐下降，从而导致老年人对肺部感染的防御能力下降。

4. 药物作用　镇静催眠药物、抗精神病药物、免疫抑制剂、H_2受体阻滞剂和预防性制酸剂的应用，以及抗生素和激素的不合理应用均增加了老年肺部感染的发病率。

5. 吸入因素　老年人是误吸的高危高发人群，因误吸导致的吸入性肺炎是老年人常见死因之一，其中隐性吸入（无明显的吸入病史）在老年人中尤其是存在中枢神经系统疾病的老年人中很常见，成为老年肺部感染高发和难治的原因。

6. 其他因素　长期吸烟、各器官功能下降、御寒能力降低、行动障碍及营养不良等均可增加老年肺部感染的易感性。

【问题2】　老年肺部感染的临床特点是什么？

1. 临床症状不典型　起病隐匿，大多无典型的高热、胸痛、咳嗽和咳痰症状；且临床表现和病情严重程度也不成比例，即使是非常严重的感染，也可无典型肺部感染症状出现。发热是感染最常见的表现，但老年肺部感染可能不会出现发热，尤其是虚弱的患者。老年肺部感染临床表现常不典型，多表现为肺外症状。主要表现为两方面：一是健康状况逐渐恶化，包括食欲减退、厌食、倦怠、尿失禁、头晕、急性意识模糊、体重减轻、恶心、呕吐、腹痛、腹泻、精神萎靡或跌倒等非特异性症状；二是表现为原有基础疾病不明原因的恶化，如心力衰竭在治疗过程中突然再次加重，需考虑肺部感染发生的可能。

老年肺部感染也常缺乏典型体征，极少出现典型肺炎的语颤增强、支气管呼吸音等肺实变体征。可出现脉速、呼吸快、呼吸音减弱、肺底可闻及湿啰音，但易与并存的慢性支气管炎、心力衰竭等相混淆。由于老年肺部感染临床表现和体征常不典型或与基础疾病的表现相混淆，极易漏诊和延误诊断。因此，当老年人出现不能解释的功能状态降低时，尤其出现神经系统功能紊乱或原有基础疾病不明原因的恶化，都要考虑肺部感染的可能性。

2. 病程长、病情重、并发症多、病死率高　老年人肺脏生理功能改变，免疫力低下，感染所致的炎性渗出物不易吸收消散，病原菌不易彻底消灭，治愈困难。老年肺部感染并发症多，最常见为呼吸衰竭、心力衰竭、严重心律失常、多脏器功能衰竭。有研究指出老年肺部感染患者病死率与并发症的多少密切相关。由于存在高龄、基础疾病等因素，再加上感染病原菌的复杂性，大大增加了老年肺部感染的危险性，进一步加重基础疾病，形成恶性循环，延长病程，治疗困难，使老年肺部感染病死率显著增高。

3. 病原体多样化　老年肺部感染的病原体中细菌仍占主要地位。近年来，针对老年肺部感染的病原学多项研究发现，革兰氏阴性菌感染明显增加，约占15%，真菌感染占6%。院外感染以革兰氏阳性菌为主，老年肺炎链球菌患者较一般人群少，约占社区感染的25%，流感嗜血杆菌、金黄色葡萄球菌、克雷伯菌属及其他革兰氏阴性菌、厌氧菌为常见菌群。院内感染以革兰氏阴性菌为主，约占75%，常见包括铜绿假单胞菌、大肠埃希菌、鲍曼不动杆菌、肺炎克雷伯菌，多重感染尤其常见，约占1/3或更高。多次感染、多重感染及细菌耐药率高并出现多重耐药菌株，是老年肺部感染的重要病原学特征。

近些年来非典型病原体，如肺炎支原体、肺炎衣原体、嗜肺军团菌等引起的社区获得性肺炎逐年增加。厌氧菌感染在老年患者中尤为多见。厌氧菌感染多见于有误吸倾向的患者，常伴有神经系统疾病、神志改变、吞咽障碍或应用镇静剂等情况。因为在吞咽障碍或熟睡时，咽部过多的厌氧菌极易吸入下呼吸道。

老年人属于免疫功能较低的人群，故一些条件致病菌、白念珠菌、多种混合菌易引发肺炎，尤以医院获得性肺炎、重症监护病房（ICU）患者或接受机械通气的危重老年人常见。老年肺部感染中病毒感染也占有一定比例，临床常见的病毒有流感病毒、鼻病毒、单纯疱疹病毒、腺病毒、呼吸道合胞病毒等。

4. 影像学和实验室检查复杂多变　X线常表现为纹理增粗、紊乱、迂曲、模糊，或尚有小斑片、小斑点夹杂于肺纹理间。也有患者入院时胸部X线片显示两肺野清晰，24h后才出现浸润影。约30%老年肺部感染患者可能影像学特征并不明显。感染早期，老年患者的肺部浸润影像学表现出现延迟或肺部炎症的吸收延迟；部分临床诊断为重症肺炎有时也可能缺乏肺部阳性影像学表现，导致延误诊治。老年患者出现不典型影像学特征和/或治疗无应答时，应在24～48h内重复摄片或进行CT检查。老年人的一些常见疾病，如充血性心力衰竭、肺栓塞、肺不张、慢性阻塞性肺疾病（chronic obstructive pulmonary disease，COPD）、肺癌等，可以在胸部 X 线片上出现与肺炎相似的改变，易误诊为肺部感染。应详细询问病史和认真体格检查，并与既往胸片或 CT 相比较，动态观察影像学的变化。

老年肺部感染患者的血白细胞总数可升高、减低或正常，单纯中性粒细胞比例升高者居多，因此临床不能仅凭白细胞的高低来评价是否存在感染。老年人留取痰液标本困难，即使获取标本，也可能被定植污染，难以明确病原菌。

入院后实验室检查提示血常规：白细胞计数 9.56×10⁹/L，中性粒细胞百分比 76.74%，血红蛋白浓度 134g/L，血小板计数 193×10⁹/L；肝肾功能正常。肺部 CT 提示右下肺实变影。

二、辅助检查及诊断

结合临床表现、体征、实验室检验、胸部 CT，诊断为老年社区获得性肺炎（非重症）。

【问题 3】 老年肺部感染的诊断流程是什么？

1. 确定肺部感染的诊断是否成立　典型的肺部感染主要表现是起病急、寒战、高热、胸痛、咳嗽、咳痰、血白细胞计数增高。由于老年肺部感染的临床表现和胸片改变不典型，常导致临床医生诊断上的疏漏或延误。影像学检查和病原体检查仍是老年肺部感染的主要诊断依据，另外必须重视和加强病史询问，如吞咽困难、呛咳的病史，若有，则可能为吸入性肺炎。询问是否有既往结核病史，鉴别诊断时需加以关注。

痰液检查在老年肺炎诊断中的作用存争议，因痰涂片和培养易受定植菌污染，特异性较差。支气管镜类的侵袭性检查虽然提高了检查特异性，但因存在安全性、操作困难和价格等问题，故未能广泛使用。血培养应作为住院患者的常规检查。血常规、生化检查和血气分析等有利于对疾病严重程度和预后进行判断。

2. 评价肺部感染的严重程度　病情评估对老年肺部感染十分重要。目前美国感染病协会（Infectious Diseases Society of America，IDSA）/ 美国胸科协会（America Thoracic Society，ATS）制定的重症肺炎判定标准，主要包括 2 项主要标准和 9 项次要标准。符合 1 项主要标准或≥3 项次要标准即可诊断。主要标准：①气管插管需要机械通气；②感染性休克积极液体复苏后仍需要血管活性药物。次要标准：①呼吸频率≥30次/min；②氧合指数≤250，即动脉血氧分压（PaO₂）/吸入氧浓度（FiO₂）≤250；③多肺叶浸润；④低体温（体温 <36℃）；⑤白细胞减少（白细胞计数 <4.0×10⁹/L）；⑥血小板减少（血小板计数 <10.0×10⁹/L）；⑦低血压，需要强力的液体复苏；⑧意识障碍和/或定向障碍；⑨氮质血症（血尿素氮≥20mg/dl）。

重症肺炎的诊断标准较为烦琐复杂，近年来有学者推荐在 IDSA/ATS 标准上进行一定简化，中国 2016 年成人社区获得性肺炎指南采用新的简化诊断标准：符合 1 项主要标准或≥3 项次要标准即可诊断为重症肺炎，需密切观察积极救治，并建议收住 ICU 治疗。主要标准：①气管插管需要机械通气；②感染性休克积极液体复苏后仍需要血管活性药物。次要标准：①呼吸频率≥30次/min；②PaO₂/FiO₂≤250；③多肺叶浸润；④意识障碍和/或定向障碍；⑤血尿素氮≥20mg/dl；⑥低血压，需要积极的液体复苏。

重症肺炎评估包括肺炎本身严重程度评估和脏器功能受损评估两大方面。目前用于评估肺炎病情严重程度的评分标准有很多，最常用的有 CURB-65 评分和肺炎严重程度指数（pneumonia severity index，PSI）评分（表 3-3-1）。CURB-65 评分包括意识（C）改变，血尿素氮（U）>7mmol/L，呼吸频率（R）≥30次/min，血压（B）中收缩压 <90mmHg 或舒张压≤60mmHg，年龄≥65 岁。每符合 1 条为 1 分，总分从 0～5 分。CURB-65 评分简洁、敏感性高、易于临床操作。相比 CURB-65 评分系统，PSI 评分较为细致复杂，均包含血气等实验室检查及影像学检查，对收入 ICU 患者评估的敏感性更高，IDSA/ATS 对上述评分均推荐。其中，CURB-65 评分更适用于门急诊患者的评估，PSI 评分系统更适用于指导急诊留观/病房医生和 ICU 医生对重症患者进行更为精细的诊治。患者病情严重程度的评估对于后续经验性选择抗菌药物和判断预后有重要的意义，但是目前尚无统一的标准。

IDSA/ATS 推荐，重症肺炎患者需要收入 ICU 治疗，且重症肺炎患者多引起脏器功能不全，故亦须对重症患者进行脏器功能评估以提供客观、量化的指标指导临床诊治及判断预后。临床使用最为广泛的是多器官功能障碍综合征（multiple organ dysfunction syndrome，MODS）评分、序贯器官衰竭（sequential organ failure assessment，SOFA）评分及急性生理与慢性健康（acute physiology and chronic health evaluation，APACHE）评分。各评分系统预测死亡的效力相当，病死率随着分值的升高而升高。

表 3-3-1　常用肺炎严重程度评分系统

评分系统	预测指标和计算方法	风险分层
CRUB-65 评分系统	共 5 项指标，满足 1 项得 1 分： ①意识障碍 ②血尿素氮 >7mmol/L ③呼吸频率≥30 次 /min ④收缩压 <90mmHg 或舒张压≤60mmHg ⑤年龄≥65 岁	评估死亡风险 0 分：低危，门诊治疗 1 分：中危，建议住院或严格随访的院外治疗 2 分及以上：高危，应住院治疗
肺炎严重程度指数（PSI）评分系统	年龄（女性 -10）加所有危险因素得分总和： ①居住在养老院（+10） ②基础疾病：肿瘤（+30）；肝病（+20）；充血性心力衰竭（+10）；脑血管疾病（+10）；肾病（+10） ③体征：精神状态改变（+20）；心率≥125 次 /min（+10）；呼吸频率 >30 次 /min（+20）；收缩压 <90mmHg（+20）；体温 <35℃或 >40℃（+15） ④实验室检查：动脉血气分析 pH<7.35（+30）；血尿素氮≥30mg/dl（+20）；血钠 <130mmol/L（+20）；血糖≥14.0mmol/L（+10）；血细胞比容 <30%（+10）；PaO$_2$<60mmHg（+10） ⑤胸腔影像：胸腔积液（+10）	评估死亡风险 低危：Ⅰ级（<50 分，无基础疾病）、Ⅱ级（≤70 分）和Ⅲ级（71～90 分） 中危：Ⅳ级（91～130 分） 高危：Ⅴ级（>130 分）

入院后给予头孢呋辛 1.5g，2 次 /d，静脉滴注，盐酸氨溴索静脉注射化痰，并给予吸入用乙酰半胱氨酸溶液雾化吸入。住院期间留取痰培养、痰抗酸染色及血支原体抗体检查。治疗 3d 后，体温降至 37.6℃，但第 6 日，体温再次上升至 38～38.4℃，且咳嗽、咳痰症状改善不明显，随后复查胸部 CT，显示肺部实变影像较前扩大。此患者相关结果示结核抗体（-），痰液抗酸菌（-），PPD 试验（-），支原体抗体（-），痰病理检查（-）。痰培养仅找到奈瑟球菌、白念珠菌、草绿色链球菌等定植菌。

三、治疗及预防

老年社区获得性肺炎的致病菌主要为肺炎链球菌、流感嗜血杆菌、金黄色葡萄球菌、卡他莫拉菌；但肺炎支原体、肺炎衣原体、嗜肺军团菌等非典型病原体的发生率也逐渐升高。非典型病原体在社区获得性肺炎中所占比例约为 50%。因此，覆盖非典型病原体是经验性抗感染治疗首先应该考虑到的。考虑此患者使用的头孢呋辛为第二代头孢，对革兰氏阳性均及革兰氏阴性菌均敏感，但没有覆盖非典型菌，故将抗生素更改为莫西沙星 0.4g 静脉滴注，每日 1 次。3d 后患者咳嗽、咳痰症状好转，体温降至正常；10d 后复查胸部 CT，显示肺部实变影明显吸收，好转出院，出院后继续序贯口服莫西沙星 5d。

【问题 4】 老年肺部感染如何治疗及预防？

1. 正确理解和应用指南　全球有关呼吸系统感染疾病诊治指南非常多，但是全球性的指南对每一个国家来说只能部分适合。因为我国目前仍无关于老年肺部感染的诊治指南，所以必须在认真解读国内外有关呼吸系统感染诊治指南的基础上，尽量结合老年人的病理生理特点，选择针对性的治疗。

2. 抗菌药物的使用　抗菌治疗原则上仍同普通成人一致遵守"早期""适当""足量""短程"原则，宜选用静脉给药途径。对老年人制订抗菌药物时必须考虑几个方面：年龄、基础疾病及免疫状态；病原体的流行病学分布；所在地区耐药情况；临床病情；肝肾功能。对于老年肺部感染患者，如果能确定病原体，则针对性治疗；如果不能确定病原体，则尽量选择抗菌谱广、耐药少、作用快、毒性小、排泄快的抗生素，治疗时充分考虑致病菌的种类和血药浓度与不良反应。

（1）细菌感染：老年肺部感染的病情严重，明确病原菌及对药物的敏感性，针对性治疗最为合理。但在未获得致病菌前的经验性治疗也非常重要。对老年人社区获得性肺炎患者的初始经验性抗感染治疗的建议：①第二、三代头孢菌素（头孢呋辛、头孢丙烯、头孢克洛等）、头霉素类、氧头孢烯类单用或联用大环内酯类；②β-内酰胺类/β-内酰胺酶抑制剂（如阿莫西林/克拉维酸、氨苄西林/舒巴坦）单用或联用大环内酯类；③呼吸喹诺酮类；④大环内酯类。对于有铜绿假单胞菌感染危险因素的老年社区获得性肺炎患者，抗感染药物的建议：①具有抗假单胞杆菌活性的β-内酰胺类；②有抗假单胞杆菌活性的喹诺酮类；③具有抗假单胞杆菌活性的β-内酰胺类联合有抗假单胞杆菌活性的喹诺酮类或氨基糖苷类；④具有抗假单胞杆菌活性的β-内酰胺类、喹诺酮类、氨基糖苷类三药联合。

老年人医院获得性肺炎的抗感染治疗之前，必须了解是否存在多重耐药（multidrug resistance，MDR）的危险因素，主要包括发病前90d内接受过抗真菌药物，本次住院≥5d，居住护理机构，所在社区或特殊医院病房中耐药菌发生率高，最近90d内住院≥2次，家庭静脉治疗（包括抗生素），家庭成员携带MDR病原体，家庭伤口护理，30d内慢性透析治疗，患有免疫抑制性疾病。医院获得性肺炎的最初经验性治疗，分为三类：

1）MDR菌感染低风险的非危重患者，单药治疗，推荐使用抗铜绿假单胞菌青霉素类、第三和第四代头孢菌素、β-内酰胺类/β-内酰胺酶抑制剂、氟喹诺酮类、氧头孢类。

2）MDR菌感染高风险的非危重患者，单药或联合治疗，推荐使用抗铜绿假单胞菌活性的头孢菌素、抗铜绿假单胞菌活性的碳青霉烯类或抗铜绿假单胞菌活性的β-内酰胺类/β-内酰胺酶抑制剂，以上药物单用或联合下列中的一种：抗铜绿假单胞菌活性的氟喹诺酮类、抗铜绿假单胞菌活性的氨基糖苷类；有耐甲氧西林金黄色葡萄球菌（methicillin-resistant staphylococcus aureus，MRSA）感染风险时可联用糖肽类或利奈唑胺。

3）危重患者，联合用药，抗铜绿假单胞菌活性的碳青霉烯类或抗铜绿假单胞菌活性的β-内酰胺类/β-内酰胺酶抑制剂，以上药物联合下列中的一种：抗铜绿假单胞菌活性的氟喹诺酮类、抗铜绿假单胞菌活性的氨基糖苷类；有MRSA感染风险时可联用糖肽类或利奈唑胺；有广泛耐药（extensively drug resistance，XDR）阴性菌感染风险可联用多黏菌素或替加环素。

军团菌所致感染采用大环内酯类或氟喹诺酮类。MRSA对许多抗生素有多重耐药，若发现MRSA，则首选糖肽类或利奈唑胺。使用万古霉素的老年患者，需采取肾功能评估、血药浓度检测等措施。超广谱β-内酰胺酶（extended spectyum β lactamase，ESBL）是由于三代头孢的使用，从β-内酰胺酶中突变而来的一种亚型β-内酰胺酶，如果分离到ESBL肠杆菌科细菌，则应避免使用第三代头孢菌素，最有效的药物是碳青霉烯类。铜绿假单胞菌感染推荐联合用药，单药治疗易发生耐药。对不动杆菌最具抗菌活性的是碳青霉烯类、舒巴坦、黏菌素和多黏菌素。厌氧菌感染在老年肺部感染中较常见，对有隐性吸入者，应考虑覆盖这类细菌。

（2）真菌感染：经验性抗真菌治疗包括具有明确的危险因素、广谱抗细菌药物治疗无效，特别是已调整治疗≥1次，最好有影像学提示征象（多发片状浸润或结节，伴有坏死或晕征）；应用碳青霉烯类，如患者没有粒细胞减少症（或粒细胞缺乏）等特别危险因素，不必预防性应用抗真菌药物；抗真菌治疗时原则上应停用抗生素，至少尽可能减少。

（3）病毒感染：免疫抑制患者若出现肺部间质性炎症，需考虑巨细胞病毒感染，可使用更昔洛韦；但是目前缺少高效广谱抗病毒药物，故一般情况下经验性抗微生物治疗不需要加用抗病毒药物；对怀疑感染流感病毒的患者一般并不推荐联合应用经验性抗病毒治疗，只有对于有典型流感症状（发热、肌痛、全身不适和呼吸道症状）、高危患者及处于流感流行期时，可考虑抗病毒治疗。

（4）结核感染：免疫抑制的患者或其他脏器有结核病史者应考虑结核可能；影像学特点对结核的诊断具有重要参考意义；一般经验性抗感染治疗不需要覆盖结核。

抗感染疗效判定：最初48～72h经验治疗后，需结合临床及实验室检查综合判定。若有效，继续原方案。若无效，应考虑几种可能：原方案未能覆盖可能的病原体或未曾估计到的病原体；细菌耐药；抗生素治疗不足（剂量和分配不当）；出现并发症（脓胸、败血症、肺外迁移灶）；宿主免疫低下。

致病菌诊断错误的常见可能原因：①非典型病原体感染，支原体肺炎、衣原体肺炎、军团菌肺炎；②抗生素疗程不够；③存在二重感染或厌氧菌感染；④伴有肺外感染；⑤真菌感染；⑥肺结核感染。

抗感染治疗的疗程：老年肺部感染的抗生素治疗需要使用合理剂量，既要保证最大疗效，也要防止耐药菌产生。治疗剂量不足不但不能杀灭细菌，导致临床治疗失败，而且还易诱导耐药菌的产生。抗感染治疗的疗程需结合患者感染的严重程度、致病菌种类和耐药性及临床疗效等因素决定，不宜将肺部阴影完全吸收作为停用抗菌药物的指征，一般为7～8d。对于初始抗感染治疗无效、病情危重、广泛耐药或全耐药（pandrug resistance，PDR）的病原菌感染、肺脓肿或坏死性肺炎者，应适当延长疗程。

3. 综合治疗及支持治疗 选择合理抗菌药物同时，必须重视对老年肺部感染患者的全身综合性治疗和护理。主要包括：①老年人容易因为呼吸道痉挛而加重缺氧，应特别注意加强解痉、平喘和化痰治疗，必要时可短期使用激素；②补充营养和水分；③协助排痰；④注意基础疾病的治疗；⑤监测肝、肾功能，防治药物毒性反应，警惕多脏器的功能衰竭；⑥避免强效镇咳剂、麻醉剂、大量镇静剂的应用，以避免呼吸中枢和咳嗽中枢的抑制；⑦严密监测血气、水电解质、酸碱平衡情况，必要时早期机械通气治疗；⑧指导患者或家属掌握正确的进食或喂食方法，防止误吸。

4. 肺部感染的预防 积极预防呼吸道感染，接种肺炎链球菌疫苗和流感疫苗可减少肺部感染的发生，提倡65岁以上的老年人均应接种疫苗。住院老年患者预防肺部感染的主要措施包括减少交叉感染（医护人员洗手、医疗器械消毒、严格的无菌观念）及减少口咽部及胃部的细菌定植及误吸。

老年肺部感染始终是临床一大难题，是老年人主要死因之一。老年人自身免疫功能下降，常患有多种基础疾病，容易发生肺部感染，且常缺乏典型症状和特征，容易误诊或漏诊。对老年肺部感染患者尽量做到及早发现、及时诊断、积极正确抗感染和早期综合治疗，才能缩短病程、减少并发症、提高治愈率、降低病死率。

（陈 琼）

推荐阅读资料

[1] 老年人流感和肺炎链球菌疫苗接种中国专家建议写作组，中华医学会老年医学分会呼吸学组，中华老年医学杂志编辑部. 老年人流感和肺炎链球菌疫苗接种中国专家建议. 中华老年医学杂志，2018，37（2）：113-122.

[2] 中华医学会呼吸病学分会. 中国成人社区获得性肺炎诊断和治疗指南（2016年版）. 中华结核和呼吸杂志，2016，39（4）：253-279.

[3] 中华医学会呼吸病学分会感染学组. 中国成人医院获得性肺炎与呼吸机相关性肺炎诊断和治疗指南（2018年版）. 中华结核和呼吸杂志，2018，41（4）：255-280.

[4] KALIL A C，METERSKY M Ł，KLOMPAS M，et al. Management of adults with hospital-acquired and ventilator-associated pneumonia: 2016 clinical practice guidelines by the infectious diseases society of America and the American thoracic society. Clin Infect Dis，2016，63（5）：e61-e111.

[5] MANDELL L A，WUNDERINK R G，ANZUETO A，et al. Infectious Diseases Society of America/American Thoracic Society consensus guidelines on the management of community-acquired pneumonia in adults. Clin Infect Dis，2007，44（Suppl 2）：27-72.

第二节 慢性阻塞性肺疾病

学习要求

1. 掌握慢性阻塞性肺疾病的常见病因、临床表现、常见并发症、诊断及鉴别诊断要点。
2. 掌握慢性阻塞性肺疾病的评估及分期。
3. 熟悉慢性阻塞性肺疾病的治疗原则。
4. 熟悉慢性阻塞性肺疾病的预防及病理生理机制。

慢性阻塞性肺疾病（chronic obstructive pulmonary disease，COPD）简称"慢阻肺"，是一种常见的、可以预防和治疗的慢性呼吸系统疾病。最突出的特征是具有进行性发展的不完全可逆的气流受限。其确切病因尚不清楚，通常是由暴露于有毒颗粒或气体引起的气道和/或肺泡异常所导致。炎症是慢阻肺发生发展的核心机制，会导致小气道狭窄及肺实质破坏，肺弹性回缩力降低。慢阻肺主要累及肺部，但也可以引起肺外各器官的损害。

慢阻肺是老年呼吸系统疾病中的常见病和多发病，患病率和病死率均居高不下。因肺功能进行性减退，严重影响患者的劳动力和生活质量。慢阻肺造成巨大的社会和经济负担，根据世界银行/世界卫生组织发表的研究，至2020年慢阻肺将成为世界疾病经济负担的第五位。

肺功能是诊断慢阻肺的金标准，但不能仅依赖一次肺功能检查，需要动态随访。肺功能的检查对确定气流受限有重要意义。但是，依据肺功能诊断慢阻肺的局限性在于没有精确地确定各个年龄组相关的气流受限程度。这个问题在老年人中更为重要，随年龄的增长肺部的弹性回缩力下降，同时增加气道阻塞的发生率。如果使用同一标准，在老年人群中可能会诊断过度。

临床病例

患者，男，80岁。

主诉：反复咳痰、喘息20年，气短5年，加重3d。

现病史：患者于入院前20年，每年冬季受凉后出现咳嗽、咳痰、喘息，痰液黏稠，不易咳出，有时伴发热，每次持续2～3个月，予抗感染、化痰等治疗后有所缓解。自觉症状逐年加重，近5年患者上二层楼后出现心悸、气短，休息后可缓解。入院前3d，患者受凉后再次出现咳嗽、咳痰、喘息，痰量较平时增多，伴发热、胸闷、憋气、心悸，体温最高38.1℃，无畏寒、寒战，无下肢水肿。患者发病以来，精神饮食一般，大小便如常，体重无明显变化。

既往史：糖尿病病史，否认高血压、冠心病、脑血管病病史，否认肝炎、结核病史。否认食物、药物过敏史，否认手术、外伤、输血史。预防接种史不详。

个人史：生于本地，久居本地。否认疫区牧区接触史。吸烟30余年，20支/d，已戒烟2年。否认饮酒史。否认工业毒物、粉尘、放射性物质接触史。否认冶游史。

婚育史：25岁结婚，育1子1女，配偶及子女体健。

家族史：家族中无肝炎、结核等传染性疾病史，无糖尿病、血友病等家族性遗传疾病史，否认有与患者同类疾病史。

体格检查：体温38.1℃，心率92次/min，呼吸22次/min，血压135/70mmHg。发育正常，营养中等，慢性病容，神志清楚，半坐位，查体合作。口唇发绀，颈静脉怒张，肝-颈静脉回流征阳性，桶状胸，肋间隙增宽。两侧呼吸运动对称，未触及胸膜摩擦感。双肺叩诊呈过清音。双肺呼吸音较低，双肺可闻及干啰音，双肺底可闻及细湿啰音。心率92次/min，律齐，肺动脉瓣区第二心音亢进，三尖瓣区可闻及2/6级收缩期杂音。腹平软，肝肋缘下3cm，剑突下4cm，质中，边缘钝，轻度触痛；脾未触及。全腹未触及包块，无压痛及反跳痛，肠鸣音正常。双下肢水肿。

一、初步诊断

患者老年男性，主因"反复咳痰、喘息20年，活动后气短5年，加重3d"入院。既往糖尿病病史。查体慢性病容，桶状胸，肋间隙增宽。双肺叩诊呈过清音。双肺呼吸音较低，双肺可闻及干啰音，双肺底可闻及细湿啰音。心率92次/min，心律齐，肺动脉瓣区第二心音亢进，三尖瓣区可闻及2/6级收缩期杂音。腹平软，肝肋缘下3cm，剑突下4cm，质中，边缘钝，轻度触痛。

初步诊断：①慢阻肺急性加重；②慢性肺源性心脏病；③2型糖尿病。

【问题1】　慢阻肺的常见病因有哪些？

本病确切的病因尚不完全清楚。可能是机体自身因素和环境因素长期互相作用的结果。

1. 吸烟　吸烟是目前公认的导致慢阻肺发病最重要的危险因素，吸烟者肺功能异常的发生率明显升高，吸烟量越大，慢阻肺患病率越高。实验室研究表明，烟草中含焦油、尼古丁和氢氰酸等化学物质，可以从多个环节上促进慢阻肺的发病，如能损伤气道上皮细胞使支气管上皮纤毛变短，排列不规则，纤毛运动发生障碍，使气道净化能力下降；刺激副交感神经而使支气管平滑肌收缩，增加气道阻力；促使支气管黏液腺和杯状细胞增生肥大，黏液分泌增多；还可使氧自由基产生增多，诱导中性粒细胞释放蛋白酶，破坏肺弹力纤维，诱发肺气肿形成等。

2. 职业粉尘和化学物质　接触职业粉尘及化学物质，如烟尘、刺激性气体、颗粒性物质、棉尘、有机粉尘及室内空气污染等，浓度过高或时间过长，均可促进慢阻肺的发病。动物实验已经证实，矿物质粉尘、二氧化硫、煤尘等都可以在动物模型上引起与人类慢阻肺相类似的病理改变。

3. 空气污染　长期在室外空气受到污染的地区生活，可能是导致慢阻肺发病的一个重要因素。大量有害气体如二氧化硫、二氧化氮、氯气等可损伤气道黏膜上皮，使纤毛清除功能下降，黏液分泌增加，细菌感染机会增加。

4. 感染因素　病毒、支原体、细菌等感染造成气管、支气管黏膜的损伤和慢性炎症。但是，感染是否可以直接导致慢阻肺发病目前尚不清楚。

5. 生物燃料烟雾　柴草、木头、木炭、庄稼秆和动物粪便等生物燃料，其燃烧产生的烟雾中主要有害成分包括碳氧化物、氮氧化物、硫氧化物和未燃烧完全的碳氢化合物颗粒和多环有机化合物等。在厨房通风条件不好的情况下，这些烟雾可能是不吸烟妇女发生慢阻肺的重要原因。生物燃料所产生的室内空气污染与吸烟具有协同作用。

6. 其他因素　遗传因素、气道高反应性、肺脏发育生长不良、自主神经功能失调、年龄增大、气温变化等机体和气候等环境因素都有可能参与慢阻肺的发生、发展。

老年人肾上腺皮质功能减退，细胞免疫功能下降，溶菌酶活性降低，从而容易造成呼吸道的反复感染。老年人吞咽功能异常，易发生胃食管反流和误吸。老年人支气管和肺组织出现老化的改变，表现为支气管黏膜纤毛的变性、咳嗽反射减弱、肺的弹性回缩力下降、肺泡腔扩大等，这些因素导致呼吸道防御功能减弱和呼吸道退行性变，结缔组织增加，胸廓与肺弹性减退，这些均可以导致老年人慢阻肺发生率高。

【问题2】　慢阻肺的病理和病理生理改变有哪些？

1. 病理改变　慢阻肺特征性的病理学改变存在于肺血管、肺实质和气道。在中央气道，气管黏膜上皮细胞变性、坏死、脱落，后期出现鳞状上皮化生。纤毛倒伏、变短、不齐、粘连，部分脱落。杯状细胞数目增多肥大，分泌亢进，腔内分泌物潴留。各级支气管壁均有多种炎症细胞浸润。急性发作期可见到大量中性粒细胞，严重者为化脓性炎症，黏膜充血、水肿、变性坏死和溃疡形成，基底部肉芽组织和机化纤维组织增生导致管腔狭窄。慢性炎症导致气管壁的损伤和修复过程反复发生，修复过程引起气管结构重塑、胶原含量增加及瘢痕形成，这些病理改变造成气道狭窄，是慢阻肺气流受限的主要病理基础之一。

慢阻肺典型的肺实质破坏表现为肺气肿。按照累及肺小叶的部位，分为小叶中央型、全小叶型及兼于两者之间的混合型三种。以小叶中央型多见。小叶中央型是由于终末细支气管或一级呼吸性细支气管炎症导致管腔狭窄，其远端的二级呼吸性细支气管呈囊状扩张，其特点是囊状扩张的呼吸性细支气管位于二级小叶的中央区，涉及呼吸性细支气管的扩张和破坏。全小叶型是呼吸性细支气管狭窄，引起所属终末肺组织，即肺泡管、肺泡囊及肺泡的扩张。病情较轻时这些破坏常发生于肺的上部区域，但随着病情的发展，可弥漫分布于全肺并破坏毛细血管床。

慢阻肺的肺血管改变以血管壁增厚为特征，内膜增厚是最早的结构改变，接着出现平滑肌增加和血管壁炎症细胞浸润。慢阻肺加重时，平滑肌细胞增生肥大、蛋白多糖和胶原的增多进一步使血管壁增厚。慢阻肺晚期继发肺心病时，部分患者可见多发性肺细小动脉原位血栓形成。

2. 病理生理　气道阻塞和气流受限是慢阻肺最重要的病理生理改变，引起阻塞性通气功能障碍。慢阻肺早期，反映大气道功能的检查多为正常，但有些患者小气道功能（直径小于2mm的气道）已发生异常。随着病情加重，气道狭窄，阻力增加，常规通气功能检查可有不同程度异常。缓解期大多恢复正常。随疾病发展，气道阻力增加、气流受限成为不可逆性。

随着病情的进展，肺组织弹性减退，肺泡持续扩大，回缩障碍，则残气量及残气量占肺总量的百分比增加。肺气肿加重引起的大量肺泡壁断裂导致肺泡毛细血管破坏，致使肺毛细血管大量减少，同时存在肺泡通气不良，导致通气与血流比例失调，肺内气体交换效率明显下降。通气和换气功能障碍可引起缺氧和二氧化碳潴留，发生不同程度的低氧血症和高碳酸血症，最终出现呼吸衰竭，继发慢性肺源性心脏病。

慢阻肺主要累及肺脏，但也会引起全身不良效应，主要包括全身炎症及骨骼肌功能不良，可促进或加重骨质疏松、抑郁/焦虑、心血管疾病、肺癌等合并症的发生。

【问题3】　慢阻肺的临床表现有哪些？

1. 症状　慢阻肺的特征性症状是慢性和进行性加重的呼吸困难、咳嗽和咳痰。慢性咳嗽和咳痰常先于气流受限多年而存在。然而有些患者也可以无慢性咳嗽和咳痰的症状。

（1）慢性咳嗽：随病程发展可终生不愈。多晨间咳嗽明显，夜间有阵咳或排痰。但也有少数病例虽有明显气流受限，却无咳嗽症状。

（2）咳痰：一般为白色黏液或浆液性泡沫痰，偶可带血丝，清晨排痰较多。急性发作期痰量增多，可有脓性痰。

（3）气短或呼吸困难：慢阻肺的标志性症状。最初仅在劳动、上楼或爬坡时出现，休息后可以缓解，随病情进展，在平地活动时也出现气促，晚期患者在日常活动甚至休息时也感到气短。

（4）喘息和胸闷：部分患者特别是重度患者或急性加重时出现喘息、胸闷。严重时可出现呼吸衰竭的症状，如发绀、头痛、嗜睡、神志恍惚等。

（5）其他：晚期患者有体重下降，食欲减退、营养不良等。

2. 体征　早期体征可无异常，随病情加重，出现典型体征。

（1）视诊：可见桶状胸，胸廓前后径增大，肋间隙增宽，剑突下胸骨下角增宽。呼吸运动减弱，部分患者呼吸变浅，频率增快，严重者可见胸腹矛盾运动，患者可有缩唇呼吸等；呼吸困难加重时患者常取前倾坐位，低氧血症患者可以出现发绀，伴发右心功能不全时可有下肢水肿、颈静脉怒张及肝-颈静脉回流征阳性。

（2）触诊：双侧语颤减弱。

（3）叩诊：呈过清音，心浊音界缩小，肺下界和肝浊音界下降。

（4）听诊：两肺呼吸音减弱，呼气延长，心音遥远。部分患者可闻及湿啰音和/或干啰音。如果剑突下心脏搏动，此处心音明显强于心尖部，提示出现慢性肺源性心脏病。

该患者入院后查辅助检查如下。

血常规：白细胞计数 12.0×10^9/L，中性粒细胞百分比 89%，淋巴细胞百分比 10%，红细胞计数 5.0×10^{12}/L，血红蛋白浓度 140g/L；血小板计数 256×10^9/L。

肝功能：白蛋白 40g/L，球蛋白 26g/L，谷丙转氨酶 102IU/L，谷草转氨酶 96IU/L，谷氨酰转肽酶 92IU/L，乳酸脱氢酶 350IU/L，碱性磷酸酶 150IU/L，总胆红素 26μmol/L，直接胆红素 6.0μmol/L。

血气分析：pH 7.40，PO_2 61.8mmHg，PCO_2 44.1mmHg。

肺功能：FEV_1/FVC 55%，FEV_1 40%预计值，吸入支气管扩张剂后 FEV_1/FVC 60%，FEV_1 45%预计值。

胸片：两肺纹理增多，两肺透亮度增加，散在小片状密度增高影，肋间隙增宽，横膈位置低平。

二、辅助检查及诊断

入院后患者进行了肺功能检查、血气分析、胸片、血常规、肝功能等辅助检查，结合患者的临床表现进行综合分析，明确慢阻肺等诊断。

【问题4】　慢阻肺的实验室及其他辅助检查有哪些？

1. 肺功能检查　肺功能是判断气道阻塞和气流受限的主要客观指标，对慢阻肺的诊断、严重程度评价、疾病进展、预后及治疗反应等有重要意义。

（1）第1秒用力呼气容积占用力肺活量百分比（FEV_1/FVC），是评价气流受限的一项敏感指标，可检出轻度气流受限，是评估慢阻肺严重程度的良好指标，其变异性小，易于操作。吸入支气管舒张药后 FEV_1/FVC<70% 可确定为持续气流受限。

（2）肺总量（TLC）、功能残气量（FRC）和残气量（RV）增高，肺活量（VC）减低，RV/TLC 增高，均为阻塞性肺气肿的特征性变化。

目前已经认识到，正常情况下随着年龄的增长，肺容积和气流可能受到影响，应用 FEV_1/FVC<70% 这个固定比值可能导致某些健康老年人被诊断为轻度慢阻肺，也会对 <45 岁的成年人造成慢阻肺的诊断不足。在老年患者中进行肺功能的检查，在操作过程中患者理解困难、不能配合和功能性容量减少，常导致检查结果质量不高，或是不能进行肺功能检查。肺功能仅仅是确立慢阻肺临床诊断的一项参数，其他参数包括症状和危险因素。

2. 胸部影像学检查

（1）胸部 X 线检查：早期胸部 X 线片可无明显变化，以后出现肺纹理增多和紊乱等非特征性改变；主要X线征象为两肺透亮度增加，肋间隙增宽，横膈位置低平，心影悬垂狭长，肺门血管纹理呈残根状，肺野外周血管纹理纤细稀少等,有时可见肺大疱形成。并发肺动脉高压和肺源性心脏病时,除右心增大的 X 线特征外,还可有肺动脉圆锥膨隆,肺门血管影扩大及右下肺动脉增宽等。X 线检查对确定肺部并发症及与其他疾病(如肺肿瘤、肺结核等)鉴别具有重要意义。

(2)胸部 CT 检查:CT 检查一般不应作为慢阻肺的常规检查。对于鉴别诊断有一定价值。高分辨率 CT 对辨别小叶中心型或全小叶型肺气肿及确定肺大疱的大小和数量,有很高的敏感性和特异性,对预计肺大疱切除或外科减容手术等的效果有一定价值,对有疑问病例的鉴别诊断有一定意义。急性加重期可见炎症性改变征象,如肺纹理增粗、紊乱或渗出性改变。

3．血气分析　血气分析对确定发生低氧血症、高碳酸血症、酸碱平衡失调及判断呼吸衰竭的类型有重要价值。当 $FEV_1 < 40\%$ 预计值时,呼吸衰竭或右心衰竭的慢阻肺患者,均应做血气分析。

4．其他　慢阻肺并发感染时,外周血白细胞增高,核左移。痰培养可能查出病原菌。长期低氧血症时血红蛋白和红细胞可以增高。

【问题 5】　慢阻肺的诊断与鉴别诊断如何进行?

1．诊断　慢阻肺的诊断应根据临床表现、危险因素接触史、体征及实验室检查等资料,综合分析确定。不完全可逆的气流受限是慢阻肺诊断的必备条件,肺功能检查是诊断慢阻肺的金标准。吸入支气管舒张药后,$FEV_1/FVC < 70\%$ 可确定为不完全可逆性气流受限,除外其他疾病后可诊断为慢阻肺。

2．鉴别诊断

(1)支气管哮喘:多在儿童或青少年期起病,常有哮喘家族史,也可有个人过敏史、鼻炎和 / 或湿疹,以发作性喘息为特征,发作时两肺布满哮鸣音,每日症状变化快,夜间和清晨症状明显,经治疗后可缓解或自行缓解。哮喘的气流受限多为可逆性,其支气管舒张试验阳性。某些患者可能存在慢性支气管炎合并支气管哮喘,在这种情况下,表现为气流受限不完全可逆,从而使两种疾病难以区分。应用目前的影像学和生理检测技术对某些慢性哮喘与慢阻肺患者进行明确鉴别诊断的难度很大,这两种疾病可同时在少数患者中重叠存在。

(2)支气管扩张:患者常有反复咯血。合并感染时咯大量脓痰。体格检查常有肺部固定性湿啰音。部分胸部 X 线片显示肺纹理粗乱或呈卷发状,胸部 CT 示支气管扩张改变。

(3)肺结核:所有年龄均可发病,有午后低热、乏力、盗汗等结核中毒症状,痰检可发现抗酸杆菌,胸部 X 线片检查可发现病灶。

(4)弥漫性泛细支气管炎:主要发生于亚洲人群,多数为男性非吸烟者,几乎所有患者均有慢性鼻窦炎;X 线胸片和高分辨率 CT 显示弥漫性小叶中央结节影和过度充气征。

(5)支气管肺癌:刺激性咳嗽、咳痰,可有痰中带血或原有慢性咳嗽性质发生改变,胸部 X 线片及 CT 检查可发现占位病变、阻塞性肺不张或阻塞性肺炎。痰细胞学检查、纤维支气管镜检查、肺活检,可有助于明确诊断。

【问题 6】　慢阻肺的常见并发症有哪些?

1．呼吸衰竭　在慢阻肺急性加重时其症状也明显加重,发生低氧血症和 / 或高碳酸血症,可具有缺氧和二氧化碳潴留的临床表现。

2．自发性气胸　如有突然加重的呼吸困难,并伴有明显的发绀,患侧肺部叩诊为鼓音,听诊呼吸音减弱或消失,应考虑并发自发性气胸,通过 X 线检查可以确诊。

3．慢性肺源性心脏病和右心衰竭　由慢阻肺所致肺部病变引起肺血管床减少、肺动脉痉挛及血管重塑,导致肺动脉高压、右心室肥厚扩大,最终发生右心功能不全。老年肺心病患者,病情多较重,心力衰竭、心律失常发生率高。

【问题 7】　慢阻肺的分期及评估如何进行?

根据患者症状和体征的变化对慢阻肺的病程进行分期:①急性加重期,在疾病过程中,患者短期内咳嗽、咳痰、气短和 / 或喘息加重,痰量增多,呈脓性或黏液脓性痰,可伴有发热等炎症明显加重的表现,并需改变基础日常药物治疗方案;②稳定期,患者的咳嗽、咳痰和气短等症状稳定或症状轻微。

慢阻肺稳定期的评估是根据患者的临床症状、急性加重风险、肺功能异常的严重程度及并发症情况进行综合评估,其目的是确定疾病的严重程度、患者的健康状况和未来急性加重的风险程度,最终目的是指导治疗。

1. 症状评估　采用改良版英国医学研究委员会呼吸问卷（breathlessness measurement using the modified British Medical Research Council，mMRC）对呼吸困难严重程度进行评估（表 3-3-2），或采用慢阻肺患者自我评估测试问卷（COPD assessment test，CAT）进行评估（表 3-3-3）。mMRC 分级≥2 级或 CAT 评分≥10 分表明症状较重，通常没有必要同时使用 2 种评估方法。

表 3-3-2　改良版英国医学研究委员会呼吸问卷

评价等级	呼吸困难严重程度
0 级	只有在剧烈活动时感到呼吸困难
1 级	在平地快步行走或步行爬小坡时出现气短
2 级	由于气短，平地行走时比同龄人慢或需要停下来休息
3 级	在平地行走约 100m 或数分钟后需要停下来喘气
4 级	因为严重呼吸困难而不能离开家，或在穿脱衣服时出现呼吸困难

表 3-3-3　慢阻肺患者自我评估测试问卷

从不咳嗽	0	1	2	3	4	5	总是在咳嗽
一点痰也没有	0	1	2	3	4	5	有很多很多痰
没有任何胸闷的感觉	0	1	2	3	4	5	有很严重的胸闷感觉
爬坡或上 1 层楼梯时，没有气喘感觉	0	1	2	3	4	5	爬坡或上 1 层楼梯时，感觉严重喘不过气来
在家里能够做任何事情	0	1	2	3	4	5	在家里做任何事情都很受影响
尽管有肺部疾病，但对外出很有信心	0	1	2	3	4	5	由于有肺部疾病，对离开家一点信心都没有
睡眠非常好	0	1	2	3	4	5	由于有肺部疾病，睡眠相当差
精力旺盛	0	1	2	3	4	5	一点精力都没有

注：数字 0~5 表示严重程度，请标记最能反映你当前情况的选项，在方格中打 ×，每个问题只能标记 1 个选项。

2. 肺功能评估　对于确诊为慢阻肺的患者，可以根据 FEV_1% 预计值下降的幅度对慢阻肺的严重程度作出分级（表 3-3-4）。

表 3-3-4　慢阻肺患者气流受限严重程度的肺功能分级　　　　　单位：% 预计值

肺功能分级	患者肺功能 FEV_1 占预计值的百分比
GOLD Ⅰ级：轻度	≥80
GOLD Ⅱ级：中度	50~79
GOLD Ⅲ级：重度	30~49
GOLD Ⅳ级：极重度	<30

注：FEV1，第 1 秒用力呼气容积。

3. 急性加重风险评估　上一年发生 2 次及以上急性加重，或 1 次及以上需要住院治疗的急性加重，均提示今后急性加重风险增加。

4.综合评估 依据症状和急性加重风险等,对稳定期慢阻肺患者的病情严重程度进行综合性评估,并依据评估结果选择稳定期的主要治疗药物(表3-3-5)。

表3-3-5 稳定期慢阻肺的综合评估及主要治疗药物

分组	特征	上一年急性加重次数	mMRC 分级或 CAT 评分	首选治疗药物
A 组	低风险,症状少	≤1 次	0~1 级或 <10	SAMA 或 SABA,必要时
B 组	低风险,症状多	≤1 次	≥2 级或≥10	LAMA 和 / 或 LABA
C 组	高风险,症状少	≥2 次*	0~1 级或 <10	LAMA,或 LAMA 加 LABA 或 ICS 加 LABA
D 组	高风险,症状多	≥2 次*	≥2 级或≥10	LAMA 加 LABA,或加 ICS

注:SABA,短效 $β_2$ 受体激动剂;LABA,长效 $β_2$ 受体激动剂;SAMA,短效抗胆碱能药物;LAMA,长效抗胆碱能药物;ICS,吸入糖皮质激素;*或因急性加重住院≥1 次。

5.急性加重期病情严重程度评估 根据临床征象将慢阻肺急性加重分为 3 级(表3-3-6)

表3-3-6 慢阻肺急性加重的临床分级

临床表现	Ⅰ级	Ⅱ级	Ⅲ级
呼吸衰竭	无	有	有
呼吸频率 /(次•min^{-1})	20~30	>30	>30
应用辅助呼吸肌群	无	有	有
意识状态改变	无	无	有
低氧血症	能通过鼻导管或文丘里面罩 28%~35% 浓度吸氧而改善	能通过文丘里面罩 28%~35% 浓度吸氧而改善	不能通过文丘里面罩吸氧或 >40% 吸氧浓度而改善
高碳酸血症	无	有,$PaCO_2$ 增加到 50~60mmHg	PCO_2>60mmHg,或存在酸中毒(pH≤7.25)

6.老年慢阻肺患者的其他评估 慢阻肺患者由于摄入不足和能量支出增加、机体缺氧及全身炎症反应等,导致营养不良在慢阻肺患者尤其是老年患者中发生率高,因此,对老年患者进行营养评估,提早发现营养不良的高危状态,可以防治营养不良的发生避免疾病的恶性循环。慢阻肺患者还有可能出现焦虑抑郁情绪,导致治疗依从性下降,加重呼吸困难的主观感觉,增加急性加重次数,增加急症就医、住院次数。老年人往往病程迁延多年加之心理脆弱,更易产生焦虑 / 抑郁而加重慢阻肺病情,降低患者生活质量,影响预后。因此,对老年患者进行焦虑 / 抑郁的评估具有重大意义。

在对老年慢阻肺患者进行病情严重程度的综合评估时,还应注意慢阻肺患者的各种全身合并疾病,如心血管疾病、骨质疏松、肺癌、代谢综合征等,治疗时应予兼顾。

三、治疗及预后

患者院外每日低流量吸氧 5~8h,长期应用噻托溴铵吸入,每日 1 次,间断口服茶碱缓释片及氨溴索。入院后予鼻导管吸氧,吸入氧浓度为 28%~30%,异丙托溴铵和布地奈德雾化,留取痰培养,予三代头孢类抗生素静脉输入,静脉给予甲泼尼龙 40mg,每日 1 次,连续 3d,及化痰,合理补充液体,维持水电解质平衡,控制血糖,改善心功能等治疗。监测血气分析指标,患者症状好转。

【问题8】 慢阻肺的治疗如何进行?

1.稳定期治疗

(1)教育与管理:通过教育与管理可以提高患者和有关人员对慢阻肺的认识及自身处理疾病的能力,更好地配合管理,加强预防措施,减少反复加重,维持病情稳定,提高生命质量。主要内容:①教育与督促患者戒烟;②使患者了解慢阻肺防治的基本知识;③掌握一般和某些特殊的治疗方法;④学会自我控制病情的技巧,如腹式呼吸及缩唇呼吸锻炼等;⑤了解赴医院就诊的时机;⑥社区医生定期随访管理。因职业或环境粉尘、刺激性气体所致者,应脱离污染环境。

（2）支气管舒张药：支气管舒张药可松弛支气管平滑肌、扩张支气管、缓解气流受限，是控制慢阻肺症状的主要治疗措施。短期按需应用可暂时缓解症状，长期规则应用可预防和减轻症状，增加运动耐力，但不能使所有患者的FEV_1得到改善。与口服药物相比，吸入剂的不良反应小，因此多首选吸入治疗。

1）β_2肾上腺素受体激动剂：短效制剂如沙丁胺醇气雾剂，每次100～200μg（1～2喷），雾化吸入，数分钟内起效，15～30min达到峰值，疗效持续4～5h。特布他林气雾剂亦有同样作用。沙美特罗、福莫特罗等长效β_2肾上腺素受体激动剂，作用时间可持续12h。茚达特罗是一种新型长效β_2受体激动剂，已在我国批准上市，支气管舒张作用长达24h。常见副作用为手颤，偶见心悸、心动过速等。

2）抗胆碱能药：短效品种有异丙托溴铵气雾剂，长效制剂有噻托溴铵，每日吸入1次，作用长达24h，长期使用可延缓患者肺功能下降速率。该类药物起效较沙丁胺醇慢，作用温和，副作用小，尤其适合老年患者使用。

3）茶碱类：可解除气道平滑肌痉挛。短效剂型如氨茶碱，长效剂型如茶碱缓释或控释片。除舒张支气管外，还有强心、利尿、增强膈肌功能等多方面的作用，均有利于减轻患者的症状，提高生活质量。但使用剂量不宜过大，以免引起副作用。

（3）祛痰药：对痰不易咳出者可应用。常用药物有盐酸氨溴索、羧甲司坦等。

（4）糖皮质激素：对高风险患者（C组和D组患者），有研究显示长期吸入糖皮质激素与长效β_2肾上腺素受体激动剂联合制剂，可增加运动耐量、减少急性加重发作频率、提高生活质量，甚至有些患者的肺功能得到改善。目前常用剂型有沙美特罗加氟替卡松、福莫特罗加布地奈德。不推荐慢阻肺患者采用长期口服激素及单一吸入激素治疗。

（5）长期家庭氧疗：对慢阻肺、慢性呼吸衰竭者可提高生活质量和生存率。对血流动力学、运动能力和精神状态均会产生有益的影响。长期家庭氧疗的指征：①$PO_2 \leq 55mmHg$或$SaO_2 \leq 88\%$，有或无高碳酸血症；②PO_2为55～60mmHg，或$SaO_2 < 89\%$，并有肺动脉高压、心力衰竭水肿或红细胞增多症（血细胞比容>0.55）。一般用鼻导管吸氧，氧流量为1.0～2.0L/min，吸氧时间10～15h/d。目的是使患者在静息状态下，达到$PO_2 \geq 60mmHg$和/或使SaO_2升至90%以上。

（6）通气支持：无创通气已广泛用于极重度慢阻肺稳定期患者。无创通气联合长期氧疗对某些患者，尤其是在日间有明显高碳酸血症的患者可能有一定益处。无创通气可以改善生存率但不能改善生命质量。慢阻肺合并阻塞性睡眠呼吸暂停综合征的患者，应用持续正压通气在改善生存率和住院率方面有明确益处。

（7）康复治疗：康复治疗对进行性气流受限、严重呼吸困难而很少活动的慢阻肺患者，可以改善其活动能力，提高生命质量，这是慢阻肺患者一项重要的治疗措施。康复治疗包括呼吸生理治疗、肌肉训练、营养支持、精神治疗和教育等多方面措施。呼吸生理治疗包括帮助患者咳嗽，用力呼气以促进分泌物清除；使患者放松，进行缩唇呼吸及避免快速浅表呼吸，以帮助患者克服急性呼吸困难等措施。肌肉训练有全身性运动和呼吸肌锻炼，前者包括步行、登楼梯、踏车等，后者有腹式呼吸锻炼等。有研究发现改良的6式太极拳，慢阻肺患者可于3h内掌握，可有效改善患者的肺功能、运动能力及健康状况，预防慢阻肺患者呼吸困难症状加重，建议将其作为慢阻肺患者的运动疗法。营养支持的要求应达到理想体重，同时避免摄入高碳水化合物和高热量饮食，以免产生过多二氧化碳。

（8）免疫调节治疗：按时接种流感病毒疫苗。多价肺炎球菌疫苗可能有用。

2. 急性加重期治疗　首先确定导致病情急性加重的原因，最多见的急性加重原因是细菌或病毒感染，使气道炎症加重，气流受限加重，症状加重，严重时并发呼吸衰竭和右心衰竭。根据患者病情严重程度决定门诊或住院治疗。

（1）低流量吸氧：氧疗是慢阻肺加重期住院患者的基础治疗。发生低氧血症者可鼻导管吸氧，或通过文丘里面罩吸氧。鼻导管给氧时，一般吸入氧浓度为28%～30%。无严重并发症的患者经氧疗后较容易达到满意的氧合水平，但有可能发生二氧化碳潴留。应注意复查动脉血气分析以确定氧合满意而无二氧化碳潴留或酸中毒。

（2）支气管舒张药：药物使用同稳定期。有严重喘息症状者可给予较大剂量雾化吸入治疗，如应用沙丁胺醇500μg或异丙托溴铵500μg，或沙丁胺醇1000μg加异丙托溴铵250～500μg，通过小型雾化器给患者吸入治疗以缓解症状。

（3）抗生素：当患者呼吸困难加重，咳嗽伴痰量增加、有脓性痰时，应根据患者所在地常见病原菌类型及药物敏感情况积极选用抗生素治疗。如给予 β 内酰胺类 /β 内酰胺酶抑制剂、第二代头孢菌素、大环内酯类或喹诺酮类。如门诊可用阿莫西林 / 克拉维酸、头孢唑肟、头孢呋辛、左氧氟沙星、莫西沙星或加替沙星；较重者可应用第三代头孢菌素。住院患者当根据疾病严重程度和预计的病原菌及当地细菌耐药情况选用抗生素，一般多静脉滴注给药。如果找到确切的病原菌，根据药敏结果选用抗生素。

（4）糖皮质激素：对需住院治疗的急性加重期患者可考虑给予泼尼松 30～40mg/d，也可静脉给予甲泼尼龙 40～80mg/d，连续 5～7d。

（5）机械通气：对于并发较严重呼吸衰竭的患者可以使用机械通气治疗。

（6）其他治疗措施：合理补充液体和电解质，保持身体水电解质平衡。注意患者营养状态，合理补充营养。积极排痰治疗。积极处理伴随疾病及并发症。

3. 外科治疗　慢阻肺主要依赖内科方法进行治疗，外科方法只适用于少数有特殊指征的患者，术前必须进行全面的评估。手术方式包括肺大疱切除术、肺减容手术和肺移植。

【问题 9】 如何进行慢阻肺的预防？

慢阻肺的预防主要是避免发病的高危因素、急性加重的诱发因素及增强机体免疫力。戒烟是预防慢阻肺的重要措施，也是最简单易行的措施。控制职业和环境污染，减少有害气体或有害颗粒的吸入。积极防治婴幼儿和儿童期的呼吸系统感染，可能有助于减少以后慢阻肺的发生。流感疫苗、肺炎链球菌疫苗、细菌溶解物、卡介菌多糖核酸等对防止慢阻肺患者反复感染可能有益。加强体育锻炼，增强体质，提高机体免疫力，可帮助改善机体一般状况。此外，对于有慢阻肺高危因素的人群，应定期进行肺功能监测，以尽可能早期发现慢阻肺并及时予以干预。慢阻肺的早期发现和早期干预重于治疗。

（张　蔷）

推荐阅读资料

[1] 陈亚红. 2018 年 GOLD 慢性阻塞性肺疾病诊断、治疗及预防全球策略解读. 中国医学前沿杂志（电子版），2017，9（12）：21-33.

[2] 葛均波，徐永健，王辰. 内科学. 北京：人民卫生出版社，2018.

[3] 李小鹰. 老年医学. 北京：人民卫生出版社，2015.

[4] 钱频，钱桂生. 老年人慢性阻塞性肺疾病的诊断与治疗. 中华肺部疾病杂志（电子版），2013，6（2）：103-105.

[5] DENNIS K，ANTHONY F，STEPHEN H，et al. Harrison's principles of internal medicine.19th ed. New York：McGraw-Hill Education，2016.

[6] ZHU S C，SHI K，YAN J，et al. A modified 6-form Tai Chi for patients with COPD. Complement Ther Med，2018，39：36-42.

第三节　呼　吸　衰　竭

学习要求

1. 掌握呼吸衰竭的定义和分类。
2. 掌握老年人呼吸衰竭的临床特点、诊断注意事项及治疗原则。
3. 熟悉呼吸衰竭的常见病因和发病机制。
4. 了解老年人呼吸衰竭的预后。

呼吸衰竭（respiratory failure）指各种原因引起的肺通气和 / 或换气功能严重障碍，使静息状态下亦不能维持足够的气体交换，导致低氧血症伴（或不伴）高碳酸血症，进而引起一系列病理生理改变和相应临床表现的综合征。呼吸衰竭是老年人常见的危重急症。由于胸廓和肺脏的解剖结构及呼吸生理改变，导致老年人呼吸衰竭的基础疾病与非老年人不同，更容易发生呼吸衰竭。而且其临床表现不典型，并发症多，病死率高，预后差，临床上需要加以重视，及早识别，积极纠正。

临床病例

患者，男，66岁。

主诉：间断咳嗽、咳痰10余年，气短4年，加重6d。

现病史：10余年前受凉后出现咳嗽，咳痰，咳嗽为阵发性，咳少量白色泡沫样痰或白色黏痰，偶咳黄痰，每遇秋冬或冬春季节反复发作，间断口服抗生素及止咳化痰药治疗有效。4年前出现气短，起初上楼及爬坡时明显，气短逐渐加重，2年前快步走平路时也感气短。曾行胸部CT检查示双肺肺气肿伴肺大疱。肺功能检查示重度阻塞性通气功能障碍，支气管舒张试验阳性。诊断为慢性阻塞性肺疾病。不规律吸入噻托溴铵粉和布地奈德福莫特罗治疗及家庭氧疗（2~3h/d），上述症状仍间断发作。6d前受凉后咳嗽加重，咳黄脓痰，痰量增多，咳痰不利，平地行走10m以上即感气短明显，休息后可稍缓解，无胸痛及咯血，伴乏力、食欲缺乏。自服连花清瘟胶囊、阿莫西林，吸入噻托溴铵粉及布地奈德福莫特罗后上述症状未缓解，遂收住入院。

既往史：有高血压病史4年，最高血压170/110mmHg，间断服用硝苯地平缓释片20mg/d治疗，血压140~150/90~100mmHg。否认糖尿病病史，无肝炎、结核病史，无外伤、手术史。

个人史：吸烟50包/年，未戒除，无职业及粉尘接触史。

体格检查：体温36.6℃，心率136次/min，呼吸21次/min，血压146/81mmHg，轮椅推入病房，神志清楚，精神差，口唇及指端发绀，桶状胸，双肺呼吸音减低，呼气相延长，双肺可闻及较多湿啰音及哮鸣音。心率136次/min、律齐，未闻及心脏杂音，腹部未查及明显阳性体征，双下肢无水肿。

实验室检查如下。血常规：白细胞计数 $16.33×10^9/L$，中性粒细胞百分比88.4%，红细胞计数 $5.35×10^{12}/L$，血红蛋白浓度159g/L，血小板计数 $215×10^9/L$；钾 4.13mmol/L，钠 120mmol/L，氯 79mmol/L；血浆D-二聚体 0.31mg/L；脑钠肽 72.6pg/mL；肝、肾功能正常；尿、粪常规正常。动脉血气分析：pH 7.36，PO_2 28mmHg，PCO_2 64.7mmHg，SaO_2 53%。

一、初步诊断

该患者有长期大量吸烟史，慢性咳嗽、咳痰、气短病史多年，曾行胸部CT检查提示肺气肿、肺大疱，肺功能检查提示阻塞性通气功能障碍，不规律吸入支气管扩张剂及家庭氧疗。本次因受凉后咳嗽、咳痰、气短加重，伴乏力、食欲缺乏。体格检查口唇及指端发绀，桶状胸，双肺呼吸音减低，呼气相延长，双肺可闻及湿啰音及哮鸣音。结合胸部CT及动脉血气分析检查结果，初步诊断慢性阻塞性肺疾病急性加重、呼吸衰竭（Ⅱ型）。

【问题1】　临床上呼吸衰竭如何分类？

在临床上，呼吸衰竭可按照不同的角度分类，通常按照动脉血气、发病急缓及发病机制进行分类。

1. 按照动脉血气分类　分为Ⅰ型呼吸衰竭和Ⅱ型呼吸衰竭。Ⅰ型呼吸衰竭即低氧性呼吸衰竭，其特点是 $PO_2<60$ mmHg，PCO_2 正常或降低，主要见于换气功能障碍性疾病，如严重肺部感染性疾病、间质性肺疾病、急性肺栓塞等。Ⅱ型呼吸衰竭即高碳酸血症性呼吸衰竭，其特点是 $PO_2<60$ mmHg，同时伴有 $PCO_2>50$ mmHg，系肺泡通气不足或伴有换气功能障碍所致，后者低氧血症较高碳酸血症更为严重，如慢性阻塞性肺疾病（简称"慢阻肺"）。

2. 按照发病急缓分类　分为急性呼吸衰竭、慢性呼吸衰竭和慢性呼吸衰竭急性加重。急性呼吸衰竭是由于突发疾病如严重肺部感染、创伤、休克、急性气道阻塞等所致，通常在数秒钟或数小时内发生。慢性呼吸衰竭是由于慢性疾病如慢阻肺、间质性肺疾病、神经肌肉疾病等使呼吸功能损害逐渐加重，在较长时间内缓慢发生。慢性呼吸衰竭急性加重是在慢性呼吸衰竭的基础上，因合并急性因素如呼吸系统感染、气道痉挛、并发气胸等，在短时间内出现 PO_2 显著下降和/或 PCO_2 显著升高。

3. 按照发病机制分类　分为通气性呼吸衰竭和换气性呼吸衰竭。通气性呼吸衰竭又称泵衰竭，是由于驱动和调控呼吸运动的中枢神经系统、外周神经系统、神经肌肉组织的功能障碍所致。换气性呼吸衰竭又称肺衰竭，是由于气道阻塞、肺组织和肺血管病变所致。

【问题2】　老年人呼吸衰竭的常见病因与发病机制有哪些？

老年人呼吸衰竭的病因与发病机制与非老年人比较无明显差别。临床上引起呼吸衰竭的常见病因包括气道阻塞性病变、肺组织病变、肺血管疾病、心脏疾病、胸廓与胸膜疾病及神经肌肉疾病。发病机制包括肺泡通气不足、弥散障碍、通气血流比例失调、肺内动 - 静脉解剖分流增加及氧耗量增加。不同之处是由于引起老年人呼吸衰竭的基础疾病患病率与非老年人不同，加上老年人呼吸系统退行性变及营养不良发生率高，使老年人呼吸衰竭的病因构成比与非老年人不同。

1. 老年人急性呼吸衰竭的常见病因和发病机制

（1）支气管 - 肺疾病：急性气道阻塞（异物或肿瘤）、重症哮喘、重症肺炎、肺不张等引起气道阻塞、痉挛，导致肺通气不足或通气血流比例失调，均是引起老年人急性呼吸衰竭的常见原因。老年人因呼吸道退行性变、防御功能下降及咳嗽、咳痰能力较中青年减弱，肺炎、肺不张引起的急性呼吸衰竭较非老年人多见，相反，老年人急性呼吸窘迫综合征（ARDS）引起的急性呼吸衰竭较非老年人少。

（2）肺血管疾病：肺栓塞、肺血管炎等可引起通气血流比例失调或部分静脉血未经氧合直接流入肺静脉，导致急性呼吸衰竭。老年人因易栓因素增多，肺栓塞导致的急性呼吸衰竭较非老年人多。

（3）心脏疾病：各种缺血性心脏病、严重心脏瓣膜病、心包疾病、心肌病、严重心律失常等可引起肺通气和换气功能障碍，导致急性呼吸衰竭。老年人由于缺血性心脏病、老年心脏瓣膜病、心律失常等发病率高，故心源性肺水肿导致的急性呼吸衰竭远较非老年人多。

（4）胸廓与胸膜疾病：自发性气胸、大量胸腔积液可限制胸廓活动或扩张，导致通气不足，也是老年人急性呼吸衰竭的较常见原因。

（5）神经肌肉疾病：脑血管病变（脑出血、脑梗死）、急性颅内感染、脑外伤、药物中毒或麻醉镇静剂使用等可直接或间接抑制呼吸中枢导致急性呼吸衰竭。脊髓灰质炎、脊髓损伤、重症肌无力等均可累及呼吸肌，造成呼吸肌无力，引起肺泡通气不足而导致急性呼吸衰竭。老年人脑血管疾病发病率高，脑出血、脑梗死等引起的急性呼吸衰竭较非老年人多见，老年人对麻醉镇静剂耐受性差，由其引起的急性呼吸衰竭也较非老年人多见。

2. 老年人慢性呼吸衰竭的常见病因和发病机制

（1）支气管 - 肺疾病：慢阻肺、严重肺结核、间质性肺疾病等导致肺通气不足或弥散障碍，是导致老年人慢性呼吸衰竭的常见原因，较非老年人明显多见。其中慢阻肺是导致老年人慢性呼吸衰竭最常见、最重要的原因。

（2）胸廓或胸膜疾病：胸部手术、胸廓畸形、广泛胸膜增厚等使胸廓扩张受限，导致通气不足，也是导致老年人慢性呼吸衰竭的较常见原因，较非老年人多见。

（3）神经肌肉疾病：脊髓侧索硬化症、恶性肿瘤转移压迫脊髓，损伤神经 - 肌肉传导系统，引起肺通气不足，导致老年人慢性呼吸衰竭，而且较非老年人多见。

（4）呼吸肌疲劳：当机体能量供应不足或呼吸肌能量需求过多时，易发生呼吸肌疲劳，是加重肺通气功能障碍从而使呼吸衰竭加重的重要原因。老年慢阻肺患者由于长期呼吸做功增加，加上呼吸道感染及发热等因素使呼吸肌负荷进一步加重，很容易产生呼吸肌疲劳而导致通气衰竭。

（5）营养不良：是引起老年人慢性呼吸衰竭的另一重要原因，也是老年患者死亡的独立预测指标。老年人营养摄入不足，或消化吸收障碍，或疾病消耗，容易发生营养不良。营养不良常导致部分肌肉群丧失、免疫抑制和呼吸肌无力，是诱发或加重老年人慢性呼吸衰竭不可忽视的重要原因。

【问题3】 老年人呼吸衰竭的临床特点有哪些？

老年人呼吸衰竭的临床表现与非老年人相似，主要表现：①引起呼吸衰竭的基础疾病的临床表现；②低氧血症和高碳酸血症的临床表现；③呼吸衰竭并发症的临床表现。但是老年人因各器官功能的退行性变及合并症的存在，心、肺、脑、血管、肝、肾等脏器对缺氧更为敏感，所以在临床表现的主次及程度上与非老年人有所不同。

1. 发病率高　老年人因胸廓和肺的退行性改变，随年龄增加肺功能储备能力逐渐下降，这种结构和生理特点使老年人发生呼吸衰竭的危险增加。研究发现老年人呼吸衰竭的发病率随年龄呈指数倍增长，>65 岁的人群发病率尤其高。

2. 临床表现不典型　老年人呼吸衰竭早期不一定主诉呼吸困难，而呼吸困难是中青年人呼吸衰竭最早出现的症状，并随呼吸功能减退而加重。老年人慢阻肺引起的慢性呼吸衰竭呼吸频率常不快，表现为呼气相延长，有时呈点头或提肩式呼吸。严重呼吸衰竭发生二氧化碳麻醉时，往往呼吸困难显得不严重，而出现呼吸抑制。部分老年呼吸衰竭患者表现为胸闷、气憋、无力呼吸或需大力呼吸而仍觉气憋，而他人不一定能看出患者有明显的呼吸困难。

3．Ⅱ型呼吸衰竭多见　由于老年人在呼吸系统解剖、生理及导致呼吸衰竭的基础疾病等方面与非老年人不同，老年人咳嗽反射、排痰能力下降，且老年人容易发生营养不良等，使老年人呼吸衰竭的类型与非老年人不同。有研究报道，老年人呼吸衰竭中，Ⅰ型占 34.3%，Ⅱ型占 65.7%；而在中青年呼吸衰竭中，Ⅰ型占 55.8%，Ⅱ型占 44.2%。

4．并发症多　老年人代偿适应能力下降，心、肺、肝、肾、脑等脏器对缺氧更为敏感，加之老年人常合并其他慢性基础疾病，因此，老年人呼吸衰竭并发症较非老年人多。

（1）易并发肺性脑病：肺性脑病是由于严重缺氧和二氧化碳潴留而引起的神经精神障碍综合征。其发病与 PCO_2 上升速度和程度有关，PCO_2 急速升高至 80mmHg 即可出现昏迷，而缓慢上升至高达 100mmHg 以上仍可保持意识清楚。在临床上有时肺性脑病所致昏迷是老年人慢性呼吸衰竭急性加重的首发表现，应注意与中枢神经系统疾病及严重的电解质紊乱鉴别。

（2）易并发酸碱失衡及电解质紊乱：由于老年呼吸衰竭患者常同时存在多种慢性疾病，对内外环境的适应性较差，严重缺氧、二氧化碳潴留，加上如饮食摄入不足或胃肠功能紊乱、排钾利尿剂的应用、机械通气过度、过量应用碱性药物等，可导致各种类型的酸碱失衡及电解质紊乱。酸碱失衡和电解质紊乱又互相影响而使临床表现错综复杂，从而出现精神神经、心血管、胃肠、肝、肾等多系统症状，如处理不当，病死率很高。

（3）易并发心律失常：老年人因缺氧可引起各种类型心律失常，出现较早且严重。以房性期前收缩多见，可出现阵发性室上性心动过速和心房颤动，且较非老年人更易导致循环衰竭。在应用洋地黄及排钾利尿剂时，较易出现心室颤动和心脏停搏。

（4）易并发心脏、肾脏及消化道功能衰竭：老年人代偿适应能力下降，心、肺、肝、肾等脏器对缺氧更为敏感，严重缺氧和二氧化碳潴留引起肺动脉高压，诱发或加重右心衰竭。由于严重缺氧、酸中毒引起心肌损害，可出现周围循环衰竭、血压下降、心律失常及心脏停搏。老年人在增龄性肾功能减退的情况下，缺氧和二氧化碳潴留易使肾血管收缩、肾血流量减少，发生急性肾衰竭。老年人呼吸衰竭因应激、胃黏膜血流量减少、胃肠黏膜充血水肿和糜烂等，易出现消化不良、食欲缺乏，甚至出现上消化道出血。缺氧还可直接或间接损害肝细胞，出现转氨酶增高，个别患者还可出现黄疸。

二、辅助检查及诊断

呼吸衰竭的临床表现缺乏特异性，动脉血气分析是诊断呼吸衰竭的金标准：在海平面、静息状态、呼吸空气、无异常分流的情况下，$PO_2 < 60mmHg$，伴或不伴 $PCO_2 > 50mmHg$，即可诊断为呼吸衰竭。明确诊断后需积极寻找引起呼吸衰竭的病因或诱发因素。该患者肺功能检查示吸入支气管舒张剂后 FEV_1/FVC 29.3%，FEV_1 占预计值百分比 34.7%，支气管舒张试验阳性；RV 占预计值百分比 130.5%，RV/TLC 占预计值百分比 158.1%；DLco 占预计值百分比 69.4%。心电图示窦性心动过速、电轴右偏、右心房异常：Ⅱ、Ⅲ、aVF 导联呈 qR 型（图 3-3-1）。胸部 CT 示双肺弥漫性肺气肿，双肺间质性改变，右肺上、中叶远端支气管扩张并炎症（图 3-3-2）。心脏彩超示右心室流出道 34mm，右心室前后径 32mm，右心室前壁厚度 6mm，右肺动脉内经 20mm，估测肺动脉压力 55mmHg。因此，结合入院时动脉血气分析结果，诊断为慢阻肺急性加重、支气管扩张（右上中肺）并感染、慢性肺源性心脏病、慢性呼吸衰竭急性加重（Ⅱ型）。

【问题 4】　老年人呼吸衰竭的诊断注意事项有哪些？

老年人呼吸衰竭的诊断标准与非老年人一样。诊断标准：①有引起肺通气和 / 或换气功能障碍的基础疾病；②有缺氧和二氧化碳潴留相关的临床表现；③动脉血气分析是最重要的诊断依据。但因其临床表现不典型，不易被临床医生重视，因而常延误诊断。另外，老年人呼吸衰竭并发症多，所以诊断过程中需注意以下几点。

1．老年人随着年龄增大，自觉呼吸困难的能力下降；低氧后反射性心率增快的自主神经反射能力下降，易导致延误诊断，所以动脉血气分析要及早检测。

2．老年人出现意识障碍时对外的沟通能力下降，使老年人神志改变常被医生考虑为其他内科急症，而忽略了低氧血症和高碳酸血症引起的精神障碍，尤其合并老年痴呆和急性脑血管意外时更难鉴别，所以要提高警惕，及时检测动脉血气分析。

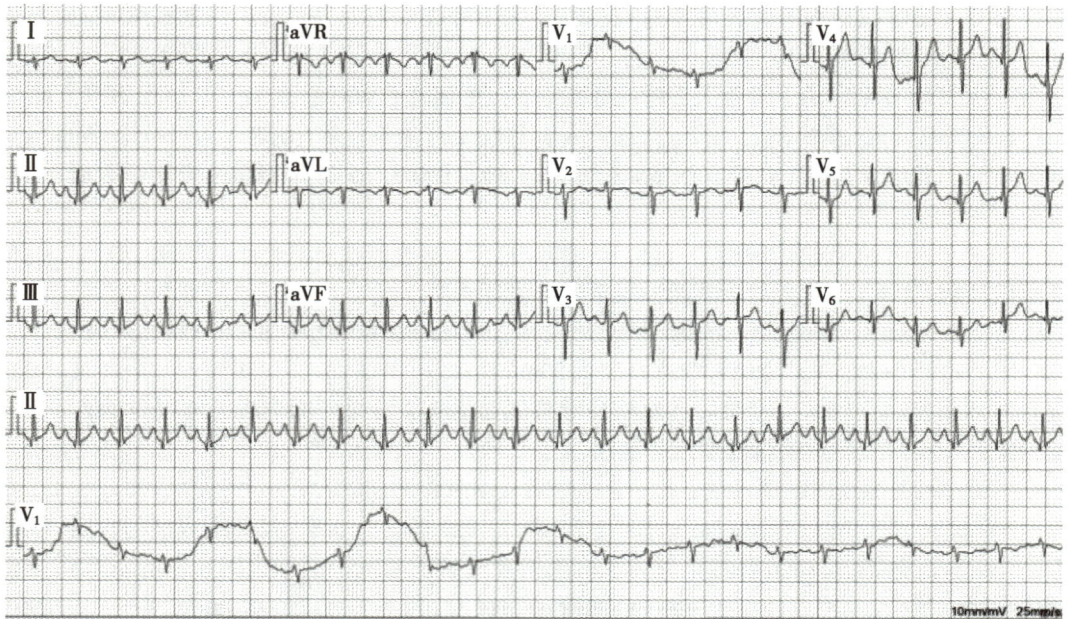

图 3-3-1　心电图

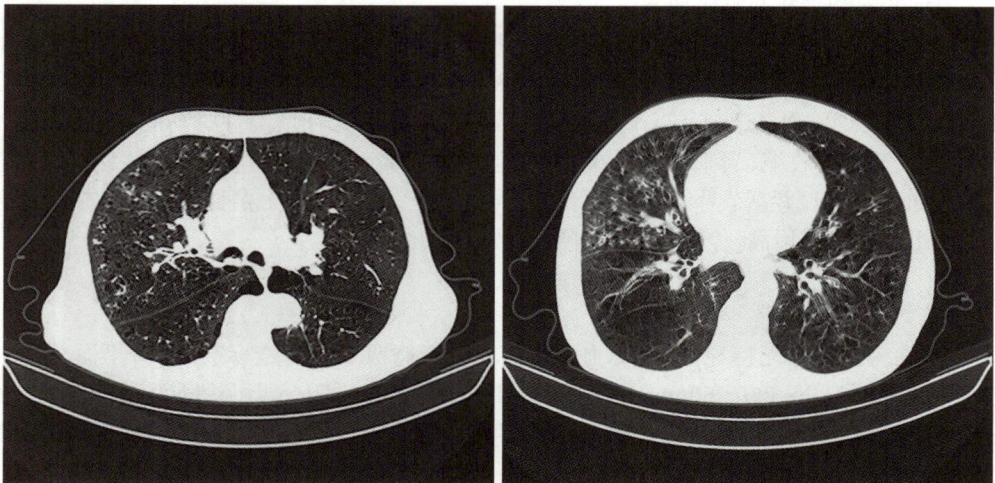

图 3-3-2　胸部 CT

3. 老年人更易因血红蛋白含量、皮肤色素、心功能和周围循环的影响而干扰发绀程度的观察，故以皮肤、黏膜发绀来判断老年人呼吸困难和缺氧程度，敏感性较差。

4. 老年人呼吸衰竭的严重程度不但取决于 PO_2 和 PCO_2 的变化程度，而且取决于其变化的速度、血 pH 代偿或失代偿、心排出量和组织灌注量及原发基础疾病等多种因素，所以需要动态监测动脉血气分析。

5. 老年人呼吸衰竭的诊断应强调综合判断，需包括呼吸衰竭的病因、类型和程度，以及酸碱平衡、电解质改变和重要器官的功能状态等。

三、初步治疗

该患者入院后，积极行颈内静脉置管，给予头孢哌酮舒巴坦 3.0g 静脉滴注，每 12h 1 次，10% 氯化钠 50ml 静脉泵入 5ml/h，异丙托溴铵 500μg+ 布地奈德 1mg + 乙酰半胱氨酸 0.3g 雾化吸入，每 6h 1 次，氨茶碱 0.5g+ 尼可刹米 1.875g + 洛贝林 15mg 静脉泵入 2ml/h，泮托拉唑 40mg 静脉滴注，每日 1 次，硫糖铝 1.0g 口服 3 次 /d，同时给予鼻导管吸氧（2L/min）治疗 3d 后，咳嗽、咳痰、气短有所缓解，双肺湿啰音及哮鸣音减少。复查血常规：白细胞计数 12.25 ×10^9/L，中性粒细胞百分比 88.0%。动脉血气分析：pH 7.48，PO_2 35mmHg，

PCO_2 38.9mmHg，SaO_2 71.7%，较入院时改善。离子正常。停用 10% 氯化钠、氨茶碱及呼吸兴奋剂泵入治疗，改为多索茶碱 0.2g 静脉滴注，每 12h 1 次，其余治疗不变。

四、进一步治疗和复查

住院第 5 日，患者出现发热，体温最高 38.5℃，咳嗽、咳黄痰量增加，咳痰无力，喘憋加重。体格检查：意识淡漠，呼吸急促（34 次 /min），心率 150 次 /min，血压 150/100mmHg，SpO_2 51%，双肺痰鸣音增多，提高吸氧浓度（鼻导管吸氧 3L/min），予以拍背、咳出痰液后喘憋略缓解，SpO_2 84%。正值流感流行高峰季节，追问家庭成员同期均出现"感冒"发热，遂使用奥司他韦 75mg，每 12h 1 次。复查动脉血气分析：pH 7.32，PO_2 69mmHg，PCO_2 90.1mmHg，SaO_2 91.2%。立即转入重症监护病房行气管插管正压通气治疗，同时抗感染、扩张支气管、化痰、抑制胃酸分泌、保护胃黏膜、肠内营养支持等治疗 4d 后脱机拔管，转入普通病房，巩固治疗 8d 后咳嗽、咳痰、气短明显缓解，黄痰转白，双肺哮鸣音消失，可闻及散在湿啰音。复查血常规：白细胞计数 6.24 × 10^9/L，中性粒细胞百分比 67.2%。肝、肾功能及电解质均正常。动脉血气分析：pH 7.43，PO_2 43mmHg，PCO_2 51.5mmHg，SaO_2 79.5%。患者好转出院。嘱患者出院后戒烟、避免刺激性烟雾及气体吸入，规律吸入噻托溴铵粉及布地奈德福莫特罗治疗，长期坚持家庭氧疗（1～2L/min，15～18h/d），注射肺炎疫苗或每年入秋注射流感疫苗预防感冒。随访动脉血气分析，定期复查胸部 CT 及肺功能。

【问题 5】 老年人呼吸衰竭的综合治疗措施有哪些？

老年人呼吸衰竭的治疗原则是保持呼吸道通畅、纠正缺氧和改善通气、治疗引起呼吸衰竭的病因和诱因、一般支持治疗及对其他重要脏器功能的监测与支持。

1. 保持呼吸道通畅　是呼吸衰竭最基本、最重要的治疗措施。方法：①如患者昏迷，采取仰卧、仰头举颌位；②清除气道分泌物及异物；③有支气管痉挛者，使用支气管扩张药，如 β_2 受体激动剂、抗胆碱药、糖皮质激素和茶碱类药物；④必要时建立人工气道。人工气道的建立包括简便人工气道（口咽通气道、鼻咽通气道和喉罩）、气管插管及气管切开三种方法。简便人工气道在病情危重不具备气管插管条件时应用，待病情允许后根据情况选择后两种方法。老年人因心肺储备功能差，难以耐受低氧血症和高碳酸血症，是否建立人工气道，应主要考虑病情需要，而不应将高龄作为延迟建立人工气道的理由。

2. 氧疗　氧疗是通过不同的装置增加肺泡氧分压以纠正低氧血症的方法。原则是在保证 PO_2 达到 60mmHg 或 SpO_2 达到 90% 以上的前提下，尽量降低吸氧浓度。Ⅰ 型呼吸衰竭主要是氧合功能障碍而无二氧化碳潴留，可给予较高浓度的氧（>35%）以迅速缓解低氧血症。Ⅱ 型呼吸衰竭因呼吸中枢对二氧化碳刺激不敏感，主要靠缺氧刺激外周化学感受器来维持呼吸，应以控制性氧疗为原则，采用低浓度（25%～35%）吸氧。老年人呼吸衰竭以 Ⅱ 型多见，此外，老年人 Ⅱ 型呼吸衰竭由 Ⅰ 型呼吸衰竭发展而来的也占一定比例，故老年人氧疗时需警惕 Ⅱ 型呼吸衰竭的发生或使之加重。

传统的吸氧方式是通过鼻导管、鼻塞和面罩吸氧。鼻导管或鼻塞简单、方便，不影响患者进食和咳痰，但吸氧浓度不恒定，易受患者呼吸的影响，高流量时对局部黏膜有刺激；面罩吸氧浓度相对稳定，但在一定程度上影响患者进食和咳痰；近年来提出一种新型氧疗方式，即经鼻高流量氧气湿化治疗（heated humidified high flow nasal cannula oxygen therapy，HFNC）。它通过空氧混合器提供精确的氧浓度（21%～100%）、最高达 70L/min 的流量、37℃相对湿度 100% 的气体。具有减少生理无效腔，改善氧合、降低上呼吸道阻力及呼吸功、降低代谢消耗、加强气道湿化，促进痰液清除、促进气体分布的均一性等优点。在急性呼吸衰竭、慢阻肺呼吸衰竭、急性心力衰竭、血氧过低的呼吸衰竭拔管后的治疗中疗效确切，再插管率减少。

3. 正压机械通气　正压机械通气是以人工辅助通气装置来改善通气和 / 或换气功能的呼吸支持技术。目的是改善或维持动脉氧合、维持肺泡通气量、维持或增加肺容积及减少呼吸功。根据是否建立人工气道，通常将正压通气分为无创通气和有创通气。

（1）无创正压通气：经面罩或鼻罩进行，无须建立人工气道，可以避免因气管插管导致的损伤、保留气道的防御功能、减少镇静剂和肌肉松弛药的应用、减少医院内获得性肺炎的发生、缩短住院时间、减少医疗费用。因此对于清醒能够合作、血流动力学稳定、无影响鼻面罩使用的面部创伤、无误吸、严重消化道出血、气道分泌物过多且排痰困难的老年呼吸衰竭患者，首选无创正压通气进行呼吸支持。老年人呼吸衰竭无创正压通气的应用范围较广，包括慢阻肺急性加重呼吸衰竭早期、稳定期慢阻肺合并二氧化碳潴留、心源性肺水肿、肺炎和撤机后呼吸衰竭等。

（2）有创正压通气：老年呼吸衰竭患者有机械通气的适应证，但存在无创正压通气的禁忌证或治疗失败后应尽早进行有创正压通气。但老年人由于其呼吸生理的特殊性，在通气的模式选择和参数设置方面有其特殊要求。老年人气道阻力和闭合气量增加，易发生肺泡塌陷和不张；通气 - 血流比例不均一加剧，影响肺换气功能。故进行有创正压通气时应尽可能减少镇静剂和肌肉松弛药的使用，保留自主呼吸，选择辅助通气模式如同步间歇指令通气（SIMV）、压力支持通气（PSV）、容量支持通气（VSV）、双水平气道正压通气（BiPAP）等。老年人肺顺应性降低，气道阻力增加，且常合并心血管疾病，为减少气压伤及机械通气对心血管系统的影响，采取低潮气量（6～8ml/kg）的通气模式。对于老年慢阻肺呼吸衰竭患者，容易发生呼气流速受限，导致气体陷闭而产生内源性呼气末正压通气（intrinsic positive end expiratory pressure，PEEPi）。所以设置一定水平的呼气末正压通气（positive end expiratory pressure，PEEP）可支撑气道、缓解呼气流速受限、防止气道闭合和气体陷闭、缓解或消除 PEEPi。外源性 PEEP 的设定水平约为 PEEPi 的 80% 或测定静态肺 P-V 曲线，PEEP 的下线通常在 P-V 曲线的低拐点（LIP）或 LIP 之上 2cmH₂O（1mmH₂O=9.806 65Pa）。

4. 抗感染　呼吸道感染是诱发或加重老年人呼吸衰竭尤其是慢性呼吸衰竭最常见、最重要的原因，而一些非感染因素诱发呼吸衰竭的治疗过程中也常继发呼吸道感染。抗生素的使用要根据感染的场所（社区获得性肺炎、医院获得性肺炎、医疗机构相关性肺炎）、病原微生物的特性、抗生素的特性、患者的年龄、基础疾病及肝、肾功能状态等综合考虑。抗生素的选择参考肺部感染章节（第三篇第三章第一节）。

5. 病因治疗　引起老年人呼吸衰竭的病因多种多样，在处理呼吸衰竭本身所造成的多种危害的前提下，明确病因并针对性治疗，是治疗老年人呼吸衰竭的根本所在。

6. 呼吸兴奋剂的应用　随着机械通气的广泛应用，呼吸兴奋剂的应用不断减少。主要适用于以中枢抑制为主和通气量不足所致的呼吸衰竭，不宜用于换气功能障碍所致的呼吸衰竭。尼可刹米与洛贝林用量过大可引起不良反应，近年来应用较少。对于慢性呼吸衰竭病情需要时可用阿米三嗪，对于镇静催眠药过量和慢阻肺并发呼吸衰竭时可用多沙普仑。应用呼吸兴奋剂的前提是必须保持气道通畅；患者的呼吸肌功能基本正常；不能突然停药；脑缺氧、脑水肿未纠正而出现频繁抽搐者慎用。老年人容易发生呼吸肌疲劳，故在应用呼吸兴奋剂时需要格外慎重，权衡利弊。

7. 纠正酸碱失衡及电解质紊乱　老年人呼吸衰竭并发酸碱失衡及电解质紊乱的处理原则与非老年人相同。慢性呼吸衰竭常有二氧化碳潴留，导致呼吸性酸中毒，而呼吸性酸中毒的发生多为慢性过程，机体通过增加碱储备来代偿。单纯性呼吸性酸中毒主要通过积极改善通气，促使二氧化碳排出纠正。单纯性代谢性酸中毒多为低氧所致的乳酸性酸中毒，主要措施是纠正缺氧。若二者同时存在且 pH<7.20，可考虑少量补碱。当以机械通气等方法迅速纠正呼吸性酸中毒时，CO_2 排出过快，加之原已增加的碱储备，会出现呼吸性和代谢性碱中毒，所以在纠正呼吸性酸中毒时，应注意同时使用精氨酸或氯化钾纠正潜在的代谢性碱中毒。呼吸衰竭患者电解质紊乱以低钾、低氯、低钠血症最常见，多为摄入不足和 / 或排钾利尿剂的应用排出过多所致，治疗主要是补充氯化钾。

8. 营养支持　营养不良是引起老年人呼吸衰竭的重要原因之一，易导致呼吸肌无力。因此，营养支持非常重要。应尽可能通过胃肠道补充，对于吞咽功能障碍或存在误吸危险的患者应及时留置胃管补充营养，对因各种原因不能经胃肠道补充的患者亦可肠外补充营养，部分胃肠功能不良的患者可用肠内营养和肠外营养相结合的方式补充。葡萄糖、蛋白质及脂肪应按比例进行，按总能量的 50% 供给糖，以免补充过多产生二氧化碳，使呼吸商增大，加重通气负担，蛋白质至少每日每千克体重供给优质蛋白 1g 以上，同时需注意补充维生素及微量元素。

9. 其他重要脏器功能监测与支持　老年人呼吸衰竭由于严重的缺氧和 / 或二氧化碳潴留，导致身体多器官功能障碍，而且较非老年人发生早，危害大。因此，需严密观察患者病情，及时转重症监护病房，加强对心、肺、脑、肝、肾、胃、肠等重要脏器及凝血功能的监测与支持，积极预防和治疗肺动脉高压、肺源性心脏病、肺性脑病、心功能不全、肾功能不全、消化道功能障碍及弥散性血管内凝血等。

五、预后

老年人呼吸衰竭由于临床表现不典型，老年人对呼吸困难的感知及沟通能力下降，不易被发现而易延误诊断。老年人代偿适应能力下降，心、肺、肝、肾等脏器对缺氧更为敏感，加上老年人常并存多种其他疾病，如高血压、冠心病、糖尿病、脑血管疾病、肾功能不全、营养不良等。在此基础上，一旦出现急性呼吸衰竭或慢性呼吸衰竭急性加重时，易导致多器官功能衰竭，使机械通气发生率增加，病死率高，预后差。

（包海荣）

推荐阅读资料

[1] 葛均波，徐永健，王辰．内科学．9版．北京：人民卫生出版社，2018.

[2] 黎毅敏，黄红川．老年人呼吸衰竭．中华老年多器官疾病杂志，2007，6（4）：222-225.

[3] 刘幼硕，塞在金，杨悦．老年人呼吸衰竭的病因和临床特点．中华老年医学杂志，2004，23（11）：839-840.

[4] 王丽娟，夏金根，杨晓军．成人经鼻高流量氧气湿化治疗的应用进展．中华结核和呼吸杂志，2016，39（2）：153-157.

[5] 俞森洋．老年呼吸衰竭诊治和机械通气中的一些问题．中华保健医学杂志，2012，14（3）：177-180.

[6] VOGELMEIER C F，CRINER G J，MARTINEZ F J，et al. Global strategy for the diagnosis, management, and prevention of chronic obstructive lung disease 2017 report. GOLD executive summary. Am J Respir Crit Care Med，2017，195（5）：557-582.

第四节 肺 栓 塞

学习要求

1. 掌握肺血栓栓塞症的疑诊、确诊及鉴别诊断要点。
2. 掌握肺血栓栓塞症的危险分层。
3. 掌握肺血栓栓塞症的治疗原则及老年患者的治疗注意要点。
4. 熟悉肺血栓栓塞症的预后及预防。

肺栓塞（pulmonary embolism，PE）是以各种栓子阻塞肺动脉或其分支为其发病原因的一组疾病或临床综合征的总称，肺血栓栓塞症（pulmonary thromboembolism，PTE）为肺栓塞的最常见类型。引起 PTE 的血栓主要来源于下肢的深静脉血栓形成（deep vein thrombosis，DVT）。PTE 和 DVT 合称为静脉血栓栓塞症（venous thromboembolism，VTE），两者具有相同易患因素，是 VTE 在不同部位、不同阶段的两种临床表现形式。PTE 通常以呼吸困难等非特异症状为主要表现，加上临床医生重视程度不够，导致 PTE 的漏诊率及死亡率曾经居高不下。

临床病例

患者，男，89 岁。

主诉：间断发热半月余，伴突发呼吸困难 2d。

现病史：患者半个月前无诱因出现发热，体温最高 37.6℃，咳嗽、咳白色黏痰，自服中药后退热，咳嗽、咳痰缓解，未在意。2d 前晨练时自觉气短，休息数分钟缓解。1d 前晨起排大便后突发呼吸困难伴大汗，一过性黑矇，休息近 1h 后略缓解，为明确诊断来院。患者无明显胸痛、无意识丧失、无咯血，无夜间睡眠中憋醒，一般状态尚可，精神状态可，大小便正常，体重无变化。

既往史：6 年前曾患右下肢深静脉血栓（DVT），并于当地医院行置管溶栓治疗；下肢动脉硬化症 6 年；泛发性湿疹半年，当时应用得宝松治疗；1 个月后于某医院给予甲强龙并续贯泼尼松口服 2 个月左右；近 20d 自行停用激素并改为中药治疗（不详）；发现血压偏高半年，最高 155/90mmHg；否认糖尿病、吸烟、饮酒史。

体格检查：体温 36.4℃，心率 110 次 /min，呼吸 20 次 /min，血压 96/70mmHg。急性病面容，无贫血貌，口唇发绀。体态肥胖，神清，周身散在皮疹，双手、双足皮肤粗糙、皲裂；颈静脉怒张，双肺听诊呼吸音粗、未及干湿啰音；心相对浊音界正常，心率 110 次 /min，律齐，第一心音低钝、肺动脉瓣第二音亢进，心脏各瓣膜区未闻及杂音；腹软，未触及肿物，无压痛及反跳痛，左下肢轻度肿胀，触痛阳性。双足背动脉搏动尚可。

辅助检查如下。血气分析：pH 7.461，PCO_2 33.90mmHg，PO_2 49.10mmHg，SaO_2 83.60%。D-D 二聚体 >20.00μg/ml（参考值 0～0.5μg/ml）。cTnI 正常。血常规：白细胞计数 9.24×10^9/L，中性粒细胞百分比 69.7%，血红蛋白浓度 150g/L，血小板计数 141×10^9/L。肝功能：ALB 34.1g/L。肾功能：Cr 89μmol/L。K^+ 4.11mmol/L，空腹血糖 6.77mmol/L，hs-CRP 25.10mg/L，PCT 0.09ng/ml，BNP 257pg/ml，LDL C 3.02mmol/L，UA 498μmol/L。ECG：窦性心动过速，顺钟向转位（图 3-3-3）。

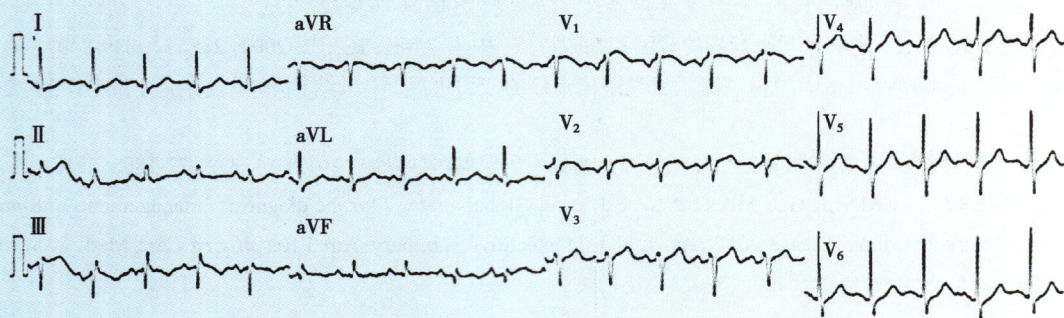

图 3-3-3　心电图

窦性心动过速，电轴左偏，胸前导联顺钟向转位，可见肢体 III 导联 Q 波及 T 波倒置（$Q_{III}T_{III}$）。

一、初步诊断

该患者的临床特点：①老年男性，活动后突发严重的呼吸困难伴大汗及黑矇；②既往下肢静脉血栓病史且近期有长时间应用激素史；③查体发现诸多有意义的阳性体征：心率及呼吸增快，血压较低（既往高血压），口唇发绀，颈静脉怒张，肺动脉压力增高（肺动脉瓣第二心音亢进），左下肢肿胀（与既往右下肢深静脉血栓不符）；④辅助检查提示低氧血症伴过度通气，D-D 二聚体显著升高；BNP 轻度升高而肌钙蛋白正常。心电图提示窦性心动过速及右心室急性负荷过重。

考虑初步诊断：急性 PTE 可能性大，I 型呼吸衰竭，呼吸性碱中毒；高血压病 1 级；肺内感染；湿疹。

【问题 1】　什么情况下需要疑诊 PTE？

由于 PTE 患者通常表现为非特异症状，疑诊通常是建立在接诊医生对常见症状的鉴别诊断思维和肺栓塞的敏感性的基础之上。D-D 二聚体、动脉血气分析、心电图、胸部 CT 及心脏超声是重要的 PTE 疑诊相关检查。根据中华医学会呼吸病学分会肺栓塞与肺血管病学组等在 2018 年发布的《肺血栓栓塞症诊治与预防指南》（之后简称"指南"），目前急性 PTE 的诊断与治疗主要基于 4 个层面的策略：疑诊、确诊、求因和危险分层。

指南推荐基于临床经验或应用简化的 Wells 评分和修订版的 Geneva 评分来评估疑诊 PTE 的临床可能性（强推荐）。Wells 评分包括 7 项评估内容：既往 PTE 或 DVT 病史、4 周内制动或手术、活动性肿瘤、心率 >100 次 /min、咯血、DVT 的症状或体征及其他鉴别诊断的可能性低于 PTE，每项 1 分，总计 ≥2 分为高度可能。

修订的 Geneva 评分纳入相类似的 8 项指标：既往 PTE 或 DVT 病史（1 分）、1 个月内骨折或手术（1 分）、活动性肿瘤（1 分）、心率 75～94 次 /min（1 分）或 ≥95 次 /min（2 分）、咯血（1 分）、单侧下肢疼痛（1 分）、单侧下肢触痛或水肿（1 分）、年龄 >65 岁（1 分），累计 ≥3 分为高度可能。该患简化 Wells 评分 4 分，修订的 Geneva 评分 5 分，皆为高度可能。

二、辅助检查及确定诊断

疑诊 PTE 患者在确诊前应进行鉴别诊断。呼吸困难的患者未闻及肺内啰音具有重要的鉴别诊断意义，基本可以除外急性左心衰竭、严重肺病和支气管哮喘，呼吸困难伴心率快、血压降低及颈静脉怒张，还需要除外心脏压塞，心脏超声检查可以明确排除。行冠状动脉 CTA 和肺 CT 扫描可以除外冠状动脉疾病和肺疾病。患者多次发生 DVT，尚需针对易栓症的相关因子进行检测，如抗磷脂综合征相关抗体、抗凝血酶III、蛋白 C 及蛋白 S 等因子。

【问题2】　确诊 PTE 需要进一步做哪些检查？

指南推荐对于 PTE 高度可能的患者，应根据血流动力学状态选择直接行确诊检查（强推荐）。血流动力学稳定的 PTE 疑诊患者，推荐将 CT 肺动脉造影（computer tomography pulmonary angiography，CTPA）作为首选的确诊检查手段（强推荐）。如血流动力学不稳定，条件允许也可检查 CTPA（弱推荐），或行超声心动图检查，如发现右心室负荷增加和/或发现肺动脉或右心腔内血栓证据，在排除其他疾病可能性后，建议按照 PTE 进行治疗（弱推荐）；建议行肢体加压静脉超声，如发现 DVT 的证据，可启动治疗（弱推荐）；核素肺通气灌注扫描显像也是 PTE 确诊检查。导管法肺动脉造影是诊断 PTE 的金标准。

患者就诊时血流动力学稳定，行急诊 CTPA 显示双侧多发肺动脉栓塞（图 3-3-4）。肺 CT 显示双肺间质性改变，右肺炎症可能大。下肢深静脉超声显示左侧下肢股浅静脉及腘静脉血栓形成（亚急性期可能性大）。右侧下肢股浅静脉及腘静脉血栓形成（慢性期）。心脏超声：右心室 19mm；间接估测肺动脉压力 51mmHg，肺动脉高压（轻-中度）；左心室射血分数 66%。至此，该患者 PTE 和 DVT 的诊断明确。

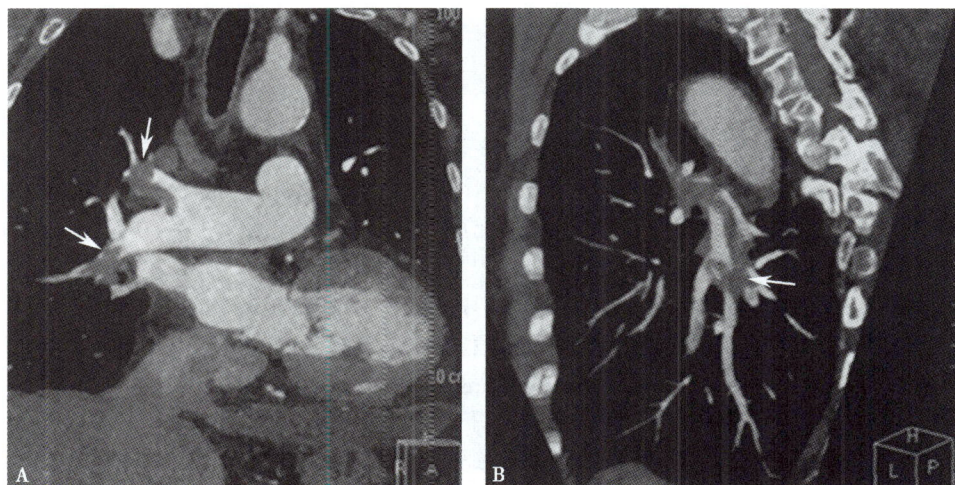

图 3-3-4　肺动脉 CTA

后前位（A）及左侧位（B）显示右肺上动脉、右肺下动脉及左肺下动脉较大面积充盈缺损（箭头）。

三、初步治疗

患者入院后，给予吸氧改善通气、抗凝、抗感染、质子泵抑制剂预防急性胃黏膜病变等初步治疗，症状缓解不明显。

【问题3】　患者确定治疗方案之前还应该注意哪些问题？

1. 病因诊断或危险因素的识别是在所有疾病诊断时必须考虑的问题　病因的确定对于 VTE 的治疗策略和疗程至关重要。在急性 PTE 的求因过程中，需要考虑静脉血栓形成的三方面危险因素，即静脉血流淤滞、血管内皮损伤和血液高凝状态。引起静脉血流淤滞的情况常见于肿瘤、血肿或医源性压迫（经股动脉介入治疗后）、狭窄空间久坐（经济舱长时间飞行）导致静脉受压，妊娠后期下肢静脉回流受阻；血管内皮损伤常见于外伤、外科术后、中心静脉导管及血管受压；导致血液高凝状态的临床情况常见于肿瘤、血栓形成倾向、急性内科疾病、肾病综合征、激素替代治疗及肥胖等。

患者较为全面的检查未发现活动性肿瘤、肾病及其他血栓倾向证据，考虑患者高龄、肥胖、因泛发性湿疹而长期应用糖皮质激素史，活动相对较少可能是该患 VTE 的主要原因。

2. 疾病的风险评估和危险分层是个体化治疗的基础　指南建议在确定 PTE 的治疗方案之前进行危险分层。首先根据血流动力学状态区分其危险程度，血流动力学不稳定者定义为高危；血流动力学稳定的急性 PTE，根据是否存在右心功能不全和/或心脏生物学标志物（肌钙蛋白/BNP）升高，区分为高危和低危（弱推荐）。欧洲心脏病学会（European Society of Cardiology，ESC）2014 年《急性肺栓塞诊断和管理指南》建议应用简化肺栓塞严重指数（simplified pulmonary embolism severity index，sPESI）评估病情。sPESI 评分纳入 6 项指标，包括年龄>80 岁、恶性肿瘤、慢性心肺疾病、心率≥110 次/min、收缩压<100mmHg、动脉血氧饱

度<90%。存在一项及以上的患者为中危,30d 全因死亡率高于 10%。我国指南则推荐应用低血压、右心室功能障碍的影像学证据及心脏生物学标记物水平的升高等 3 个因素对 PTE 的危险程度分层(表 3-3-7)。该患心脏超声提示三尖瓣反流速度增加,BNP 水平升高,危险分层为中高危。如应用 sPESI 评分为 4 分,为中危以上。

表 3-3-7　肺血栓栓塞症危险分层

危险分层	低血压 / 休克	影像学 * (右心室功能障碍)	心脏生物学标志物升高 # (肌钙蛋白 /BNP)
高危	+	+	+/-
中高危	-	+	+
中低危	-	+/-	-/+
低危	-	-	-

注:* 右室功能不全应用心脏超声或 CT 肺动脉造影(CTPA)进行评价。心脏超声表现:右心室扩大,右心室 / 左心室直径比值大于 0.9;右心室游离壁运动功能减退;三尖瓣反流速度增加等。CTPA 在四腔心层面若发现右心室扩大(舒张末期,右心室 / 左心室直径比值大于 0.9),提示右心室功能不全。

心脏生物学标志物包括肌钙蛋白 I 或 T 及脑钠肽(BNP)或血浆 N 末端脑钠肽前体(NT-Pro BNP)升高。

【问题 4】　患者应该采取何种治疗方案,是否应该溶栓?应该如何抗凝?

PTE 的危险分层和出血风险决定是否需要溶栓治疗。该患者属中高危,指南建议在抗凝治疗的基础上,密切观察病情变化,如发生血流动力学障碍或心肺功能恶化,可以溶栓治疗。老年患者的出血风险高,>75 岁通常被认为是溶栓的相对禁忌证。综合考虑,初始未采取溶栓治疗。

一旦诊断 PTE 明确,除非存在禁忌证,应及早启用抗凝治疗。急性 PTE,初始抗凝治疗推荐选用低分子量肝素、普通肝素、磺达肝癸钠、利伐沙班或达比加群酯。如果选择华法林抗凝,应与胃肠外抗凝药物重叠,调节至凝血酶原时间 - 国际标准化比值(prothrombin time-international normalized ratio,PT-INR)达 2.0~3.0,可停用胃肠外抗凝。如选用利伐沙班,给予 15mg,每日 2 次,应用 3 周,后续以 20mg/d。如果选择达比加群,应先给予胃肠外抗凝药物至少 5d,之后 150mg,每日 2 次。该患者选择了依诺肝素钠充分抗凝(0.6mg,每日 2 次,皮下注射)。

四、进一步治疗和复查

患者经过初步治疗,症状无明显缓解,且左下肢疼痛加重,能否采用其他治疗措施?

【问题 5】　该患者是否需要置入下腔静脉滤器?

指南不建议对已经抗凝治疗的 PTE 或 DVT 患者放置下腔静脉滤器。但患者呼吸困难间歇加重,在应用依诺肝素的情况下左下肢疼痛加重。介入科会诊后建议行下腔静脉滤器置入术,计划 2 周后病情稳定取出。

患者在植入下腔静脉滤器之前行肺动脉造影,可见肺动脉明显增粗增宽,右肺上叶及下叶大块充盈缺损,左肺散在多发充盈缺损影(图 3-3-5)。之后将下腔静脉滤器置入于 L$_2$ 水平,位于肾静脉开口以下。此后呼吸困难症状略缓解。

应用依诺肝素第 5 日时重叠应用华法林口服。当日夜内患者出现双下肢疼痛、肿胀,复查下肢深静脉彩超发现左侧股总静脉可见到新的缓慢流动的泥沙样回声,考虑下肢血栓有进展。

【问题 6】　在已经抗凝治疗时,患者的 DVT 有所进展,是什么原因?应采取何种策略?

经血管外科会诊后次日下午予低剂量溶栓治疗,给予尿激酶 10 万 IU,每日 1 次,静脉滴注。考虑 DVT 进展可能与下腔静脉滤器阻碍静脉回流有关,也不能除外华法林应用初期的促凝作用有关。停用依诺肝素及华法林,换用利伐沙班 15mg,每日 2 次,口服。但患者双下肢疼痛肿胀明显加重,左侧为著,难以忍受,双侧腓肠肌握痛阳性,体温最高 37.8℃。考虑下肢 DVT 再次进展可能性大。下腔静脉及双下肢静脉 CT 血管造影发现滤器以远下腔静脉显影浅淡,双侧髂总静脉、髂内外静脉及股深静脉内见线样对比剂通过,局部见多发不规则充盈损(图 3-3-6)。

血管外科再次会诊,将尿激酶加量至每日 20 万 IU;并且恢复应用依诺肝素 6 000 AxaIU 2 次皮下注射、停用利伐沙班。采取抬高患肢、改善静脉回流及镇痛等对症治疗,继续溶栓治疗共 14d,患者左下肢疼痛症状及肿胀逐渐减轻,皮温皮色基本正常,监测 D-D 二聚体逐渐降至 12μg/ml,每日测量双侧下肢小腿围无明显变化。复查超声发现左下肢股浅静脉及腘静脉血栓进入慢性期。停用尿激酶,继续应用依诺肝素,并于1周后加用华法林,出院后门诊监测 PT-INR 平稳在 2.0～3.0 之间。

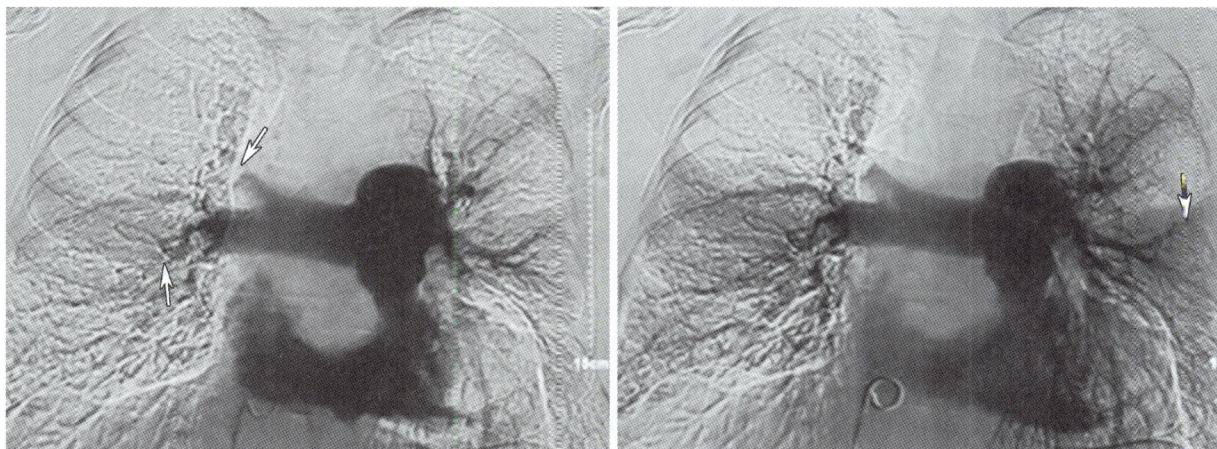

图 3-3-5 肺动脉造影
肺动脉明显增粗增宽,右肺上叶及下叶大块充盈缺损,左肺散在多发充盈缺损影像(箭头)。

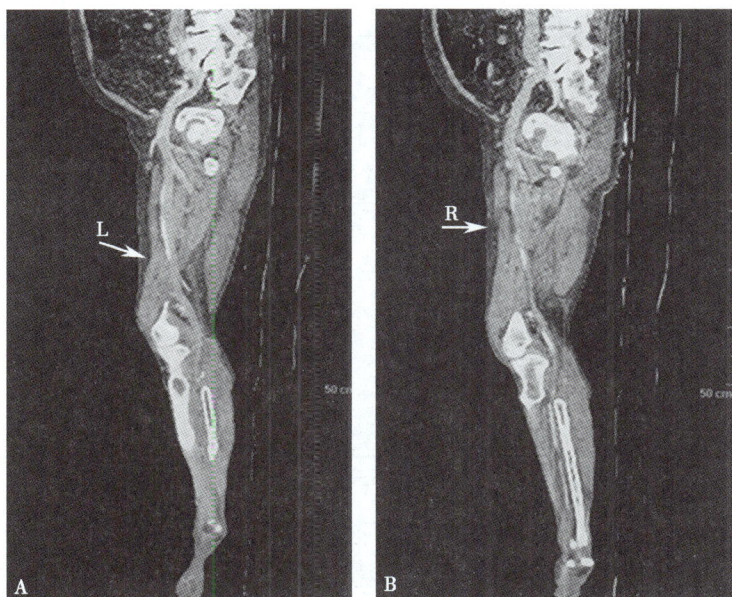

图 3-3-6 双侧髂总静脉、髂内外静脉及股深静脉造影
左侧(A)和右侧(B)髂总静脉、髂内外静脉及股深静脉内见线样对比剂通过,局部见多发不规则充盈损(箭头)。

五、预后及预防

急性 PTE 的预后与肺栓塞的危险分层和及时治疗与否密切相关。接受充分抗凝或溶栓的急性 PTE 患者很可能血栓大部分,甚至完全溶解并恢复正常肺循环而治愈。部分急性 PTE 患者治疗后血栓不完全溶解,或反复发生小的 PTE,血栓机化伴随不同程度的动脉内膜慢性炎症并增厚,导致管腔狭窄或闭塞,肺血管阻力和肺动脉压力升高,形成慢性血栓栓塞性肺高压(chronic thromboembolic pulmonary hypertension,CTEPH)。

CTEPH 是以肺动脉血栓机化、肺血管重构或血管狭窄或闭塞,肺动脉压力进行性升高,最终导致右心衰竭为特征的一类疾病。急性 PTE 之后 CTEPH 多在 2 年内发生,如既往 DVT 或 PTE 患者发生劳力性呼吸困难,应考虑 CTEPH 的可能。对于临床疑诊或超声心动图检查提示肺动脉高压及右心室扩大的患者,可经过进一步影像学检查明确 CTEPH 的诊断,包括肺核素通气/灌注显像、CTPA、肺动脉造影及右心导管检查测量肺动脉压力。对于 CTEPH 患者推荐终生抗凝治疗,可预防 VTE 复发及肺动脉原位血栓形成。肺动脉血栓内膜剥脱术是目前 CTEPH 患者最主要的治疗方法，不少 CTEPH 患者可经手术而达到治愈标准。无法行外科手术的患者，可试行经皮肺动脉成形术治疗。针对肺高压的药物治疗是 CTEPH 综合治疗方案中的关键部分，包括前列环素类药物、内皮素受体拮抗剂、磷酸二酯酶-5 抑制剂、可溶性鸟苷酸环化酶受体激动剂等。

【问题7】 急性 PTE 治疗有效，需要抗凝治疗多长时间？以后需要注意哪些问题？

急性 PTE 的抗凝疗程取决于其病因。指南建议，病因明确且可以消除的情况下建议抗凝 3 个月，如病因或危险因素不清楚或无法祛除，建议延长抗凝时程，甚至需要终身抗凝。但 3 个月后需要重新评估出血风险的前提下设定抗凝疗程。

PTE 患者出院后需要注意的是疾病再发。其中 DVT 出院后 1 年和 10 年的复发率分别约为 7% 和 35%；1 年和 5 年的 PTE 累计复发率分别约为 5% 和 14%。2014 年 ESC 肺栓塞指南列出 VTE 的易患因素，其中 DVT 病史本身就是再发 DVT 的重要因素。

【问题8】 PTE 如何预防？

《内科住院静脉血栓栓塞症预防中国共识（2015）》指出，非外科手术患者应该采用 Padua 评分（表 3-3-8）识别 VTE 的高危人群，评分≥4 分的患者 VTE 患病风险高，须进行 VTE 预防。可采用的办法包括机械预防（如分级加压弹力袜、间歇充气加压泵和足底静脉泵）和药物预防（包括胃肠外抗凝、维生素 K 抑制剂和新型口服抗凝药物），预防一般需 6～14d。但如果危险因素持续存在，可能需要延长预防时间。

表 3-3-8　非手术患者静脉血栓栓塞症风险因素 Padua 评分标准

危险因素	评分
活动性恶性肿瘤，先前有局部或远端转移和/或 6 个月内接受过化疗和放疗	3
既往静脉血栓栓塞症	3
制动，患者身体原因或遵医嘱需卧床休息至少 3d	3
有血栓形成倾向，如抗凝血酶缺陷症，蛋白 C/S 缺乏，抗磷脂抗体综合征等	3
近期（≤1 个月）创伤或外科手术	2
年龄≥70 岁	1
心脏和/或呼吸衰竭	1
急性心肌梗死和/或缺血性脑卒中	1
急性感染和/或风湿性疾病	1
肥胖（体重指数≥30kg/m²）	1
正在接受激素治疗	1

注：≥4 分为静脉血栓栓塞症风险患者。

本例患者发病前虽非住院患者，但以此为代表的很多非住院的 DVT 高危人群可以参照上述方法预防 DVT 及肺栓塞。尤其临床医生在处方激素等促凝药物或诊治其他相关疾病（如肿瘤、肾病、炎症性肠病等）时，注重 DVT 风险评估并给予相应的预防措施是预防肺栓塞发生的重要措施。

（田　文）

推荐阅读资料

[1]《内科住院患者静脉血栓栓塞症预防的中国专家建议》写作组，中华医学会老年医学分会，中华医学会呼吸病学分会，等. 内科住院患者静脉血栓栓塞症预防中国专家建议（2015）. 中华老年医学杂志，2015，34（4）：345-352.

[2] 中华医学会呼吸病学分会肺栓塞与肺血管病学组，中国医师协会呼吸医师分会肺栓塞与肺血管病工作委员会，全国肺栓塞与肺血管病防治协作组. 肺血栓栓塞症诊治与预防指南. 中华医学杂志，2018，98（14）：1060-1087.

[3] ERBEL R，ABOYANS V，BOILEAU C，et al. 2014 ESC Guidelines on the diagnosis and treatment of aortic diseases：document covering acute and chronic aortic diseases of the thoracic and abdominal aorta of the adult. The task force for the diagnosis and treatment of aortic diseases of the European Society of Cardiology（ESC）. Eur Heart J，2014，35（41）：2873-2926.

第四章　消化系统疾病

第一节　胃食管反流病

学习要求

1. 掌握胃食管反流病的定义及分型。
2. 掌握胃食管反流病的临床特点、常用检查、诊断及鉴别诊断要点、治疗原则。
3. 熟悉胃食管反流病的病因、发病机制、病理特点。
4. 了解胃食管反流病的流行病学特点。

胃食管反流病（gastroesophageal reflux disease，GERD）是因胃内容物反流入食管、咽、喉、肺引起不适症状和 / 或并发症的一种疾病。目前一般根据食管内镜表现，将 GERD 分为三种类型：常规内镜下食管下段无明显炎症及黏膜破损者称为非糜烂性反流病（non-erosive reflux disease，NERD），也称内镜阴性的 GERD；食管下端存在柱状上皮化生者称为巴雷特食管（Barrett esophagus，BE）；食管下端炎症明显且存在黏膜破损者称为反流性食管炎（reflux esophagitis，RE），也称糜烂性食管炎（erosive esophagitis，EE），三者统称为 GERD 相关性疾病。

临床病例

患者，男，74 岁。

主诉：反酸、胃灼热 5 年余，加重且伴胸闷、胸痛、胸骨后紧缩感 2 周。

现病史：患者反酸、胃灼热 5 年余，平时自服铝碳酸镁片可缓解，近 2 周加重且伴胸闷、胸痛、胸骨后紧缩感，夜间为甚，其中发生夜间反流、呛咳和一过性窒息感 2 次，多次因胸闷、胸痛看急诊，经心电图、心肌酶及冠状动脉 CT 造影排除冠脉综合征。患者无胸腹部手术史，半年前单位组织的例行健康检查所做胸部 CT 及肝、胆、胰、脾、肾超声检查均未见器质性病变。

体格检查：一般情况较好，身高 165cm，体重 86kg，心率 82 次 /min，20 次 /min，血压 136/90mmHg，双肺呼吸音偏低，无干 / 湿啰音，腹壁脂肪厚，平卧时隆起，压痛（−），未扪及腹部包块。

胃镜检查：食管下端充血、水肿，多处条形黏膜破损或浅溃疡，彼此融合，累及管周约 3/5；假贲门形成，齿状线上移约 4cm；胃窦轻度充血、水肿，黏膜完整，见黏膜下血管纹；诊断反流性食管炎，LA-C 级；食管裂孔疝；浅表 - 萎缩性胃炎。

一、初步诊断

患者有典型的反流症状，自服碱性药物铝碳酸镁片可缓解，而且伴有胸闷、胸痛、胸骨后紧缩感症状，同时存在呛咳和一过性窒息感等食管外症状，据此 临床诊断为胃食管反流病（GERD），后经胃镜检查证实为反流性食管炎，且合并有食管裂孔疝。

处理包括加倍标准剂量的质子泵抑制剂（proton pump inhibitor，PPI）口服，同时指导患者调整生活方式：①生活方式调整，包括忌甜食和辛辣食物、每餐七成饱、控制一次性液体摄入量、餐后半小时忌躺卧、睡前 2h 不进食，控制热量摄入，增加运动量，减轻体重，放松裤带、降低腹压等；②口服艾索美拉唑 20mg，每日 2

次，早、晚餐前 0.5～1.0h 服用，共 4 周。

【问题 1】　老年人 GERD 的流行学特点是什么？

GERD 是常见病，欧美人群患病率为 7%～15%，而我国北京、上海 GERD 人群患病率为 5.77%。GERD 患病率随增龄而增加，老年人是 GERD 的高发人群，欧美国家老年人 GERD 患病率高达 20～35%。国内老年人 RE 检出率为 8.9%，中青年人为 4.3%。但是，老年人 GERD 临床症状常较轻、不典型，易被漏诊，因此实际患病率可能更高。

【问题 2】　老年人 GERD 病因与发病机制特点是什么？

GERD 的直接致病因素是反流至食管的胃和 / 或肠内容物，尤其是其中的胃酸、胃蛋白酶、胆盐、胰酶等，H^+ 是主要致病因子。GERD 的发病机制包括食管抗反流屏障功能失调、下食管括约肌（LES）压力下降或一过性松弛增加、反流物的质和量、食管内反流物清除障碍、食管局部黏膜防御能力下降、胃排空延迟等方面。在这些方面老年人与中青年人比较有更显著的变化：①受增龄影响，老年人 LES 压力低于中青年人；②老年人因心脑血管 / 肺部等疾病而常用的某些药物，如 α 受体阻断剂、β 受体激动剂、抗胆碱能药物、钙通道阻滞剂、硝酸盐类、左旋多巴、止痛剂、茶碱类药物等，可降低 LES 压力；③老年人 GERD 常伴有食管裂孔疝，破坏了胃食管结合部的正常解剖关系，造成 LES 移位、His 角及膈食管韧带对 LES 的外压作用减弱，造成 LES 松弛；④食管内反流物的清除有赖于食管蠕动、唾液重力、唾液对反流物稀释与中和作用，但老年人食管蠕动减弱，蠕动幅度下降，无推动的自发性收缩增加及唾液分泌量明显减少，从而增加了食管黏膜在反流物中的暴露时间；⑤老年人胃排空能力下降，胃内压增高，超过 LES 压力导致反流发生；⑥老年人常用的某些药物可直接损伤食管黏膜；⑦老年人食管上皮再生修复能力降低，食管黏膜抵抗反流物损伤的能力减弱。

老年人 GERD
发病机制（图片）

【问题 3】　GERD 的病理特点是什么？

NERD 在光镜下基本无异常，但在电镜下可见细胞间的连接已有破坏。RE 的基本病理变化：①复层鳞状上皮细胞层增生；②固有层中性粒细胞浸润；③黏膜固有层向上皮腔面延长；④糜烂或溃疡；⑤食管胃连接处可出现 BE 病变。巴雷特食管（BE）是指齿状线 2cm 以上出现柱状上皮替代鳞状上皮。老年人 GERD 的病理变化的特点是 RE 的病变较中青年患者重，在 BE 的基础上易于发生异型增生和腺癌。

【问题 4】　老年人 GERD 的临床特点是什么？

GERD 的临床表现包括食管症状（如反酸、胃灼热、胸痛、吞咽困难等）和食管外表现（如反流性咳嗽、反流性咽喉炎、反流性哮喘、吸入性肺炎等）。与中青年人 GERD 比较，老年患者有以下临床特点：①反酸、胃灼热等典型症状较少见或缺如，与内镜下的病变程度不一致，而食欲缺乏、呕吐、吞咽困难、贫血、体重减轻等非典型症状相对多见；②伴出血（呕血或和黑便）相对较多；③老年人 GERD 的相关伴发病以食管裂孔疝和残胃较多，而中青年 RE 患者伴发十二指肠溃疡较多；④老年人 GERD 伴发呼吸系统并发症的较多，反流物长期刺激损伤咽喉而致其慢性炎症甚至溃疡，表现为咽痛、咽下困难、异物感及声音嘶哑等，临床诊断为反流性咽喉炎；老年人 GERD 伴发的呼吸道症状为呛咳、一过性窒息感、慢性咳嗽、哮喘等，尤以夜间为甚，为反流物误入气道所致，临床上诊断为吸入性支气管炎、吸入性肺炎、支气管哮喘、肺脓肿、肺间质纤维化等。

二、辅助检查及诊断

【问题 5】　哪些检查有助于 GERD 诊断？

1. 内镜检查　内镜结合病理检查对 RE 和 BE 具有确诊价值。目前常用于 RE 内镜诊断及分级的标准是洛杉矶标准：A 级，黏膜破损局限于黏膜皱襞上，且长度<0.5cm；B 级，黏膜破损局限于黏膜皱襞上，其中至少 1 个黏膜破损长度>0.5cm；C 级，黏膜破损相互融合，但范围不足食管周径的 75%；D 级，黏膜破损相互融合，侵犯食管周径的 75% 以上。BE 的内镜诊断标准：内镜下见食管下段有柱状上皮化生，表现为胃食管连接处近端出现橘红色和 / 或伴栅栏样血管表现的柱状上皮。内镜下 BE 分为 4 种类型，包括舌型、岛型、混合型和全周型，以舌型和岛型多见。但国人由其发展而来的食管腺癌并不多见。

2. 食管测压和食管 24h pH 监测　是诊断 GERD 的重要检查手段。可测定 LES 的长度和部位、LES 压、LES 松弛压、食管体部压力及食管上括约肌压力（USE）指标和 24h 内 pH<4 的时间百分比、pH<4 的次数、持续 5min 以上的反流次数及最长反流时间等反流指标。老年人 GERD 的特点是这些指标变化更明显。

3. 食管多通道腔内阻抗（multichannel intraluminal impedance，MII）技术　该技术不仅能识别食管内容物的运动方向，而且与 24h 食管 pH 监测联合还可以识别酸反流、弱酸反流、弱碱反流及液体、气体和混合反流，与食管测压联合应用可评价食管的运动功能，是一种能全面监测食管功能及胃食管反流物性质和成分的方法。

4. 食管钡餐 X 线检查　仅对严重的食管炎（D 级）、食管狭窄、贲门失弛缓症及食管癌有诊断价值。本例患者多次疑为心源性胸痛而看急诊，经冠状动脉 CT 造影排除冠脉综合征，实为 GERD 所致的非心源性胸痛。

【问题 6】　GERD 的诊断与鉴别诊断是什么？

临床表现结合前述有关检查 GERD 不难诊断，老年人 GERD 诊断与鉴别诊断要注意：①由于老年人食管痛觉减退，尤其是 RE 伴柱状上皮化生（巴雷特食管）时，食管对胃酸刺激的敏感性减退，不少老年 RE 患者症状不典型、较轻甚至缺失，但食管病变可能已经较重，因此要积极做胃镜检查；②部分老年 GERD 患者，食管症状不明显或缺失，而突出表现为长期咽痛、咽部溃疡、声音嘶哑、慢性咳嗽、哮喘及反复发生的吸入性肺炎等食管外疾病，应考虑是否存在 GERD，并做相关检查；③当老年人出现吞咽困难、呕血或黑便、体重减轻等"警报症状（warning symptoms）"，则必须进行胃镜检查；④GERD 所致的胸痛要通过内镜、食管钡餐摄片、24h pH 监测等检查与其他可能引起非心源性胸痛的疾病鉴别，如贲门失弛缓症、弥漫性食管痉挛、胡桃夹食管、消化性溃疡、胆石症等；⑤由于老年人也是冠心病的高危高发人群，因此老年人 GERD 所致的胸痛要特别注意与冠心病所致心源性胸痛鉴别。

本例患者，老年人、RE C 级、伴发食管裂孔疝，采用口服艾索美拉唑 20mg，每日 2 次，早、晚餐前 0.5～1.0h 服用。

三、初步治疗

【问题 7】　如何进行 GERD 的治疗？

老年人 GERD 治疗的目标：缓解症状（食管症状及食管外症状）、愈合食管破损黏膜、预防和治疗并发症、防止复发。

1. 改进生活方式　包括禁烟、抬高床头、减肥，少食油腻食物、果汁、咖啡、番茄制品，不饮酒，睡前 2h 禁食、禁饮等。改进生活方式的目的是减少膳食后胃食管反流的次数、促进食管对反流物的廓清，此为治疗 GERD 的基础。同时尽量避免使用降低 LES 压、影响食管廓清功能及损伤食管黏膜的药物。

2. 抑酸治疗　长期以来一直认为老年人的胃泌酸等功能与机体的其他组织器官功能一样，是随增龄而减退的，因此，普遍认为老年人的胃酸是减少或缺乏。但近 20 余年的研究逐渐革新了这一观念，80%～90% 的老年人胃泌酸能力与中青年人相当，具有良好的酸化胃内容物（acidify gastric contents）的能力，10%～20% 的老年人存在低胃酸症（hypochlorhydria）（胃内 pH ≥ 3.5），主要是由严重的萎缩性 A 型胃炎或严重的幽门螺杆菌（helicobacter pylori，HP）感染所致。

（1）H_2 受体拮抗剂：目前常用的 H_2 受体拮抗剂包括西米替丁、雷尼替丁、法莫替丁和尼扎替丁（nizatidine）。相当剂量的 H_2 受体拮抗剂治疗 RE 的疗效相近，均可抑制 60%～70% 的胃酸分泌，8 周愈合率约 60%，适合轻症病例，对中、重度病例效果较差，其优点是价格低廉。

（2）质子泵抑制剂（PPI）：PPI 是治疗 GERD 的首选药物。愈合 RE 理想的抑酸要求是 24h 中有 18h 胃内 pH 在 4 以上，一般每日口服标准剂量的 PPI 即可达到上述要求，疗程一般为 8～12 周。相当剂量的 PPI 治疗 RE 的疗效类似。与其他治疗 RE 的药物相比，PPI 可以更快地缓解症状、更快地愈合破损的食管黏膜，治疗老年人 RE 8 周愈合率 85%～95%。由于老年人泌酸功能并未减退，因此治疗老年人 RE 的 PPI 剂量与中青年患者相同。PPI 可快速经肝脏代谢和肾脏排泄，血浆半衰期 0.5～1h，不会引起蓄积，因此，一般老年患者应用 PPI 具有良好的安全性，也无须调整剂量。虽然从理论讲持续的胃酸抑制产生高胃泌素血症，可能有致癌作用，但至今尚未见观察到这类病例。

PPI 常见不良反应轻微，严重不良反应罕见，但对于高龄老年患者及严重肝肾功能不全的患者应酌情减量，同时需注意与常用药物间的相互作用。当长疗程和 / 或大剂量应用时，可能产生一系列潜在的不良反应，如骨质疏松症、维生素 B_{12} 缺乏、缺铁性贫血、吸入性肺炎、小肠污染综合征等，应引起重视。因此，应严格掌握 PPI 应用的适应证，尽量避免不要长疗程、大剂量应用。5 种 PPI 的药代动力学和药物间相互作用归纳见表 3-4-1。

表 3-4-1　5 种 PPI 的药代动力学和药物间相互作用比较

参数	奥美拉唑	兰索拉唑	潘妥拉唑	埃索美拉唑	雷贝拉唑
标准剂量 /$(mg \cdot d^{-1})$	20	30	40	20	10
起效速度	−	+++	−	+++	++++
对 CYP2C19 的依赖	++++	+++	++	++	±
曲线下面积（AUC）	++++	+++	++	+	−
潜在的药物间相互作用	++++	++	±	++	+
生物利用度 /%	30~40	80	77	64	52
半衰期 /h	0.5~1	1.5	1.9	1.2~1.5	0.7~1.5
蛋白结合率 /%	95	97	98	97	96.3

注：− 表示慢或无，± 表示很低或很少，+ 表示低，++ 表示中等，+++ 表示快、高或强，++++ 表示更快、更强。

（3）促动力剂和黏膜保护剂：促动力剂包括甲氧氯普胺（胃复安）、多潘立酮、莫沙比利（mosapride）、伊托比利（itopride）等。研究证明这些药物有增加 LES 压力，促进食管蠕动，改善胃排空，减少食管酸暴露的时间等作用，但单独应用疗效不理想，可与 H_2 受体拮抗剂或 PPI 合用治疗老年人 GERD。国外有报道多潘立酮可至老年人严重心律失常，剂量应控制在 30mg/d；莫沙比利为选择性 5-HT_4 受体激动剂，应避免与可延长 QT 间期的药物如氟卡尼、胺碘酮等合用；伊托比利对老年人安全性较好。常用的黏膜保护剂有硫糖铝、铋剂、铝碳酸镁等，其主要作用是在食管糜烂或溃疡病灶表面形成一层保护膜，对胃酸、胃蛋白酶、胆盐等起中和及屏障作用，可缓解症状、促进黏膜破损愈合，对轻症 GERD 的疗效与 H_2 受体拮抗剂相似。

GERD 的药物治疗，一般首选标准剂量的 PPI，早餐前 0.5~1.0h 服用，对疗效不满意或重度 RE（C 级或 D 级）和合并有食管裂孔疝的患者，可用加倍剂量的 PPI，早、晚餐前 0.5~1.0h 服用。本例患者，老年人、RE C 级、伴发食管裂孔疝，故采用口服艾索美拉唑 20mg，每日 2 次，早、晚餐前 0.5~1.0h 服用。

患者第二次复诊，按要求调整生活方式、服药 3d 后症状缓解，5d 后症状消失，亦无夜间胸闷、胸痛发作，目前无不适，但诉其间因供药不及时，停药 3d 即出现反酸。嘱其继续原方案服药 8 周后复查胃镜。

患者第三次复诊，已服药治疗 12 周，诉偶尔饮食过量时会发生反食、反酸，无其他不适；经控制热量摄入、增加运动，体重已降至 81kg。胃镜诊断：食管裂孔疝，浅表 - 萎缩性胃炎，原反流性食管炎愈合。处理：巩固生活方式调整成果，将艾索美拉唑改为 20mg，每日 1 次，早餐前 0.5~1.0h 口服 4 周，如症状仍能满意控制，改为隔日 1 次口服。

患者第四次复诊，已服药治疗 18 周，诉艾索美拉唑改为每日 1 次时，症状控制满意，但改为隔日 1 次时，出现反酸，同时伴有剑突下胀闷感。处理：把生活方式调整得到的成果常态化，艾索美拉唑 20mg，每日早餐前 0.5~1.0h 1 次，维持治疗。

四、进一步治疗

【问题 8】 如何进行 GERD 的维持治疗？

由于老年人发生 GERD 的危险因素随增龄而加重或增加，因此老年人 GERD 是一种慢性复发性疾病，绝大多数老年人需要维持治疗，甚至终身治疗。在前述可用于治疗 GERD 的药物中，PPI 是维持治疗的最佳选择。GERD 治疗目前推荐采用递减（step down）策略，即先以 8~12 周足够剂量的 PPI 控制症状、愈合破损的食管黏膜，然后逐渐减量，寻找能控制症状的最低 PPI 剂量。不同的患者，维持治疗所需剂量不同，通常可采取全量维持、半量维持、隔日服药维持、按需服药维持等，但经验证明维持治疗的剂量不宜过低，否则容易反复。

夜间酸突破（NAB）也是老年人 GERD 常见现象，控制措施是早、晚餐前服用标准剂量的 PPI 或早餐前服用标准剂量的 PPI、晚上睡前加用 H_2 受体拮抗剂或增加 PPI 剂量等。

该患者老年、合并有食管裂孔疝，抗反流机制不会恢复，需要维持治疗。虽然 GERD 也是一个动力障碍性疾病,但现有的促动力药效果较差,只能作为 GERD 的辅助治疗药物。研究表明,采用 H$_2$ 受体拮抗剂或促动力药作为 GERD 维持治疗,复发率高,推荐以 PPI 标准剂量或其半量作为维持剂量。通过对该患者的观察,其维持剂量应为艾索美拉唑 20mg/d,当然也选用其他种类 PPI 的相当剂量。

【问题 9】 老年人 GERD 能采用手术治疗吗?

胃底折叠术等抗反流手术已开展 20 余年,主要适应证是经积极的生活方式调整和规范的药物治疗,症状仍不能满意缓解者,其主要目的是希望能够"根治"GERD,但不少经过手术的患者到后来仍需要通过抑酸治疗来达到最佳症状缓解,因此,以前学术界对 GERD 的抗反流手术治疗持谨慎态度,特别是老年患者手术风险较大;然而,新近不少报道认为,腹腔镜抗反流技术日臻完善,安全性和有效性不断提高,对老年患者亦是如此。GERD 合并的食管腺癌和经过内镜下食管扩张术治疗无效的瘢痕性食管狭窄,需开放性手术治疗。

总之,老年人 GERD 患病率高,在发病机制、临床表现和治疗策略等方面均有其特点,掌握这些方面的特点,对精准治疗老年人 GERD 尤为重要。

(郑松柏)

推荐阅读资料

[1] 中华医学会老年医学分会,《中华老年医学杂志》编辑委员会. 老年人质子泵抑制剂合理应用专家共识. 中华老年医学杂志,2015,34(10):1045-1052.

[2] BAASHASHATI M, SAROSIEK I, MCCALLUM R W. Epidemiology and mechanisms of gastroesophageal reflux disease in the elderly: a perspective. Ann N Y Acad Sci, 2016, 1380(1): 230-234.

[3] FEI L, ROSSETTI G, MOCCIA F, et al. Is the advanced age a contraindication to GERD laparoscopic surgery? Results of a long term follow-up. BMC Surg, 2013, 13(Suppl 2): S13.

[4] KATZ P O, GERSON L B, VELA M F. Guidelines for the diagnosis and management of gastroesophageal reflux disease. Am J Gastroenterol 2013, 108(3): 308-328.

[5] SOUMEKH A, SCHNOLL-SUSSMAN F H, KATZ P O. Reflux and acid peptic diseases in the elderly. Clin Geriatr Med, 2014, 30(1): 29-41.

[6] ZhANG W, ZHENG S B, ZHUANG Y, et al. H$^+$/K$^+$ ATPase expression in human parietal cells and gastric acid secretion in elderly individuals. J Dig Dis, 2013, 14(7): 366-372.

第二节　慢 性 胃 炎

学习要求

1. 掌握慢性胃炎的定义、临床表现、诊断标准及鉴别诊断要点。

2. 掌握慢性胃炎的治疗原则。

3. 熟悉慢性胃炎病因、流行病学特征及发病机制。

慢性胃炎(chronic gastritis)是由生物、理化等多种因素所导致的胃黏膜慢性炎症或慢性活动性炎症,是老年人最常见的上消化道疾病。

临床病例

患者,男,72 岁。

主诉:中上腹不适、空腹时灼热、隐痛、餐后饱胀 3 年余。

现病史:当地医院拟诊为"慢性胃炎",给予奥美拉唑、多潘立酮口服治疗症状可部分缓解,但停药后症状反复。1 个月前,当地给患者所做血肝、肾功能和血糖等生化项目均正常。

既往史:无消化性溃疡及胃、肝、胆道、胰腺疾病及相关手术史,不服用阿司匹林等非甾体抗炎药。

体格检查:一般情况好,腹软,上腹剑突下轻度深压痛,未扪及腹块。

一、初步诊断

初步诊断为慢性胃炎。处理：上腹部超声，胃镜，^{13}C- 尿素呼气试验（停用奥美拉唑 2 周后进行）。

【问题 1】　慢性胃炎的主要病因和流行病学特征是什么？

慢性胃炎的具体病因包括：①生物因素，幽门螺杆菌（HP）或海尔曼螺杆菌（Helicobacter heilmannii，Hh）等感染，在我国，最主要的病因是幽门螺杆菌感染，约占 90%；HP 感染几乎都会导致胃黏膜慢性活动性炎症，感染后机体难以自行清除，造成长期慢性感染；②化学因素，如药物、食物、反流物（胆汁、肠液等），主要的是非甾体抗炎药，其中最主要的是广泛用于心脑血管病一级和二级预防的阿司匹林，由其所导致的胃黏膜损害和出血已引起广泛重视；③物理因素，食物、异物等；④其他，自身免疫等。

尽管目前国内缺乏大宗流行病学调查资料明确老年人慢性胃炎的患病率，且慢性胃炎患病率在不同国家与地区间存在较大差异，但老年人 HP 感染率高，又是包括阿司匹林在内的非甾体抗炎药的主要使用者，因此，老年人是慢性胃炎的高发人群。

【问题 2】　慢性胃炎的发病机制是什么？

在我国慢性胃炎的主要致病因子是 HP，根据现有研究，发病机制可扫描右侧二维码查看。

幽门螺杆菌致病机制（图片）

二、辅助检查及诊断

【问题 3】　慢性胃炎的临床表现有哪些？

慢性胃炎的临床表现无特异性，甚至缺如，只是在胃镜病理检查时发现。主要症状可有中上腹不适、隐痛、灼热，恶心 / 呕吐、早饱、餐后胀闷、食欲缺乏等消化不良症状。常无阳性体征，少数患者可有中上腹轻度压痛。

【问题 4】　如何诊断慢性胃炎？

慢性胃炎的诊断主要依据内镜及病理组织学检查，还有血清学诊断和 HP 感染诊断。

1. 内镜诊断　在内镜下，慢性胃炎包括慢性非萎缩性和慢性萎缩性胃炎 2 种类型。慢性非萎缩性胃炎内镜下表现为黏膜红斑、黏膜粗糙或出血点，可有水肿、充血渗出等表现；慢性萎缩性胃炎的镜下表现为黏膜红白相间，以白相为主，部分黏膜下血管显露，可伴黏膜颗粒或结节状表现。黏膜萎缩可分为单纯性萎缩与化生性萎缩，黏膜腺体有肠化生者属于化生性萎缩。慢性胃炎内镜下可同时存在糜烂、出血或胆汁反流等表现。

慢性胃炎（组图）

2. 病理诊断

（1）慢性胃炎有 5 种组织学变化需分级，即 HP、炎症、活动性、萎缩及肠化，分为无、轻度、中度和重度 4 级（0、+、++、+++）。

（2）老年人慢性胃炎活检病理显示固有层腺体萎缩，即可诊断为萎缩性胃炎。萎缩性胃炎早期黏膜萎缩呈灶性分布，只要有一块活检组织病理显示固有腺体减少或萎缩，即可诊断为萎缩性胃炎。临床医生可根据病理结果并结合内镜表现，做出萎缩范围和程度的判断，而不必考虑活检标本的萎缩块数和程度。

（3）上皮内瘤变（异型增生）是胃癌的癌前病变。上皮内瘤变应注明是低级别还是高级别（异型增生则注明轻、中和重度）。肠化生范围和肠化生亚型及程度对发生胃癌危险性预测有一定价值。上皮内瘤变是 WHO 国际癌症研究协会推荐使用的术语，但国内仍有部分病理医生沿用异型增生。完全型小肠型化生无明显癌前病变意义，但大肠型肠化生或不完全型肠化生与胃癌发生有关，且肠化生范围越广，发生胃癌的危险性越高。

3. 血清学诊断　血清胃蛋白酶原（pepsinogen，PG）Ⅰ和Ⅱ及胃泌素 -17（gastrin 17）的检测有助于老年人慢性萎缩性胃炎的诊断。当胃黏膜出现萎缩时，血清 PGⅠ和 PGⅡ水平下降，PGⅠ下降更显著，因此，PGⅠ/PGⅡ比值随之降低。PG 的测定有助于胃黏膜萎缩的范围和程度的判断。胃体萎缩为主者，PGⅠ、PGⅠ/PGⅡ比值降低，血清胃泌素 -17 水平升高；胃窦萎缩为主者，PG、PGⅠ/PGⅡ比值正常，血清胃泌素 -17 水平降低；全胃萎缩患者，则胃泌素 -17 和 PG 均降低。PGⅠ、PGⅠ/PGⅡ比值还可用于胃癌高危人群的筛查。

4. 幽门螺杆菌（HP）感染诊断　HP 感染是慢性胃炎的主要病因，内镜和病理诊断的慢性胃炎，必须进一步检查是否存在 HP 感染。诊断 HP 现症感染常用的方法包括胃黏膜活检组织快速尿素酶试验、$^{13/14}$C- 尿素呼气试验、病理组织学检查、粪便抗原检测等。由于 HP 感染呈灶状分布，因此胃黏膜活检组织快速尿素酶试验阴性，不能排除 HP 感染；符合质控条件的 $^{13/14}$C- 尿素呼气试验，是 HP 现症感染诊断和判定抗 HP 治疗后是否根除的理想方法。

【问题 5】　慢性胃炎如何进行鉴别诊断？

老年人慢性胃炎临床表现无特异性，应通过内镜、影像学、生化等检查与老年人常见的上腹部疾病（如胃食管反流病、消化性溃疡、胃癌、胆囊炎 / 胆石症、急 / 慢性肝炎、肝癌、慢性胰腺炎、胰腺癌等）进行鉴别，以免漏诊。

　　该患者主要临床表现为一组非特异性的消化不良症状，给予奥美拉唑、多潘立酮口服治疗症状可缓解，提示症状与胃或食管疾病有关，血生化检查无异常，安排上腹部超声、胃镜、^{13}C- 呼气试验，有利于慢性胃炎的诊断和鉴别诊断。患者遵医嘱，停用奥美拉唑 2 周后，第二次就诊并完成了前述检查。上腹部超声：肝脏轻度脂肪浸润，肝右叶见直径约 2.0cm 无回声囊肿，胆囊大小正常范围，囊壁稍毛糙，内见 2 枚结石，大小分别为 2.5cm×1.5cm 和 2.0cm×1.2cm，胰腺、胆管、脾脏未见异常。胃镜：浅表 - 萎缩性伴糜烂，活检胃黏膜快速尿素酶试验（−），食管及十二指肠球部及降部未见异常。胃窦黏膜活检病理：炎症（++），活动性（++），萎缩（++），肠化（++），低级别上皮内瘤变。^{13}C- 尿素呼气试验：31.6（正常<3.5）。据此，诊断明确：浅表萎缩性伴糜烂，低级别上皮内瘤变，HP 感染，胆囊结石。患者消化不良表现主要与胃部病变有关。

三、初步治疗

【问题 6】　如何进行慢性胃炎的治疗？

慢性胃炎的治疗包括以下几方面。

1. 有效沟通，建立互信　耐心听取患者的主诉和诉求，以通俗的语言介绍病情、回答患者关注的问题，针对患者的饮食习惯给予合理的建议，若其处于抑郁或焦虑状态，应进行心理疏导并给予必要的心理支撑。

2. 病因治疗　如根除 HP、尽量避免或控制使用非甾体抗炎药等损伤胃黏膜的药物等。根除 HP 目前推荐采用四联方案（PPI+ 铋剂 +2 种抗菌药物），疗程 10～14d。老年人应合理应用非甾体抗炎药和"双抗"治疗，如必须应用，则应在应用前检测 HP，为阳性应予根除；长期服用"双抗"或"单抗"药物的患者，建议服用标准剂量的 PPI 保护胃黏膜，以降低上消化道出血风险。如病因明确，在去除病因后（如 HP 被根除），黏膜内炎症会得到有效控制，修复受损胃黏膜。如病因不明或病因难以去除，可采用标准剂量 PPI 或 H_2 受体拮抗剂、黏膜保护剂治疗 6～8 周。

3. 对症治疗　针对消化不良症状给予治疗，可以借鉴罗马 Ⅵ 关于消化不良的分类，属餐后不适综合征（postprandial distress syndrome，PDS）（以早饱或餐后饱胀等为主要表现），则以促动力药治疗为主；属上腹痛综合征（epigastric pain syndrome，EPS）（以空腹痛或上腹痛、灼热等为主要表现），则以抑酸剂（标准剂量的 PPI 或 H_2 受体拮抗剂）治疗为主，也可给予制酸剂（碱性药物）口服；老年人消化酶生理性分泌减少，因此也可同时补充消化酶制剂。

4. 癌前病变的处理　理论上讲，胃黏膜萎缩、肠化、异型增生都属癌前病变，但在临床上有实际意义的是异型增生（上皮内瘤变）。一般认为，中、重度慢性萎缩性胃炎有一定的癌变率，活检有中 - 重度萎缩并伴有肠化生的患者需 1 年左右随访一次胃镜及病理，不伴肠化生或上皮内瘤变的慢性萎缩性胃炎患者可 2 年随访 1 次，伴有低级别上皮内瘤变（轻 - 中度异型增生）者 6 个月左右随访 1 次，如存在明确病灶，可行内镜下治疗，如黏膜剥离术（ESD）；而高级别上皮内瘤变（重度异型增生）者需行内镜下治疗或手术治疗。

癌前病变的处理重在慢性胃炎的病因治疗（如根除 HP）和随访监测，尚无理想的药物直接针对癌前病变进行治疗，有关共识提到某些抗氧化维生素（如叶酸、甲钴胺、维生素 E 等）和微量元素（如硒）对癌前病变有一定的逆转作用并降低胃癌风险。

需要指出的是经胃镜和病理诊断的慢性胃炎，如无 HP 感染、糜烂及萎缩 / 肠化和异型增生，亦无症状，则无须治疗。

第二次就诊处理：①向患者解释检查结果，告知病情，针对患者对"低级别上皮内瘤变"的担忧，告诉其潜在危害，但属小概率事件，只要按医生的要求治疗和随访，预后良好；②采用四联方案（PPI+铋剂+2种抗菌药物）根除HP，艾索美拉唑20mg（每日2次）+枸橼酸铋110mg（每日1次）+克拉霉素500mg（每日2次）+阿莫西1 000mg（每日2次），疗程10d。10d后检测血ALT等肝功能指标并复诊。

第三次就诊，患者按要求服完抗HP药物，服药期间上腹隐痛和灼热消失，常有恶心，能耐受，餐后仍有饱胀，粪便浅黑（与铋剂有关），停药后恢复正常，复查肝功能正常。结合患者症状和胃窦存在片状糜烂及癌前病变，给予奥美拉唑20mg（每晨1次）×4周，伊托比利50mg（每日2次）×4周，叶酸5mg（每日1次）×12周，富硒康1片（每日1次）×12周。奥美拉唑停药2周后复查 ^{13}C-尿素呼气试验，半年后复查胃镜并做多部位活检行病理组织学检查。

第四次就诊，距初诊为第11周，按上次诊疗安排，已停用奥美拉唑和伊托比利，患者前述消化不良症状大部分消失，偶尔进餐油腻食物后中上腹或右上腹胀闷。复查 ^{13}C-尿素呼气试验为0.2，提示HP被根除。分析病情，残留的症状可能与胆囊结石有关，建议患者到肝胆外科就诊，就是否需要手术治疗听取外科医生的意见。

第五次就诊，距初诊半年，患者一般情况好，无不适。肝胆外科专家认为进餐油腻食物后中上腹或右上腹胀闷很可能与胆囊结石有关，但症状不重，为偶发，无急性胆囊炎史，超声亦未提示存在慢性胆囊炎，因此目前不建议手术。复查胃镜：浅表萎缩性胃炎，原有糜烂愈合。胃窦黏膜病理学检查：炎症（+），活动性（-），萎缩（+），肠化（+），异型增生（-）。嘱患者半年后复查上腹部超声、1年后复查胃镜。

四、预后

老年人慢性胃炎预后良好，但诊治中需注意如下几个问题：

1. 鉴别诊断 老年人慢性胃炎的主要表现是一组非特异性消化不良症状，老年人消化不良症状的原因众多，有功能性的也有器质性的，要耐心进行鉴别诊断，以免漏诊。

2. 规范治疗 老年人由于生活经历漫长，HP感染率高、服药多，如果进行胃镜和病理学检查，可能均患有慢性胃炎，但必须按规范诊疗，切不可盲目服药甚至终生服药。的确需要药物治疗者，也要根据其病因、症状学特点、组织学表现有针对性地选用1～2种药物。

回顾本例患者，其消化不良症状主要由HP感染所致慢性活动性胃炎、胃窦糜烂所致，也与胆囊结石有关，治疗的关键是根除HP，因为根除HP不仅可直接治愈慢性活动性胃炎、胃窦糜烂，也是其癌前病变逆转的关键措施之一。

3. 治疗和监测并重 老年人慢性萎缩性胃炎常伴有胃黏膜萎缩、肠化、异型增生都属于癌前病变，在完成病因治疗的基础上，可给予抗氧化维生素和/或硒治疗，但必须同时按规范复查胃镜和病理学检查，对病变进行监测。

（郑松柏）

推荐阅读资料

[1] 王小众，郑松柏. 老年人慢性胃炎中国专家共识. 中华老年医学杂志，2018，37（5）：485-491.

[2] 文忠，谢勇，陆红，等. 第五次全国幽门螺杆菌感染处理共识报告. 中华消化杂志，2017，37（6）：364-378.

[3] 张倩倩，郑松柏. 老年"双抗"患者的胃黏膜损害及其保护策略. 胃肠病学，2018，23（1）：3-7.

[4] 中华老年医学杂志编辑委员会，中华医学会老年医学分会. 老年人功能性消化不良诊治专家共识. 中华老年医学杂志，2015，34（7）：698-705.

[5] 中华医学会消化病分会. 中国慢性胃炎共识意见（2017，上海）. 胃肠病学，2017，22（11）：670-687.

[6] SUGANO K，TACK J，KUIPERS E J，et al. Kyoto global consensus report on Helicobacter pylori gastritis. Gut，2015，64（9）：1353-1367.

第三节　消化性溃疡

学习要求

1. 熟悉老年消化性溃疡的临床特点，诊断、鉴别诊断和综合治疗的原则。
2. 掌握上消化道出血的常见病因及诊断分析思路。

消化性溃疡（peptic ulcer，PU）指在各种致病因子作用下，黏膜发生的炎性反应与坏死性病变，病变可深达黏膜肌层，其中，以胃、十二指肠溃疡最常见。老年消化性溃疡的发病率随年龄递增而增加。其临床表现有许多特点和中青年的溃疡病不同，老年患者症状不典型，常伴有心肺疾病及肾功能减退，并发症的发生率高而且很严重。

临床病例

患者，男，82岁。

主诉：反复黑便3d伴呕血1次。

现病史：3d前出现大便次数增多，粪便稀软不成形，颜色发黑、柏油样，每日2～3次，每次100～200g，伴中上腹不适、嗳气、腹胀，未予重视，口服黄连素治疗，症状未见明显缓解。今天凌晨4点突然出现恶心、腹胀不适，呕吐咖啡色液体200ml，解柏油样黑便1次，约500ml；同时出现头晕、出冷汗、面色苍白。立即送医院急诊。追问病史：患者近1年反复中上腹不适伴嗳气，多于进餐后明显，偶有中上腹隐痛，秋冬或冬春季发作较频繁，服用奥美拉唑等药物可缓解。近期体重无明显下降。

既往史：有冠心病史10余年，服用单硝酸异山梨酯40mg/d，1年前因"冠状动脉狭窄"开始长期服用阿司匹林100mg/d；有原发性高血压病史20余年，长期服用氨氯地平5mg/d，血压控制于150/80mmHg。无肝炎、结核病史，无外伤、手术史。

体格检查：体温36.8℃，心率120次/min，呼吸24次/min，血压84/40mmHg。贫血貌，神志淡漠，意识模糊，无黄疸，心率120次/min、律齐，双肺未闻及干湿啰音，腹平软，中上腹轻压痛，无反跳痛，肠鸣音活跃，双下肢无水肿。

实验室检查如下。血常规：白细胞计数 $8.8×10^9/L$，中性粒细胞百分比80%，红细胞计数 $2.34×10^{12}/L$，血红蛋白浓度65g/L，血小板计数 $220×10^9/L$。肝功能：ALT 21IU/L，AST 24IU/L，TBil 11μmol/L，白蛋白30g/L，K^+ 3.5mmol/L，Na^+ 135mmol/L；血淀粉酶32IU/L；血氨12μmol/L。肾功能：Cr 128mmol/L，BUN 6.9mmol/L，尿酸0.207mmol/L；粪隐血（++++），呕吐物隐血（++++）。

一、初步诊断

该患者反复黑便3d伴呕血1次入院，解柏油样便，呕吐咖啡色液体，粪隐血++++，呕吐物隐血++++，因此，上消化道出血诊断明确。出血量大于1 000ml，伴头晕出冷汗、意识模糊、面色苍白、血压下降（84/40mmHg）、心率120次/min，因此，诊断急性上消化道大出血。

【问题1】老年消化性溃疡的常见病因与发病机制有哪些？

消化性溃疡的发病机制主要与胃十二指肠黏膜的损害因素和黏膜自身防御-修复因素之间失平衡有关，其中胃酸分泌异常、幽门螺杆菌（HP）感染、非甾体抗炎药（NSAID）是引起消化性溃疡的最常见病因。

1. 胃酸　1910年Schwarz教授提出"无酸无溃疡（no acid, no ulcer）"概念，胃酸在消化性溃疡的发病中起重要作用，已得到普遍公认。传统认为，老年人泌酸功能减退或缺乏胃酸，但近年来研究证明：老年人分泌胃酸的能力及胃内酸度并未随着年龄的增长而减退。尽管老年人胃酸分泌及其反馈调节机制有所改变，但胃酸依然是老年人酸相关性疾病的主要致病因素。

2. HP感染　1983年Marshall和Warren首次发现HP，并发现其与消化性溃疡和胃炎相关。大量临床研究已证实，消化性溃疡患者的HP检出率显著高于对照组的普遍人群，而根除HP后溃疡复发率明显下降。

由此认为，HP 感染是导致消化性溃疡发病和复发的重要因素之一。老年人群中 HP 感染率并未随年龄增长而升高，很可能 HP 感染并不是老年人溃疡增多的主要原因。

3. NSAID 随着 NSAID 应用日益广泛，NSAID 逐渐成为老年人消化性溃疡的主要病因之一，而且在上消化道出血中起重要作用。NSAID 常用于抗炎镇痛、风湿性疾病、骨关节炎、心脑血管疾病、肠道肿瘤、老年性痴呆等老年人常见疾病。长期服用 NSAID 导致胃肠黏膜损伤、NSAID 溃疡或使原溃疡加重在老年人中相当普遍。流行病学调查显示，在服用 NSAID 人群中，15%~30% 可患消化性溃疡；NSAID 使溃疡出血、穿孔等并发症发生的危险性增加 4~6 倍；在老年人中，消化性溃疡并发症发生率和病死率约 25% 与 NSAID 有关。NSAID 对胃肠道黏膜损害的作用机制包括局部和系统两方面。

4. 其他因素

（1）药物中，糖皮质激素、抗肿瘤药物和抗凝药物等广泛使用（尤其在老年人中）也是诱发消化性溃疡，甚至上消化道出血不可忽视的原因。

（2）吸烟、饮食、遗传、胃十二指肠运动异常、应激与心理等因素在消化性溃疡的发生中亦起一定作用。

（3）继发于某些疾病，如克罗恩病、结核、淋巴瘤、巨细胞病毒或单纯疱疹病毒感染、系统性肥大细胞增生等。

【问题 2】 老年消化性溃疡的临床特点有哪些？

1. 胃溃疡多于十二指肠溃疡 现有资料表明，胃溃疡多发生于 65 岁以上老年人群，老年患者中，胃溃疡占 60.1%，十二指肠溃疡占 32.2%，复合性溃疡占 7.7%，胃溃疡和十二指肠溃疡之比为 2:1。

2. NSAID 溃疡发病率高 老年人常伴有心脑血管疾病、骨关节病等，需长期服用 NSAID，容易产生严重的胃黏膜损伤，导致 NSAID 溃疡或使溃疡病加重。文献报道，在美国发生的药物不良反应中 25% 与应用 NSAID 有关。导致 NSAID 溃疡的高危因素：年龄>60 岁；既往有消化性溃疡史；吸烟、酒精；同时使用抗凝药物、抗血小板药物或糖皮质激素等。

3. 溃疡部位变迁、巨型溃疡多见 中青年人溃疡多见于十二指肠、胃窦和胃小弯，老年人胃溃疡常位于胃的近端，即胃体上部、胃底部。国外文献报道老年人胃溃疡 40% 发生于胃体部，国内报道老年人胃体部溃疡为中青年患者的 5~6 倍。巨型溃疡指胃溃疡直径≥3.0cm，十二指肠溃疡直径≥2.0cm。老年人巨型溃疡较多见，特别是 70 岁以上的患者，多位于后壁，与 NSAID 摄入有关，需与溃疡型胃癌相鉴别。

4. 症状不典型 老年消化性溃疡的症状常不典型，典型胃痛仅占 39%，即使有疼痛也失去正常的节律，而中青年患者典型胃痛占 51.2%。老年人胃痛常放射至背部（穿透至胰腺）、左侧腰部、脐周，甚至胸部、剑突上方，高位溃疡或合并反流性食管炎的患者可表现为胸骨后痛，类似不典型心绞痛。1/3 老年患者仅感上腹部不适或食欲减退。其临床症状与内镜表现、并发症之间无明确关系，临床症状并不能预示最终的临床结果。这与老年人痛觉迟钝有关，使用 NSAID 的患者还与药物本身具有局部及全身镇痛作用有关。

5. 并发症较多而重 NSAID 溃疡常以溃疡出血或穿孔为首发症状。而这些并发症的发生常无任何提示症状。内镜证实胃或十二指肠已出血糜烂、溃疡，甚至出血的患者中 50%~55% 无相应临床症状。更重要的是，无症状的 NSAID 溃疡更易并发出血穿孔，15% 的患者可有呕血，而黑便发生率可高达 50%。由于老年人常伴有严重心肺疾病、肾功能减退、糖尿病、动脉硬化等，一旦发生并发症均较严重，预后差。

6. HP 感染率不增高 HP 感染率并未随着年龄的增长而有升高趋势，HP 感染可能并不是老年人溃疡增多的主要原因。

【问题 3】 消化性溃疡最常见的并发症是什么？

上消化道出血是最常见并发症，指屈氏韧带以上的食管、胃、十二指肠、上段空肠及胆胰管的出血。

1. 上消化道出血的病因及分类 见表 3-4-2。

表 3-4-2 上消化出血的病因及分类

分类	代表疾病
消化系统疾病	
食管疾病	食管静脉曲张破裂、反流性食管炎、食管憩室炎、食管癌、食管异物、食管贲门黏膜撕裂、食管裂孔疝
胃及十二指肠疾病	胃溃疡、十二指肠溃疡、急性胃黏膜病变、胃癌

续表

分类	代表疾病
肝、胆道疾病	肝硬化致食管-胃底静脉曲张或门静脉高压性胃病、胆道结石、胆道蛔虫、胆囊癌、胆管癌及壶腹癌
胰腺疾病	急慢性胰腺炎合并脓肿或囊肿、胰腺癌
消化系统邻近器官疾病	胸主动脉瘤破裂进入食管，腹主动脉瘤破裂进入十二指肠
全身性疾病	
血液疾病	血小板减少性紫癜、过敏性紫癜、白血病、血友病、霍奇金病、遗传性毛细血管扩张症、弥散性血管内凝血及其他凝血机制障碍（如应用抗凝药物过量）
感染性疾病	流行性出血热、钩端螺旋体病、登革热、暴发型肝炎、败血症
结缔组织病	系统性红斑狼疮、皮肌炎、结节性多动脉炎累及上消化道
其他	尿毒症、肺源性心脏病、呼吸功能衰竭

2. 上消化道出血常见病因的识别　见表3-4-3。

表3-4-3　上消化出血常见病因的识别

病因	消化性溃疡	急性胃黏膜病变	胃癌	食管-胃底静脉曲张
好发年龄	十二指肠溃疡青壮年多见，胃溃疡中老年多见	均可	中老年多见	20～50岁
性别	十二指肠溃疡男∶女比例为（4.4～6.8）∶1 胃溃疡男∶女比例为（3.6～4.7）∶1	无明显差别	男性多见	男性多见
诱因	药物、精神刺激、饮食不慎、气候变化	药物、精神心理因素，严重创伤大手术	不明	肝硬化失代偿
特点	呕血、黑粪或粪隐血阳性，长期性、周期性、节律性，中上腹隐痛或不适，出血后疼痛缓解	有或无中上腹疼痛或不适	中上腹疼痛、胀痛或不适，食欲缺乏	呕血、黑便，出血量较大
发作形式和持续时间	缓慢起病，持续性、反复发作	急性起病，持续时间较短	缓慢起病，进行性加重	缓慢起病，持续性
伴随症状或体征	胃灼热、反酸、嗳气、恶心、呕吐，中上腹轻压痛	嗳气、反酸、中上腹烧灼感、恶心、呕吐、上腹部轻压痛	腹块、腹水、中上腹或左上腹饱满，轻压痛，消瘦或恶病质	食欲减退、乏力、腹水、黄疸、贫血、脾大、腹壁静脉曲张

3. 上消化道出血的诊断思路　见表3-4-4。

表3-4-4　上消化道出血诊断思路

思路	临床鉴别诊断
鉴别是否为上消化道出血	排除口腔、鼻、咽、喉等部位出血，咯血，服用活性炭、铋剂、铝剂等
询问出血方式	幽门以下出血：表现为黑便；如果出血量多，黑便伴呕血 幽门以上出血：表现为呕血和黑便；如果出血量少，仅为黑便
估计出血量	粪隐血阳性：出血量≥5ml 黑便：出血量≥50～70ml 呕血：胃内积血≥250ml 上消化道大出血：24h内失血量≥1 000ml或循环血量的20%，常伴头晕、心悸、面色苍白、脉速、出汗、黑矇、晕厥，甚至血压下降、意识丧失等，全身症状的个体差异较大，与年龄体质、有无慢性疾病有关，老年患者更容易出现 消化性溃疡出血：常伴反复中上腹隐痛或不适
伴随症状和既往史	食管-胃底静脉曲张破裂出血：有慢性肝炎、血吸虫病等肝硬化史 胆道出血：往往右上腹剧烈绞痛后出血 血液病出血：同时伴皮肤黏膜出血

入院后，患者经积极静脉补液扩容治疗，立即停用阿司匹林，停用氨氯地平，禁食、胃肠减压，给予输血（每次200ml，共800ml），静脉注射奥美拉唑40mg，（8h用药1次），蛇毒血凝酶1IU静脉滴注，12h用药1次，生长抑素6mg静脉滴注维持24h等治疗。第2日行急诊胃镜检查，诊断"胃角溃疡伴活动性出血，Forrest Ⅱb"，采用止血夹局部止血。经治疗血压恢复正常，大便逐渐转黄色。

二、辅助检查及诊断

胃镜检查是诊断消化性溃疡最可靠的方法，该患者入院后，第2日急诊胃镜证实为胃角溃疡伴活动性出血，Forrest Ⅱb。结合患者有冠心病史，近1年来长期服用阿司匹林，反复中上腹不适伴隐痛，因此，诊断为胃溃疡并发上消化道出血，以NSAID溃疡可能大。

【问题4】 消化性溃疡的诊断要点是什么？

1. 临床症状 消化性溃疡典型的症状为慢性周期性、节律性上腹部疼痛和/或不适，具有典型症状，有助于本病的诊断。但是，老年消化性溃疡疼痛并不典型，甚至无疼痛，因此，单凭临床症状难以确诊。

2. 胃镜检查 是诊断消化性溃疡最主要和最可靠的方法。老年人甚至高龄老年人也可以做胃镜检查；伴有严重心肺疾病、严重神经精神系统疾病，不能耐受或配合胃镜检查者，可选择上消化道钡餐检查。胃镜检查过程中应注意溃疡的部位、形态、大小、深度、病期及溃疡周围黏膜的情况。胃镜检查结合活组织病理检查对鉴别良恶性溃疡具有重要价值。

【问题5】 消化性溃疡的鉴别诊断要点有哪些？

消化性溃疡需要与表现为慢性上腹部疼痛的其他疾病鉴别。

1. 慢性胆囊炎和胆石症 慢性胆囊炎和胆石症患者疼痛部位大多位于右上腹，可向背部放射，进油腻食物诱发，常伴发热、黄疸。但少数患者可表现为中上腹疼痛、腹胀等，常误诊为消化性溃疡或炎症。对症状不典型者需作B型超声等影像学检查。

2. 胃癌 胃癌患者在出现腹部包块、腹水等晚期症状之前，仅根据临床表现难以与消化性溃疡鉴别，尤其老年患者。胃镜结合病理组织学检查是鉴别良恶性病变最有效的方法，对内镜下所见的胃溃疡应常规进行活组织病理检查，且应多点取活检，以免遗漏看似良性溃疡的胃癌。

三、初步治疗

该患者入院后，给予质子泵抑制剂（proton pump inhibitor，PPI）抑制胃酸、生长抑素、止血、输血、静脉补液扩容等积极治疗，同时，采取急诊胃镜下止血夹局部止血，效果显著，上消化道出血得到快速、有效的控制。

【问题6】 老年消化性溃疡的综合诊治有哪些？

首先，针对可能的病因治疗，注意休息，避免剧烈运动，避免刺激性饮食、戒烟、戒酒。避免或慎重使用NSAID、抗血小板药物、抗凝药物、糖皮质激素等药物。

1. 老年人的抑酸治疗 抑酸治疗是缓解消化性溃疡症状、愈合溃疡的最主要措施。PPI是首选的药物。消化性溃疡治疗通常采用标准剂量的PPI，每日1次，早餐前半小时服药。治疗十二指肠溃疡疗程4周，胃溃疡为6~8周，通常胃镜下溃疡愈合率均在90%以上。对于存在高危因素及巨大溃疡的患者建议适当延长疗程。PPI的应用可减少上消化道出血等并发症的发生率。

目前认为，老年人胃酸分泌并未随着年龄增长而降低，而老年人食管和胃黏膜抗损伤和修复的能力均降低，故对于老年消化性溃疡应用抗酸药仍然是合理和必要的选择。但对于抗酸药种类和剂量，应采取个体化策略，由于老年人肝脏对药物的代谢转化能力降低，肾脏对药物的清除能力降低，药物的生物利用度提高，半衰期延长，肝、肾负担加重。因此，在老年人用药时，要充分评估肝、肾功能，合理选择药物。老年人抑酸治疗药物中PPI是最有效、安全的药物。

2. 老年人根除HP治疗原则 根除HP是消化性溃疡的基本治疗，是溃疡愈合及预防复发的有效措施。在根除HP治疗方案选择时，需慎重考虑联合用药对老年人肝、肾功能的影响。而且，老年人往往伴有多种疾病，同时服用多种药物，应避免根除HP药物与多种药物之间的相互作用。根除HP治疗的疗程不宜过长，次数不宜过多。

3. **老年消化性溃疡并发出血的治疗措施** 消化性溃疡合并活动性出血应采取积极的内科治疗,包括祛除诱因,维持血容量稳定,静脉使用PPI、生长抑素、止血药等,必要时胃镜下止血。消化性溃疡并发急性出血时,应尽可能做急诊胃镜检查,即24～48h内的胃镜检查和治疗。Forrest分级Ⅰa～Ⅱb级患者,应在胃镜下进行适当的止血治疗。胃镜治疗联合大剂量静脉使用PPI,可显著降低再出血率与外科手术率。该治疗措施对于老年患者尤其适用,能够明显改善高危患者的预后。

【问题7】 在老年消化性溃疡治疗中有哪些注意事项?

1. 由于老年人胃黏膜存在血管壁增厚,血管扭转等退行性变,导致胃黏膜供血减少,修复功能降低;老年人胃黏液分泌减少,"黏液屏障"减弱,胃黏膜易受损伤;老年人胃排空能力较中青年明显延迟,所以老年人消化性溃疡往往严重且愈合较慢,疗程较长,溃疡复发率高,1年的复发率高达50%以上。多数学者认为老年是溃疡复发的高危因素,主张在溃疡治愈后,尤其对有过并发症的患者,延长疗程或采取长期维持治疗。

2. 老年人常合并心、脑、肺、肾等病变,存在重要脏器的功能衰退或不全,用药时易产生某些毒副反应。因此,治疗中需注意药物不良反应监测,及时调整用药。

3. 老年消化性溃疡发生穿孔者,如患者条件许可,应尽快手术治疗,但手术死亡率远较中青年高,术前需要充分的综合评估。

4. 对活动性出血者,应首先采取积极的内科治疗,必要时内镜下止血。据报道,老年上消化道出血患者手术死亡率可高达25%,因此,在选择手术治疗时需严格掌握适应证,术前进行全面、客观的个体化评估。

四、进一步治疗和复查

给予患者饮食指导,避免或慎用NSAID药物、抗血小板药物、抗凝药物等。建议出院后继续使用口服PPI抑制胃酸,同时使用胃黏膜保护剂,根除HP治疗,补充铁剂纠正贫血等。要求患者密切随访血常规、血生化指标,并嘱定期复查胃镜。

【问题8】 老年消化性溃疡复发的预防措施有哪些?

HP感染、长期服用NSAID是导致消化性溃疡复发的主要原因,其他原因尚有吸烟、饮酒等不良生活习惯。对复发性溃疡的治疗,应首先分析其原因,再做出相应的处理。根除HP后,溃疡复发率显著低于单用抑酸剂治疗。长期服用NSAID是导致老年人消化性溃疡复发的另一重要因素,由于老年人共病现象严重,如因原发病需要不能停用NSAID药物者,可更换为选择性COX-2抑制剂,并同时服用PPI预防消化性溃疡复发。临床资料显示:长期使用PPI维持可预防溃疡复发,效果显著优于H_2受体拮抗剂。

目前使用的许多胃黏膜保护剂通过增加胃黏膜碳酸氢盐的分泌,加强胃黏膜屏障,抑制胃酸、胃蛋白酶,促进内源性前列腺素(prostaglandin,PG)的合成,刺激新生血管形成,增加胃黏膜血流量,加快胃黏膜上皮的修复,使黏膜下组织结构恢复和重建,因而,可提高溃疡愈合质量,降低复发率。

五、预后

由于对消化性溃疡发病机制的深入研究及治疗药物的不断发展,尤其PPI的广泛应用,内科治疗消化性溃疡已取得良好疗效,大多可以治愈。但是,老年消化性溃疡的复发率较高,需加强预防。当老年人发生严重并发症时,如上消化道大量出血、急性穿孔、幽门梗阻等,预后相对较差,且难以耐受手术治疗。

(张 玉)

推荐阅读资料

[1] 抗血小板药物消化道损伤的预防和治疗中国专家共识组. 抗血小板药物消化道损伤的预防和治疗中国专家共识(2012)更新版. 中华内科杂志,2013,52(3):264-270.

[2] 中华消化杂志编委会. 消化性溃疡病诊断与治疗规范(2013年,深圳). 中华消化杂志,2014,34(2):73-76.

[3] BAGHERI N,SHIRZAD H,ELAHI S,et al. Down-regulated regulatory T cell function is associated with increased peptic ulcer in Helicobacter pylori-infection. Microb Pathog. 2017,110:165-175.

[4] CHEY W D，LEONTIADIS G I，HOWDEN C W，et al. ACG clinical guideline: treatment of helicobacter pylori infection. Am J Gastroenterol，2017，112（2）：212-239.

[5] NISHIE H，KATAOKA H，KATO H，et al. Refractory gastric antral ulcers without Helicobacter pylori infection and non-steroidal anti-inflammatory drugs. Clin J Gastroenterol，2018，11（3）：251-256.

[6] ROWLAND M，CLYNE M，DALY L，et al. Long-term follow-up of the incidence of helicobacter pylori. Clin Microbiol Infect，2018，24（9）：980-984.

第四节　缺血性结肠炎

学习要求

1. 掌握缺血性结肠炎的定义、临床分型。
2. 掌握老年人缺血性结肠炎的临床特点、诊断要点、鉴别诊断要点及内科治疗原则。
3. 熟悉老年人缺血性结肠炎的病因及发病机制。
4. 熟悉老年人缺血性结肠炎的手术治疗适应证。
5. 熟悉老年人缺血性结肠炎的预后。

缺血性肠病是指营养肠道的动脉血供或静脉血流障碍导致的肠道缺血性损伤，包括急 / 慢肠系膜缺血和缺血性结肠炎，其中以缺血性结肠炎（ischemic colitis）在临床上以老年人最为常见。缺血性结肠炎是由于结肠某肠段的血供明显减少甚至停止，导致受累肠段缺血性损伤，引起结肠黏膜充血、水肿、坏死、糜烂、溃疡，严重的累及肠壁全层导致结肠穿孔。

临床病例

患者，男，78 岁。

主诉：腹痛伴便中带血 2d。

现病史：患者入院前 2d 进食杨梅烧酒后出现间歇性脐周绞痛，伴解暗红色血便，每次量为 50～100ml，便后腹痛略减轻。无发热，无冷汗，无恶心，无呕吐，自以为是痔疮出血，未予重视。第 2 日腹痛加重，同时出现排便次数增加伴血便，来医院急诊。体格检查：体温 37℃，血压 120/80mmHg，神清，心率 95 次 /min，房颤律，双肺呼吸音清，未及啰音，腹平软，无腹块，左下腹轻度压痛、无反跳痛、肝脾肋下未及、肠鸣音不亢，双下肢无水肿。

实验室检查如下。粪常规＋隐血：红细胞 40～50 个 /HP，白细胞 5～6 个 /HP，粪隐血（++++）。血常规：白细胞计数 10×10^9/L，中性粒细胞百分比 76.6%，血红蛋白浓度 147g/L，血小板计数 153×10^9/L，红细胞沉降率 18mm/h。血生化：ALT 361IU/L，AST 29IU/L，TBil 21μmol/L，白蛋白 39g/L，TG 2.0mmol/L，TC 5.2mmol/L，K^+ 4.5mmol/L，Na^+ 138mmol/L，FBG 6.3mmol/L；血淀粉酶 85IU/L。肾功能：Cr 134mmol/L，BUN 8.4mmol/L。凝血功能：凝血酶原时间 12.5s，纤维蛋白原 2.03g/L，D- 二聚体 3.8mg/L。

既往史：原发性高血压病史 20 余年，血压最高 180/90mmHg，长期口服氯沙坦钾片 50mg/d 及美托洛尔 25mg/d，血压控制尚可；有冠心病、心房颤动病史，服用单硝酸异山梨酯 40mg/d，美托洛尔 25mg/d，心室率控制在 70～90 次 /min，偶有胸闷；2 型糖尿病病史 25 年，口服二甲双胍 0.5g 每日 3 次，血糖控制尚满意，空腹血糖 6～7mmol/L，餐后 2h 血糖 11～13mmol/L。无肝炎、结核病史，无外伤、手术史。

一、初步诊断

患者因腹痛伴暗红色血便 2d 入院，粪常规＋隐血提示：粪红细胞 40～50 个 /HP，粪隐血 ++++，因此，下消化道出血诊断明确。患者为 78 岁的老年患者，既往有高血压、心房颤动病史多年，本次发病表现为急性起病，突发腹部阵发性绞痛，之后出现便血，结合存在长期高血压、糖尿病及心房颤动的基础疾病，诊断首先考虑缺血性结肠炎所致的急性下消化道出血。

【问题1】 老年人缺血性结肠炎的常见病因与发病机制是什么?

缺血性结肠炎是由于结肠某肠段的血供减少或停止,导致肠壁供血不足,引起一系列病理改变。故凡能引起全身血流动力学异常或肠系膜血管病变致结肠缺血者均可引起本病,供血不足是病变的基础,炎症反应是其继发性改变。主要原因:①血管病变,高血压病、糖尿病和高脂血症等导致的血管粥样硬化,是引起结肠缺血最常见原因,特别是病变位于肠系膜动脉开口部位最为严重;粥样硬化斑块脱落形成栓子栓塞肠系膜小动脉;某些疾病,如类风湿性关节炎、系统性红斑狼疮、过敏性紫癜等引起小血管炎症,累及结肠小动脉时,可导致所供应的肠段出现缺血;②肠系膜动脉低灌注,如心肌梗死、充血性心力衰竭、心肌病、休克、大出血、严重脱水等引起心脏排血量减少、外周血管灌注不良时,可严重影响结肠血流灌注,导致缺血;洋地黄类及较强的缩血管药物,亦可引起肠壁血管低灌注,出现缺血;③血管外因素,包括腹腔嵌顿性疝、肠扭转、肠套叠、腹腔黏连带压迫及腹腔内肿瘤等,可压迫血管,导致肠黏膜血供减少;④肠道因素,当出现肠梗阻、肠粘连、肠系膜扭转及长期顽固性便秘、灌肠时,导致肠腔内压力增高、肠壁血流量降低,发生肠缺血;⑤手术因素,腹部手术,如左侧结肠癌、腹主动脉瘤手术时,在处理肠系膜血管时,伤及正常肠段的血供。

结肠血供主要由肠系膜上动脉、肠系膜下动脉和髂内动脉分支供给。肠系膜上、下动脉均从腹主动脉以锐角斜行分出,故体循环中的栓子较易进入,特别是肠系膜下动脉与腹主动脉近乎平行,从腹主动脉随血流而下的栓子更容易进入肠系膜下动脉。肠系膜上动脉分出的中结肠动脉和肠系膜下动脉分出的左结肠动脉在脾曲处相吻合,该处称 Griffiths 点,此处的血管常发育不全或缺如。因此,结肠的缺血多见于左半结肠,尤其是以处在两支动脉末梢供血区域交界处的脾曲和乙状结肠最易发生。左半结肠缺血性结肠炎的发生率是右半结肠的 3 倍。一旦局部供血动脉发生阻塞,肠壁即发生缺血,代谢最为活跃的黏膜层最易受到缺血的影响,当局部血液循环得不到改善时,病变可继续向下发展累及肌层,甚至浆膜层,造成全层肠壁梗死。

【问题2】 老年人缺血性结肠炎的临床特点有哪些?

多数起病急骤,主要临床表现为腹痛、便血、腹泻三联征。腹痛多位于左下腹,为突发性绞痛,但老年人腹痛症状有时不明显。腹痛时多伴有便意。部分患者可在 24h 内排出与粪便相混合的鲜红色或暗红色血便。由于大量肠液渗出、肠蠕动过快等因素导致腹泻,有时在粪水中可见坏死脱落的肠黏膜。老年人腹泻有可能是缺血性结肠炎的首发和主要症状。

体格检查往往缺乏特异性的体征,表现为症状和体征不相符的特点。部分患者低热、心率加快,腹部可有轻中度压痛,出现肌紧张、反跳痛时,提示肠壁坏疽。病变肠段扩张时可出现腹部膨隆,肠鸣音可亢进、减弱甚至消失。腹水较多时移动性浊音可为阳性。

【问题3】 缺血性结肠炎的临床分型是什么?

临床根据严重程度将缺血性结肠炎分为三型。

(1)一过性型(急性型):是因结肠终末小动脉轻度血运障碍所致的小范围节段性病变,通常只累及黏膜和黏膜下层。表现为突然发病,中下腹或左下腹痛,继而腹泻、便血,伴有发热、心悸、腹部压痛等。此型最多见,症状较轻,数日内消失,2 周内可恢复,一般不复发。

(2)狭窄型(慢性型):是因结肠壁显著水肿、增厚、僵硬导致管腔狭窄,又因常有痉挛,使肠腔狭窄更为明显。特点为反复发作的腹痛、便秘、腹泻、便血等,常自行缓解。肠狭窄严重时可发生肠梗阻。本型多半症状不典型,有时无腹痛、便秘或腹泻。病因未除,亦可反复发作。

(3)坏疽型:常因结肠动脉主支血运障碍而导致结肠黏膜大片坏死,溃疡深达肌层及浆膜层。此型最少见,突发左下腹或左季肋部剧痛呈绞痛样,继而便血、腹泻,腹痛迅速扩展至全腹,有腹膜炎体征,常伴有肠道感染,早期出现休克,可有多脏器功能衰竭,预后差。

入院后予禁食、静脉左氧氟沙星抗感染、肠外营养支持治疗,第 2 日行肠镜检查,发现左半结肠脾曲、黏膜不同程度充血、水肿、瘀斑、出血、糜烂、溃疡,溃疡面附有白苔(图 3-4-1),回盲部约 2.5cm×2.5cm 瘤样病变,表面结节样,充血水肿糜烂,溃疡形成,周堤稍隆起,基底软(图 3-4-2),病灶边缘与正常黏膜界限清楚,肠腔内可见少量血性液体。两处病灶病理均提示黏膜和黏膜下出血、水肿,部分黏膜脱失、溃疡、坏死。在原治疗基础上,给予抗凝、活血治疗,包括低分子肝素皮下注射、丹参多酚静脉滴注等。患者腹痛逐渐缓解,便血逐渐减少。

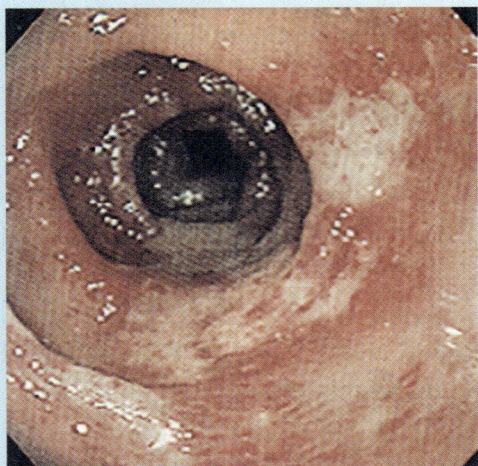

图 3-4-1　降结肠病灶肠镜下表现

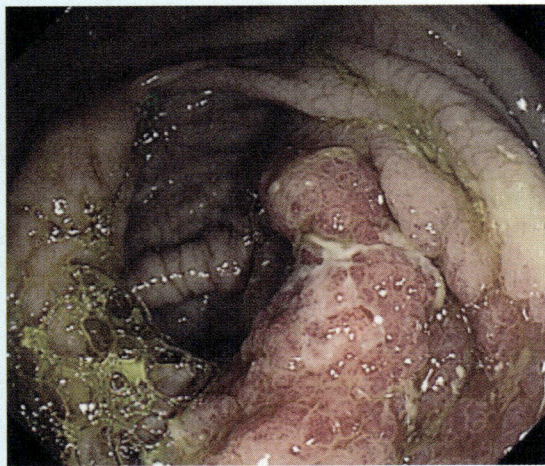

图 3-4-2　回盲部病灶肠镜下表现

二、辅助检查和治疗方案

急诊肠镜发现左半结肠脾曲、黏膜水肿、糜烂、溃疡,病理诊断符合肠黏膜缺血,结合患者为老年人,有高血压、心房颤动病史,临床表现主要为急性腹痛、便血,诊断为缺血性结肠炎。经饮食管理、营养支持、抗凝、活血等治疗,病情得到有效控制,腹痛缓解、便血逐渐消失。

【问题4】　老年人缺血性结肠炎的诊断要点是什么?

1. 临床症状　见【问题2】。

2. 基础疾病　缺血性结肠炎患者往往存在诱发缺血性结肠炎发生的基础疾病,如高血压、糖尿病、心律失常、血管病变等与前述发病因素相关的疾病。

3. 肠镜检查　早期结肠镜检查是诊断缺血性结肠炎的主要手段,特别是在发病后24~48h,是早期诊断的关键。不伴有严重心肺疾病的老年人甚至高龄老年人,可以做肠镜检查。结肠镜检查可确定病变部位、范围、病期及预后,同时可取得标本行病理组织学检查,有助于鉴别诊断。当疑有缺血性结肠炎伴肠坏疽、肠穿孔时不宜进行结肠镜检查。急性期,内镜下缺血性结肠炎表现为黏膜不同程度的水肿、充血、瘀斑、出血、糜烂,血管网消失,严重水肿者皱襞增厚如肿块,称假瘤征。

4. 病理特点　病理检查对缺血性结肠炎的诊断具有重要价值。缺血性结肠炎病理改变不一。最轻的改变是黏膜和黏膜下出血、水肿,有时伴有部分黏膜坏死(图 3-4-3)。以后出血吸收,或其上黏膜脱失,形成溃疡。损伤更重时,黏膜和黏膜下层将代之以肉芽组织,以后黏膜可能在水肿的黏膜下层再生,该处含有肉

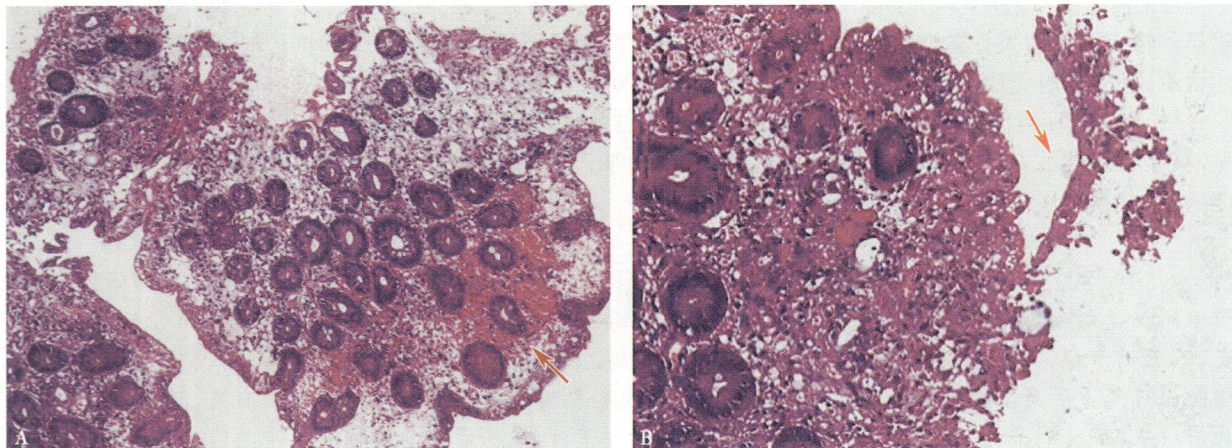

图 3-4-3　回盲部病灶病理表现

A. 固有膜间质明显出血,伴有肉芽组织形成(HE×100);B. 表层上皮脱落,隐窝保存,间质纤维化(HE×400)。

芽和纤维组织及含铁血黄素沉着的巨噬细胞。缺血更重、持续更久时，固有肌层受累，代之以纤维组织，从而发生狭窄。最严重的缺血是发生透壁梗死、坏疽和穿孔。

5. 腹部 CT　CT 是一种无创性检查，检查时间短，患者痛苦小，耐受性好，特别适合于不能耐受内镜检查的患者。缺血性结肠炎 CT 表现：结肠壁可轻度增厚，也可明显增厚；密度均匀，也可分层状呈"靶"征；累及范围可为节段性，也可广泛；肠壁周围炎性浸润渗出导致周围脂肪间隙模糊、腹水等。结肠黏膜下出血或水肿明显可显示为"指压"征或"手风琴"征，肠壁坏死者可见肠壁及门静脉系统内积气。该患者 CT 下见回盲部"同心圆"改变（图 3-4-4），进一步增强 CT 冠状位重建下见"手风琴"征象（图 3-4-5），但这些征象都没有特征性，需要结合病史，考虑缺血性结肠炎可能。

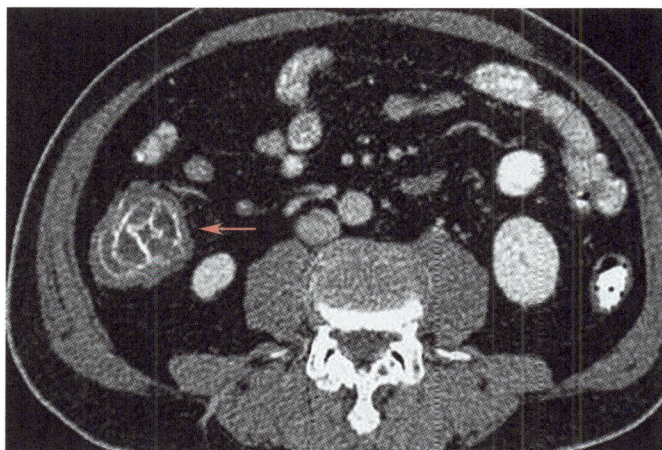

图 3-4-4　回盲部增强 CT 轴位
见回盲部"同心圆"改变（箭头）。

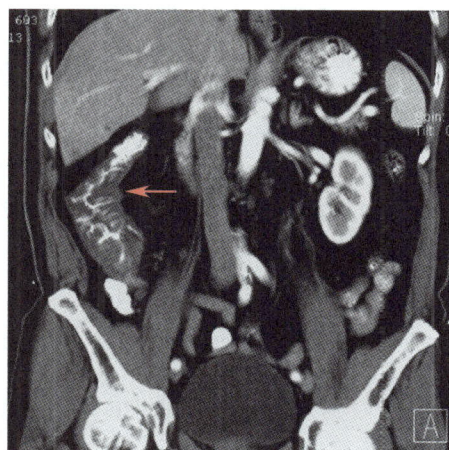

图 3-4-5　回盲部增强 CT 冠状位重建
可见"手风琴"征象（箭头）。

6. 选择性血管造影　是肠系膜动脉栓塞诊断的金标准，并可在诊断的同时直接进行血管内药物灌注治疗和介入治疗。但对于选择性血管造影正常者，不能除外非闭塞性血管缺血。

【问题 5】　老年人缺血性结肠炎的鉴别诊断要点是什么？

老年人缺血性结肠炎需要与引起慢性腹部疼痛及便血的其他疾病鉴别。

1. 胆囊炎和胆石症　常有胆绞痛病史，疼痛位于右上腹，常放射到右肩部。墨菲（Murphy）征阳性，血及尿淀粉酶轻度升高。B 型超声、CT、MRI 或 X 线胆道造影可鉴别。

2. 消化性溃疡急性穿孔　有典型的溃疡病史，腹痛突然加剧，腹肌紧张，肝浊音界消失，X 线透视下见膈下有游离气体等。

3. 溃疡性结肠炎　腹泻，多伴脓血便。内镜检查溃疡浅，充血，出血明显。可有假息肉，病变分布连续，绝大多数直肠受累。

4. 结肠恶性肿瘤　腹痛，便血，部分患者伴有腹泻。内镜检查显示肠壁占位，组织病理学检查可见恶性细胞。

5. 急性胰腺炎　急性上腹痛、恶心、呕吐、发热、血清和尿淀粉酶显著升高，CT 检查有助于鉴别。

6. 慢性胰腺炎　反复发作或持续性腹痛、腹泻，或脂肪泻、消瘦、黄疸、腹部包块和糖尿病等，行逆行胰胆管造影和 CT 有助于鉴别。

7. 胰腺癌　临床表现为上腹痛、进行性消瘦和黄疸。上腹扪及肿块，影像学检查可见胰腺占位性病变。

三、初步治疗

【问题 6】　老年人缺血性结肠炎如何将进行的内科治疗？

老年人缺血性肠炎的治疗以恢复受累肠管血供、减轻肠道缺血损伤、促进损伤组织修复为目的。

1. 饮食与营养管理。如无明显发热、腹胀，可给予低脂流质饮食，可添加可溶性膳食纤维 10～20g/d，少食多餐；如明显发热（>38℃）、腹胀明显、肠鸣音减弱，提示病情较重，应予禁食，肠外营养支持，注意维持水、电解质、酸碱平衡。

2．早期使用广谱抗菌药物预防或治疗菌血症。抗菌谱应该覆盖革兰氏阴性菌及厌氧菌，常用喹诺酮类和硝基咪唑类针剂，严重感染者可用三代头孢菌素。

3．消除病因，积极治疗原发病，恢复肠管血供。

（1）应用血管扩张药物：如罂粟碱 30mg，肌内注射，1 次 /8h，必要时可静脉滴注，可有效扩张血管、缓解腹痛。

（2）抗凝、抗血小板治疗：仅用于高度怀疑为栓塞或血栓形成所致的缺血性肠炎患者。本例患者很可能是心房颤动心房附壁血块脱落栓塞所致，急性期可使用低剂量低分子量肝素，如依诺肝素钠 20～40mg/d，皮下注射，病情稳定后停用，改用阿司匹林 100mg/d 或氯吡格雷 75mg/d。但抗凝、抗血小板治疗可能会加重便血，因此要监测凝血功能，权衡利弊。

（3）其他活血药物：如前列地尔、活血的中成药等，但缺乏循证医学证据。

4．腹胀明显者，可放置肛管排气或实施结肠镜排气，以缓解结肠扩张。

【问题 7】 老年人缺血性结肠炎手术治疗的适应证有哪些？

1．内科保守治疗无效，症状、体征明显加重，如剧烈腹痛、压痛、腹肌紧张、高度腹胀，腹腔穿刺抽出血性液体，提示存在穿透性肠壁坏死，甚至肠穿孔。

2．大量便血，内科治疗无效。

3．缺血性肠炎反复发生，导致肠腔狭窄、肠梗阻。

手术方法包括坏死或狭窄肠管切除、肠系膜血运重建等。

治疗 2 周后，无腹痛，1～2d 排便 1 次，糊状，黄色。体格检查：神志清楚，血压 120/ 80mmHg，心率 85 次 /min，房颤律，体温 36.5℃。腹软，无明显压痛、反跳痛。

复查血常规：白细胞计数 $8.5×10^9$/L，中性粒细胞百分比 70%，红细胞计数 $3.96×10^{12}$/L，血红蛋白浓度 126g/L，血小板计数 $285×10^9$/L。肝功能：ALT 25IU/L，AST 14IU/L，TBil 16μmol/L，血浆白蛋白 37G/L，TG 1.7mmol/L，TC 4.9mmol/L。血电解质：K^+ 3.9mmol/L，Na^+ 140mmol/L。肾功能：FBG 5.3mmol/L，BUN 7.6mmol/L，Cr 110mmol/L。粪隐血（－）。凝血功能：凝血酶原时间 12.9s，纤维蛋白原 2.35g/L，D- 二聚体 1.2mg/L。

复查肠镜：回盲瓣对侧黏膜粗糙，轻度充血水肿，糜烂、溃疡基本愈合，余所见结直肠黏膜基本正常，对比治疗前肠镜，病灶明显好转，为缺血性肠炎愈合期（图 3-4-6、图 3-4-7）。

给予患者饮食指导，逐渐开放饮食，继续口服阿司匹林 100mg/d；嘱患者务必前往心内科就诊，针对心房颤动实施复律或规范的抗凝治疗，以防缺血性结肠炎复发及其他脏器栓塞。

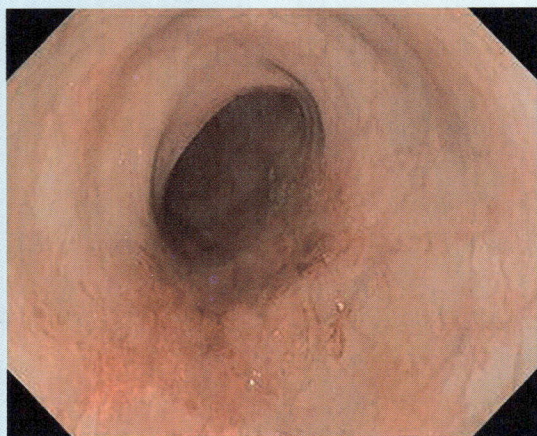

图 3-4-6 治疗 2 周后左半结肠内镜下表现

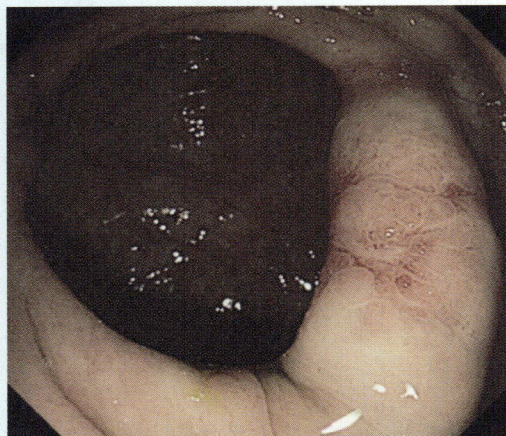

图 3-4-7 治疗 2 周后回盲部内镜下表现

四、预后

【问题8】 老年人缺血性结肠炎预后如何？

绝大多数缺血性结肠炎患者经积极治疗预后良好，轻症患者甚至呈自限性，可能与其良好的侧支循环有关；如原发病没得到有效控制，缺血性结肠炎反复发生，瘢痕收缩将会导致肠梗阻。少数发生肠坏死、肠穿孔的患者，如处理不及时，易发生感染性休克、多脏器功能衰竭而危及生命。

（郑松柏）

推荐阅读资料

[1] 付婷婷，王炳元. 缺血性肠病研究进展. 中国临床医生杂志，2016，44（12）：12-16.

[2] 缺血性肠病诊治中国专家建议（2011）写作组. 老年人缺血性肠病诊治中国专家建议（2011）. 中华老年医学杂志，2011，30（1）：1-6

[3] 姚健凤，虞阳，张伟，等. 合并慢性便秘的老年缺血性结肠炎的临床特点研究. 中华老年多脏器疾病杂志，2014，13（3）：165-168.

[4] 袁凤仪，朱峰，刘德军，等. 缺血性肠病的诊治进展. 中国临床保健杂志，2016，19（3）：324-328.

[5] KÄRKKÄINEN J M. Acute mesenteric ischemia in elderly patients. Expert Rev Gastroenterol Hepatol，2016，10（9）：985-988.

[6] MASTORAKI A，MASTORAKI S，TZIAVA E，et al. Mesenteric ischemia：pathogenesis and challenging diagnostic and therapeutic modalities. World J Gastrointest Pathophysiol，2016，7（1）：125-130.

[7] MISIAKOS E P，TSAPRALIS D，KARATZAS T，et al. Advents in the diagnosis and management of ischemic colitis. Front Surg，2017，4：47.

第五节　胆道系统感染

学习要求

1. 掌握老年胆道系统感染的病因、诊断标准及临床特点。
2. 熟悉老年急性胆道系统感染的药物治疗及外科治疗的原则。

急性胆道系统感染包括急性胆囊炎和急性胆管炎。根据流行病学调查结果，全球5%～15%的人群存在胆道系统结石，其中每年有1%～3%的患者因为胆道系统结石而引起急性胆囊炎或急性胆管炎等胆道系统感染。我国胆道系统结石患者约占同期总住院人数的11.5%。

临床病例

患者，女，78岁。

主诉：反复右上腹不适1年，加重伴畏寒发热2d。

现病史：患者1年来反复右上腹不适，未经处理，可自行缓解，未予重视。2d前出现右上腹不适，伴畏寒、发热，体温达38.8℃，无明显腹痛、恶心、呕吐等。

既往史：高血压10余年，服用缬沙坦80mg每日1次，血压控制于150/80mmHg；2型糖尿病10余年，服用诺和龙1mg每日3次、拜糖平50mg每日3次，空腹血糖平时控制于9mmol/L左右。无肝炎、结核史，无手术、外伤史。

体格检查：体温38.8℃，心率92次/min，呼吸26次/min，血压120/60mmHg神志清楚，巩膜皮肤黄染，心率92次/min、律齐，两肺未闻及干湿啰音，腹平软，中上腹及右上腹轻压痛，无反跳痛及肌紧张，移动性浊音（-），双下肢不肿。

实验室检查如下。血常规：白细胞计数12.6×10^9/L，中性粒细胞百分比92%，红细胞计数4.54×10^12/L，血红蛋白浓度 131g/L,血小板计数 158×10⁹/L。肝功能:ALT 82IU/L,AST 86IU/L,总胆红素 38μmol/L,直接胆红素 20μmol/L。肾功能 Bun7.0mmol/L,Cr 109μmol/L,尿酸 0.40mmol/L。尿常规:尿比重 1.01,尿胆红素(++),尿蛋白(-),尿糖(-),尿白细胞(-),尿红细胞(-)。血糖 11mmol/L。

超声检查:胆囊增大伴结石,胆总管扩张,胆总管下段结石可能,胰腺、脾脏、双肾、输尿管、膀胱未见异常。

一、初步诊断

患者因反复右上腹不适 1 年,加重伴畏寒、发热 2d 入院,体温达 38.8℃,巩膜皮肤黄染,腹部平软,中上腹及右上腹轻压痛;血常规:白细胞计数 12.6×10⁹/L,中性粒细胞百分比 92%,肝功能 ALT 82IU/L,AST 86IU/L,总胆红素 38μmol/L,直接胆红素 20μmol/L,直接 / 总胆红素比例增高,达 52%;超声提示胆囊增大伴结石,胆总管扩张,胆总管下段结石可能。既往有高血压、糖尿病史,目前血糖 11mmol/L,因此,初步诊断为急性胆囊炎,胆囊结石,急性梗阻性胆管炎、胆总管下段结石可能,伴原发性高血压、2 型糖尿病。

【问题 1】 急性胆囊炎病因及危险因素有哪些?

急性胆囊炎是指胆囊的急性炎症性疾病,其中 90%~95% 由胆囊结石引起,5%~10% 为非结石性胆囊炎。最常见的原因是结石堵塞胆囊管造成胆囊的急性炎症。可继发细菌感染,并可造成胆囊积脓。急性胆囊炎的危险因素有蛔虫、妊娠、肥胖、艾滋病等。短期服用纤维素类、噻嗪类等药物,长期应用奥曲肽、激素替代治疗均可能诱发急性胆囊炎。

急性胆囊炎的并发症有胆囊穿孔、胆汁性腹膜炎、胆囊周围脓肿等,并发症发生率为 7%~26%,总病死率为 0~10%。

急性非结石性胆囊炎是一种特殊类型的急性胆囊炎,通常起病严重,预后比急性结石性胆囊炎差,总病死率达 15%。危险因素主要有大手术、严重创伤、烧伤、肠外营养、肿瘤、感染及糖尿病等。

【问题 2】 急性胆囊炎的诊断标准是什么?

急性胆囊炎的诊断有赖于临床表现、实验室检查和辅助检查。

1. 临床表现　典型的急性胆囊炎表现为上腹痛、发热,常伴恶心、呕吐。体格检查可发现中上腹或右上腹压痛、反跳痛,墨菲征阳性,30%~40% 的患者可触及包块,15% 的患者伴有黄疸。

2. 实验室检查　常有白细胞计数升高和中性粒细胞百分比增高、C 反应蛋白升高。胆囊的炎症和水肿可压迫胆总管或胆总管炎症时转氨酶和碱性磷酸酶的增高。也可伴有胆红素的增高,增高的水平与梗阻的程度相平行。间歇性胰管梗阻造成血清淀粉酶的增高。

3. 辅助检查

(1)腹部超声:急性胆囊炎表现如下。①胆囊壁增厚(在不伴有慢性肝脏疾病和 / 或腹腔积液或右心衰竭时,胆囊壁厚度>4mm);②胆囊增大(长轴>80mm,短轴>40mm);③胆囊颈部结石嵌顿,胆囊周围积液,胆囊壁"双边征"。超声下结石表现为高回声及声影。肝内、肝外胆道扩张提示梗阻。

(2)上腹部 CT:胆囊周围液体聚集、胆囊增大、胆囊壁增厚、胆囊周围脂肪组织出现条索状高信号区。CT 还可显示胆囊结石、胆管扩张、胆管结石和肿块。

(3)上腹部 MRI:胆囊周围高信号、胆囊增大、胆囊壁增厚。也可见胆管扩张、结石、肿块等。

(4)内镜逆行胆胰管造影(ERCP)或经皮肝穿刺胆管造影(PTC):可较精确地显示胆道系统,ERCP 更适用于显示较低部位的梗阻,是诊断胆总管结石的"金标准",也可进行内镜下胆总管结石的治疗。而 PTC 显示较高部位或近端的梗阻,PTC 是诊断肝内胆管结石较可靠的方法。

(5)磁共振胆管造影(MRCP):属非创伤性检查,诊断胆管胰管内疾病、胆管胰管扩张和狭窄的特异性和敏感性均较高。

【问题 3】 急性胆管炎的病因有哪些?

急性胆管炎是指肝、内外胆管的急性炎症,常见的病因有胆道结石、胆管良性狭窄、胆道恶性肿瘤及先天性胆道畸形等各种引起胆道梗阻的因素。胆汁中存在细菌和内镜逆行胰胆管造影是急性胆管炎的危险因素。急性胆管炎的总病死率为 10%~30%,死因大多为感染性休克和多器官功能衰竭。

【问题 4】　急性胆管炎的诊断标准是什么？

急性胆管炎的病程发展迅速，有可能因全身炎症反应综合征和 / 或脓毒血症造成 MODS。因此，应及时对急性胆管炎作出诊断，诊断标准见表 3-4-5。

表 3-4-5　急性胆管炎的诊断标准

诊断依据	诊断标准
症状和体征	胆道疾病史，高热和 / 或寒战，黄疸，腹痛及腹部压痛（右上腹或中上腹）
实验室检查	炎症反应指标（白细胞计数 /C 反应蛋白升高等），肝功能异常
影像学检查	胆管扩张或狭窄、肿瘤、结石等

注：确诊急性胆管炎时症状和体征≥2 项 + 实验室检查 + 影像学检查；疑似急性胆管炎时仅症状和体征≥2 项。

二、辅助检查及诊断

该患者超声显示肝脏形态大小正常，包膜光滑，内实质回声略粗，分布均匀，肝内管道结构显示清晰。胆囊增大（140mm×80mm），胆囊区见 27mm 弧形强回声伴声影。肝内胆管明显扩张，胆总管上段内径 23mm，下段见 14mm 弧形强回声伴声影。胰腺形态大小正常，回声均匀，其内未见明显异常回声。脾脏形态大小正常，回声细小均匀，其内未见异常回声。双肾形态大小正常，皮髓质分界清，集合系统无分离，未见异常回声。双侧输尿管未见明显扩张。膀胱充盈欠佳，未见明显异常回声。

上腹部 CT 显示肝内胆管普遍扩张，胆总管扩张，胆总管下端结石；胆囊壁钙化、胆囊多发结石。胰腺、脾脏未见异常，双侧肾门结节影，血管壁钙化可能大。

进一步检查 MRCP 显示胆囊肿大伴多发结石，胆总管扩张，胆总管下段结石。因此，结合临床表现及实验室检查诊断为急性胆囊炎，胆囊多发结石，急性梗阻性胆管炎，胆总管下段结石，伴原发性高血压，2 型糖尿病。

【问题 5】　老年胆道系统疾病的临床特点有哪些？

老年胆道疾病的临床表现多呈隐匿性、非特异性、不典型性，同时有半数以上的老年人伴有多脏器疾病的复杂性，常不易及时做出正确的诊断。老年胆道系统疾病一般具有以下临床特点。

1. 症状不典型，隐匿、非特异性　由于老年人的器官生理功能减退，抗病能力降低，对炎症感染的反映能力较差及神经反应迟钝。老年人患胆道疾病后常缺乏典型症状和体征，即使病情很严重，临床表现仍轻微，甚至症状体征缺如。国内文献报道老年急性胆道感染患者中，49% 腹部无阳性体征；48% 白细胞计数正常；拖延就诊时间大多超过 3d。手术患者中，44% 无明显腹部体征，但切除标本已存在化脓、坏死及化脓性腹膜炎的病理改变，致急诊手术病死率达 23.5%。因此，临床应高度警惕老年人无症状的胆道系统感染，尤其，老年人出现不明原因的发热、畏寒、寒战等。

2. 病史采集较困难，误诊漏诊率高　老年人由于常伴抑郁、孤独、苦闷、悲观情绪，缺少对疾病的治疗信心。而且，老年人多患脑动脉硬化、脑梗死、脑萎缩等颅脑疾患，记忆力和理解能力都明显减退，不能确切表达发病的经过和表现，甚至无法交流沟通。因此，给医务人员采集病史困难，容易误诊或漏诊。

3. 无症状性结石多见　胆管结石多数可出现症状，但也有 50% 的胆囊结石患者无临床症状，称之为无症状结石。文献报道，70 岁以上老年人 30% 胆囊存在结石，40%～50% 无症状性结石在 5～20 年内发作。国外研究报道 60 岁以上尸检 1 205 例，胆囊结石为 15.9%，其中无症状结石为 54%。经长期随访发现，其后有 50% 患者发病，20% 有严重并发症。老年人无症状结石发生率较高，可能与老年人感觉不敏感、痛阈提高有关。

4. 并发症严重、死亡率高　老年患者常见并发症：①胆囊炎（25.1%），包括坏疽性胆囊炎、气肿性胆囊炎、胆囊周围脓肿和穿孔并发胆汁性腹膜炎等；②慢性结石性胆囊炎；③胰腺炎；④肝脓肿；⑤胆管炎；⑥上行性肝炎；⑦门静脉炎；⑧少数胆囊发病后与邻近器官粘连而产生幽门梗阻或肠梗阻；⑨由结石、寄生虫和胆管胆囊引起的胆道梗阻及并发细菌感染，可发展为急性梗阻性化脓性胆管炎或急性重症胆管炎。肝胆管或胆总管梗阻时多有黄疸、高热、上腹痛，即为夏科（Charcot）三联征，进一步加重可出现休克和神志改变，为 Reynolds 五联征。抢救不及时病死率可达 25% 以上。

入院后，给予头孢哌酮舒巴坦 3.0g，每日 2 次抗感染治疗，门冬胰岛素降糖治疗，间苯三酚解痉。患者仍发热、黄疸，腹部不适症状未减退。给予禁食、鼻胆管引流、静脉营养支持，患者巩膜、皮肤黄染好转，体温逐渐恢复正常。

治疗 1 周后，体格检查：神志清楚，血压 125/70mmHg，巩膜、皮肤无黄染，心率 82 次 /min、律齐，两肺未闻及干湿啰音，腹平软，中上腹及右上腹无压痛，无反跳痛及肌紧张，移动性浊音（－），双下肢不肿。

实验室检查如下。血常规：白细胞计数 $7.6×10^9$/L，中性粒细胞百分比 62%，红细胞计数 $4.50×10^{12}$/L，血红蛋白浓度 130g/L，血小板计数 $160×10^9$/L。肝功能：ALT 36 IU/L，AST 34 IU/L，总胆红素 15μmol/L，直接胆红素 6.1μmol/L。肾功能：BUN 6.9mmol/L，Cr 112μmol/L，尿酸 0.39mmol/L。尿常规：尿比重 1.01，尿胆红素（－），尿蛋白（－），尿糖（－），尿白细胞（－），尿红细胞（－）。血糖 7.5mmol/L。

复查超声：胆囊大小正常，胆囊多发结石、胆总管下段结石，胆总管轻度增粗；肝、胰腺、脾、双肾、后腹膜未见明显异常。膀胱未见明显结石。双侧输尿管未见明显扩张。

三、初步治疗

该患者入院后，给予头孢哌酮舒巴坦抗感染、间苯三酚解痉、胰岛素降糖治疗，禁食、鼻胆管引流减黄治疗后，黄疸消退、体温渐恢复正常，逐渐开放恢复饮食。复查超声提示胆囊大小恢复正常，胆囊多发结石，胆总管仅轻度增粗，胆总管下段结石。

【问题 6】　急性胆道系统感染的药物治疗如何选择？

急性胆道系统感染患者，尤其是重度患者应进行胆汁和血液培养。在我国引起胆道系统感染的致病菌中，革兰氏阴性细菌约占 2/3，前 3 位依次为大肠埃希菌、铜绿假单胞菌、肺炎克雷伯菌。革兰氏阳性细菌前 3 位依次为粪肠球菌、屎肠球菌、表皮葡萄球菌。14.0%～75.5% 的患者合并厌氧菌感染，以脆弱拟杆菌为主。

轻度急性胆道系统感染患者常为单一的肠道致病菌感染。如果患者腹痛程度较轻，实验室和影像学检查提示炎症反应不严重，可以口服抗菌药物治疗。在解痉、止痛、利胆治疗的同时，适当使用非甾体抗炎药。如需抗菌药物治疗，应使用单一抗菌药物。

中重度急性胆道系统选用抗菌药物：①头孢菌素、头孢美唑、头孢曲松、头孢拉定、头孢吡肟等；②喹诺酮类药物，左氧氟沙星；③含 β- 内酰胺酶抑制剂的复合制剂，头孢哌酮、舒巴坦、哌拉西林 / 他唑巴坦、氨苄西林 / 舒巴坦等；④碳青霉烯类药物，美罗培南、亚胺培南 / 西司他丁等。

【问题 7】　急性胆囊炎的外科治疗原则是什么？

任何抗菌治疗都不能替代解除胆囊管梗阻的治疗措施，胆囊切除是根治急性胆囊炎最有效的治疗手段，需正确把握手术指征与手术时机，选择正确的手术方法，应遵循个体化原则。如果患者病情稳定，应尽早行胆囊切除术，首选早期行腹腔镜胆囊切除术。

如果因手术难度较大无法行早期胆囊切除术或重度急性胆囊炎患者，在抗菌药物、对症支持等保守治疗无效时，应行经皮经肝胆囊穿刺置管引流术或行胆囊造瘘术，待患者一般情况好转后行二期手术切除胆囊。对于老年患者、一般情况较差、手术风险极高或合并胆囊癌的患者，也应先行经皮经肝胆囊穿刺置管引流术。如果胆囊发生穿孔，可行胆囊造瘘＋腹腔引流术。

急性非结石性胆囊炎的治疗原则是应尽早行胆囊引流治疗，如果经胆囊引流后患者症状、体征无明显改善，需考虑行胆囊切除术。

【问题 8】　急性胆管炎的外科治疗方案有哪些？

轻度急性胆管炎一般在保守治疗控制症状后，继续针对病因治疗。中度、重度急性胆管炎如果抗菌治疗无效，需要采取胆道引流措施：①内镜十二指肠乳头括约肌切开术（EST），优势在于引流的同时可以取石，但重度急性胆管炎及凝血功能障碍时，不宜选择该治疗；②内镜鼻胆管引流术（ENBD），重度急性胆管炎及凝血功能障碍患者也可采用 ENBD，引流的同时可以进行胆汁培养；③内镜下放置塑料胆道支架引流，与 ENBD 的引流效果没有明显差异，但前者无法观察胆汁引流情况，无法行胆道冲洗和造影；④经皮经肝胆道引流术（PTCD），对于肝门或肝门以上位置肿瘤、结石或狭窄引起胆道梗阻所致的急性胆管炎，首选 PTCD。

如果患者内镜下胆道引流和 PTCD 失败或存在禁忌证时，可考虑行开腹胆道引流术，先放置 T 管引流解除梗阻，病情稳定后，再择期行二期手术解决胆道梗阻的病因。

肝内胆管结石合并急性肝内胆管炎时，应及时解除胆道梗阻，通畅胆道引流。任何肝叶切除应在急性胆道感染完全控制后方能实施。

四、进一步治疗和复查

给予低脂饮食等健康生活方式指导；继续抗感染治疗；定期复查血常规、肝肾功能、血糖等生化指标；密切监测血糖、血压情况，必要时调整用药；随访复查腹部超声、上腹部 CT 等；当病情稳定后，外科门诊随访，择期采用 ERCP 取石或腹腔镜手术。

五、预后

老年胆道系统疾病患者大多愿意选择内科保守治疗，但是复发率较高，目前认为，在老年人中，手术治疗仍然是唯一的根治方法。老年胆道系统疾病一般首先采取非手术治疗，待病情稳定后再择期手术治疗，如果经非手术治疗无效，病情恶化，或出现严重并发症，可考虑急症手术治疗，如胆囊穿孔、弥漫性腹膜炎、急性化脓性胆管炎、急性坏死性胰腺炎等。对于老年体弱、伴有其他重要脏器疾病或功能衰竭的患者，术前必须充分评估，老年患者采取手术治疗，必须权衡利弊，慎重选择。老年患者一旦出现严重并发症或手术治疗时，风险较大，往往预后较差。

（张　玉）

推荐阅读资料

[1] 中华医学会外科学分会胆道外科学组. 急性胆道系统感染的诊断和治疗指南（2011 版）. 中华消化外科杂志，2011，10（1）：9-13.

[2] ALIZADEH A H M. Cholangitis: diagnosis, treatment and prognosis. J Clin Transl Hepatol，2017，5（4）：404-413.

[3] AOKI H, AOKI M, YANG J, et al. Murine model of long term obstructive jaundice. J Surg Res，2016，206（1）：118-125.

[4] GIDWANEY G N, PAWA S, DAS M K. Pathogenesis and clinical spectrum of primary sclerosing cholangitis. World J Gastroenterol，2017，23（14）：2459-2469.

[5] MINGA K, KITANO M, IMAI H, et al. Urgent endoscopic ultrasound-guided choledochoduodenostomy for acute obstructive suppurative cholangitis-induced sepsis. World J Gastroenterol，2016，22（16）：4264-4269.

[6] TABIBIAN H J, ALI H A. Primary sclerosing cholangitis, part 1: epidemiology, etiopathogenesis, clinical features, and treatment. Gastroenterol Hepatol（N Y），2018，14（5）：293-304.

第五章　泌尿生殖系统疾病

第一节　慢性肾功能不全

学习要求

1. 掌握慢性肾脏病（CKD）的诊断分期标准。
2. 掌握老年慢性肾功能不全转诊至专科的主要标准。
3. 了解老年慢性肾功能不全营养支持治疗和相关危险因素控制特点。
4. 了解老年慢性肾功能不全的常见并发症和治疗方法。
5. 了解老年慢性肾功能不全行紧急肾脏替代治疗的指征。
6. 了解老年人肾功能评估需要采用公式法估算肾小球滤过率等综合评估方法。

慢性肾功能不全（chronic renal insufficiency，CRI）是指各种病因引起的进行性肾脏损伤，最终导致肾功能丧失而使机体出现代谢废物排泄和水电解质、酸碱平衡调节等方面紊乱的临床综合征。为了早期诊断和治疗 CRI，2012 年全球改善肾脏病预后组织（KDIGO）指南提出了慢性肾脏病（chronic kidney disease，CKD）的概念和诊断标准（表 3-5-1），并依据估算肾小球滤过率（eGFR）水平将 CKD 分为 1～5 期（表 3-5-2），其中的 CKD 3～5 期即相当于本章所述的 CRI，CKD 5 期又称为终末期肾病或慢性肾脏病尿毒症期。

表 3-5-1　慢性肾脏病的诊断标准（以下改变均持续 3 个月以上）

诊断标准	临床表现
出现肾脏损伤标志	白蛋白尿（尿白蛋白排泄率≥30mg/24h，尿白蛋白/尿肌酐≥30mg/g 尿沉渣异常 肾小管功能异常导致的电解质和其他异常 肾脏病理异常 影像学检查提示的肾脏结构异常 肾移植病史
肾小球滤过率下降	估算肾小球滤过率（eGFR）<60ml/（min·1.73m²）

表 3-5-2　慢性肾脏病分期的标准

分期	eGFR/[ml/（min·1.73m²）]	特征
G1	≥90	肾损伤指标（+），eGFR 正常或升高
G2	60～89	肾损伤指标（+），eGFR 轻度下降
G3a	45～59	eGFR 轻到中度降低
G3b	30～44	eGFR 中到重度降低
G4	15～29	eGFR 重度降低
G5	<15 或透析	终末期肾病

注：eGFR，估算肾小球滤过率。

CKD 具有患病率高、知晓率低、预后差、医疗费用高等特点，全球 CKD 的患病率已高达 14.3%。一项涵盖了亚、欧、美三洲的荟萃分析结果显示，年龄 >54 岁的老年人中 CKD 患病率 23.4%～35.8%。国内的一项调查发现高龄老年 CKD 的患病率高达 37.8%，其中 CKD 3～5 期的患病率分别为 17%、3.1% 和 1.8%。

临床病例

患者，男，73 岁。

主诉：发现蛋白尿 1 年，乏力、食欲缺乏 1 周，呕吐 2 次。

现病史：1 年前体检发现尿蛋白（++），间断服用贝那普利、缬沙坦及中药汤剂治疗。半年后检查发现血清肌酐（SCr）115μmol/L，血清白蛋白 31g/L，尿蛋白（+++），24h 尿蛋白定量 3.0g。给予复方 α 酮酸片、尿毒清颗粒等药物治疗。最近 3 个月患者自行加用治疗肾病的"中药偏方"。近 1 周患者出现乏力、食欲缺乏、恶心，来诊前 1d 出现 2 次呕吐，均为胃内容物。

既往史：2 型糖尿病病史 10 年，服用阿卡波糖等药物治疗，血糖可控制在 7～8mmol/L。否认冠心病、脑血管病等病史。无过敏史，无外伤、手术史。父母均患有 2 型糖尿病。

体格检查：体温 36.3℃，心率 86 次 /min，呼吸 22 次 /min，血压 148/80mmHg。贫血貌，神志清楚，查体合作，巩膜无黄染，浅表淋巴结未及肿大，双肺未闻及干湿啰音，心率 84 次 /min，律齐，各瓣膜区未闻及病理性杂音，全腹无压痛、反跳痛，移动性浊音阴性，全腹均未触及肿大包块，肝脾肋下未及。双下肢可见明显凹陷性水肿，双侧足背动脉搏动减弱。生理反射正常，病理反射未引出。

实验室检查如下。血常规：血红蛋白浓度 70g/L，白细胞计数 6.15×10^9/L。尿常规：尿蛋白（+++），尿红细胞 5～8 个 /HP，尿中可见细胞管型 1～2 个 /HP，尿糖（++），酮体（－），24h 尿蛋白定量 3.8g。血生化：血糖 11.6mmol/L，白蛋白 21.5g/L，SCr 480μmol/L，尿素氮 26.7mmol/L，K$^+$ 5.8mmol/L，Cl$^-$ 95.8mmol/L，Na$^+$ 135.0mmol/L，Ca^{2+} 1.93mmol/L，P^{3+} 1.45mmol/L，CO$_2$CP 15.7mmol/L。腹部超声：肝、胆、脾、胰及肾脏未见明显异常。

一、初步诊断

患者入院前 SCr 已经升高，入院时检查发现 SCr 明显升高、中重度贫血伴有酸中毒的情况，伴有乏力、食欲缺乏、恶心和呕吐等表现，按照 CKD-EPI 公式 eGFR 仅为 7.0ml/（min·1.73m^2）。

初步诊断：CKD 5 期，肾性贫血，代谢性酸中毒；2 型糖尿病，糖尿病肾病？

【问题 1】 老年 CRI 的常见病因与发病机制有哪些？

CRI 的病因多种多样，如各类原发性或继发性肾小球疾病、肾小管间质病变、肾血管性疾病、先天性和遗传性肾脏疾病等。在老年患者中，糖尿病肾病、高血压肾损害是 CRI 的主要病因。CRI 的病因不同，发病机制亦不尽相同，但其导致肾功能不全进展的共同病变均为肾小球硬化、肾小管间质纤维化及肾血管的硬化。

1. **血流动力学的改变** 肾实质的减少导致健存肾单位代偿性肥大，形成肾小球高灌注、高压力和高滤过，内皮细胞损伤后产生和释放炎症因子及血管活性介质，刺激系膜细胞增殖及基质增多，最终导致肾小球硬化。

2. **肾小管间质损害** 健存肾单位的肾小管高代谢，引起肾小管细胞耗氧量增加，氧自由基产生增多，补体旁路激活及膜攻击复合物的形成等，导致肾小管萎缩、肾间质纤维化。

3. **炎细胞的浸润及细胞因子的作用** 单核巨噬细胞在肾小管间质中浸润，巨噬细胞通过活性氧簇、一氧化氮及细胞因子等对肾脏细胞造成直接毒性作用，促进细胞外基质的聚集、抑制血管生成，促进间质纤维化的形成。

4. **尿蛋白的肾毒性作用** 尿蛋白可通过介导肾小管上皮细胞溶酶体破裂、释放蛋白水解酶、激活补体等方式导致肾小管上皮细胞直接损伤，通过趋化炎细胞并释放细胞因子等方式介导肾间质纤维化。

5. **尿毒症症状的发生机制** CRI 晚期即尿毒症期可以出现乏力、食欲缺乏、恶心、骨痛等非特异性症状，主要与尿毒素对机体各系统的损害有关。尿素等小分子毒素可引起消化道症状和凝血机制障碍；中分子和大分子尿毒素主要与尿毒症脑病、内分泌紊乱、细胞免疫低下等有关，如甲状旁腺激素（PTH）可引起肾性骨营养不良、软组织钙化等，红细胞生成素（EPO）的缺乏可引起肾性贫血等。

【问题2】　老年CRI有何临床特点？

1. 老年患者基础代谢率较低，CRI病情进展相对较慢，出现代谢性酸中毒、电解质紊乱的情况相对较晚，临床症状往往不典型，容易漏诊或误诊。

2. 老年CRI病因中，原发性肾小球疾病常见有膜性肾病、微小病变性肾病、局灶节段性肾小球硬化和新月体性肾炎；继发性肾小球疾病常见有糖尿病性肾小球病、淀粉样肾病变和骨髓瘤肾损害等。

3. 老年CRI患者往往因伴有低血压、有效循环容量不足、肾静脉血栓形成及药物性肾损害等而容易合并急性肾损伤（acute kidney injury，AKI），及时去除AKI相关病因可以逆转CRI病程的快速进展。

4. 老年CRI患者容易罹患心血管疾病或出现严重的心、脑血管不良事件，如心律失常、心肌梗死、多发性脑梗死或出血等。

5. 老年CRI患者的伴发疾病较多，多病共患现象严重，往往需要使用多种药物治疗，因此药物不良反应和药物间相互作用的问题较多。

6. 由于SCr水平与年龄、身体肌肉容积等因素相关，老年CRI患者SCr水平往往低于实际水平，因此在决定用药剂量或透析时机等情况下，需要采用公式法估算GFR或多种综合评价手段（不能仅使用SCr值）来评估其肾脏功能。

二、辅助检查及病因诊断

老年CRI的病因较复杂，起病隐匿，早期常可无任何症状，或仅表现为乏力、食欲缺乏、夜尿增多等，到了中、重度肾功能损害[eGFR<30ml/（min·1.73m²）]时，才出现各种合并症及其相关的临床表现，故入院后需要做进一步的检查以判断病因并指导治疗。

【问题3】　对老年CRI进行诊断和鉴别诊断时需要注意哪些要点？

对于伴有肾病综合征或糖尿病的老年CRI患者进行诊断和鉴别诊断时需要注意以下要点。

1. 糖尿病性肾小球病的典型表现是早期出现微量白蛋白尿，蛋白尿逐渐增多，晚期可出现大量蛋白尿甚至肾病综合征伴有肾功能不全。

2. 糖尿病性肾小球病和糖尿病性视网膜病变同为糖尿病的微血管并发症，常平行出现，故糖尿病性视网膜病变可以作为糖尿病性肾小球病诊断的参考依据。

3. 糖尿病患者合并肾脏损害并不一定都是糖尿病性肾小球病，不少情况下可能是合并了原发性肾小球肾炎、动脉粥样硬化性肾动脉狭窄或药物性肾损害等。

4. 快速进展的CRI需要认真鉴别是否有AKI或急进性肾小球肾炎的发生，注意分析是否有肾前性、肾性和肾后性AKI的危险因素，是否存在ANCA相关性肾炎、抗GBM肾炎及药物性肾损害等。

5. 近年来膜性肾病在老年肾病综合征中所占比例越来越多。血液中抗PLA2R抗体阳性通常表明肾病综合征的患者为原发性膜性肾病，但抗PLA2R抗体阴性并不能除外膜性肾病的诊断。

6. 肾穿刺病理检查是各类肾脏疾病明确诊断的金标准。

【问题4】　老年CRI的常见合并症有哪些？

1. 水、电解质和酸碱平衡紊乱　　以代谢性酸中毒、高钾血症、低钠血症最为常见。当HCO_3^-<15mmol/L时患者可表现为食欲缺乏、呕吐、乏力、深长呼吸等；高钾血症通常发生在eGFR<25ml/（min·1.73m²）的患者，摄入含钾食物或药物、酸中毒、感染、出血、输血及服用ACEI/ARB类药物、保钾利尿剂等会增加高钾血症风险；如果长期低钠饮食且伴有食欲缺乏、呕吐，容易出现低钠血症。

2. 贫血和出血倾向　　当SCr≥176μmol/L时可出现贫血的表现，患者若合并肾小管间质病变则贫血出现时间更早、程度较重。CRI患者出血倾向主要与尿毒素引起的血小板功能障碍相关。

3. 心血管系统疾病　　老年CRI患者心血管系统病变主要表现有高血压和左心室肥大、尿毒症心肌病及心包炎、充血性心力衰竭、冠状动脉粥样硬化及周围血管病变等。

4. 神经系统病变　　可有疲乏、失眠、注意力不集中、记忆力减退，甚至出现性格改变、抑郁、反应淡漠、谵妄、惊厥、昏迷等。周围神经病变也较多见，表现为肢端袜套样感觉丧失、肢体麻木、烧灼感或疼痛，并可有神经肌肉兴奋性增加，如肌肉震颤、痉挛、不宁腿综合征等。

5. 钙磷平衡紊乱及骨矿物质代谢异常　　可出现低钙血症、高磷血症，进而诱发继发性甲状旁腺功能亢进和肾性骨营养不良,表现为顽固性皮肤瘙痒、纤维囊性骨炎、骨软化等。

入院后该患者进一步检查结果如下。24h蛋白定量4.92g、尿糖阴性,尿N-乙酰-β-氨基葡萄糖苷酶(NAG)87.4U/(g·Cr);糖化血红蛋白(HbA1c)6.1%,血免疫球蛋白、免疫复合物及乙型肝炎病毒(HBV)、丙型肝炎病毒(HCV)等检查均为阴性,抗中性粒红胞胞质抗体(ANCA)阴性,抗PLA-2R抗体20IU/L,抗肾小球基底膜抗体阴性。肾脏超声:左肾110mm×56mm×53mm,右肾110mm×54mm×52mm。眼底检查显示视网膜结构正常。

SCr升高并伴有肾病综合征通常是糖尿病性肾小球病的晚期表现,但该患者的眼底视网膜未见异常,抗PLA-2R抗体可疑阳性,故糖尿病性肾小球病的诊断存疑。病史调查发现该患者在半年前SCr值仅为115μmol/L,入院时则高达480μmol/L,由于患者平时的血糖水平控制较好,在没有其他影响因素的情况下,患者糖尿病性肾小球病的病程发展似乎过快,故应注意是否会有在CRI的基础上出现AKI的可能。进一步回顾病史发现,患者曾自行使用过"中药偏方",尿NAG水平明显增高,故存在有药物性肾损伤的可能。药物介导AKI常包括急性肾小管坏死、急性间质性肾炎、血栓或胆固醇结晶等引起的肾小血管栓塞等。除急性肾小管坏死常可以引起尿NAG增高外,其他病变有赖于肾脏病理检查进行甄别。

患者肾穿刺病理检查结果:共见22个肾小球,其中1个肾小球硬化,其余肾小球体积稍大,未见新月体,肾小球系膜细胞轻度增生、系膜基质稍宽,管小球基底膜增厚,可见钉突样改变;近端肾小管上皮细胞明显变性、坏死,间质轻度水肿,伴有多量淋巴细胞浸润。肾活检免疫荧光:IgG(++)沿着毛细血管袢呈颗粒样沉积,IgM、IgA、C3、C4和C1q等均为阴性。病理诊断:膜性肾病(Ⅱ期)伴有急性间质性肾炎。

本例患者的最后诊断:①急性肾损伤,急性肾小管间质性肾炎(药物相关);②肾病综合征,膜性肾病(Ⅱ期);③慢性肾功能不全,肾性贫血和代谢性酸中毒;④糖尿病肾脏疾病。

三、治疗和复查

患者入院时尿毒症症状比较明显,考虑主要与贫血和酸中毒相关,入院后立即给予5%碳酸氢钠注射液125ml静脉滴注,每日1次;给予蔗糖铁注射液100mg,静脉滴注,每周2次;重组人促红细胞生成素注射液10 000IU,皮下注射,隔日1次;记录出入量,暂时停用ACEI/ARB、各种中药制剂和"保健品"。入院5d后,患者血压平稳、尿量每日为1 300ml左右,心率和心律均正常。复查实验室检查,结果:血红蛋白80g/L;尿蛋白+++,尿红细胞3～5个/HP,尿糖(-),酮体(-),血糖8.6mmol/L,白蛋白22.3g/L,SCr 451μmol/L,尿素氮21.2mmol/L,K⁺ 4.5mmol/L,Cl⁻ 91.8mmol/L,Na⁺ 138.0mmol/L,Ca²⁺ 1.95mmol/L,P³⁺ 1.38mmol/L,CO₂CP 21.7mmol/L。

【问题5】 老年CRI治疗的方法有哪些?

1. 病因治疗 有明确病因的CRI首先需要治疗原发病,纠正引起肾功能快速进展的可逆性因素,这是所有治疗的基础和关键。

2. 营养支持治疗 ①热量摄入:推荐30～35kcal/(kg·d),但是活动较少的高龄患者通常摄入25～30kcal/(kg·d)即可;②低蛋白饮食:当eGFR<30ml/(min·1.73m²),蛋白摄入量为0.6～0.8g/(kg·d),脂肪摄入量不超过总热量30%;③低盐饮食:食盐摄入量<5.0g/d;④限磷饮食:磷摄入量限制在800mg/d以下,合并高磷血症者应少于500mg/d。

3. 控制相关危险因素、延缓CRI进展

(1)血糖管理:推荐血糖控制的靶目标为HbA1c<7.0%,老年患者可适当放宽到7.5%～8.5%。口服降糖药物中瑞格列奈、那格列奈、罗格列酮、利格列汀从CKD 1期到CKD 5期均可以使用且不需调整剂量,其他口服降糖药则需要根据肾功能谨慎减量使用或禁用,应避免出现严重的高糖血症或低糖血症。

(2)血压管理:对于尿白蛋白排泄率<30mg/d的患者,血压应控制在收缩压<140mmHg且舒张压<90mmHg;对于尿白蛋白排泄率>30mg/d的患者,血压应控制在收缩压<130mmHg且舒张压<90mmHg,老年人需要根据患者是否有衰弱等表现而适当放宽降压标准,尽量避免出现症状性低血压或收缩压

<90mmHg。对于尿白蛋白排泄率 30～300mg/d 的糖尿病 CRI 患者，降压药物首选 ARB 或 ACEI，但当 SCr>265μmol/L 时慎用 ACEI 或 ARB，伴有双侧肾动脉狭窄患者禁用。其他降压药物在无禁忌证的情况下均可以使用，老年 CRI 患者通常需要联用多种降压药物才能维持血压的相对稳定。

（3）蛋白尿控制：尿蛋白水平控制在 0.3g/d 以下有助于改善肾病患者的长期预后，减少心血管并发症的发生。大量蛋白尿或肾病综合征患者通常需要在肾脏病专科医师指导下进行糖皮质激素和 / 或免疫抑制剂的治疗。

4. 促进尿毒症毒素从肠道排出　通过结合肠道毒素、促进肠蠕动等方式达到促进尿毒症毒素从肠道排泄的作用。临床上常用的有含大黄的中药制剂或采用高位结肠透析的治疗方式。

5. 肾脏替代治疗　包括血液净化治疗及肾脏移植，老年患者 eGFR 下降至 5～10ml/（min·1.73m²）时应转诊至肾脏病专科开始血液净化治疗，需紧急透析治疗的情况：①难以纠正的高钾血症，血钾 >6.5mmol/L；②难以控制的进展性代谢性酸中毒，pH<7.2；③难以控制的水潴留，合并充血性心力衰竭及急性肺水肿；④尿毒症性心包炎；⑤尿毒症脑病和进展性神经病变如精神恍惚、嗜睡、抽搐等。

【问题6】　如何控制老年 CRI 的并发症？

1. 纠正水、电解质和酸碱平衡紊乱　代谢性酸中毒的纠正主要是给予碳酸氢钠片口服 3.0～10g/d，当出现重度代谢性酸中毒（CO₂CP<13.5mmol/L），需静脉输注碳酸氢钠注射液治疗。水负荷过重会导致急性左心衰竭及肺水肿，应限制钠盐摄入，并根据需要应用袢利尿剂，对于中重度肾功能不全，尽量避免应用噻嗪类利尿剂及保钾利尿剂。高钾血症在 eGFR<25ml/（min·1.73m²）患者中较为常见，此时应限制钾的摄入、纠正酸中毒、使用袢利尿剂增加钾的排泄或口服聚磺苯乙烯钠散以交换钾离子从胃肠道排出。当采用药物治疗难以纠正水、电解质和酸碱平衡紊乱时，应考虑采用血液净化治疗。

2. 纠正贫血　合并营养不良性贫血患者给予补充造血原料，如铁剂、叶酸、维生素 B₁₂。明确诊断肾性贫血且红细胞生成素（EPO）缺乏患者可以应用刺激红细胞生成药物（ESAs）。建议血红蛋白水平 90～100g/L 时开始 EPO 治疗，一般推荐初始剂量为皮下给药 100～120IU/（kg·周），每周 2～3 次。ESAs 治疗的靶目标值为血红蛋白水平 115g/L，不宜超过 130g/L。接受 EPO 治疗的患者，均应补充铁剂，非透析 CRI 患者可采用口服铁剂治疗，转铁蛋白饱和度（TSAT）<30% 和 / 或铁蛋白 <500μg/L，推荐静脉铁剂治疗。铁剂治疗的靶目标：非透析患者或腹膜透析患者血清铁蛋白 >100ng/ml，且 TSAT>20%；透析患者血清铁蛋白 >200ng/ml，且 TSAT>20%。静脉补充铁剂以蔗糖铁最为安全，对于铁蛋白 >500ng/ml 的 CRI 患者，不推荐常规应用静脉铁治疗。最近，有一种可以口服的罗沙司他胶囊开始应用于 CRI 患者的贫血治疗之中，罗沙司他是低氧诱导因子（HIF）脯氨酰羟化酶的抑制剂，HIF 可刺激红细胞生成并调节铁代谢，将内源性 EPO 水平升高至接近或达到生理范围，可升高血红蛋白水平并改善铁稳态。

3. 骨代谢异常的治疗　控制每日磷摄入量少于 500～800mg，推荐使用非含钙的磷结合剂（如碳酸镧、司维拉姆等）；维持血钙浓度为 8.4～9.5mg/dl（2.10～2.37mmol/L），当血磷 >7.0mg/dl（≈2.26mmol/L），需停止应用钙剂和活性维生素 D，以免发生心血管及其他组织异位钙化。当全段甲状旁腺激素（iPTH）超过正常上限时，需首先评估可逆性因素包括高磷血症、低钙血症、磷摄入过多及维生素 D 缺乏等并予以纠正。CKD 5 期患者 iPTH 水平最好控制在 300pg/ml 以下。

4. 防治心血管并发症　有效的控制血压、血糖、血脂、纠正贫血及代谢性酸中毒、保持水电解质平衡，积极纠正钙磷代谢紊乱及甲状旁腺功能亢进，防治血管钙化等均是预防心血管并发症的有效方法。对伴有急性肺水肿、充血性心力衰竭患者必要时采取血液净化治疗。

四、预后和管理

老年 CRI 的病程受到各种因素的影响，平时良好的管理可以明显延缓 CRI 的进展，推迟进入肾衰竭及肾脏替代治疗的时间。

【问题7】　临床上对老年 CRI 患者如何进行管理？

1. 应让老年 CRI 患者有知情选择权，告知其相关的诊断结果，让患者参与治疗决策，为患者提供血压监测、戒烟、适当运动、合理饮食和谨慎用药等方面的信息，从专业的角度支持患者进行自我管理。

2. 需定期监测肾功能的变化及并发症发生的情况，至少每年 1 次 eGFR 测定和尿白蛋白水平，如果在短期内发生体重明显降低或明显消瘦时，需要到医院进行诊治，并重新评估肾功能。应该注意的是，eGFR 水平在一定范围内波动并不代表 CRI 的进展，明确的 eGFR 下降是指 eGFR 水平较基线下降 25% 以上，CKD 快速进展是指 eGFR 每年以 5.0ml/（min·1.73m²）的速度下降，随着 CRI 进展风险与速度的增加，肾功能评估及到专科门诊随访的频次也需增加，以便于查找 CRI 进展的可逆性因素（如血糖、血脂、血压的波动、肥胖、心血管疾病、肾毒性药物暴露等）并进行相应治疗。

3. 贫血可影响老年 CRI 患者的生活质量，应密切注意血红蛋白水平。对于未合并贫血的患者，如果处于 CKD 3 期，则至少每年监测 1 次，CKD 4～5 期非透析患者至少每年监测 2 次，CKD 5 期血液透析（HD）或腹膜透析（PD）患者至少每 3 个月监测 1 次。对于已经合并贫血的 CKD 3～5 期非透析患者及 CKD 5/PD 患者至少每 3 个月监测 1 次，CKD 5/HD 至少每月监测 1 次。

4. 出现钙磷代谢紊乱或有心血管并发症的患者，应及时转诊至肾脏病专科或相应专科处理。

5. 老年 CRI 患者转诊至肾脏病专科的主要标准：①出现明确的非尿道源性血尿（尿红细胞形态为非均一性；尿红细胞形态为均一性者多为尿道源性血尿，此类患者应转诊至泌尿外科）；②尿蛋白量快速增加或出现肾病综合征（大量蛋白尿及低蛋白血症）；③发生严重的高钾血症、代谢性酸中毒及血尿素氮 >30mmol/L；④肾功能快速恶化[eGFR 每年下降速度 >5.0ml/（min·1.73m²）]；⑤eGFR<15ml/（min·1.73m²）。

（程庆砾）

推荐阅读资料

[1] 中华医学会老年医学分会肾病学组，国家老年疾病临床医学研究中心. 老年慢性肾脏病诊治的中国专家共识（2018）. 中华老年医学杂志，2018，37（7）：725-731.

[2] Kidney Disease：Improving Global Outcomes（KDIGO）CKD Work Group. KDIGO 2012 clinical practice guideline for the evaluation and management of chronic kidney disease. Kidney Int，Suppl，2013，3（1）：1-150.

[3] Kidney Disease：Improving Global Outcomes（KDIGO）Blood Pressure Work Group. KDIGO clinical practice guideline for the management of blood pressure in chronic kidney disease. Kidney Int Suppl，2012，2（4）：337-414.

[4] Kidney Disease：Improving Global Outcomes（KDIGO）Anemia Work Group. KDIGO clinical practice guideline for anemia in chronic kidney disease. Kidney Int Suppl，2012，2（4）：279-335.

[5] MARKUS K，GEOFFREY AB，PIETER E，et al. Executive summary of the 2017 KDIGO chronic kidney disease-mineral and bone disorder（CKD-MBD）guideline update：what's changed and why it matters. Kidney Int，2017，92（4），26-36.

第二节　尿路感染

学习要求

1. 掌握老年尿路感染的易感因素、临床特点、诊断标准及鉴别诊断要点。
2. 掌握老年尿路感染的病原微生物学特点和抗生素治疗原则。
3. 掌握留置导尿管患者的尿管相关性尿路感染的诊断标准及治疗原则。
4. 掌握老年人尿路感染的预防措施。

尿路感染（urinary tract infections）的高发人群是中青年女性和老年人群。年轻女性的发病率约为 5%，55 岁以下的男性发病率为 0.9‰～2.4‰。而在老年人，不仅女性高发，60 岁或 60 岁以上的男性，发病率也明显增加，85 岁以上的男性发病率可达 7.7‰。在养老机构的老年人，尿路感染占医疗相关感染的 30%～40%，女性与男性的比例约为 2：1。尿路感染是老年人常见的感染性疾病，约占老年患者所有感染的 25%，其流行病、病因、临床表现及治疗都不同于普通成年人。

临床病例

患者，女，87 岁。

主诉：尿色浑浊 10d，发热 5h。

现病史：患者 10 余日前出现尿频、尿色浑浊（近期穿戴成人纸尿裤），因患者痴呆无法表述有无尿急、排尿疼痛、腰痛，无发热、寒战，于门诊查尿常规：尿黄色浑浊，白细胞计数 1 059/μl，尿隐血（BLD）（±），蛋白（PRO）（−），细菌 305 个 /μl，考虑尿路感染。给予莫西沙星 400mg 每日 1 次，口服 9d，效果不佳，入院 5h 前出现发热，体温最高 38℃，伴寒战，轻度咳嗽，咳少量白痰，乏力，活动减少。门诊查尿常规：尿黄色微浑，白细胞（+++），白细胞计数 971/μl，BLD（−），PRO（−），细菌 15 786 个 /μl。

既往史：2 型糖尿病病史 30 余年，现应用优泌林 70/30R 早 26IU- 晚 12IU，皮下注射，联合阿卡波糖 50mg 每日 3 次，口服降糖治疗，未规律监测血糖。冠心病病史 30 余年，1 年前于 LAD 置入支架 1 枚，现服用氯吡格雷 75mg 每日 1 次、阿司匹林 100mg 每日 1 次双联抗血小板，硝酸异山梨酯等对症治疗。10 年前因右输尿管移形细胞癌行右肾切除术，近 2 年来血肌酐 120～160mmol/L，诊断慢性肾脏病 4 期，服用 a- 酮酸 4 片，每日 3 次，碳酸氢钠 1 片，每日 3 次。1 年前诊断中度痴呆、睡眠障碍，予舍曲林 25mg，每日 1 次，美金刚 10mg，每日 1 次。肺结核病史 60 余年，曾应用链霉素等药物抗结核治疗（具体不详）。否认肝炎史、外伤史。否认吸烟、饮酒史。

体格检查：体温 37.7℃，血压 119/68mmHg。卧床，神志清楚，痴呆状，不能完全正确对答，双肺呼吸音粗，双下肺可闻及散在细湿啰音。心率 84 次 /min，律齐，各瓣膜听诊区未闻及病理性杂音。腹软，无压痛，未触及肿块，双肾区无叩击痛，输尿管点无压痛。肋脊点无压痛，双下肢不肿。

实验室检查如下。尿常规：WBC（+++），白细胞计数 282/μl，BLD（−），PRO（−），细菌 139/μl。尿培养：大肠埃希菌，细菌计数 10^5 CFU/ml。血常规：白细胞计数 $8.88×10^9$/L，中性粒细胞百分比 79.8%，血红蛋白浓度 131g/L，血小板计数 $186×10^9$/L。血生化：Cr 155.3μmol/L，BUN 15.82mmol/L，ALB 29.8g/L，K^+ 4.32mmol/L。糖化血红蛋白 6.3%。

超声检查：右肾切除术后，左肾集合系统分离，宽约 0.6cm，膀胱轻度充盈，未见占位病变，残余尿量 108～124ml。胸部 CT：双肺内慢性炎症。

一、初步诊断

患者高龄，伴糖尿病，因痴呆无法表述有无尿急、排尿疼痛、腰痛等症状，临床表现为尿频、尿色浑浊，伴发热，无明显咳嗽咯痰症状加重。体格检查双肺呼吸音粗，双下肺可闻及散在细湿啰音。尿常规：WBC（+++），白细胞计数 282/μl，BLD（−），PRO（−），细菌 139/μl。尿培养：大肠埃希菌，细菌计数 10^5 CFU/ml。胸部 CT：双肺内慢性炎症。诊断尿路感染明确。

【问题 1】 老年尿路感染的易感因素有哪些？

首先老年人尿路感染增加与增龄的生理改变有关，如女性尿道短，绝经期后雌激素分泌减少，阴道上皮萎缩，致病菌易在阴道滋生；子宫下垂导致膀胱排空能力减退，会阴部污染；男性因前列腺肥大，排尿不畅，以及前列腺分泌物杀菌活性减弱或丧失，使得尿路感染增加。男性前列腺感染也是一种严重的、潜在的危险因素，慢性细菌性前列腺炎可能表现为反复的泌尿道感染。老年人常有多种基础疾病，如糖尿病、心力衰竭等，导致神经肌肉功能障碍，膀胱排空不全；脑卒中、失能、认知障碍、长期卧床、压疮感染等都是老年人易发生尿路感染的危险因素。另外，老年人多有免疫功能减退，泌尿系统侵入性检查及留置导尿管等危险因素也是老年人尿路感染发生率增加的原因。

【问题 2】 老年尿路感染有哪些临床特点？

因感染住院的 65 岁以上老年患者中，尿路感染是仅次于呼吸道感染的第 2 位原因。而对于合并多种疾病，包括失能、脑卒中、认知障碍的老年人，因为不能进行正常的交流而不能准确表达自己的症状，很多时候也没有典型的尿路感染的临床表现，可能的症状是排尿困难或谵妄、意识障碍和尿液改变，如尿液浑浊、肉眼血尿等。研究调查显示，排尿困难和精神状态的改变是最常见的两个特征，对 63% 的细菌尿合并脓尿有预测作用。因为老年人尿路感染的症状通常不是泌尿道特有，如发烧、昏睡或谵妄等，往往会误以为其他部位的感染，如肺部感染或其他疾病，临床工作中还需综合判断。

评价是否为尿路感染的第一步是尿常规检测，其阴性预测值为 100%。同时需要结合患者的具体情况进行辅助检查，如超声检查、腹部平片、腹部 CT 等，必要时可能还需行静脉肾盂造影、逆行肾盂造影等检查，排除尿路结石、肿瘤，有无尿路梗阻或肾周围脓肿、肾结核等。老年人还要注意排除膀胱过度活动症（overactive bladder），其临床表现为尿急、尿频、夜尿或伴尿失禁，但尿常规无异常。

【问题3】　老年尿路感染的病原微生物学特点有哪些?

大肠杆菌（E. coli）是最常见的病原体。对绝经后妇女进行的几项基于人群的研究发现，大肠杆菌感染占研究中泌尿系统感染的75%～82%，其他常见的微生物包括克雷伯菌属、变形杆菌属和肠球菌属。对长期照护机构老年人的调查也显示，大肠杆菌是主要的病原体，占尿液培养阳性的53.6%，其他肠杆菌科是克雷伯菌属、变形杆菌属，占总培养物的34.8%；革兰氏阳性菌，包括肠球菌和葡萄球菌，分别占4.5%和4 1%。另一项更大规模的研究，调查对象是32个长期护理机构中的老年人，该研究显示大肠杆菌是最常见的病原体，占阳性尿液培养物的69%，其次是克雷伯菌属（12%）、粪肠球菌（8%）。国内研究显示，复杂性尿路感染细菌谱的特点是大肠埃希菌感染比例降低，而产超广谱β内酰胺酶（ESBLs）菌株比例升高，另一个特点是肠球菌感染比例升高。

二、初步治疗

给予患者莫西沙星400mg，每日1次，静脉输注，第2日体温正常，共14d，体温正常，尿色清亮。复查超声：残余尿量61ml。尿常规：白细胞（+++），白细胞计数7 078/μL，BLD（++），PRO（-），细菌16 076/μL。尿培养：肺炎克雷伯菌，细菌计数10^5CFU/ml。血常规：白细胞计数10.76×10^9/L，中性粒细胞百分比80.2%。根据药敏试验结果更换为头孢曲松2g，每日1次巩固抗炎，共7d。复查血常规：白细胞计数7.59×10^9/L，中性粒细胞百分比76.3%。体温持续正常，症状缓解，好转出院。

三、老年尿路感染的诊断和治疗

尿路感染按照解剖部位分为上尿路感染（肾盂肾炎）和下尿路感染（膀胱炎和尿道炎）。按照临床表现分为单纯性尿路感染、复杂性尿路感染、反复发作的尿路感染、无症状性菌尿和尿道综合征。

1. 单纯尿路感染

（1）急性膀胱炎（acute uncomplicated cystitis，AUC）：经常发生在年轻的性行为活跃的妇女和绝经后的妇女，且尿道无相关的结构或功能异常。大肠杆菌是AUC最常见的病原体，约占75%，其次是粪肠球菌、肺炎克雷伯菌和奇异变形杆菌。随着器械检查、留置尿管及院内交叉感染的增加，由大肠埃希菌以外细菌引起的膀胱炎有增加趋势，如凝固酶阴性的葡萄球菌等。在反复或长期接受药物治疗的患者中，耐药菌株也很常见。

常见感染途径为逆行感染，即前尿道及会阴部细菌逆行进入膀胱引起感染，血行感染或淋巴播散者少见。女性尿道短，受挤压后细菌易于进入膀胱，因此女性膀胱炎较男性常见，男性前列腺感染也可逆行感染膀胱。此外尿路器械检查或治疗时，细菌可随之进入膀胱引起感染。

1）诊断：对于意识清楚的老年人，临床症状与普通成年人相同。主要表现为尿频、尿急、尿痛、排尿不畅、下腹部不适等下尿路刺激症状，一般无明显全身感染症状，约1/3患者可以出现肉眼血尿。

尿检：新鲜清洁中段尿沉渣每高倍视野白细胞>5个，清洁中段尿细菌培养阳性，菌落计数≥10^5CFU/ml。

尿检是AUC最重要的诊断依据，对耐药风险高的患者建议治疗前行尿培养，以根据药敏试验结果合理选择抗生素。

2）治疗：通常选取口服吸收良好的抗菌药物口服治疗，不必采用静脉或肌内注射给药。甲氧苄啶-磺胺甲基异噁唑（CoSMZ），氟喹诺酮类或阿莫西林等作为一线抗菌治疗，疗程5～7d。需要静脉给药的情况：①有吞咽困难或鼻饲患者，所选药物不能研磨经鼻胃管应用；②患者存在呕吐、严重腹泻、胃肠吸收功能障碍等，可能影响口服药物吸收时。

（2）急性肾盂肾炎：肾盂肾炎是由于泌尿道的逆行感染而引起的肾实质和肾盂的炎症，分为急性非复杂性尿路感染和伴有潜在疾病的复杂性尿路感染。

急性肾盂肾炎可有典型的临床表现，发热寒战，伴全身酸痛、恶心、呕吐，腰背痛，可有肋脊角叩击痛；尿频、尿急、尿痛的症状可以较轻或不明显，通常尿液浑浊并带有异味。可以出现菌血症，但发生革兰氏阴性杆菌脓毒血症的情况比较少见。

急性肾盂肾炎感染的细菌主要来自尿路逆行感染，常见的是会阴部的肠道细菌经尿道、膀胱、输尿管至肾脏，血行感染者不多见。尿路梗阻是最常见的诱因，尿路梗阻以上部位的扩张和积液利于细菌繁殖。绝大多数致病细菌为革兰氏阴性杆菌，以大肠埃希菌最常见，约占 80%，其次是变形杆菌、克雷伯菌、铜绿假单胞菌属、沙雷菌属、枸橼酸杆菌、产气杆菌等。在革兰氏阳性致病菌中，只有类链球菌和金黄色葡萄球菌有致病意义。

有上述临床表现及细菌尿，可以诊断急性肾盂肾炎。

细菌尿的诊断标准：女性 2 次连续尿标本检测为相同细菌株，定量≥10^5CFU/ml；男性 1 次尿标本检测细菌阳性，定量≥10^5CFU/ml。男性或女性患者的导尿标本，1 次菌落计数定量≥10^2CFU/ml。

治疗前建议行尿液培养。经验性治疗推荐选择主要经肾排泄的抗生素，如 β- 内酰胺类和喹诺酮类，开始治疗后 3d 需要评估临床症状确定经验疗法的效果，以指导最初的治疗，再根据尿培养结果，调整治疗方案，治疗时间为 14d。初始治疗多为静脉用药，病情稳定后可酌情改为口服药物。

2. 复杂性尿路感染　复杂性尿路感染是指患者伴有导致尿路感染发生或治疗失败风险增加的合并症，存在尿路结构或功能异常：泌尿系统畸形、膀胱憩室、肾囊肿、多囊肾等；膀胱出口梗阻、神经源性膀胱、尿路结石及肿瘤；留置导尿管、尿路支架；其他潜在疾病，如围手术期和术后尿路感染；糖尿病、免疫缺陷及肾功能不全等。伴有潜在复杂因素的人群患尿路感染的风险是普通人群的 12 倍，老年尿路感染多属于复杂性尿路感染。

复杂性尿路感染的治疗包括对尿路感染本身及合并症和复杂因素的治疗。同时因为老年人多种疾病共存，在选择药物时还要对肝肾功能、多重用药等进行综合评估。

（1）抗菌药物的选择

1）原则上应根据尿培养的细菌药敏试验结果选择抗菌药物种类。有条件的医疗机构，对临床诊断为尿路感染的患者应在开始抗菌治疗前及时留取合格的尿液标本，在怀疑存在血行感染时应同时留取血标本进行血培养检测，以尽早明确病原微生物和药敏试验结果，并据此调整抗菌药物的治疗方案。

2）国内复杂性尿路感染细菌谱的特点是大肠埃希菌感染比例降低，而产超广谱 β 内酰胺酶（ESBLs）菌株比例升高，另一个特点是肠球菌感染比例升高。另外，老年患者因多数反复住院，耐药菌株的感染增加。推荐根据尿培养和药敏试验结果选择敏感抗菌药物。

3）对于社区老年人急性复杂性尿路感染，经验治疗推荐选用三代头孢菌素，以针对常见的革兰氏阴性菌。经验性治疗需要根据患者的临床症状和尿培养结果及时调整，疗程 10～14d。老年男性尿路感染，多数伴有前列腺增生、尿路梗阻或由导尿引起，治疗时间至少 2 周。

4）对于长期住院或既往有反复尿路感染病史，长期应用抗生素的尿路感染患者，可能是多重耐药细菌感染，需要根据尿培养药敏试验结果选择适宜的抗菌药物。

实际临床工作中经常在获得药敏试验结果之前进行经验性治疗，或抗菌药物治疗的不规范而导致多重耐药。

（2）外科手术治疗：对引起或加重尿路感染的尿路梗阻性疾病，包括结石、肿瘤、输尿管狭窄、先天性畸形或神经源性膀胱等，应在检查评估后进行手术治疗。在施行手术前要积极控制感染，以免手术时继发尿源性脓毒血症。

【问题 4 】　尿液中存在细菌，应诊断为尿路感染吗？

无症状性菌尿（asymptomatic bacteriuria，ASB）指无任何尿急、尿痛等尿路感染的症状或体征，但合并细菌尿。诊断标准：女性 2 次连续尿标本检测为相同细菌株，定量≥10^5CFU/ml；男性 1 次尿标本检测细菌阳性，定量≥10^5CFU/ml。男性或女性患者的导尿标本，1 次菌落计数定量≥10^2CFU/ml。

ASB 在年轻人中不常见，但随着年龄的增长，ASB 显著增加。60 岁以上女性患病率为 6%～10%，65 岁以上男性约 5%；糖尿病人群女性 9.0%～27.0%，男性 0.7%～1.0%；有调查显示，社区老年人 ASB 多见，女性 >15.0%，男性 3.6%～19.0%，而 80 岁以上的老年人，ASB 的患病率女性 20%，男性 10%；住院患者和长期照护机构的老年人 ASB 的发病率更高，女性 25%～50%，男性 15%～40%。短期留置导尿管者为 9.0%～23.0%，长期留置导尿管者达 100%。

ASB 的诊疗原则：

（1）对居住在社区或长期照护机构中的老年人，包括留置导尿的患者，目前的指南不建议进行 ASB 的筛查或治疗；针对 ASB 不推荐进行抗菌治疗。

（2）如果需要留置导尿或更换尿管，操作之前建议进行尿检筛查，对 ASB 推荐应用抗生素预防感染。

（3）在行泌尿道手术之前，推荐进行筛查，对 ASB 进行抗菌治疗，因为此类患者术中可能有黏膜破溃、细菌入血出现菌血症的风险,手术操作之前预防性应用抗菌药物治疗可以明显降低感染性并发症的发生率。抗菌药物的选择应参照药敏试验结果,推荐治疗方案:术前 1d 或手术前即刻应用;术后如果不留置导尿管则可以不再使用,如果需留置导尿管,术后继续应用抗菌药物直至导尿管拔除。

然而,有些老年人,伴有脑卒中、认知障碍、痴呆,无法正常交流或表达,在实际临床工作很难区分症状性尿路感染和 ASB,也因此常导致对可疑的尿路感染患者过度应用抗生素,增加了与抗生素使用相关的不良事件和药物相互作用的风险。

【问题 5】　对于留置导尿管的患者,如何诊断和治疗尿路感染?

尿管相关性尿路感染(catheter associated urinary tract infection,CA-UTI)主要是指患者留置导尿管后,或拔除导尿管 48h 内发生的泌尿系统感染。CA-UTI 的发生率高,单次尿管短期放置的发生率 1%～5%,开放系统放置 >4d 时约 100%,无菌密闭系统放置 >7d 时约 25%。

大多数短期置管相关菌尿由单一病菌引起,15% 可能是多病菌引起,表现为院内流行菌株或社区环境菌株。长期带管的患者,无论是否应用抗菌药物,尿培养显示的菌株会经常变换。

(1)留置导尿管的患者尿路感染的诊断:超过 90% 的院内导尿管相关的感染性菌尿是无症状的,菌尿和脓尿的水平及发展趋势不能预测是否将发展为有症状的尿路感染,因此无须对无症状的置管患者常规进行尿液分析及尿培养检查。

导尿管相关感染常见的症状是发热,其次为上尿路感染或男性生殖系感染(如附睾炎)的症状。长期留置导尿管的老年患者,通常多种疾病共存,病情较为复杂,一旦出现发热,需要进行尿培养和血培养,但其发热原因不一定来源于泌尿系,还要结合其他实验室检查及辅助检查进行综合判定,明确感染部位。

CA-UTI 诊断:有发热、尿液浑浊、血尿等症状,并伴有细菌尿,菌落计数 $\geq 10^2$CFU/ml。需注意尿液取自尿管,从尿管壶腹部针吸获得,而非尿袋。

(2)留置导尿管的患者尿路感染的治疗

1)大多数无症状者不推荐使用抗菌药物治疗。

2)确诊 CA-UTI,首先拔除导尿管,如果无须留置导管,则不再插管。

3)需要长期留置尿管的老年患者,在取尿样培养前和应用抗菌药物治疗前应更换留置时间超过 7d 的导管。

4)抗菌药物的选择与复杂性尿路感染相同,依据临床症状、尿液检查等情况决定疗程,一般需要 14～21d。

5)治疗后临床症状缓解,仅表现为细菌尿,可能与细菌定植有关,不需要再重复培养。

6)留置导尿管的患者不需要常规进行尿培养,不推荐长期应用抑菌治疗。无尿管阻塞的情况,也不推荐进行尿管和膀胱冲洗,因为会干扰闭式导尿系统,增加感染机会。

7)留置导尿管超过 10 年的患者,建议每年进行膀胱肿瘤的筛查。

【问题 6】　尿液中发现念珠菌和酵母菌,尤其是对于留置导尿管的患者,应诊断为真菌性尿路感染并给予治疗吗?

念珠菌属是累及泌尿生殖道最常见的真菌,其中白念珠菌是最常见的医院内真菌性尿路感染病原体。在美国,院内获得性菌血症中,念珠菌感染占第 4 位,病死率高达 40%,为所有菌血症中病死率之首。真菌感染的危险因素主要是糖尿病、肾移植、高龄、长期住院、广谱抗菌药物的使用、尿路内置导管、膀胱功能障碍、尿路梗阻性疾病等,老年人群是泌尿生殖系真菌感染的高危人群。

1.临床评估　多数膀胱和前列腺真菌感染没有临床症状,仅 4% 的患者会出现尿频、排尿困难、血尿等症状,膀胱镜检查可发现膀胱壁白色斑片、黏膜水肿和红色斑点等。肾脏是念珠菌血症侵犯的主要靶器官,肾脏念珠菌感染表现为肾盂肾炎的症状,有腰部疼痛和发热,并可能产生输尿管梗阻,形成念珠菌感染性肾周脓肿。

2.诊断　念珠菌尿的诊断主要依据尿液真菌涂片及尿液真菌培养,但需要注意尿液标本容易被污染。超声和 CT 检查有可能发现泌尿系统真菌感染的相关变化,并可评估是否有尿路梗阻。

3.抗菌治疗原则及常用抗菌药物

(1)无症状念珠菌尿的治疗同无症状菌尿。

(2)有症状的念珠菌尿均需要接受治疗,抗真菌药物参照尿培养结果和药敏试验结果选择,应用药物治疗之前要评估肾功能。建议选用从肾脏排泄的氟康唑,如果耐药,可用伊曲康唑、氟胞嘧啶或卡泊芬净,根据病情也可考虑应用两性霉素 B,单用或联合应用。

4. 手术及外科干预

（1）留置导尿管或肾脏输尿管内支架管的患者，予以拔除或更换新的导尿管和内支架管；需永久性尿流改道者选择耻骨上膀胱穿刺造瘘。

（2）超声及 CT 等影像学检查明确有无泌尿系梗阻性疾病，需手术治疗解除梗阻者；有真菌球或局部脓肿形成的患者，需要手术引流；有先天性畸形或结构异常的患者，在感染控制后进行手术矫形。

四、老年尿路感染的预防

【问题 7】　如何预防老年人的尿路感染?

已有研究证实老年人活动能力的降低增加了因尿路感染住院的风险，65 岁以上能够独立行走的成年人与不行走或需要大量帮助的老年人相比，尿路感染住院风险降低了 69%。随着时间的推移，能够保持独立行走或行走有所改善的人群因尿路感染住院的风险降低了 53%。

临床常根据导尿管的使用周期更换尿管。对长期留置导尿管的患者，目前没有充分证据支持频繁或定期更换尿管有助于降低 CA-UTI 的发生率，仅在导管堵塞、导管周围渗漏或明确 CA-UTI 时才需要更换。应定期进行评估拔除导尿管的可能性，部分情况下间断导尿比长期留置导尿管可以降低 CA-UTI 的风险。有研究试图通过用抗生素或抗生素材料涂覆导管来降低 CA-UTI 和细菌尿的发生率，但目前没有证据支持，反而增加患者的不适，并使医疗成本提高。长期留置导尿管的患者，预防性应用抗生素并不会降低细菌尿、CA-UTI 或死亡的发生率。

规范的操作、导尿管的维护及导尿管相关尿路感染预防的培训和教育是预防导管相关性尿路感染的有效途径。

（马　清）

推荐阅读资料

[1] 尿路感染诊断与治疗中国专家共识编写组. 尿路感染诊断与治疗中国专家共识（2015 版）——复杂性尿路感染. 中华泌尿外科杂志, 2015, 36(4): 241-244.

[2] 尿路感染诊断与治疗中国专家共识编写组. 尿路感染诊断与治疗中国专家共识（2015 版）——尿路感染抗菌药物选择策略及特殊类型尿路感染的治疗建议. 中华泌尿外科杂志, 2015, 36(4): 245-248.

[3] 中国女医师协会肾病与血液净化专委会. 中国女性尿路感染诊疗专家共识. 中华医学杂志, 2017, 97(36): 2827-2832.

[4] CHOE H S, LEE S J, YANG S S, et al. Development of the UAA-AAUS Guidelines for urinary tract infections. Int J Urol, 2018, 25(3): 175-185.

[5] CORTES-PENFIELD N W, TRAUTNER B W, JUMP R L P. urinary tract infection and asymptomatic bacteriuria in older adults. Infect Dis Clin N Am, 2017, 31(4): 673-688.

[6] MODY L, JUTHANI-NEHTA M. Urinary tract infections in older women a clinical review. JAMA, 2014, 311(8): 844-854.

[7] ROWE T A, JUTHANI-MEHTA M. Diagnosis and management of urinary tract infection in older adults. Infect Dis Clin N Am, 2014, 28(1): 75-89.

[8] SCHAEFFER A J, NICOLLE L E. Urinary tract infections in older men. N Engl J Med, 2016, 374(2): 2192.

第三节　前列腺增生

学习要求

1. 掌握前列腺增生的病因、临床表现、诊断标准及鉴别诊断。
2. 掌握老年前列腺增生的常用药物治疗。
3. 熟悉老年前列腺增生的诊断流程和常用检查。
4. 熟悉老年前列腺增生的手术适应证。
5. 了解国际前列腺症状评分（IPSS）及生活质量（QOL）评分。

前列腺增生（prostatic hyperplasia，PH），亦称良性前列腺增生（benign prostatic hyperplasia，BPH），是人体在性激素平衡失调等因素作用下，后尿道黏膜下的中叶或侧叶前列腺腺体结缔组织及平滑肌组织逐渐增生而形成的多发球状结节，使尿道、膀胱和肾脏发生一系列功能紊乱的疾病。该病有 3 个主要特征：前列腺体积增大；膀胱出口阻塞；排尿困难、尿频、尿急等下尿路症状。

临床病例 1

患者，男，86 岁。

主诉：下腹坠胀、疼痛，排尿困难 10h。

现病史：患者 10h 前感下腹坠胀、疼痛，有尿意，但排尿困难。无发热、腰痛、血尿，无恶心、呕吐、腹泻、黑便及转移性右下腹疼痛等表现。

既往史：BPH 病史 10 年，长期口服非那雄胺。2 型糖尿病史 10 余年，甘精胰岛素 26IU 皮下注射，1 次 / 每晚，有糖尿病周围神经病变、慢性阻塞性肺疾病、高血压、冠心病病史 10 年。

体格检查：体温 36.8℃，血压 150/80mmHg，神清合作，桶状胸，双肺未闻及干湿啰音，心率 80 次 /min，律齐，未闻杂音，腹软，无压痛，膀胱区膨隆，叩诊呈浊音，双肾区无叩痛，双下肢不肿。

实验室检查如下。尿常规：白细胞 11 个 /ml，红细胞 0 个 /ml，蛋白尿（－）。血常规：白细胞计数 $7.58×10^9/L$，中性粒细胞百分比 69.8%，血红蛋白含量 138g/L，血小板计数 $176×10^9/L$。血生化：葡萄糖 8.37mmol/L，肌酐 64.8mmol/L，尿素氮 5.32mmol/L，糖化血红蛋白 7.0%。

一、初步诊断

患者高龄男性，下腹坠胀、疼痛，排尿困难入院，有尿意，膀胱区膨隆，叩诊呈浊音，既往有 BPH 病史，故初步诊断为前列腺增生症并急性尿潴留。

【问题 1】 前列腺增生病因是什么？

BPH 病因至今尚未完全阐明，目前普遍认为高龄和有功能的睾丸是本病发生的两个必要条件。其他可能与上皮和间质细胞增殖及细胞凋亡的平衡破坏有关，也可能与雄激素、雌激素的相互作用、前列腺间质与腺上皮细胞的相互作用、生长因子、炎症细胞、神经递质及遗传因素等有关。近年来发现吸烟、酗酒、肥胖、家族史、人种及地理环境对 BPH 发生也有一定相关性。

【问题 2】 老年 BPH 特点有哪些？

BPH 是老年男性的常见病，60 岁患病率大于 50%，80 岁达 83%。随年龄增长，尿路症状逐渐加重，并出现相应并发症。症状取决于尿路梗阻程度、病变发展速度及是否有合并症。不少前列腺增生患者无明显临床症状或症状不典型，因此需要对患者进行详细问诊、体格检查及辅助检查，老年人多合并有糖尿病等基础疾病，需排除神经源性膀胱功能障碍及膀胱逼尿肌老化等情况。

【问题 3】 老年 BPH 临床表现有哪些？

BPH 临床表现包括储尿期症状、排尿期症状及排尿后症状。老年 BPH 主要表现为下尿路症状（LUTS），有尿频、尿急、夜尿、排尿费力、踌躇、尿线变细、尿潴留、尿不尽感或伴急迫性、充盈性尿失禁等表现。

1. 储尿期症状 尿频、夜尿增多为早期症状，当膀胱逼尿肌失代偿后，可发生慢性尿潴留，若伴有结石或感染，则尿频愈加明显，并伴尿痛。当下尿路发生梗阻，患者出现尿急或急迫性尿失禁。

2. 排尿期症状 包括排尿踌躇、排尿困难及间断排尿等。随着机械性梗阻加重，尿道阻力增加，出现排尿时间延长，射程不远，尿流变细无力，小便分叉，尿不尽感。

3. 排尿后症状 如梗阻进一步加重，必须依靠增加腹压帮助排尿，当腹压降低时可出现尿流中断、滴沥及残余尿增多等，当膀胱过度膨胀，压力增高，可出现充溢性尿失禁。有些患者平时残余尿不多，但在受凉、饮酒、憋尿、服用药物或其他原因引起交感神经兴奋时，可突然发生急性尿潴留。

4. 其他症状 可有血尿、感染、结石、梗阻及肾功能损害，老年人腹肌及黏膜薄弱，如长期依靠增加腹压帮助排尿可引起疝、痔及脱肛。

二、辅助检查及诊断

> 入院治疗：①留置导尿管，解除急性尿潴留；②口服非那雄胺 5mg/d、盐酸坦索罗辛缓释胶囊 0.2mg，2次/d，抑制前列腺增生，改善尿路症状。
>
> 辅助检查：直肠指诊示前列腺体积增大，中央沟消失，未触及结节。腹部前列腺超声示前列腺宽径 58.3mm，厚径 50.6mm，膀胱残余尿 28.8ml。
>
> 经治疗后逐渐拔出尿管，能自行解小便，症状好转出院。

【问题 4】 老年 BPH 诊断思路及流程是什么？

老年患者出现 LUTS 症状，应首先想到 BPH 可能，老年患者常合并其他慢性疾病。诊断时应重视患者全身情况、基础疾病。诊断流程如下。

1. 询问病史　①患者一般状况、下尿路症状的特点、持续时间及伴随症状；②既往史，包括性传播疾病、糖尿病、肾小管疾病、神经系统疾病，有无尿道、盆腔手术或外伤等可能引起下尿路症状的疾病；③用药史，尤其老年人，多病并存，使用药物较多，了解患者是否服用影响膀胱出口功能或导致 LUTS 的药物。

2. 完善国际前列腺症状评分和生活质量评分

（1）国际前列腺症状评分（international prostate symptom scores，IPSS）是目前国际公认的判断 BPH/LUTS 症状严重程度最佳手段，也可作为治疗后评价标准。该体系总评分 35 分，7 分以下为轻度，8～19 分中度，20 分以上为重度，重度需外科处理，见表 3-5-3。

表 3-5-3　国际前列腺症状 IPSS 评分表

在最近 1 个月内，您是否有以下症状？	无	在 5 次中					症状评分
		少于1次	少于半数	大约半数	多于半数	几乎每次	
①是否经常有尿不尽感？	0	1	2	3	4	5	
②两次排尿间隔是否经常小于 2h？	0	1	2	3	4	5	
③是否经常有间断性排尿	0	1	2	3	4	5	
④是否经常有憋尿困难？	0	1	2	3	4	5	
⑤经常有尿线变细现象？	0	1	2	3	4	5	
⑥是否经常需要用力及使劲才能开始排尿？	0	1	2	3	4	5	
⑦从入睡到早起一般需要起来排尿几次？	0	1	2	3	4	5	
症状总评分 =							

注：症状总评分 0～7 分为轻度，8～19 分为中度，20～35 分为重度，8 分以上者应引起注意。

（2）生活质量评分：生活质量（quality of life，QOL）评分是国际协调委员会推荐用一个问题作为生活质量的评估，评分 0～6 分。前列腺增生症患者常因排尿症状出现而影响生活质量。见表 3-5-4。

表 3-5-4　生活质量（QOL）评分表

问题	高兴	满意	大致满意	还可以	不太满意	苦恼	很糟
如果在您的后半生始终伴有现在的排尿症状，您认为如何？	0	1	2	3	4	5	6

注：评分 0～6 分，评分越高受下尿路症状困扰程度越高。

3. 常用体格检查及辅助检查

（1）外生殖器检查：需除外尿道外口狭窄或其他可能影响排尿的疾病（如包茎、阴茎肿瘤等）。

（2）直肠指诊：直肠指诊需要在膀胱排空后进行。可了解前列腺大小、形态、界限、质地、有无结节及压痛、中央沟是否变浅或消失及肛门括约肌张力情况。

（3）超声检查：可以观察前列腺大小、形态及结构，异常回声、突入膀胱程度及残余尿量。常用的方法有经直肠及经腹超声检查。经直肠超声检查较准确。

（4）残余尿测定：残余尿量达50~60ml即提示膀胱逼尿肌处于早期失代偿状态。

（5）其他：如尿流动力学检查、尿常规、肾功能及血清前列腺特异性抗原（prostate specific antigen，PSA）、磁共振成像（MRI）等检查对诊断BPH及与其他疾病鉴别均有帮助。

【问题5】　老年前列腺增生常与哪些疾病鉴别？

1. 膀胱颈挛缩（膀胱颈硬化症）　可出现下尿路梗阻症状，但前列腺不增大，多由慢性炎症引起，发病年龄多为40~50岁，膀胱镜检查可以确诊。膀胱镜下见尿道内口缩小，前列腺段尿道无挤压变形。而BPH，腺叶突向膀胱颈部时，膀胱三角区出现下陷，后尿道延长。但需注意膀胱颈挛缩同时伴有前列腺增生情况，如只摘除腺体不同时处理挛缩的膀胱颈，下尿路梗阻仍然难以解除。

2. 前列腺癌　前列腺癌直肠指诊可发现前列腺呈结节状，质地坚硬，血清PSA升高，前列腺穿刺活检可鉴别。

3. 膀胱肿瘤　膀胱颈附近的肿瘤可表现为膀胱出口梗阻，常有血尿，膀胱镜检查可以鉴别。

4. 神经源性膀胱或膀胱逼尿肌老化　老年患者，尤其合并糖尿病的BPH患者，需与之鉴别，神经性膀胱功能障碍常有明显神经损害的病史及体征。上尿路多有扩张积水，膀胱常呈"圣诞树"形。尿流动力学检查可以鉴别。

5. 尿道狭窄　多有尿道损伤、感染等病史，行尿道膀胱造影与尿道镜检查可以鉴别。

三、初步治疗

【问题6】　老年前列腺增生的主要治疗手段有哪些？

BPH早期出现轻度梗阻症状并非均需治疗，症状加重时，可进行药物或手术治疗，老年人常多病并存，给治疗尤其是手术治疗带来很大风险，老年人有创治疗，尤其是手术治疗需充分评估风险与获益。

1. 观察等待　对症状轻微，IPSS评分7分以下可观察。

2. 药物治疗

（1）5α-还原酶抑制剂：可以降低前列腺内双氢睾酮活性，达到抑制前列腺增生的作用。常用药物非那雄胺，停药后易复发，需长期服药。

（2）α₁受体阻滞剂：通过阻断前列腺及膀胱颈α受体，使前列腺平滑肌松弛，减少排尿阻力改善症状。适用于有中、重度下尿路症状的BPH患者。常用盐酸坦索罗辛缓释片、盐酸特拉唑嗪等药物。老年人需要关注直立性低血压造成的黑矇、晕厥引起跌倒等意外发生。

（3）M受体拮抗剂：通过选择性阻断膀胱上乙酰胆碱与介导逼尿肌收缩的M受体结合，缓解逼尿肌过度收缩，降低膀胱敏感性，改善BPH患者膀胱储尿功能，对膀胱过度活跃患者效果较好，常用药物索利那新。

3. 手术治疗　适用于中、重度LUTS并已明显影响生活质量的BPH患者，但应严格掌握手术指征。

手术指征：①多次发生急性尿潴留、尿路感染、肉眼血尿；②下尿路梗阻症状严重，结合IPSS评分，评分较高，且严重影响生活质量，尿流动力学检查有明显改变；③不稳定膀胱症状严重；④并发膀胱结石；⑤合并腹股沟疝、严重痔疮或脱肛，临床判断不解除下尿路梗阻难以达到治疗效果；⑥已引起上尿路梗阻及肾功能损害。

4. 微创治疗　老年BPH患者合并症多，常不能耐受传统手术治疗，微创治疗更适合老年人的治疗。

临床病例2

患者，男，85岁。

主诉：尿频、夜尿多、排尿困难1年余。

现病史：患者1年来患者反复出现排尿困难，淋漓不尽，夜尿次数增多。

既往史：既往有高血压、前列腺增生及慢性阻塞性肺疾病，长期服用氨氯地平控制血压，非那雄胺、盐酸坦索罗辛缓释片抑制前列腺增生及改善排尿症状。

体格检查：血压180/80mmHg，心、肺检查未见异常，腹软，无压痛、反跳痛，双下肢凹陷性水肿，神经精神系统查体正常。

一、初步诊断

【问题1】 该患者临床特点是什么？

1. 高龄男性患者。

2. 临床主要表现为尿频、夜尿多、淋漓不尽及排尿困难。

3. 既往有高血压、慢性阻塞性肺疾病，近期血压控制差，最高血压 180/80mmHg，否认糖尿病及肾病病史。

4. 轻度贫血貌，双下肢凹陷性水肿。IPSS 评分为 30 分。

【问题2】 该患者目前诊断是什么？需完善哪些相关检查，治疗方案如何选择？

患者除基础疾病外，初步诊断 BPH。需要进一步完善血、尿常规、血生化、前列腺超声检查。

血常规：红细胞计数 3.06×10^{12}/L，血红蛋白浓度 94.0g/L；血生化：尿素氮 11.59mmol/L，肌酐 189.5mmol/L，肾小球滤过率 27ml/(min·1.73m^2)，PSA 4.49ng/ml。尿常规：未见异常。经直肠前列腺超声：前列腺重度增生伴钙化；前列腺外腺低回声结节。

主要诊断：①重度 BPH；②原发性高血压 3 级（很高危）；③肾功能不全；④前列腺癌？

针对前列腺增生予口服盐酸坦索罗辛缓释胶囊 0.2mg，每日 1 次；非那雄胺 5mg，每日 1 次，调整降压药物治疗，血压趋于稳定，肾功能无改善。

【问题3】 患者尿常规未见异常，但肾功能异常，轻度贫血，是什么原因？进一步还需做哪些检查？

男性老年患者出现不明原因肾功能不全，应首先排除 BPH，鉴于患者超声提示重度 BPH，需考虑 BPH 引起的梗阻性肾病可能。进一步完善泌尿系 CT 或超声。CT 提示膀胱增大变形并多发憩室、双肾及输尿管积水扩张（肾盂宽度约 4cm）；前列腺增生。以上结果证实重度 BPH 引起梗阻性肾病导致肾功能不全。

二、初步治疗

【问题4】 下一步应选择的治疗手段是什么？

患者高龄，重度 BPH 并发双肾及输尿管积水，有手术指征，但患者有高血压、慢性阻塞性肺疾病，需评估心肺功能。肺功能提示重度阻塞性并中度限制性通气功能障碍，脑钠肽 428.6pg/ml，提示患者存在心功能不全及严重肺功能障碍。经呼吸内科、心内科、麻醉科、泌尿外科等多科会诊评估考虑手术风险高。选择经耻骨上膀胱造瘘引流术姑息治疗。

膀胱造瘘引流术治疗 10d 复查肾功能：尿素氮 12.80mmol/L，肌酐 121.3mmol/L，估算肾小球滤过率 47ml/(min·1.73m^2)。复查泌尿系超声：膀胱壁粗糙增厚，肌小梁增生，双肾积水（肾盂宽度约 1.5cm），膀胱上方液性暗区，考虑膀胱憩室。泌尿系积水较前减少，肾功能较前好转，但未能恢复正常，考虑梗阻时间较长导致肾脏器质性损害。

【问题5】 该患者应与哪些疾病鉴别？

老年患者出现排尿困难，双肾、输尿管积水，PSA 升高，应与泌尿系结石、前列腺癌、神经源性膀胱或膀胱逼尿肌老化鉴别。

（赵安菊）

推荐阅读资料

[1] M 受体拮抗剂临床应用专家共识编写组. M 受体拮抗剂临床应用专家共识. 中华泌尿外科杂志，2014，35（2）：81-86.

[2] 那彦群，叶章群，孙颖浩，等. 中国泌尿外科疾病诊断治疗指南. 北京：人民卫生出版社，2014.

[3] 于普林，郑松柏，塞在金，等. 老年医学. 北京：人民卫生出版社，2005.

[4] 中华医学会老年医学分会，中华老年医学杂志编辑委员会. 老年人良性前列腺增生症 / 下尿路症状 / 药物治疗共识（2015）. 中华老年医学杂志，2015，12（34）：1380-1386.

[5] 朱刚，王建业，王东文，等. 老年人良性前列腺增生 / 下尿路症状药物治疗共识. 中华老年医学杂志，2011，30（11）：889-893.

第六章　代谢内分泌疾病

第一节　糖　尿　病

学习要求

1. 掌握老年糖尿病的主要临床特点。
2. 熟悉老年糖尿病的综合诊治原则。
3. 了解老年糖尿病的高患病率流行病学特征。

糖尿病（diabetes mellitus，DM）是十分常见的衰老相关疾病或老年慢性病，是由于胰岛素分泌和／或作用的缺陷所引起的以慢性高血糖为特征的一种代谢性疾病，与遗传、环境和免疫等多种因素有关。由于长期的碳水化合物、脂肪及蛋白质代谢紊乱，引起多系统损害，导致眼、肾、神经、心脏、血管等组织器官慢性进行性损害及功能减退、衰竭；病情严重或应激时可发生急性严重代谢紊乱，如糖尿病酮症酸中毒（diabetic ketoacidosis，DKA）、高血糖高渗综合征（hyperglycemic hyperosmolar syndrome，HHS）。我国老年人糖尿病现患病率达 20.9%，而老年人糖尿病前期的比例更高达 25%，更是导致老年人致残、早死的重大疾病。糖尿病已成为严重威胁老年健康的社会公共卫生问题，给发展中国家和发达国家都带来重大挑战，对发展中国家尤其如此，亟须用大健康的理念贯彻其预防和诊治、管理全程。

临床病例

患者，女，79 岁。

主诉：多尿、口干、多饮 12 年，双足疼痛、溃烂 10 个月。

现病史：患者自述 12 年无明显诱因出现多尿，排尿次数及尿量均明显增多，每日尿量 2 500～3 000ml，同时感口干、多饮，每日饮水 2 000～3 000ml，无多食及消瘦。曾在当地医院就诊，测空腹血糖 8～11mmol/L，餐后 2h 血糖 12～15mmol/L，拟诊为"糖尿病"，嘱其控制饮食及规律运动。1 个月后症状有所减轻，但未监测血糖。4 年后上述症状加重，无肢端麻木、刺痛及视物模糊；患者再次就诊当地医院，完善各项检查，诊断"2 型糖尿病"，予"二甲双胍＋格列齐特（具体剂量不详）"治疗，未坚持控制饮食；其间不规律监测血糖，空腹血糖 7～10mmol/L，餐后 2h 血糖常 >10mmol/L，最高达 25mmol/L，多尿、口干、多饮症状减轻，未规律前往医院复诊。10 个月前患者无明显诱因出现双足发麻、行走约 500m 后出现疼痛，之后相继出现左足第 2、5 趾端皮肤结痂发黑，伴烧灼样疼痛，自行外用"云南白药"后好转。4 个月前无明显诱因出现右足姆趾皮肤发黑结痂伴疼痛，开始未予重视，后逐渐发展为姆趾皮肤破溃，疼痛加剧，无法自行行走，遂就诊当地医院，完善相关检查。诊断：①2 型糖尿病，糖尿病足；②高脂血症；③高血压 3 级，很高危；④冠心病，缺血性心肌病，心房颤动，心功能Ⅲ级。予门冬胰岛素（早餐前 6IU，中餐前 6IU，晚餐前 6IU）加甘精胰岛素（18IU，睡前）皮下注射控制血糖，以及抗感染、阿司匹林抗栓、阿托伐他汀降脂、氨氯地平降压、前列地尔改善微循环及支持对症治疗。患者血糖有所下降，但波动大，间有空腹低血糖，双足疼痛及破溃无明显缓解，遂来我院，门诊以"糖尿病、糖尿病足"收住我科。起病以来，患者精神状态一般，食欲尚可，睡眠及大小便正常，近 1 年体重无明显变化。

既往史：2018 年 12 月在外院住院期间诊断为高血压 3 级，很高危；冠心病，缺血性心肌病，心房颤动，心功能Ⅲ级。最高血压 200/105mmHg，目前服用"氨氯地平 5mg，每日 1 次"控制血压，但未监测血压。患者目前感觉活动后胸闷、气促，无夜间阵发性呼吸困难，未规范使用冠心病治疗药物。否认肝炎、结核、疟疾病史，否认脑血管疾病、精神疾病病史，否认手术、外伤、输血史，否认食物、药物过敏史，预防接种史不详。

体格检查：体温36.3℃，心率78次/min，呼吸20次/min，血压160/84mmHg。身高160cm，体重45kg，体重指数17.6kg/m²，神志清楚，检查合作。中度贫血面容，全身皮肤、黏膜未见黄染，全身浅表淋巴结未触及肿大，无颈静脉怒张，肝-颈静脉回流征阴性，双下肺闻及散在细湿啰音，心界向左扩大，心率84次/min，律不齐，第一心音强弱不等，各瓣膜听诊区未闻及病理性杂音，无杵状指/趾，双下肢中度凹陷性水肿，双足背动脉搏减弱。左足第二趾端部分缺如、顶部皮肤发黑并黑痂覆盖，感觉减退，无明显渗出；第五趾皮肤发黑，感觉减退。右足踇趾肿胀、皮肤发黑并破溃，感觉减退，有波动感，与正常皮肤交界处见轻度红肿渗出。双足音叉振动觉正常，10g尼龙丝压力觉正常，痛觉及温度觉正常。双足踝反射正常。

老年综合评估（CGA）及特殊检查：跌倒/坠床危险性评分6分，患者有跌倒/坠床的危险；压疮的危险性评分18分，患者有压疮的危险；Barthel指数65分，患者生活需要部分帮助；FRAIL量表评分4分。2019年1月CT血管造影：双下肢动脉粥样硬化，伴双股动脉、右侧腘动脉、双胫前、胫后动脉及双侧腓动脉下段及右侧足底动脉血栓形成。同日颈部血管彩超：双侧颈内、颈外动脉、椎动脉动脉硬化并粥样斑块形成。

入院急查：随机血糖13mmol/L；血常规示白细胞计数14.99×10⁹/L（↑），血红蛋白浓度76g/L（↓），红细胞计数2.71×10¹²/L（↓），血小板计数433×10⁹/L（↑），中性粒细胞计数13.70×10⁹/L（↑），中性粒细胞百分比91.40%（↑）；尿常规示隐血（+），蛋白质（++），镜检红细胞0～1。大便常规及隐血试验阴性。血气分析示动脉血pH7.434，二氧化碳分压55.10mmHg（↑），动脉血氧分压88.10mmHg（↓），动脉血氧饱和度95.60%（↓）。凝血功能示纤维蛋白降解产物3.86μg/ml，活化部分凝血活酶时间24.70s（↓），纤维蛋白原浓度7.47g/L（↑），D-二聚体定量0.88μg/ml FEU（↑）。肝、肾功能：谷丙转氨酶13.1μ/L，谷草转氨酶17.1μ/L，总蛋白64.9g/L（↓），白蛋白23.8g/L（↓），球蛋白43.6g/L（↑），白球比例0.49（↓），肾小球滤过率60.52ml/（min·1.73m²），肌酐71.6umol/L，尿酸224.1μmol/L；血清电解质：Na⁺ 137.0mmol/L，K⁺ 3.54mmol/L，Cl⁻ 95.0mmol/L（↓），Ca²⁺ 2.01mmol/L（↓），Mg²⁺ 0.77mmol/L（↓）。β-羟丁酸0.55mmol/L（↑），胰淀粉酶12.6IU/L，尿淀粉酶63.2IU/L，红细胞沉降率125mm/h（↑），C反应蛋白167.00mg/L（↑），降钙素原0.299ng/ml（↑）。心肌酶学正常；高敏肌钙蛋白T 26.71pg/ml（↑）；N末端脑钠肽前体9 358.0pg/ml（↑）；尿蛋白/肌酐4 250.4mg/g。

一、初步诊断

入院诊断：①2型糖尿病伴多个并发症，糖尿病足（双足wagner 4级），糖尿病性酮症，糖尿病肾病（G2A3），糖尿病性周围血管病变；②高血压病3级，很高危组；③冠心病，心房颤动，心脏扩大，心功能Ⅲ级；④双下肢动脉粥样硬化并多发血栓；⑤蛋白质和能量营养不良；⑥中度贫血。

老年问题：①轻度功能依赖；②衰弱。

【问题1】　老年糖尿病的临床特点有哪些？

1. 起病隐匿、缺乏典型"三多一少"症状　新诊断的老年糖尿病患者约有2/3无典型"三多一少"（多尿、多饮、多食和体重减轻）症状，常因健康体检、感染、出现相关并发症（糖尿病肾病、糖尿病性视网膜病变、动脉粥样硬化性疾病、中枢神经和周围神经及自主神经病变、糖尿病足、牙周病和皮肤病变等）、手术、心脑血管病发作或其他各种疾病就诊化验，才被发现患有糖尿病。

2. 并发症相关表现广泛多样　老年糖尿病患者尚可出现多汗、腹泻、便秘、尿潴留、肢体麻木、皮肤瘙痒、肌肉乏力酸痛、肩关节痛、性功能减退、认知功能降低，还可出现抑郁、焦虑症等。这些症状可能与糖尿病有内在联系，应系统评估是否为老年糖尿病引起的神经、血管等并发症。老年糖尿病并发白内障和视网膜病变高发且失明率高；动脉粥样硬化性疾病（主要侵犯主动脉、冠状动脉、脑动脉、肾动脉和下肢动脉等）患病率高，发病更早，进展更快。

3. 常并发感染、酮症酸中毒、高渗高血糖综合征且死亡率高　常并发各种感染，特别是呼吸道、泌尿系统、胆囊炎和皮肤感染（包括细菌、真菌感染），老年患者常因这些感染相关症状就诊而发现糖尿病。老年糖尿病还易感染肺结核。此外，应激时更易出现急性严重代谢紊乱，主要是高渗高血糖综合征，是老年糖尿病所特有的危重并发症。主要诱发因素：①感染、心血管事件、肾衰竭、创伤、手术等；②糖皮质激素、利尿剂等药物；③口渴感知受损、腹泻、液体摄入不足等导致脱水；④不慎饮用或静脉输入高糖液体。糖尿病酮症酸中毒虽在老年患者中不常见，但死亡率高。

4. 多种老年慢性疾病与糖尿病共存，多重用药风险高　老年糖尿病常伴随多种老年慢性疾病，所以常出现多种病重叠的表现，如高血压病、肥胖症、高脂血症、高黏血症、冠心病、心绞痛、心力衰竭、心律失常、脑卒中、蛋白尿、肾衰竭等。由于共病，通常需要同时服用几种药物，药物之间容易产生相互作用，多重用药风险增高，影响治疗效果和/或增加不良反应。

5. 容易出现低血糖，较难得到及时诊治，后果较严重　老年糖尿病患者易出现低血糖，尤其是饮食控制过严、肝肾功能不全、衰弱、痴呆和/或使用胰岛素、长效促胰岛素分泌剂时。老年人低血糖时，常缺乏交感神经兴奋症状（心悸、出汗等），且对低血糖的代偿功能减退，加上对低血糖的认知不足，往往得不到及时诊治，直至发展为低血糖昏迷，并且容易引起严重不良事件，如跌倒和骨折，甚至引起心、脑血管事件。反复发作低血糖可促进痴呆的发生。阿司匹林、磺胺类、单胺氧化酶抑制剂可增加低血糖反应，β受体阻滞剂可掩盖低血糖症状。

6. 老年糖尿病中的特殊类别　糖尿病是导致老年人功能依赖（半失能、失能）的重要危险因素之一，衰弱、痴呆又是功能依赖老年人中的特殊类型，对血糖管理有特殊需求。临终关怀患者疾病严重，预期寿命短于1年。以上这些临床情况需要特别关注和管理。

二、初步治疗及治疗原则

【问题2】　老年糖尿病的综合诊治原则有哪些？

目前仍缺乏病因治疗。管理老年糖尿病最好的模式是以患者为中心的多学科团队式管理，并建立定期随访和评估系统。国际糖尿病联盟（International Diabetes Federation，IDF）提出糖尿病综合管理"五驾马车"同样适合老年患者，即糖尿病教育、医学营养治疗、运动治疗、血糖监测和药物治疗。

1. 治疗目标、模式和方法　老年糖尿病治疗的近期目标是通过控制高血糖和相关代谢紊乱，消除糖尿病症状和防止出现急性严重代谢紊乱；远期目标是通过良好的代谢控制，延缓糖尿病慢性并发症的发生、发展，维持良好的健康和生活自理能力，提高生活质量，延长健康寿命。

基于对每个患者都力争最优化的治疗和管理，同时避免过度医疗和规避治疗风险的理念，应简化分层管理。对老年患者血糖控制可参考如下标准。

（1）对于早发现血糖异常、早开始自我管理和治疗的老年糖尿病患者，可以控制HbA1c<6.5%，达到血糖正常化水平。目的是更好地保护自身胰岛β细胞功能，并减少糖尿病并发症风险。

（2）对于新诊断、病程<10年、胰岛β细胞功能尚存、预期生存期>10年、低血糖风险低，应用非胰岛素促泌剂类降糖药物治疗为主，自理能力好或有良好辅助生活条件的老年糖尿病患者，或自我管理能力强、医疗条件较好的应用胰岛素促泌剂或胰岛素治疗、能规避低血糖风险的老年糖尿病患者：HbA1c≤7.0%，相应空腹血糖（FPG）4.4～7.0mmol/L和餐后2h血糖<10.0mmol/L。目的是良好控制血糖以争取长期获益。

（3）对于预期生存期>5年、中等程度并发症及伴发疾病，有低血糖风险，应用胰岛素促泌剂类降糖药物或以多次胰岛素注射治疗为主、自我管理能力欠佳的老年糖尿病患者：HbA1c7.0%～8.0%：对应的FPG<7.5mmol/L和餐后2h血糖<11.1mmol/L。作为最优控制和可接受控制标准的中间调整阶段，希望逐渐向最优控制水平靠近。

（4）对于血糖控制有难度的糖尿病患者，需避免高血糖所造成的直接损害。如预期寿命<5年、有严重低血糖发生史、反复合并感染、急性心脑血管病变（应激性高血糖）、急性病入院治疗期间、完全丧失自我管理能力也无他人良好护理等情况：HbA1c8.0%～8.5%：对应的FPG<8.5mmol/L和餐后2h血糖<13.9mmol/L，为可接受的血糖控制标准。

2. 糖尿病教育　重视老年患者的教育和管理是提高糖尿病治疗水平的重要举措。提高不同分级诊疗机构进行糖尿病防治知识宣传和教育的能力、鼓励和促进患者及家属主动参与血糖管理，对改善老年患者血糖控制有积极的作用。对于合并痴呆的老年糖尿病患者，应特别注重对照护者进行喂食安全教育，预防窒息与吸入性肺炎。

3. 医学营养治疗　老年糖尿病患者的营养计划应个体化，综合考虑老年人的饮食喜好、习惯、文化和身体、认知状态。总体上患者年龄越大能量需求越低，但蛋白质和微量元素的需求与成人相似，因此在限制能量摄入时经常缺乏蛋白质和微量元素,应重视并予以及时补充。如果老年患者食物摄入不能满足营养需要,可采取少吃多餐、餐间给予口服营养补充剂等方法进行补充。合并肌少症的老年糖尿病患者,营养补充治疗能够提高肌容积、增加肌力,可适当增加蛋白质摄入量达到 1.0～1.5g/(kg•d),其中 50% 为优质蛋白质,尤其是补充乳清蛋白、亮氨酸、维生素 D 和钙。

4. 运动治疗　老年患者的运动管理更需要个体化,正常体能者、老龄体弱者、肢体残障者、智能障碍者分别选择能进行、容易坚持的全身或肢体运动方式。提倡每日三餐后适量的室内活动,有利于缓解餐后高血糖。结合每周 3～5 次的体能和素质锻炼,增强体质并保持身体灵活性;注意多关节的适度运动,有助于防跌倒、防骨折。有计划的抗阻力运动,如举重物、抬腿保持等可以帮助老年患者延缓肌肉的减少。避免在高温高湿的环境中进行运动。急性心脑血管病、急性感染、重症心肺肝肾功能不全、急性损伤等危重情况及新发生眼底出血或视网膜脱离不宜运动。

5. 血糖监测和并发症监测　血糖监测项目包括空腹血糖、餐前和餐后 2h 血糖、睡前和 0～3 点血糖及HbA1c。一般应用便携式血糖仪进行自我血糖监测(self-monitoring of blood glucose,SMBG),指导调整降糖治疗。持续血糖监测(continuous glucose monitoring,CGM)可作为补充,对于发现无症状低血糖和更加精细地调整降糖治疗方案很有帮助。HbA1c 用于评价长期血糖控制情况,也是临床指导调整降糖治疗方案的重要依据,开始治疗时每 3 个月检测 1 次,血糖达标后每年监测 2 次。每年 1～2 次各种糖尿病相关慢性并发症检查,及时发现眼、肾、神经、心脏、血管等组织器官慢性进行性损害及功能减退,以调整治疗方案。

6. 老年糖尿病合并多种代谢异常的综合治疗　老年糖尿病患者常合并其他代谢异常,在综合评估治疗风险的基础上,应根据老年糖尿病的特点,选择合适的血压、血脂、血尿酸及体重的控制目标。

7. 老年糖尿病的降糖药物治疗原则　老年患者个体差异较大,在选择降糖药时需注意疗效和安全性的平衡,特别是要将预防严重低血糖、保护肾功能放在重要位置。首次应用降糖药均需先评估肝肾功能,需从小剂量起步,密切观察血糖变化和不良反应,逐渐增加剂量。单药治疗血糖不能达标时,与降糖机制互补的药物联合使用具有更大的优势。对于合并衰弱的糖尿病患者,不宜服用减轻体重的药物,尤其对出现消化道不良反应者。在用注射胰岛素的方法降糖时,往往难以全面顾及患者基础及进食后血糖变化,此时联合口服降糖药弥补欠缺,通常是有效的治疗模式。使用胰岛素促泌剂或胰岛素治疗时,需要在第一时间向患者及家属、照护者告知低血糖的防治措施。曾发生严重低血糖的老年患者,如不能彻底阻断发生原因,则需放宽血糖控制目标,以不发生低血糖、又无严重高血糖为目标即可。

8. 联合用药需注意药物间的相互作用　老年糖尿病患者常为多病共存,需要服用多种治疗药物,需注意药物间的相互作用。可升高血糖的药物包括降压药(CCB)、抗结核药物利福平、喹诺酮类药物、淀粉酶、胰酶制剂等;降低血糖的药物包括别嘌呤醇、喹诺酮类药物、β 受体阻滞剂、ACEI、奎宁、盐酸小檗碱、磺胺、水杨酸盐、秋水仙碱、布洛芬、抗凝药物(双香豆素)、质子泵抑制剂(奥美拉唑)等。

9. 老年糖尿病合并老年综合征　老年糖尿病是导致老年综合征的危险因素,一旦合并老年综合征将使老年糖尿病患者生活质量显著下降。需用老年综合评估作指导,以调整综合干预措施,提高生活质量,延长健康寿命。

(刘幼硕)

推荐阅读资料

[1] 刘幼硕. 老年人糖尿病的诊断及治疗要点. 中华老年医学杂志,2005,24(10):798-800.

[2] 中国老年学学会老年医学会老年内分泌代谢专业委员会,老年糖尿病诊疗措施专家共识编写组. 老年糖尿病诊疗措施专家共识(2018 年版). 中华内科杂志,2018,57(9):626-641.

[3] 中华医学会糖尿病学分会. 中国 2 型糖尿病防治指南(2017 年版). 中华糖尿病杂志,2014,10(1):4-67.

[4] DUNNING T,SINCLAIR A,COLAGIURI S. New IDF Guideline for managing type 2 diabetes in older people. Diabetes Res Clin Pract,2014,103(3):538-540.

[5] KALYANI R R,EGAN J M. Diabetes and altered glucose metabolism with aging. Endocrinol Metab Clin North Am,2013,42(2):333-347.

[6] YANG W,LU J,WENG J,et al. China National Diabetes and Metabolic Disorders Study Group. Prevalence of diabetes among men and women in China. N Engl J Med,2010,362(12):1090-1101.

第二节　甲状腺疾病

> **学习要求**
>
> 1. 掌握老年甲状腺功能亢进症、减退症的临床表现、诊断标准、鉴别诊断、治疗原则和方法。
> 2. 掌握甲状腺结节良恶性鉴别诊断要点、常用的检查指标及检测意义。
> 3. 熟悉甲状腺毒症的常见原因、老年甲状腺功能亢进症的临床特点。
> 4. 熟悉亚临床甲状腺功能减退的处理原则。
> 5. 熟悉黏液性水肿昏迷的临床表现、诊断、治疗。
> 6. 熟悉甲状腺结节的处理及甲状腺癌术后随访。
> 7. 了解甲状腺结节病因分类及临床表现。

一、甲状腺功能亢进症

甲状腺毒症（thyrotoxicosis）是指血液循环中的甲状腺激素过多而出现的一组临床综合征，表现为神经系统、循环系统和消化系统等多个系统的兴奋性增高和代谢亢进。甲状腺功能亢进症（hyperthyroidism）简称"甲亢"，是由于甲状腺过多地合成和分泌甲状腺激素引起的甲状腺毒症，主要病因包括毒性弥漫性甲状腺肿（Graves 病）、毒性结节性甲状腺肿、甲状腺高功能腺瘤等，其中 Graves 病是甲亢的最常见病因，约占全部甲亢的 80%～85%。甲亢的典型临床表现为疲乏无力、怕热多汗、多食易饥、体重降低、多言好动、焦躁易怒、心慌失眠等。

> **临床病例 1**
>
> 患者，男，68 岁。
>
> 主诉：体重减轻 1 年，加重伴心悸 1 个月。
>
> 现病史：患者 1 年前无明显诱因逐渐出现体重减轻，伴有腹泻与便秘交替，无恶心、呕吐，无腹痛、黑便，偶有心慌、气短。9 个月前曾于外院消化内科就诊。血常规、肝肾功能、血糖、血脂、电解质未见明显异常，行胃镜检查提示慢性浅表性胃炎，肠镜检查未见明显异常。给予抑酸、促胃肠动力等药物治疗，症状反复。1 个月前患者出现心悸，活动后加重，于外院心内科就诊行心电图检查提示心房纤颤，给予利伐沙班、盐酸胺碘酮等药物（具体剂量不详）治疗后，患者心悸症状无明显缓解。自发病以来体重下降约 8kg。
>
> 既往史：既往体健，无烟酒嗜好。
>
> 家族史：无特殊。
>
> 体格检查：体温 36.8℃，心率 90 次/min，呼吸 15 次/min，血压 150/90mmHg。神清，精神萎靡，对答切题，脑神经检查未见明显异常，全身浅表淋巴结未触及。甲状腺左右对称，边界清楚，质地中等，无压痛，可随吞咽上下活动，未闻及血管杂音。双肺呼吸音清晰，听诊心律绝对不齐，第一心音强弱不等，脉率小于心率，未闻及明显病理性杂音。全腹无压痛、反跳痛，肝脾肋下未触及，听诊肠鸣音正常，四肢肌力、肌张力未见异常，生理反射存在，病理反射未引出。
>
> 辅助检查：胸部平片、颅脑 CT 未见明显异常；心电图提示心房纤颤；腹部超声提示肝右叶见一小囊肿，前列腺轻度增生，胆囊、胰腺、脾、双肾未见明显异常；血常规、凝血、肝肾功能、血糖、血脂、电解质、常见肿瘤标志物未见明显异常。

（一）甲亢的诊断流程

1. 确定甲状腺毒症　测定血清游离三碘甲状腺原氨酸（FT_3）、游离甲状腺素（FT_4）、总三碘甲状腺原氨酸（T_3）、总甲状腺素（T_4）、促甲状腺素（TSH）的水平。
2. 明确甲状腺毒症的来源　是否来源于甲状腺的功能亢进。
3. 确定甲亢的病因　Graves 病、毒性结节性甲状腺肿、甲状腺自主高功能腺瘤等。

【问题1】 根据上述病史，该患者可能的诊断有哪些？

患者以体重减轻和心悸为主要症状，伴有腹泻与便秘交替，既往无高血压、心脏病史，心房颤动病史1月余。查体：血压150/90mmHg，心律绝对不齐，肺部和腹部查体未见明显异常，辅助检查提示心房纤颤。鉴于患者心房颤动病史较短，药物治疗效果不佳，应考虑消化系统症状和心房颤动是否为继发性表现，需要进一步寻找病因。

问诊时应着重询问是否有乏力、怕热、多汗、失眠、烦躁易怒、记忆力减退等症状。体格检查时应注意有无甲状腺增大、三颤征（眼颤、舌颤、手颤）、皮肤潮湿、突眼、腱反射亢进等体征。需进一步完善消化和循环系统检查，增加内分泌、免疫系统等相关项目检查。

患者入院后，实验室检查甲状腺功能提示 FT_3 13.1pmol/L，FT_4 41.8pmol/L，T_3 4.5nmol/L，T_4 208nmol/L，TSH<0.01μIU/ml，甲状腺过氧化物酶抗体（TPOAb）39IU/ml，甲状腺球蛋白抗体（TGAb）56IU/ml，甲状腺球蛋白（TG）77ng/ml。自身免疫系列提示 ANA（抗核抗体）1：100，可疑阳性；心肌酶谱、心肌损伤标志物、免疫球蛋白、风湿系列、补体系列、术前感染四项、尿常规、粪便常规未见明显异常。心脏超声检查提示左心室壁稍增厚，未见附壁血栓。甲状腺超声提示甲状腺稍大，质不均，血流信号增加，未见明显结节。

追问病史，患者自诉有明显多汗、失眠、多梦，家属诉患者自发病以来情绪波动较大，烦躁易怒。

【问题2】 根据入院后的检查结果，结合病史，是否可以明确诊断？

患者失眠、多梦、烦躁易怒，体重下降，为高代谢综合征的表现；心血管系统表现为心率快、血压高，心房纤颤；消化系统表现为腹泻便秘交替；以上均为甲状腺毒症的表现。FT_3、FT_4、总 T_3、总 T_4 均升高，TSH降低，甲状腺轻度肿大，符合甲状腺毒症的诊断。

（二）甲状腺毒症的常见原因

1. 甲亢所致甲状腺毒症 ① Graves 病；②毒性结节性甲状腺肿；③甲状腺高功能腺瘤；④甲状腺癌；⑤摄碘增多。

2. 非甲状腺功能亢进所致甲状腺毒症 ①亚急性甲状腺炎；②桥本甲状腺炎；③无痛性甲状腺炎；④外源性甲状腺激素增多。

患者甲状腺功能亢进，需进一步检查明确甲亢的病因，对不同病因所致的甲状腺功能亢进，其治疗原则和方法不同。

继续完善甲状腺相关检查，行放射碘摄取试验：2h 57%，4h 61%，24h 71%。甲状腺放射性核素扫描提示甲状腺增大，均匀弥漫性放射性浓集。血促甲状腺素受体抗体（TRAb）（ELISA法）21%。

【问题3】 根据进一步检查结果，甲亢的病因可否明确？下一步的诊治方案是什么？

患者甲状腺各个时间点的摄碘率均高于正常参考值上限，2h 及 4h 甲状腺摄碘率与24h摄碘率相比分别大于80%及85%，TRAb升高，甲状腺弥漫性肿大，可诊断为 Graves 病。

最后诊断：①甲亢，Graves 病；②心律失常，心房纤颤；③肝囊肿；④前列腺增生。

（三）老年甲亢的治疗方法

针对 Graves 病有 3 种疗法，即抗甲状腺药物治疗、^{131}I 治疗和手术治疗。对于老年甲亢患者，应结合自身基础情况合理选择治疗方案。

1. 抗甲状腺药物治疗

（1）适应证：治疗后缓解概率大者（如甲状腺毒症较轻、甲状腺增大不明显、TRAb 阴性或滴度较低者）；老年或伴发疾病致手术风险大者；预期寿命有限者；不遵从放射防护者；有甲状腺手术史；缺乏有经验的外科医生；中至重度活动性 Graves 眼病。

（2）禁忌证：使用抗甲状腺药物出现明显不良反应者，包括肝功能异常、粒细胞减低、药物过敏等。

2. 放射性 ^{131}I 治疗

（1）适应证：甲亢合并甲状腺肿大，抗甲状腺药物使用禁忌者；有伴发疾病致手术风险大者；有甲状腺手术史；缺乏有经验的外科医生。

（2）禁忌证：甲状腺癌或疑似甲状腺癌；中至重度活动性 Graves 眼病；不遵从放射防护者。

3．手术治疗

（1）适应证：有局部压迫症状；甲状腺大于 80g；摄碘率相对较低；确诊或疑似甲状腺癌；大的无功能或低功能结节；共存甲状旁腺功能亢进；中至重度活动性 Graves 眼病。

（2）禁忌证：有较严重的心肺疾病无法耐受手术者；终末期肿瘤。

门诊随访，结合患者及家属意愿，患者要求先行抗甲状腺药物保守治疗，给予甲巯咪唑 30mg/d 治疗，同时给予美托洛尔降心率、利伐沙班抗凝、曲美布汀调节胃肠道动力等。嘱患者低碘饮食，服药 1～2 周后复查肝功能、血常规，每隔 4 周复查甲状腺功能。如有不适随诊。

4 周后甲巯咪唑药量减至 20mg/d；8 周后甲巯咪唑药量减至 15mg/d；于门诊复查，患者无明显不适，食欲缺乏、心悸、失眠、易怒等症状缓解，血压 132/70mmHg，心率 69 次 /min。复查甲状腺功能：FT_3 5.1pmol/L、FT_4 19.2pmol/L、T_3 2.5nmol/L、T_4 168nmol/L、TSH 3.5μIU/ml、TPOAb 30.3IU/ml、TGAb 89.9IU/ml、TG 33.9ng/ml；TRAb（ELISA 法）：13%；血常规、肝肾功能未见明显异常。心电图未见明显异常。

【问题 4】 患者甲亢是否已经治愈？抗甲状腺药物如何减量和停药？

患者对抗甲状腺药物治疗反应较好，未出现明显药物不良反应，甲状腺毒症明显缓解，甲状腺功能基本正常，治疗效果较好。此时甲巯咪唑应逐步减量 每 4～6 周减量 1 次，4～6 个月减至维持剂量（2.5～5mg/d），随后继续治疗 12～18 个月。用药疗程结束时，如果甲亢症状、体征消失，甲状腺功能恢复正常，TRAb 阴性，则可以考虑酌情停药。患者在使用抗甲状腺药物过程中，应避免药物性甲状腺功能减退的情况发生；药物治疗使甲状腺功能正常后，心房颤动随之消失，应及时停用抗凝药物。

我国抗甲状腺药物首选甲巯咪唑，欧洲国家多首选卡比马唑。对于妊娠早期、甲巯咪唑过敏、甲亢危象等情况，首选丙硫氧嘧啶。

（四）老年甲亢的临床特点

1．老年甲亢的症状常不典型，患者多以食欲缺乏、消瘦为主诉，有的患者以单纯消瘦怀疑恶性肿瘤来就诊，发现心率增快才考虑甲亢的可能。

2．老年甲亢的胃肠道症状多以食欲减退、进食减少和便秘为表现，缺乏年轻甲亢患者的食欲亢进、进食增多和腹泻的表现。

3．有的老年患者以心悸为首发症状，一直以"冠心病"进行治疗，或心电图发现心房纤颤，给予抗心律失常药物治疗，经过一段时间治疗效果不佳后再行甲状腺功能检查才发现甲亢。甲亢患者发生的心房纤颤多数为快速心率的心房颤动，而冠状动脉粥样硬化所导致的心房颤动多为正常心率，因此对于快速型心房颤动的老年人应考虑甲亢的可能。

4．少数老年甲亢患者高代谢症状不典型，相反，表现为淡漠、反应迟钝，出现乏力和嗜睡，常被误诊为老年痴呆症，该类型的甲亢称之为淡漠型甲亢。有些老年甲亢表现为失眠、焦虑，甚至出现幻觉、妄想，以神经衰弱、精神病等进行治疗，此时应及时检测甲状腺功能是否亢进。

5．老年甲亢患者的甲状腺肿大不明显，甚至体格检查时未触及甲状腺增大，甲状腺区杂音也较少闻及；老年甲亢合并甲亢眼征的患者临床少见。

6．老年甲亢的实验室检查表现为甲状腺激素的升高程度和促甲状腺激素的下降程度均不明显。

7．老年甲亢对抗甲状腺药物治疗的反应好，但使用时剂量应根据肝肾功能情况适当减少剂量；亦可选择 ^{131}I 治疗，但需注意后期甲状腺功能减退的可能。

二、甲状腺功能减退症

甲状腺功能减退症（hypothyroidism）简称"甲减"，是由于甲状腺激素合成和分泌减少或组织作用减弱导致的全身代谢减低综合征。主要分为临床甲减和亚临床甲减。甲减发病隐匿，病程较长，尤其是老年人，常合并多种疾病，同时伴有全身机体的老化和各个脏器储备功能的下降，所以许多老年患者往往缺乏特异的症状和体征。甲减的症状主要以代谢率减低和交感神经兴奋性下降的表现为主。典型症状包括畏寒、乏力、手足肿胀感、嗜睡、记忆力减退、少汗、关节疼痛、体重增加、便秘、女性月经紊乱或月经过多、不孕。患者可有表情呆滞、反应迟钝、声音嘶哑、听力障碍、面色苍白、颜面和/或眼睑水肿、唇厚舌大、常有齿痕，皮肤干燥、粗糙、脱皮屑、皮肤温度低、水肿、手脚掌皮肤可呈姜黄色，毛发稀疏干燥，跟腱反射时间延长，脉率缓慢。少数病例出现胫前黏液性水肿。本病累及心脏可以出现心包积液和心力衰竭。黏液性水肿昏迷为甲减的急危重症。

临床病例2

患者，女，78岁。

主诉：乏力半年，加重并嗜睡1周。

现病史：半年前自觉体力、记忆力下降，独自外出次数减少，但可自理，与家人话语交流减少，食欲缺乏，便秘较前加重。1周前自觉上述症状加重并嗜睡，无胸闷、胸痛、气短，无排尿减少及尿频。

既往史：有高血压、糖尿病病史15年。3年前因急性心肌梗死行支架置入术，平素间断口服阿司匹林、阿托伐他汀、比索洛尔、培哚普利、氨氯地平、二甲双胍、格列美脲治疗。偶测空腹血糖7~8mmol/L，血压140~150/60~65mmHg。

体格检查：体温36.1℃，心率61次/min，呼吸18次/min，血压145/65mmHg，神清懒言，可以正确回答问题，皮肤粗糙，双肺呼吸音清，心率61次/min，律齐，腹软，无压痛反跳痛及肌紧张，四肢肌力5级，双下肢无水肿。

实验室检查肝功能：ALT 30U/L，ALB 35.85g/L，前白蛋白198mg/L，空腹血糖7.5mmol/L，HbA1c 7.2%。心电图、血常规、尿常规、血脂、肾功能结果未见异常。

（一）初步诊断

2型糖尿病，高血压病2级（很高危），冠心病，支架置入术后。

【问题1】 患者乏力不适、精神萎靡如何考虑？

患者血糖、血压控制尚可。患者仍诉乏力，尽管患者无胸痛、胸闷、气短，但既往有冠心病史，要注意排查有无冠心病不稳定型心绞痛及急性心肌梗死可能。另外老年人罹患甲减，症状常不典型或被其他疾病掩盖，所以老年人甲减容易漏诊。结合患者近半年出现记忆力下降、懒言、便秘等症状，应警惕是否存在甲减。

（二）辅助检查及诊断

检查心肌酶、肌钙蛋白、BNP、心电图、心脏超声结果未见异常，目前冠心病不稳定型心绞痛依据不足。进一步检查甲状腺功能，TSH 18.15mIU/L，FT$_3$ 1.05pmol/L，FT$_4$ 4.55pmol/L，TPO-Ab 625.16IU/ml，TG-Ab 136.35IU/ml。甲状腺超声提示双侧甲状腺回声欠均匀。甲状腺功能结果提示存在甲减。

【问题2】 该患者甲状腺功能出现异常如何分析？

1. 依据患者存在不典型甲减症状，TSH增高，FT$_4$、FT$_3$降低，提示存在甲减，为甲状腺本身的病变，诊断为原发性甲状腺功能减退症，结合TPO-Ab及TG-Ab升高，甲状腺超声提示双侧甲状腺回声欠均匀，考虑甲减病因为桥本甲状腺炎。

2. 血清TSH和游离T$_4$、总T$_4$是诊断原发性甲减的第一线指标。

3. 患者血浆白蛋白水平较低，会影响循环中总甲状腺激素（TT$_4$）水平，所以需测定该患者血液中游离甲状腺激素（FT$_4$）。

【问题3】 甲减病因有哪些？

1. 原发性甲减 占全部甲减约99%，其中90%以上是由自身免疫、甲状腺手术和甲亢^{131}I治疗所引起。

2. 中枢性甲减或继发性甲减 由于下丘脑和垂体病变引起的促甲状腺激素释放激素（TRH）或促甲状腺激素（TSH）产生和分泌减少所致的甲减。垂体外照射、垂体腺瘤、颅咽管瘤及垂体缺血性坏死是中枢性甲减的较常见原因。

3. 消耗性甲减 罕见，见于血管瘤等肿瘤患者，这些肿瘤表达3-碘化甲腺氨酸脱碘酶，致甲状腺激素灭活或丢失过多引起甲减。

4. 甲状腺激素抵抗综合征 由于甲状腺激素在外周组织实现生物效应障碍引起甲减。

（三）初步治疗

给予左甲状腺素补充替代治疗，降压、降糖、冠心病二级预防治疗同前。

【问题4】　该老年甲减患者治疗远程中需要注意什么？

1. 应用左甲状腺素（L-T$_4$）作为甲减的治疗药物。因患者同时合并冠心病，L-T$_4$宜从小剂量开始服用，起始剂量12.5μg/d，1周左右若无胸痛、胸闷、心慌等症状，可以将剂量增至25μg/d，之后逐渐增加剂量。

2. L-T$_4$与其他药物和某些食物的服用间隙应在4h以上，L-T$_4$最佳的服药方法首选早饭前1h。

【问题5】　甲减治疗的目标是什么？

1. 原发性临床甲减的治疗目标为甲减的症状和体征消失，血清TSH和TT$_4$、FT$_4$水平维持在正常范围。

2. 继发于下丘脑和垂体的甲减以血清FT$_4$、TT$_4$达到正常范围作为治疗的目标，不以TSH作为监测指标。

3. 当血清T$_4$、T$_3$水平升高，但是TSH不被抑制时，提示甲状腺激素抵抗综合征（RTH），伴有甲减症状的RTH可选择甲状腺激素治疗，对伴有甲亢症状的RTH可对症和选择三碘甲腺乙酸治疗。

4. 甲状腺功能正常的病态综合征（也称低T$_3$综合征，并非甲状腺本身病变，而是由于严重疾病、饥饿状态导致的循环甲状腺激素水平的减低，是机体的一种保护性反应）不建议甲状腺激素替代治疗。

【问题6】　亚临床甲减是否需要治疗？

亚临床甲减通常缺乏明显的临床症状和体征。诊断主要依赖实验室检查。需2~3个月重复检测血清TSH及FT$_4$或TT$_4$水平，TSH升高且FT$_4$、TT$_4$正常，方可诊断亚临床甲减，对于TSH≥10mIU/L的亚临床甲减患者，主张给予L-T$_4$替代治疗，治疗的目标和方法与临床甲减一致。而TSH介于正常参考范围上限，小于10mIU/L的亚临床甲减患者，如果伴甲减症状、TPOAb阳性、血脂异常或动脉粥样硬化性疾病，应予L-T$_4$治疗，否则不予治疗，随诊观察。

（四）进一步治疗和复查

随访时间：补充L-T$_4$治疗初期，每隔4~6周测定血清TSH及FT$_4$。根据TSH及FT$_4$水平调整L-T$_4$剂量，直至达到治疗目标。治疗达标后，至少每6~12个月复查1次上述指标。

【问题7】　老年甲减患者如突然停药有可能发生什么？

1. 对于服用L-T$_4$剂量较大的老年甲减患者，不宜突然停药，尤其是遇到感染、外伤、手术等应激情况。一旦突然停药有可能出现黏液性水肿昏迷。

2. 黏液性水肿昏迷是一种罕见的危及生命的重症，多见于老年患者，通常由并发疾病所诱发。临床表现为嗜睡、精神异常，木僵甚至昏迷，皮肤苍白、低体温、心动过缓、呼吸衰竭和心力衰竭等。本病预后差，病死率达20%。

3. 黏液性水肿昏迷的治疗：①去除或治疗诱因；②补充甲状腺激素，开始应给予静脉注射甲状腺激素替代治疗，如果没有L-T4注射剂，可将L-T4片剂磨碎后胃管鼻饲；③保温；④补充糖皮质激素；⑤对症治疗；⑥其他支持疗法。

（五）预后

老年甲减口服L-T$_4$补充替代治疗，甲状腺功能正常后，往往不影响患者生活质量，但如果突然停药或合并严重应激情况，出现黏液性水肿昏迷，则预后差。

三、甲状腺结节

甲状腺结节（thyroid nodule）是指各种原因导致的甲状腺内出现一个或多个组织结构异常的团块。甲状腺结节的诊断关键是确定甲状腺结节的功能与性质，鉴别结节是良性还是恶性，恶性甲状腺结节的诊断需要综合考虑，要借助病史、临床表现和辅助检查。老年甲状腺结节性质与一般人群相似，绝大多数为良性，恶性者仅占5%左右。甲状腺未分化癌和恶性淋巴瘤在老年人群中的发病率明显高于一般人群。

临床病例3

患者，男，71岁。

主诉：发现左侧颈部肿物1个月。

现病史：患者于 1 个月前无意中发现左侧颈部肿大，无发热、疼痛，无多食易饥，无怕热多汗、易怒，无消瘦乏力，睡眠可，大便正常，未予诊治。近 1 周无明显原因偶有心悸、失眠，自觉颈部肿物较前增大。为进一步诊治就诊。

体格检查：体温 36.0℃，心率 73 次 /min，呼吸 19 次 /min，血压 141/94mmHg。神清，精神可。左侧甲状腺Ⅱ度肿大，可触及肿物，约花生粒大小，质硬，无触痛，边界尚清，可随吞咽动作上下移动，未闻及血管杂音。全身淋巴结未触及肿大。心率 73 次 /min，律齐，未闻及杂音，双肺呼吸音清，未闻及干湿啰音，腹软，无压痛、反跳痛及肌紧张，肝脾无肿大，双下肢无水肿。

实验室检查：血常规、肝肾功能未见异常，甲状腺功能八项未见异常。

甲状腺超声：甲状腺左叶增大，内可探及一类圆形低回声肿块，大小约 2.2cm×2.0cm，边界欠清，形态欠规则，内低回声，欠均匀，内嵌散在多个点状强回声，余腺体回声均匀。双侧颈部淋巴结未见肿大。诊断甲状腺左叶结节伴多发钙化点（纵横比 >1），TI-RADS 4c 类。

既往史：高血压病史 10 余年，目前口服降压药物治疗（具体不详），血压控制在 130～140/80～90mmHg。否认冠心病、糖尿病病史。无烟酒等不良嗜好。家族中无特殊遗传病史。

（一）初步诊断

根据患者查体发现左侧甲状腺肿物，质硬，无触痛，可随吞咽动作上下移动。甲状腺功能正常，甲状腺超声检查示甲状腺左叶增大，内可探及肿块，因此诊断为甲状腺左叶结节。

【问题 1】　甲状腺结节的病因及分类是什么？

甲状腺结节分为良性和恶性两大类。良性甲状腺结节包括增生性甲状腺肿（弥漫性和结节性）、毒性结节性甲状腺肿、甲状腺腺瘤、甲状腺囊肿、局灶性甲状腺炎等。恶性甲状腺结节包括分化型甲状腺癌（乳头状甲状腺癌、滤泡状甲状腺癌）、未分化甲状腺癌和髓样癌，甲状腺转移癌极为罕见。

【问题 2】　甲状腺结节的临床表现有哪些？

大多数甲状腺结节患者无症状，仅在体格检查或超声检查时意外发现；极少数结节较大时出现压迫症状，少数患者伴有甲状腺功能异常，或伴有甲亢或甲减的表现。

【问题 3】　甲状腺结节良恶性评估需要询问哪些病史？

询问有无头颈部放射线检查治疗史、家族史、结节增长速度、局部症状、甲状腺功能异常相关症状、是否使用含碘药物或营养补充剂等。

（二）辅助检查及诊断

甲状腺结节的诊断关键是确定甲状腺结节的功能与性质，鉴别结节是良性还是恶性。

【问题 4】　甲状腺结节良恶性评估需要做哪些检查？

甲状腺体格检查、实验室检查、甲状腺超声检查、甲状腺细针穿刺抽吸活检（FNAB）、甲状腺核素显像等。

1. 体格检查　甲状腺查体时要注意结节的数目、大小、质地、活动度、压痛及有无局部淋巴结肿大。

2. 实验室检查　甲状腺功能测定：绝大多数结节患者甲状腺功能正常，血清 TSH 水平升高与甲状腺癌风险增加有关。

甲状腺球蛋白（Tg）水平测定：多种甲状腺疾病可导致血清 Tg 水平升高，测定 Tg 对鉴别结节的良、恶性没有帮助。

血清降钙素水平的测定：对髓样癌有诊断意义。有甲状腺髓样癌家族史或 MEN_2 家族史者，应检测基础或刺激状态下血清降钙素水平。

血清甲状腺过氧化物酶抗体（TPOAb）和甲状腺球蛋白抗体（TgAb）水平测定：是桥本甲状腺炎的临床诊断指标，但确诊桥本甲状腺炎仍不能完全除外恶性肿瘤的可能，少数桥本甲状腺炎可合并甲状腺乳头状癌或甲状腺淋巴瘤。

3. 甲状腺超声检查　评价甲状腺结节最敏感的检查方法。不仅可用于判别结节性质，也可在超声引导下对甲状腺结节进行定位、穿刺、诊治和随诊。

（1）超声检查报告内容：甲状腺结节的大小、数量、位置、质地（实性或囊性）、形状、边界、包膜、有无钙化、血供情况及与周围组织的关系，评估颈部区域有无淋巴结和淋巴结的大小、形态和结构特点。

（2）提示甲状腺结节为恶性的超声征象：结节的高度大于宽度、缺乏声晕、微小钙化、边界不规则、回声减低、实性结节、结节内部血流信号丰富等。其中微小钙化、边界不规则和结节内部血流信号丰富3个特征特异性较高（>80%），但敏感性较低（29%～77.5%）。单独一项特征不足以诊断恶性病变。但如果同时存在2种以上特征或低回声结节中出现其中一个特征时，诊断恶性病的敏感性可提高到87%～93%。

4．甲状腺细针穿刺抽吸活检（FNAB）　FNAB是鉴别结节良、恶性最可靠、最有价值的诊断方法。

适用范围：凡直径>1cm的甲状腺结节，均可考虑FNAB检查。除外经甲状腺核素显像证实为有自主摄取功能的"热结节"、超声提示为纯囊性的结节、根据超声影像已高度怀疑为恶性的结节。

直径≤1cm的甲状腺结节，不推荐常规行FNAB。合并以下情况者考虑超声引导下FNAB：①高危病史，童年期有颈部放射线照射史或辐射污染接触史，有甲状腺癌或甲状腺癌综合征的病史或家族史；②超声征象，超声提示结节有恶性征象，伴颈部淋巴结超声影像异常；③其他影像学检查，^{18}F-FDG PET显像阳性；④实验室检查，伴血清降钙素水平异常升高。

5．甲状腺核素显像检查，是评价结节功能状态的影像学检查方法。

（1）适合进行核素显像检查的情况：直径>1cm且伴有血清TSH降低的甲状腺结节，可疑异位甲状腺组织或胸骨后甲状腺肿，本法适用于甲状腺结节合并甲亢或亚临床甲亢者，以明确结节是否为"热结节"。在碘缺乏地区，即使TSH正常，也应考虑进行核素扫描，以排除自主性甲状腺结节或多结节性甲状腺肿。应行甲状腺^{131}I或^{99m}Tc核素显像，判断结节是否有自主摄取功能。

（2）根据甲状腺结节对放射性核素摄取能力可将结节分为"热结节""温结节"和"冷结节"。"热结节"占10%，"冷结节"占80%。"热结节"指放射性密度高于正常甲状腺组织，多见于高功能腺瘤；"温结节"指放射性密度和正常甲状腺组织相近，多见于腺瘤、结节性甲状腺肿等；"冷结节"指放射性密度明显低于正常甲状腺组织，多见于肿瘤、囊肿、腺瘤等。热结节中99%为良性，冷结节中恶性率为5%～8%，因此，用"冷结节"判断甲状腺结节的良恶性帮助不大。

6．其他检查

（1）MRI/CT对评估结节性甲状腺肿的大小、气道受压和胸骨后甲状腺肿有诊断价值，但不建议作为评估甲状腺结节的常规检查。

（2）组织病理学检查：甲状腺结节良恶性确诊的金标准，术后组织病理学检查是最准确的甲状腺结节良恶性评估方法。

入院后，根据患者病史、临床表现及超声、实验室检查结果，结合患者为老年男性，高度怀疑恶性结节的可能。经超声引导下甲状腺细针穿刺的检查，病理结果回报：可见乳头状癌细胞。转外科行手术治疗。

（三）初步治疗

患者于外科行手术切除治疗。术后组织病理报告：左侧甲状腺乳头状癌，左侧淋巴结可见癌转移。

【问题5】　甲状腺结节如何进处理？

治疗方法的选择应根据甲状腺超声检查的特征和FNAB的结果而定。

1．良性结节的处理　绝大多数甲状腺良性结节患者不需要特殊治疗，但需每6～12个月复查1次甲状腺超声，必要时重复FNAB检查；只有少数患者需要进行药物、手术、介入等治疗。

2．恶性甲状腺结节（甲状腺癌）的处理　绝大多数甲状腺恶性肿瘤需首选手术。甲状腺未分化癌由于恶性度极高，诊断时几乎都有远处转移，单纯手术难以达到治疗目的，故应选用综合治疗的方法。

（四）术后治疗和随访

术后口服左甲状腺素（L-T$_4$）替代治疗，L-T$_4$应清晨空腹顿服，每4周左右测定血清TSH，根据TSH抑制目标调整剂量。此外，定期进行甲状腺超声检查除外肿瘤复发，初始复查周期为3～6个月，之后根据病情进行调整，如病情稳定可适当延长（如2～3年后改为6～12个月复查）。老年人，尤其是70岁以后出现甲状腺癌者预后较差，更要注重随访。

（张　华　张春玉　马慧娟）

推荐阅读资料

[1] 廖二元. 内分泌代谢病学. 3 版. 北京：人民卫生出版社，2012.

[2] 中华医学会内分泌学分会，中国甲状腺疾病诊治指南. 中华内科杂志，2007，46（8）：697-702.

[3] 中华医学会内分泌学分会，中华医学会外科学分会内分泌外科学组，中国抗癌协会头颈肿瘤专业委员会等. 甲状腺结节和分化型甲状腺癌诊治指南. 中华内分泌代谢杂志，2012，28（10）：779-797.

[4] 中华医学会内分泌学分会. 成人甲状腺功能减退症诊治指南. 中华内分泌代谢杂志，2017，33（2）：167-180.

[5] 中华医学会内分泌学分会专家组. 中国甲状腺疾病诊治指南——甲状腺功能亢进症. 中华内科杂志，2007，46（10）：876-882.

[6] BURCH H B，BURMAN K D，COOPER D S，et al. A 2013 survey of clinical practice patterns in the management of primary hypothyroidism. J Clin Endocrinol Metab，2014，99（6）：2077-2085.

[7] GUGLIELMI R，FRASOLDATI A，ZINI M，et al. Italian association of clinical endocrinologists statement-replacement therapy for primary hypothyoidism：A brief guide for clinical practice. Endocr Pract，2016，22（11）：1319-1326.

[8] HAUGEN B，ALEXANDER E，BIBLE K，et al. 2015 American Association of Clinical Endocrinologists，American College of Endocrinology，and Associazione Medici Endocrinologi Medical Guidelines for clinical practice for the diagnosis and management of thyroid nodules-2016 UPDATE. Endocr Pract，2016，22（5）：622-639.

[9] HAUGEN B，ALEXANDER E，BIBLE K，et al. 2015 American Thyroid Association Management guidelines for adult patients with thyroid nodules and differentiated thyroid cancer：The American Thyroid Association guidelines task force on thyroid nodules and differentiated thyroid cancer. Thyroid，2016，26（1）：111-133.

[10] PACINI F，CASTAGNA M G，BRILLI L，et al. ESMO Thyroid cancer guidelines. Ann Oncol，2012，10（23）：110-119.

[11] ROSS D S，BURCH H B，COOPER D S，et al. 2016 American thyroid association guidelines for diagnosis and management of hyperthyroidism and other causes of thyrotoxicosis. Thyroid，2016，26（10）：1343-1421.

[12] VEZZANI S，GIANNETTA E，ALTIERI B，et al. An Italian survey of compliance with major guidelines for L-thyroxine of primary hypothyroidism. Endocr Pract，2018，24（5）：419-428.

第三节　高尿酸血症与痛风

学习要求

1. 掌握高尿酸血症的定义、治疗流程及分层管理。
2. 掌握痛风的典型临床表现、2015 年 ACR/EULAR 痛风分类诊断标准。
3. 熟悉常用降尿酸药物的选择，痛风急性发作期的药物治疗，痛风急性发作的预防。
4. 熟悉高尿酸血症与痛风的非药物治疗及长期综合化患者管理。
5. 了解老年高尿酸血症的常见共病治疗。

　　高尿酸血症（hyperuricemia，HUA）指在正常嘌呤饮食状态下，非同日 2 次空腹血尿酸（SUA）>420μmol/L。一旦析出的尿酸盐沉积于关节腔或关节周围组织导致关节炎即称为痛风（gout）。HUA 是痛风发生最重要的生化基础和最直接的病因，没有痛风发作的 HUA 称为无症状 HUA。

临床病例 1

患者，男，61 岁。

主诉：发现血尿酸增高 1 周。

现病史：1 周前单位体检，发现 SUA 增高为 505μmol/L，遂来院就诊。体检单：FBG 6.5mmol/L，TG 4.0mmol/L，CHOL 3.5mmol/L，LDL-C 2.88mmol/L，HDL-C 0.96mmol/L；血、尿常规正常；肝肾功能正常，腹部超声示轻度脂肪肝；泌尿系正常；心电图正常。

既往史：高血压病史 7 年，最高血压 165/100mmHg，平时口服厄贝沙坦 / 氢氯噻嗪 150mg/12.5mg，每日 1 片，血压控制于 125～145/65～85mmHg。吸烟饮酒多年。

家族史：其父患有高血压及糖尿病多年。

体格检查：体重 77kg，身高 170cm，BMI 26.5kg/m²，血压 145/75mmHg，心、肺（-），腹软，无压痛及包块，双下肢无水肿。

实验室检查：SUA 495μmol/L，FBG 6.1mmol/L，HPG 9.0mmol/L，HbA1c 6.2%，INS 13.41mIU/L，C-P 3.32μg/L，TG 3.8mmol/L，CHOL 3.1mmol/L，LDL-C 2.57mmol/L，HDL-C 0.97mmol/L。

一、初步诊断

①体检与门诊两次空腹血 SUA 均 >420μmol/L，无特殊不适，既往没有痛风发作，符合无症状 HUA 诊断标准；②FBG 6.1～6.5mmol/L，HPG 9.0mmol/L，HbA1c 6.2%，符合糖耐量减低，尚未达糖尿病诊断标准；③甘油三酯增高为主型高脂血症，合并轻度脂肪肝；④最高血压 165/100mmHg，故为高血压病 2 级；合并高尿酸、高血脂、超重（BMI 26.6kg/m²）、血糖增高等多种心血管危险因素，尚未达糖尿病诊断标准，故心血管危险分层为高危；⑤符合超重、高血糖、高血压、高血脂、高尿酸、脂肪肝等诊断为代谢综合征。

【问题 1】 老年人 HUA 的特点是什么？

HUA 及痛风随年龄增长而增高，好发于中老年男性和绝经后女性，男性高于女性。老年人 HUA 大部分为无症状 HUA，少部分有痛风性关节炎反复发作。老年 HUA 和痛风常合并多种慢性疾病如糖尿病、高血压病、高脂血症、代谢综合征等。由于老年人骨关节炎非常多见，如合并 HUA 更易出现痛风性关节炎。

二、预防和治疗

治疗 HUA 不仅可预防痛风，还有助于防治糖尿病、高血压病、高脂血症、代谢综合征等。老年人机体功能衰退和多病共存，药物代谢能力下降，更易发生药物相关不良反应，因此老年人 HUA 更强调非药物治疗。饮食应以低嘌呤食物为主，严格控制肉类、海鲜和动物内脏等食物摄入；戒烟、限酒，禁啤酒和白酒；避免应用使血尿酸升高药物；多饮水，避免含果糖或含糖饮料，适当碱化尿液，每日饮水量保证尿量在 1 500ml 以上；坚持运动；控制体重。

【问题 2】 该患者存在哪些促进尿酸增高的危险因素，哪些是可控因素？

危险因素：老年男性，超重，患有高血压、高血糖、高血脂，既往因高血压使用噻嗪类利尿剂，平时吸烟、饮酒多年，一级亲属中有高血压、糖尿病患者。

可控因素：通过生活方式干预减轻体重；有效控制高血压、高血糖、高血脂；戒烟、限酒；停用噻嗪类利尿剂 - 厄贝沙坦 / 氢氯噻嗪，改用有降尿酸作用的降压药：氯沙坦钾或阿立沙坦酯。

【问题 3】 降尿酸药物治疗指征及 SUA 控制目标是什么？

无症状 HUA 治疗流程图见图 3-6-1。HUA 的治疗根据痛风是否发作、危险因素、SUA 浓度等分为 3 种分层管理（表 3-6-1）。该患者无痛风发作，合并多种危险因素，SUA>480μmol/L，因此需要使用药物降尿酸治疗，SUA 控制目标为 <360μmol/L，不低于 180μmol/L。

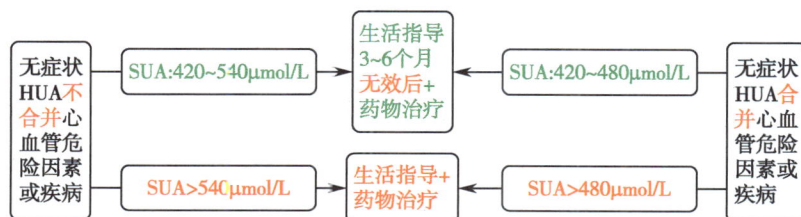

HUA—高尿酸血症；SUA—血尿酸。

图 3-6-1　无症状高尿酸血症治疗流程图

表 3-6-1 高尿酸血症治疗的分层管理

分层	痛风发作	危险因素	降尿酸药物治疗指征（SUA 浓度）	SUA 目标值
1	痛风石 慢性痛风性关节炎 痛风性关节炎发作频繁	不限	不限	180～300μmol/L
	≥2 次	不限		180～360μmol/L
	1 次	ª≥1 项		
2	1 次	不限	SUA>480μmol/L	180～360μmol/L
	无	ᵇ≥1 项		
3	无	无	SUA>540μmol/L	180～420μmol/L

注：ª 危险因素包括年龄<40 岁、痛风石或关节腔尿酸盐沉积证据、尿酸性肾结石或肾功能损害≥G_2 期、高血压、糖尿病、血脂异常、肥胖、脑卒中、冠心病、心力衰竭；ᵇ 危险因素包括尿酸性肾结石或肾功能损害≥G_2 期、高血压、糖尿病、血脂异常、脑卒中、冠心病、肥胖、心力衰竭。SUA，血尿酸。

【问题 4】 降尿酸药物的选择有哪些？

结合该患者具体情况和各类降尿酸药的特点，建议使用苯溴马隆或非布司他。

1. 抑制尿酸生成药 别嘌醇，可引起皮肤过敏反应及肝肾功能损伤，甚至致死性剥脱性皮炎等。*HLA-B*5801* 基因阳性、应用噻嗪类利尿剂及肾功能不全是发生不良反应的危险因素。建议服用别嘌醇前筛查 *HLA-B*5801* 基因，阳性者禁用。非布司他可引起肝功能损害、恶心、皮疹等。在肾功能不全和肾移植患者中具有较高安全性，轻中度肾功能不全无须调整剂量。

2. 促尿酸排泄药 苯溴马隆，可有胃肠不适、腹泻、皮疹和肝功损害。用于轻中度肾功能异常或肾移植患者，eGFR<20ml/（min·1.73m²）或尿酸性肾结石禁用，须碱化尿液至 pH 6.2～6.9，心肾功能正常者维持尿量在 2 000ml/d 以上。

3. 新型降尿酸药 尿酸氧化酶包括拉布立酶和普瑞凯希。拉布立酶主要用于血液系统恶性肿瘤患者的急性 HUA。普瑞凯希适用于大部分难治性痛风。选择性尿酸重吸收抑制剂 RDEA594 通过抑制 $URAT_1$ 和 OAT_4 发挥作用，用于单一足量黄嘌呤氧化酶抑制剂不能达标的痛风，肾功能 G3b～5 期患者不建议使用。

【问题 5】 老年 HUA 的常见共病如何治疗？

肾病患者须避免使用损肾药并定期监测肾功能；合并高血糖、血脂紊乱、高血压者须同时降糖、调脂、降压。高胆固醇血症或动脉粥样硬化，优先考虑阿托伐他汀；高甘油三酯血症优先选非诺贝特；高血压优先选择氯沙坦和二氢吡啶类钙通道阻滞剂等；尽管小剂量阿司匹林（<325mg/d）可升高尿酸，但因其重要的防治心血管病的作用，不建议停用。虽然合并高血压病最好避免噻嗪类利尿剂，但如何使用利尿剂仍取决于病情的缓急和主次。喹诺酮类、青霉素等抗生素会影响尿酸的排出，因此老年高尿酸血症患者合并细菌感染时，应避免使用喹诺酮类和青霉素类抗生素，以防止诱发急性痛风性关节炎。

临床病例 2

患者，男，65 岁。

主诉：反复多关节肿痛 28 年，加重伴面部水肿。

现病史：28 年前患者饮酒后出现左脚第一跖趾关节肿痛、不能行走，后自行缓解。随后每年均有饮酒后关节疼痛发作 1～2 次，疼痛逐渐累及双膝、双肘、双腕、掌指等关节，疼痛发作时均有发热、关节红肿等症状，服用吲哚美辛后可缓解。2009 年起关节疼痛加重，右肘关节破溃后有白色膏状物溢出，在当地予多种止痛剂治疗，一直未行 SUA 检查。2017 年关节肿痛再次发作，伴面部水肿，尿常规：PRO ++，BUN 16.9mmol/L，SCr 190μmol/L，SUA 780μmol/L，收住入院。病程中长期服用大量止痛剂，夜尿增多 1 年多，每晚 4～5 次。

体格检查：体温 38.9℃，心率 97 次/min，呼吸 20 次/min，血压 135/80mmHg。神清，贫血貌，面部包括双侧眼睑轻度水肿，双下肢轻度水肿。左足第一跖趾关节红肿，皮温升高，拒触摸，活动受限，右肘关节红肿破溃排出白色膏状分泌物（图 3-6-2），左腕、多个指间关节、双膝红肿热痛，双手及双足可扪及数个蚕豆大小质软结节。

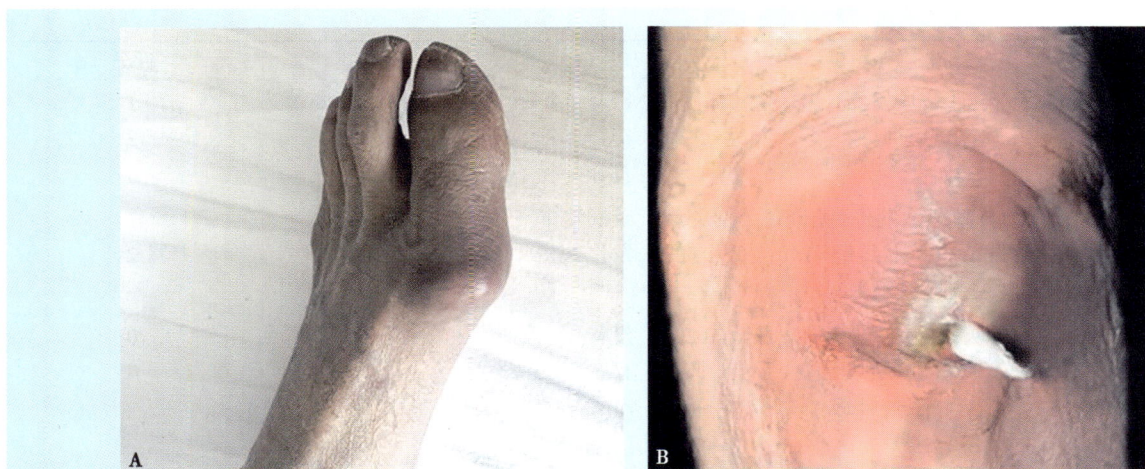

图 3-6-2 痛风关节临床特点

A. 左足第一跖趾关节红肿;B. 右肘关节红肿破溃排出白色膏状分泌物为尿酸盐结晶。

辅助检查:BUN 14.8mmol/L,SCr 198μmol/L,SUA 762μmol/L,ALB 32.5g/L,CRP 165mg/L,肝功能、补体、IG 均正常,RF、ANA、ANCA 等均阴性,CD_4 258 个 /μl,CD_8 122 个 /μl,UPR 0.3g/d,尿蛋白谱:大分子 10%、中分子 34%、小分子 56%;尿沉渣 RBC 1.1 万个 /ml,尿渗透压 358mOsm/(kg·H_2O),尿 C_3 2.62mg/L。

一、初步诊断与鉴别诊断

患者关节红肿热痛,SUA 明显增高,曾有右肘关节破溃后白色膏状物溢出,并可扪及类似痛风结节,考虑痛风性关节炎可能性大。患者既往反复多关节肿痛及肾脏损害,长期间断服用吲哚美辛等 NSAIDs,因此需排除类风湿关节炎肾损害,及 NSAIDs 导致的间质性肾炎。然而患者的症状、体征、辅助检查等临床特征并不符合类风湿关节炎。确诊有赖于肾活检。

【问题 6】 痛风的诊断标准是什么?

2015 年美国风湿病学会(ACR)和欧洲抗风湿病联盟(EULAR)制定的痛风分类标准(表 3-6-2)敏感性和特异性均高,是目前中国指南和专家共识推荐的痛风诊断标准。该标准适用于至少发作过 1 次外周关节肿胀、疼痛或压痛的疑似痛风患者,包含 3 个方面、8 个条目,共计 23 分,当总分≥8 分,可诊断痛风。如在发作的关节液、滑囊或痛风石中找到尿酸盐结晶,可直接诊断痛风。

《2016 中国痛风诊疗指南》推荐:临床表现不典型的疑似痛风,可使用超声检查受累关节及周围肌腱与软组织以辅诊;对血尿酸正常的疑似痛风,在医院有相关设备,以及经济许可的情况下,采用双能 CT 进行辅助诊断。根据临床特征和影像学仍无法确诊时,可行关节穿刺抽液,偏振光显微镜检查尿酸盐结晶。《中国高尿酸血症与痛风诊疗指南(2019)》将无症状高尿酸血症患者,关节超声、双能 CT 或 X 线发现尿酸钠晶体沉积和 / 或痛风性骨侵蚀者定义为"亚临床痛风"。

该患者评分:第一跖趾关节受累(2 分)+ 受累关节符合 3 个(3 分)+ 关节痛风石(4 分)+ 血尿酸≥600μmol/L(4 分)=13 分,因此符合痛风诊断。结合病史及实验室检查,初步诊断:痛风、痛风性肾病。

表 3-6-2 2015 年 ACR/EULAR 痛风分类标准

标准	分类	评分
确诊标准:症状关节 / 滑囊 / 痛风石中存在尿酸钠晶体	偏振光显微镜证实(图 3-6-3)	确诊痛风(金标准)
准入标准:外周关节或滑囊发作性肿胀、疼痛或压痛	至少 1 次	进入以下评分体系
分类标准:	符合"准入标准"不符合"确诊标准"	累计≥8 诊断痛风
● 临床特点		
急性症状发作关节 / 滑囊(单或寡关节炎)[a]	踝关节或足部(非第一跖趾关节)	1
	第一跖趾关节受累	2

续表

标准	分类	评分
受累关节发作时症状：①皮肤发红（患者主诉或医师查体）；②触痛或压痛；③活动障碍	符合 1 个	1
	符合 2 个	2
	符合 3 个	3
符合两项或以上为典型急性发作（无论是否抗炎治疗）：①疼痛达峰<24h；②症状缓解≤14d；③发作间期症状完全消退（恢复至基线水平）	首次发作	1
	发作 2 次或以上	2
痛风石的证据：皮下灰白色结节，表面皮肤薄，血供丰富；典型部位：关节、耳郭、鹰嘴滑囊、手指、肌腱（如跟腱）	没有	0
	存在	4
实验室检查 血尿酸（尿酸氧化酶法）：非降尿酸治疗中、距离上次发作>4 周时检测，可重复检测，以最高值为准	血尿酸<240μmol/L	−4
	血尿酸 240～<360μmol/L	0
	血尿酸 360～<480 μmol/L	2
	血尿酸 480～<600μmol/L	3
	血尿酸≥600μmol/L	4
关节液分析：由有经验医生对有症状关节或滑囊进行穿刺及偏振光显微镜镜检	未做	0
	单钠尿酸盐阴性	−2
影像学特征 症状关节/滑囊处尿酸钠影像学证据：关节超声"双轨征"[b]或暴风雪征（图 3-6-4）或双能 CT 的尿酸钠晶体沉积[c]（图 3-6-5）	未做	0
	存在（任何一个）	4
痛风相关关节破坏的影像学证据：手/足 X 线存在至少一处骨侵蚀[d]（皮质破坏，边缘硬化或边缘突出）（图 3-6-6）	未做	0
	存在	4

注：[a] 急性症状发作包括外周关节（或滑囊）的肿胀、疼痛和/或压痛；[b] 双轨征表现为透明软骨表面不规则的回声增强，且与超声波束的声波角度无关（假阳性的"双轨征"可能出现在软骨表面，改变超声波束的声波作用角度时会消失）；[c] 在关节或关节周围的位置存在颜色标记的尿酸盐，使用双能 CT 在 80kV 和 140kV 扫描能量下获取影像，使用痛风特异性软件应用 2 个材料分解算法分析颜色标记的尿酸盐，阳性为在关节或关节周围的位置存在绿色伪色，此为颜色标记的尿酸盐，应排除甲床、亚毫米波、皮肤、运动、射束硬化和血管伪影造成的假阳性；[d] 侵蚀被定义为骨皮质的破坏伴边界硬化和边缘悬挂突出，不包括远端指间关节侵蚀性改变和鸥翼样表现。官方推荐计算器：http://goutclassificationcalculator.auckland.ac.nz 或下载"痛风诊断"APP。

ACR，美国风湿病学会；EULAR，欧洲抗风湿病联盟。

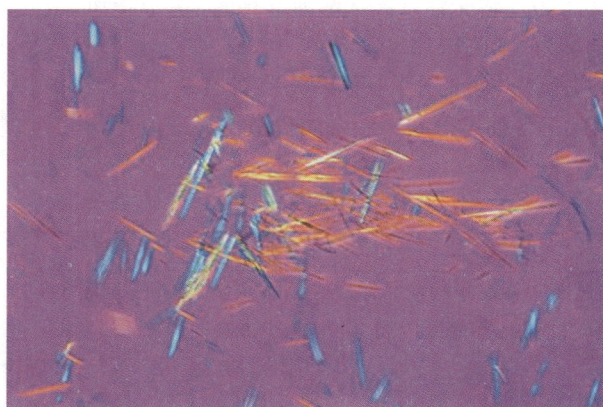

图 3-6-3　偏振光显微镜下尿酸钠晶体
亮黄色、细长、针状、负性双折光。

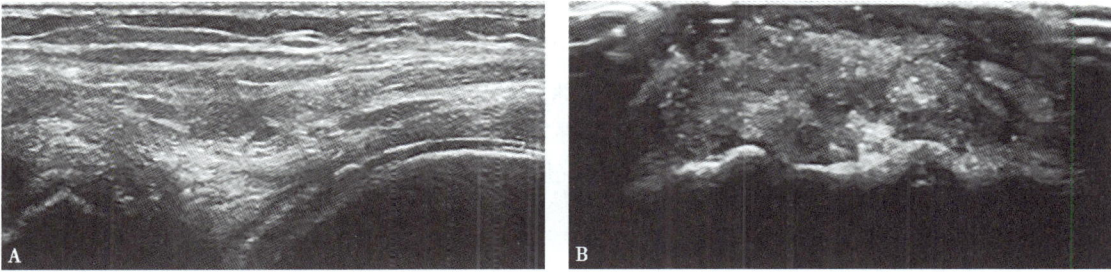

图 3-6-4　痛风关节超声影像
A. 双轨征-膝关节尿酸盐结晶；B. 暴风雪征-近端指间关节痛风石。

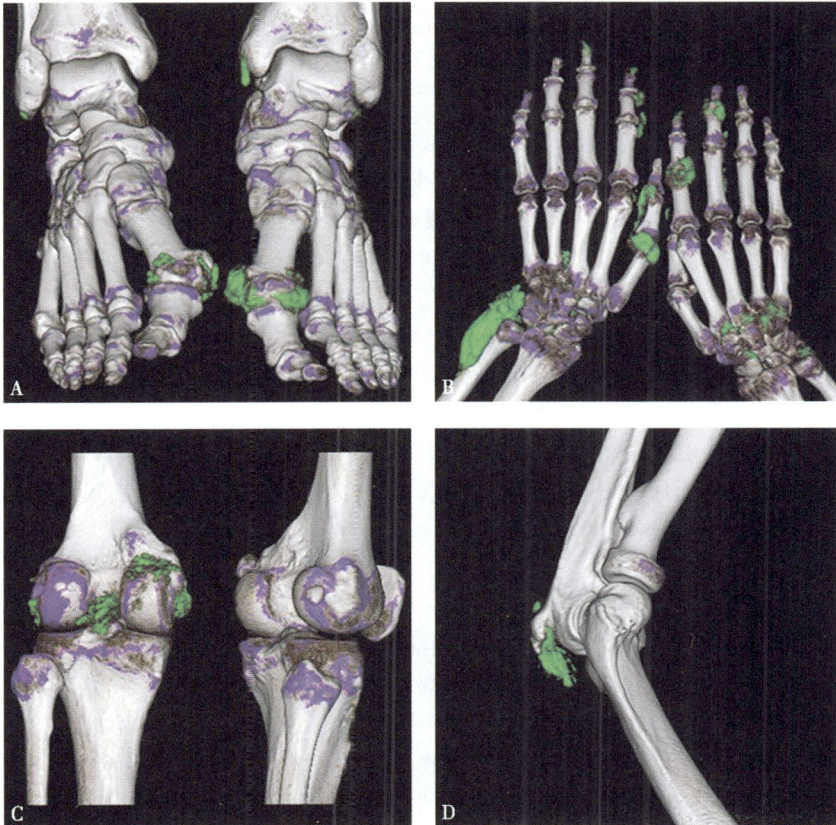

图 3-6-5　痛风关节双能 CT 尿酸钠晶体沉积伪色标示（绿色）
A. 跖趾关节和踝关节；B. 腕关节和指间关节；C. 膝关节；D. 肘关节。

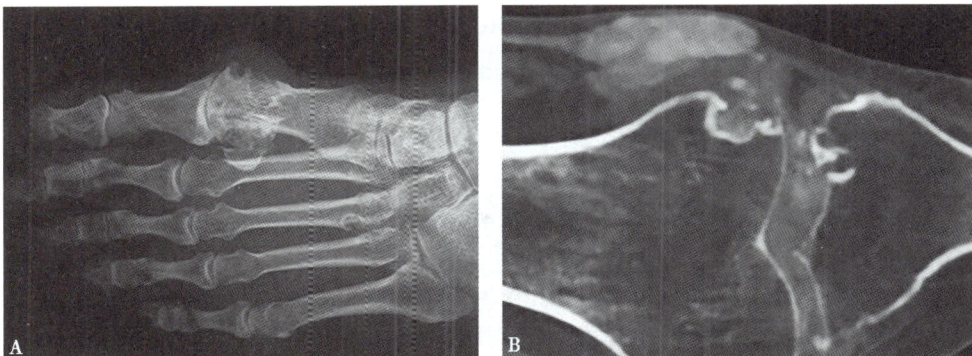

图 3-6-6　痛风关节破坏的影像
左足 X 线平片（A）和膝关节 CT（B）示皮质破坏、关节面不规则、关节间隙狭窄，骨质呈凿孔样缺损，缺损呈半圆形或连续弧形，边缘锐利有骨质增生。

二、预防和治疗

该患者的预防和治疗。①痛风急性发作期：卧床休息，抬高患肢、局部冷敷，秋水仙碱 1.5mg/d，当晚体温即恢复正常，关节疼痛肿胀症状有所减轻；②痛风急性发作缓解后：非布司他 40mg/d，秋水仙碱 1mg/d，碱化尿液，保肾对症治疗，患者关节肿痛缓解出院；③出院后复诊，调整治疗方案保证 SUA 达标，坚持非药物治疗和患者管理。

【问题7】 痛风急性发作期如何进行药物治疗？

推荐及早（一般应在 24h 内）进行抗炎止痛治疗，首选 NSAIDs；选择性环氧化酶 2（COX-2）抑制剂可用于有消化道高危因素的患者；有 NSAIDs 禁忌的患者，建议单独使用低剂量秋水仙碱，低剂量（1.5～1.8mg/d）与高剂量（4.8～6.0mg/d）秋水仙碱相比有效性相似，不良反应更少，且低剂量 48h 内用药效果更好；短期单用糖皮质激素，其疗效和安全性与 NSAIDs 类似，适用于 NSAIDs 和秋水仙碱不耐受的急性发作期痛风。急性发作累及 1～2 个大关节，全身治疗效果不佳者，可考虑关节内注射短效糖皮质激素，避免短期内重复使用。

【问题8】 如何在降尿酸治疗初期预防痛风急性发作？

痛风急性发作缓解后再予药物降尿酸治疗，已予降尿酸药物者急性期无须停药，初始药物降尿酸者应予预防痛风急件发作药物。首选口服小剂量秋水仙碱（推荐 0.5～1.0mg/d，至少 3～6 个月）。轻度肾功能不全无须调整剂量，定期监测肾功能；中度肾功能不全剂量减半（0.5mg，隔日 1 次）或酌情递减；重度肾功能不全避免使用。秋水仙碱无效时改用 NSAIDs，冠心病等慢性心血管病应慎用 NSAIDs。秋水仙碱和 NSAIDs 疗效不佳或存在禁忌时，改小剂量泼尼松龙（≤10mg/d），预防骨质疏松等。治疗 3～6 个月，根据痛风性关节炎发作情况酌情调整，无痛风发作的 HUA 不推荐预防痛风发作药物，但应告知有诱发痛风发作风险。一旦发生急性痛风性关节炎，应及时治疗，并考虑后续预防用药。

【问题9】 如何进行痛风石的治疗？

痛风石患者经积极治疗，血尿酸降至 300mol/L 以下维持 6 个月以上，痛风石可逐渐溶解。对于痛风石较大，破溃、经久不愈或压迫神经者可考虑手术治疗。

三、全面的患者管理

1. 痛风管理　强调生活方式等非药物治疗，告知痛风诱发因素，掌握预防措施，制订个体化发作处理方案；痛风急性发作缓解后再药物降尿酸，已接受降尿酸药物者急性期无须停药，初始药物降尿酸治疗者予预防痛风急件发作的药物。

2. 并发症管理　积极筛查并发症，制订多学科联合治疗方案：尿酸盐肾病应避免损肾药物，监测肾功能；中重度肾功能不全，痛风急性期首选糖皮质激素；肾石症患者须碱化尿液，必要时溶石或手术；合并高血糖、血脂紊乱、高血压须同时降糖、调脂、降压，选择利于尿酸排泄的药物；心肌梗死、心力衰竭者，痛风急性发作期避免使用 COX-2 抑制剂。

3. 高危人群管理　一级亲属中有 HUA 或痛风，久坐、高嘌呤高脂饮食、肥胖、代谢异常、心脑血管病及慢性肾脏病等高危人群，应建立定期筛查方案，普及 HUA 和痛风医学知识，监测 SUA，尽早发现并诊治。

（罗　镧）

推荐阅读资料

[1] 高尿酸血症相关疾病诊疗多学科共识专家组. 中国高尿酸血症相关疾病诊疗多学科专家共识. 中华内科杂志, 2017, 56（3）：235-248.

[2] 中华医学会风湿病学分会. 2016 中国痛风诊疗指南. 中华内科杂志, 2016, 55（11）：892-899.

[3] 中华医学会内分泌学分会. 中国高尿酸血症与痛风诊疗指南（2019）. 中华内分泌代谢杂志, 2020, 36（1）：1-12.

[4] 中国慢性肾脏病患者合并高尿酸血症诊治共识专家组. 中国慢性肾脏病患者合并高尿酸血症诊治专家共识. 中华肾脏病杂志, 2017, 33（6）：463-469.

[5] BORGHI C, TYKARSKI A, WIDECKA K, et al. Expert consensus for the diagnosis and treatment of patient with

hyperuricemia and high cardiovascular risk. Cardiol J，2018，25（5）：545-563.

[6] KILTZ U, SMOLEN J, BARDIN T, et al. Treat-to-target（T2T）recommendations for gout. Ann Rheum Dis, 2016, 76（4）：632-638.

[7] NEOGI T, JANSENTL, DALBETH N, et al. 2015 Gout classification criteria: an American College of Rheumatology/European League Against Rheumatism collaborative initiative. Ann Rheum Dis, 2015, 74（10）：1789-1798.

第四节　骨质疏松症

学习要求

1. 掌握老年骨质疏松症概念、临床表现和特点、诊断及流程。
2. 熟悉骨质疏松症的治疗及监测。
3. 了解老年骨质疏松症的常见病因、发病机制、危险因素及风险评估。

骨质疏松症（osteoporosis, OP）是最常见的骨骼疾病，是一种以骨量低，骨组织微结构损坏，导致骨脆性增加，易发生骨折为特征的全身性骨病。骨质疏松症可发生于任何年龄，但多见于绝经后女性和老年男性。骨质疏松症分为原发性和继发性两大类。原发性骨质疏松症包括绝经后骨质疏松症（Ⅰ型）、老年骨质疏松症（Ⅱ型）和特发性骨质疏松症（包括青少年型）。绝经后骨质疏松症一般发生在女性绝经后 5～10 年内，老年骨质疏松症一般指 70 岁以后发生的骨质疏松。

临床病例

患者，女，71 岁。

主诉：食欲缺乏伴双下肢水肿 1 月余。

现病史：患者 1 个月前无明显诱因出现食欲缺乏伴反酸、烧心、厌油腻、双下肢凹陷性水肿，偶有间歇性头痛，胀痛，无恶心、呕吐，无头晕、视物旋转，至当地医院就诊，急查总胆固醇 6.87mmol/L，低密度脂蛋白 4.45mmol/L，血常规、电解质、肾功能、甲状腺功能、凝血功能未见明显异常，心电图：①窦性心律；②正常心电图。双下肢超声：双下肢股、腘静脉未见明显异常。磁共振示：①T_5、T_7、T_9、T_{11}、T_{12} 及 L_1、L_2、L_3、L_5 椎体压缩变扁并胸 T_7、T_9、T_{11}、T_{12} 椎体多发骨挫伤；②L_5～S_1 椎间盘突出。当地医院给予中药治疗，效果欠佳，随来院就诊。

既往史：2 年前患"腰椎压缩性骨折"，给予保守治疗，效差。2 年前因"左肾结石"行手术治疗，术后恢复可。2 个月前诊断为"青光眼"，给予"盐酸卡替洛尔眼液""毛果芸香碱""复方右旋糖酐滴眼液"治疗。无高血压、冠心病、糖尿病病史，无肝炎、结核病史，无外伤史。

体格检查：体温 36.7℃，血压 111/71mmHg，BMI 28.15kg/m²，神志清，强迫体位，无黄疸，心率 94 次/min、律齐，双肺未闻及干湿啰音，腹平软，腰椎活动受限，双下肢凹陷性水肿。

实验室检查：γ- 谷氨酰转移酶 40IU/L，β2- 微球蛋白 3.59mg/L，总胆固醇 6.87mmol/L，低密度脂蛋白 4.45mmol/L，载脂蛋白 B 1.46g/L。心电图：①窦性心律；②心电图正常。彩超：肝、胆、胰、脾无异常；双下肢股、腘静脉未见明显异常。MRI：①T_5、T_7、T_9、T_{11}、T_{12} 及 L_1、L_2、L_3、L_5 椎体压缩变扁并 T_7、T_9、T_{11}、T_{12} 椎体多发骨挫伤；②L_5～S_1 椎间盘突出；③腰椎后缘皮下软组织水肿；④胸、腰椎体退行性病变。血常规、电解质、肾功能、甲状腺功能、凝血功能未见明显异常。

一、初步诊断

患者因 2 年前患"腰椎压缩性骨折"活动受限，较少下地行走，未应用抗凝药物，未规律补钙。当地医院查 MRI 示：T_5、T_7、T_9、T_{11}、T_{12} 及 L_1、L_2、L_3、L_5 椎体压缩变扁并 T_7、T_9、T_{11}、T_{12} 椎体多发骨挫伤。因此，"腰椎压缩性骨折"诊断明确。老年女性，根据当地医院检查排除消化系统疾病，询病史无规律补钙治疗，无外伤史，椎体多发骨折，因此考虑存在"重度骨质疏松症"。

【问题1】　老年性骨质疏松症常见病因与发病机制是什么？

老年性骨质疏松症（senile osteoporosis，SOP）的病因不明，可能主要与骨重建功能衰退、维生素 D 缺乏及慢性负钙平衡，导致继发性甲状旁腺功能亢进、雌激素的缺乏、活动减少和制动相关（图3-6-7、图3-6-8）。

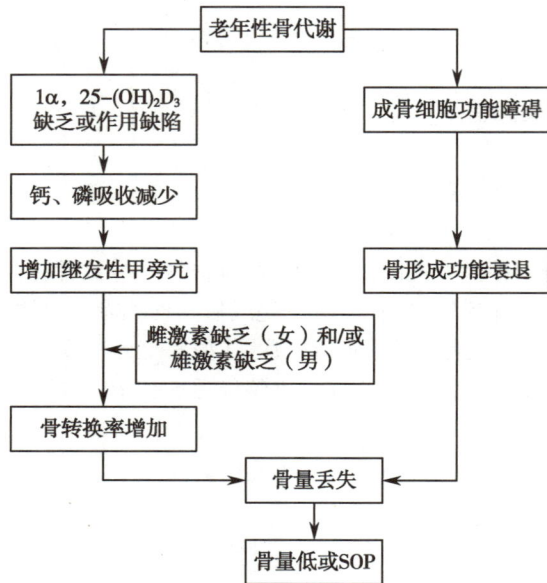

SOP—老年骨质疏松症。

图3-6-7　老年骨质疏松症的发病机制

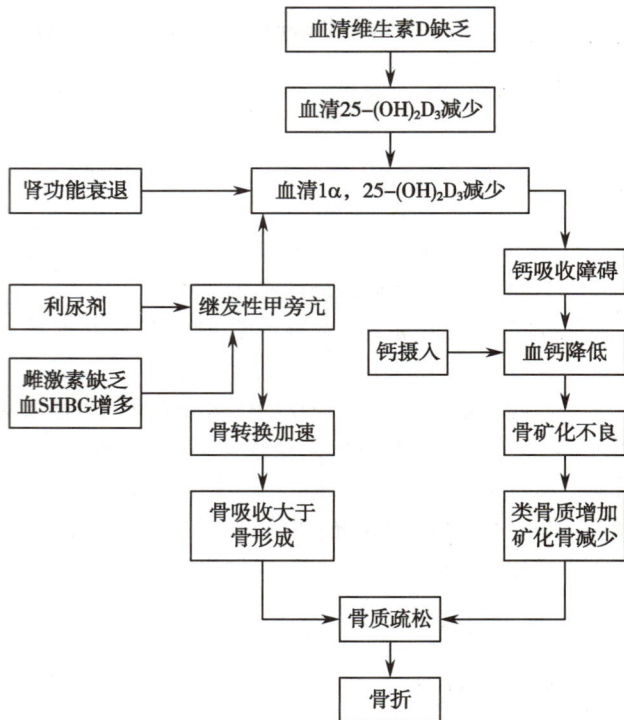

SHBG—性激素结合球蛋白。

图3-6-8　维生素 D 缺乏所致的骨病及骨折

老年人外出活动减少，维生素 D 在皮肤合成不足和肾脏功能衰退容易引起维生素 D 减少，更易发生摄入钙不足。同时，女性因增龄导致雌激乏等因素，易引发继发性甲状旁腺功能亢进更进一步加速骨矿物质丢失。

【问题2】　骨质疏松症危险因素有哪些？

危险因素包括固有因素和非固有因素。

1. 固有因素　人种（白色人种和黄色人种患骨质疏松症的危险高于黑色人种）、老龄、女性绝经、母系家族史。

2. 非固有因素　低体重、性腺功能低下、吸烟、过度饮酒、饮过多咖啡、体力活动缺乏、制动、饮食中营养失衡、蛋白质摄入过多或不足、高钠饮食、钙和/或维生素 D 缺乏（光照少或摄入少）、有影响骨代谢的疾病和应用影响骨代谢的药物。

【问题3】　骨质疏松症临床表现有哪些？

骨质疏松症初期通常没有明显的临床表现，因而被称为"寂静的疾病"或"静悄悄的流行病"，一部分患者仅在发生骨质疏松性骨折等严重并发症后才被诊断为骨质疏松症。

1. 疼痛　骨质疏松症患者，可出现腰背疼痛或全身骨痛。

2. 脊柱变形　严重骨质疏松症患者，因椎体压缩性骨折，可出现身高变矮或驼背等脊柱畸形。

3. 骨折　骨质疏松性骨折属于脆性骨折，通常指在日常生活中受到轻微外力时发生的骨折。骨折发生的常见部位为椎体（胸、腰椎）、髋部（股骨近端）和前臂远端。

【问题4】　骨质疏松症的诊断标准及相关检查有哪些？

1. 骨密度及骨测量方法　骨密度是指单位体积（体积密度）或者是单位面积（面积密度）所含的骨量。骨密度及骨测量方法较多，双能 X 线吸收检测法（dual energy X-ray absorptiometry，DXA）是目前公认的骨质疏松症诊断标准。

2．胸腰椎 X 线侧位影像及其骨折判定　椎体骨折易漏诊，胸腰椎 X 线侧位影像可作为判定骨质疏松性椎体压缩性骨折首选的检查方法。常规胸腰椎 X 线侧位摄片的范围应分别包括 $T_4 \sim L_1$ 和 $T_{12} \sim L_5$ 椎体。

3．骨转换标志物　骨转换标志物（bone turnover markers，BTMs），是骨组织本身的代谢（分解与合成）产物，简称骨标志物。骨转换标志物分为骨形成标志物和骨吸收标志物，前者反映成骨细胞活性及骨形成状态，后者代表破骨细胞活性及骨吸收水平。在诸多标志物中，推荐空腹血清 I 型原胶原 N- 端前肽（procollagen type 1 N-peptide，P1NP）和空腹血清 I 型胶原 C- 末端肽交联（serum C-terminaltelopeptide of type 1 collagen，S-CTX）分别为反映骨形成和骨吸收敏感性较高的标志物。

4．骨质疏松的诊断，见表 3-6-3、表 3-6-4。

表 3-6-3　基于 DXA 测定骨密度分类标准

分类	T 值
正常	≥−1.0
低骨量	−2.5～−1.0
骨质疏松	≤−2.5
严重骨质疏松	≤−2.5+ 脆性骨折

注：T 值 =（实测值 - 同种族同性别正常青年人峰值骨密度）/ 同种族同性别正常青年人峰值骨密度的标准差；DXA，双能 X 线吸收检测法。

表 3-6-4　骨质疏松症诊断标准

骨质疏松症的诊断标准（符合以下三条中之一者）
- 髋部或椎体脆性骨折
- DXA 测量的中轴骨骨密度或桡骨远端 1/3 骨密度的 T- 值≤−2.5
- 骨密度测量符合低骨量（−2.5<T 值 <−1.0）+ 肱骨近端、骨盆或前臂远端脆性骨折

二、辅助检查、诊断及治疗

入院后完善相关检查，深静脉彩超示：左侧腘静脉、胫后静脉、小腿肌间静脉血栓形成。骨密度（图 3-6-9）：（腰椎总和）T 值 -4.8；（髋部总和）T 值 -4.2。骨代谢指标异常（表 3-6-5），胸腰椎 MRI 诊断意见：T_6、T_7、T_8、T_{10}、T_{12}、L_2 椎体新鲜压缩骨折。给予溶栓治疗后骨科行经皮椎体成形术后，患者双下肢水肿改善，可下床活动，给予碳酸钙 D_3 片 600mg，每日 1 次，睡前口服；骨化三醇 0.25μg，每日 1 次，睡前口服后；静脉给予双磷酸盐（密固达）。双磷酸盐应用后患者未出现发热、全身骨痛等不良反应。出院后患者未规律口服钙片及维生素 D，2 年后复诊骨密度检查示：（腰椎总和）T：-2.6；（髋部总和）T：-3.5。

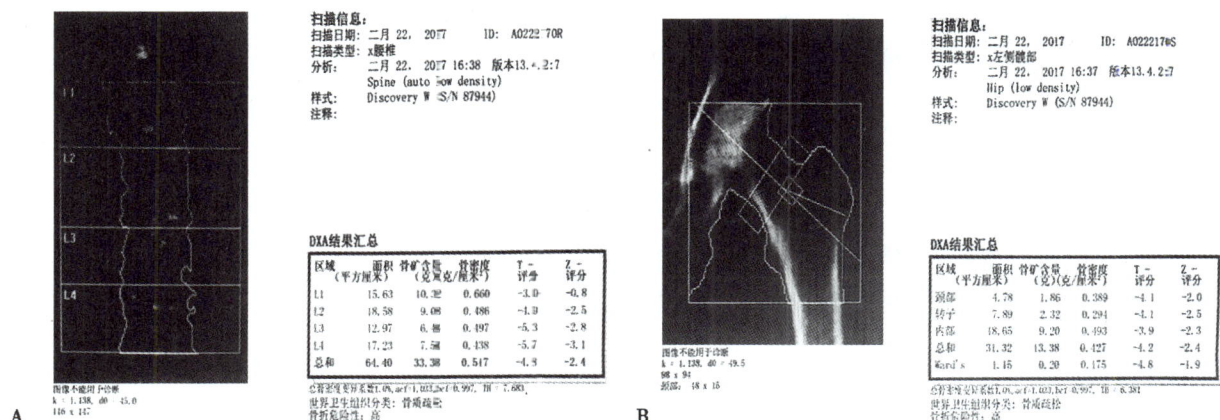

图 3-6-9　骨密度检查结果
A．腰椎；B．髋关节。

表 3-6-5　骨代谢指标

项目代号	项目名称	结果	单位	参考值
Total-Ⅰ	总Ⅰ型胶原氨基酸端延	70.87	↑ ng/mL	16.89～65.49
VitD3	25-羟基维生素 D$_3$	19.77	ng/mL	>18
N-MID	N-MID 骨钙素	12.45	↓ ng/mL	14～46
CROSS	β胶原特殊序列测定	0.34	ng/mL	

骨质疏松症的诊断思路见图 3-6-10。

老年女性，发生骨折后未积极治疗原发病——骨质疏松，导致近 2 年椎体反复发生压缩性骨折。骨折后长期卧床，由于血黏度升高，内皮损伤、血流缓慢，易导致下肢深静脉血栓形成，引起静脉回流障碍，出现下肢水肿。入院后，明确诊断为重度骨质疏松、椎体压缩性骨折下肢深静脉血栓。经多学科会诊采取局域导向溶栓治疗组，在全身低分子肝素钙抗凝基础上，经足背浅表静脉利用输液泵持续泵入尿激酶，缩短尿激酶用量，可以减少出血等不良反应。溶栓后手术治疗椎体骨折缩短患者卧床时间，减少再次血栓形成、坠积性肺炎、压疮的发生风险。术后积极给予抗骨质疏松治疗，患者双下肢水肿及食欲缺乏症状缓解。

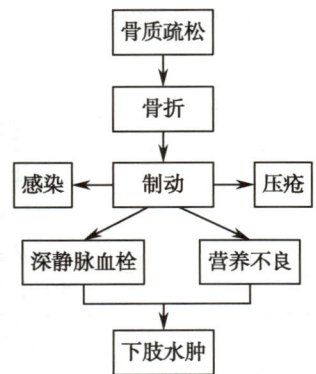

图 3-6-10　诊疗思路

【问题 5】　诊断要点是什么？

1．临床症状　椎体压缩性骨折，活动受限，强迫体位。

2．骨密度（BMD）检查　DXA 测量的 BMD 为国际学术界公认的诊断骨质疏松的金标准。

【问题 6】　鉴别诊断要点有哪些？

老年骨质疏松症需排除下列可能。

1．因为躯体障碍导致的制动性（先天性）骨质疏松　既往患者体健，2 年前出现腰椎压缩性骨折后活动受限。

2．原发性和继发性甲旁亢　入院后甲状腺及甲状旁腺超声未见明显异常，PTH 及电解质正常。

3．各种原因引起的继发性骨质疏松，如药物、肾性骨病导致的骨质疏松或者肿瘤相关的骨病患者既往体检，无高血压、糖尿病、风湿性疾病，入院前未口服激素类等相关药物。入院后完善肾功能及肿瘤标志物等检查正常。

【问题 7】　老年骨质疏松症如何进行综合诊治？

1．基础措施　包括调整生活方式和骨健康基本补充剂。

（1）调整生活方式

1）均衡膳食，加强营养：建议摄入富含低盐、钙和适量蛋白质的均衡膳食，推荐每日蛋白质摄入量为 0.8～1.0g/kg 体质量，并每天摄入牛奶 300ml 或相当量的奶制品。

2）充足的日照：建议上午 11：00 到下午 3：00，尽可能多地暴露皮肤于阳光下晒 15～30min（取决于日照时间、纬度、季节等因素），每周两次，以促进体内维生素 D 的合成。

3）规律运动。

4）戒烟。

5）限酒。

6）避免过量饮用咖啡。

7）避免过量饮用碳酸饮料。

8）尽量避免或少用影响骨代谢的药物。

（2）骨健康基本补充剂

1）钙剂：2013 版中国居民膳食营养素参考摄入量 50 岁及以上人群每日钙推荐摄入量为 1 000～1 200mg。营养调查显示我国居民每日膳食约摄入元素钙 400mg，故尚需补充元素钙 500～600mg/d。

2）维生素 D：2013 版中国居民膳食营养素参考摄入量建议，65 岁及以上老年人因缺乏日照，以及摄入和吸收障碍常有维生素 D 缺乏，推荐摄入量为 600IU（15μg）/d。

2．抗骨质疏松症药物　有效的抗骨质疏松症药物可以增加骨密度,改善骨质量,显著降低骨折的发生风险,推荐抗骨质疏松症药物治疗的适应证,见表3-6-6。

表3-6-6　抗骨质疏松症药物治疗适应证

抗骨质疏松症药物治疗适应证
发生椎体脆性骨折(临床或无症状)或髋部脆性骨折者
DXA 骨密度(腰椎、股骨颈、全髋部或桡骨远端 1/3)T 值≤−2.5
无论是否有过骨折,骨量均低下者(骨密度: −2.5<T 值<−1.0),具备以下情况之一:
发生过某些部位的脆性骨折(肱骨上段、前臂远端或骨盆)
FRAX® 工具计算出未来 10 年髋部骨折概率≥3‰ 或任何主要骨质疏松性骨折发生概率≥20%

注:DXA,双能 X 线。

抗骨质疏松症药物按作用机制可分为骨吸收抑制剂、骨形成促进剂、其他机制类药物及传统中药,见表3-6-7。

表3-6-7　防治骨质疏松症主要药物

骨吸收抑制剂	骨形成促进剂	其他机制类药物	中药
双磷酸盐	甲状旁腺激素类似物	活性维生素 D 及其类似物	骨碎补总黄酮制剂
降钙素		维生素 K_2 类	淫羊藿苷类制剂
雌激素		锶盐	人工虎骨粉
选择性雌激素受体调节剂			
RANKL 抑制剂(国内尚未上市)			

三、老年骨质疏松症疗效监测

未接受药物治疗的患者应结合诊断时的基线值以及患者自身的危险因素规律复查和评估。骨密度(DXA 测量)应该每 1~2 年检查 1 次

身高下降超过 2cm 或急性背痛有可能是骨折的表现,必须立即进行影像学检查,根据结果决定是否需要进一步检查

对于骨质疏松患者,药物治疗的目标是增加骨强度,降低骨折风险,因此针对骨质疏松的药物疗效是通过 BMD 和骨转换的生化指数(BCM)来监测的。BCM 在药物治疗的开始 2 年应每 3~6 个月复查 1 次,随后 6~12 个月复查 1 次。

(李天艺)

推荐阅读资料

[1] 中国营养学会. 中国居民膳食营养素参考摄入量速查手册. 北京:中国标准出版社,2014.

[2] 中国营养学会. 中国居民膳食指南(2016). 北京　人民卫生出版社,2016.

[3] 中华医学会骨质疏松和骨矿盐疾病分会. 原发性骨质疏松症诊疗指南(2017). 中华内分泌代谢杂志,2017,33(10):890-913.

[4] LI M, LU F, ZHANG Z, et al. Establishment of a normal reference value of parathyroid hormone in a large healthy Chinese population and evaluation of its relation to bone turnover and bone mineral density. Osteoporos Int,2016,27(5):1907-1916.

[5] SIRIS ES, ADLER R, BILZLKIAN J, et al. The clinical diagnosis of osteoporosis: a position statement from the National Bone Health Alliance Working Group. Osteoporos Int,2014,25(5):1439-1443.

第五节　性激素替代

学习要求

1. 掌握卵巢功能衰竭的临床表现及其对慢性疾病和老年妇女健康的影响。
2. 掌握绝经激素治疗的适应证、禁忌证、启动的最佳时机、定期随访的内容、和停药的指征。
3. 熟悉不同种类激素的药理特点、给药方式、代谢途径和不良反应。
4. 了解早发性卵巢功能不全患者的诊断、治疗和随访。
5. 了解更年期综合征的非激素替代治疗。

随着增龄，女性的卵巢功能逐渐衰退直至衰竭，临床表现为月经紊乱直至绝经，同时伴有组织萎缩退化和代谢功能紊乱。性激素（尤其是雌激素）降低除了引起绝经相关症状如潮热多汗、乏力、关节疼痛、睡眠障碍等，还对心血管、骨骼肌肉、认知记忆、血脂血糖代谢，甚至皮肤等产生持续不利影响，降低生活质量。绝经激素治疗（menopause hormone therapy，MHT）是通过弥补卵巢功能衰竭而采取的治疗措施，科学应用能有效缓解绝经相关症状，一定程度上预防老年慢性疾病发生，改善生活质量。

临床病例 1

患者，女，50 岁。

主诉：发现血脂增高 1 年，腰肋部痛 1 周。

现病史：患者 1 年前体检发现总胆固醇（TC）5.31mmol/L，低密度脂蛋白胆固醇（LDL-C）2.9mmol/L。1 周前出现左侧腰肋部疼痛，压之及平卧时垫硬物能缓解；至我院查血清 TC 5.55mmol/L，LDL-C 3.10mmol/L，高密度脂蛋白胆固醇（HDL-C）1.92mmol/L；腹部超声示胆囊内胆固醇结晶。患者近 1 年来月经不规则，伴有头晕失眠、关节痛等症状；其母 60 岁出现月经紊乱，绝经后迅速衰老；自觉月经紊乱早于预期，对绝经有恐惧心理，希望给予药物治疗以保证月经正常，延缓绝经。

辅助检查：血清促黄体素（LH）23.6mIU/ml，卵泡刺激素（FSH）50.5mIU/ml，雌二醇（E_2）118.8pmol/L。颅脑 MRI：脑内少许腔隙性缺血灶。超声：双侧乳腺腺体结构正常，未见明显肿块回声，双侧乳腺腺体血流分布尚正常。钼靶摄片：双侧乳腺增生略致密（BI-RADS 分级：2）。阴道超声：子宫前位，大小 43mm×38mm×43mm，内膜厚度（双层）5mm，双侧附件区未见明显肿块回声；盆腔未见明显无回声区。宫颈液基薄层细胞检测（TCT）：未见上皮内病变/恶性细胞。HPV 检测阴性。

一、初步诊断

该患者，50 岁女性，近 1 年来发现月经周期不规则，长短不一，血清 FSH 和 LH 水平增高，E_2 水平未明显降低。根据月经周期长度的改变将女性生殖衰老过程分为 10 个特定阶段（图 3-6-11）。其中，围绝经期包括 3 个阶段：①绝经过渡早期，即月经周期长短不一，10 次月经周期中≥2 次邻近月经周期改变≥7d；②绝经过渡晚期，即月经周期≥60d 且 FSH≥25IU/L；③绝经后早期，即末次月经后的 1 年。因此，围绝经期诊断明确。

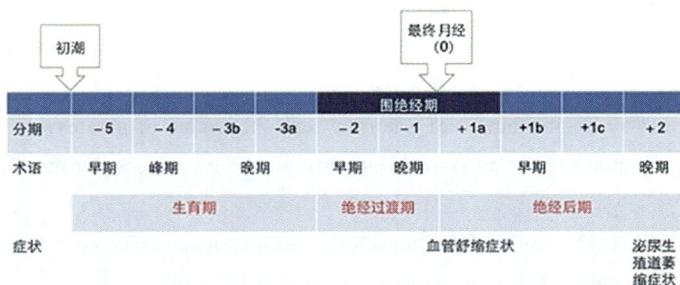

图 3-6-11　女性生殖衰老分期

围绝经期卵巢功能衰退，对 FSH 的敏感性降低，FSH 水平反馈性增高，早期 E_2 分泌可增加，无排卵周期频繁出现。一般而言，女性从 40～45 岁开始出现卵巢功能衰退，直至绝经后经历一段功能低下期才会彻底消失，部分女性可持续至 60 岁。雌激素具有帮助机体加快清除 LDL-C 和 TC 的作用，随着其分泌逐渐减少，血浆 TC 和 LDL-C 清除相应减少，水平逐年增高，心血管病的发病率也增高并超过同年龄男性。本例患者，数次检查血清 TC 和 LDL-C 水平增高，高脂血症诊断成立。

二、初步治疗

患者有绝经相关的睡眠障碍和肌肉疼痛等症状，主观上有通过药物治疗改善生活质量的诉求；辅助检查提示血清 TC 和 LDL-C 水平增高，子宫附件及乳腺未见明显异常。因此完善的诊疗计划应包括：

①饮食调节，适当锻炼；②完善骨密度测定和骨代谢标志物检测；③降脂治疗，首选他汀类药物；④和患者充分沟通，使其理解绝经激素替代的获益、风险，尽早开始治疗并个体化的选择最小有效剂量；定期全面评估，及时终止治疗；⑤药物和给药方式的选择：本患者处于绝经过渡期早期，可选择单孕激素补充方案，即在月经或撤退性出血的第 14 日开始使用孕激素 10～14d。

【问题 1】　什么是绝经激素治疗（MHT）？

卵巢功能随增龄衰退是女性衰老的突出表现，绝经后期随着平均寿命的延长而不断延长。绝经对心血管、骨骼和认知功能会产生持续的不良影响。MHT 是给存在性激素缺乏的女性补充雌激素或雌孕激素以缓解更年期症状的治疗，是治疗更年期女性血管舒缩症状最有效的方法，也是预防 <60 岁及绝经 <10 年的女性骨质疏松性骨折的一线治疗。

MHT 是有争议的医疗措施：一方面可以改善更年期各种相关症状、提高生活质量；预防骨量丢失、预防和减少骨质疏松性骨折的发生；减少绝经后腹部脂肪堆积，减少总体脂肪量，改善胰岛素敏感度，降低 2 型糖尿病的发病率；另一方面，MHT 对于乳腺、生殖系统和血栓性疾病等存在不良影响。因此，对于不同个体，MHT 的获益和风险各不相同，需要进行全面仔细评估，权衡利弊，在患者充分理解治疗本身的受益和风险的基础上以最小的有效剂量、最合适的疗程进行干预。

【问题 2】　哪些患者可以进行 MHT？

原则上，因性激素缺乏所引起的一切临床症状或疾病，若没有禁忌证，均可选择性激素治疗。具体如下：①绝经相关症状，包括月经紊乱、血管舒缩症状、关节肌肉痛、潮热、多汗、睡眠障碍、疲倦、情绪障碍（如易激动、烦躁、焦虑、紧张、低落）及性功能障碍 / 性欲减低等。在我国，更年期妇女 3 个最常见的更年期综合征症状为肌肉 / 关节痛、性功能障碍和疲劳。而西方妇女中最常见的是持续性血管舒缩症状；②生殖泌尿道萎缩相关问题，如阴道干涩，外阴阴道疼痛、瘙痒，性交痛，反复尿路感染等，尤其是症状持续和反复发作时；③低骨量及骨质疏松症，雌激素对骨密度的保护呈剂量依赖性。对于 60 岁以上女性，只有在无更好的骨松治疗方案可供选择时，才考虑延长 MHT 作为二线治疗，同时对患者进行获益 / 风险评估，选择最小有效剂量（每日口服结合雌激素 ≥0.3mg，或 17-β 雌二醇 >0.5mg，或透皮贴 >0.025mg/ 片），或改用选择性雌激素受体调节剂；④其他绝经相关症状如皮肤干燥、心脏症状等。

需要指出的是：对于早发性卵巢功能不全（premature ovarian insufficiency，POI）患者，只要无禁忌，建议行 MHT。

【问题 3】　那些患者不适合 MHT？

MHT 的绝对禁忌证：①已知或怀疑妊娠；②原因不明的阴道出血；③已知或怀疑乳腺癌；④已知或可疑性激素依赖恶性肿瘤；⑤最近 6 个月内患活动性静脉或动脉血栓性疾病；⑥严重肝肾功能不全；⑦血卟啉症，耳硬化症；⑧现患脑膜瘤（禁用孕激素）。

另外，尚有部分患者应谨慎使用 MHT，包括患有生殖系统疾病（子宫肌瘤、子宫内膜异位和增生症）、血栓形成倾向、胆囊疾病、系统性红斑狼疮、癫痫、偏头痛、哮喘以及乳腺疾病尤其是乳腺癌家族史者。上述患者在治疗前和治疗中均应咨询相应专业医生，同时采取比常规随访更为严格的随访监测措施。

原则上，不推荐 60 岁以上或绝经 10 年以上的女性启动 MHT。

【问题 4】　激素替代治疗的时机、药物选择和给药方式

启动 MHT 应该在有适应证、无禁忌证、患者本人有通过治疗改善生活质量的主观意愿前提下尽早开始。总体而言，年龄 <60 岁，绝经 <10 年，无禁忌证的女性，MHT 用于缓解血管舒缩症状、减缓骨量丢失和

预防骨折的受益 / 风险比最高。

根据种类，MHT 药物包括雌激素、孕激素（天然及合成）、雌孕激素复方制剂（续贯制剂、连续联合制剂和替勃龙）。根据给药方式可分为口服制剂、非口服制剂（经皮、经阴道、宫内）。

具体方案的选择需要根据患者有无子宫、处于生殖衰老的哪个周期，以及患者是否希望有月经样出血等情况来选择，具体见表 3-6-8。

表 3-6-8　MHT 具体方案

方案	适应证	具体药物	疗程
单孕激素补充方案	绝经过渡早期	口服：地屈孕酮 10mg～20mg/d、微粒化黄体酮 200mg～300mg/d、醋酸甲羟孕酮 4mg～6mg/d	月经或撤退性出血第 14 日起，使用 10～14d
	子宫内膜增生	宫腔内放置：LNH-IUS	
单雌激素补充方案	子宫切除	口服：戊酸雌二醇 0.5mg～2mg/d、17β-雌二醇 1mg～2mg/d、结合雌激素 0.3mg～0.625mg/d	连续应用
		透皮贴：半水合雌二醇贴（1/2～1）贴 /d、雌二醇凝胶 0.5～1 计量尺 /d	
雌孕激素序贯	完整子宫、围绝经期或绝经后仍希望有月经样出血	连续序贯复方制剂雌二醇 / 雌二醇地屈孕酮片（1/10mg 或 2/20mg）	1 片 /d，共 28d
		连续用口服或经皮雌激素 + 孕激素	雌激素每天用药共 28d，后 10～14d 加用孕激素
		周期序贯复方制剂戊酸雌二醇片 / 雌二醇环丙孕酮	1 片 /d，共 21d（每周期 3～7d 不用任何药物）
		连续用口服或经皮雌激素 + 孕激素	雌激素连用 21～25d，后 10～14d 加用孕激素，然后停药 3～7d
雌孕激素连续联合	有完整子宫、绝经后不希望有月经样出血	每日雌激素（口服或经皮）+ 孕激素 复方制剂雌二醇 / 屈螺酮片	连续给药 1 片 /d，连续给药

临床病例 2

患者，女，79 岁。

主诉： 右侧胸背部疼痛伴痰血 3d。

现病史： 3d 前出现胸背部疼痛，深吸气时加重，伴少量痰血，我院查 D- 二聚体升高（3.12），指尖氧饱和度 98%，肺动脉 CTA：右肺动脉分支多发栓塞，左上肺动脉栓塞待排。超声示双下肢静脉及下腔静脉血流通畅。

既往史： 47 岁绝经，MHT 20 余年，先后使用结合雌激素，替勃龙和黑升麻素至 76 岁。69 岁开始定期随访激素水平、骨密度、子宫和乳腺 B 超。

辅助检查： 阴超示子宫肌瘤，内膜厚度（双层）5mm，宫腔少量积液；人乳头状病毒核酸检测阴性；TCT 未见上皮内病变 / 恶性细胞。乳腺 B 超示双乳低回声区 - 考虑良性病变。

一、初步诊断

患者有胸痛，痰血症状，D- 二聚体增高，肺动脉 CTA 提示右肺动脉分支多发栓塞，肺栓塞诊断明确。

【问题 1】 MHT 有哪些潜在风险？

无孕激素对抗的雌激素治疗呈剂量和疗程相关性的增加子宫内膜癌风险，因此有子宫的妇女的 MHT 治疗一定要加用孕激素。

绝经期 MHT 与乳腺癌的关系一直是研究的热点，目前尚无定论。但 2019 年发表在 Lancet 上的荟萃分析结果显示，绝经期 MHT（除阴道局部使用雌激素以外）均有增加乳腺癌的风险，其发病率随 MET 治疗时间延长而增加。停止治疗后，其风险仍会持续一段时间。

MHT 增加静脉血栓形成（VTE）的发生，风险随年龄增加而增加。当肥胖、既往栓塞史和遗传倾向等危险因素共存时，VTE 的风险更高。同口服药相比，经皮给药（0.05mg，每周 2 次或更少）风险较低。雌孕激素联合治疗增加缺血性脑卒中的发生率，但与出血性脑卒中无相关性，停止后影响逐渐减弱。MHT 对心血管病死亡、非致死性心肌梗死、心绞痛和血管再通术的发生无改善。因此，启动 MHT 时，应充分考虑患者心血管疾病、脑卒中和深静脉血栓的个人史和家族史。

MHT 对认知和记忆的影响尚不确定。有研究结果提示对于年轻、早期启动且基线认知正常的女性，MHT 对认知功能的影响为中性，而 65 岁以上女性启用 MHT（共轭雌激素＋醋酸甲羟孕酮）则可能损害记忆和认知。WHI 记忆研究的结果提示对于年长（≥65 岁以上）女性，雌孕激素联合治疗可使包括阿尔茨海默病在内的各种原因所致痴呆的发生风险增加 1 倍（23 例 /10 000 人年），但单用雌激素不增加痴呆风险。因此不推荐 MHT 作为任何年龄女性改善认知或延缓痴呆进程的治疗手段。对于癫痫患者，MHT 增加发作次数。

二、初步治疗

予低分子肝素皮下注射和拜瑞妥口服序贯抗凝治疗共 3 个月。

三、进一步复查和治疗

患者起病前 1 年常规体检提示子宫内膜稍增厚（5mm），次年随访进一步增厚（7mm）。抗凝治疗结束后行宫腔镜检查、分段诊刮术。术中见右侧宫角见簇状伴钙化及血管增生的赘生物，术后病理提示子宫内膜样腺癌 I 级，遂择期在全麻下行"腹腔镜辅助阴道子宫切除术＋腹腔镜下双侧输卵管卵巢切除术"，术后恢复良好。

【问题 2】 MHT 对生殖系统肿瘤有何影响？

子宫内膜癌是女性常见的恶性肿瘤，其危险因素包括不良生活方式，肥胖、糖尿病、高血压（子宫内膜癌三联征）和内外源性雌激素等。本例患者肥胖，伴发高血压、高血脂等疾病，绝经后即启动 MHT 且疗程长达 20 余年，采用过多种方式包括单用雌激素治疗，以上均为子宫内膜癌的危险因素。患者近 10 年来使用黑升麻素，其可产生类雌激素样效果，改善更年期伴随症状，但其对子宫内膜的影响尤其是在无孕激素对抗的情况下是否增加子宫内膜癌的风险目前尚不清楚。因此，定期评估随访是不可忽视的环节。

长期无孕激素对抗的雌激素治疗增加子宫内膜增生和子宫内膜癌的风险，中断治疗后重启亦会如此，因此应加用足量及足疗程的孕激素以保护子宫内膜。MHT 序贯方案中孕激素的使用时间不应短于 10～14d。连续联合方案对防止子宫内膜增生和子宫内膜癌最有效。对于子宫内膜癌 I/II 期且根治手术后的女性，仍可以使用 MHT 缓解和治疗更年期症状而不增加肿瘤复发风险和死亡率。

没有依据显示 MHT 会加速卵巢上皮细胞癌的发生发展。部分观察性研究结果提示长时间的激素替代增加卵巢癌的发生。而对于手术切除的卵巢癌患者，MHT 不增加卵巢癌的复发，但雌激素受体阳性的肿瘤患者需谨慎。

【问题 3】 有乳腺良性疾病及乳腺癌家族史的患者能否接受 MHT？

MHT 对乳腺癌的影响不能一概而论，各项研究结果也不一致。其风险与患者是否有完整子宫、是否接受雌孕激素联合治疗、雌 / 孕激素的不同种类、剂量、给药途径以及 MHT 启动时机、疗程长短和患者个体差异等均有关。WHI 发现单用共轭雌激素的女性，平均随访 7.2 年，侵袭性乳腺癌发生减少 7 例 /10 000 人年；而雌孕激素联合使用者随访 5.6 年后乳腺癌发生增加 9 例 /10 000 人年，该趋势从治疗的第 3 年开始显现，并持续至终止治疗后 13 年。HERS（heart and estrogen/progestin replacement study）结果则显示尽管雌孕激素联合治疗增加乳腺癌风险，但和安慰剂相比，差异没有统计学意义。因此，孕激素对于乳腺癌的发生更为重要。

影像学提示的乳腺增生并非病理性改变，不是 MHT 的禁忌证。组织学诊断的乳腺增生，尤其是非典型增生，则需要咨询专科医生。而乳腺癌术后的患者则不推荐 MHT。

【问题 4】 如何对接受 MHT 的女性进行随访？

接受 MHT 的女性定期随访非常重要，目的是了解治疗效果、观察副作用、个体化调整方案。一般而言，

MHT 的使用没有特殊时间限定，年长女性则更要谨慎评估风险。

MHT 启动后第 1 年里，应分别在用药 1、3、6 个月和 12 个月复诊，此后每年至少接受 1 次全面评估，包括绝经症状评分、新发疾病筛查、全面体检、必要的检查检验、讨论生活方式和防控慢病策略，根据评估结果个体化调整 MHT 方案。

MHT 并非必须在 65 岁终止，适当的延长 MHT 疗程可用于缓解持续存在的血管舒缩症状，预防骨量丢失和骨折，改善泌尿生殖道症状。停止 MHT 后约 50% 的患者会出现血管舒缩症状的反复，与患者的年龄和已经治疗的疗程无关。停药不会导致骨密度的报复性丢失加剧。多数不良作用如心血管疾病发生和乳腺癌发生风险增加可持续至停药后 5～7 年。

（胡　予）

推荐阅读资料

[1] 中华医学会妇产科学分会绝经学组. 中国绝经管理与绝经激素治疗指南（2018）. 中华妇产科杂志，2018，53（11）：729-739.

[2] 中华预防医. 学会妇女保健分会更年期保健学组. 更年期妇女保健指南（2015 年）. 实用妇科内分泌杂志，2016，3（2）：21-32.

[3] COLLABORATIVE GROUP ON HORMONAL FACTORS IN BREAST CANCER. Type and timing of menopausal hormone therapy and breast cancer risk: individual participant meta-analysis of the worldwide epidemiological evidence. Lancet，2019，394：1159-1168.

[4] LAN Y，HUANG Y，SONG Y，et al. Prevalence，severity，and associated factors of menopausal symptoms in middle-aged Chinese women: a community-based cross-sectional study in southeast China. Menopause，2017，24（10）：1200-1207.

[5] THE IMS WRITING GROUP. 2016 IMS recommendations on women's midlife health and menopause hormone therapy. Climacteric，2016，19（2）：109-150.

[6] THE NAMS 2017 HORMONE THERAPY POSITION STATEMENT ADVISORY PANEL. Position Statement. The 2017 hormone therapy position statement of the North American Menopause Society. Menopause，2017，24（7）：1-26.

[7] VILLIERS T，HALL J，PINKERTON J，et al. Revised global consensus statement on menopausal hormone therapy. Maturitas，2016，91（9）：153-155.

[8] US PREVENTION SERVICES TASK FORCE RECOMMENDATION STATEMENT. Hormone therapy for the primary prevention of chronic conditions in postmenopausal women. JAMA，2017，318（22）：2224-2233.

第七章　血液系统疾病

第一节　贫　　血

学习要求

1. 掌握老年人贫血特点及对机体的不良影响。
2. 掌握老年人贫血病因及分类的诊疗思路。
3. 了解骨髓增生异常综合征（MDS）的诊断及治疗原则。

贫血（anemia）是与年龄相关的最常见的血液异常，它不是一种独立疾病，而是由许多不同性质的疾病引起的共同临床表现。贫血在老年人群中常见，大多无特异性症状，临床表现复杂。研究显示贫血是老年人群独立的预后不良因素，可引起体力下降、运动能力下降、认知功能减退、体力和心理承受能力脆弱、易造成机体重要脏器功能损害、住院风险增加、残疾和死亡风险增加等。因此，纠正老年人贫血对于维持老年人健康状态非常重要，同时能很大程度上改善老年人的预后。

贫血是指血循环中红细胞量或血红蛋白水平减少，低于同海拔水平、同年龄、同性别健康人的正常参考值。贫血的评价指标包括血红蛋白、红细胞计数和血细胞比容，临床上更多采用血红蛋白水平作为贫血判定指标。贫血是老年人常见的健康问题，住院的老年人、门诊就诊的老年人、寄居机构中的老年人贫血的患病率很高。美国第三次全国营养与健康调查（NHANES Ⅲ）结果显示 11% 的老年男性和 10.2% 的老年女性贫血；2002 年中国营养与健康调查结果 60 岁以上人群贫血患病率为 15%～25%，农村高于城市。2011 年北京市城区社区居住老人抽样调查显示 16.35% 的男性和 13.73% 的女性贫血，贫血发生率随年龄增长而增高，其中 65～69 岁 7.58%，70～74 岁 10.79%，75～79 岁为 18.79%，>80 岁老人 24.13% 贫血。贫血的病因可能是多因素的或者慢性病性伴发的贫血，但仍有 16% 左右的老年患者发生贫血的原因不清楚，是否这部分患者的贫血与年龄相关有待进一步研究。

临床病例

患者，女性，79 岁。

主诉：乏力伴间断喘息 4 个月。

现病史：患者于 4 个月前无明显诱因出现活动后喘息，活动耐量较前下降，洗脸、走路均出现喘息，无心悸、胸闷、胸痛、大汗，无发热、咳嗽、咳痰，夜间可平卧，近期无调整用药史。于外院口服中药治疗（具体不详），后上述症状无缓解。自发病以来，精神、饮食、睡眠可，大、小便无异常改变，体重无明显变化。

既往史：高血压病史 10 年；持续性房颤 10 年，1 年前行房颤射频消融术；慢性支气管炎 10 年。

体格检查：体温 36.5℃，心率 76 次/min，呼吸 17 次/min，血压 139/64mmHg，神志清，全身皮肤黏膜苍白，浅表淋巴结无肿大。舌苔正常。无匙状指。双肺呼吸音清，无干湿啰音。心率 76 次/min，律齐，无及病理性杂音。腹软无压痛，肝脾肋下未及。双下肢轻度凹陷性水肿。

实验室检查：血常规：白细胞计数 $4.35×10^9$/L，血红蛋白浓度 56g/L，血小板计数 $147×10^9$/L，ANC $2.49×10^9$/L，MCV 117.3fL，Ret $0.032×10^{12}$/L。

一、初步诊断

【问题1】 患者的诊断是什么？如何分析病因？

世界卫生组织（WHO）建议成年男性血红蛋白<130g/L、成年女性血红蛋白<120g/L 即诊断为贫血。我国多数采用在海平面地区成年男性血红蛋白<120g/L，成年女性（非妊娠）血红蛋白<110g/L 作为贫血的诊断标准。北京城区老年人抽样调查血红蛋白浓度下限男性 122g/L、女性 116g/L。鉴于我国的现状和老年人身体脏器功能状态的需求，并为避免遗漏重要疾病，有学者建议老年人贫血诊断标准应与成年人一致。

该患者血红蛋白浓度 56g/L 符合贫血诊断，应进一步针对贫血的病因逐一询问筛查。

首先应排除失血，包括有无咯血、黑便、痔疮出血、出血性疾病或出血倾向；其次贫血发生的快慢，如发病迅速，在排除出血的情况下则高度提示溶血可能；了解饮食习惯对贫血病因诊断也很重要，如素食、饮浓茶等常提示存在铁缺乏，此外还应了解有无毒物、化学药品（包括乙醇）、放射线接触史，很多药物如某些降压药、降糖药等也可引起贫血；很多疾病如糖尿病、高血压、肾脏疾病等均可引起贫血，既往史应注意有无消化性溃疡发作、是否做过胃大部切除、是否合并心肺疾病、慢性炎症、肿瘤及肝肾疾病等。

体格检查应包括皮肤黏膜是否苍白，巩膜黄染提示可能溶血，巩膜发蓝提示可能缺铁。此外还应注意皮肤黏膜有无出血点、瘀点、瘀斑，肝脾、淋巴结是否肿大，舌乳头是否萎缩，有无匙状指或神经系统深层感觉障碍，神经系统检查还应包括眼底。

二、辅助检查及诊断

【问题2】 贫血分型分类的常用辅助检查？

各项辅助检查有助于进一步明确贫血原因，常用的辅助检查如下：

1. 全血细胞计数 外周血细胞计数可以确定有无贫血，贫血是否伴有白细胞或血小板数的变化。按红细胞体积参数（MCV、MCH、MCHC）可将贫血分为小细胞、正细胞及大细胞性贫血，可为进一步明确贫血的病理机制诊断提供线索。网织红细胞间接反映骨髓红系增生（或对贫血代偿）情况，网织红细胞高提示增生性贫血，而网织红细胞降低则提示增生减低或再生不良。血涂片可提供红细胞、白细胞、血小板数量和形态，有无球形红细胞、泪滴样红细胞、红细胞碎片等。

2. 骨髓穿刺 骨髓检查有助于判断贫血的病因及机制，包括骨髓细胞涂片分类和骨髓活检。溶血或失血时红细胞生成明显活跃，而再生障碍性贫血时骨髓增生不良，造血细胞明显减少、非造血细胞比例增加；白血病或其他血液肿瘤可在骨髓中见到相应肿瘤细胞增生，正常造血受抑。此外骨髓活检还可以评估骨髓有效造血组织的面积和有无纤维化。骨髓铁染色是评价机体铁储备的金标准，缺铁性贫血时骨髓可染铁减少，环形铁粒幼细胞常见于骨髓增生异常综合征（myelodysplastic syndromes，MDS）和铁粒幼细胞贫血。

3. 尿常规 尿胆原升高常提示溶血可能，血红蛋白尿是血管内溶血的证据，血尿、蛋白尿则可能是合并肾脏疾病的表现。

4. 大便常规 血便、大便潜血阳性提示消化道出血。

5. 流式细胞仪检测 CD55、CD59 缺乏提示有阵发性睡眠性血红蛋白尿症（paroxysmal nocturnal hemoglobinuria，PNH）克隆存在，红细胞抗体检测阳性提示自身免疫性溶血，骨髓原始细胞（如：CD34$^+$细胞）增多提示低增生性白血病，可与再生障碍性贫血鉴别。

6. 细胞遗传学检查 常规核型分析及荧光原位杂交（FISH）可以发现异常克隆。

7. 血生化 血清铁蛋白、叶酸、维生素 B_{12} 和同型半胱氨酸水平是诊断营养性贫血的重要指标，肾功能减退提示肾性贫血，间接胆红素升高提示可能存在溶血。

8. 免疫学检查 包括免疫球蛋白、自身抗体检测等，单克隆免疫球蛋白升高提示浆细胞病可能，内因子抗体阳性提示 B12 吸收障碍，而抗核抗体、ENA 在自身免疫性溶血常阳性。

9. 幽门螺杆菌 幽门螺杆菌感染是导致缺铁性贫血的常见原因之一。

10. 消化道内镜 探讨胃肠道失血原因，尤其是排除消化道肿瘤。对于缺铁性贫血患者应作为常规检查。

11. 影像学 包括 X 线、CT 和 B 超检查。溶血性疾病可出现脾大，占位性病变提示肿瘤的可能。

具体应用各项辅助检查的诊断思路见图 3-7-1。

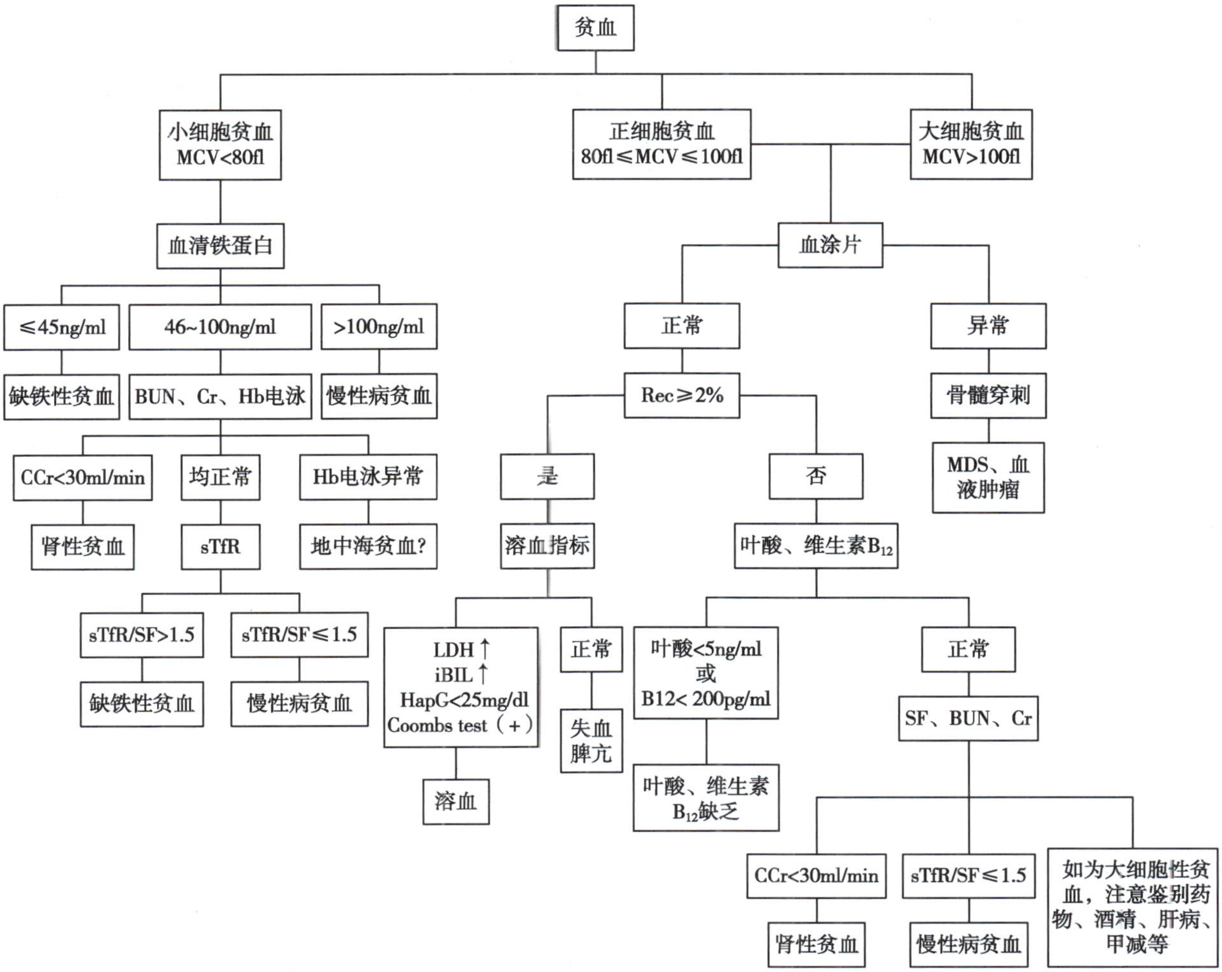

贫血

小细胞贫血 MCV<80fl ｜ 正细胞贫血 80fl≤MCV≤100fl ｜ 大细胞贫血 MCV>100fl

【小细胞贫血分支】
血清铁蛋白
- ≤45ng/ml → 缺铁性贫血
- 46~100ng/ml → BUN、Cr、Hb电泳
  - CCr<30ml/min → 肾性贫血
  - 均正常 → sTfR
    - sTfR/SF>1.5 → 缺铁性贫血
    - sTfR/SF≤1.5 → 慢性病贫血
  - Hb电泳异常 → 地中海贫血?
- >100ng/ml → 慢性病贫血

【正细胞贫血/大细胞贫血分支】
血涂片
- 正常 → Rec≥2%
  - 是 → 溶血指标
    - LDH↑ iBIL↑ HapG<25mg/dl Coombs test（+） → 溶血
    - 正常 → 失血 脾亢
  - 否 → 叶酸、维生素B12
    - 叶酸<5ng/ml 或 B12<200pg/ml → 叶酸、维生素B12缺乏
    - 正常 → SF、BUN、Cr
      - CCr<30ml/min → 肾性贫血
      - sTfR/SF≤1.5 → 慢性病贫血
      - 如为大细胞性贫血,注意鉴别药物、酒精、肝病、甲减等
- 异常 → 骨髓穿刺 → MDS、血液肿瘤

MCV—平均红细胞体积；BUN—尿素氮；Cr—肌酐；Hb—血红蛋白；CCr—肌酐清除率；sTfR—可溶性转铁蛋白受体；SF—血清铁；Rec—网织红细胞比例；LDH—乳酸脱氢酶；iBIL—间接胆红素；HapG—结合珠蛋白；coombs test—库姆斯试验；MDS—骨髓增生异常综合征。

图 3-7-1　贫血鉴别诊断思路

患者检查结果：血生化：ALT 31IU/L，AST 48IU/L，BUN 4.45mmol/L，Cr 38μmol/L，TBil 15.6μmol/L，DBil 6.0μmol/L，血清铁 43.36μmol/L，铁蛋白 560ng/ml，转铁蛋白 260mg/dl，叶酸 11.72ng/ml，维生素 B_{12} 908.9pg/ml。库姆斯（Coombs）试验阴性，哈姆（Ham）试验阴性，尿含铁血黄素试验（Rou 试验）阴性。尿常规、便常规潜血阴性。自身抗体均阴性。甲状腺功能正常。血尿免疫固定电泳未见 M 蛋白。骨穿提示：低增生性骨髓象，原始粒细胞2.5%，可见嗜多色红细胞。骨髓活检提示：造血组织增生低下，占20%，红系减少明显，可见巨核细胞。免疫组化染色CD3及CD20染色阳性淋巴细胞增多，CD117染色阳性细胞为2%，提示幼稚细胞增多。网染（0～I级），铁染色（-）。免疫流式提示：粒细胞占39%，其细胞内颗粒减少；单核细胞占3.36%；淋巴细胞占37.6%；前体细胞占2.1%。染色体：46,XX[20]。

【问题3】　贫血的诊断标准是什么?

综合各项辅助检查结果，考虑患者诊断为贫血原因待查，骨髓增生异常综合征不除外，予促红细胞生成素（EPO）10 000IU 每周 3 次治疗，间断输注红细胞（2～6IU/ 月），定期复查血常规、骨髓穿刺。

MDS 的诊断需满足两个必要条件和一个确定标准。

1. 必要条件　①持续一系或多系血细胞减少：红细胞（Hb<110g/L）、中性粒细胞[中性粒细胞绝对计数（ANC<1.5×10⁹/L）]、血小板（PLT<100×10⁹/L）；②排除其他可以导致血细胞减少和发育异常的造血及非造血

系统疾患。包括维生素 B$_{12}$ 和叶酸缺乏；接受细胞毒性药物、细胞生长因子治疗或接触有血液毒性的化学制品或生物制剂等；慢性病性贫血（感染、非感染性炎症或肿瘤）、慢性肝病、HIV 感染；自身免疫性血细胞减少、甲状腺功能减退或其他甲状腺疾病；重金属中毒、过度饮酒；其他可累及造血干细胞的疾病，如再生障碍性贫血、原发性骨髓纤维化（尤其需要与伴有纤维化的 MDS 相鉴别）、大颗粒淋巴细胞白血病（LGL）、阵发性睡眠性血红蛋白尿症（PNH）、急性白血病［尤其是伴有血细胞发育异常形态学特点的或急性髓系白血病（AML）-M$_7$］。

2. 确定标准　①发育异常：骨髓涂片中红细胞系、粒细胞系、巨核细胞系中发育异常细胞的比例≥10%；②环状铁粒幼红细胞占有核红细胞比例≥15%；③原始细胞：骨髓涂片中达 5%～19%；④MDS 常见染色体异常。

3. 辅助标准　①流式细胞术检查结果显示骨髓细胞表型异常，提示红细胞系和 / 或髓系存在单克隆细胞群；②遗传学分析提示存在明确的单克隆细胞群；③骨髓和 / 或外周血中祖细胞的集落（± 集簇）形成显著和持久减少。

当患者符合必要条件、未达确定标准（不典型的染色体异常、发育异常细胞<10%、原始细胞比例≤4%等）、存在输血依赖的大细胞性贫血等常见 MDS 临床表现、临床表现高度疑似 MDS 时，应进行 MDS 辅助诊断标准的检测。符合者基本为伴有骨髓功能衰竭的克隆性髓系疾病，此类患者诊断为高度疑似 MDS。辅助检测未能够进行，或结果呈阴性，则对患者进行随访，或暂时归为意义未明的特发性血细胞减少症。

患者规律复查血常规，逐渐出现血液三系减低：白细胞计数 1.35×10^9/L，血红蛋白浓度 76g/L，血小板计数 86×10^9/L，有核细胞百分比 0.79×10^9/L，复查骨穿：原始粒细胞 3%，中性粒细胞内外浆、巨变幼红细胞 10%，双核红。确诊 MDS 伴多系病态造血（IPSS 0.5 分，中危 -1 组）。

三、初步治疗

【问题 4】　MDS 的治疗措施是什么？

MDS 的治疗包括：严重贫血和有出血症状者可输注红细胞和血小板；粒细胞减少者应注意预防感染；有感染者积极抗感染治疗。长期输血易导致铁超负荷，祛铁治疗。预后评估低危组（图 3-7-2）MDS 主要是改善生活质量，采用输血、抗感染等支持治疗，促红细胞生成素、粒细胞集落刺激因子促进造血、去甲基化药物（阿扎胞苷或地西他滨）促进细胞分化凋亡，免疫抑制及免疫调节治疗。中高危组（图 3-7-3）主要是改善自然病程，采用去甲基化药物、小剂量阿糖胞苷或高三尖杉酯碱化疗。

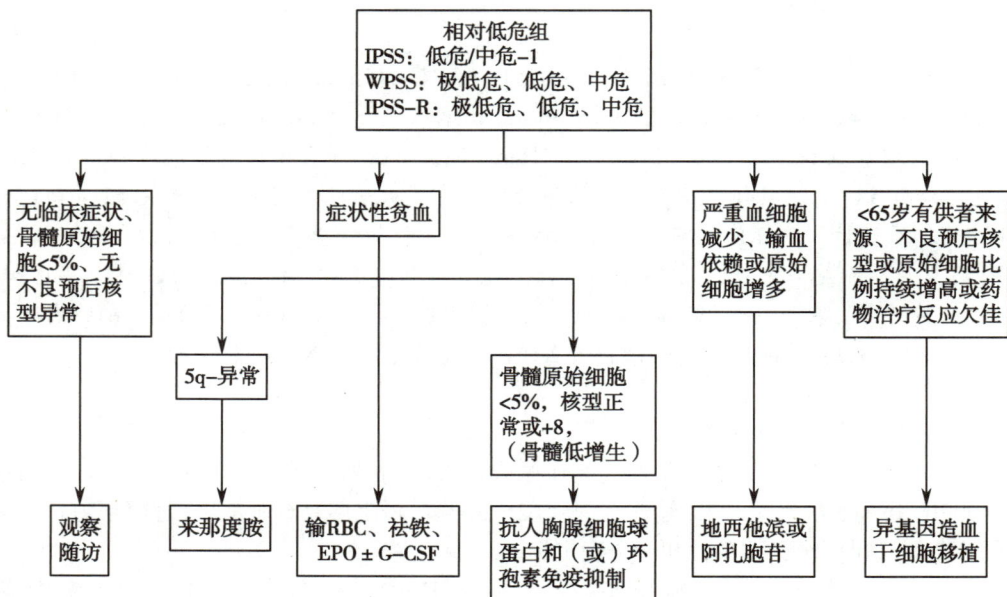

图 3-7-2　骨髓增生异常综合征低危组治疗

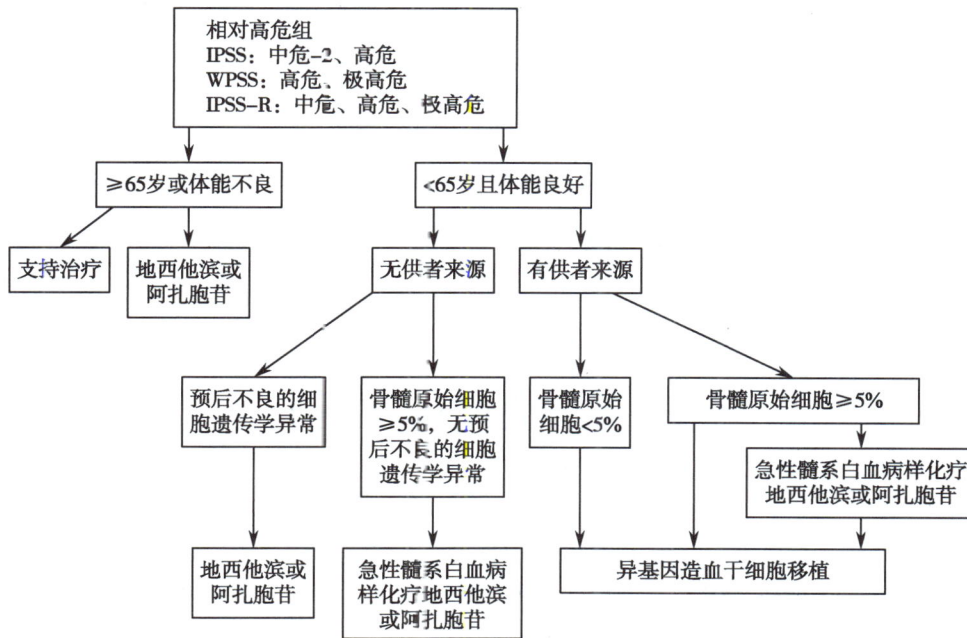

图 3-7-3 骨髓增生异常综合征中高危组治疗

针对 MDS 贫血表现的治疗有：

1. 输血 红细胞输注能迅速改善贫血，一般情况下慢性贫血血红蛋白<70g/L 或急性失血超过总容量 30% 是输血适应证，但在老年人常同时合并心脑血管疾病，在此标准以上即出现心肺功能、神经系统等终末器官功能障碍，此外在创伤、外科手术等情况下，贫血会导致组织缺氧，影响修复，此时不应拘泥于血化验标准，血红蛋白应在维持脏器功能正常的最低要求水平以上，一般要求血红蛋白维持在 100g/L 或更高。

2. 造血生长因子 目前常用的治疗是促红细胞生成素（EPO），EPO 治疗可以减少输血量，体外研究还显示改善细胞免疫功能。起始剂量 50～100 单位 /kg，然后根据血化验调整，一般 3 000～10 000 单位，每周 2～3 次。老年人使用 EPO 结果既有有利的一面（如缓解由于缺血所致终末器官损害、减少输血），又有不利的一面（如血压升高、血栓等），临床上应注意观察调整剂量。

3. 异基因造血干细胞移植 虽然近年来移植技术尤其是非清髓造血干细胞移植技术的发展使移植的年龄上限至 65 岁，但对于老年患者采取此类技术仍须谨慎。

该患者予以输血、EPO 治疗（增加 EPO 至 10 000IU 每日 1 次或隔日 1 次），复查血常规：白细胞计数 5.59×10^9/L，血红蛋白浓度 82g/L，血小板计数 44×10^9/L，有核细胞百分比 3.95×10^9/L。9 个月后复查骨穿：原始粒细胞 14%，中性粒细胞内外浆、缺颗粒、类巨变，巨变幼红细胞，偶见小巨核细胞。确诊 MDS-RAEBⅡ（IPSS 2 分，中危 -2 组），予以输血、EPO 治疗同时，予以地西他滨 10mg×7d，每月 1 次。后复查血常规：白细胞计数 4.85×10^9/L，血红蛋白浓度 129g/L，血小板计数 75×10^9/L，有核细胞百分比 2.73×10^9/L。患者脱离血制品输注。

老年贫血的诊断并不难，但需明确病因学诊断，因老年人多病共存的特点，合并疾病多，贫血也常常会几种病因同时存在，如缺铁性贫血合并肾性贫血和 / 或慢性炎症性贫血，缺铁和维生素 B_{12} 缺乏同时存在，营养不良叶酸缺乏或者溶血和 / 或失血同时存在，血液系统疾病合并消化道失血等，且贫血常是慢性感染、慢性肾功能不全、慢性失血或血液系统疾病（骨髓增生异常综合征、白血病、多发性骨髓瘤、骨髓纤维化等）的表现之一，临床要综合分析，综合治疗。积极的纠正老年人贫血能改善老年人的体能状态及认知功能，减少疾病的易感性，提高疾病的治愈率，降低致残率和死亡率，减少医疗资源消耗。

（施 红）

推荐阅读资料

[1] 张之南,沈悌. 血液病诊断及疗效标准. 3 版,北京：科学出版社,2007.

[2] 中华医学会血液学分会. 骨髓增生异常综合征诊断与治疗中国专家共识(2014 年版). 中华血液学杂志,2014,35：1042-1048.

[3] GOODNOUGH L, SCHRIER S.Evaluation and management of anemia in the elderly.Am Hematol, 2014, 89：88-96.

[4] KAUSHANSKY K, LICHTAMAN MA, BEUTLER E.Williams Hematology.8th ed. M New York: cGraw-Hill, 2010：2163-2183.

第二节　骨髓增殖性肿瘤

学习要求

1. 掌握骨髓增殖性肿瘤老年发病的特点、基因改变在诊断中的关键作用、骨髓增殖性肿瘤(myeloproliferative neoplasm, MPN)的易栓特征及血栓风险评估方法、诊治原则。

2. 了解 MPN 的疾病谱、危险度分层和评估方法。

骨髓增殖性肿瘤(myeloproliferative neoplasm, MPN)原来被称为慢性骨髓增殖性疾病(chronic myeloproliferative disease, cMPD),是一组克隆性造血干细胞疾病,其特征是至少一系髓系细胞过度增殖,临床过程相对缓和,发病高峰在 50-80 岁,年发病率为 6～10/10 万。2005 年 Baxter 等人发现在 MPD 中真性红细胞增多症(polycythaemia vera, PV)、原发性血小板增多症(essenticlthrombocythaemia, ET)、原发性骨髓纤维化(primary myelofibrosis, PMF)患者存在 JAK2V617F 突变,故 2008 年的 WHO 血液肿瘤分型更新时将 MPD 改称为 MPN,明确了其肿瘤性质。MPN 的临床特征是外周血粒细胞、红细胞和 / 或血小板增多,脾大,出血倾向,血栓形成及髓外造血。尽管起病隐袭,但每种 MPN 都有可能逐步进展至骨髓纤维化 / 无效造血而导致的骨髓衰竭阶段,或经加速期转变为急性白血病。遗传学新克隆的出现常提示疾病进展,患者常有肝脾进一步增大、血细胞数目增多或减少,以及骨髓纤维化 / 发育异常。外周血或骨髓中原始细胞占 10%～19% 提示疾病的加速期,20% 以上则诊断急性变期(即急性髓系白血病)。2016 版 WHO 的 MPN 分类如下：

1. 慢性粒细胞白血病,*BCR-ABL* 阳性(CML)。

2. 慢性中性粒细胞白血病(chronic neutrophilicleukemia, CNL)。

3. 真性红细胞增多症(polycythemia vera, PV)。

4. 原发性血小板增多症(essential thrombocythemia, ET)。

5. 特发性骨髓纤维化(primary myelofibrosis, PMF)。

6. 慢性嗜酸粒细胞白血病 - 非特指型(chronic esinophilic leaukemia-not otherwise classified, CEL-NOS)。

7. 肥大细胞增生症(mastocytosis)。

8. 骨髓增殖性肿瘤,不能分类(MPN, U)。

在 MPN 中,慢粒(chronicmyeloidleukemia, CML)因明确的 bcr/abl 基因已有酪氨酸激酶抑制剂攻克。而 2005 年发现的 *JAK₂* 基因突变及此后的 *MPL* 及 *CALR* 基因异常,将 PV、ET、PMF 分选出来,它们常被称为 *BCR/ABL* 阴性的 MPN,加之易发于老年人,有某些共同的易栓倾向,治疗原则相似等共性,本篇重点讨论这三种疾病。

临床病例

患者,男,62 岁。

主诉：因间断腹痛 3 年,双下肢出血点 2 周。

现病史：患者 3 年前无诱因突发腹痛伴恶心呕吐就诊于当地医院,腹部 CTA 示腹主动脉血栓,脾缺血坏死,左肝部分缺血,肾脏缺血。遂予溶栓治疗,腹痛明显减轻,数天后再次加重,行腹部血管造影示：门静脉、肠系膜上静脉及脾静脉栓子，肝右叶及尾状叶灌注异常，脾脏及右肾多发片状低密度影，考虑梗死。遂予华法林口服，定期监测 INR。此后仍有间断腹绞痛，以脐周、下腹、双腰部为著，止痛药可缓解。就诊不规律，3 年来间断自服止痛药，腹痛可缓解。患病以来血常规指标基本正常，1 年多前发现血小板升高，最高曾达近 800×10⁹/L，平素（500～700）×10⁹/L，当地予口服羟基脲、双嘧达莫。7 个月前因腹痛于当地 CT 检查，示贲门、胃底壁厚，脾大（陈旧梗死）。本次因双下肢出血点来诊。

既往史：无糖尿病、高血压、慢性心力衰竭等慢性病，无手术史，有吸烟史、黑便史。

体格检查：一般情况好，营养中等，身体质量指数（BMI）=23.1kg/m²。皮肤黏膜无黄染，肝掌（-），蜘蛛痣（-）双侧颈部、锁骨上、腋下、滑车、腹股沟等处浅表淋巴结未及肿大，胸骨无压痛。心肺查体未见异常，腹部外形正常、柔软，脐下压痛（+），无反跳痛；肝脏不大，脾肋下 2 指可及。双下肢散在出血点。未发现其他阳性体征。血管脆性试验（-）。

一、初步诊断

【问题 1】 该患者反复腹痛，曾诊断脾梗死，肝肾缺血性病变，溶栓治疗有效，需考虑哪些疾病？

患者曾多部位血栓，且为少见部位（腹腔）的动静脉栓塞，应首先考虑患者是否存在易栓症或易栓状态。对老年人来说，除明确有无血管异常性疾病（动脉粥样硬化、糖尿病、血管炎）、血液淤滞（心力衰竭、手术、制动）等情况，需筛查肿瘤性疾病（实体瘤＋血液系统肿瘤）及自身免疫相关疾病（如狼疮样抗凝物、干燥综合征等），而先天性易栓症更易发生于年轻患者，可以通过问本人及家族病史排除。另外要详细询问生活方式及饮食习惯、用药情况，以寻找初始病因。

同时，患者有血栓史，反复发生腹痛，部位多在脐周，需排查消化系统疾病 - 有下肢出血点，需考虑是否存在腹型紫癜类疾病或其他少见异常，宜反复查便潜血，必要时行全消化道内镜检查协诊。

【问题 2】 如何准确地采集病史？

患者无糖尿病、高血压、慢性心力衰竭等慢性病，无手术史，有吸烟史、黑便史。反复腹痛不除外多次发生腹腔动静脉栓塞，需要细问用药情况，明确是否存在不规范服药或药物相互作用等。

患者承认在当地口服华法林的初期不规范，常有漏服或自停药现象，出现腹痛时自服解热镇痛药有效，故常自行服药解决，未规律就诊，后期抗凝趋于严格。患者 1 年多前发现血小板升高；7 个月前因腹痛于当地 CT 检查，示贲门、胃底壁厚，脾大（陈旧梗死）等，本次查体时应注意有无淋巴结、肝、脾大等体征。如有血细胞计数异常，必须加做血涂片。

二、辅助检查及诊断

【问题 3】 为明确诊断，实施哪些必要的实验室检查？

1. 血常规＋白细胞分类 白细胞计数 16×10⁹/L，血红蛋白浓度 129g/L，血小板计数 515×10⁹/L，血涂片可见白细胞数增多，其中中幼粒细胞 2%，晚幼粒细胞 4%，中性杆状核细胞 19%，中性分叶核细胞 42%，单核细胞 6%，嗜碱性粒细胞 3%，嗜酸性粒细胞 4%，淋巴细胞 20%，血小板数目增多，可见大血小板（图 3-7-4A）。尿便常规均无异常，便 OB（-）。血生化示转氨酶、转肽酶轻度升高，LDH 轻度升高。

2. 骨髓细胞学分类 骨髓增生极度活跃，M/E=7.76/1，粒红比值增高，粒系增生，以中幼粒为主，嗜酸嗜碱细胞易见；红系各阶段比值略低，成熟红细胞轻度大小不等；巨核细胞明显增多，全片可见 179 个，幼稚巨核 6/179，颗粒巨 80/179，产板巨 65/179，裸核 28/179，小巨核偶见，血小板明显增多，片中可见大量聚集、成堆分布的血小板、巨大血小板，浆细胞吞噬细胞可见（图 3-7-4B）。

3. 骨髓病理学检查 造血组织明显增生，约占比 90%。粒红比显著增加，粒系及巨核系明显增生，增生的巨核系细胞可见多形性及小巨核细胞，考虑 MPN 可能。网染 +/-～+。

4. 遗传学检查 46，XY，der（7）t（1；7）(q10；p10)[25]。

5. 基因检测 BCR-ABL（-）；JAK2V617F 突变（+）。

血常规结果显示一系或多系增多，疑诊 MPN 时，需行 BCR-ABL 融合基因、JAK2、CALR 和 MPL 突变等分子学检测（骨髓或外周血标本均可），在 BCR-ABL 阴性的 MPN 患者中，已证实位于 9 号染色体上的 JAK2

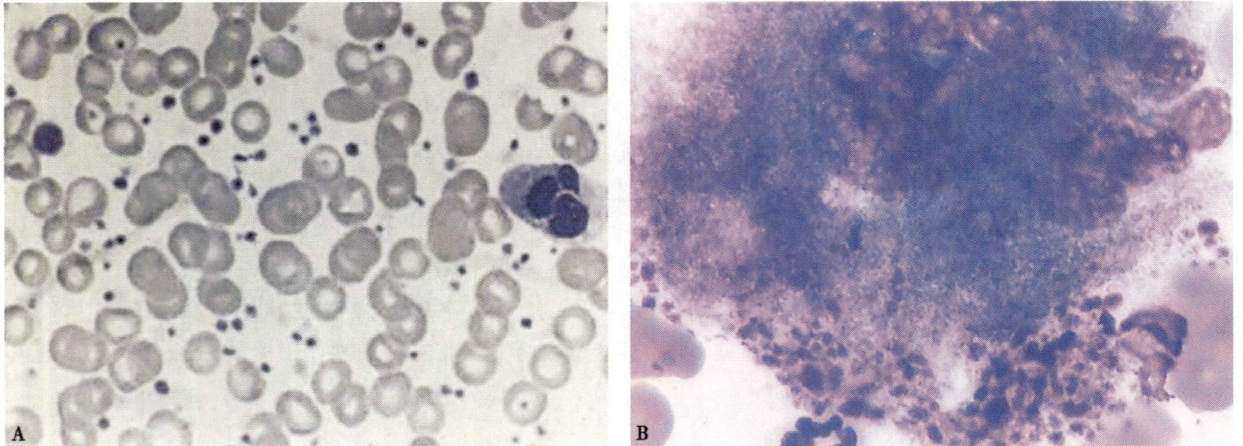

图 3-7-4　血涂片

A. 外周血涂片可见血小板明显增多（光镜，×10*100）；B. 骨髓增生极度活跃，巨核细胞及血小板明显增多（光镜，×10*20）。

基因突变对发病至关重要。*JAK2*V617F 突变见于几乎所有真性红细胞增多症和 1/2 左右的原发性血小板增多症及原发性骨髓纤维化病例，少数缺乏该突变的 PV 患者可有 *JAK2* 第 12 外显子突变，CALR 与 MPL 不见于 PV，只在 ET 及 PMF 中占一定比例（图 3-7-5）。如果 *BCR-ABL* 为阴性，对 *JAK2*+ 者将根据骨髓病理先判断是否达 PMF 标准，之后根据血常规确定是否达 PV 标准，最后确定是否达 ET 标准。这样的顺序主要考虑疾病的自然病程是 PMF<PV<ET。

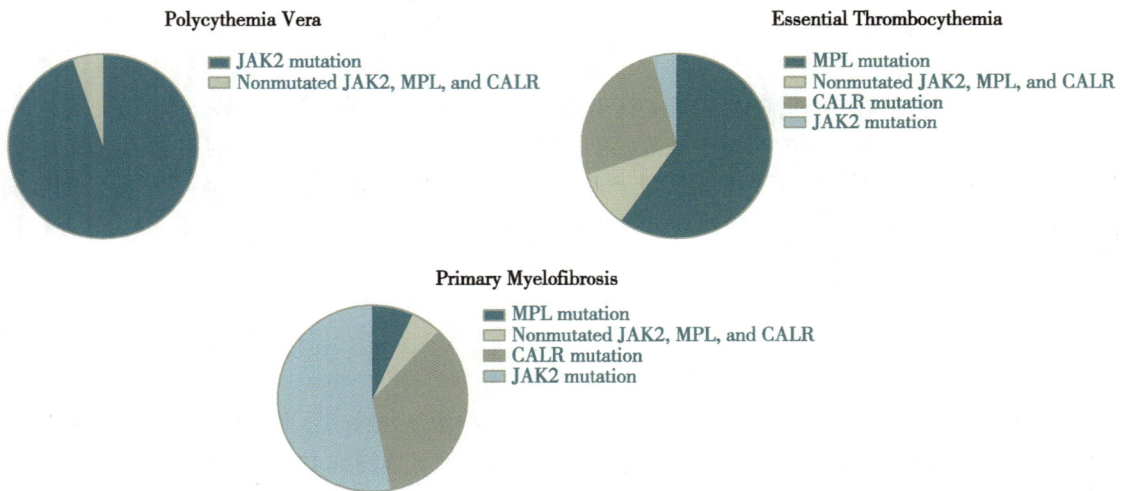

图 3-7-5　896 名 MPN 患者中 3 种分子学异常的分布

近期研究显示，*JAK2* 突变阳性的 MPN 患者比 *JAK2* 突变阴性者有更高的 WBC、HB 水平及更频繁的血栓事件，但 *JAK2*V617F 突变的存在与出血并发症不具有明显相关性。CALR 突变阳性 PMF 患者比 *JAK2* 突变阳性的患者总生存期延长，*JAK2*、*CALR*、*MPL* 三阴性 MPN 患者最终转化为白血病的风险高于携带 *CALR* 或者 *JAK2* 突变的患者，这些研究提示基因突变类型可以作为评价预后的独立因素。

另外表观遗传学修饰相关的 *TET2*、*ASXL1*、*IDH1/2*、*DNMT3A*、*EZH2* 等基因突变可影响 MPN 的表型、转化及进展，有助于 MPN 患者的分层、预后判断及治疗方案的选择，近年也越来越被重视。

需要提醒的是分子学异常不是 MPN 的必要条件，未检出分子学异常也可以诊断 MPN，但必须除外继发性血细胞增高。

MPN 作为骨髓增殖性肿瘤，临床上常以无诱因的血常规指标异常增高为首要表现，多数人缺乏明显的症状体征；也有如本例患者血常规指标增高不著，而首先出现了血栓或出血等临床并发症的情况。2016 年 WHO 在《WHO 造血与淋巴系统肿瘤分类》中更新了真红的诊断标准，将 2008 版的男性 185g/L 标准降为 165g/L，女性由 165g/L 降为 160g/L，甚至提出了 Hb 不高的隐藏型真红（mask PV）概念。指那些 Hb 完全正常但存在 JAK2 基因异常的患者。该人群因血常规指标不高，常得不到及时关注及干预而更易发生心脑血管事件，因此预后更差，需引起重视。对老年人无诱因反复发生血栓事件的，建议查 JAK2V617F 基因以排除慢性骨髓增殖性肿瘤。

该患者 JAK2V617F 突变阳性，染色体出现异常克隆，骨髓活检未见纤维化，确诊了 MPN-ET，如果持续以 PLT 增高为主要特征，则临床过程相对良性，进展为 MF 或转白的概率均不高，中位生存期可达 10～15 年；但如果发展过程中转变为全髓增生为主，或出现了幼稚粒细胞，伴 / 不伴纤维组织增生，均提示疾病进展，有转为骨髓纤维化和急变的风险。这种情况下，药物干预使其降低风险、减少致残便成为主要的治疗目标。

患者腹部 CTA：肝硬化，门静脉、肠系膜上下静脉、脾静脉血栓可能，门脉周围海绵样变。

入院查肾功能正常，肝功能轻度异常，排除了先天性易栓症、抗磷脂综合征，影像学及血液指标发现了胆石症，除外了其他系统肿瘤性疾病。至此，确诊如下：

诊断：易栓症 - 腹主动脉附壁血栓形成。

   - 门静脉、脾静脉、肠系膜上下腔静脉血栓形成。

   - 脾大、脾梗死。

   - 左肝缺血。

   - 肾脏部分梗死。

  原发性血小板增多症。

  肝硬化失代偿期 - 食管 - 胃底静脉曲张。

  （重度）腹水。

  胆石症。

  陈旧性脑梗死。

入院后加普萘洛尔降低门脉压，同时保肝治疗，于内镜下进行了食管 - 胃底静脉曲张的介入治疗。因患者静脉血栓明确，PLT 仍高，继续予以抗栓治疗。停用阿司匹林和华法林，换利伐沙班 20mg/d，继续使用羟基脲，调整剂量使 PLT 维持在（400～500）×10⁹/L。

患者肝硬化、门脉海绵样变，向家属讲明远期并发症，嘱其规范用药及随访，遂出院回家。患者回当地后依从性较好，规律口服抗栓药物及羟基脲治疗，先后消化道出血 3 次，下调利伐沙班至 15mg/d，肝肾功能监测基本正常。未出现明显血常规指标波动，未复查骨髓穿刺，1 年后死于消化道大出血。分析该患者几年内反复腹腔血栓形成，脾大，致淤血性肝硬化，门脉海绵样变门静脉高压，食管 - 胃底静脉曲张，消化道出血死亡。

三、初步治疗

【问题 4】 确诊后的诊疗计划应包括哪些？

血栓和出血是 PV 和 ET 患者最常见的并发症，也是致残和死亡的主要原因，大量研究已证实 ET 较之 PV 有更高的出血风险，尤其 PLT 计数大于 1 500×10⁹/L 者。该患者曾有黑便史，入院前仍间断腹痛，不除外活动性的小血栓形成。作为已出现食管 - 胃底静脉曲张的老年人，需首先充分评估血栓 / 出血风险，联合消化科、介入科，制定出一个易操作的个体化综合治疗方案。

根据内科血栓风险评估量表（Pauda 评估量表），该患者血栓风险 6 分，系高危组，肝肾功能尚可，但 ET 和男性均为出血因素，故同时存在较高的出血风险。

另一个评估系统是 ET 血栓国际预后积分（IPSET-thrombosis）系统：年龄 >60 岁（1 分），有心血管危险因素（1 分），此前有血栓病史（2 分），JAK2V617F 突变阳性（2 分）。依累计积分血栓危险度分组：低危（0～1 分）、中危（2 分）和高危（≥3 分），各危险度组患者血栓的年发生率分别为 1.03%、2.35% 和 3.56%。该患亦为高危组。

患者的高血栓风险可能发生于肺、心脑血管等部位，有一定的生命危险，而出血风险主要集中在消化道，因此争取消化科介入治疗的基础上积极抗凝治疗是基本原则。

【问题5】　患者如果未发生严重的血栓事件，病程将会怎样？

ET 患者的中位生存期 10～15 年，有反复出血或血栓者预后较差，但白血病转化率很低。在 2016 版 WHO 诊断标准中，如果 *JAK2*、*MPL*、*CALR* 突变均为阴性，但有其他克隆异常的证据，同时除外了反应性 PLT 增高，也可以诊断 ET。这提示 ET 也有较强的异质性，而分子学异常的本质将在疾病转归中越来越显示其重要性。

规范的 ET 治疗主要集中在防栓和降细胞两方面，由于 ET 血栓风险低于 PV，临床过程相对良性，因此降细胞治疗并未对目标值作出严格建议，但单纯防栓并不可取，因为过高的血小板计数还会提升出血风险，故细胞毒性药物控制血小板低于 $1\,000\times10^9$/L 是必要的。在降细胞治疗方面，除了细胞毒性药物外，尚有干扰素、阿纳格雷、芦可替尼等。干扰素用于老年患者易出现精神异常，加之发热的副作用较难耐受，故老年人慎用；阿纳格雷对血小板的作用较复杂，常规剂量抑制血小板聚集，小剂量时有减少血小板生成作用，维持剂量 1.5～4mg/d；芦可替尼是 JAK2 抑制剂，更多地用于缓解已出现体质性症状（如乏力、发热、体重减轻等，更多用于骨髓纤维化）者，对 *JAK2* 突变阴性者亦有效，但血小板过低者禁用。另外血小板单采术可快速降低血小板水平，也是选择之一。

注意：反应性血小板增多见于缺铁、脾切除、手术、感染、炎症、结缔组织病、转移癌及淋巴组织增殖性疾病等。

【问题6】　如果患者进展到了骨髓纤维化或有急变趋势，该如何干预？

MPN 中，如果过度增殖的细胞系发生改变，需回顾初诊时的实验室资料，主要鉴别两种情况：PV 早期和 PMF 伴 PLT 增高。①15% 的 PV 在早期（前驱性多血前期）Hb 升高不显著，可出现 PLT 升高在先的类 ET 表现，但最终会演进为 Hb 进行性升高的 PV 多血期，血清 EPO 水平检测有助于鉴别，PV 患者 EPO 减低。需要强调的是，PV 更易呈现为全髓增生的状态，血栓发生和转白风险均较 ET 高，应给予更积极的监测、评估和干预，尤其是 mPV 提出后，作为一个高危亚型，更应引起重视。②PMF 是以体质性症状为突出特点的 MPN，因症状涉及多系统，国际上先后推出了多个评估系统，包括 IPSS、DIPSS、DIPSS-plus 等，国内也提出了 IPSS-Chinese 或 DIPSS-Chinese，主要是为了规范治疗。PMF 的纤维化前期可仅有 PLT 增高，此时与 ET 很相似，但 PMF 常会有盗汗、低热、痛风等表现，骨髓中可见异形明显的巨核细胞，且进展较快，应给予及时地评估干预。芦可替尼对 PMF 的体质性症状有肯定的疗效，尤其是缩脾，但需密切监测血常规指标用药。

MPN 易发于老年人，起病隐袭，临床进展相对缓慢，对首发症状为血栓、出血的患者需高度重视，尤其少见部位的血栓要想到筛查相关基因，甚至血常规指标异常不明显的人群。对起病急、进展快的 MPN，如果比较年轻，仍推荐行异基因移植，可治愈该病；对全身症状明显又缺乏移植条件的患者，可以使用芦可替尼，尤其是已确诊 MPN 者，剂量为 5～20mg，每日 1 次，依照血小板数目调整剂量，低于 50×10^9/L 者不建议使用，多数患者需使用抗凝/抗血小板聚集药+降细胞药物。相信随着药物的不断开发，MPN 会有更乐观的远期生存。

（施　红）

推荐阅读资料

[1] SWERDLOW SH, CAMPO E, HARRIS NL.WHO Classification of Tumours of Haematopoietic and Lymphoid Tissues. 4th ed. Lyon: International Agency for Research on Cancer, 2017.

[2] KLAMPFL T, GISSLINGER H, HARUTYUNYANAS, et al. Somatic mutations of calreticulin in myeloproliferative neoplasms. N Engl J Med. 2013, 369（25）: 2379-2390.

[3] The American Society of Hematology .60th ASH Educational Programs, 2018.

[4] 王辰, 王建安. 内科学. 3 版, 北京: 人民卫生出版社, 2015.

[5] LUNDBERG P, KAROW A, NIENHOLD R, et al. Clonal evolution and clinical correlates of somatic mutations in myeloproliferative neoplasms. Blood, 2014, 123（14）: 2220-2228.

第三节 白 血 病

学习要求

1. 掌握急性白血病 FAB 分型标准。
2. 掌握急性白血病疗效标准。
3. 掌握急性白血病治疗原则。
4. 熟悉成人急性髓细胞白血病标准诱导缓解治疗方案。
5. 熟悉成人急性淋巴细胞白血病标准诱导缓解治疗方案。
6. 熟悉急性白血病诊断标准（FAB 标准和 WHO 标准）。

白血病（leukemia）是起源于造血干（祖）组胞的一种恶性克隆性疾病，特点是某一系列的血细胞受累后出现增殖失控、分化障碍、凋亡受阻并大量积蓄于骨髓、外周血和其他造血组织，从而抑制骨髓正常造血功能。外周血呈现红细胞、中性粒细胞和血小板的数量减少和/或功能异常，并可伴随凝血功能的异常；血细胞同时可浸润体内各器官、组织，使各个脏器的功能受损，临床上常有贫血、发热、感染、出血、骨痛和肝、脾、淋巴结不同程度肿大等表现。

急性白血病的发病率随年龄增长而升高，以急性髓系白血病（acute myeloid leukemia，AML）最多，急性淋巴细胞白血病次之。急性髓系白血病是一种老年性疾病，中位诊断年龄 67 岁。老年急性白血病中骨髓增生异常综合征（myelodysplastic syndrome，MDS）转化型白血病亦多见。

急、慢性白血病的区分除发病的急、缓外，主要依据白血病细胞的分化程度，也就是白血病细胞发育停滞于某个阶段并出现异常增殖。急性白血病骨髓或外周血中主要的白血病细胞以原始细胞为主，而慢性白血病的骨髓和外周血中主要是相对成熟阶段的粒细胞或淋巴细胞。两者的预期寿命和自然进程也不同，慢性白血病的预期寿命较急性白血病者显著延长。

目前对于某些类型白血病已经有非常有效的治疗手段，如慢性粒细胞性白血病、急性早幼粒细胞白血病等，大部分患者可获得长期生存；而对于其他类型急性白血病患者，则将接受一段时间的化疗。此外，并不是所有类型的白血病诊断后均要积极治疗，如慢性淋巴细胞白血病患者，临床上对于白细胞未见持续升高，红细胞及血小板在正常范围，肝脾不大的患者，可进行密切随访。

临床病例

患者，男性，67 岁。

主述：乏力 1 个月，加重伴骨骼酸痛、低热 1 周。

现病史：患者 1 个月前在无明显诱因下出现乏力，不伴有咳嗽、咳痰，无腹痛、腹泻，胃纳稍差。1 周前乏力明显加重，动则气促伴胸闷，并出现骨骼酸痛伴低热，体温最高为 37.8℃，服用散利痛后，症状有短暂缓解，但数小时后症状又反复出现。2 天前去附近社区医院就诊，血常规检查结果显示白细胞计数 2.3×10⁹/L，血红蛋白浓度 65g/L，血小板计数 25×10⁹/L。为求进一步诊治，前来本院。

既往史：无高血压、糖尿病、冠心病等慢性病史，无传染性疾病史，长期在沪居住，无不良嗜好。

体格检查：体温 37.9℃，心率 102 次/min，呼吸 28 次/min，血压 124/70mmHg。神情，贫血貌，眼睑结膜苍白，双下肢散在少量瘀点，浅表淋巴结未及肿大，胸骨柄压痛（+），两肺呼吸音清晰，未闻及干湿啰音，腹软，无压痛，肝脾肋下未及，双下肢无水肿。

实验室检查：①血常规。白细胞计数 2.7×10⁹/L，血红蛋白浓度 65g/L，血小板计数 45×10⁹/L，网织红细胞百分比 2%。外周血涂片白细胞分类：中性分叶核 20%，中性杆状核 11%，淋巴细胞 48%，单核细胞 4%，嗜酸性粒细胞 3%，幼稚细胞 14%。②凝血功能正常。肝、肾功能、血糖和电解质正常，LDH 587 IU/L。③病毒检查。HBV（e 抗体 +，核心抗体 +，其他 -），HCV 抗体（-），抗梅毒螺旋体抗体（-），梅毒螺旋体 RPR（-），HIV（-）。④左心功能测定。左室射血分数 72%，胸部 CT 未见明显异常，腹部 B 超肝脾无肿大。

一、初步诊断

该患者既往体健,无慢性病史,无传染性疾病史,长期在沪居住,无不良嗜好。乏力和发热无明显诱因,症状逐渐加重,持续不缓解。体检发现贫血貌,胸骨柄压痛(+),无淋巴结肿大,无肝脾大,血常规检查显示全血细胞减少,外周血涂片发现幼稚细胞,需要考虑急性白血病、骨髓增生异常综合征等血液系统疾病,确诊需要进行骨髓检查。

【问题1】 急性白血病病因?

白血病病因复杂,发病是一个多因素、多环节的复杂过程。现已知放射线、某些化疗药物暴露史(如烷化剂、拓扑异构酶2抑制剂、亚硝基药物)、苯制剂暴露史及某些病毒感染与其发病有关。前期MDS病史是一个重要的危险因素,某些遗传病(如唐氏综合征、范科尼贫血)患者白血病发病率显著高于正常人群。然而,相当部分白血病患者诊断时与目前所知的危险因素并无相关性。

【问题2】 老年急性白血病的临床表现有哪些特点?

老年急性白血病与青年组有所不同,有以下特点:①起病稍缓慢,可能是其就诊时间长的一个原因;②症状隐袭,往往表现为头昏、乏力、心悸、气短等,易忽视,待病情加重后出现并发症时,就诊比较多见,易漏诊和误诊;③就诊时以贫血为首发者较多,发热、感染次之,而关节骨痛者较少见;④老年人胸骨压痛较少见,脾大表现比青年人明显,但差异无显著意义;⑤老年急性白血病尤其是AML约30%继发于MDS。继发性AML不仅复合染色体异常检出率高,而且预后不良染色体核型频率高,原发多发耐药发病率亦高。

二、辅助检查及诊断

诊断急性白血病主要是根据患者起病的临床表现、血常规和骨髓检查结果。患者入院后行骨髓检查,结果显示:①骨髓细胞涂片。骨髓增生活跃,髓片原始细胞占32.5%,单核细胞比例增高,以原始和幼稚单核细胞为主。粒系和红系增生受抑,巨核细胞偶见。POX(+),SB(+),NSE(+),NSE-NAF(+)。初步诊断:AML-M5骨髓象。②骨髓流式细胞仪细胞免疫表型。发现CD45弱表达细胞,该区域所有白细胞设门,CD117+细胞占30.4%,表型特征如下:CD11b、CD13、CD14、CD15、CD33、CD34、CD7阳性。③骨髓分子生物学检查。发现MLL-PTD基因突变。④骨髓细胞遗传学。46 XY[20/20]。

根据急性髓性白血病诊断标准,结合患者临床表现、血细胞检查和骨髓检查结果,确诊为急性髓细胞白血病AML-M5(MLL-PTD基因突变)。

【问题3】 AML的诊断标准?

1. FAB标准 除临床表现与血常规指标外,骨髓形态学分类是诊断急性白血病的主要依据。

(1)原始细胞≥30%,如果原、幼红细胞<全部骨髓有核细胞50%,诊断AML、M0~M5、M7;如果原、幼红细胞≥50%,诊断AML-M6。

(2)原始细胞<30%非红系骨髓有核细胞,诊断MDS。

2. WHO标准

(1)血或骨髓原始粒(或单核)细胞≥20%,可诊断为AML。

(2)当患者被证实有克隆性重现性细胞遗传学异常,如t(8;21)(q22;q22)、inv(16)(p13;q22)、t(16;16)(p13;q22)以及t(15;17)(q22;q21)时,即使原始细胞<20%,也可以诊断AML。

(3)伴有多细胞系病态造血的AML及治疗相关性AML和MDS,分别单独划分为独立亚型。

【问题4】 需要与那些疾病相鉴别?

患者全血细胞减少,血液系统疾病需考虑急性白血病、急性再生障碍性贫血、骨髓增生异常综合征等;非血液系统疾病包括肝硬化脾功能亢进、免疫性疾病引起全血细胞减少等。

1. 血液系统疾病

(1)再生障碍性贫血(aplastic anemia,AA):全血细胞减少,网织红细胞计数减少,白细胞分类无异常细胞,骨髓涂片和活检检查显示多部位骨髓增生减低或重度减低。

(2)急性白血病:外周血和骨髓中可见大量幼稚细胞。急性早幼粒细胞白血病患者出血症状较为突出,凝血功能异常。

（3）骨髓增生异常综合征：骨髓细胞学检查显示增生活跃，早期细胞增多，有病态造血现象，骨髓活检发现 ALIP（+），部分患者合并染色体和 / 或细胞遗传学改变。

（4）急性造血功能停滞：一般发病较急，常有明显诱因，如微小病毒 B19 感染。血常规结果以贫血为主，骨髓涂片尾部见巨大的原始红细胞。

2．非血液系统疾病

（1）自身免疫性疾病：如类风湿性关节炎、系统性红斑狼疮等。可有皮疹、关节炎及关节肿胀等表现，类风湿因子、抗核抗体谱阳性。

（2）脾功能亢进：严重肝病如乙肝后肝硬化合并脾功能亢进，可有黄疸、腹胀等体征，HBV-DNA 显著增高，B 超示脾脏明显增大。

（3）理化因素导致：如放射线、苯接触等引起全血细胞减少。

三、初步治疗

患者经过临床评估为适宜化疗者，行中心静脉置管术后给予去甲氧柔红霉素（idarubicin，IDA）联合阿糖胞苷（cytosine arabinoside，Ara-C）方案化疗（具体用药：IDA 8mg/（m²×d）×3d，Ara-C 100mg/（m²×d）×7d。

【问题 5】　如何选择老年白血病的治疗方案？

抗白血病治疗策略一般可分为诱导缓解治疗及缓解后治疗两个主要阶段。联合化疗是急性髓系白血病的标准诱导治疗方法，在诱导治疗过程中建议在骨髓抑制期（停化疗后第 7～14d）、恢复期（停化疗后第 21～28d）复查骨髓。根据骨髓抑制期、恢复期的骨髓情况进行治疗调整。到目前为止，针对老年患者的最优治疗方案仍存在争议，推荐方案从单用支持治疗到标准侵袭性治疗不一。对于老年 AML 患者治疗决定应个体化。决定前应对患者肿瘤生物学（细胞遗传学分组）以及对合并症和功能状态等临床特征的生理状态进行评估，从而进行危险分层。对伴随预后较好的染色体异常以及一般状态较好的老年患者应该考虑侵袭性治疗方案。肿瘤生物学特征显示高危患者或一般情况差的患者应考虑一些临床试验中的新方法或支持治疗，以取得生活质量的改善。

老年 AML 诱导缓解化疗方案

1．年龄为 60～75 岁患者

（1）临床一般情况较好体力状况评分（performance status，PS）≤2：治疗前应尽量获得细胞遗传学结果。

1）临床研究。

2）标准剂量 Ara-C×7d 联合 IDA[8～10mg/（m²×d）]或柔红霉素（daunorubicin，DNR）[40～60mg/（m²×d）]或米托蒽醌（mitoxantrone，Mitox）[6～8mg/（m²×d）]，即 7+3 方案，可能需 2 个疗程。

3）标准剂量 Ara-C[100mg/（m²×d）×7d]联合高三尖杉酯碱（homoharringtonine，HHT）HHT[2～2.5mg/（m²×d）×7d]的 HA 方案。

4）小剂量化疗 ± 粒细胞集落刺激因子（granulocyte colony-stimulating factor，G-CSF）

（2）临床一般情况较差（PS>2）

1）临床研究。

2）小剂量化疗 ±G-CSF。

3）支持治疗。

2．年龄≥75 岁或有严重非血液学合并症患者的治疗

（1）支持治疗。

（2）小剂量化疗 ±G-CSF。

四、进一步治疗和复查

该患者在化疗结束后第 5 天出现发热伴寒战，体温 39℃，白细胞计数 0.5×10⁹/L，予以广谱抗生素治疗，G-CSF 和输血支持治疗，3d 后体温不退，咳嗽半左侧胸痛，左肺可闻及湿啰音，行胸部 CT 检查，提示左肺炎症，考虑真菌感染不能排除，G 试验阳性，故在广谱抗生素治疗基础上联合伏立康唑治疗。其间患者出现鼻出血、皮肤紫癜、心动过速、乏力，血红蛋白和血小板重度减少，给予输注单采血小板和红细胞、吸氧、止血等对症治疗。5d 后患者体温下降，临床症状好转，出血症状消失。2 周后复查胸部 CT，提示炎症明显吸收，

治疗有效,序贯口服抗感染治疗。

在完成第一阶段治疗后,为争取患者获得长期无病生存和痊愈,对患者进行第二阶段的缓解后治疗。同时对白血病"庇护所"进行治疗(包括中枢神经系统、眼眶、睾丸等髓外器官)。患者经骨髓涂片、流式和基因检测,提示急性白血病完全缓解,给予原方案巩固治疗 1 个疗程,随后行中剂量阿糖胞苷强化治疗(Ara-C 1.0g/m^2,每 12h 1 个剂量 ×4 个剂量)2 个疗程以及低剂量化疗维持 6 个月。缓解后对患者行腰穿和脑脊液检查,无异常发现,给予预防性鞘内注射甲氨蝶呤(10mg)+ 地塞米松(5mg)1 次。患者呈持续分子水平完全缓解状态。

【问题 6】　化疗后需要哪些支持治疗?

AML 化疗后骨髓抑制期最常见的并发症为感染和出血,并且也是患者死亡的最主要原因。对 AML 患者要做好感染的预防,合理使用抗生素,有真菌感染依据时,需要应用抗真菌药物治疗。对于重度贫血或血小板减少,特别是有临床症状的患者,加强输血支持治疗,提倡成分输血。对有凝血功能异常者,应及时补充凝血成分或输注血浆。细胞因子的应用可以促进造血功能恢复。

【问题 7】　如何判断疗效?

AML 疗效标准

1. 形态学无白血病状态　骨髓穿刺涂片中幼稚细胞 <5%(至少计数 200 个有核细胞),无 Auer 小体和髓外白血病持续存在。

2. 细胞遗传学完全缓解　治疗前有染色体异常的患者治疗后染色体恢复为正常核型。

3. 分子水平完全缓解　指分子生物学和流式细胞仪监测结果。主要用于治疗前有特殊遗传学标志和免疫表型特点的患者,治疗后转为阴性。

4. 形态学完全缓解而血细胞计数未完全恢复　符合完全缓解(complete response CR)的临床和骨髓标准,但仍有中性粒细胞减少(<1.0×10^9/L)或血小板减少(<100×10^9/L)。

5. 部分缓解(partial response,PR)　血细胞计数符合 CR 标准,骨髓幼稚细胞比例 5%~25%(同时应较治疗前下降 50% 以上)。若仍可见 Auer 小体,即使幼稚细胞 <5% 也应定为 PR。

6. 治疗失败　包括治疗后未能达 CR,甚至达不到 PR 标准的患者。

五、预后

与年轻人相比,老年 AML 患者预后较差,主要原因在于以下几方面。首先,老年 AML 患者中有较高比例与完全缓解率的降低及总生存期缩短有关的预后不良的染色体异常。其次,与年轻患者相比,老年 AML 更多继发于 MDS 或另外一种恶性肿瘤性疾病放化疗之后,继发性 AML 属于难治性 AML 范畴。再次,在老年 AML 患者中,表达耐药基因 *MDR1* 的患者较为常见。最后,合并症的增加、年龄相关的生理改变、多种用药史以及功能和认知损伤等临床特点使老年患者的治疗变得更为复杂。该患者存在 *MLL-PTD* 基因突变,预后欠佳,需密切随访。

(吴　方)

推荐阅读资料

[1] 中华医学会血液学分会白血病淋巴瘤学组. 成人急性髓系白血病(非急性早幼粒细胞白血病)中国诊疗指南(2017年版). 中华血液学杂志, 2017, 38(3): 177-182.

[2] DOHNER H, ESTEY E, GRIMWADE D, et al. Diagnosis and management of AML in adults: 2017 ELN recommendations from an international expert panel. Blood, 2017, 129: 424-447.

[3] Krug U, ROLLIG C, KOSCHMIEDER A, et al. Complete remission and early death after intensive chemotherapy in patients aged 60 years or older with acute myeloid leukaemia: a web-based application for prediction of outcome. Lancet 2010, 376: 2000-2008.

[4] NCCN. Acute Myeloid Leukemia. National Comprehensive Cancer Network, Inc. 2018.

[5] PAPAEMMANUIL E, GERSTUNG M, BULLINGER L. et al. Genomic classification and prognosis in acute myeloid leukemia. N Engl J Med. 2016, 374: 2209-2221.

第四节　淋　巴　瘤

学习要求

1. 掌握淋巴瘤 Ann Arbor 分期标准。
2. 掌握淋巴瘤 A/B 分组标准。
3. 掌握淋巴瘤疗效评价标准。
4. 掌握淋巴瘤治疗原则。
5. 熟悉弥漫大 B 细胞淋巴瘤国际预后指数。
6. 熟悉霍奇金淋巴瘤 ABVD 化疗方案。
7. 熟悉弥漫大 B 细胞淋巴瘤利妥昔单抗联合化疗（R-CHOP 免疫化疗）方案。

淋巴瘤起源于淋巴结和淋巴组织，按照组织病理学改变，可以将淋巴瘤分为两种类型，即霍奇金淋巴瘤（hodgkin lymphoma，HL）和非霍奇金淋巴瘤（non-hodgkin lymphoma，NHL）。

霍奇金淋巴瘤亦称为霍奇金病，主要累及淋巴结和淋巴组织，首发症状多为进行性无痛性淋巴结肿大，晚期可累及脾、肝、骨髓等器官。采用 WHO 淋巴造血系统肿瘤分类，HL 分为结节性淋巴细胞为主型霍奇金淋巴瘤和经典型霍奇金淋巴瘤（classic hodgkin lymphoma，CHL）。CHL 可再分为 4 个类型，即结节硬化型、富淋巴细胞型、混合细胞型和淋巴细胞消减型。老年患者多为相对恶性的组织类型。

非霍奇金淋巴瘤是一组高度异质性的淋巴系统恶性肿瘤，随年龄增长发病率增加。NHL 从细胞来源上可以分为 B 细胞性、T 细胞性或自然杀伤细胞性，其中以 B 淋巴细胞淋巴瘤占大多数。WHO 造血和淋巴组织肿瘤分类根据疾病的临床表现特征将 NHL 分为惰性、侵袭性和高度侵袭性，老年患者往往表现为进展期疾病。

淋巴瘤发病因素中感染和免疫起重要作用，理化及遗传因素等影响也不可忽视。诊断依据病理，治疗以化疗或联合针对表达 CD20 细胞的单克隆抗体（几乎在全部 B 细胞均表达）为主，结合放疗。近年来生物治疗的发展，使淋巴瘤治疗又增加了一种有效的治疗手段。对于老年患者的治疗，如何能在根据其脏器功能状态和预期寿命的基础上，平衡可能的重大疗效和对抗潜在的治疗毒性，从而制定个体化方案，仍存在挑战。

临床病例

患者，男性，65 岁。

主诉：左颈部淋巴结肿大 4 个月，加重 1 个月。

现病史：患者 4 个月前触及左颈部淋巴结肿大，无压痛，直径 1cm 左右，无发热。自行观察中，未就诊。近 1 个月来，自觉淋巴结进行性肿大，数量增多，局部无红肿，无疼痛。无发热、盗汗、体重减轻。发病以来，饮食正常，二便无异常，睡眠可。

既往体健，无化学毒物、药物、放射线接触史，无烟酒嗜好，家族史无特殊。

体格检查：一般状况好，无贫血貌，皮肤、黏膜无出血，无皮疹，巩膜无黄染。颈部触及多枚肿大淋巴结，左颈部为主，最大淋巴结约 3cm×2cm，质硬，活动度尚可，无压痛，边界不清，部分融合，局部皮肤无红肿。心肺听诊无异常，腹部平软，无压痛，肝、脾肋下未及。下肢无水肿。

实验室检查：血常规 + 白细胞分类：白细胞计数 $5.7×10^9$/L，分类正常，淋巴细胞比例 35%，血红蛋白浓度 125g/L，血小板计数 $120×10^9$/L；肝肾功能、凝血功能检查：正常范围。血清乳酸脱氢酶（LDH）450IU/L；自身抗体、肿瘤标志物、病毒检测均阴性。浅表淋巴结和腹部彩超：双侧颈部见数个淋巴样低回声团块，左侧较大者为 3.2cm×2.5cm，右侧较大者为 1.7cm×1.5cm，边界不清，淋巴门结构消失；左侧腋窝可见多个淋巴样低回声团块，较大者 2.0cm×1.8cm，边界欠清，淋巴门结构消失；双侧腹股沟可见多个淋巴样低回声团块，左侧较大者为 1.8cm×1.3cm，边界欠清，淋巴门结构消失。

一、初步诊断

患者出现不明原因进行性淋巴结肿大，B超示双侧颈部、左侧腋窝、双侧腹股沟数个淋巴样低回声团块，边界不清，淋巴门结构消失，因此，淋巴瘤诊断不能排除。

二、辅助检查及诊断

淋巴瘤诊断主要依据是组织病理学检查。患者左侧淋巴结活检病理检查报告：（左颈部）弥漫大B细胞淋巴瘤（非生发中心免疫表型），瘤细胞表达CD3（−），CD20（+），CD79a（+），Ki67（+，75%），CD10（−），Bcl-6（+），MUM-1（+），CD5（−），CyclinD1（−），Bcl-2（+）。根据淋巴结活检病理诊断报告，可初步诊断为弥漫大B细胞淋巴瘤（非生发中心型）。然而，还须进一步明确淋巴瘤的完整诊断。

【问题1】　什么是淋巴瘤完整诊断？

淋巴瘤的完整诊断包括病理类型、分期、分组、预后积分等。淋巴瘤确诊后需要根据淋巴结肿大累及范围和临床症状，按照Ann Arbor分期标准进行临床分期和分组；根据国际预后指数（international prognostic index，IPI）进行预后积分。因此，患者入院后需进行全面的检查，包括影像学检查：颈部、胸部、腹部和盆腔CT、正电子发射计算机断层显像（PET-CT）（反映肿瘤细胞代谢活性，对于淋巴瘤的分期和疗效评价更可靠，有条件者可直接行PET-CT检查）；骨髓检查：骨髓涂片、活检及流式细胞仪检查，明确是否骨髓累及，以完善疾病诊断和治疗前评估。

【问题2】　什么是Ann Arbor分期标准？

Ann Arbor分期系统经过Cotswolds修订（1989）后将霍奇金淋巴瘤分为I-Ⅳ期。其中，I~Ⅳ期按淋巴结病变范围区分，脾和韦氏环淋巴组分别记为一个淋巴结区域。结外病变定为Ⅳ期，包括骨髓、肺、骨或肝脏受累。此分期方案NHL也参照使用。

修订的Ann Arbor分期标准（1989，Cotswolds）

Ⅰ期：单个淋巴结区域（Ⅰ）或局灶性单个结外器官（ⅠE）受累。

Ⅱ期：在横膈同侧的两组或多组淋巴结受累（Ⅱ）或局灶性单个结外器官及其区域淋巴结受累，伴或不伴横膈同侧其他淋巴结区域受累（ⅡE）。注：受累淋巴结区域数目应以脚注的形式标明。

Ⅲ期：横膈上下淋巴结区域同时受累（Ⅲ），可伴有局灶性相关结外器官（ⅢE）、脾受累（ⅢS）或两者皆有（ⅢE+S）。

Ⅳ期：弥漫性（多灶性）单个或多个结外器官受累，伴或不伴相关淋巴结肿大，或孤立性结外器官受累伴远处（非区域性）淋巴结肿大。如肝或骨髓受累，即使局限也属Ⅳ期。

全身症状分为A、B两组。凡无以下症状者为A组，有以下症状之一者为B组：①不明原因发热大于38℃；②盗汗；③6个月内体重下降10%以上。

有B症状者需在分期中注明，如Ⅱ期患者，应记作ⅡB；肿块直径超过10cm或纵隔肿块超过胸腔最大内径的1/3者，标注X；受累脏器也需注明，如脾脏、肝脏、骨骼、皮肤、胸膜、肺等分别标记为S、H、O、D、P和L。

【问题3】　淋巴瘤国际预后指数包括哪些内容？

IPI包括以下5个因素，每个因素积1分，①年龄>60岁；②临床分期Ⅲ~Ⅳ期；③美国东部肿瘤协作组（ECOG）体能状态评分≥2；④结外受累数目>1；⑤LDH水平超过正常值。

按照分值分为：低危组（0~1分）、低中危组（2分）、高中危组（3分）、高危组（4~5分）。

【问题4】　该患者的完整诊断是什么？

患者没有发热、盗汗、体重减轻等症状，CT显示双侧颈部、腋窝和腹股沟淋巴结增大增多，纵隔结构正常，无肝脾大，后腹膜多发淋巴结肿大，骨髓检查无异常发现。患者病变累及横膈上下淋巴结，根据Ann Arbor分期标准，为Ⅲ期，A组。

同时，患者年龄大于60岁，分期为Ⅲ期，实验室检查血常规、肝肾功能、β_2-MG等生化检查基本正常，血清乳酸脱氢酶升高，故IPI为3分，属于高中危组。

由此，该患者完整诊断为：弥漫大B细胞淋巴瘤（diffuse large B cell lymphoma，DLBCL）（非生发中心细胞型）Ⅲ期、A组、IPI 3分（高中危）

【问题5】　老年淋巴瘤的临床特点是什么？

老年淋巴瘤的自身临床特点包括：①男性发病较多，男女之比 4.36∶1；②NHL 多见。不同 NHL 的组织类型在各年龄组有不同的发病趋势。随年龄的增长，低度恶性 NHL 发病率增高；中度恶性 NHL 患者在老年人也易发生；B 细胞淋巴瘤随年龄增加比例显著增大；③老年人 NHL 患者的病理类型是侵袭性 NHL 发病率高，如小淋巴细胞淋巴瘤/慢性淋巴细胞性白血病、淋巴浆细胞性淋巴瘤/免疫细胞瘤、弥漫性大 B 细胞淋巴瘤等；④老年 NHL 患者易发生结外病变；⑤老年人多伴有不同程度的慢性内科疾病，合并症多，症状常不典型，误诊率高；⑥老年淋巴瘤患者一般状态差、基础疾病多、骨髓增生功能低下，对化疗、放疗耐受性差，复发率高，其预后比非老年患者差。

【问题6】　鉴别诊断的要点有哪些？

不明原因进行性淋巴结肿大，考虑疾病包括感染、免疫性疾病和肿瘤等。

1. 淋巴结炎　感染所致的淋巴结炎多有感染病灶和感染性疾病史，淋巴结肿大伴有红、肿、热、痛的症状，抗感染治疗有效。

2. 免疫性疾病　淋巴结肿大往往多发，通常肿大淋巴结直径小于 1.0cm，质地较软，扁平。多伴随免疫性疾病的其他系统性或局部相关症状和体征。自身抗体检查可以发现相关自身抗体阳性。

3. 肿瘤侵犯　一般有原发肿瘤疾病的相关临床表现，且与肿瘤淋巴系统播散途径和区域有关。淋巴结活检有助于鉴别。白血病患者可有淋巴结肿大，外周血及骨髓检查异常，可发现白血病细胞。

三、初步治疗

该患者血细胞检查正常，肝肾功能正常，左室射血分数 68%，ECOG 评分 1 分，病毒检测阴性。排除化疗禁忌后，给予 R-CHOP 方案（利妥昔单抗：375mg/m^2，静脉滴注，第 0 日；环磷酰胺：750mg/m^2，静脉滴注，第 1 日；多柔比星：50mg/m^2，静脉滴注，第 1 日；长春新碱：1.4mg/m^2，静脉滴注，第 1 日；泼尼松：100mg/d，口服，第 1～5 日），每 21 日化疗 1 次。

治疗期间，患者出现恶心、呕吐、粒细胞缺乏、发热等，给予相应的对症支持治疗和抗感染治疗后症状缓解。

【问题7】　老年淋巴瘤治疗方案该如何选择？

对于初治患者，DLBCL 的一线治疗主要依据年龄、IPI 危险度进行选择。老年 DLBCL 数项国际多中心前瞻性随机临床试验确立了 R-CHOP（利妥昔单抗联合化疗）方案的一线治疗地位。例如，法国的 GELA 研究、德国高度恶性非霍奇金淋巴瘤（DSHNHL）研究组的 RICOVER-60 研究等均显示，R-CHOP 组的无进展生存率、无病生存率、总生存率等均优于 CHOP 组。另外，RICOVER-60 研究还提示，6 个疗程 R-CHOP-14 对于老年初治 DLBCL 是较好的选择。

对于超高龄（年龄大于 80 岁）患者，若无心功能不全，则推荐 6 个疗程的 R-miniCHOP21 方案，若存在心功能不全，则慎用阿霉素。

【问题8】　化疗过程中有何注意事项？

化疗前对患者进行体能状况（ECOG 评分）和脏器功能检查，包括血常规、肝肾功能、凝血功能、心功能检查等，以评估患者对化疗耐受性。同时，对于将接受化疗的患者，必须检测乙肝病毒、丙肝病毒、人类免疫缺陷病毒抗体和梅毒抗体。若患者血清乙型肝炎表面抗原（hepatitis B surface antigen，HBsAg）阳性和/或抗乙型肝炎核心抗体（hepatitis B core antigen，HBc）阳性，或丙型肝炎抗体阳性，应进一步检测血清 HBV DNA，或丙肝 RNA 定量，病毒定量异常者，在化疗同时需要进行抗病毒治疗。

化疗前给予中心静脉置管。化疗期间给予水化、碱化、止吐治疗，监测血常规、尿常规、肝肾功能等，防治化疗并发症。化疗期间注意防治感染和出血。

四、进一步治疗和复查

患者治疗 1 个疗程后，淋巴结彩超检查提示肿大淋巴结缩小>50%，LDH 197 IU/L。完成 3 个疗程 R-CHOP 治疗后进行疾病全面评估，颈部、胸部、腹部和盆腔 CT 提示肿大淋巴结缩小至正常范围，评估结果为完全缓解（complete remission，CR）。患者继续完成 3 个疗程 R-CHOP 方案治疗。化疗结束后评估结果仍为 CR。再给予患者 2 个疗程利妥昔单抗单药治疗。疗程完成，进入随访。

五、进一步治疗

【问题9】 如何判断疗效？

疗效评估建议在治疗完成后8周进行。国际临床研究提示基于PET/CT的中期疗效评估存在一定的预后价值，可考虑在完成2~4个疗程的治疗后进行。评估结果为CR的患者应该继续完成既定治疗方案；评估结果为部分缓解（partial remission，PR）而肿瘤体积缩小程度较高的患者也可考虑继续完成既定治疗方案或加入针对局灶肿块的放射治疗；评估结果为PR而肿瘤体积缩小不理想的患者可考虑直接进入二线治疗；而评估结果为疾病稳定或进展的患者则应立即进入二线治疗（表3-7-1）。

表3-7-1　弥漫大B细胞淋巴瘤疗效标准（非PET-CT）

治疗反应	体检	淋巴结	淋巴结肿块	骨髓
CR	正常	正常	正常	正常
CRu	正常	正常	正常	不确定
	正常	正常	缩小>75%	正常或不确定
PR	正常	正常	正常	阳性
	正常	缩小>50%	缩小>50%	无关
	肝脾缩小	缩小>50%	缩小>50%	无关
复发/进展	肝/脾增大，新病灶	新发或增大	新发或增大	复发

注：PET-CT，正电子发射计算机断层显像；CR，完全缓解；CRu，完全缓解，未经证实的；PR，部分缓解。

【问题10】 如何对患者进行随访？

建议淋巴瘤患者在结束治疗后定期随访，第1年每3个月1次，第2年每6个月1次，3年以后每年1次。检查内容包括血常规、肝肾功能、LDH、β_2-MG、心电图、B超、CT或PET-CT等其他必要检查。

六、预后

老年是霍奇金氏淋巴瘤生存较差的独立危险因素，同时巨大纵隔病灶和全身症状是复发的独立预测因素。老年NHL与年轻NHL的预后并无真正差异，CR率相似，但老年患者的肿瘤复发率显著高于年轻患者，总生存率显著低于年轻患者。

（吴　方）

推荐阅读资料

[1] 中华医学会血液学分会，中国抗癌协会淋巴瘤专业委员会. 中国弥漫大B细胞淋巴瘤诊断与治疗指南（2013年版）. 中华血液学杂志，2013，34（9）：816-818.

[2] NCCN Guidelines. B-Cell Lymphomas，version 5. New York：National Comprehensive Cancer Network，Inc. 2018.

[3] THE INTERNATIONAL NON-HODGKIN'S LYMPHOMA PROGNOSTIC FACTORS PROJECT. A predictive model for aggressive non-hodgkin's lymphoma. N Engl J Med. 1993，329：987-994.

[4] ZHOU Z，SEHN LH，RADEMAKER AW，et al. An enhanced International Prognostic Index（NCCN-IPI）for patients with diffuse large B-cell lymphoma treated in the rituximab era. Blood. 2014，123：837-842.

[5] YASMEEN T，AIL J，KHAN K，et al. Frequency and causes of anemia in lymphoma patients.Pak J Med Sci.2019，35（1）：61-65.

第八章 皮肤疾病

第一节 带状疱疹

带状疱疹（herpes zoster，HZ）是水痘-带状疱疹病毒（varicella-zoster virus，VZV）引起的急性炎症性皮肤病，中医称为"缠腰火龙""缠腰火丹"，临床非常常见，好发于老年人和任何成年人免疫力低下的阶段。

VZV 属于人类疱疹病毒 α 科，命名为人类疱疹病毒 3 型。它是一种 DNA 病毒，基因组包含 70 多种开放读码框，编码多种蛋白质，目前研究较多的为糖蛋白 gE，是制备疫苗的主要候选抗原。VZV 可经飞沫和/或接触传播，人是 VZV 的唯一宿主，初次入侵人体常在儿童期，患儿感染后经呼吸道黏膜进入血液形成病毒血症，临床上表现为水痘或隐性感染。残余的 VZV 可沿感觉神经轴突逆行，或经感染的 T 细胞与神经元细胞的融合，转移到脊髓后根神经节或颅神经节内并长期潜伏。多数人经上述原发感染后仅携带病毒而终生不发病。部分人在劳累、紧张等各种诱因导致机体免疫力降低，尤其当 VZV 特异性细胞免疫下降时，潜伏的病毒随即被激活，其沿感觉神经轴索下行到达该神经所支配区域的皮肤内大量复制，进而出现一系列临床表现，包括受累区域的神经发生炎症坏死，产生神经痛。

带状疱疹在普通人群中的发病率为（3～10）/1 000（人·年），并逐年递增 2.5%～5.0%，死亡率（0.017～0.465）/10 万（人·年），复发率 1%～6%。血液肿瘤患者和人类免疫缺陷病毒感染者的发病率及复发率更高。

本病好发于春秋季节。发疹前可有轻度的前驱症状如低热、乏力、食欲缺乏、头痛不适等。患处皮肤可有灼热、麻木、疼痛、瘙痒且痛觉敏感度增强。部分患者无前驱症状即发疹。带状疱疹的好发部位为肋间神经（占 53%）、颈神经（20%）、三叉神经（15%）及腰骶部神经（11%）。

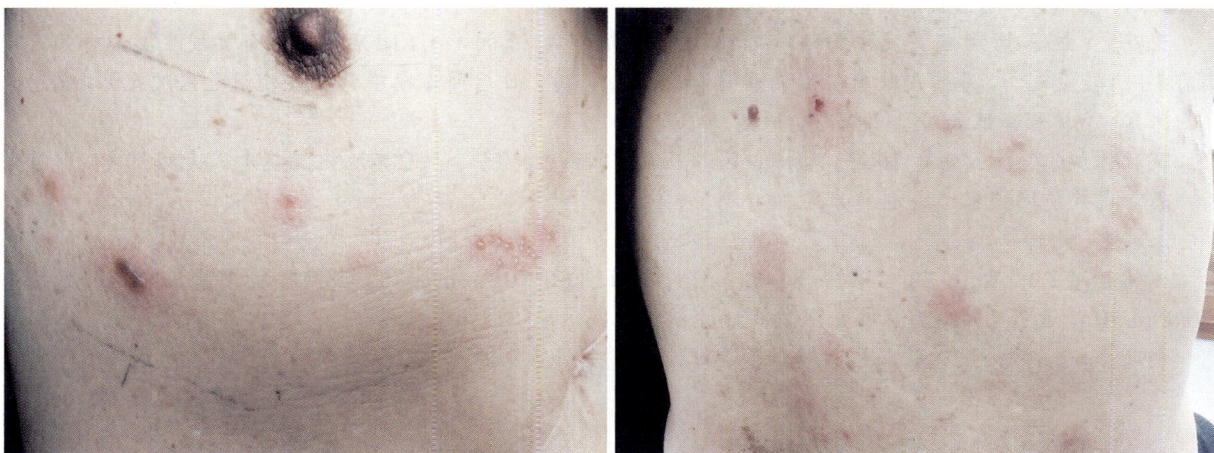

图 3-3-1 带状疱疹皮损

初发疹为小片充血性红斑，12～48h 内其上出现小的红丘疹、丘疱疹；充分发展的皮损为境界清楚的红斑基础上呈现粟粒至黄豆大小、聚集不融合的丘疱疹和/或水疱，成簇分布，簇间可见正常皮肤，疱壁紧张发亮，疱液澄清；整个皮损沿某一周围神经呈带状走行，多发于身体一侧，偶越中线，可能与对侧神经小的分支受累有关（图 3-8-1）；罕见皮疹双侧分布（多为免疫力低下的特殊人群）。水疱干涸、结痂脱落后大多会遗留暂时性暗红斑或色素沉着。

神经痛为带状疱疹的主要症状，可发于起疹前数天，也可与皮疹同时或出疹后甚至皮疹好转后发生。

在发疹前出现疼痛临床上易误诊为其他疾病，需仔细甄别。带状疱疹的疼痛可为钝痛、抽搐痛、电击痛或跳痛，常伴烧灼感。疼痛多为阵发性，也可持续性疼痛。神经痛在老年人中相对较重，但是老年人疼痛的时间较长，可达3～4周以上。某些患者皮疹消退后神经痛仍可持续数月或数年，称为带状疱疹后遗神经痛（postherpetic neuralgia，PHN）。

对于以下特殊类型的带状疱疹应熟练掌握其特征，尽早诊治，以防止相关并发症的发生或减轻并发症的严重程度。

1. 眼带状疱疹　系病毒侵犯三叉神经眼支所致，多见于老年人，表现单侧眼睑肿胀，结膜充血，疼痛剧烈，常伴同侧头痛，可累及角膜形成溃疡性角膜炎，最严重的并发症为急性视网膜坏死。

2. 耳带状疱疹　系病毒侵犯面神经及听神经所致，主要表现为外耳道疼痛及疱疹。膝状神经节受累同时侵犯面神经时，可出现面瘫、耳痛及外耳道疱疹三联征，称为肌阵挛性小脑协调障碍（dyssynergia cerebellaris myoclonica，DCM），又称拉姆齐 - 亨特（Ramsay-Hunt）综合征。

3. 顿挫型带状疱疹　仅有神经痛而无水疱等皮疹。

4. 不全型带状疱疹　仅出现红斑、丘疹而不发生水疱。

5. 播散型带状疱疹　病毒偶可经血液播散产生广泛性水痘样疹。

另有大疱型、出血性、坏疽型等带状疱疹。

辅助检查一般无明显异常，部分带状疱疹患者（播散型常见）白细胞总数低，淋巴细胞及单核细胞可增多。Ramsay-Hunt综合征出现脑膜刺激征时常有脑脊液异常。

组织病理表现为表皮内水疱，内含棘层松解细胞、多核上皮巨细胞及坏死的角质形成细胞；棘细胞气球变性，胞浆丰富淡染，核呈钢灰色，边缘浓染；真皮乳头水肿，可见血管外红细胞；真皮浅中层存在程度不等的淋巴细胞浸润。

治疗举措包括积极抗病毒、缓解疼痛、营养神经及防止继发细菌感染等。本病愈后因特异性抗体的产生，能使患者在一段时期内具备一定的免疫力，少部分人可再发，尤其免疫力低下者（如年龄大、患有免疫缺陷性疾病或内脏恶性肿瘤）。

临床病例

患者，男性，68岁。

主诉：左胸背疼痛5d。

现病史：该患者5d前突发左胸部疼痛，阵发性抽搐样痛，夜间尤剧，1d后同侧背部亦发生类似疼痛。发病前1d感轻度乏力，患处皮肤有轻微的瘙痒和麻木。发病2日后因疼痛难忍在住处附近医院就诊，嘱患者注意休息，予扩管降压和对症止痛药口服。

既往体健，高血压病史10年，坚持口服降压药，血压维持稳定。无其他疾病病史。无吸烟史，少量饮酒。患者发病前因搬家造成过度劳累。

家族史：无特殊。

体格检查：体温36.7℃，心率82次/min，血压160/100mmHg（既往按时服用降压药，血压维持130/90mmHg，近2日因剧烈疼痛血压偏高），左胸部疼痛区域皮肤未见皮疹。

辅助检查：心电图、心肌酶谱和超声心动等检查亦无明显异常。

一、初步诊断

【问题1】　为明确诊断需补充询问哪些病史？

追问患者既往VZV感染史，患者幼时曾患"水痘"。发病前有劳累史；且年龄偏大，具备了带状疱疹发病的前提条件和危险因素。

VZV的原发感染表现为"水痘"（varicella），多儿童期出现，临床治愈后VZV将长期潜伏下来，待机体免疫系统有可乘之机时即刻大量繁殖，侵犯局部周围神经和其支配的皮肤。有些患者幼年时未发生"水痘"，但不提示体内没有VZV，可能存在隐性感染，成年后依然会患带状疱疹。

带状疱疹发病的危险因素：高龄、细胞免疫缺陷、遗传易感性、机械性创伤、系统性疾病（如糖尿病、肾脏病、发热、高血压等)、近期精神压力大、劳累等。女性发生带状疱疹风险高于男性。

二、辅助检查及诊断

【问题2】 为明确诊断,需进一步做哪些检查?

完善检查以确立或排除引起疼痛的内脏疾病。

应首先检查血尿便常规、肝肾功能和肿瘤标志物(如甲胎蛋白和癌胚抗原等),以了解患者身体的基础状况,为后续治疗的用药选择及疾病的预后评估提供依据;还应做胸部X线或CT、复查心电图等以排除胸膜炎和心肌缺血。并请神经内科会诊除外肋间神经炎。

带状疱疹发生在胸部,需与肋间神经痛、心绞痛、胸膜炎等鉴别;发生在腹部,需与胆结石、胆囊炎、阑尾炎、急腹症、胃肠功能紊乱等鉴别。带状疱疹的疼痛多为针刺样或抽搐样疼痛,常伴有皮肤麻木或其他感觉异常,在患者能够说出疼痛性质和确切部位的情况下,可与内脏疾病区分。

患者虽年龄较大,有高血压病史10年,但既往规律服药血压稳定;无心脏病史和心脏病家族史,平时不吸烟不嗜酒。因此在各项相关检查指标正常的情况下应考虑单纯由皮肤疾病引起的主观症状。

对于早期无皮疹或顿挫型(无疹型)带状疱疹需在排除内脏疾病的前提下根据临床经验做出初步诊断。皮肤疾病大多数以瘙痒为自觉症状,伴有疼痛的疾病除了具有红肿热痛特点的细菌感染(足癣感染、丹毒、疖肿等)和某些皮肤肿瘤(小汗腺螺旋腺瘤、血管球瘤、平滑肌瘤等)外,其他常见病应想到带状疱疹。

患者左胸背部皮肤疼痛5d后,局部出现水疱2d。2d前疼痛部位出现红斑及小水疱,随时间推移,红斑和水疱逐渐增多。皮肤科检查:左胸背可见单侧、带状分布的片状红斑,其上为聚集成簇的粟粒至绿豆大小的水疱,疱液清亮,少许水疱表面结痂,未见破溃和糜烂面。

【问题3】 患者是否诊断可以明确?

患者的临床特征为:①先发单侧胸背痛;②疼痛5d后皮疹出现,为红斑基础上的密集小水疱,带状分布。疼痛+水疱是确诊带状疱疹的两个充分必要条件。

成簇水疱,沿一侧周围神经呈带状分布,伴明显神经痛,出现以上典型临床表现时诊断不困难。应与单纯疱疹进行鉴别,后者好发于皮肤与黏膜交接处如口唇及眼周,面部其他部位亦可发生,非沿神经排列,水疱较小易破,就诊时往往看不到完整的水疱,且皮损面积较小,疼痛也不显著,一年中常在同一区域反复发作。

患者诊断"带状疱疹"后及时给予抗病毒、营养神经的药物治疗,口服泛昔洛韦0.25g,每日3次;同时口服维生素B₁ 100mg,每日3次、普瑞巴林胶囊,起始剂量150mg/d,1周后加量至300mg/d,均分2次口服;肌内注射甲钴胺注射液500μg,隔日1次;外用阿昔洛韦乳膏每日3次。7d后疼痛好转40%,水疱全部干涸结痂,红斑变暗。14d后结痂基本脱落,部分皮疹遗留褐色色素沉着。3个月后随访,停止治疗已2个月,原皮疹处遗留淡褐色色素沉着斑。患者疼痛好转70%,诉阴天下雨或情绪波动时疼痛更严重。

三、初步治疗

【问题4】 带状疱疹的治疗有哪些? 如何选择? 治疗的目标是什么?

根据患者的各项检查基本满意(肾功能无明显异常),选择抗病毒药泛昔洛韦口服,同时给予营养神经的B族维生素、对症止痛药普瑞巴林,外用阿昔洛韦乳膏。

带状疱疹为自限性疾病,治疗目的是控制皮疹进展,促进皮疹愈合,缩短病程,缓解疼痛。关于通过正规抗疱疹病毒治疗能否预防PHN的发生目前还存在争议,或许治疗仅可以缩短并发症的病程及减轻严重程度。

1. 系统药物

(1)抗病毒药物:应在发疹后24～72h内应用。①阿昔洛韦,200mg/次,5次/d口服或者5～10mg/(kg·d)静脉滴注,疗程7～10d。②泛昔洛韦片,250mg/次,3次/d口服,疗程7～10d;泛昔洛韦是喷昔洛韦的前体药,食物不影响该药的吸收,口服吸收后大部分在肠壁内转化为喷昔洛韦,由后者发挥抗病毒作用。

泛昔洛韦的生物利用度达 77%,远高于阿昔洛韦,因此每日只需服用 3 次,提高了患者的依从性。③万乃洛韦 300mg/ 次,2 次 /d 口服,疗程 7～10d。④溴夫定,125mg/ 次,1 次 /d 口服,疗程 7d。

溴夫定对于肝肾功能不全者无须调整剂量,但不能与 5- 氟尿嘧啶(或类似的抗癌药物卡培他滨、氟尿苷、替加氟)同时服用。应用阿昔洛韦、泛昔洛韦等鸟苷类抗病毒药物时应该注意患者的肾功能。肾功能异常的患者应该慎用此类药物,必要时根据肌酐清除率调节服用剂量或选用溴夫定。

对伴有严重疼痛和颅神经麻痹的耳带状疱疹,完成常规疗程后,可继续口服抗病毒药物 1～2 周。对妊娠期带状疱疹,在无并发症风险的情况下,不建议使用抗病毒药物;研究显示妊娠期应用阿昔洛韦并未增加婴儿出生缺陷的风险。

(2)糖皮质激素:带状疱疹急性发作早期系统应用糖皮质激素可通过减少炎症介质的产生和稳定溶酶体膜而抑制炎症过程,缩短急性疼痛的持续时间和皮损愈合时间。初始量 30～40mg/d 口服,逐渐减量,疗程 1～2 周。该疗法是否能预防 PHN 的发生尚存争议。Ramsay-Hunt 综合征患者抗病毒药物与糖皮质激素联合应用可控制急性面神经炎,有助于后期恢复面神经功能。

2. 局部药物　水疱未破可外用炉甘石洗剂,或外用 1～5% 阿昔洛韦(无环鸟苷)或 1% 喷昔洛韦乳膏。

3. 营养神经　口服或肌内注射 B 族维生素,如维生素 B_1 及维生素 B_{12} 或甲钴胺。

4. 止痛(包括 PHN)　对于轻中度疼痛,处方对乙酰氨基酚、非甾体抗炎药或曲马多;中重度疼痛使用阿片类药物,如吗啡或羟考酮,或治疗神经病理性疼痛的药物,如钙离子通道调节剂加巴喷丁、普瑞巴林等。在疱疹发生 7d 内使用钙离子通道调节剂不仅能有效缓解疼痛,而且能减少 PHN 的发生。

5. 物理治疗　尽早进行红光、半导体激光或低能量氦氖激光照射,隔日 1 次,每次 20～30min。通过促进局部的血液循环和免疫反应而达到抗炎止痛的效果。

6. 中医治疗　中医辨证施治,如热盛证可选龙胆泻肝汤加减;湿盛证可选湿胃苓汤加减。若皮疹消退后局部疼痛不止,属气滞血瘀选柴胡疏肝饮加减。针灸疗法对后遗神经痛也有一定疗效。

四、预后及复查

【问题 5】　何为 PHN?发生 PHN 的危险因素包括哪些?防治策略?

本例患者在皮疹消退后 3 个月仍存在患处疼痛,程度为原疼痛的 30%,可诊断 PHN。该患者年龄较大,发病时疼痛剧烈,因此易发生 PHN。

PHN 的定义为带状疱疹皮疹愈合后持续 6 周及以上的疼痛,为带状疱疹最常见的并发症,也是最常见的一种神经病理性疼痛,可表现为持续性疼痛,也可缓解一段时间后再次出现。好发老年人,治疗棘手。

发生 PHN 的危险因素:高龄、女性,皮疹发生前疼痛显著,皮损严重(广泛、疹多、持续时间长、消退慢、局部皮温高、明显的感觉异常),三叉神经分布区(尤其眼部)/ 会阴部及臂丛区,手术、创伤、应用免疫抑制剂、恶性肿瘤、感染、结核、慢性呼吸系统疾病、糖尿病及免疫功能障碍等。

本例患者年龄较大,疼痛剧烈,选择普瑞巴林 300mg/d 口服,为防止不良反应(因头晕跌倒)发生,起始剂量为 150mg/d,3 个月后疼痛缓解 70%。

知识点

针对老年患者适当延长抗病毒疗程可减少 PHN 的发生率,而且早期积极的镇痛治疗也可有效预防 PHN 发生。2016 年中国专家共识指出,PHN 治疗的一线药物包括钙离子通道调节剂(普瑞巴林和加巴喷丁)、三环类抗抑郁药(阿米替林)和 5% 利多卡因贴剂,二线药物包括阿片类药物和曲马多。

(常建民)

推荐阅读资料

[1] BAO L,WEI G,GAN H,et a1. Immunogenicity of varicella zoster virus glycoprotein E DNA vaccine. Exp Ther Med,2016,11(5):1788-1794.

[2] SAUERBREI A. Diagnosis,antiviral therapy,and prophylaxis of varicella-zoster virus infections l. Eur J Clin Microbiol

Infect Dis，2016，35（5）：723-734.

[3] YENIKOMSHIAN MA，GUIGNARD AP，HAGUINET F，et al. The epidemiology of herpes zoster and its complications in Medicare cancer patients. BMC Infect Dis，2015（1），15：106.

[4] WEMER RN，NIKKELS AF，MARINOVIC B，et al. European consensus-based（S2k）guideline on the management of herpes zoster—guided by the european dermatoloy forum（edf）in cooperation with the european academy of dermatology and venereology（EADV），part 2：treatment. J Eur Acad Dermatol Venereol，2017，31（1）：20-29.

[5] LIANG L，LI X，ZHANG G，et al. Pregabalin in the treatment of herpetic neuralgia：results of a multicenter Chinese study. Pain Med，2015，16（1）：160-167.

[6] 于生元，万有，万琪. 带状疱疹后神经痛诊疗中国专家共识. 中国疼痛医学杂志，2016，22（3）：161-167.

第二节 瘙 痒 症

瘙痒（pruritus）是一种能引起搔抓欲望的不愉快感觉，其由外周神经冲动传递到脊髓灰质后角，通过前联合到达轴索，上传到脊髓丘脑束对侧的板状核，丘脑皮层的三级神经元传递神经冲动通过丘脑网状激活系统到达大脑皮层，最终产生了"瘙痒"这种异常的感觉。瘙痒由多种化学物质即瘙痒介质刺激引起，如：二十烷类，前列腺素 E_2、前列腺素 H_2；肽类，组胺、5-羟色胺；神经肽类，P 物质；类阿片类，M 脑啡肽、L 脑啡肽、β 内啡肽；神经因子类，白细胞介素（IL）-2 等。

皮肤瘙痒症（pruritus）指临床上无原发皮肤损害而仅有主观症状的一种常见的皮肤病，可为原发性，或继发于某些系统性疾病，如慢性肾功能不全、伴/不伴胆汁淤积的肝脏疾病等代谢性疾病；HIV 和肝炎病毒感染等感染性疾病；铁缺乏症、真性红细胞增多症等血液系统疾病；甲状腺病变和糖尿病等内分泌疾病以及淋巴瘤和实体器官肿瘤等。

原发性瘙痒症在老年人群中更常见，即老年性瘙痒症（pruritus senilis），其发病率在 7.3%～16%，85 岁以上老年人可达到 19.5%。因老年人皮脂腺功能减退（28.9% 的老年人存在皮脂缺乏）及皮肤萎缩干燥等诸多衰老性改变导致本病发生在老年人身上往往范围更广、程度更重。瘙痒症在气候干燥的冬春季发病率高。

该病的发病机制尚不完全明确。可能与以下几点相关：

1. 皮肤退行性改变　角质形成细胞及成纤维细胞衰老，汗腺萎缩，皮脂腺分泌功能下降，进而表现为皮肤干燥萎缩、纹理加深、弹性降低等生理变化，从而易受环境中温度、湿度变化及不良化学、物理刺激的影响而引发或加重瘙痒。

2. 皮肤免疫功能改变　老年性瘙痒症患者体内存在 Th$_1$ 及 Th$_2$ 细胞功能失调，即 Th$_2$ 功能亢进，反之 Th$_1$ 功能下降。即使健康的老年人，Th$_1$ 淋巴细胞的 IL-2 的产量及对外源性 IL-2 的反应均下降，同时对同种异型细胞刺激的敏感性也下降。老年人 T 细胞亚群的调节功能异常造成 CD4 细胞数量下降，CD8 细胞数量增多，即 CD4/CD8 平衡失调。Murai 等发现 TNF-α 可诱导人类呼吸道上皮细胞中的水通道蛋白（AQP3）mRNA 的表达下调，并呈剂量和时间依赖关系，推测 TNF-α 也许会通过下调 AQP3 的表达而导致皮肤干燥。此外，老年性皮肤瘙痒症的发病可能与特异性的 IgE 有关。

3. 内分泌改变　人类进入老年后，体内的激素水平逐渐下降，广泛瘙痒的老年男性患者体内血清睾酮含量明显低于健康老年男性。雄性激素分泌的减少，皮脂腺功能也随之减退，皮脂分泌减少，导致皮肤趋于干燥和退行性萎缩，从而引起瘙痒。

4. 神经退行性改变　神经末梢随年龄增长可能会出现动作电位阈值增高，另一方面疼痛性神经纤维传入功能缺陷使瘙痒的中枢抑制出现障碍。此外，衰老过程中的神经损伤会导致初级传入神经元释放的瘙痒介质如 P 物质等增加，造成神经自身活化，诱发神经性瘙痒。神经功能受损本身也可能会加剧瘙痒。

实验室检查：大多数原发性瘙痒症无异常。血常规可有嗜酸性粒细胞升高。

临床病例

患者，男性，65 岁。

主诉：全身瘙痒 1 个月，加重半个月。

现病史：患者 1 个月前无明显诱因四肢出现瘙痒，以伸侧为主，小腿为重。外用"六神花露水"等自购溶液或皮炎平软膏均仅有暂效。白天瘙痒较轻，但夜间剧痒难眠。2 周前去医院查血常规、肝肾功能、血脂、肿瘤标志物（甲胎蛋白和癌胚抗原等）和甲状腺抗体、甲状腺功能，同时做胸部 CT 和腹部超声。以上检查结果仅血脂偏高外余均未见异常。

皮肤科检查：四肢伸侧皮肤干燥且略粗糙，覆细小鳞屑。小腿伸侧可见线状抓痕、血痂和细小裂纹。未见原发红斑丘疹等损害。

临床诊断：老年性瘙痒症

治疗：给予复方樟脑乳膏外用，每日 2 次；口服润燥止痒胶囊每日 3 次，每次 4 粒。

一、初步诊断

【问题 1】　瘙痒症的诊断是如何确立的？

原发性瘙痒症是一个排除性的诊断，即应排除继发于系统性疾病的皮肤瘙痒。

瘙痒症的临床表现：瘙痒可一开始即为全身性；或从局部发作，继而扩展至全身；亦可表现为痒无定处的游走形式。常为阵发性，夜间尤甚，痒的轻重程度和时间长短不一，重者须搔抓至疼痛出血才肯罢休。长期搔抓继发抓痕，表皮剥脱、血痂及色素沉着等，久之发生苔藓样变，还可伴毛囊炎、疖和淋巴结炎等感染性体征。患者常因瘙痒影响睡眠致情绪烦躁，精神不振。饮酒、进食海鲜、衣物摩擦、开水烫洗等均可使瘙痒发生或加重。

患者白天因日常活动分散注意力而忽略瘙痒或自觉瘙痒减轻，夜间副交感神经兴奋后则瘙痒往往加剧。

瘙痒症的诊断依据是仅有局部或全身瘙痒症状而无原发皮损，可伴抓痕、表皮剥脱、血痂、苔藓样变及色素沉着等继发改变。需对每位瘙痒症患者进行详细的病史询问、全面的查体和实验室检查，以排除系统性疾病引发的瘙痒症。

在所有继发性瘙痒症中，肾功能不全是最常见的病因。尿毒症性瘙痒是终末期肾功能不全患者最常见的并发症之一，可累及 50%～90% 的透析患者。其次是肝源性瘙痒。在伴有黄疸的患者中，瘙痒的发生率为 20%～25%。

副肿瘤性瘙痒症往往很早就出现症状，其并非肿瘤侵袭造成，但切除肿瘤可缓解症状。只有<10% 的患者能够因早期的瘙痒警觉到肿瘤的存在。淋巴瘤和白血病是最常引起皮肤瘙痒的恶性肿瘤，其中泛发的皮肤瘙痒多见于霍奇金淋巴瘤、白血病、真性红细胞增多症和多发性骨髓瘤。

4%～11% 的甲状腺功能亢进患者会出现瘙痒，尤其是病程长、未经治疗的 Graves 病。有学者认为，甲状腺素过量可致瘙痒，另增加血流量和提高皮温可降低瘙痒的阈值。某些甲状腺功能亢进性瘙痒症可能为胆汁淤积性黄疸所致。瘙痒亦是 HIV 感染患者最常见的症状之一，甚至是部分患者的首发症状，对早期诊断意义重大。

鉴别诊断，若出现继发的苔藓样改变或点状糜烂、少许渗出等应与慢性湿疹、虱病、慢性单纯性苔藓相鉴别。

2 周后复诊，患者皮损进一步加重，渐蔓延至背部、颈部和下肢近端。熟睡时会无意识地搔抓造成多处抓痕、结痂和小片苔藓样变。且患者出现了烦躁焦虑等精神心理性改变，并引起了睡眠障碍。接诊医生仍维持原诊断不变，治疗方案改为依巴斯汀 10mg，晨起顿服，睡前 1h 口服多塞平 25～50mg；交替外用盐酸苯海拉明霜和 0.1% 糠酸莫米松乳膏，每日早晚各 1 次；破溃处外用夫西地酸乳膏，每日 2 次。另嘱患者每日全身外用润肤剂。

二、初步治疗

【问题 2】　原发性瘙痒症的治疗原则？治疗方法有哪些？

排除系统性疾病确诊为原发性瘙痒症后，治疗应根据病情轻重及是否存在并发症设计方案。本例初诊时给予非皮质激素制剂外用并配合滋阴养血祛湿的中成药口服，皮疹反而加重，出现多处继发改变。于是调整方案变为口服二代抗组胺药，交替外用单纯抗过敏止痒的制剂—盐酸苯海拉明霜及强效糖皮质激素制剂—艾洛松乳膏。因患者伴有焦虑失眠，给予小剂量抗焦虑药物——多塞平口服，另因老年瘙痒症一部分机制是由皮肤干燥引起，嘱患者大面积使用润肤剂防止皮肤水分流失，修复皮肤屏障。

瘙痒症，尤其老年患者可因奇痒无比并发情绪烦躁，甚至抑郁、焦虑等精神改变且严重影响睡眠。国内陈国梁等研究显示：老年性皮肤瘙痒症患者多表现为 A 型行为，即容易紧张、着急，但积极应对不足；老年瘙痒症患者焦虑抑郁情绪的检出率显著高于对照组（P<0.01）；病程 >1 年的患者焦虑抑郁情绪检出率明显高于病程≤1 年的患者，说明病程的迁延对患者的心理具有极大影响。因此，在老年瘙痒症的治疗中，对症状重、病程长或已有焦虑抑郁情绪的患者可小剂量口服抗焦虑抑郁药物以改善情绪，增强整体治疗的依从性，从而更好地缓解瘙痒，提高生活质量。

干燥症是老年人瘙痒的主要原因之一，Valdesrodriguez 等通过对 302 名 60 岁及以上的老人调查发现：患有慢性瘙痒的人群中，69% 的患者其病因是皮肤干燥失养。导致皮肤干燥的外因是气候寒冷干燥，内因为老年人皮脂腺和汗腺活动减少导致皮肤油分、水分缺失。

角质层位于皮肤的最外层，具有屏障功能。角化过程是角质形成细胞从基底层迁移上升并扁平化成为角质细胞，以及随后的角质细胞死亡后从皮肤表面脱落下来这两个生理现象的动态平衡。平衡出现问题会影响正常脱屑过程，从而导致干燥。衰老导致血管结构退化和功能紊乱，皮肤汗腺和皮脂腺周围的毛细血管的密度和数量减少。毛细血管网络系统是微循环调节最末端的功能性单元，毛细血管的减少影响营养物质的输送和代谢产物的排出。脂质是皮肤屏障的重要组成之一，皮肤表面脂质主要来源于皮脂腺和表皮细胞。汗腺和皮脂腺萎缩直接影响皮肤中的水分和油脂的含量。表皮细胞分泌的脂质主要由神经酰胺、胆固醇和游离脂肪酸等组成，参与细胞的代谢和维持正常的屏障功能。50～80 岁的中老年人皮肤中板层小体分泌物的合成和排泌是正常的，但角质层中的脂质代谢过程有缺陷，从而影响角质层中的脂质。

AQP3 利于水和甘油在细胞膜间的运输，以保持表皮的含水量。衰老造成皮肤中的 AQP3 表达下降从而导致干燥，但 AQP3 对瘙痒的具体作用途径尚未阐明。

1. 治疗原则　治疗以缓解瘙痒，修复皮肤屏障，提高生活质量为主要目标。瘙痒较轻或范围较局限的患者可单独外用药治疗；若瘙痒泛发或症状较重可增加口服药物或采用药浴、光疗等多种方法联合治疗。若存在系统性疾病，则积极治疗原发病。

2. 患者教育　原发性瘙痒症的治疗包括纠正患者不正确的生活方式，如避免剧烈搔抓皮肤、穿化纤织物，喜爱热水烫洗等不良生活习惯。

窦娜等国内学者调查发现，生活习惯中包含经常吃辛辣海鲜类食物、饮水少、经常喝咖啡、浓茶、洗澡温度较高、洗澡次数多、经常用碱性洗涤物洗澡、不用保湿类护肤产品、经常用碱性洗涤品洗涤衣物、内衣着装较紧等的人群瘙痒症的发生率高，反之则低（P<0.05）。原因可能与这些习惯易于清除皮肤表面的水脂乳化物有关。老人应尽量选择纯棉衣物，穿着宜宽松柔软，床单等贴身的生活用品也选棉质为佳，同时，衣物的洗涤宜用中性洗涤剂，充分漂洗洁净后进行太阳暴晒，以起到物理消毒的作用。需注意，瘙痒症如与饮食相关，可能为食物过敏。

3. 药物治疗

（1）外用药：根据瘙痒面积大小、瘙痒程度每日 1～2 次，避免长期大量使用产生系统吸收的副作用。

1）低 pH 清洁剂和润肤剂：酸性清洁剂可减轻对皮肤的刺激；润肤剂可保持皮肤水分，最终减轻瘙痒，如复方甘油止痒乳、维生素 E 乳，硅霜等。

2）冷却剂和局麻药：包括 2% 的樟脑霜、薄荷脑洗剂，可刺激神经末梢传递冷感而掩盖痒觉，局麻药包括 5% 苯唑卡因或利多卡因乳膏。

3）外用抗组胺剂及糖皮质激素：5% 多塞平乳膏、苯海拉明霜等可以封闭 H_1 受体而止痒。0.1% 丁酸氢化可的松、0.1% 糠酸莫米松或 0.05% 的卤米松等糖皮质激素制剂可以减轻炎症介质介导的炎症过程，从而缓解瘙痒，但不可长期使用。

4）免疫抑制剂：0.03% 或 0.1% 的他克莫司软膏，0.1% 吡美莫司乳膏均对老年瘙痒症有疗效，且较为安全。患恶性肿瘤者慎用。

（2）系统用药

1）抗组胺药：氯雷他定、西替利嗪、咪唑斯汀、依巴斯汀等10mg，1次/d，可根据患者的肝肾功能、合并用药情况及职业特点选择一种或几种联合使用。

2）封闭治疗：全身瘙痒可用盐酸普鲁卡因静脉封闭。局部瘙痒可用曲安奈德、地塞米松局部封闭。

3）沙利度胺：50mg/次，2次/d，部分患者有疗效，若疗效不佳可加至150mg/次，2次/d。

（3）物理治疗：光疗（UVA、UVB、PUVA）、淀粉浴、燕麦浴亦部分患者有效。后者还可缓解皮肤干燥。

（4）中医治疗：中医辨证以滋阴养血祛风安神为原则，肤痒颗粒、润燥止痒胶囊等中成药有一定疗效。

推荐阅读资料

[1] 博洛格尼. 皮肤病学. 北京：北京大学医学出版社，2011：109-140.

[2] HALTER JB, OUSLANDER JG, TINETTI ME. 哈兹德老年医学. 李小鹰，王建业，译. 北京：人民军医出版社，2015：825-838.

[3] VALDES-RODRIGUEZ R, STULL C, YOSIPOVITCH G. Chronic pruritus in the elderly：pathophysiology, diagnosis and management . Drugs Aging，2015，32（3）：201-215.

[4] BERGER TG, MELISSA SG, MICHAEL H. Pruritus in the older patient: a clinical review . JAMA，2013，310（22）：2443-2450.

[5] VALDES-RORIGUEZ R, MOLLANAZAR NK, GONZÄLEZ-MURO J, et al. Itch prevalence and characteristics in a hispanic geriatric population: a comprehensive study using a standardized itch questionnaire . Acta Derm Venereol，2015，95（4）：417.

[6] 窦娜，李丹，马素慧. 生活习惯与老年皮肤瘙痒症的相关性. 中国老年学杂志，2016，36（1）：438-440.

（常建民）

第九章　肌肉骨关节系统疾病

第一节　颈肩腰腿痛

学习要点

1. 掌握颈肩腰腿痛的临床表现及诊治原则。
2. 熟悉颈肩腰腿痛的常见病因及预防。
3. 熟悉常用的腰椎间盘突出症非手术治疗方法。
4. 了解老年人腰椎生理解剖特点。

颈肩痛是指颈、肩、肩胛等部位疼痛,有时伴有一侧或两侧上肢痛、颈脊髓神经损害症状;腰腿痛是指下腰、腰骶、骶髂、臀部等处的疼痛,可伴有一侧或两侧下肢痛、马尾神经症状。由于二者之临床表现多样化,病程较长,鉴别诊断复杂,治疗较困难,是临床教学中需要进一步加强的内容。

一、颈肩痛

脊柱颈段有 7 个颈椎,6 个椎间盘。颈椎 1～7 节的横突孔有椎动脉通过进入颅底。老年人颈段脊椎不稳定或椎体侧方骨质增生时,可刺激椎动脉或邻近的交感神经,导致局部痉挛继发颅内缺血。颈椎的钩椎关节能防止椎间盘向侧后方突出,但当老年性退变增生时,会刺激侧后方的椎动脉或压迫颈神经根。同样颈部后纵韧带退变而钙化,是导致椎管前后径狭窄、脊髓受压的原因。颈椎是脊柱中活动范围最大的一个节段,任何一节段因病活动受限后,相邻节段颈椎各关节及韧带所承受的压力均明显增加导致关节、椎间盘、韧带的广泛变性。颈神经组成颈丛,受刺激时可出现面部、颈部、枕下肌痛及同侧头皮感觉异常。颈～胸脊神经组成臂丛,支配颈、肩、胸肌及上肢肌肉及皮肤。有的颈椎病以肩痛为首发症状,也可表现为下肢乏力如踩棉花样感觉等。熟悉颈神经支配范围有助于判断颈肩痛时受损害神经的节段和部位。

临床病例 1

患者,男性,65 岁。

主诉:四肢麻木伴活动受限 3 个月。

现病史:3 个月前无明显诱因出现双手麻木.麻木主要局限于尺侧持续存在,活动尚自如。行走时双下肢僵硬、有踩棉花感,二便正常。外院 MRI 显示 $C_{4/5}$、$C_{5/6}$ 椎间盘退变突出,脊髓严重受压,颈椎管狭窄。经正规保守治疗 3 个月症状无改善,来我院就诊求治。既往史:既往体健,无高血压、糖尿病史等。

体格检查:颈椎强直,生理曲度消失,颈部棘突有压痛,无放射痛,颈椎活动受限,双上肢痛觉、触觉及温度觉减退,双侧耸肩肌力 V 级,双侧肩外展肌力 V 级,双侧肘屈伸肌力 V 级,双侧腕屈伸肌力 V 级,双侧指屈伸肌力 V 级,双侧髋屈伸肌力 V 级,双侧膝屈伸肌力 V 级,双侧踝屈伸背伸肌力 V 级,双侧趾屈伸肌力 V 级,四肢肌肉无萎缩,四肢肌张力增高,双侧腹壁反射消失,双侧肱二头肌反射±,双侧膝反射活跃,双侧踝反射活跃,臂丛神经牵拉试验阴性,双侧霍夫曼(Hoffmann)征阳性,双侧巴宾斯基(Babinski)征阳性,双侧髌、踝阵挛阴性。

辅助检查:外院 MRI 检查显示颈椎曲度变直,序列尚稳,各椎体不同程度骨质增生。矢状位 T_2WI 示 $C_{4/5}$、$C_{5/6}$ 椎间盘退变突出,脊髓严重受压。横断面示 $C_{4/5}$、$C_{5/6}$ 椎间盘呈中央型向后突出,严重压迫脊髓,颈椎管狭窄。

（一）初步诊断

【问题1】 颈椎间盘突出又称颈椎病，常用的诊断分类有哪些?

颈椎病的临床症状较为复杂。主要有颈背疼痛、上肢无力、手指发麻、下肢乏力、行走困难、头晕、恶心、呕吐，甚至视物模糊、心动过速及吞咽困难等。颈椎病的临床症状与病变部位、组织受累程度及个体差异有一定关系。

1. 神经根型颈椎病

（1）具有较典型的根性症状（麻木、疼痛），且范围与颈脊神经所支配的区域相一致。

（2）压头试验或臂丛牵拉试验阳性。

（3）影像学所见与临床表现相符合。

（4）痛点封闭无显效。

（5）除外颈椎外病变如胸廓出口综合征、腕管综合征、肘管综合征、肩周炎等所致以上肢疼痛为主的疾患。

2. 脊髓型颈椎病

（1）临床上出现颈脊髓损害的表现，如上肢麻木、肌力减退。Hoffmann 征和 Babinski 征多呈阳性。

（2）X 线片上显示椎体后缘骨质增生、椎管狭窄。影像学证实存在脊髓压迫。

（3）除外肌萎缩性侧索硬化症、脊髓肿瘤、脊髓损伤、多发性末梢神经炎等。

3. 椎动脉型颈椎病

（1）曾有猝发跌倒，伴有颈源性眩晕。

（2）旋颈试验阳性。

（3）X 线片显示节段性不稳定或枢椎关节骨质增生。

（4）多伴有交感神经症状。

（5）除外眼源性、耳源性眩晕。除外椎动脉 I 段（进入颈 6 横突孔以前的椎动脉段）和椎动脉 III 段（出颈椎进入颅内以前的椎动脉段）受压所引起的基底动脉供血不全。

（6）手术前需行椎动脉造影或数字减影椎动脉造影（DSA）。

4. 交感神经型颈椎病 临床表现为头晕、眼花、耳鸣、手麻、心动过速、心前区疼痛等一系列交感神经症状，X 线片颈椎有失稳或退变。椎动脉造影阴性。

5. 食管压迫型颈椎病 颈椎椎体前鸟嘴样增生压迫食管引起吞咽困难（经食管钡剂检查证实）等。

6. 颈型颈椎病 颈型颈椎病也称局部型颈椎病，是指具有头、肩、颈、臂的疼痛及相应的压痛点，X 线片上没有椎间隙狭窄等明显的退行性改变，但可以有颈椎生理曲线的改变，椎体间不稳定及轻度骨质增生等变化。

最常见的颈椎病是神经根型、脊髓型和混合型颈椎病。80% 以上的颈椎病患者用保守治疗，即非手术疗法能够得到缓解。

【问题2】 颈椎病常用哪些影像学技术来辅助定位诊断协助治疗?

颈椎病一般首选拍摄颈椎正侧位片，老年人一般增加颈椎过伸、过屈位摄片，评估颈椎的稳定性。颈椎 MRI 是脊柱专科医师首选的诊断辅助手段，因为磁共振是功能性检查，能够分辨出大部分外伤、肿瘤、感染和退行性变。现在 CT 技术进展很快，部分功能已经同 MRI 有重叠替代。CT 三维重建成像对手术入路、减压范围等术前规划有帮助，而定量 CT（QCT）对椎体骨密度的评估可以诊断骨质疏松症，能协助确定手术是否需要延期或是否应用骨水泥等椎体增强剂。CTA 和 DSA 能够明确椎动脉行走路径上是否存在压迫；PET-CT 可以排除转移性肿瘤或者局部感染；超声波对血管和神经的完整性评价可算是性价比最高的检测。影像学检查都各有特点，一般会根据所在医院的辅助科室条件和当地医保政策进行选择。

体格检查加上辅助检查是颈椎病的定位诊断的基本面。其中查体是颈椎病定位诊断的最关键手段。颈神经的前支组成颈丛，支配颈部肌肉、膈肌，以及颈、枕、面部感觉。其后支形成颈后丛，以颈后支发出的枕大神经受刺激时，可出现枕下肌痛及同侧头皮感觉异常。颈 - 胸脊神经前支组成臂丛，其分支支配府颈、肩、胸肌及上肢肌肉及皮肤。熟悉颈神经支配范围有助于判断颈肩痛时受损害神经的节段和部位。

（二）辅助检查及诊断

辅助检查：

颈椎 DR：颈椎退行性变。①$C_{4\sim6}$ 椎体骨质增生；②$C_{5\sim6}$、$C_{6\sim7}$ 椎间隙变窄（图 3-9-1）。

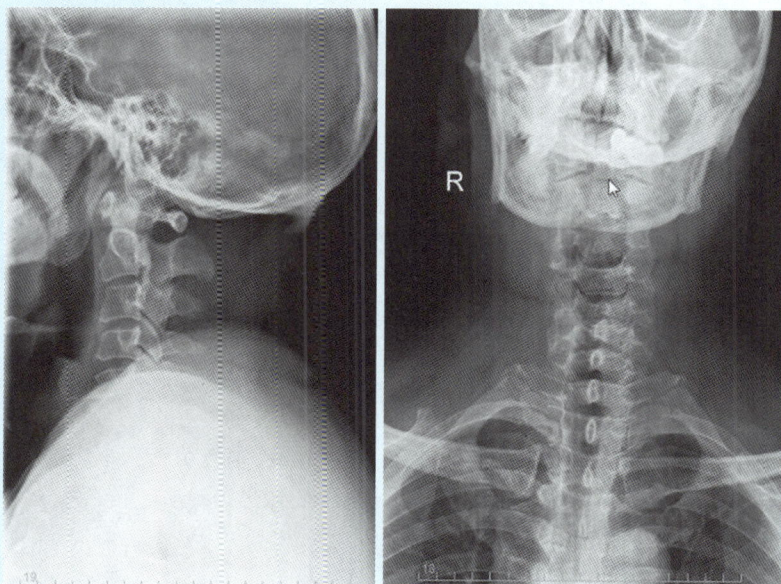

图 3-9-1　颈椎正侧位

颈椎正侧位示：颈椎生理曲度反弓，序列欠稳。$C_{4\sim6}$ 椎体前后角缘呈"鸟嘴样"改变，$C_{5\sim6}$、$C_{6\sim7}$ 椎间隙变窄，项韧带未见钙化。

颈椎 CT：①$C_{2/3}$、$C_{3/4}$、$C_{4/5}$、$C_{5/6}$、$C_{6/7}$ 椎间盘突出；②$C_{2/3}\sim C_{6/7}$ 层面椎管狭窄（图 3-9-2）。

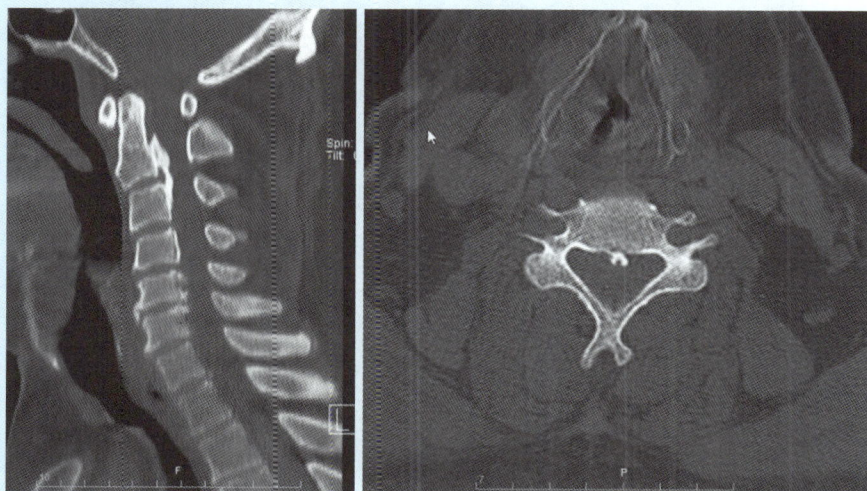

图 3-9-2　颈椎 CT

颈椎生理曲度变直，$C_{2/3}$、$C_{3/4}$、$C_{4/5}$、$C_{5/6}$、$C_{6/7}$ 椎间盘向后突出，硬膜囊受压，后纵韧带多节段性骨化，相应椎管狭窄。

颈椎 MRI：颈椎生理曲度变直，$C_{2/3}$、$C_{3/4}$、$C_{4/5}$、$C_{5/6}$、$C_{6/7}$ 椎间盘向后突出，硬膜囊受压，后纵韧带多节段性骨化，相应椎管狭窄；$C_4\sim T_1$ 颈髓增粗，信号增高。椎旁软组织内未见异常信号影（图 3-9-3）。结论：①$C_{2/3}$、$C_{3/4}$、$C_{4/5}$、$C_{5/6}$、$C_{6/7}$ 椎间盘突出。②$C_{2/3}\sim C_{5/7}$ 层面椎管狭窄。③$C_4\sim T_1$ 层面颈髓变性。

诊断：颈椎间盘突出，后纵韧带骨化，颈椎管狭窄。

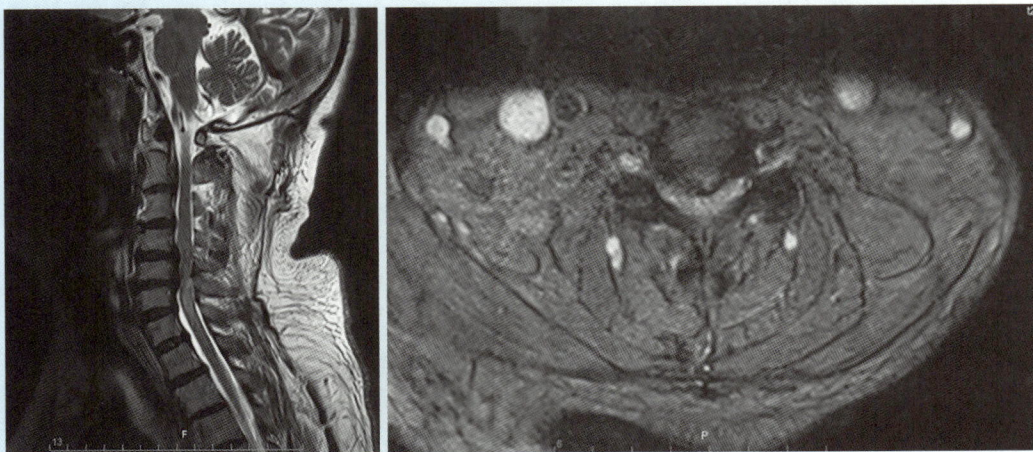

图 3-9-3　颈椎 MRI

（三）初步治疗

治疗：颈椎前路经椎间隙减压＋植骨融合内固定术（图 3-9-4～图 3-9-5）。

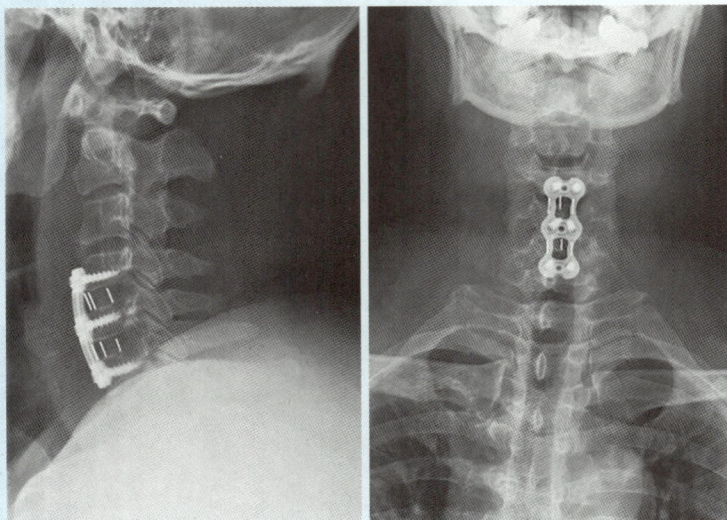

图 3-9-4　颈椎前路经椎间隙减压＋植骨融合内固定术后 DR

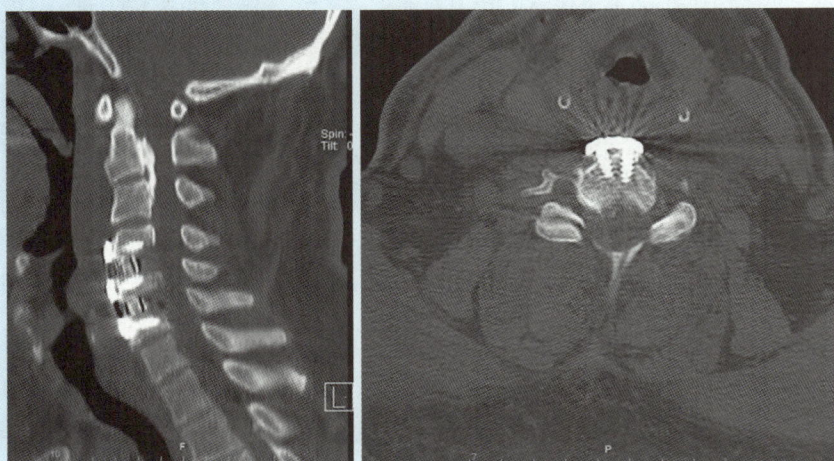

图 3-9-5　颈椎前路经椎间隙减压＋植骨融合内固定术后 CT

颈肩痛只是症状,其诊断和鉴别诊断要求扎实的医学基础和宽广的知识面。根据症状进行严密的因果逻辑推理,是正确诊断的保障,其关键是临床思维的过程,不局限于各种现象的简单罗列或者几个疾病的排除。颈椎病和腰椎间盘突出症的很多治疗方式有交叉点,本节第二部分内容"腰腿痛"将继续深化对老年脊椎退行性病变的认识。

二、腰腿痛

腰腿痛是指"持续一个月以上的第 12 肋骨以下、臀线以上的疼痛,伴或不伴有腿部疼痛,导致患者就医或服用药物"。这是引起劳动力丧失的最常见原因之一,已经成为一个社会问题。人的一生中发生过腰痛的比率为 80%,而在任一时间点大约 18% 的人群正在经历腰痛。老年人因组织退变、肌肉萎缩和运动量减低,腰腿痛呈现明显高发。65 岁及以上的老年人容易出现中度至重度慢性腰痛,每 4 个年龄超过 80 岁的老年人中就有 1 人因严重腰痛而就诊。80 岁及以上的老年人罹患慢性腰痛的风险更是年轻人群的 3 倍。老年人的慢性腰痛严重影响生活质量,80 岁以上因慢性腰痛而导致残疾的风险是 25~40 岁的 2 倍,其跌倒的风险也增加 2 倍,约 20% 的腰痛老年患者生活无法自理,故随着社会老龄化的日益严峻,老年腰腿痛已经是一个重大的全球健康问题。

临床病例 2

患者,男性,61 岁。

主诉:反复间断腰痛 5 年,加重伴左下肢放射痛 1 个月。

现病史:患者从事重体力劳动,约 5 年前无明显诱因出现站立困难、左下肢疼痛,卧床休养可缓解,保守治疗,症状反复发作,约 1 个月前患者再次出现腰背部疼痛伴左下肢放射性疼痛,卧床休养缓解不佳就诊。

体格检查:腰椎强直,生理曲度消失,腰椎活动受限,L_4~S_1 棘突有叩痛,向左下肢放射,鞍区感觉正常,双侧下肢深感觉正常。双下肢髋、膝、踝屈伸肌力 V 级,双踇背伸肌力 IV 级,趾屈伸肌力 V 级。双下肢无肌肉萎缩,肌张力正常,双膝反射正常,双踝反射正常,双 Babinski 征未引出,双髌阵挛阴性,双踝阵挛阴性。左下肢直腿抬高试验阳性,抬高度数 50,加强试验阳性;右下肢直腿抬高试验阴性,抬高度数 70。双侧股神经牵拉试验阴性。

辅助检查:影像学检查(图 3-9-6~图 3-9-7)。

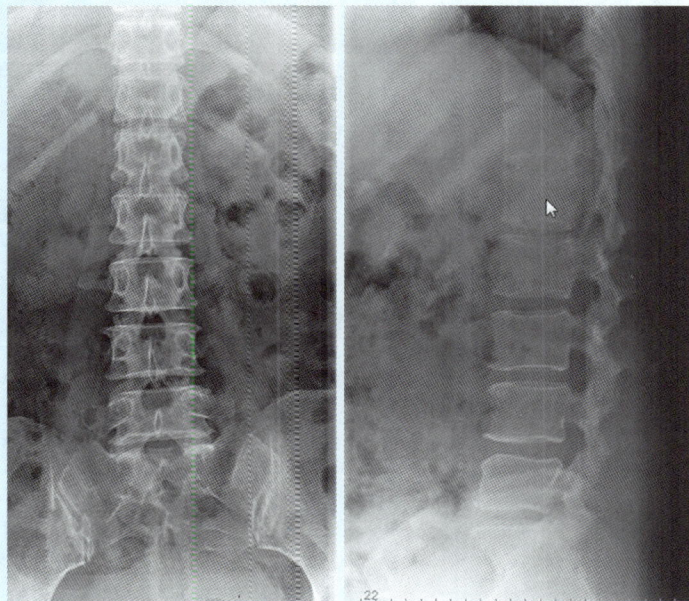

图 3-9-6 腰椎正侧位片
腰椎 DR 腰椎生理曲度变直,椎体骨质增生改变。

腰椎 CT 腰椎退行性变(腰椎变直、并骨质增生;$L_{3/4}$ 椎间盘膨出,并椎间盘略偏右后突出,L_5/S_1 椎间盘突出,并部分脱出,L_5/S_1 继发性椎管狭窄)。必要时建议 MRI 检查(图 3-9-8)。

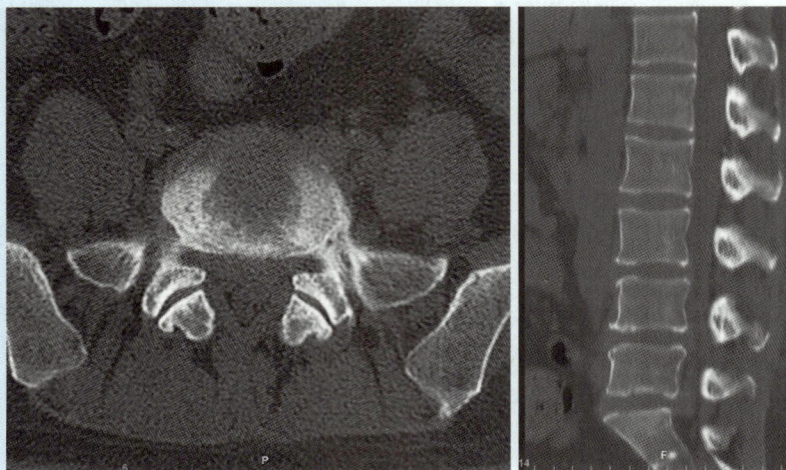

图 3-9-7　腰椎间盘 CT 平扫

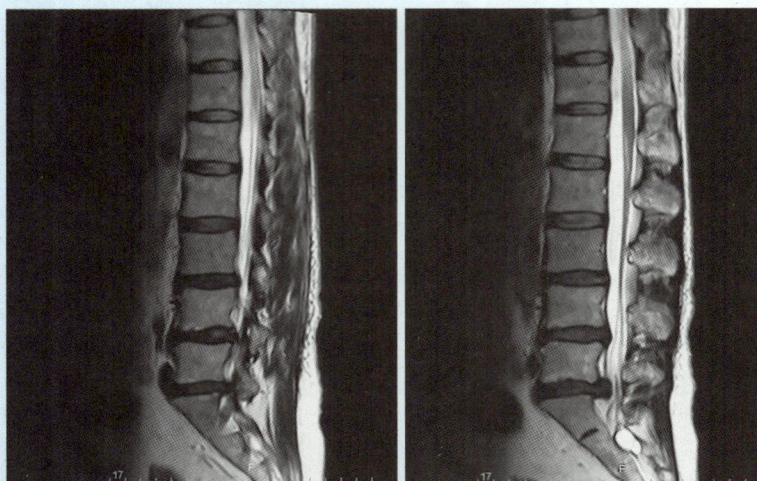

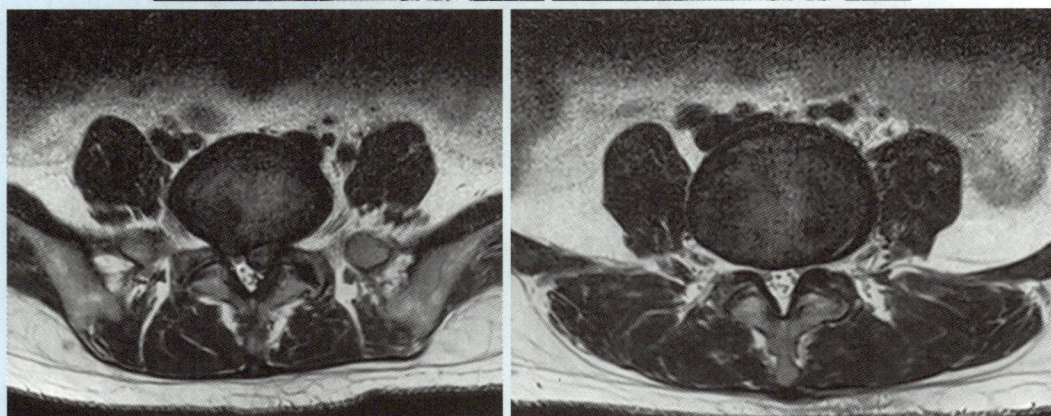

图 3-9-8　腰椎 MRI

　　腰椎 MRI 示①腰椎退行性变（腰椎变直、并骨质增生；$L_{3/4}$ 椎间盘膨出，并椎间盘略偏右后突出，L_5/S_1 椎间盘突出，并部分脱出，L_5/S_1 继发性椎管狭窄）；② S_2 水平骶管小囊肿。

（一）初步诊断
【问题 1】　腰腿痛的原因有哪些？腰腿痛一般是如何分期的？
　　腰腿痛的原因比较复杂，一般分为特异性腰痛和非特异性腰腿痛。特异性腰腿痛常有明确的病因，如感染、肿瘤、骨折、炎症、骨质疏松症等。80%～90%的慢性腰腿痛是非特异性的,很难被根治。一般根据发作时间分为急性(<6周)、亚急性(6～12周)和慢性(>12周)腰腿痛。

【问题2】　怎样的人容易腰腿疼痛?

腰腿痛高危因素有四个。首先是物理因素:年龄越大患病率越高。社区老年人腰腿痛的1年患病率为13%～50%;65～74岁之间腰腿痛的患病率为27%;75岁及以上人群的患病率略有下降,为24%。腰腿疼痛治疗难度大,37%～40%的老年人治疗3个月后仍有不同程度的腰腿疼痛。治疗12个月后,这一比例为26%～45%! 其中多数患者为急性腰腿痛,10%～40%的患者症状可持续超过6周,即成为亚急性腰腿痛。女性人群明显高发,肥胖和吸烟人群也容易出现腰腿痛症状。其次,抑郁、焦虑及躯体障碍等精神因素也容易令患者伴发腰腿疼痛,目前已经有治疗抑郁症的药物临床试验显示其对慢性腰腿痛和骨性关节炎也存在镇痛效果。再次,社会因素调查表明,教育程度低和生活压力大的人群容易发生腰腿痛。最后,久坐不动、重体力活、对工作不满意等职业因素也是腰腿痛的高危诱因。

(二)辅助检查及诊断

【问题3】　老年人腰椎生理解剖有哪些特点,要求其避免哪些动作?

脊柱腰段生理性前凸,骶段则后凸,在直立活动时各种负荷应力集中在腰骶段,两个相反弯曲的交界处,故老人容易在该处发生损伤及退行性变。脊柱依靠椎间盘、关节突关节、前、后纵韧带、黄韧带、棘上、棘间韧带、横突间韧带等将各椎体连接。骶棘肌、腰背肌和腹肌等协助增强脊柱稳定性。任一结构病损、退变均令脊柱的稳定性遭到破坏而发生形形色色的症状。

椎间盘由上、下软骨终板,中心的髓核及四周的纤维环构成。软骨终板有较多微孔,为椎间盘内水分、营养和代谢产物的交换通道。髓核为胶冻状胶原物质,含水量约80%,有丰富的蛋白多糖,具有弹性。纤维环由胶原纤维和纤维软骨组成,承受纵向压力均能较强,易受反复扭转应力而撕裂。因软骨终板及髓核无血管、神经,仅靠软骨终板中央血管的弥散取得营养,故椎间盘损伤后难以自行修复。

实验中椎间盘测压时,如果把站立位脊柱负荷以100%计数的话,坐位增加到150%,站立前屈位210%,坐位前屈达270%。人类站立双上肢持重20kg时,腰椎负荷为210kg,弯腰持同一重量,腰段脊柱负荷增加到340kg。由此可见,老年人应尽量避免负重弯腰持物,以避免椎间盘病损,同时也能减少椎体压缩性骨折的发生。测定还表明,使用腰围后可减少腰椎负荷约30%,但因此减少了核心肌群的锻炼机会,所以不主张长期使用腰托来保护腰椎间盘,而是普及"前屈位活动或过度、过快负重是导致老年人胸腰段脊柱退变或损伤的不良姿势"这样的科学认知,让老人避免不良生活习惯。

诊断:1. 椎间盘突出症
　　　2. 腰椎管狭窄症
治疗:后路腰椎间盘摘除减压+植骨融合+椎弓根螺钉固定(图3-9-9)。

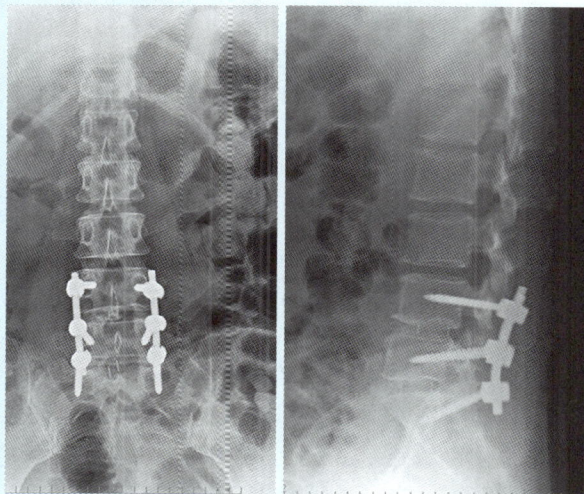

图3-9-9　后路腰椎间盘摘除减压+植骨融合+椎弓根螺钉固定术后
腰椎DR:腰骶椎术后,腰椎退行性变。

（三）初步治疗

【问题4】 常用的腰椎间盘突出症非手术治疗方法有哪些？

腰椎间盘突出症（简称"腰突症"）是导致腰腿痛最常见的原因之一。受物理、社会、精神、职业因素的影响，解剖学上出现腰椎间盘变性、纤维环破裂、髓核组织突出压迫和刺激腰骶神经根、马尾神经所引起的一种综合征。腰突症男性多于女性。好发部位为 $L_{4/5}$、L_5/S_1，占 90% 以上。

老年人腰突症发病的基础是椎间盘的退行性变、腰部外伤或工作、生活中反复的轻微损伤导致髓核突出产生症状。高寿患者除了脊椎退化外，还有骨质疏松症导致的椎体脆性骨折、肌肉减少症等引发脊椎不稳定，导致腰椎间盘突出。

（四）预后

腰突症的预后较好，绝大多数经过康复治疗可达到临床症状的缓解及功能的改善，但可能复发。致残性腰椎间盘突出症较少见，仅 10%～20% 的患者需手术治疗。

1. 科普宣教

（1）维持活动：在耐受范围内维持规律的日常活动并进行一定强度锻炼，可以帮助缓解肌肉痉，防止肌力下降。卧床休息的患者疼痛程度更高且功能恢复可能更差。

（2）指导调整活动方式：避免反复旋转和弯腰的运动。理想的运动方案是改善心血管功能的规律锻炼和针对躯干和臀部核心肌群的肌力训练。建议患者搬动重物时稍下蹲、膝关节屈曲、将物体靠近身体、维持腹肌都能保护腰部较弱的肌肉防止其拉伤。使用合适的腰垫和坐垫来辅助维持正确坐姿，如需久坐或久站则应经常更换体位，在工作间隙少量多次地起身活动。

（3）恢复工作：早期回归工作岗位并进行正常的日常工作是治疗的根本目的。若原有工作强度患者暂时无法完成，建议更换强度较轻的工作岗位。

（4）选择中等硬度的床垫，不常规使用护具：民间传闻腰痛睡硬板床，其实统计学表明中等硬度床垫对改善疼痛回复功能更有效。腰部护具可通过限制脊柱活动起到缓解疼痛，预防急性加重的作用。然而其使用可能会强化患者对腰部问题的心理负担，以及使腰背肌失用性萎缩。对于那些可以积极保持运动的亚急性腰痛患者，运动时护具的使用仍是有益的。

最后，建议超重和 BMI 超标者减肥，建议吸烟、爱酒患者戒烟、限酒，都能有效减少腰腿痛发生。

2. 运动疗法 康复医学专业人员的指导下基于康复评定结果，按照运动处方正确执行运动疗法。包含个体化治疗、监督下运动、牵伸及肌力训练的运动方案具有最佳结果。运动疗法包括核心肌力训练、方向特异性训练（在特定方向的关节活动范围末端进行反复屈伸牵拉）和身心训练（瑜伽和太极等）。

3. 手法治疗和针灸治疗 脊柱手法治疗是牵伸脊柱让其超过主动运动的正常关节活动极限，但不超越其解剖学活动范围。对于轻、中度持续性症状的腰骶神经根病患者，改善急性腰痛和坐骨神经痛有效。针刺对慢性腰痛有效，而对急性腰痛，其效果不明确。针灸疗法对于那些有较高期望的老年患者表现出更好的获益，故如果患者对传统医学有较高认同，可推荐使用。

4. 物理治疗 物理治疗包括多种热疗、低中频电刺激，可通过改善局部血液循环、缓解肌肉痉挛改善腰痛。弱激光治疗直接作用于身体表面不适区域。可在 3 个月后显著改善椎间盘突出患者的疼痛和功能丧失状况，且这一效果与机械牵引及超声治疗相当。

5. 牵引疗法 腰椎牵引可减轻椎间盘内压、牵伸粘连组织、松弛韧带、解除肌肉痉挛、改善局部血液循环并纠正小关节紊乱。常用的牵引方式为持续牵引和间歇牵引。

6. 口服药物治疗 短期应用对乙酰氨基酚或 NSAIDS 类药物治疗急慢性腰痛及腰骶神经根病有一定作用。

7. 硬膜外注射 硬膜外糖皮质激素注射主要针对存在神经根症状和体征的患者，因为需要有经验的骨科医师或者麻醉师在脊髓神经周围操作，其风险相当于一次小手术。不推荐患者在急性期应用，建议用于保守治疗 6 周以上无效、不准备进行手术治疗或无法耐受手术的患者。通常不建议 1 年内在同一位置进行 3 次以上的注射治疗。每次注射的间隔不应少于 1 个月。对于脊椎退化、畸形、骨质疏松严重的老年患者，不实行硬膜外注射治疗。

（施慧鹏）

推荐阅读资料

[1] VOGT M T, RUBIN D, VALENTIN R S, et al. Lumbar olisthesis and lower back symptoms in elderly white women. The Study of Osteoporotic Fractures. Spine, 1998, 23（23）: 2640-2647.

[2] GIBSON J N, WADDELL G. Surgery for degenerative lumbar spondylosis: updated Cochrane Review. Spine, 2005, 30（20）: 2312-2320.

[3] KALICHMAN L, HUNTER D J. Diagnosis and conservative management of degenerative lumbar spondylolisthesis. Eur Spine J, 2008, 17（3）: 327-335.

[4] GERSZTEN P C, SMUCK M, RATHMELL J P, et al. Plasma disc decompression compared with fluoroscopy-guided transforaminal epidural steroid injections for symptomatic contained lumbar disc herniation: a prospective, randomized, controlled trial. J Neurosurg Spine, 2010, 12（4）: 357-371.

[5] SCHEER J K, BAKHSHESHIAN J, FAKURNEJAD S, et al. Evidence-based medicine of traumatic thoracolumbar burst fractures: a systematic review of operative management across 20 years. Global Spine J, 2015, 5: 73-82.

第二节　骨 关 节 炎

学习要求

1. 掌握骨关节炎的临床特点、诊断标准和诊断流程。
2. 熟悉骨关节炎的病因、治疗方法及康复训练。
3. 熟悉骨关节炎的预后及预防。
4. 了解骨关节炎的发病机制。

骨关节炎（osteoarthritis，OA）是由于增龄、肥胖、劳损、创伤、先天性异常等引起的关节软骨退化损伤、关节边缘和软骨下骨的反应性增生，又称骨性关节病、肥大性关节炎或退行性骨关节病等。临床表现为缓慢发展的关节疼痛、压痛、僵硬、肿胀、活动受限和关节畸形等。骨关节炎除影响关节软骨外还涉及软骨下骨、韧带、关节囊、滑膜和关节周围肌肉。骨关节炎会导致疼痛和关节功能丧失，治疗目标是控制疼痛，减少不良反应，维持或改善关节活动度和功能，改善健康相关的生活质量。

临床病例

患者，男性，61 岁。

主诉：右侧膝关节疼痛 8 年，加重 2 年。

现病史：8 年前开始出现右侧膝关节疼痛，无外伤，疼痛程度一般，间歇发病，活动、行走时症状加重，休息、卧床则症状减轻。患者门诊随访，早期口服关节软骨保护剂（如硫酸氨基葡萄糖等）、镇痛药（如对乙酰氨基酚、非甾体抗炎药）对症治疗。同时进行康复锻炼，避免长久站立、跪位和蹲位；进行康复锻炼，包括理疗等。近 2 年左膝持续疼痛，门诊摄片：膝关节间隙狭窄、局部骨赘形成。连续行走时间缩短，夜寐时偶有痛醒，生活质量下降，服用消炎镇痛药可缓解；曾行局部封闭治疗，前期效果好，近半年来无效。经药物、理疗等保守治疗无效，拟行关节置换术收入院。

既往史：患者既往体健，无高血压、糖尿病病史，无肝炎、结核等传染病史。无青霉素过敏史。

查体：右膝关节轻度肿胀，局部皮肤无窦道、分泌物，膝关节压痛点位于膝关节内外侧。膝关节活动范围可，KSS 临床评分 30 分，功能评分 25 分。

实验室及辅助检查：平片示双下肢退变、骨质疏松，双膝退变轻度内翻（见图 3-9-10）。

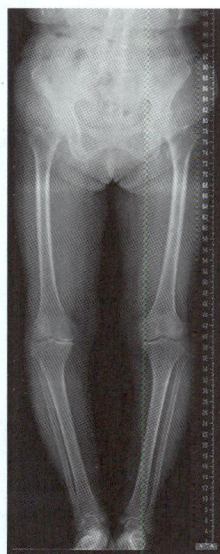

图 3-9-10　膝关节骨关节炎，双膝内翻（"O"形腿）

一、初步诊断

根据患者的病史、查体结果及平片报告，初步诊断为双膝原发性骨关节炎（图3-9-11～图3-9-14）。

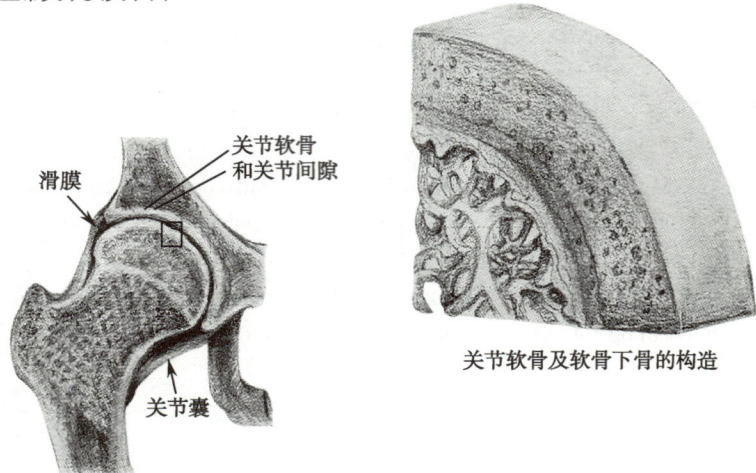

正常关节及关节面

滑膜

关节软骨和关节间隙

关节软骨及软骨下骨的构造

关节囊

图 3-9-11　正常关节结构图

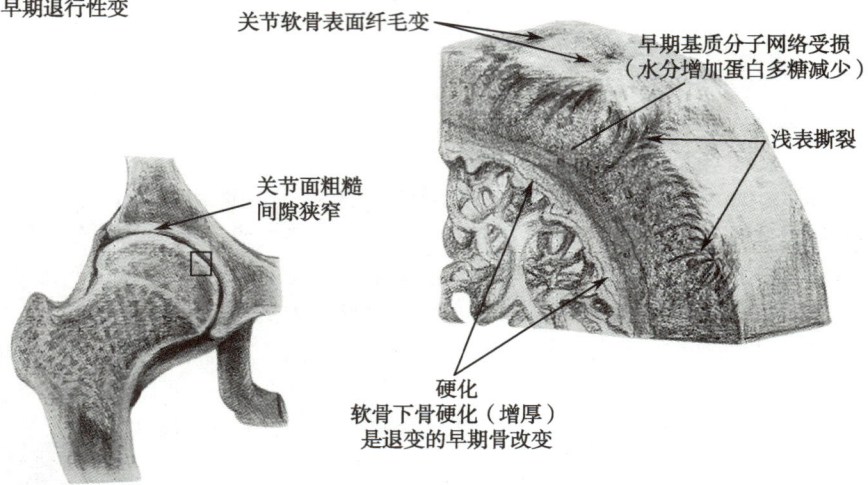

早期退行性变

关节软骨表面纤毛变

早期基质分子网络受损（水分增加蛋白多糖减少）

浅表撕裂

关节面粗糙间隙狭窄

硬化
软骨下骨硬化（增厚）是退变的早期骨改变

图 3-9-12　早期关节退行性变

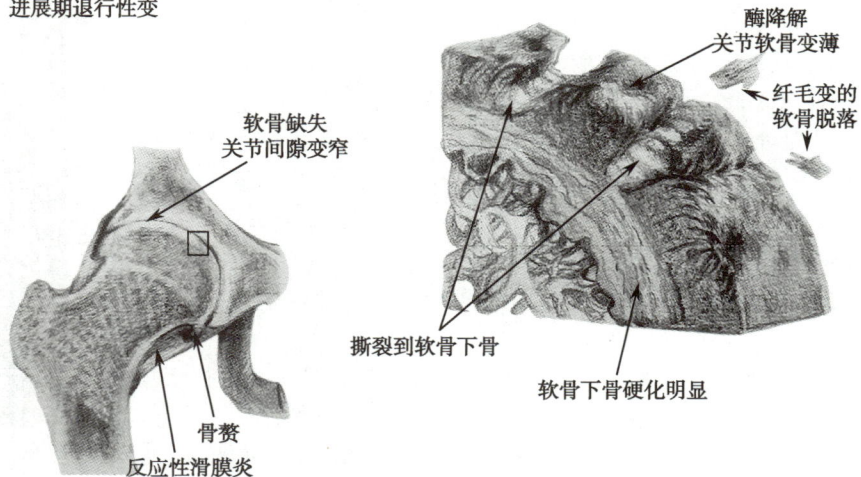

进展期退行性变

酶降解关节软骨变薄

纤毛变的软骨脱落

软骨缺失关节间隙变窄

撕裂到软骨下骨

软骨下骨硬化明显

骨赘
反应性滑膜炎

图 3-9-13　骨关节炎进展期

终末期退行性变

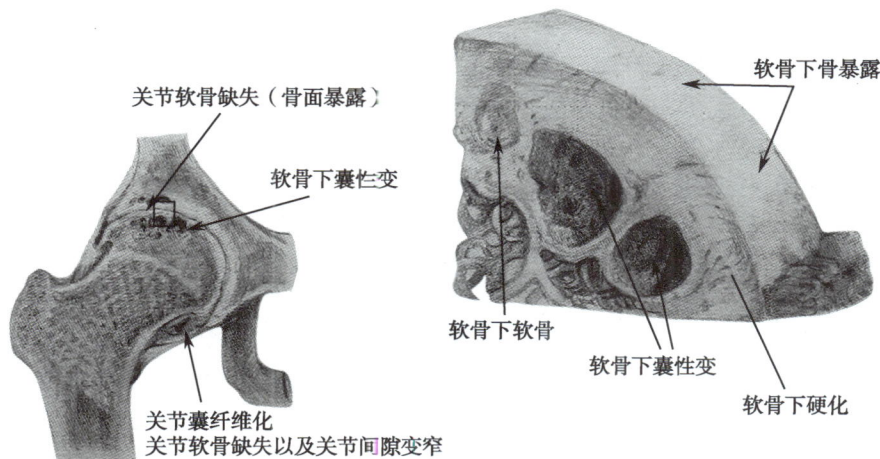

图 3-9-14　终末期关节改变

【问题 1】 骨关节炎发病机制?

骨关节炎曾被认为是一种纯机械软骨退化的疾病,但后来发现是整个关节的复杂条件综合作用形成的疾病。软骨、软骨下骨和滑膜可能都在疾病发病机制中起着关键作用,还可能与全身炎症有关。软骨由主要结构蛋白Ⅱ型胶原组成一个稳定的网状结构和具有拉伸强度的框架;蛋白聚糖嵌入在这个框架内将水吸入软骨,提供抗压性。软骨结构和生物化学成分受到软骨细胞的严格调节,以适应其化学和机械环境的变化。在激活时,它们产生多种反应蛋白,如细胞因子,包括 IL-1β、IL-6 和肿瘤坏死因子 α。其中一些化合物,如胶原酶(金属蛋白酶)和聚集蛋白聚糖降解酶具有重要的致病作用。

软骨下皮质骨在钙化软骨和下面的小梁骨之间形成一个界面。骨关节炎时由于软骨完整性丧失导致负荷增加,软骨下骨被激活重塑,出现血管穿透、骨赘和软骨下囊肿形成;而软骨下骨具有高度的神经支配性,引起疼痛。骨关节炎时滑膜细胞增殖和组织肥大很显著,随着血管的增加,滑膜细胞合成透明质酸和润滑脂等润滑剂也增加。同时滑膜细胞,软骨细胞和成骨细胞也释放炎症介质和降解酶。这种非感染性炎症的激活使得滑膜组织在正反馈循环中进行性退化。关节生物力学异常也是骨关节炎的重要因素。如髋部发育不良时,股骨头的髋臼覆盖范围缩小、股骨 - 髋臼撞击,可使 5 年内髋部骨关节炎发生的风险增加 10 倍。同样,膝内翻和外翻、双下肢不等长都会引发膝关节骨关节炎,一般较短肢体的膝骨关节炎风险几乎是长肢的 2 倍。股四头肌功能不良可增加膝关节骨性关节炎进展的风险。

骨关节炎通过结构、机械和生物途径的结合,引起关节成分的退化,具有多元素的病因。骨关节炎初期是一个缓慢但有效的修复过程,自我修复创伤、代谢、系统性变化,故早期关节结构有改变却没有症状。但持续的组织损伤令关节整体无法得到代偿,最终导致疼痛、肌肉萎缩和关节功能丧失。

【问题 2】 骨性关节炎危险因素有哪些?

骨性关节炎的危险因素有个体易感性和个体关节生物力学稳定性两个因素。个人易感因素包括年龄增长、女性、联合生物力学、遗传因素和肥胖。主要的关节因素是关节损伤或过度的关节活动、压力。凡是涉及重复性、负重活动的职业都与骨关节炎的发展相关。体力劳动被发现是膝关节、髋关节和手骨关节炎的危险因素。低教育水平和社会经济地位较低人群,骨关节炎患病率较高。适度、休闲的体育活动可以防止骨关节炎,而过高运动量会增加风险。

营养因素也可能在骨关节炎中起重要作用。因为软骨细胞产生的活性氧物质可损害软骨胶原和滑液透明质酸,因此高膳食摄入微量营养素抗氧化剂可以预防骨关节炎。例如,维生素 C 的高摄入量可能延缓膝部骨关节炎的进展。研究表明低血清维生素 D 水平可能与髋部骨关节炎的发展有关。另外的观察表明,髋部骨关节炎早期局部骨密度可能增加,后期骨密度出现降低,说明骨关节炎同骨质疏松症有相应关联。

老年是骨关节炎重要的危险因素。60 岁以上绝大多数有骨性关节炎 X 线表现。50 岁以前男性骨关节炎发生比例超过女性,50 岁以后女性手、髋和膝骨关节炎发生比例远超男性,总体骨关节炎发生的性别比例为女:男 = 2:1,女性相对更容易患手、脚和膝部骨关节炎,但患颈椎骨关节炎的可能性较小。种族之间相比,白色人种 > 黑色人种 > 黄色人种;非裔美国人更容易患有膝和髋部骨关节炎;西方人髋骨关节炎发病率高,东方人膝骨关节炎发病率高。

肥胖是膝部骨关节炎的危险因素。肥胖加重关节负担,导致关节提前退变。而有前交叉韧带撕裂和半月板撕裂的患者,在 10 年内发生关节炎和接受全膝关节置换手术的风险高于没有前交叉韧带撕裂的患者。其他诸如长期疲劳、关节畸形、关节损伤、感染炎症、关节疾病等均是骨关节炎的高危因素。

【问题3】 骨性关节炎的临床特点?

骨关节炎分为原发性和继发性。原发性骨关节炎多发生于中老年人群,无明确的全身或局部诱因,与遗传和体质因素有一定的关系。继发性骨关节炎可发生于青壮年,继发于创伤、炎症、关节不稳定、积累性劳损或先天性疾病等。临床上或生活中谈及骨关节炎一般为原发性骨关节炎。

骨性关节炎是当今最常见的慢性疾病之一,随着预期寿命增加,其患病率和发病率都在上升。据估计,60 岁以上的男性和女性中,分别有 10% 和 18% 患有骨关节炎。骨关节炎好发于承重较大的膝关节、髋关节、脊柱及远侧指间关节,其渐进的病程会导致生活质量的功能下降和损失,并提高医疗保健和社会成本。

公共卫生政策的重点已经转向疾病预防和早期骨关节炎的治疗。推荐的联合保护干预措施包括生活方式调整、药物和手术方式,新的治疗有望阻止或延缓疾病的进展。关节置换术是治疗症状性终末期疾病的有效方法,尽管假体的寿命有限。

骨关节炎临床表现最主要的症状是关节疼痛、晨僵、关节肿大或骨性肥大;骨摩擦音(感),运动受限,偶尔有积液和不同程度的局部炎症。骨关节炎的疼痛常与活动有关;持续疼痛是疾病后期的特征。骨关节炎相关的疼痛需要根据患者的心理状态进行考虑和解释。骨关节炎通常使用放射线影像改变和临床指南用作诊断参考。

二、辅助检查及诊断

【问题4】 髋、膝和指间关节骨关节炎常用的诊断标准和诊疗流程是怎样的?

骨关节炎是一个代谢活跃的动态过程,X 线摄片特征是局灶性关节间隙狭窄、骨赘、软骨下骨硬化和软骨下"囊肿"。进一步的成像方式(如计算机断层扫描、超声)很少用于诊断,通常用于特定情况。MRI 可以在 3 个维度、高分辨率下评估关节结构:可以检测局部和弥漫性软骨变化,显示关节内和周围其他软组织结构的损伤、半月板破裂、软骨下骨髓损伤和滑膜炎的病变。诊断有时需要对血液、尿液或滑液进行实验室检查,用于排除具有相似症状和体征的炎性疾病(如焦磷酸晶体沉积、痛风、类风湿性关节炎等)。具体诊断标准和诊疗流程请见表 3-9-1、表 3-9-2、表 3-9-3、图 3-9-15。

表 3-9-1 髋关节骨关节炎的诊断标准

序号	症状、实验室或 X 线检查结果
1	近 1 个月内反复的关节疼痛
2	红细胞沉降率≤20mm/h
3	X 线片示骨赘形成,髋臼边缘增生
4	X 线片示髋关节间隙变窄

注:满足诊断标准 1+2+3 条或 1+3+4 条,可诊断髋关节骨关节炎。

表 3-9-2 膝关节骨关节炎的诊断标准

序号	症状或体征
1	近 1 个月内反复的膝关节疼痛
2	X 线片(站立位或负重位)示关节间隙变窄、软骨下骨硬化和 / 或囊性变、关节边缘骨赘形成
3	年龄≥50 岁
4	晨僵时间≤30min
5	活动时有骨摩擦音(感)

注:满足诊断标准 1+(2、3、4、5 条中的任意 2 条)可诊断膝关节骨关节炎。

表3-9-3　指间关节骨关节炎的诊断标准

序号	症状或体征
1	指间关节疼痛、发酸、发僵
2	10个指间关节中有骨性膨大的关节≥2个
3	远端指间关节骨性膨大≥2个
4	掌指关节肿胀<3个
5	10个指间关节中有畸形的关节≥1个

注：满足诊断标准1+(2、3、4、5条中的任意3条)可诊断指间关节骨关节炎；10个指间关节为双侧示、中指远端及近端指间关节、双侧第一腕掌关节

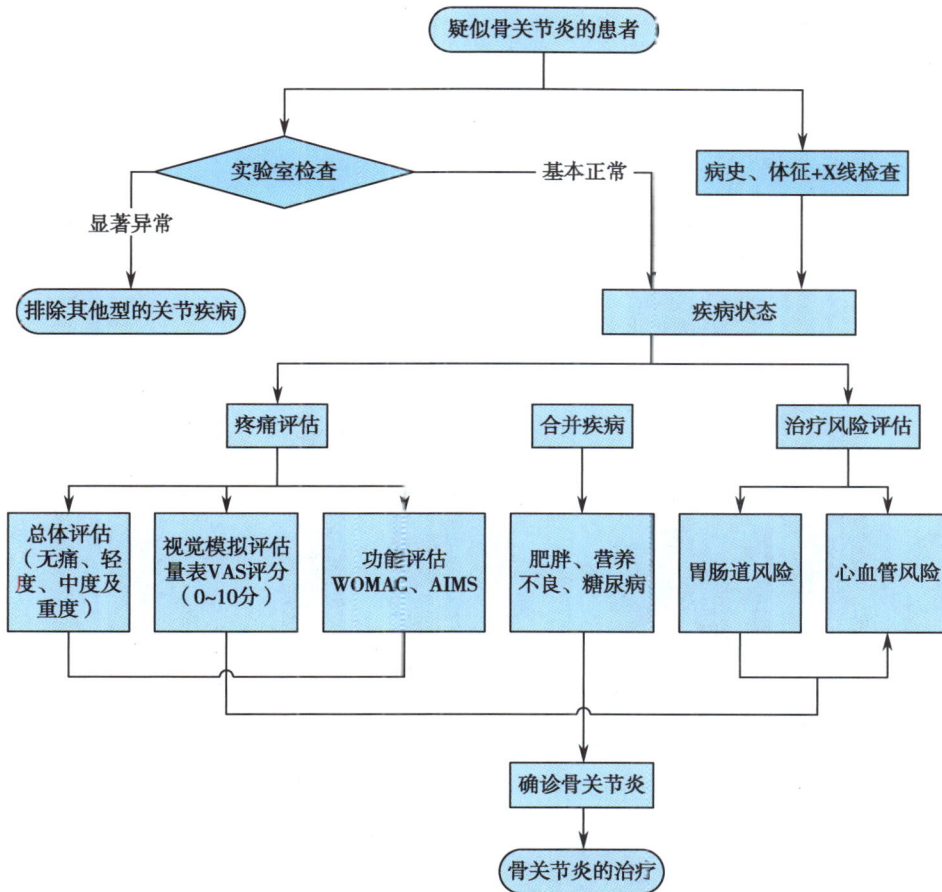

图3-9-15　骨关节炎诊疗流程

随访多年，非手术治疗效果不佳，拟行手术治疗。入院后，完善术前各项检查，如肝肾功能电解质和凝血检查等，评估是否能耐受手术，降低手术风险。该患者因右膝症状严重，拟排除手术禁忌后行右膝关节单髁置换术。

三、初步治疗

患者病程较长，病变明显，非手术治疗已无法改善患者的关节功能，故行膝关节置换术。根据患者具体的病情可选择不同式式，常用的有关节镜手术、截骨矫形术、软骨移植术、关节融合术、关节置换术等。当病变主要累及膝关节内侧髁时可选择单髁置换术；当病变累及全关节或者仅累及外侧髁时，选择全膝关节置

换；术中根据假体是否松动，选择是否适用螺钉加固。该患者症状主要在右侧，病变主要累及内侧髁，故拟行右膝内侧髁置换术。

【问题5】 简述骨性关节炎的治疗有哪些方法？

对骨关节炎及其表现的认识不断加深，治疗选择手段也不断扩大，治疗的主要目标是控制疼痛，减少不良反应，维持或改善关节活动度和功能，改善健康相关的生活质量。

治疗是因人而异制订个性化方案，一般包括非药理学和药理学的结合。在疾病的早期进行对症治疗，如止痛药、局封等，随着疾病的进展，出现持续性疼痛，严重影响生活质量时可选择手术治疗。

指间关节骨关节炎终末期治疗一般不实行关节置换，这同人工指间关节的性价比有关，因为指间关节的融合术，依然是老年骨关节炎疼痛长期反复发作后最被认可的治疗手段。膝关节病变当主要累及内侧髁时，可选择膝关节内侧髁置换术，此术式出血少，创伤小，恢复相对更快；当病变累及全关节或外侧髁时，可选择全膝关节置换术。髋关节的手术治疗包括半髋置换、全髋置换和截骨矫形治疗（图3-9-16～图3-9-22）。

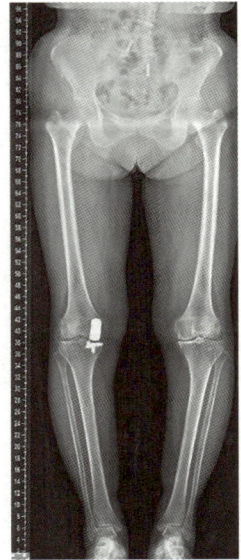

图 3-9-16　右侧单髁置换术后力线改善

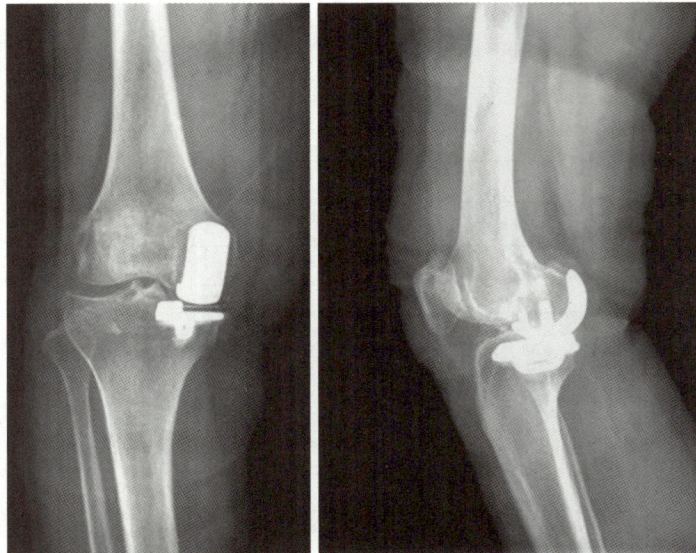

图 3-9-17　膝单髁置换术后正侧位片

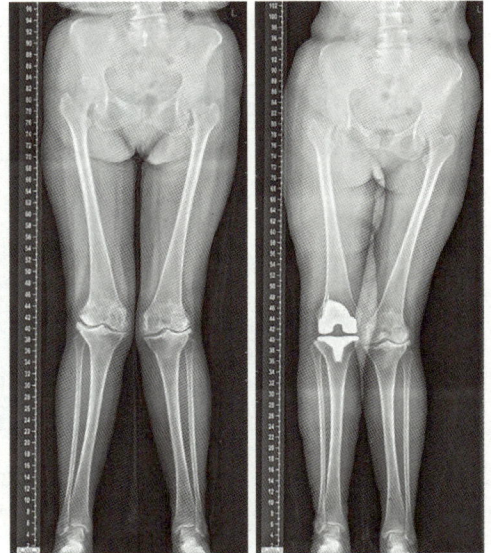

图 3-9-18　全膝置换术前、术后力线实例

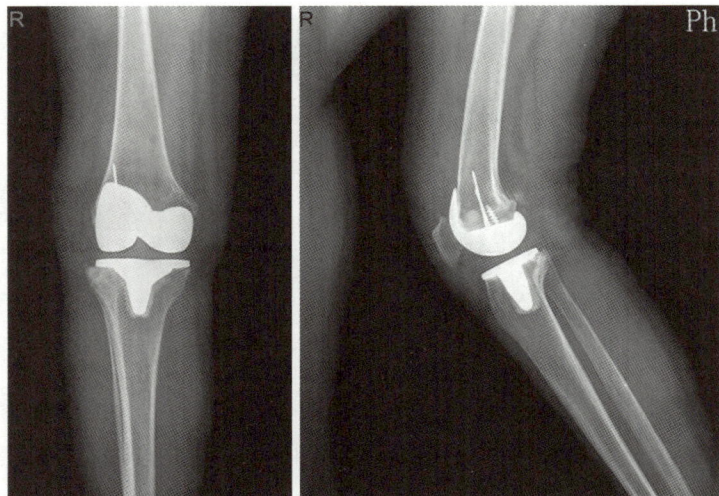

图 3-9-19　全膝置换术前、术后正侧位片

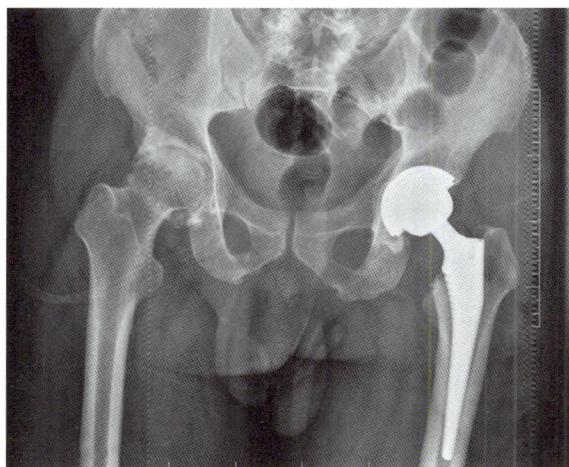

图 3-9-20　双髋骨性关节炎，左侧全髋置换术后
右髋明显有关节退行性变化：骨质增生、关节间隙消失、股骨头变形伴囊性变。

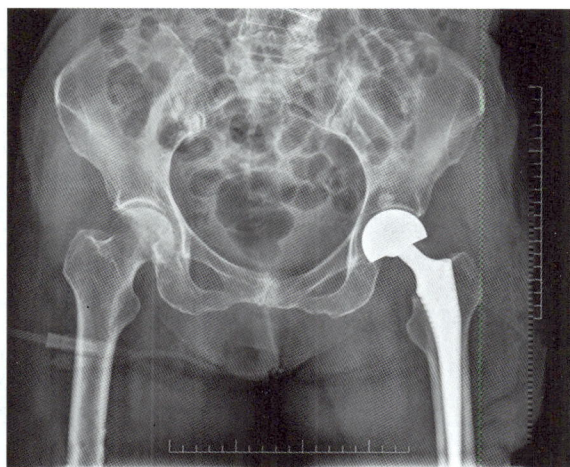

图 3-9-21　左股骨颈骨折，半髋置换术后

四、进一步治疗

【问题 6】　骨关节炎的非药理学治疗和药理学疗法分别有哪些？

骨关节炎的非药理学治疗方法非常多样，但大体上分为教育方法和物理方法。

教育方法是基于生活方式的改变（包括饮食和锻炼）、关节保护技术和助行器。体育锻炼包括有氧运动、肌肉强化和运动范围锻炼。物理治疗策略，如电疗法、热疗法和手动疗法。肥胖患者的体重减轻可降低症状性骨关节炎发生的风险，并在发病后改善症状。专注于改善肌肉力量和有氧能力的活动也可改善症状，并有助于心血管健康和降低全因死亡率。

对于长期患病和／或保守治疗无法缓解的疼痛或残疾患者，建议采用手术方法，主流手术的选择包括关节镜、截骨矫形术和关节置换术。有些手术可以修复局部软骨损伤，如镶嵌成形术和软骨移植术就是将自体软骨塞和软骨下骨从关节的健康非承重区域移植到损伤区域的过程。

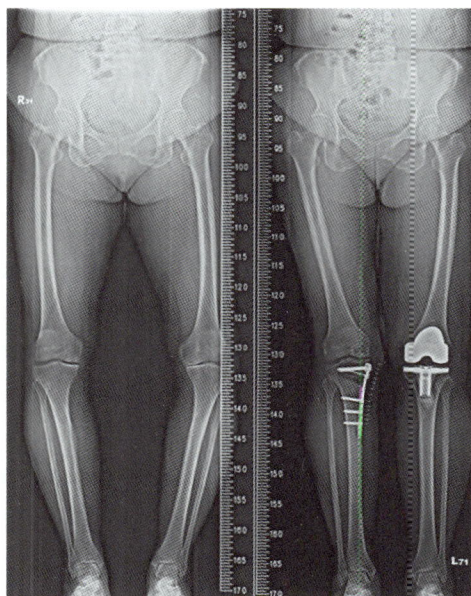

图 3-9-22　双膝骨关节炎，右膝截骨矫形，左膝关节置换术后

骨关节炎患者的初步治疗建议用药物包括对乙酰氨基酚、口服和局部非甾体抗炎药、曲马多和关节内皮质类固醇注射、氨基葡萄糖、硫酸软骨素等。关节内透明质酸注射、度洛西汀和阿片类药物是对初始治疗反应不佳患者的一种更替推荐。软骨素和氨基葡萄糖缓解骨关节炎症状或延缓骨关节炎结构进展的能力已在临床试验中进行了大量研究，透明质酸是关节滑液中的一种糖胺聚糖，作为润滑剂其浓度低于骨关节炎患者的正常浓度，它已被广泛用作关节内注射的增粘剂，但其有效性和安全性仍有争议。双磷酸盐通过抑制破骨细胞活性来逆转骨关节炎中的软骨下骨变化，关节内类固醇注射也被广泛用于改善症状。富血小板血浆被认为是骨关节炎的疾病修饰药物，因为有些研究证实其促进软骨修复。

五、康复训练和预后

关节置换术后要早期进行肌肉锻炼，促进关节周围肌群的恢复，防止肌肉进一步萎缩。如果老人能耐受疼痛，可予术前加强关节周围肌群的锻炼，有助于术后功能康复。

运动治疗是在医生的指导下选择正确的运动方式，制定个体化的运动方案，达到减轻疼痛、改善和维持关节功能、保持关节活动度、延缓疾病进程等目的。

1. 低强度有氧运动　采用正确合理的有氧运动方式可以改善关节功能,缓解疼痛。

2. 关节周围肌肉力量训练　加强关节周围肌力,既可改善关节稳定性,又可促进局部血液循环,应注重关节活动度及平衡(本体感觉)的锻炼。个体化训练常用方法:①股四头肌等长收缩训练;②直腿抬高加强股四头肌训练;③臀部肌肉训练;④静蹲训练;⑤抗阻力训练。

3. 关节功能训练　膝关节在非负重位的屈伸活动,以保持关节最大活动度。常用方法包括:①关节被动活动;②牵拉;③关节助力运动和主动运动。

六、预防

【问题7】　老年骨关节炎复发的预防措施有哪些?

体重管理是预防原发性和继发性骨关节炎的最成熟的策略。弗雷明汉研究表明,平均体重减轻11磅(约5kg)的女性,患膝关节骨关节炎的风险降低50%。在肥胖成人中,体重变化小至1%会改变膝关节软骨损失的速度,因此,避免体重增加是预防膝及各部位骨关节炎的关键,同时注重保持肌肉质量并减少脂肪。

对老人骨关节炎的一级和二级预防的肢体活动方案根据疾病阶段有所不同,身体活动是保护还是加速关节软骨损伤,取决于关节本身的健康状况。保持活动对于预防骨关节炎的发展肯定很重要,而一旦发生实质性结构损伤则需进行运动方式的调整。

推荐阅读资料

[1] 中华医学会骨科学分会关节外科学组. 骨关节炎诊疗指南(2018年版). 中华骨科杂志,2018,38(12):705-715.

[2] MCGRORY B,WEBER K,LYNOTT AJ,et al. The AAOS evidence-based clinical practice guideline on surgical management of osteoarthritis of the knee. JBJS,2016;98-A(8):688-692.

[3] BROSSEAU L,WELLS AG,PUGH GA,et al. Ottawa panel evidence-based clinical practice guidelines for therapeutic exercise in the management of hip osteoarthritis.Clinical Rehabilitation,2016,30(10):935-946.

[4] YIN J,ZHU H,GAO Y et al. Vascularized Fibular Grafting In Treatment Of Femoral Neck Nonunion. JBJS,2019,101(14):1294-1300.

[5] HUNTER JD,BIERMA-ZEINSTRA S. Osteoarthritis. Lancet,2019,393:1745-1759.

(施慧鹏)

第三节　脆性骨折

学习要求

1. 掌握脆性骨折的定义及特点。

2. 熟悉老年人常见脆性骨折——髋部骨折、股骨颈骨折、椎体压缩骨折、肱骨近端骨折、桡骨远端骨折的诊断、分型及治疗原则。

3. 熟悉老年人脆性骨折后再骨折的预防。

4. 了解老年人常见脆性骨折的治疗方式。

脆性骨折(fragility fracture)又称骨质疏松性骨折,是指从站立或更低的高度跌倒等低能量损伤引起的骨折。老年人因视力减退、下肢肌力减弱、平衡能力下降等原因导致容易跌倒;因骨量的减低、骨微结构的破坏导致骨脆性的增加和骨折风险的增高,成为脆性骨折最常见的人群。研究显示近75%的脆性骨折发生在65岁及以上的老年人群中。据估计,在2000年全球约有900万例脆性骨折发生,其中以髋部、脊柱、桡骨远端及肱骨近端等部位的脆性骨折最为常见。流行病学研究显示,2010年我国共发生约233万例脆性骨折,造成的医疗支出约649亿元;随着人口老龄化,脆性骨折的发病率将进一步上升,预计到2050年我国的脆性骨折将达 599 万例，医疗支出需求将高达 1 745 亿元。脆性骨折的发生往往会使患者功能部分丧失，严重的会失去独立生活能力，同时带来身体上的疼痛和情绪上的抑郁，增加患者的死亡率及社会的经济负担。降低脆性骨折相关的死亡率、尽早恢复患者的功能活动、提高生活质量以及预防再次骨折，是老年脆性骨折治疗的主要目标。

临床病例 1

患者，女性，70 岁。

主诉：摔伤右髋疼痛不能行走 4h。

现病史：患者 4h 前因步态不稳在小区摔倒，致伤右髋部，感到剧烈疼痛、不能站立及行走，经救护车送到医院。

既往史：腰椎管狭窄症 6 年，影响行走功能，近 1 年摔倒 3 次。否认其他病史。

专科查体：右髋有轻度肿胀，右下肢外旋畸形，较对侧肢体短缩约 6mm。右侧腹股沟处深压痛（－），右髋叩击痛（＋），右下肢轴向叩击痛（＋）。右髋主动活动受限。右膝无明显压痛，双下肢感觉正常，足趾活动存在，双侧足背动脉搏动良好。

一、诊断

该患者为老年女性，行走时摔伤，低能量损伤导致右髋部疼痛，体检右下肢短缩外旋畸形，髋部疼痛不能站立及负重行走，因此，初步诊断髋部骨折。

【问题 1】　老年髋部骨折包括哪些类型？如何鉴别？

老年髋部骨折包括股骨颈骨折和转子部骨折。股骨颈骨折属于关节囊内骨折，由于关节囊的限制，通常骨折后患肢外旋畸形较轻，而移位明显的股骨转子部骨折由于缺乏关节囊的限制，外旋畸形更为严重。由于缺乏关节囊对出血的限制，转子部骨折出血更多，要注意患者的体液平衡，有的患者需要及时输血。

对怀疑髋部骨折的老年患者，为明确诊断，需要进行影像学检查。双髋关节正位及患侧髋关节侧位 X 线片是首选的检查，有助于明确骨折的类型，指导治疗方案的选择及预后分析。

【问题 2】　如果 X 线片检查结果为阴性怎么办？

无移位或嵌插的股骨颈骨折，患肢可既无短缩又无外旋畸形，甚至可以负重行走，这类患者可能会在行走一段时间后因骨折移位导致疼痛加重而再次就诊，耽误了治疗时机。因此所有老年髋部外伤后疼痛的患者都应考虑是否有髋部骨折的存在。如果 X 线片检查结果为阴性，可以选择 MRI、骨扫描或定期复查 X 线片，CT 的诊断意义小。

【问题 3】　股骨颈骨折如何分型？

股骨颈骨折可根据骨折线的位置、骨折线与水平线之间的角度（Pauwels 角）及骨折的移位程度进行分型。

根据骨折线位置的不同，可将股骨颈骨折分为头下型、经颈型及基底型，骨折线的位置越靠近股骨头则股骨头坏死风险越高。

根据骨折线与水平线之间的夹角，可将股骨颈骨折分为 I 型（Pauwels 角<30°）、Ⅱ型（Pauwels 角 30°～50°）及Ⅲ型（Pauwels 角>50°）。Pauwels 角越大，骨折复位后承受的剪切力也就越大，内固定术后失效及骨折不愈合的风险就越高。

目前应用最为广泛的是根据骨折移位程度的 Garden 分型：I 型，不完全骨折或外展嵌插型骨折；Ⅱ型，完全骨折无移位；Ⅲ型，完全骨折，部分移位，骨折端尚有部分接触；Ⅳ型，完全骨折，完全移位，骨折端无接触。随着 I～Ⅳ型骨折移位程度的加重，骨折不愈合及股骨头缺血坏死的风险也随之增加。

【问题 4】　股骨转子部骨折如何分型？

AO/OTA 分型是股骨转子部骨折比较全面的分型系统（表 3-9-4），依据骨折线的方向、骨折的粉碎程度等分为 3 个类型。

表 3-9-4　股骨转子部骨折的 AO/OTA 分型（2018 版）

类型	亚型
31A1：转子间简单骨折	31A1.1：单纯大转子或小转子骨折
	31A1.2：顺转子间两部分骨折
	31A1.3：顺转子间骨折，小转子有骨折，外侧壁完整
31A2：转子间粉碎骨折，外侧壁不完整	31A2.2：顺转子间骨折，中间有粉碎骨块
	31A2.3：顺转子间骨折，中间有多个粉碎骨块
31A3：反转子间骨折	31A3.1：简单斜形骨折
	31A3.2：简单横行骨折
	31A3.3：粉碎骨折

二、治疗

【问题 5】 老年髋部骨折的治疗原则是什么？

髋部骨折是最严重的脆性骨折类型，伤后 1 年内死亡率为 20%～30%，存活患者中约一半不能恢复到受伤前的功能状态。

老年髋部骨折的治疗方法包括非手术治疗（卧床、牵引等）和手术治疗两大类。由于非手术治疗需要长时间卧床，死亡率高，并发症发生率高（肺部感染、泌尿系感染、褥疮、骨折不愈合、畸形愈合等），远期功能预后差，因此仅适用于极少数身体情况极差，不能耐受手术的患者。

对绝大多数老年髋部骨折患者，手术治疗是首选。目前国内外指南均推荐尽早手术（住院 48h 或 36h 内），因为尽早手术可以降低患者死亡率，降低围手术期并发症发生率。由于老年患者常常合并多种内科疾病，为了能够尽快手术，同时降低围手术期死亡率和并发症发生率，推荐成立包括骨科、老年科（内科）、麻醉科、康复科、护理等多学科协作治疗组，制定专门的治疗流程，在专门的治疗单元或病房进行治疗。手术后建议在康复科指导下积极康复，尽早允许患者在辅助下患肢完全负重（通常在术后一周内）。

【问题 6】 老年髋部骨折如何选择手术方式？

对无移位或外展嵌插型的稳定股骨颈骨折（Garden Ⅰ～Ⅱ型），首选内固定治疗，3 枚空心钉平行内固定是最为常用的固定方式（图 3-9-23）。

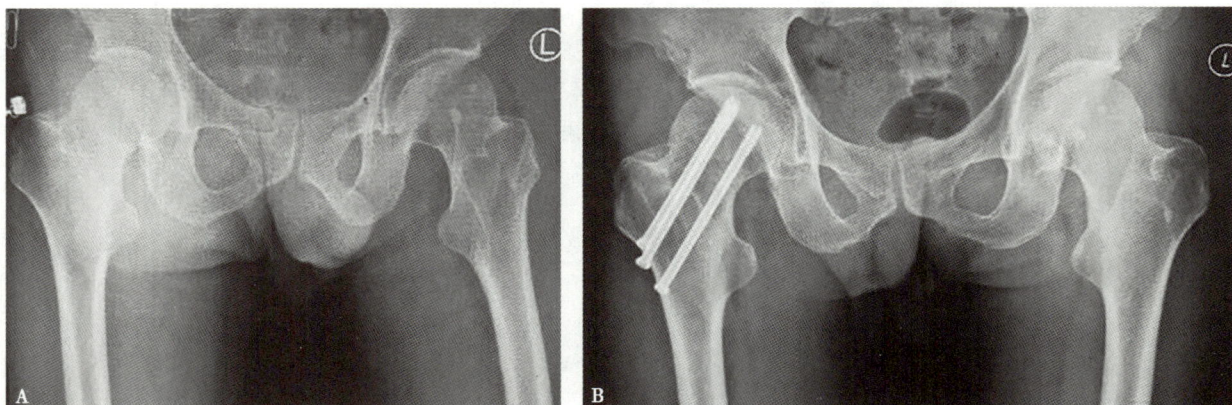

图 3-9-23　股骨颈骨折空心钉内固定
A. 术前；B. 术后。

对移位明显、不稳定的 Garden Ⅲ～Ⅳ型股骨颈骨折，由于内固定术后骨折不愈合和股骨头坏死导致再手术率高，目前多推荐行人工关节置换手术，包括人工股骨头置换术（图 3-9-24）及人工全髋关节置换术（图 3-9-25）。在两者的选择上，对于相对年轻、伤前活动量大或伤前已有髋关节骨关节炎表现的患者，推荐行人工全髋关节置换术；而对于年龄更大、伤前活动量少且髋臼侧良好的患者，则可考虑行人工股骨头置换术。

对于股骨转子部骨折，首选内固定治疗。固定方式主要包括髓内固定（髓内针）及髓外固定（动力髋螺钉）（图 3-9-26）。髓内固定与髓外固定相比，由于固定物更偏内，下肢负重时力臂更小，因此更具有生物力学的优势。对稳定型顺转子间骨折,选择髓内固定或髓外固定均可。对不稳定型顺转子间骨折、反转子间骨折、转子下骨折,首选髓内固定。

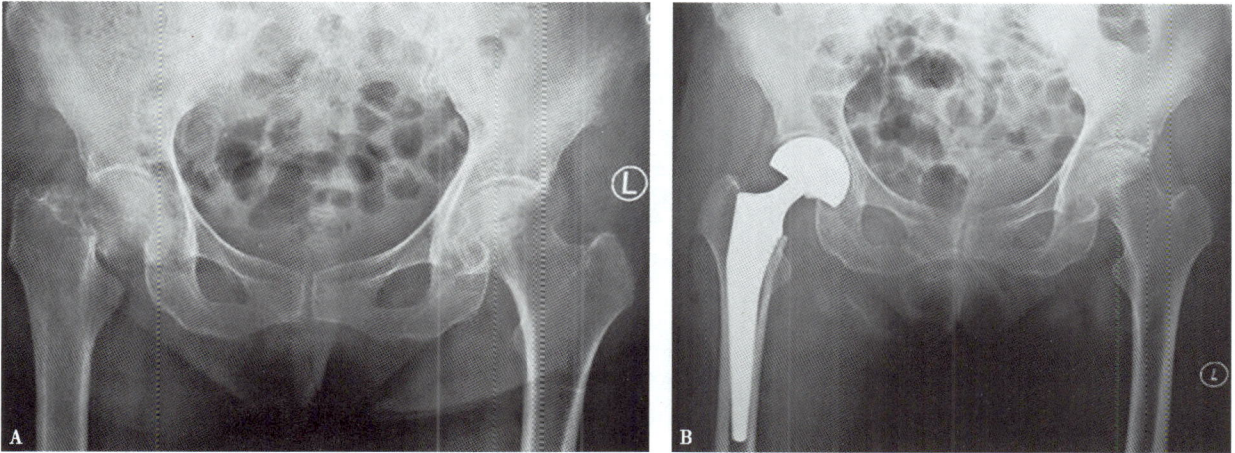

图 3-9-24　股骨颈骨折行人工股骨头置换术
A. 术前;B. 术后。

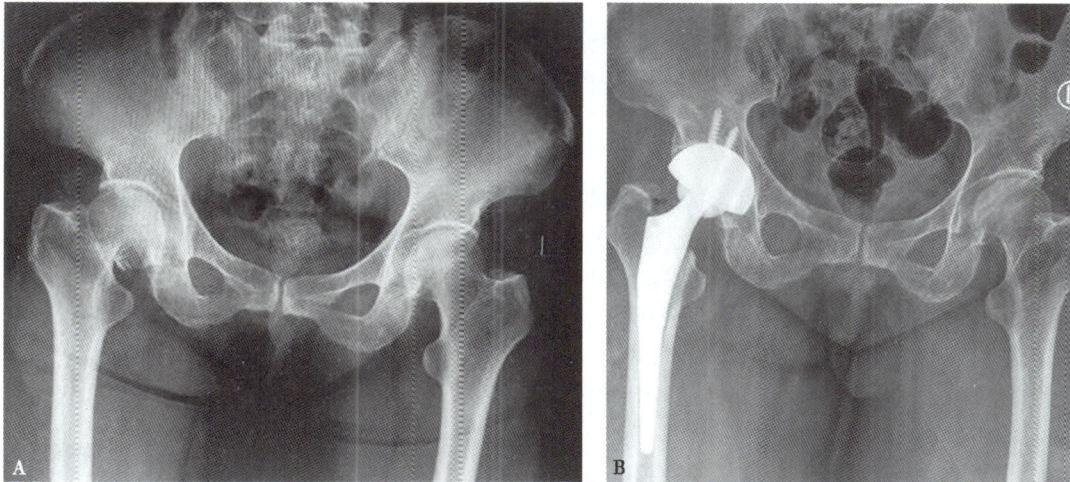

图 3-9-25　股骨颈骨折行人工全髋关节置换术
A. 术前;B. 术后。

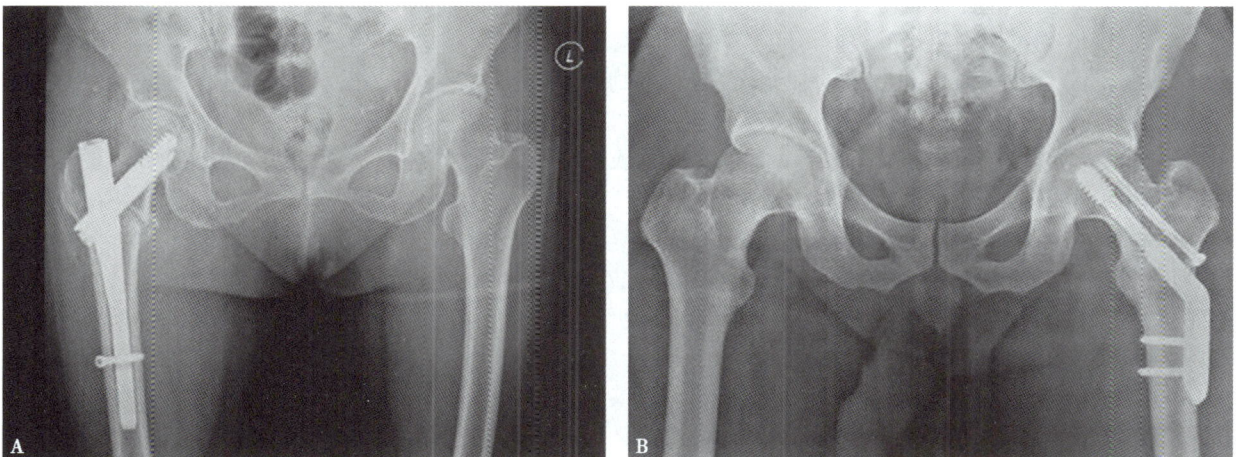

图 3-9-26　股骨转子部骨折
A. 髓内固定;B. 髓外固定。

临床病例 2

患者，女性，72 岁。

主诉：扭伤腰背部疼痛 3d。

现病史：患者 3d 前在家中搬动花盆后出现腰背部疼痛，疼痛与患者活动相关，休息后有好转，下地活动时加重。

既往史：高血压病 30 年，否认肿瘤病史。

专科查体：患者胸腰段压痛及叩击痛(+)，双下肢感觉活动正常，病理征阴性。

辅助检查：①胸腰段 X 线侧位片示 T_{11} 椎体前缘高度降低约 50%；②DXA 检查示髋部 T 值为 −3.0。

一、诊断

【问题 1】 结合患者的病史、查体及辅助检查，考虑诊断是什么？

患者老年女性，轻微暴力导致腰背部疼痛，局部压痛及叩击痛阳性，X 线示 T_{11} 椎体前缘压缩近 50%，考虑诊断为骨质疏松性椎体压缩骨折。患者双下肢感觉活动好，病理征阴性，提示无脊髓神经受累。患者出现脆性骨折，骨密度检测髋部 T 值为 −3.0，可诊断重度骨质疏松。

骨质疏松性椎体压缩骨折主要发生在胸腰椎，以胸椎中段及胸腰段最为多见。缓慢进展的椎体压缩性骨折通常是没有症状的，或仅表现为身高的下降、脊柱的后凸畸形；急性发病的椎体压缩性骨折通常表现为急性疼痛，患者可无明显外伤或在轻微外伤后出现症状，如咳嗽、弯腰或突然站起、提举物体等。脊柱正侧位 X 线片是首选的影像学检查方法，CT 检查有助于进一步明确骨折的严重程度。

二、治疗

【问题 2】 骨质疏松性椎体压缩骨折的治疗原则是什么？

椎体压缩性骨折是脆性骨折的最常见类型。流行病学研究报道，2010 年我国骨质疏松性椎体压缩骨折的人数为 111 万，远高于髋部骨折的发生率。椎体压缩性骨折可造成患者身高的丢失、脊柱后凸、慢性疼痛、心理负担增加和独立生活能力下降等一系列问题，最终导致患者生活质量的下降。

骨质疏松性椎体压缩骨折的漏诊率非常高。由于椎体压缩性骨折多数没有严重的临床症状，所以约有四分之三的患者并没有立即引起临床注意。传统的诊断方法，通过患者的症状、体征及常规的 X 线检查，存在很高的漏诊率，有研究报道 X 线的漏诊率高达 34%。

骨质疏松性椎体压缩骨折的首选治疗是止痛和减轻脊柱的负荷。由于疼痛可能会引起患者的焦虑和抑郁，因此做好与患者的沟通和教育是很重要的，应该告知患者骨折的整个愈合时间可能需要 3 个月左右，急性的疼痛多数在 4～6 周可得到明显的缓解。完全的卧床休息是不推荐的，因为制动会导致进一步的骨流失，应当鼓励患者尽早的恢复活动，必要时可佩戴支具。

对保守治疗无效的患者可考虑手术治疗，椎体成形术及椎体后凸成形术通过骨水泥（聚甲基丙烯酸甲酯）的注入或球囊扩张后骨水泥注入，起到稳定骨折及恢复椎体高度的作用，对疼痛的控制有较好的疗效（图 3-9-27）。但手术也存在骨水泥渗漏、脊髓压迫、邻近椎体再骨折等风险。目前国内外指南对于保守还是手术治疗分歧比较大，手术治疗的指征还缺乏高等级的证据。多数建议骨折后首先卧床休息，佩戴支具，使用降钙素、阿片类止痛药物、非甾体消炎止痛药物治疗，保守治疗效果不佳时再考虑手术治疗。

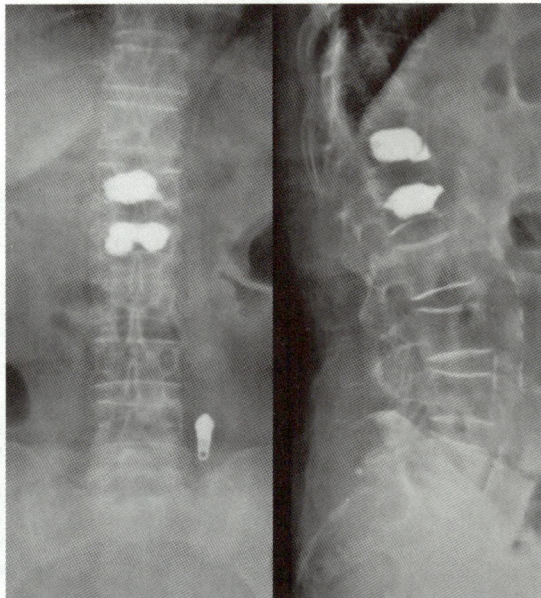

图 3-9-27 骨质疏松性椎体压缩骨折行椎体后凸成形术

患者，女性，65岁。

主诉：摔伤右肩疼痛不能活动6h。

现病史：患者6h前在小区遛弯时不慎滑倒，摔伤右肩部，感到剧烈疼痛、关节不能活动到急诊就诊。

专科查体：患者用左手托着右前臂，右上臂贴于同侧胸壁外侧。右肩略肿胀，无方肩畸形。触诊肩部压痛（+），肩峰下无空虚感。右肩因为疼痛无法主动活动。右上肢感觉正常，手指及腕部活动正常，桡动脉搏动可触及。

一、诊断

【问题1】 结合患者的病史及查体，考虑初步诊断是什么？需进一步完善哪些检查以明确诊断？

患者老年女性，低能量摔伤导致右肩疼痛、活动受限，查体局部压痛阳性，右肩因为疼痛无法主动活动，可能的诊断包括：肱骨近端骨折，肩关节脱位。肩关节脱位绝大多数为前脱位，表现为方肩畸形、肩峰下空虚感，患侧上臂多固定在轻度的外展外旋位。因此初步诊断为右侧肱骨近端骨折。

肩胛骨正侧位X线片是明确诊断首选的影像学检查，必要时加拍肩关节腋位片。CT检查有助于进一步明确骨折的粉碎和移位情况。

二、治疗

【问题2】 肱骨近端骨折的分型和治疗原则？

Neer分型是目前评估肱骨近端骨折严重程度时最常用的分型系统。将肱骨近端分为四个部分：肱骨头、肱骨干、大结节、小结节，然后根据这四个解剖结构之间是否存在骨折移位进行分类，移位的标准定义为骨折块之间成角>45°或移位>1cm。一部分骨折是指无明显移位的一处或多处骨折；两部分骨折是指肱骨近端四部分中，某个部分与其他部分之间发生移位，通常以外科颈骨折和大结节骨折多见；三部分骨折是指肱骨近端四部分中，有两部分与其他部分之间发生移位，且这两部分之间也存在着明显的移位，如肱骨外科颈骨折合并大结节骨折；四部分骨折是指肱骨近端的四部分之间均存在着明显的移位。Neer分型对于治疗方案的选择及预后具有指导意义。

对Neer分型一部分骨折，或对功能要求低的高龄患者，以及存在手术禁忌症的患者，可以选择非手术治疗。非手术治疗采用吊带或支具制动，2周左右即可逐步开始功能锻炼，早期以被动活动为主，待骨折部分愈合后即可开始主动活动，这通常在伤后4～8周开始。对明显移位的肱骨近端骨折则可以考虑手术治疗，手术方式主要包括内固定术及肩关节置换术（图3-9-28）。锁定钢板和髓内针是最常用的内固定方式。肩关节置换术适用于难以复位或固定的严重粉碎骨折及骨质疏松患者，对存在严重肩袖损伤的患者，需要选择反式肩关节置换术。

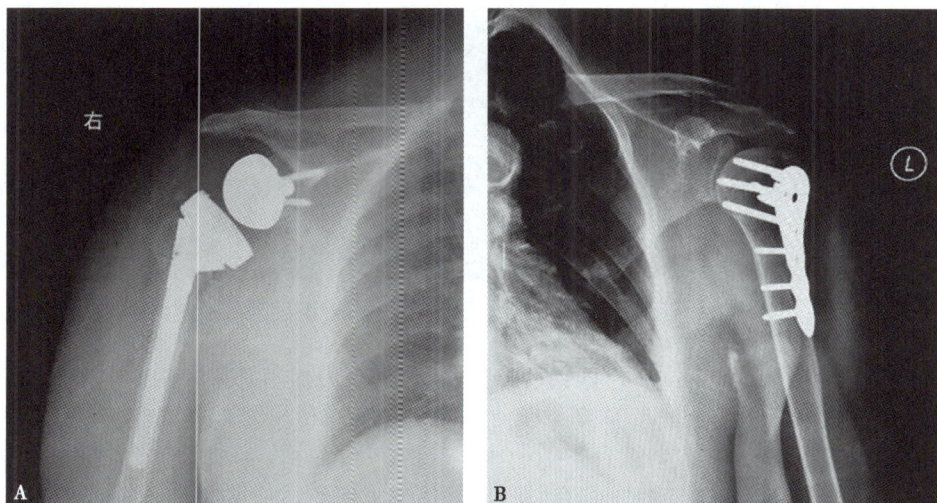

图3-9-28　肱骨近端骨折行反式肩关节置换术（A）及锁定钢板内固定术（B）

一、诊断

【问题 1】 结合患者的病史及查体，考虑初步诊断是什么？需进一步完善哪些检查以明确诊断？

患者老年女性，低能量损伤致左腕关节疼痛，查体银叉样畸形和枪刺样畸形、活动受限伴疼痛，左腕压痛并可及骨擦感，初步诊断左侧桡骨远端骨折。

腕关节正侧位 X 线片是首选的影像学检查，可以判断骨折的部位和移位程度，同时可以判断是否合并腕骨损伤，必要时进行 CT 检查。

二、治疗

【问题 2】 桡骨远端骨折的分型和治疗原则？

根据骨折的位置及移位方向可以将桡骨远端骨折简单地分为 Colles 骨折、Smith 骨折及 Barton 骨折。Colles 骨折是指远折端向背侧及桡侧移位，可见银叉样畸形及枪刺样畸形；Smith 骨折与之相反，是指远折端向掌侧移位；Barton 骨折是指桡骨远端关节缘的骨折，伴有桡腕关节半脱位，骨折稳定性差。此外，桡骨远端骨折的分型系统众多，如 Frykman 分型、Melone 分型、AO 分型、通用分型等。

闭合复位石膏固定是老年桡骨远端骨折首选的治疗方案（图 3-9-29）。先进行闭合复位，然后根据骨折类型选择恰当的石膏或支具固定。对于年老体弱、合并症多的患者推荐在臂丛麻醉下进行复位，以减轻疼痛刺激。定期复查骨折是否出现继发移位，及时调整，通常在 4～6 周后可以拆除外固定进行功能锻炼。

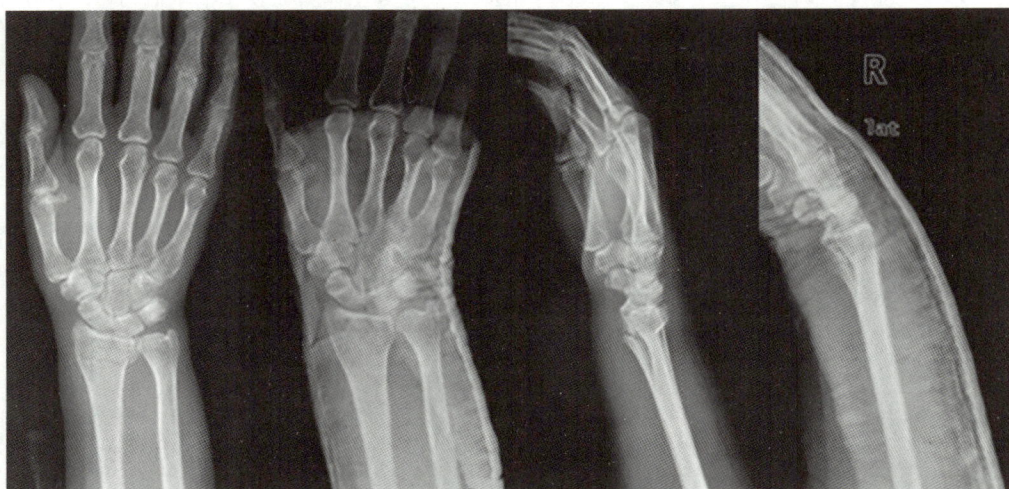

图 3-9-29　桡骨远端骨折行闭合复位石膏固定前后 X 线片对比

如果闭合复位后骨折的位置不满意，或者在随诊过程中骨折发生再移位，可以考虑手术治疗。判断骨折复位的指标包括掌倾角、尺偏角、桡骨高度、尺骨变异、关节面移位程度。通常将以下标准作为不能接受的复位标准：桡骨短缩>5mm，桡骨远端背倾>10°，桡骨远端尺偏<15°，关节面台阶>2mm。要注意对这一标准仍存在争议。对于一般情况差、受伤前活动量少、功能要求低的高龄患者，复位可接受的范围可以适当放宽。

手术治疗方案包括闭合复位经皮固定术或切开复位内固定术，其中切开复位掌侧锁定钢板固定（图 3-9-30）为首选。克氏针加石膏固定是经济微创的手段，外固定架结合克氏针也可取得相对满意的治疗结果，但针道感染是其主要的并发症。切开复位内固定可以提供稳定的骨折固定，允许关节早期活动，患者也可尽早恢复日常生活，尤其适用于保守治疗过程中骨折再移位的患者，其中固定角度的掌侧锁定钢板优于其他的内固定方式。

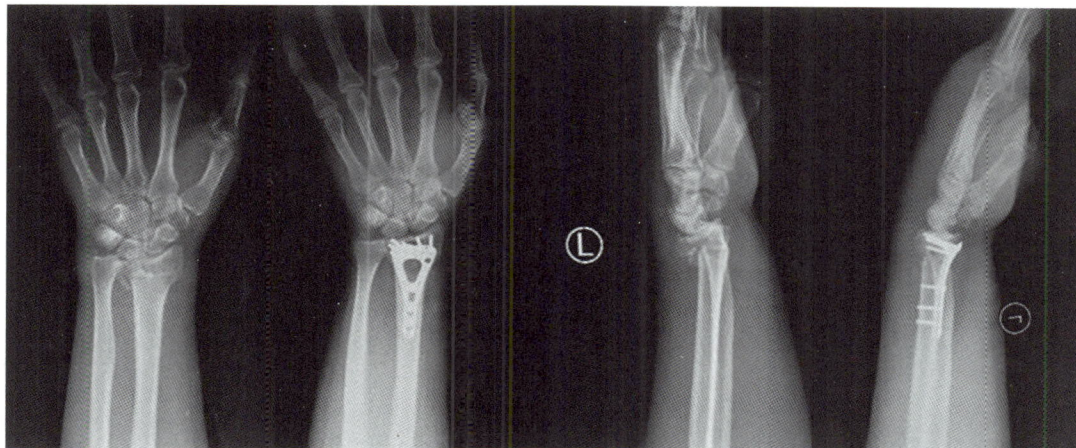

图 3-9-30　桡骨远端骨折切开复位内固定治疗

三、脆性骨折后再骨折的预防

【问题 3】　发生脆性骨折后，如何预防再次骨折？

对于已经发生脆性骨折的患者，再骨折的风险较未发生脆性骨折的患者显著增高。因此在治疗骨折的基础上，需要进行再骨折的预防。大量研究表明再骨折预防能提高患者的生活质量，且具有很高的卫生经济学价值。

对脆性骨折患者应进行骨质疏松的评估和治疗。双能 X 射线吸收测定法（DXA）是测量骨密度的常用手段，根据患者骨密度与年轻成年人参考人群的骨密度之间的差值计算 T 值，$T \geqslant -1.0$ 为正常，T 值在 $-1.0 \sim -2.5$ 之间为骨密度减低，$T \leqslant -2.5$ 为骨质疏松。进行治疗前需要鉴别继发性骨质疏松症。抗骨质疏松治疗包括均衡膳食、适当运动、充足日照等一般措施，补充维生素 D、钙剂的基础治疗以及抗骨质疏松药物治疗。抗骨质疏松药物包括骨吸收抑制剂、促骨形成制剂及其他机制类药物。骨吸收抑制剂（如双磷酸盐、降钙素、雌激素、选择性雌激素受体调节剂等）通过抑制破骨细胞功能、减少破骨细胞数量、减少骨丢失来预防骨质疏松的进展。促骨形成制剂（如甲状旁腺激素类似物）通过提高成骨细胞活性、促进骨形成来增加骨密度和改善骨质量。其他机制类药物包括锶盐、中药等。

对脆性骨折患者应进行跌倒的评估和预防。这包括识别跌倒相关的危险因素并进行纠正、针对老年人群进行预防跌倒的健康宣教、改善老龄人的基础情况及居住环境等，这都有助于预防跌倒的发生并降低脆性骨折的风险。

（杨明辉）

推荐阅读资料

[1] MELTON LJ，CROWSON CS，O'FALLON WM. Fracture incidence in Olmsted County，Minnesota：comparison of urban with rural rates and changes in urban rates over time. Osteoporos Int，1999，（9）：29-37.

[2] JOHNELL O，KANIS JA. An estimate of the worldwide prevalence and disability associated with osteoporotic fractures. Osteoporos Int，2006，17：1726.

[3] SI L，WINZENBERG TM，JIANG Q，et al. Projection of osteoporosis-related fractures and costs in China：2010-2050.

Osteoporos Int，2015，26（7）：1929-1937.

[4] 中国老年学和老年医学学会骨质疏松分会. 中国老年骨质疏松症诊疗指南（2018 版）. 中国骨质疏松杂志，2018，24（12）：1541-1567.

[5] 中华医学会骨质疏松和骨矿盐疾病分会. 原发性骨质疏松症诊疗指南（2017）. 中华骨质疏松和骨矿盐疾病杂志，2017，10（5）：413-444.

[6] 中国老年医学学会骨与关节分会创伤骨科学术工作委员会. 老年髋部骨折诊疗专家共识（2017）. 中华创伤骨科杂志，2017，19（11）：921-927.

第十章 晚发性精神病

学习要求

1. 掌握痴呆的精神行为症状（behavioral and psychological symptoms of dementia，BPSD）的治疗原则。
2. 掌握晚发性精神分裂症及晚发性双相障碍的临床特点及鉴别诊断。
3. 熟悉常见的 BPSD 症状及其与不同痴呆类型的关系及治疗 BPSD 的常用药物。
4. 熟悉晚发性精神分裂症使用抗精神病药物的注意事项。
5. 熟悉晚发性双相障碍与躯体疾病的关系及其治疗原则。
6. 了解 BPSD、晚发性精神分裂症的病因与发病机制、BPSD 的心理支持和行为干预措施。
7. 了解晚发性精神分裂症及晚发性双相障碍的预后。
8. 了解晚发性精神分裂症及晚发性双相障碍特别注意排除哪些可能的躯体原因。

晚发性精神病（late-onset psychosis）系指老年期首次发作或出现的以精神病性症状为主要表现的精神障碍，临床表现以幻觉、妄想、严重行为紊乱或严重情感障碍为主，常见有老年偏执性精神障碍、晚发性精神分裂症、晚发性情感障碍、老年谵妄、BPSD 以及脑外伤、脑炎、癫痫等所致精神障碍。相比年轻时期首次发作的精神病性障碍，晚发性精神病与遗传因素的关系相对较少，而与脑实质病变即器质性因素关系密切，也与老年期的心理、人格特征有关。在前述的章节中，对谵妄、老年抑郁与焦虑已有描述。本章将以临床常见的 BPSD、晚发性精神分裂症及晚发性双相情感障碍分别进行案例分析。

第一节 痴呆的精神行为症状

临床病例

患者，女性，83 岁。

主诉：记忆力减退 4 年余，加重伴反复上厕所、睡眠差 4 个月。

现病史：患者大致从 4 年多前逐渐出现记忆力下降，经常找不到东西，到冰箱前不知道该拿什么，日渐加重，多次在厨房做菜忘记关火导致烧焦，学习新事物的能力下降，学不会做新的菜式，觉得自己脑子明显不如以前。但子女认为以前发生的事情都记得清清楚楚，因此不认为有病。2 年前起，患者记忆下降明显加重，说话常常停顿，找不到词，表达困难。日常生活受影响，出门找不到路，家里的存折反复报失。1 年多前外院曾诊断为"阿尔茨海默病"。近 4 个月来，患者变得越来越紧张，整天担心自己的大小便，反复上厕所，甚至一个晚上要上几十次，家人反复劝说无用。因照护困难，故来院门诊。

既往史：否认化学品、毒物接触史；否认糖尿病、心脏病等重要脏器疾病；否认手术外伤史。

个人史：初中毕业，从事纺织厂工作，能力一般，已退休；已婚，育有 3 子女，家庭关系和睦；病前性格内向、急躁。

家族史：否认二系三代有精神疾病史。

体格检查：无明显阳性体征。

辅助检查：外院颅脑 MRI 显示，双侧半卵圆中心、侧脑室旁脑白质轻度脱髓鞘改变，老年性脑改变。

门诊检查：血常规、肝肾功能、叶酸、维生素 B_{12}、TPPA 均正常。

精神检查：觉醒状态，表情急躁，反复想往外走，显得坐立不安。接触欠合作，言语简单，称要上厕所（家属反映刚刚上好厕所过来）。思维内容简单，认知检查中，近事记忆差，不记得早餐内容，手指命名欠佳，叫不出"无名指"和"食指"，计算力差，100连续减7答对2题，简明智力状态检查（MMSE）测验得分为12分，自知力无。

一、初步诊断

该患者为老年女性，以记忆力下降为首发症状，缓慢发展，进行性加重，认知功能全面下降，明显影响了日常生活功能，结合辅助检查和精神检查，符合阿尔茨海默病（AD）的诊断。另外，该患者近4个月来出现明显的精神行为异常，表现反复上厕所及过度焦虑，严重影响患者和家属的生活质量，需考虑合并诊断痴呆的精神行为症状（behavioral and psychological symptoms of dementia，BPSD）。

几乎所有痴呆患者在病程中都表现有精神行为症状，一般称为BPSD。BPSD可出现在痴呆病程中的任何阶段，是痴呆临床治疗的重点和难点。BPSD给患者、家属和照料者造成许多心理痛苦，影响他们的生活质量；加重患者的认知和社会生活功能障碍；使患者早期住院治疗，增加医疗费用和护理负担。因此，正确认识和治疗BPSD是老年科医生的基本临床能力。

【问题1】 BPSD的病因与发病机制?

不同类型的痴呆患者都可表现有精神行为症状，除了上述的阿尔茨海默病型痴呆外，额颞叶痴呆、路易体痴呆、血管性痴呆等均可以有BPSD的表现。其中，额颞叶痴呆和路易体痴呆的精神行为症状更为突出，有时成为主要临床症状。

BPSD的发生与脑器质性病变、认知功能损害和社会心理因素有关。脑器质性病变是精神行为症状的主要原因。尽管不同原因痴呆的病损特点各有不同，但都可能损害与精神行为密切相关的神经元或神经通路。有些精神行为症状可能是认知功能损害导致的后果，系继发性症状。例如，由于记忆力下降，记不住物品的收藏位置，而怀疑别人偷窃；由于失认而猜疑配偶或家属的身份等。另外，容易被临床忽视的是临床前或轻度痴呆患者在疾病早期意识到自己的记忆力和工作学习能力日渐下降时，可引起一系列的心理反应，出现失眠、焦虑、抑郁等症状。

【问题2】 常见的BPSD症状有哪些?

不同程度和阶段的痴呆患者可表现不同的BPSD症状。如早期痴呆患者的BPSD可仅表现为焦虑、抑郁等情绪，而中重度患者则出现明显的情绪、行为紊乱，病情发展至基本生活完全不能自理，大小便失禁时，BPSD会逐渐平息和消退。BPSD的表现多种多样，常见症状如下：

1. 妄想　认为物品被窃或被藏匿是最常见的妄想。严重时确信有人入室偷窃，并倾听或与偷窃者对话。患者的妄想往往不系统、结构不严密，时有时无。

2. 幻觉　各种幻觉都可出现，但以视幻觉多见。常见的视幻觉是看见偷窃者或入侵者，看见死去的亲人等。偶尔，在没有视幻觉的情况下可听到偷窃者或死去的亲人说话，也可有其他言语性幻听。嗅幻觉和味幻觉较少见。

3. 情感障碍　大约1/3的患者伴有抑郁。在痴呆的早期可能主要是反应性抑郁。尽管痴呆患者抑郁症状比较常见，但真正符合抑郁发作标准的患者比较少，尤其是中重度患者。另外，焦虑症状在轻度痴呆时比较常见，患者可能担心自己的工作能力和生活能力，还可能担心自己的钱财、健康、生命等。少数患者可见情绪不稳、易怒、激惹、欣快等情感障碍。痴呆较重时，情感平淡或淡漠日趋明显。

4. 攻击行为　包括语言攻击和身体攻击两类。最常见的攻击行为是骂人、违抗或抗拒为其料理生活，使得洗澡、穿衣等非常困难。其他攻击行为有咬、抓、踢等。虽然患者可出现多种攻击行为，但造成严重伤害的事件少见。

5. 活动异常　因认知功能下降，可出现多种无目的或重复的活动，例如反复搬移物品，反复收拾衣物，将贵重物品收藏在不恰当的地方。有些患者收集垃圾或废物。不少患者出现"徘徊症"（wandering），表现为整天不停漫步，或跟随照料人员，或晚间要求外出等。有些患者表现活动减少、呆坐，有时描述为意志缺乏。少数患者有尖叫、拉扯和怪异行为。怪异行为有时与患者的病前职业或业余爱好有关。

6. 饮食障碍 主要表现为饮食减少、体重减轻。大部分中晚期患者有营养不良。也有一些患者饮食不知饱足，饮食过多，导致体重增加。还有极少数患者出现嗜异食，吃一些通常不吃的东西。

7. 生物节律改变 正常老年人睡眠时间有减少，慢波睡眠减少和白天疲劳。痴呆患者的这些变化可能特别明显，表现为晚上觉醒次数增加。随着病情的进展，眼快动睡眠减少，白天睡眠增加，最后睡眠节律完全打乱，表现为白天睡觉，晚上吵闹。患者的行为异常在傍晚时更明显，称为日落综合征（sundown syndrome）。

8. 性功能障碍 男性患者常有性功能减退。偶尔，患者可有不适当的性行为和性攻击。

不同痴呆亚型的常见 BPSD 特点详见下表（表 3-10-1）。

表 3-10-1 不同痴呆亚型的 BPSD 特点

痴呆亚型	BPSD 常见临床表现
阿尔茨海默病	淡漠、易激惹、抑郁、幻觉、妄想、激越、游荡、尾随等
血管性痴呆	抑郁、情绪不稳、淡漠
额颞叶痴呆	脱抑制、冲动、刻板、强制性行为、性活动、破坏增多、淡漠
路易体痴呆	视幻觉、睡眠行为障碍、激越、妄想和淡漠
帕金森病痴呆	抑郁、幻觉
克 - 雅病	睡眠紊乱、幻觉、抑郁

注：BPSD，痴呆的精神行为症状。

二、治疗及预后

针对患者 BPSD 比较明显，严重影响患者本人及家人生活质量的情况，需要使用促认知药物合并小剂量的抗精神药物治疗以控制症状。需要注意的是，对 BPSD 使用抗精神病药物需在治疗前对家属做好知情同意，告知抗精神病药物对老年人可能会有一定不良反应及相关风险。对于该患者，治疗方案如下：第一周：盐酸美金刚片 5mg，每日 1 次，喹硫平 12.5mg，每晚 1 次，吵闹稍有减少，睡眠时间改善；第 2 周：盐酸美金刚 10mg 每日 1 次，喹硫平 25mg，每晚 1 次；第 3 周：盐酸美金刚 15mg，每日 1 次，喹硫平 50mg 每晚 1 次，患者反复夜间上厕所的行为基本改善，白天情绪稳定，基本不吵闹。第 4 周起：盐酸美金刚片 20mg 每日 1 次，喹硫平维持 50mg 每晚 1 次，家属表示满意。

【问题 3】 BPSD 的治疗原则？

BPSD 的管理应遵循个体化原则，贯穿痴呆的全病程，即从无症状期的预防直至严重行为紊乱的干预。目标为减轻或缓解症状强度或频率、减少照料者负担，改善患者及照料者生活质量。

在促认知治疗的基础上，遵循以下原则：①首先应对老年人的精神症状进行评估，首选非药物干预，只有当非药物干预无效或者 BPSD 严重影响患者的生活，影响治疗依从性，难以服从照料或者存在紧急情况或安全问题时才使用精神药物治疗；②如果必须用药，应注意个体化用药的原则；③选择恰当的药物，给予适当的剂量，起始剂量和增加剂量要小，缓慢加量，治疗剂量一般为年轻人剂量的 1/5～1/3；④避免合并用药；⑤避免随意减量、停药和加量；⑥用药安全第一，根据药物的不良反应来选择药物，尽可能选用不良反应少的药物。此外，BPSD 的管理需要多学科团队密切协作，并且还需要为照护者提供必要的教育和心理支持。

【问题 4】 治疗 BPSD 的药物有哪些？

治疗 BPSD 的药物主要有促认知药、抗精神病药、抗抑郁药、抗焦虑药。

1. 促认知药（cognitive enhancer） 主要包括胆碱酯酶抑制剂和谷氨酸受体拮抗剂，均为经过严格临床试验证实能改善阿尔茨海默病的认知功能的药物。认知功能改善同时，对精神行为症状也有改善作用，应作为基础用药。

2. 抗精神病药 对于严重的精神病性症状，可以考虑使用抗精神病药。考虑到老年人的耐受性和药物的不良反应，目前临床多选择使用第二代抗精神病药，其中利培酮、奥氮平和喹硫平是近 20 年来才用于临床的抗精神病药。

尽管第二代抗精神病药物副作用相对较小，发生率较低，但老年使用仍需要注意观察和评估：锥体外系反应和迟发性运动障碍可能加重患者的失用症状和原有的帕金森综合征；抗胆碱能副作用可加重认知功能缺损及原有的心脏疾病；过度镇静和直立性低血压易使患者跌倒及骨折。其中利培酮、奥氮平和喹硫平的推荐起始剂量为分别为 0.25～0.5mg/d、1.25～2.5mg/d 和 12.5～25mg/d，可根据病情缓慢增加剂量。对于高龄（通常为 85 岁以上）老人应从更小的剂量起始。

目前所有抗精神病药物的适应证中均不包括 BPSD，美国 FDA 对第二代抗精神病药和第一代抗精神病药用于 BPSD 发布了黑框警告。但美国、欧盟和中国的痴呆诊治指南还是有条件地推荐非典型抗精神病药治疗痴呆的精神病性症状。对于中重度痴呆患者 BPSD 严重而又缺乏其他有效治疗手段时，仍可选用第二代抗精神病药。临床医生在处方抗精神病药时需要权衡治疗获益与不良事件风险，应遵循小剂量起始，根据治疗反应以及不良反应缓慢逐渐增量的原则使用。

3．抗抑郁药　伴抑郁的痴呆患者即使不符合重性抑郁诊断标准也应考虑药物治疗。选择性 5- 羟色胺再摄取抑制剂（SSRIs）比较适合老年患者使用。需注意这类药的不良反应，如胃肠道不适、激越、失眠、静坐不能、震颤、性功能障碍和体重减轻等。相对而言，舍曲林和西酞普兰对肝脏 P450 酶的影响较小，安全性要好些。

4．抗焦虑药　苯二氮䓬类药物如阿普唑仑、劳拉西泮等主要用于焦虑、激惹和睡眠障碍的治疗。用于老年人的不良反应很常见，如思睡、头晕、共济失调、记忆障碍、呼吸抑制、耐药、成瘾、撤药综合征、增加跌倒风险等，临床上尽量减少剂量、谨慎使用。尤其氯硝西泮，其过度镇静作用明显，且有较高的跌倒风险和认知影响，不建议临床使用。

> 2 个月后患者及家属来到门诊随访，家属反应患者睡眠有增多现象，白天有时有思睡，情绪症状明显改善，态度和善，夜间睡眠好。考虑随着病情变化，需要及时调整药物，减少镇静作用药物的剂量，故喹硫平逐渐减量至 25mg 每晚 1 次，盐酸美金刚 20mg 每天 1 次不变。告知家属多关注患者本身的需求，增加沟通交流以便改善情绪，如照料者可以和患者多翻看老照片，遇到患者"做错事"的时候以和善的态度沟通。之后一个月门诊随访时家属表示目前睡眠、情绪均良好，无明显不良反应。

【问题 5】 BPSD 患者抗精神病药物是否需要长期服药，剂量不变？

对于 BPSD 患者，不管使用什么药物治疗，都必须对疗效进行认真评价并酌情调整药物。在治疗过程中，依病情变化和药物不良反应相应地增加或减少剂量，更换药物或停药。尤其在老年患者出现急性的躯体疾病变化，如肺部感染，脑血管意外等情况下，需要立即停用抗精神病药物。如患者合并有癫痫发作，需停用所有促认知药物，并予抗癫痫药治疗。

【问题 6】 如何对 BPSD 患者进行心理支持和行为干预？

不同程度的 BPSD 患者进行的非药物干预手段和侧重点不同。对于轻度 BPSD 的患者，应多进行沟通交流，转移患者注意力到感兴趣的话题，切忌争论。适当的行为干预如鼓励患者讲述愉快的经历，使患者尽量处于愉快的体验中也能缓解患者的轻度抑郁症状及某些攻击行为。护理人员应尽量以温柔的态度和通俗易懂的语言和患者进行交流，适当的采用触摸方式，如抚摸手背、触摸肩头等使患者感到被重视、且有舒适感。同时，一些音乐、艺术、运动类的趣味活动可以有效减轻痴呆患者的某些心理行为症状。中重度痴呆患者对环境的适应能力较差，尽可能保持日常活动安排的一致性，防止频繁变换日程安排，使 BPSD 恶化。

总之，BPSD 的诊疗过程中应同时关注生物、心理、社会因素在症状发生发展中的影响，加强全面评估，实施个体化干预原则。

第二节　晚发性精神分裂症

临床病例

患者，女性，65 岁。

主诉：猜疑、紧张 5 年，凭空闻声、冲动毁物 4d。

现病史：5 年前患者邻居的丈夫因癌症去世，患者渐感到邻居看自己的眼神时变得奇怪，凭空听见邻居在背后说，其丈夫生病是她的"眼睛"看出来的，怀疑邻居在背后挑拨其他邻居与她的关系，日渐加重，认为周围人都在背后说她坏话。2019 年除夕晚上，患者感觉邻居对她使坏，被踢了一下，故冲出家门将邻居家的玻璃台面砸坏。此后 3d 不时敲打邻居家门，吵闹不停，甚至拿刀在邻居家门口徘徊。经居民报警后，患者在警察的协助下送院急诊，拟诊精神分裂症入院。

既往史：糖尿病 10 年；否认其他严重躯体疾病史。

个人史：初中毕业，能力一般，任煤气公司抄表员。50 岁退休，家庭关系和睦，未养育子女。否认烟酒史。病前性格：外向敏感。

家族史：否认二系三代精神异常史。

体格检查：心率 82 次/min，呼吸 18 次/min，血压 135/85mmHg，神经系统体征阴性。

入院后辅助检查：颅脑 MRI 示①脑内多发缺血灶；②脑萎缩；③双侧侧脑室体周围脑白质疏松；空腹血糖示 8.6mmol/L；肝肾功能、电解质、血脂均正常，甲状腺功能、血叶酸、维生素 B_{12} 正常，尿毒品筛查结果阴性。

精神检查：意识清楚，仪态整，接触尚合作，面部表情略紧张，情绪显激动，可引出言语性幻听、机械性幻听，称"我知道就是他们在我背后说的坏话""经常听到有人在敲我家门，就是他们弄的"，存在思维逻辑障碍、被害妄想，称"你表面上看不出来，实际上都在欺负我，与其他人一起讲我""后来她老公因癌症病亡，就说是我看坏的，说我是精神病"。患者情绪较激动，称为过去的事情愤愤不平，"窝在心里，恨在心里，我要报仇"。认知功能检查显示，定向好，言语流畅，近事及远事记忆尚好，命名可，简单的计算和常识均可，执行功能无明显异常，简明智力状态检查（MMSE）得 27 分，自知力无。

一、初步诊断

患者为老年女性，老年期首次出现明显的精神病性症状，以言语性幻听、被害妄想以及伴发的冲动吵闹行为为主要表现。患者的情绪症状与思维内容相协调，并未发现明显的情绪低落或自我评价高等表现，也未及认知缺损症状。结合病史、精神检查、辅助检查，考虑诊断为晚发性精神分裂症。

精神分裂症（schizophrenia）是一种常见的重性精神病，以思维、情感和行为的互不协调为主要特征，严重影响患者本人和家属的生活质量，也给社会带来沉重的经济负担。此病多在青壮年发病，但随着老龄化社会的到来，晚发性精神分裂症日益受到人们的重视。对于晚发性精神分裂症尚无一致认可的定义。美国精神疾病诊断分类系统第 3 版修订版（DSM-Ⅲ-R）将 45 岁以后发病的精神分裂症称为晚发性精神分裂症（late-onset schizophrenia）。近年来国外一些研究者又提出另一个新的名词即超晚发性分裂样精神障碍（very late-onset schizophrenia-like psychosis），其定义为发病年龄≥60 岁，无明显认知损害症状的一组以分裂样精神病性症状为主要表现的精神障碍。鉴于老年人特殊的生理、心理状况，首次发作于老年期的精神分裂症与青壮年起病者在起病因素、临床表现和预后转归等方面确有诸多不同，是精神分裂症的一个特殊亚型。

【问题 1】　晚发性精神分裂症的常见病因与发病机制？

多数学者认为精神分裂症是遗传因素和环境因素相互作用的结果。总体而言，晚发性精神分裂症的病因与年轻患者无本质性差异。但是老年人某些特有的内、外环境因素，如躯体疾病、社会处境、性格、遗传等会增加患病的易感性。

1. 遗传因素　晚发精神分裂症有一定的遗传倾向，但显然低于青年期发病的精神分裂症。一项包括 148 例 50 岁以后发病的精神分裂症遗传学研究发现，其同胞中精神分裂症的预期患病率是 2.5%，高于普通人群的约为 1% 的比例，但低于年轻精神分裂症患者同胞中 10% 的预期患病率。

2. 环境中的生物学因素　精神分裂症的发生，除遗传因素在病因中起重要作用外，躯体疾病的影响如老年人的感觉损害也是本病病因学研究的重要方面。既往研究发现，感觉器官损害如慢性耳聋、视觉损害，在一定程度上可导致幻觉和妄想的产生。视听能力的损害，加重了社会孤独，造成与社会隔绝，促使本来有分裂样性格的人易患精神分裂症。

3. **社会心理因素** 晚发性精神分裂症患者病前常有很多社会心理因素,其中有些因素是老年期特有的,如离退休,经济、社会和家庭地位的下降,丧偶与子女分离等。这些因素可成为精神分裂症的促发因素。

4. **人格特征** 大多数晚发性精神分裂症患者的个性是健全的,但有些患者倾向于偏执性或分裂样性格。偏执性人格的特点是猜疑,对挫折极端敏感,关注于别人如何评价自己。他们倾向于对人不信任,怀有敌意,谨慎小心,适应能力差。有些学者认为,个性异常是偏执性疾病的基础。

【问题2】 晚发性精神分裂症的临床表现有哪些特点?

与青壮年期起病的精神分裂症相比,晚发性精神分裂症在起病形式、主要症状、药物疗效和预后等方面都有一定的特点。

1. **起病方式及早期症状** 晚发性精神分裂症以慢性起病为多。急性起病者大多有明显的精神因素存在。缓慢起病者早期症状主要表现为以往性格特征的突出,并有一些神经症症状,可有多疑、易激动、睡眠障碍、衰弱、躯体不适和不明确的疼痛,随着病情发展而出现幻觉和妄想。

2. **症状表现**

(1)情感障碍:晚发性精神分裂症常伴有明显的焦虑、抑郁、紧张等情感症状。这与老年人的心理特征,特别是情绪改变密切相关。老年人因健康、社会经济地位等方面的改变,容易产生消极悲观的情绪,而且机体功能衰退,产生感觉异常,导致紧张、焦虑的发生。另外,有些患者以情感障碍为首发症状,然后才出现妄想,有的患者则是在幻觉、妄想影响下出现恐惧、愤怒、焦虑、烦躁等情绪反应。少数患者可有类似躁狂的喜悦和愉快症状。晚发性病例出现情感淡漠和情感迟钝者较少。

(2)思维障碍:晚发性精神分裂症具有突出的妄想症状,往往构成患者的主要症状。妄想可作为首要症状出现,也可继发于幻觉。妄想在初期可能是一过性的,突然发生,不久又消失。随着病程的进展,妄想变得持久而恒定。妄想与幻觉在内容上往往是一致的。

妄想的内容一方面与年龄老化相关病变有关(如基于遗忘的被偷窃妄想,基于躯体不适的疑病、虚无妄想等),另一方面与日常生活经历有关(如被害妄想、嫉妒妄想等)。妄想的对象多为亲属及周围较熟悉的人。内容并不十分脱离实际,部分内容较荒谬的妄想,如详细追问则发现或多或少可以用老年人以往的生活经历来解释。常见的妄想种类有被害、关系、被偷窃、疑病、嫉妒、虚无妄想等。晚发性精神分裂症妄想的思维逻辑多不严密,一般不出现思维破裂、思维中断,思维贫乏或其他形式的思维障碍。

(3)感知障碍:幻觉症状很常见,其中又以听幻觉最常见,其内容多涉及质问、威吓、残害、嘲弄等,夜间较多。在幻听的基础上可出现各种内容的妄想。另外幻视、幻嗅、幻触及感知综合障碍也较常见。

(4)意志和行为障碍:较一般病例轻微。一般人格保持良好,情感反应比较适切,能很好地与周围人相处。不少患者,如不涉及妄想内容,很难发现其是精神患者。

(5)认知障碍:许多晚发性精神分裂症患者认知障碍较明显,但与阿尔茨海默病不同的是,他们的认知损害没有进行性衰退的特点。

【问题3】 晚发性精神分裂症需要与哪些疾病鉴别?

1. **器质性精神障碍** 具有精神病性症状的老年患者在鉴别诊断时首先要排除器质性精神障碍。许多神经系统疾病、躯体疾病(如内分泌疾病、神经系统疾病、维生素缺乏、血管性疾病等)均可表现为类似精神分裂症的临床相。这些患者多有明显的脑器质性疾病的症状和体征,妄想观念多为短暂片段,且在起病时间上与器质性疾病密切相关。仔细的躯体检查、神经系统检查和实验室检查将有助于鉴别诊断。必要时可进行 CT、MRI、EEG 等检查。

2. **情感性精神病** 这也是老年人常见的精神疾病。国内资料表明,老年期情感性精神病的患病率为 0.34%,且随着年龄增高,发病倾向增加。老年期情感性精神病不论在躁狂相还是在抑郁相,均可出现猜疑症状,有时很难与晚发性精神分裂症相鉴别。当以情感症状为前驱表现且疾病具有周期性发作特点时,应考虑情感性精神病的诊断。

3. **老年期偏执性精神病** 这是与晚发性精神分裂症极易混淆的一种疾病。偏执性精神病的特点是,妄想是最突出或唯一的临床征象,缺乏其他精神病理改变;可间断出现抑郁症状,但没有心境障碍时妄想仍持续存在;没有或偶有幻听,无精神分裂性症状;妄想系统、固定,其内容和出现时间常与患者的生活处境有关;除了与妄想直接有关的行为和态度外,情感、语言和行为均正常。发生于老年期的偏执性精神病,初次发病于60岁之后,以日益明显的猜疑为主,内容多与性问题有关,怀疑配偶不贞而引起婚姻纠纷,埋怨子女不孝而破坏骨肉恩情，责怪兄弟不义以致诉讼不休，怀疑邻居偷窃而致打架斗殴。这种妄想持久而难以动摇。患者意识清晰，人格相对保持完整，极少有幻觉，疑病性诉述也不多，外表整洁，与陌生人初次相遇，人们很难相信他是一个精神异常的人。这部分患者表面上似呈亚急性发病，如详细追问病史，不难发现患者在发病前多年可能即存在心理挫折，行为趋向孤独，思维有细微变化。

4. 创伤后应激障碍 老年人容易遭受丧偶、亲人离散、罹患重病等生活事件。在精神创伤直接影响下发病的精神分裂症患者，在疾病早期思维和情感障碍均可带有浓厚的情感反应色彩，需要与创伤后应激障碍相鉴别。但随着病情的发展，精神分裂症患者的妄想内容离精神因素愈来愈远，日益脱离现实，在结构和逻辑推理上愈来愈荒谬。患者不主动暴露内心体验并缺乏相应的情感反应。创伤后应激障碍患者的情感反应鲜明强烈，症状始终与应激事件密切相关。精神症状随着精神刺激的解除而逐渐减轻、消失，病程一般不超过半年。

二、初步治疗

根据精神分裂症全病程治疗的要求，急性期治疗首先要缓解该患者的阳性症状，控制其敌意和攻击行为，本案例给予抗精神病药物利培酮片，起始剂量0.5mg，每日2次，3日后加至1mg，每日2次，患者激动情绪明显改善，幻听减少，2周后加至1.5mg，每日2次。

【问题4】 晚发性精神分裂症的治疗原则？

精神分裂症是慢性反复发作的迁延性疾病，它的自然病程决定了其治疗应该是长期的全病程治疗，以改善预后，减少复发。根据疾病不同阶段基本原则如下：①急性期治疗，减轻急性症状（包括阳性及阴性症状），减少不良反应，保存认知功能；②巩固期（恢复期）治疗，减少不良反应，提高依从性，降低复发率；③维持期（康复期）治疗，维持治疗2～3年（多次复发患者需要更长时间），加强对患者及家属的心理治疗，帮助患者认识疾病复发的先兆症状，帮助患者了解药物的治疗作用和不良反应，提高依从性。临床医生应制定一个长期治疗计划，以减少复发风险，监测并降低不良反应的程度，控制残留症状。

【问题5】 晚发性精神分裂症使用抗精神病药物的注意事项有哪些？

抗精神病药物对晚发性精神分裂症同样有良好的治疗和预防复发作用，但由于老年人的特殊生理状态，在用药方面又有其自身的特点，在药物选择、剂量调整以及不良反应的监测方面需格外注意。

1. 药物的选择 抗精神病药物种类繁多，目前尚未发现不同种类抗精神病药的疗效有明显差异。因此，选择药物的主要根据是药物的不良反应，要考虑患者的躯体情况能否耐受该不良反应，弄清患者是否合并躯体疾病而需服用其他药物，这些药物与抗精神病药物是否有相互作用等。目前第二代抗精神病药利培酮、奥氮平、阿立哌唑和喹硫平，能有效地治疗精神分裂症的阳性症状，还能有效地治疗阴性症状，如情感平淡、思维贫乏、社会退缩等，而且不良反应小，锥体外系反应轻微，可作为老年患者的首选药物。尽管如此，仍需要注意这些药物的不良反应，包括锥体外系反应，过度镇静，直立性低血压，抗胆碱能作用，迟发性运动障碍等，在治疗过程中要定期检测血常规、肝功能、心电图等。

2. 药物剂量的调整 首次发病或缓解后复发的患者，抗精神病药物治疗力求系统和充分，以求得到较彻底的临床缓解。一般疗程为8～10周。但对老年患者，治疗目标要适当，若能实现症状的明显改善，便应视为达到治疗目的。因为有些症状，特别是某些妄想，很难彻底根除，盲目加大药物剂量并不能提高疗效，相反，往往增加了药物的不良反应，得不偿失。目前主张使用最小的有效剂量治疗。

老年患者用抗精神病药的开始剂量要小，一般不宜超过年轻患者起始剂量的1/4，并且应缓慢加量，一般有效剂量应为成人剂量的1/4～1/3。但少数老年患者需要与年轻患者同样的剂量才能奏效。老年患者抗精神病药的常用剂量见表3-10-2。

表3-10-2 抗精神病药用于老年人的剂量调整 单位：mg/d

药物	起始剂量	维持剂量	不良反应
氟哌啶醇	0.25～0.50	0.25～4	锥体外系反应（EPS）；迟发性运动障碍（TD）；恶性综合征（NMS）
阿立哌唑	5	2.5～15	头疼、激越、焦虑、失眠、嗜睡、静坐不能、体重增加、恶心、消化不良、便秘、呕吐

续表

药物	起始剂量	维持剂量	不良反应
氯氮平	6.25～12.5	6.25～400 缓慢滴定	粒细胞缺乏、恶性综合征、深部静脉血栓形成和肺栓塞、糖代谢紊乱、体重增加、血清肌酸激酶增高、血脂增高、癫痫、心动过速、意识模糊、镇静、头晕、流涎
奥氮平	2.5	2.5～15	直立性低血压、镇静、体重增加、糖代谢紊乱、血脂增高、抗胆碱能作用、震颤、失眠、静坐不能、TD、NMS
喹硫平	25，睡前	50～400，睡前	镇静、直立性低血压、头晕、激越、失眠、头痛、NMS
利培酮	0.25～0.5 睡前	0.25～3，睡前	直立性低血压、心动过速、心电图改变、头晕、头痛、镇静、静坐不能、焦虑、EPS、TD、NMS
齐拉西酮	20，2 次，与饭同吃	20～80，2 次，与饭同吃	EPS、嗜睡、头痛、头晕、恶心、静坐不能、恶心、QT 间期延长

3．药物不良反应的监测　老年人服用抗精神病药常见的不良反应有：①过度镇静，表现为倦怠及白天嗜睡；②锥体外系反应，表现为静坐不能、运动不能及帕金森综合征（运动迟缓、肢体强直、震颤三联征）。这种表现随着药物剂量的增加而出现，随着药物剂量的减少而缓解；③迟发性运动障碍（TD），是继发于抗精神病药治疗的舌、口、躯体及肢体的反复不自主运动。随着年龄的增加，TD 发生率增加。长期应用抗精神病药对 TD 的影响更大，10%～20% 的患者在应用抗精神病药一年或更长的时间后出现这种症状，但症状的出现与否似与血药浓度无关；④直立性低血压，多发生在夜间起床小便时，由于血压骤然降低而跌伤，也可因直立性低血压而诱发脑缺血或心肌缺血；⑤心脏方面的不良反应，可见心率异常、心肌收缩力减弱及心律失常；⑥抗胆碱作用，可致老人口干、便秘、尿潴留、大小便失禁和视力模糊；⑦老年人的皮肤似乎对抗精神病药更敏感，皮肤色素沉着率增加；⑧在用药期间还应监测老年人的吞咽情况，吞咽困难往往发生在肢体锥外系反应之前。

住院 1 个月后患者幻听消失，情绪稳定，仍对邻居有妄想，但有所动摇，称不会去和她搞了，要好好养身体，给予出院。出院时医嘱：①继续服用利培酮1.5mg 每日 2 次；②2 周后门诊随访；③对患者家属做好疾病宣教工作：告知门诊随访、长期服药的重要性；注意观察药物的不良反应；定期复查血常规、心电图等；如有不适及时来诊；告知家庭支持，尤其老伴的陪伴对患者的康复非常重要。

【问题 6】　晚发性精神分裂症患者也需要长期服药吗？

老年精神分裂症的治疗同年轻的患者一样需要经历急性期治疗、巩固治疗和维持治疗。在急性期精神症状控制后，宜继续用治疗剂量的抗精神病药持续治疗 1～3 个月，以巩固疗效。然后逐渐减量进行维持治疗。维持治疗一般不少于两年。这一阶段的抗精神病药物可以逐渐减量，以减至最小剂量而能维持良好的功能状态为标准。

【问题 7】　对于晚发性精神分裂症如何进行心理和社会支持？

支持性心理治疗，改善患者的社会生活环境以及为提高其社会适应能力而采取的康复措施，对老年患者的整体预后十分重要。

1．心理支持和社会环境安排　由于老年人特定的心理及环境因素，有必要重视心理、社会环境的治疗作用。应调动家庭和社会给患者提供心理援助以及生活上的帮助，消除其孤独感；应给予患者安全感、温馨感，药物治疗的同时辅以心理、工娱、音乐等各项治疗；帮助患者改善生活自理能力。

2．家属的心理教育　家庭成员对患者的不正确态度，生活中的不良心理应激均可影响疾病的预后或导致复发。对患者家庭进行心理教育（family psychoeducation）或对患者本人进行认知行为和社交技能训练综合治疗（CBSST）等，可减少来自家庭社会生活中的不良应激，降低复发率。

三、预后

【问题 8】　晚发性精神分裂症的预后如何？

一般起病较急、有明显诱因、病前性格无明显缺陷、家族遗传史不明显、病程为间断发作者预后较好。如能早期发现及治疗,多数可获得满意疗效,症状可及时控制。老年期首次发病的精神分裂症预后相对较好。国外的临床观察研究指出,晚发性精神分裂症预后良好的因素包括起病年龄晚、已婚、有职业、病程短、能长期服药、对治疗合作、病前无性格障碍。反之则预后不良,特别是有脑器质性损害者预后更差。

第三节　晚发性双相情感障碍

临床病例

患者,男性,74 岁。

主诉:情绪高涨,冲动、怪异言行 6 周。

现病史:患者 6 周前在公共场合被发现穿着 T 恤和短裤站在路边(当时室外温度为 5℃)大声喧哗,显得怪异被居民报警。警察与其沟通,发现患者态度敌对,脾气暴躁,且言语内容怪异,称自己有很多计划,要"赚大钱""有阴谋诡计""我要拯救中国",对警察态度轻蔑,称自己身体力强,警察打不过他,有冲动言语,但没有冲动行为。通知家属后在警察的协助下送院急诊。

急诊检查:血常规、生化常规、心电图、颅脑 CT 均未见明显异常。

既往史:冠心病 15 年,否认其他躯体疾病。否认脑外伤史。

个人史:退休教师,既往工作能力可。丧偶,3 年前妻子肺癌过世。育有一女,关系和睦。否认烟酒史。

家族史:否认两系三代精神异常史。

补充病史:患者既往情绪稳定,除了妻子过世后数月有一过性情绪低落,否认既往有其他明显情绪高涨或低落病史。否认既往精神异常史。

体格检查:生命体征平稳,无明显阳性体征。

精神检查:意识清楚,接触主动合作,面色潮红,滔滔不绝,声音洪亮,未引出明显的言语性幻听。情绪明显高涨,自称能力特别强,但否认有"超能力",自感"脑子反应特别快""比得上 20 多岁的小伙子"。言语内容有夸大,称"能拯救中国",有可疑被害妄想,感觉被迫害,思维反应速度快,言语增多,有时难以打断。无思维逻辑、思维属性障碍。认知功能与同年龄人相仿,无自知力。

一、初步诊断

患者为老年男性,首次出现明显的精神异常,有情绪高涨、言行夸大、自我感觉良好、睡眠需求减少、思维联想加快等躁狂表现。虽有被害的思维内容,但未达到精神分裂症的诊断标准。既往无明显情感障碍或精神分裂症病史。结合精神检查及辅助检查,考虑诊断为晚发性双相情感障碍。

晚发性双相情感障碍(late-onset bipolar disorder)通常是指 60 岁以上首次发作的双相情感障碍(以下简称"双相障碍")。但目前对于晚发性双相障碍的年龄划分并不明确,在文献报道中存在着不同的划分方法。比较宽泛的定义认为超过 50 岁就可以划入老年期双相障碍范畴,有的临床研究则将 55 岁作为划分点。研究发现,有超过 10% 的双相障碍患者的首发年龄在 50 岁以后。

【问题 1】　相比年轻患者,晚发性双相障碍的临床特点?

双相障碍的典型临床表现为"三高":情绪高涨或易激惹、思维奔逸、活动增多,和"三低"症状:情绪低落或兴趣减退、思维迟缓、意志活动减退,但这些特点在晚发型双相障碍中较青年少见。老年人的躁狂发作,往往以激惹性增高、傲慢、躁动、外跑、好管闲事为主要表现,虽然有情绪高涨,但缺乏感染性,偏执症状较多,妄想内容带有敌对性和迫害性;抑郁发作时,除抑郁症状之外,常伴有疑病症状,躯体化症状较为突出,消极自杀较为严重,思维内容常带有妄想性质,有时伴有认知功能的改变,表现与痴呆相似。值得注意的是,老年期双相障碍患者的死亡率高于老年抑郁症患者,需引起重视。

【问题 2】　需要与哪些疾病进行鉴别诊断?

老年出现的双相障碍的表现需要与老年谵妄、精神分裂症以及神经认知障碍伴发的精神行为异常等疾病鉴别。临床上对首次躁狂或抑郁发作年龄较大（如>50岁）的患者，应特别注意排除可能的躯体原因。需要结合患者的病史、体格检查，精神检查及辅助检查，尤其是脑影像检查以明确或排除大脑和躯体疾病。另外，值得注意的还有，许多药物可诱发（轻）躁狂症状。与躁狂发作相关的药物及神经系统疾病见表3-10-3。

表3-10-3　诱发躁狂或轻躁狂的器质性因素

因素	项目		
药物	抗惊厥药物	皮质类固醇和促肾上腺皮质激素	甲氧氯普胺
	巴比妥药	戒酒硫	苯环利定
	苯二氮䓬类	左旋多巴	丙卡巴肼
	溴化物	致幻剂	丙环定
	支气管扩张剂	异烟肼	拟交感胺
	西咪替丁		三环类抗抑郁剂
	可卡因		
代谢障碍	艾迪生病	甲亢	医源性库欣病
	透析/血液透析		
精神系统疾病	亨廷顿病	脑卒中后遗症	右侧颞叶癫痫
	多发性硬化	右侧大脑半球损伤	癫痫
感染性疾病	单纯疱疹性脑炎	流感	Q热
	HIV感染	神经性梅毒	
肿瘤	间脑神经胶质瘤	右脑室脑膜瘤	蝶鞍上颅咽管瘤
	脑膜瘤	右侧颞叶顶枕部转移瘤	第四脑室底肿瘤
其他	谵妄	MECT/ECT	分离后综合征

注：MECT，改良电休克治疗；ECT. 电休克治疗。

【问题3】　晚发性双相障碍的病因？

相比遗传因素，晚发性双相障碍与大脑老化改变关系更密切。有证据表明，晚发性双相障碍更常见于合并躯体疾病和其他中枢神经系统疾病的患者。最有力的证据来自晚发性双相障碍和神经退行性疾病和脑血管疾病之间的关系。另外，老年这个阶段本身的躯体疾病共病率较高，包括糖尿病、癌症、甲状腺疾病和高血压病等，因此患有双相障碍的老年人倾向于服用多种药物，并具有不同的医疗复杂性。这使得双相障碍的诊断和治疗变得更具挑战性。

二、初步治疗

患者入院后因明显的躁狂症状伴片段的精神病性症状，故选用具有心境稳定作用的第二代抗精神病药利培酮，小剂量起始0.5mg每晚1次，缓慢加量，并密切观察病情。因为情绪激动，患者入院的前2晚平均每晚仅睡2~3h，经常在走廊里徘徊，找护士聊天，故给予舒乐安定1mg每晚1次以改善睡眠。患者在服用利培酮5d左右不再谈论"拯救中国"的事情，但仍有"相当宏伟"的计划，不断与人交谈，告诉别人他是一个非常棒的人民教师，要帮助周围的人，并宣称要筹集资金为医院捐款。一周后，患者利培酮剂量缓慢增加至1.5mg每晚1次。但患者在这个剂量下出现有走路不稳，考虑与抗精神病药物的锥体外系反应有关，此时需要调整用药，将利培酮剂量降低到1mg每晚1次。

到第三周，患者的举止开始发生变化。他常常独自呆在自己的房间里，不外出活动，更不愿意与他人交谈，仅在吃饭时才到餐厅。患者显得情绪低落，甚至有悲观厌世的想法，称"感觉人活着没有任何意义"。该表现提示患者在治疗期间出现了"转相"，即由躁狂相变为了"抑郁相"，并有消极观念。此时加用心境稳定剂丙戊酸钠，也从小剂量起始治疗：予丙戊酸钠缓释片0.25g每日1次，1周后加至0.5g每日1次。患者的情绪在接下来的2周内显著改善。3周后，患者情绪稳定，自称"恢复到正常状态"，给予安排出院。

【问题4】 晚发性双相障碍的治疗？

虽然目前针对老年期双相障碍的研究并不多，但其治疗原则与其他患者人群一致。即以全面提高情绪稳定性作为治疗要点，因此具有心境稳定作用的药物是针对各种发作类型的核心选择。这些药物包括心境稳定剂和非典型抗精神病药物两大类。在心境稳定剂中包括锂盐、丙戊酸盐、卡马西平和拉莫三嗪；在非典型抗精神病药物中包括奥氮平、利培酮、喹硫平、阿立哌唑。

目前尚缺乏对于老年期双相障碍精神药物治疗的系统研究，因此在考虑药物的选择时必须平衡疗效和潜在的风险。虽然一些临床研究得出的结论并不完全一致，但提示某些精神药物可以尝试在老年期双相障碍中应用。在使用时需注意小剂量起始、缓慢加量的原则。老年人使用精神科药物的治疗原则详见上一节介绍。

三、预后及复查

【问题5】 如何进行自杀风险的评估？

对已表露出抑郁症状的患者，医生不能忽略检查自杀观念，不要害怕自己的问话会冒犯患者，甚至是给患者"提了醒"，这种担心是不必要的。只要提问比较策略，多数患者会对医生的关心报以感激，感到医生真正体会、理解其痛苦的感受。医生可以问："您是否感到活得很累？您有没有觉得活着没什么意义"？如果患者承认自己觉得生不如死，医生就可以接着问患者有无采取过具体的行动？同样，如果患者的回答是肯定的，则需要进一步询问患者有无具体计划；如果有计划，那么计划内容是什么，有没有采取实际行动等。如果评估发现患者有明显的自杀观念或有强烈的自杀企图，则建议住院治疗。

晚发性双相障碍研究显示，其自杀危险因素包括：既往有自杀史或自杀观念；男性；年龄>65岁；存在精神病性症状（尤其是命令性幻听）；合并严重焦虑症状；共病酒精或其他物质滥用；共病慢性躯体疾病（尤其是慢性疼痛）；有自杀家族史的患者。

4周后患者来门诊复诊，该患者经过系统治疗后精神症状得到了缓解。患者认为目前在心情、睡眠和活动方面都恢复了正常。患者询问需要服用多久药物？由于双相障碍是一种慢性发作性疾病，过早停药可能导致复发。同时对于该患者而言，他发病时有精神病症状且严重到急诊住院治疗，建议长期继续服用药物。在门诊告知：需长期服用药物，并且检测丙戊酸钠和利培酮血浓度、血常规、心电图及甲状腺功能等，按时门诊随访，如有不适及时就诊。

每个患者，尤其是老年人，个体化治疗原则尤其重要，告知长期治疗的风险和获益，剂量、药物相互作用等都需要仔细权衡。

【问题6】 晚发性双相障碍何时停药？

停用精神药物应根据病情、疗效、不良反应等多种因素来决定。过早停药可能导致病情复发，用药时间过久既会增加患者家庭经济负担又可能增加不良反应。对于病情持久稳定的患者，应逐步减量至完全停药，禁忌骤然停药。

【问题7】 晚发性双相障碍预后如何？

对于晚发性双相障碍而言，反复发作、慢性、老年、有心境障碍家族史、有慢性躯体疾病、缺乏社会支持系统、未经治疗和治疗不充分者预后较差；而躁狂发作期短暂、晚年发病、无自杀观念及没有躯体疾病共病者预后较好。

推荐阅读资料

[1] 陆林. 沈渔邨精神病学. 6版. 北京：人民卫生出版社，2018.

[2] HATEGAN A，BOURGEOIS J A，HIRSCH C，et al.Geriatric psychiatry: a case-based textbook. Berlin: Springer，2018.

[3] 中华医学会精神医学分会老年精神医学组. 神经认知障碍精神行为症状群临床诊疗专家共识. 中华精神科杂志，2017，50（5）：335-339.

[4] 中国医师协会神经内科医师分会认知障碍疾病专业委员会. 2018中国痴呆与认知障碍诊治指南（二）：阿尔茨海默病诊治指南. 中华医学杂志, 2018, 98（13）: 971-975.

[5] 赵靖平、施慎逊. 中国精神分裂症防治指南. 2版. 北京：中华医学电子音像出版社, 2015.

[6] 于欣、方贻儒. 中国双相障碍防治指南. 2版. 北京：中华医学电子音像出版社, 2015.

（肖世富）

第十一章　多器官功能障碍综合征

学习要求

1. 掌握多器官功能障碍综合征(multiple organ dysfunction syndrome,MODS)的定义。
2. 掌握 MODS 的诊断标准。
3. 掌握 MODS 的诊治原则。
4. 熟悉 MODS 的首位诱因。
5. 熟悉 MODS 的病理生理机制。

多器官功能障碍综合征(multiple organ dysfunction syndrome,MODS)是严重创伤、感染、大手术、大面积烧伤等发病 24h 后相继或同时出现两个或两个以上器官功能障碍。一旦组织细胞、微循环发生损伤,临床治愈将很困难,尤其是老年患者,预后非常差。MODS 是全身炎症反应的结果,全身炎症反应通常可以由以下一些因素诱发,如全身感染、外伤、休克、多次大量输血、烧伤、胰腺炎等。

在过去的十几年中,MODS 的发生率在 11%～40% 之间,病死率高达 40%～80%。MODS 病死率高,是老年人口死亡的主要原因之一。感染是 MODS 的首位诱因,占发病诱因中的 73.1%,其中肺部感染最多,高达 38.1%。老年 MODS 的特点是①常在器官功能受损基础上发生;②感染(尤其是肺部感染)常是主要诱因(占 64%～74%);③器官衰竭顺序与原患慢性病相关,以肺、心居多;④临床表现与衰竭器官受损程度常不平行,易延误诊治;⑤临床过程多样,病程迁延;⑥受累器官多且难以完全逆转。

临床病例

患者,男性,76 岁。

主诉:反复心累、气紧 10 余年,加重伴咳嗽、咳痰 10d 余。

现病史:患者 10 年前开始反复出现受凉后咳嗽、咳痰,多于春、冬季节气候变化时发病,每年累计发病时间超过 3 个月,有时伴有咳嗽,无其他伴随症状。10 余天前患者受凉后再次出现咳嗽、咳痰及发热,痰为白色黏稠痰,易咳出,发热,体温:38.6℃,伴有活动后呼吸困难。

既往史:患者患有高血压病史 10 余年,长期口服苯磺酸氨氯地平片,5mg/d。平素血压控制可。

体格检查:体温 37.8℃,心率 76 次/min,呼吸 22 次/min,血压 132/74mmHg。神志清楚,急性病容,皮肤巩膜无黄染,全身浅表淋巴结未扪及肿大。胸廓未见异常,双肺叩诊呈清音。双肺呼吸音清,双下肺闻及湿啰音。腹部外形正常,全腹软,无压痛及反跳痛,腹部未触及包块。肝脾肋下未触及。双肾未触及。双下肢轻度水肿。

实验室检查:血常规白细胞计数 $16.74×10^9/L$,中性粒细胞百分比 91.1%。痰涂片未查见真菌孢子及菌丝。甲型流感抗原检测阴性;乙型流感抗原检测阴性。PCT 示:2.96ng/ml。胸部 CT 示慢支炎,肺气肿,肺大疱。双肺多发斑片状、条索影及实变影,沿支气管走行为著,局部管腔稍扩张,管壁稍厚,考虑感染,累及间质可能。入院后积极予以抗感染、解痉、祛痰等处理。入院第 2 天患者开始出现嗜睡,少尿,全天小便量350ml,氧饱和度进行性下降至 56%,对光反射迟钝,嘴唇及四肢肢端末梢发绀。行急诊血气分析结果示氧分压 55.8mmHg,酸碱度 7.160,全血乳酸 13.10mmol/L。生化示:丙氨酸氨基转移酶 1 782IU/L,门冬氨酸氨基转移酶 821IU/L,白蛋白 23.5g/L,肌酐 252.0μmol/L,乳酸脱氢酶 3 257IU/L,钾 7.11mmol/L。BNP 升高大于 35 000pg/ml。大便隐血呈阳性。

一、初步诊断

患者有既往慢性阻塞性肺疾病的病史,基础肺功能差。此次受凉后再次出现肺部感染,感染较重,入院当天即予以无创呼吸机辅助呼吸。入院第2日患者突然出现多器官功能衰竭,包括肝衰竭、急性肾衰竭、呼吸衰竭、心力衰竭,可能伴有消化道出血。考虑患者在重症肺部感染的基础上诱发全身炎症反应,从而导致同时出现2个以上器官功能障碍。因此诊断MODS。

【问题1】　老年重症感染的高危因素有哪些?

1. 一般因素　包括营养不良,长期卧床(≥3个月),高龄,衰弱等。

2. 基础疾病　包括但不限于免疫功能缺陷、糖尿病、急性胰腺炎、胆道及肠道系统疾病、恶性肿瘤或白血病、肝/肾衰竭、器官移植、存在易出血的感染灶、中性粒细胞缺乏等。

3. 解剖结构异常或侵入性操作中心静脉导管植入、血液透析、气管插管或机械辅助通气、胆道结构异常、近期介入操作等。

4. 药物因素　长期使用抗生素,长期使用免疫抑制剂,近期使用类固醇激素、非甾体抗炎药、化疗药等。

【问题2】　MODS的病理生理机制是什么?

MODS往往是多元性和序贯性损伤的结果,而不是单一打击造成的。MODS是全身炎症反应的结果。全身炎症反应通常可以由以下一些因素诱发,如全身感染、外伤、休克、多次大量输血、烧伤、胰腺炎等。发病初期全身毛细血管对水和蛋白的通透性增加、血浆胶体渗透压降低,导致液体潴留和全身组织水肿,这种现象称为"毛细血管渗漏综合征",在临床上常首先表现为肺水肿,影像学上有典型的"早期"ARDS的表现。这种血管通透性的变化还同时发生在肝、肾、心、脑等,这些改变不仅可发生在不伴有感染的创伤患者中,也可发生在严重脓毒症时。

在炎症状态下,全身血管扩张和儿茶酚胺反应性降低,这种"血管麻痹"引起血压下降,进而出现心排血量增加以发挥代偿或部分代偿作用,结果低血压、高心排血量和低外周血管阻力同时存在,这也是全身炎症反应时高动力型休克与低血容量性休克或心源性休克的重要区别。如果"血管麻痹"不能代偿,将引起持续的低灌注压和低氧血症,尤其以内脏器官明显。此时机体通过增加儿茶酚胺介导的交感活性和局部释放某些缩血管物质(如内皮素)等来"牺牲"内脏器官,以保证心脏和大脑的血液供应。在血管麻痹性休克、毛细血管渗漏和全身炎症因子激活并存的情况下,肾、肝和胃肠道衰竭最为常见。

感染引起的促炎介质释放超出局部环境并导致更广泛的反应时,患者就会发生脓毒症。尽管在重度脓毒症早期触发炎症和凝血的机制已经明了了,但仍不清楚这些机制最终导致器官功能障碍和死亡的细胞学原理。免疫反应超出感染部位时可能会引发广泛的细胞损伤,导致脓毒症。细胞损伤是器官功能障碍的前兆。细胞损伤的确切机制仍不清楚,但可能包括:组织缺血(氧供不应求);细胞病性损伤(促炎介质和/或其他炎症产物直接引起的细胞损伤);细胞凋亡率改变(程序性细胞死亡)。在脓毒症中,器官衰竭的机制可能与线粒体功能障碍所致氧利用减少有关,而不是氧气向组织的运送不佳,但也有可能是两者共同作用的结果。伴有促炎和抗炎介质释放的细胞损伤伴往往会进展至器官功能障碍。

二、诊断方法

MODS的临床表现很复杂,其诊断的关键在于明确各器官是否有功能损伤及功能受损的程度。

【问题3】　老年MODS的诊断标准是什么?

2018年由国家老年疾病临床医学研究中心(解放军总医院)和中国老年医学学会联合发起并组织专家撰写的《感染诱发的老年多器官功能障碍综合征诊治中国专家共识》中,在序贯性器官功能衰竭评估(sequential organ failure assessment,SOFA)评分基础上,根据老年人器官功能衰老的特点,进行了适当修改,简称"SOFAE"(SOFA of elderly)。详见表3-11-1,其中,评分代表病情的严重程度:将器官功能正常定为0分,功能受损定为1分,功能障碍前期定为2分,功能障碍期定为3分,功能衰竭期定为4分。如单个脏器评分≥2分,则认为存在该器官功能障碍,必须进行恰当的干预;如发生功能障碍的器官≥2个,则诊断MODS。

尽管MODS的临床表现很复杂,但在很大程度上取决于器官受累的范围及损伤是由一次打击还是多次打击所致。MODS 临床表现的个体差异很大，一般情况下，MODS 病程 2~3 周，并经历 4 个阶段。每个阶段都有其典型的临床特征，且发展速度极快，患者可能死于 MODS 的任何一个阶段（表 3-11-2）。

表 3-11-1　老年多器官功能衰竭评估（SOFAE）标准

系统	0分	1分	2分	3分	4分
呼吸	血气分析 PaO_2 和 $PaCO_2$ 在正常范围※。	低氧血症：血气分析 PaO_2 低于年龄校正的公式；或 PaO_2 较基础值降低 20%，持续 2h	血气分析 PaO_2 < 60mmHg 和 / 或 $PaCO_2$ > 5mmHg；伴 ARDS 时 200mmHg< PaO_2/ FiO_2 <300mmHg	符合 2 的标准，同时需要机械通气；伴 ARDS 时 PaO_2/FiO_2 < 200mmHg	机械通气支持下 PaO_2/ FiO_2< 100mmHg
循环	MAP ≥ 70mmHg	MAP < 70mmHg	多巴胺 <5μg/(kg·min) 或多巴酚丁胺任何剂量	多巴胺 5.1~15.0μg/(kg·min) 或肾上腺素或去甲肾上腺素 ≤ 0.1μg/(kg·min)	多巴胺 >15μg/(kg·min) 或肾上腺素或去甲肾上腺素 >0.1μg/(kg·min)
心脏	BNP <100pg/ml 和 / 或 NT-proBNP < 300pg /ml；LVEF ≥50% 且超声评价未见舒张功能障碍	LVEF < 50% 且 NYHA / Killip 分级 Ⅰ级	LVEF < 50% 且 NYHA / Killip 分级 Ⅱ级	LVEF < 50% 且 NYHA / Killip 分级 Ⅲ级	LVEF < 50% 且 NYHA / Killip 分级 Ⅳ级
肝脏	TBil < 20μmol /L（1.2mg /dl）	TBil 20~32μmol /L（1.2~1.9mg /dl）	TBil 33~101μmol/L（2.0~5.9mg /dl）	TBil 102~204μmol/L（6.0~11.9mg /dl）	TBil > 204μmol/L（12mg /dl）
肾脏	SCr ≤ 1mg /dl（88.4μmol /L）	SCr 为基线的 1.5~1.9 倍或升高≥0.33mg/dl（≥26.5 μmol /L）；尿量 <0.5ml/(kg·h)，持续 6~12h	SCr 为基线的 2.0~2.9 倍；尿量 < 0.5ml /(kg·h)，持续≥12h	SCr 为基线的 3.0~3.9 倍；尿量 <0.3ml/(kg·h)，持续≥24h，或无尿 12~24h	SCr 超过基线的 4.0 倍，或增加至≥4.0mg /dl（≥353.6 μmol /L）或开始肾替代治疗；无尿 >24h
血液	PLT≥150 × 10⁹/L	PLT <150 × 10⁹/L	PLT < 100 × 10⁹/L	PLT < 50 × 10⁹/L	PLT < 20 × 10⁹/L
神经	GCS 评分 15	GCS 评分 13~14	GCS 评分 10~12	GCS 评分 6~9	GCS 评分< 6

备注：①在感染诱因刺激下 24h 后，出现 2 个或 2 个以上器官功能均达到或超过"器官功能障碍前期"标准（单个脏器 SOFAE≥2），即可诊断为"老年 MODS"。②如果 2 个或 2 个以上器官功能达到"器官功能障碍前期"标准（单个脏器 SOFAE = 2），其他器官功能正常，诊断为"老年多器官功能障碍（障碍前期）"。③出现 2 个或者 2 个以上器官功能障碍（单个脏器 SOFAE 评分 = 3）或衰竭（单个脏器 SOFAE =4），诊断为"老年多器官功能障碍（衰竭期）"。※ PaO_2 正常值：仰卧位 PaO_2(mmHg)=103-0.42 × 年龄（岁）；坐位 PaO_2(mmHg)= 104.2-0.27 × 年龄（岁）。PaO_2，氧分压；$PaCO_2$，二氧化碳分压 ARDS，急性呼吸窘迫综合征；PaO_2/FiO_2，氧合指数；MAP，平均动脉压；BNP，脑钠肽；NT-proBNP，血浆 N 末端脑钠肽前体；NYHA，纽约心功能分级；Killip，Killip 分级；LVEF，左室射血分数；TBil，总胆红素；SCr，血肌酐；PLT，血小板计数；GCS，格拉斯哥昏迷评分。

表 3-11-2　多器官功能障碍综合征临床分期和特征

	第一阶段	第二阶段	第三阶段	第四阶段
一般情况	正常或轻度烦躁	急性病容，烦躁	一般情况差	濒死感
循环系统	容量需要增加	高动力状态，容量依赖	休克，心排血量下降，水肿	血管活性药物维持血压，水肿，氧饱和度下降
呼吸系统	轻度呼吸性碱中毒	呼吸急促，呼吸性碱中毒，低氧血症	严重低氧血症，急性呼吸窘迫综合征	高碳酸血症
肾脏	少尿，利尿剂反应差	肌酐清除率下降，轻度氮质血症	氮质血症，有血液透析指征	少尿，血液透析时循环不稳定
胃肠道	胃肠胀气	不能耐受食物	肠梗阻，应激性溃疡	腹泻，缺血性肠炎
肝脏	正常或轻度胆汁淤积	高胆红素血症	临床黄疸	丙氨酸氨基转移酶升高，严重黄疸

续表

	第一阶段	第二阶段	第三阶段	第四阶段
代谢	高血糖，胰岛素需要量增加	高分解状态	代谢性酸中毒，高血糖	骨骼肌萎缩，乳酸酸中毒
中枢神经系统	意识模糊	嗜睡	昏迷	昏迷
血液系统	正常或轻度异常	血小板降低，白细胞增多或减少	凝血功能异常	不能纠正的凝血障碍

三、初步治疗及治疗原则

总体治疗原则是在积极控制感染、维持循环稳定的基础上，尽快评估器官功能，及早治疗任何一个首先发生的器官功能不全，阻断连锁反应；治疗要有整体观念，以保护重要器官功能（心、肺、肾、脑等）为首要目的；在多个器械（气管插管、主动脉内气囊反搏、肾脏替代治疗等）或管路（鼻胃管、尿管、中心静脉导管等）支持治疗时，需加强动态监测，同时注意多病共患、多重用药时药物使用的合理性和个体化原则。

【问题 4】 如何进行 MODS 的综合诊治？

1. 积极消除引起 MODS 的诱因和病因　控制原发病是 MODS 治疗的关键。对于有感染者，应及时明确感染部位，尽早控制感染源。对严重感染应采取生理损伤最小的有效干预措施，如经皮穿刺引流脓肿。建议对有潜在感染的老年重症患者进行筛查。对于大多数老年 MODS 患者，根据感染部位，推荐初始经验性抗感染治疗应包括覆盖所有可能的致病微生物。通常情况下使用碳青霉烯（美罗培南、亚胺培南、多利培南）或 β- 内酰胺酶抑制剂的复合制剂（哌拉西林他唑巴坦或头孢哌酮 / 舒巴坦）。一旦获得病原菌的药敏试验结果，及时根据药敏结果调整抗生素。同时，还应及时识别患者是否合并有真菌、结核、病毒等特殊病原体的感染。

2. 维持循环稳定　对于有组织低灌注的患者，建议采取早期液体复苏，最初 3h 内，可以按照 30ml/kg 的标准进行液体复苏。推荐晶体液作为严重脓毒症和感染性休克的首选复苏液体。老年患者，尤其是合并凝血功能异常的患者，有条件还可以考虑应用新鲜或冰冻血浆。羟乙基淀粉不能提高严重脓毒症的近远期生存率，而且还能存在肾毒性，不推荐用于液体复苏。

严重感染性休克的老年患者往往合并有心力衰竭，应根据血流动力学检测如心率、血压等指标来指导心肺复苏。液体复苏后平均动脉压（mean arterial pressure，MAP）仍 <65mmHg，可以使用血管活性药物。首选去甲肾上腺素作为缩血管药物，当需要更多缩血管药物来维持血压时，可以联合应用小剂量血管升压素。去甲肾上腺素的常用剂量是 $0.1\sim2.0\mu g /(kg\cdot min)$，最好是中心静脉通道给药，以防出现渗漏出现皮肤和皮下组织缺血坏死。老年人持续静脉使用去甲肾上腺素易引起重要脏器缺血，导致器官功能障碍，应用过程中应密切监测肝肾功、心肌标志物。去甲肾上腺素剂量较大时，可以加用小剂量血管升压素（0.01～0.03IU/min），但应避免单独使用血管升压素。

3. 呼吸支持　机械通气呼吸支持治疗可有效改善缺氧和呼吸性酸中毒，是防治心、肾功能损害的基础。无创通气（non-invasive ventilation，NIV）避免了气管插管，可降低感染发生率，减少镇静用药。不同的 NIV 方式中，双水平气道内正压通气能降低重症监护病房（intensive care unit，ICU）再插管率和病死率；；持续气道内正压通气能降低 ICU 再插管率，但不能降低 ICU 病死率。急性呼吸窘迫综合征（acute respiratory distress syndrome，ARDS）患者应使用呼气末正压通气（positive end-expiratory pressure，PEEP）以防止肺泡塌陷。PEEP 模式可以保持肺单位处于开放状态，有利于血气交换，对改善低氧血症和二氧化碳潴留有帮助。

老年患者常常合并有衰弱、肌少症等老年综合征，在发生肺部感染时会伴随有咳痰困难的问题。这时应积极的吸痰，维持气道通畅。如有人工气道建立，不宜定时吸痰，而应该按需吸痰。吸痰前后给予患者吸入高浓度氧，甚至纯氧。每次吸痰时间不宜过长，建议限制在 15 秒以内。重度 ARDS 患者，为了保持 PEEP，可采用密闭吸痰器。对于有基础慢性阻塞性肺疾病的患者，临床上可以予以祛痰 / 抗氧化治疗。这类药物有氨溴索、福多司坦等。

4. 积极改善心力衰竭　老年射血分数保留型心力衰竭（heart failure with preserved ejectionfraction，HFpEF）的治疗，目前尚缺乏足够的循证医学证据。特别是因感染诱发的老年 HFpEF。针对 HFpEF 的治疗策略主要集中于容量超负荷的处理、HFpEF 合并症的处理、增加运动耐量、减轻临床症状等方面。

对于因感染诱发的老年射血分数降低型心力衰竭（heart failure with reduced ejection fraction，HFrEF），在抗感染治疗基础上，给予利尿剂、血管紧张素转换酶抑制剂（angiotensin converting enzyme inhibitors，ACEI）/血管紧张素受体拮抗剂（angiotensin receptor antagonist，ARB）类药物、β- 受体阻滞剂等药物，以缓解症状、改善预后。

疑似因感染诱发的急性心力衰竭，降低心脏负荷的治疗应及时开始，氧疗、利尿剂、血管扩张剂是治疗血压正常或者血压升高的老年急性心力衰竭的基石。利尿剂首选静脉使用袢利尿剂。效果不佳时可联合使用其他类型的利尿剂。循环稳定的老年急性心力衰竭患者，血管扩张剂与利尿剂联合应用可以迅速减轻心脏负荷。对于充盈压足够、仍有低血压（SBP <90mmHg）和 / 或有低血压体征（症状）的患者，可以考虑短期静脉输入正性肌力药物。正性肌力药物，尤其是儿茶酚胺类药物，不能使老年急性心力衰竭患者获益，且增加病死率，应避免在没有低血压或者心源性休克的患者中使用。

吗啡可以有效减少呼吸困难、胸痛以及焦虑，对急性肺水肿患者，可静推小剂量吗啡；但由于吗啡会增加病死率，因此对因感染诱发的老年急性心力衰竭患者应尽量减少不必要的吗啡使用。对于有效循环在优化药物治疗后暂时无法得以恢复的急性心力衰竭老年患者，可以选择主动脉内球囊反搏术（intra-aortic balloon pump，IABP）作为辅助装置。

5. 治疗肾功能不全　首先应避免选择具有肾毒性的相关药物。对于合并急性肾衰竭的患者，可以适时选择肾脏替代治疗（renal replacement therapy，RRT）。RRT 可以控制容量平衡、稳定内环境、清除毒素、清除炎性介质、改善免疫功能等。在条件允许时，建议早期 RRT 治疗。合并以下情况应及时予以 RRT 治疗：①血尿素氮 >27mmol/L 或每日上升 10.1mmol/L；②顽固性高钾血症，血钾 > 6.5mmol/L，或血钠 >160mmol/L，或血钠 <115mmol/L，血镁 >4mmol/L；③难以纠正的代谢性酸中毒（pH< 7.15 或 HCO_3^- ≤13mmol/L，或每日 HCO_3^- 下降 >2mmol/L）；④非梗阻性少尿（尿量 < 200ml/d）或无尿（尿量 < 50ml/d）；⑤难以纠正的容量负荷过重或对利尿剂无反应的水肿（尤其肺水肿）；⑥怀疑累及相关终末器官，如出现心内膜炎、脑病、神经系统病变或肌病。

在血液净化治疗过程中，建议使用常规剂量的肝素抗凝。发生高凝情况，可以适当增加肝素的用量，但是需要严密监测凝血功能的变化。有出血倾向时可以采用无肝素血液净化治疗。在肝功能正常的情况下，也可以使用局部的枸橼酸钠抗凝治疗，以保证滤器正常工作，但是需要严密监测血钙水平的变化，防止出现低钙血症，诱发严重的心律失常。

6. 保护胃肠功能　感染和应激可导致胃肠黏膜受损、屏障功能障碍，抗生素可引起肠道菌群失调。应加强保护胃肠黏膜屏障功能的完整性，维护肠道菌群平衡。应激性的胃黏膜病变首先选用质子泵抑制剂（PPI），如泮托拉唑等。还可以考虑使用乳酸杆菌或联合使用其他益生菌以减少抗生素使用相关性腹泻，老年患者建议使用谷氨酰胺。同时可给予乳果糖、聚乙二醇等药物治疗，保持大便通畅。

7. 改善肝功能　老年患者易发生药物性肝损伤，严重者致肝衰竭，联合抗生素抗感染时引起的肝损伤在老年男性患者中更常见。诊疗过程中应根据老年患者的肝功能状况调整用药方案，尽量避免易致肝损伤的药物。同时可应用保肝药物改善肝功能、促进肝细胞再生修复、增强肝解毒能力。保肝药物分为解毒类、降酶类、利胆类、促肝细胞再生类、保护肝细胞膜类、抗炎类、促能量代谢类等，可根据实际情况对症选用，待肝功能完全正常后减量维持 1～2 周或停药。

8. 治疗血液系统功能障碍　老年患者发生贫血，血红蛋白≤70g/L 时，应考虑输注红细胞悬液，并且尽快明确患者贫血的原因。如果患者合并有心肌缺血、严重低氧血症应维持血红蛋白≥90g/L。对于脓毒症相关的贫血，可以考虑使用促红细胞生成素，10 000 单位，3 次 / 周，皮下注射。合并有凝血功能异常者，如果有明显出血或出血倾向，可输注新鲜或冰冻血浆，以纠正出血。对于凝血因子Ⅱ、Ⅶ、Ⅸ和Ⅹ缺乏或功能减低者，可以在输注血浆同时，肌内注射维生素 K。

部分患者还可能合并有血小板计数低下，当血小板计数（PLT）≤ 10 × 10^9/L 时，无论是否有明显出血，或当 PLT≤20 × 10^9/L 并存在出血高风险时，建议预防性输注血小板。同时存在缺血和出血高风险的老年患者，应谨慎使用抗血小板药物。

9. 及时识别并治疗中枢神经功能障碍　国际通用的 Glasgow 昏迷评分量表（glasgow coma scale，GCS）可以用于对昏迷程度进行量化。通常情况下，≥8 分恢复机会较大，< 7 分预后较差，3～5 分并伴有脑干反射

消失的患者有潜在死亡危险。脑电图、诱发电位、经颅多普勒能够帮助评估脑功能，并对判定脑死亡有重要价值。

谵妄状态是老年人最常见的意识障碍，可以由感染、脏器功能障碍、电解质紊乱、营养缺乏、药物等诱发。急性谵妄会增加老年重症患者的病死率，需要及时查找病因，尤其需注意排除药物的影响。对谵妄发作经及时处理，不典型抗精神病药可能会减少 ICU 成年患者谵妄的持续时间，老年人建议用喹硫平。

严重炎症、水电解质平衡紊乱、药物等多因素可引起老年继发性癫痫或原发性癫痫加重，应积极预防癫痫发作。一旦出现典型发作，应及时终止发作。老年人除癫痫外无其他系统疾病者，首选用药为拉莫三嗪与奥卡西平；伴有其他系统疾病者，首选用药则为拉莫三嗪与左乙拉西坦。但肌阵挛发作忌用奥卡西平，并注意药物的副作用及药物间相互作用。

10. 治疗代谢障碍　无论患者是否有糖尿病史，均应密切监测患者血糖水平，尤其是应用糖皮质激素或喹诺酮类药物者。发生多器官功能障碍的患者处于应激状态，会诱发严重的胰岛素抵抗、高血糖毒性损害。一旦空腹血糖 >10mmol/L，原则上需启用胰岛素治疗或增加胰岛素剂量，以有效控制血糖、保护胰岛 β 细胞功能。在血糖控制过程中需要注意以下几个事项：①血糖控制在 8.0～13.9mmol /L，避免发生严重低血糖；②纠正高血糖毒性，根据血糖变化调整胰岛素用量，剂量增加不宜过快，CKD 4 期以上患者注意胰岛素滞后反应；③在高糖毒性未能纠正之前，给予的总热量可适当减少，以不出现酮尿为原则，血糖得到控制后再逐渐恢复正常所需热量；④当血糖得到有效控制、胰岛素抵抗明显改善后，要警惕随之可能出现的低血糖，及时减少胰岛素用量。

血乳酸或碱缺失可作为评估及监测老年多器官功能障碍患者低灌注严重程度的敏感指标。此外，酸碱平衡紊乱是危重症患者病情的重要组成部分，是原发疾病凶险进程的早期信号，需要早期积极干预。在液体复苏过程中，应严密监测患者血乳酸水平和 pH。

11. 营养支持　在患者血流动力学稳定、胃肠道功能较好或恢复的情况下，首选肠内营养支持，原则上应以渐进式、分解段、交叉推进的原则给予。热量来源以碳水化合物为主，氮源渐进，如果使用动物蛋白，早期应该使用深度水解物。当肠内营养不能满足 60% 的总能量和蛋白量需求或者存在重度营养风险时，建议补充肠外营养。需要注意微营养素的补充，对危重症或有特殊代谢需求的老年患者，建议个体化营养处方。建议老年患者平均能量供给为 17～23kcal/（kg•d）。

推荐阅读资料

[1] 国家老年疾病临床医学研究中心（解放军总医院）《感染诱发的老年多器官功能障碍综合征诊治中国专家共识》撰写组. 感染诱发的老年多器官功能障碍综合征诊治中国专家共识. 中华老年多器官疾病杂志, 2018, 17（1）: 3-15.

[2] 王士雯, 韩亚玲, 钱小顺, 等. 1 605 例老年多器官功能衰竭的临床分析, 中华老年多器官疾病杂志, 2002, 1（1）: 7-10.

[3] MARSHALL JC, COOK DJ, CHRISTOU NV, et al. Multiple organ dysfunction score: a reliable descriptor of a complex clinical outcome. Crit Care Med, 1995, 23: 1638.

[4] PROCESS I, YEALY DM, KELLUM JA, et al. A randomized trial protocol-based care for early septic shock. N Engl J Med, 2014, 370: 1683.

[5] MYBURGH JA, HIGGINS A, JOVANOVSKA A, et al. A comparison of epinephrine and norepinephrine in critically ill patients. Intensive Care Med, 2008, 34: 2226.

（吴锦晖）

第十二章　老年恶性肿瘤的特点及诊疗原则

学习要求

1. 掌握老年肿瘤，包括肺癌、结直肠癌、乳腺癌和前列腺癌等临床表现、诊断标准，鉴别诊断要点和治疗的原则和方法。

2. 熟悉老年肿瘤常用评估手段。

3. 了解老年肿瘤，包括肺癌、结直肠癌、乳腺癌和前列腺癌等 TNM 分期分级。

第一节　概　　述

老年人是肿瘤的高危高发人群，占全部癌症死亡的 70%。老年肿瘤患者较之中青年肿瘤患者，有其特点，实体瘤多见，多原发癌多见，临床起病隐匿，恶性程度相对较低，各器官功能老化，常合并多种慢病，对放化疗和手术等治疗手段耐受性较差。此外，还面临着社会经济状况等方面的问题。

恶性肿瘤死亡率高，给老年患者及其家人带来了沉重的负担，因此肿瘤的预防是重点。一级预防，即病因学预防，减少环境致癌物，改变不良的饮食和生活方式。二级预防，即发病学预防，针对老年人应定期筛查，有肿瘤家族史等特定高危人群应重点筛查，以期早发现、早诊断和早治疗。三级预防主要是防止复发，减少并发症，在延长生命的同时提高生存的质量。

肺癌在我国乃至世界范围内，发病率和死亡率均位居恶性肿瘤的首位，对肺癌高危人群建议每年行一次胸腔低剂量计算机断层扫描筛查。乳腺癌近年来发病率逐年上升，建议定期行乳房自我检查、临床乳房检查、乳腺 X 线钼靶摄片和乳腺超声等筛查。结直肠癌在老年人中较常见，建议定期行粪便隐血筛查，酌情行结直肠镜检查。我国是前列腺癌的低发地区，然而随着高脂饮食和人均寿命的延长，前列腺癌的发病率有逐年升高的趋势，建议 50 岁以上男性可每年筛查一次血前列腺特异抗原和直肠指检。通过早发现、早诊断和早治疗，近年来，老年恶性肿瘤的死亡率有下降的趋势。

第二节　老年肿瘤科常用评估手段

一、体力状况评分表

见表 3-12-1、表 3-12-2。

表 3-12-1　美国东部肿瘤协作组（ECOG）评分

分级	功能状态
0	胜任一般的体力活动
1	有症状，但几乎完全可自由活动
2	<50% 的时间卧床
3	>50% 的时间卧床
4	100% 的时间卧床
5	死亡

表 3-12-2　卡诺夫斯基（KPS）评分

评分	功能状态
100	正常，无疾病的主诉和表现
90	有轻微的疾病症状和表现，但能承担日常活动
80	能正常活动但需要帮助，疾病的症状和表现明显
70	生活能自理，但不能工作或承担其他正常活动
60	大部分生活能自理，偶尔需要帮助
50	经常需要帮助和医疗措施，仍有一部分生活能自理
40	无活动能力，需特殊照顾与帮助
30	严重无活动能力，需住院，暂不会因疾病而即将死亡
20	病危，需支持治疗及住院治疗
10	即将死亡
0	死亡

二、老年综合评估

包括一般情况评估、躯体功能状态评估、营养状态评估、精神心理状态评估、衰弱评估、肌少症评估、疼痛评估、共病评估、多重用药评估、睡眠障碍评估、视力障碍评估、听力障碍评估、口腔问题评估、尿失禁评估、压疮评估、社会支持评估、居家环境评估等。

三、WHO 实体瘤疗效评价标准（RECIST）（1.1 版本）

（一）肿瘤病灶

1. 可测量病灶　恶性肿瘤淋巴结用最短轴作为直径，其他肿瘤可测量病灶用最长轴。

2. 不可测量病灶　包括骨病、小病灶和真正无法测量的病灶，如胸膜或心包积液、腹水等。此外，既往放疗病灶也为不可测量病灶。

（二）治疗评价

1. 目标病灶　所有累及器官达最多 2 个病灶 / 每个器官，共 5 个病灶，所有可测量病灶应视为基线目标病灶。记录每个病灶的最长直径，病理学淋巴结应记录短轴。

2. 非目标病灶　所有不可测量的疾病均为非目标病灶病灶，评价以无、不确定、有 / 未增大、增大表示。1 个器官的多发性非目标病灶在病例报告表上记录为一项。

3. 评价标准　见表 3-12-3。

表 3-12-3　肿瘤治疗评价

治疗情况	目标病灶	非目标病灶
完全缓解（CR）	所有目标病灶完全消失；所有目标结节须缩小至正常大小（短轴 <10mm）	所有非目标病灶消失或肿瘤标志物水平正常，所有淋巴结大小短轴 <10mm
部分缓解（PR）	所有可测量目标病灶的直径总和低于基线≥30%	任何非目标病灶持续存在和 / 肿瘤标志物水平高于正常上限
疾病稳定（SD）	直径和相对增加至少 20%，直径和的绝对值增加至少 5mm	
疾病进展（PD）	靶病灶大小变化介于 PR 和 PD 两者之间	已有病灶明确进展。出现任何新发的恶性肿瘤病灶

第三节　老年人常见恶性肿瘤及诊疗原则

一、肺癌

肺癌（lung cancer）是指原发于支气管及肺泡的恶性肿瘤，又称为原发性支气管肺癌。肺癌的发病率和死亡率居老年恶性肿瘤首位,肺癌的病因至今尚不完全明确,大量资料表明,长期大量吸烟与肺癌的发生有非常密切的关系。

临床病例

患者,男性,80岁。

主诉:反复刺激性干咳、痰中带血1月余。

现病史:入院前1个月患者反复出现刺激性干咳,痰不多,痰中带血,自行口服头孢类抗生素,未见缓解。1周前在当地医院行胸部CT检查,提示两肺多发占位。

患者自起病以来精神萎,食欲睡眠一般,二便正常,近半年体重未见明显变化。

既往史、个人史和家族史无特殊。

(一)诊断路径

见图3-12-1。

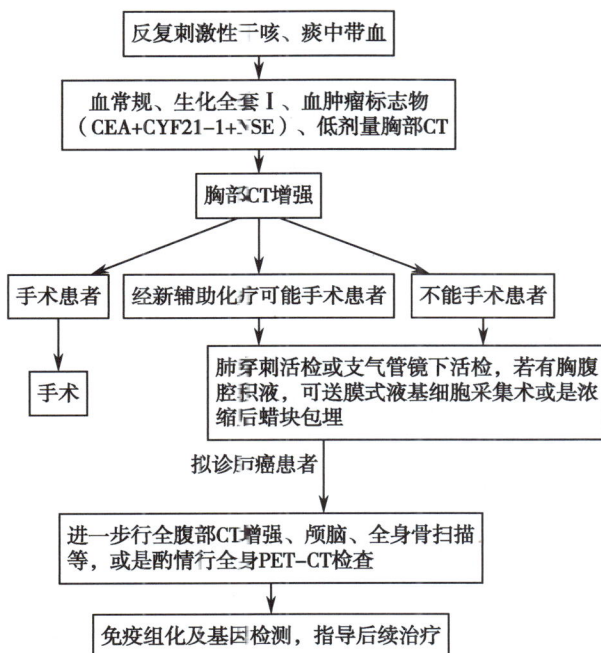

图3-12-1 肺癌诊断路径

(二)初步诊断

肺癌的症状、体征与肿瘤的发生部位、病理类型、有无转移等密切相关,早期往往无明显的临床表现,中央型肺癌症状出现早且重,周围型肺癌症状出现晚且较轻,甚至无症状,常在体检时发现。

本例患者1个月来反复出现刺激性干咳、痰中带血,结合当地医院的CT,考虑肺癌诊断。

【问题1】 肺癌的症状和体征是什么?

1.肺癌的症状 反复的刺激性干咳和痰中带血等症状,2~3周持续未缓解。此外,可有胸痛、胸闷、气急,突然出现的喘鸣,发热等。晚期患者,往往会有同侧或对侧锁骨上淋巴结肿大,左侧喉返神经麻痹,头晕、骨痛等。

2.肺癌的体征 大部分肺癌患者无明显相关阳性体征。当患者出现不明原因、迁延不愈的肺外体征,往往提示进展转移,如非游走行关节疼痛、男性乳腺增生、皮肌炎、共济失调等;声带麻痹、上腔静脉梗阻综合征、霍纳(Horner)综合征、肺尖肿瘤综合征(Pancoast综合征)等;皮下结节和锁骨上窝淋巴结肿大等。

【问题2】 引起咳嗽的原因有哪些?如何鉴别诊断?

1.肺结核 多见于年轻患者,可有发热等全身症状,影像学上可见细小、均匀、密度较淡的粟粒样结节。

2．肺炎　可有寒战、高热等症状，抗生素治疗后可缓解。反复迁延不愈的肺炎，需考虑肺癌可能。

3．肺部良性肿瘤　常见的有错构瘤、炎性假瘤等，可行肺穿刺活检或剖胸探查术。

4．纵隔肿瘤　需与中央型肺癌鉴别，纵隔淋巴瘤往往呈双侧改变，长期反复低热，可行纵隔镜检查。

（三）进一步检查及诊断总结

拟诊肺癌患者应行胸腹部 CT、全身骨扫描和颅脑磁共振等，酌情行肺占位穿刺活检，进行临床分期。

本例患者入院后检查，CT 提示纵隔多发淋巴结肿大，骨 ECT 提示全身多发骨转移，颅脑磁共振未见颅内占位。

诊断总结为肺癌 IV 期（骨）。

【问题 3】　肺癌的发病部位及如何分期？

1．发病部位　肺鳞癌和小细胞肺癌好发于肺门附近，而肺腺癌等好发于肺周围。肺癌可出现胸腔淋巴结、骨转移、颅内转移等。拟诊肺癌患者应行全身骨扫描评估骨转移情况，行颅脑磁共振或颅脑 CT 直接增强了解有无颅内转移。

2．分期

（1）非小细胞肺癌的 TNM 分期：美国癌症联合委员会（American Joint Committee on Cancer，AJCC），见表 3-12-4～表 3-12-7。

表 3-12-4　非小细胞肺癌的 TNM 分期 -T

分级		原发肿瘤 T
T_x		原发肿瘤大小无法测量；或痰脱落细胞、支气管冲洗液中找到癌细胞，但未发现原发肿瘤
T_0		没有原发肿瘤的证据
T_{is}		原位癌
T_1	T_{1a}	原发肿瘤最大径不超过 1cm，局限于肺和脏层胸膜内，未累及主支气管；或局限于管壁的肿瘤，不论大小
	T_{1b}	原发肿瘤最大径超过 1cm，不超过 2cm，局限于肺和脏层胸膜内，未累及主支气管；或局限于管壁的肿瘤，不论大小
	T_{1c}	原发肿瘤最大径超过 2cm，不超过 3cm
T_2	T_{2a}	原发肿瘤最大径超过 3cm，不超过 4cm；或具有以下任一种情况：累及主支气管但未及隆突；伴有部分或全肺、肺炎肺不张
	T_{2b}	肿瘤最大径超过 4cm，不超过 5cm；或具有以下任一种情况：累及主支气管但未及隆突；伴有部分或全肺、肺炎肺不张
T_3		肿瘤最大径超过 5cm，不超过 7cm，或具备以下情况之一：累及周围组织胸壁、心包壁；原发肿瘤同一肺叶出现卫星结节
T_4		肿瘤最大径超过 7cm，或侵犯以下器官：心脏、食管、气管

表 3-12-5　非小细胞肺癌的 TNM 分期 -N

分级	区域淋巴结 N
N_x	淋巴结转移情况无法判断
N_0	无区域淋巴结转移
N_1	同侧支气管或肺门淋巴结转移
N_2	同侧纵隔和 / 或隆突下淋巴结转移
N_3	对侧纵隔和 / 或对侧肺门，和 / 或同侧或对侧前斜角肌或锁骨上区域淋巴结转移

表 3-12-6　非小细胞肺癌的 TNM 分期 -M

分级	远处转移 M
M_x	无法评价有无远处转移
M_0	无远处转移
M_{1a}	对侧肺叶内肿瘤结节；胸膜或心包有肿瘤结节或恶性胸腔 / 心包积液
M_{1b}	胸腔外器官有单发转移灶
M_{1c}	胸腔外单个或多个器官有多发转移灶

表 3-12-7　非小细胞肺癌的 TNM 分期 -TNM

分级	N_0	N_1	N_2	N_3
T_{1a}	ⅠA1	ⅡB	ⅢA	ⅢB
T_{1b}	ⅠA2	ⅡB	ⅢA	ⅢB
T_{1c}	ⅠA3	ⅡB	ⅢA	ⅢB
T_{2a}	ⅠB	ⅡB	ⅢA	ⅢB
T_{2b}	ⅡA	ⅡB	ⅢA	ⅢB
T_3	ⅡB	ⅢA	ⅢB	ⅢC
T_4	ⅢA	ⅢA	ⅢB	ⅢC
M_{1a}	ⅣA	ⅣA	ⅣA	ⅣA
M_{1b}	ⅣA	ⅣA	ⅣA	ⅣA
M_{1c}	ⅣB	ⅣB	ⅣB	ⅣB

（2）影像学分期诊断，见表 3-12-8。

表 3-12-8　影像学分期诊断

分期诊断	影像学检查
筛查	低剂量螺旋 CT
诊断	胸部增强 CT
影像分期	胸部增强 CT，颅脑增强 CT 或增强 MRI，上腹部增强 CT 或超声，全身骨扫描
组织细胞采集技术	纤维支气管镜，经皮穿刺，淋巴结或浅表肿物活检，体腔积液细胞学检查

注：CT，计算机断层扫描术；MRI，磁共振成像。

（3）组织学诊断，见表 3-12-9。

表 3-12-9　组织学诊断

方法	组织学诊断	
形态学（常规 HE 染色）	组织形态学明确小细胞肺癌和非小细胞肺癌；非小细胞肺癌需进一步明确鳞癌和腺癌；	利用蜡块，依据 2015 版 WHO 肺癌组织学分类
免疫组化（染色）	形态学不明确的非小细胞肺癌，手术标本通过抗体进一步鉴别腺鳞癌等；晚期穿刺活检患者，尽可能使用 TTF-1、P 两个免疫组化指标鉴别腺鳞癌	小细胞肺癌标记物：CD、Syno、CgA、TTF-1、CK、Ki-67；腺鳞癌鉴别标记物：TTF-1、NapsinA、P40、CK5/6（P63）

（4）分子分型，见表3-12-10。

表3-12-10　分子分型

分期	分子分型
Ⅰ～ⅢA期NSCLC利用术后病理组织进行分子检测，依据分子分型指导治疗	术后 N_1 和或 N_2 阳性的非鳞癌患者进行EGFR突变检测，方法：ARMS或SuperARMS（用于血液）
ⅢB～Ⅳ期NSCLC组织学诊断后需保留足够的组织进行分子检测，依据分子分型指导治疗	可使用ARMS或SuperARMS，酌情使用高通量NGS； 对EGFR TKIs耐药的病例，建议两次组织活检进行继发耐药EGFR T790M检测（ARMS法）；不能获取组织者，建议行血液检测，ARMS或SuperARMS； ALK融合Ventana免疫组化或FISH或RT-PCR检测； ROS-1融合FISH或RT-PCR检测； 可酌情检测Kras、Braf、Her-2等突变，Ret融合基因、Met扩增

注：NSCLC，非小细胞肺癌；ARMS，扩增受阻突变系统；NGS，新一代测序；EGFR，表皮生长因子受体；TKIs，酪氨酸激酶抑制剂；FISH，荧光原位杂交；RT-PCR，逆转录聚合酶链反应。

（四）初步治疗

本例患者CT提示纵隔多发淋巴结肿大，骨ECT提示全身多发骨转移。考虑无手术指征，进一步行肺穿刺活检和基因检测，结果提示肺腺癌，EGFR 21外显子基因突变，其后，口服易瑞沙靶向治疗。

【问题4】　肺癌的治疗原则是什么？

1. 肺癌的综合治疗原则　多学科综合治疗和个体化治疗相结合的原则，依据患者的临床表现、病理、分子分型、影像学诊断等，有计划、合理的应用手术、放化疗、靶向治疗和免疫治疗等手段，从而最大限度地控制疾病进展和改善患者生存质量，提高总生存率和总生存时间。

2. 目前手术仍是治疗肺癌的主要手段。

（1）肺癌的外科手术适应证

1）Ⅰ、Ⅱ期非小细胞肺癌。

2）病变局限在一侧胸腔且能完全切除的ⅢA期和部分ⅢB期非小细胞肺癌患者。

3）肺占位，临床高度怀疑肺癌，估计病变能完全切除患者。

4）Ⅰ期、ⅡA期周围型小细胞肺癌。

5）ⅡB和ⅢA期小细胞肺癌，新辅助化疗有效者。

6）局部晚期非小细胞肺癌，经术前新辅助治疗后明显改善者。

（2）肺癌的外科手术禁忌证

1）远处转移的Ⅳ期肺癌。

2）存在对侧胸腔（肺门、纵隔淋巴结）转移的ⅢB。

3）不能完全切除的局部晚期肺癌。

4）严重心肺功能障碍。

5）严重的肝肾功能不全和出血性疾病者。

6）全身状况差恶病质患者。

3. 放疗的原则　推荐立体放射治疗（stereotactic body radiation therapy，SBRT），见表3-12-11。

表3-12-11　立体放射治疗

方法	立体放射治疗
根治性放疗	卡氏评分超过70分，因医源性和/或个人因素不能手术的早期NSCLC，不可切除的局部晚期NSCLC和局限期SCLC
姑息性放疗	晚期肺癌原发灶和转移灶的减症治疗；NSCLC单发脑转移灶手术切除患者术后可行全脑放疗；广泛期SCLC胸部放疗
辅助放疗	术前放疗，切缘阳性患者的术后放疗；外科探查不够或手术切缘近者

方法	立体放射治疗
预防性放疗	全身治疗有效的 SCLC 患者的全脑放疗
同步放化疗	不能手术的ⅢA 及ⅢB 期患者,如果患者不能耐受,可行序贯化放疗。同步放化疗方案: EP(依托泊苷 + 顺铂)、NP(长春瑞滨 + 顺铂)、含紫杉类方案等。

注: NSCLC,非小细胞肺癌;SCLC,小细胞肺癌。

【问题5】 非小细胞肺癌(NSCLC)分期诊疗模式是什么?

见表 3-12-12~表 3-12-14。

表 3-12-12 NSCLC 分期诊疗模式 -1

分期	人群	NSCLC 分期诊疗模式 -1
ⅠA、ⅠB 期	适宜手术者	解剖性肺叶切除 + 肺门纵隔淋巴结清扫,可酌情行胸腔镜或是机器人辅助。若肿瘤突破肺膜,可酌情行术后辅助化疗。
	不适宜手术者	立体定向放射治疗(SBRT/SABR)
ⅡA、ⅡB 期	适宜手术者	解剖性肺切除(肺叶 / 全肺)+ 肺门纵隔淋巴结清扫。ⅡB 期术后与含铂双药辅助方案。
	不适宜手术者	放疗后予含铂双药方案化疗;或同步放化疗
临床ⅢA 期	T_3-$4N_1$ 或 T_4N_0 非肺上沟瘤	手术 + 辅助化疗;或根治性放化疗;酌情新辅助治疗 + 手术
	T3-4N1 肺上沟瘤	新辅助放化疗 + 手术;或根治性放化疗
	同一肺叶内 T_3 或不同肺叶内 T_4	手术 + 辅助化疗
	临床 N_2 单站纵隔淋巴结非巨块型转移(淋巴结短径 <2cm)、预期可完全切除	手术切除 + 辅助化疗,可酌情行新辅助治疗,酌情术后放疗;或根治性同步放化疗;EGFR 突变阳性患者,可手术 + 辅助靶向治疗,酌情术后放疗
	临床 N_2 多站纵隔淋巴结转移,预期可能完全切除	根治性同步放化疗;新辅助治疗 + 手术,酌情术后辅助放疗;直接手术且术后检测提示 EGFR 突变阳性者,术后辅助 EGFR-TKI 靶向治疗,酌情术后放疗
	临床 N_2 预期无法行根治性切除	根治性同步放化疗
不可切除ⅢA、ⅢB 期	ECOG 0-1 分	MDT;根治性放化疗或同步放化疗;诱导治疗后若能降期,可酌情手术治疗
	ECOG 2 分	单纯放疗或化疗;序贯化疗 + 放疗
	ECOG 3 分及以上	最佳支持治疗

注: NSCLC,非小细胞肺癌;SBRT,立体放射治疗;SABR,立体定向消融放疗;EGFR,表皮生长因子受体;EGFR-TKI,靶向 EGFR 突变基因的酪氨酸激酶抑制剂;MDT,多学科联合诊疗模式;ECOG,美国东部肿瘤协作组。

表 3-12-13 NSCLC 分期诊疗模式 -2

分期	方法	评分	NSCLC 分期诊疗模式 -2
Ⅳ 期 EGFR 突变阳性者	一线治疗	ECOG 0~3 分	吉非替尼、埃克替尼、厄洛替尼、阿法替尼;可酌情同步或是交替化疗;含铂双药化疗,体力状况较好者,酌情联合贝伐珠单抗
			EGFR 突变伴有超过 3 个脑转移灶者,推荐 EGFR-TKI 治疗;颅内放疗 + 含铂双药化疗,体力状况较好者,酌情联合贝伐珠单抗
	耐药后治疗	ECOG 0~2 分	局部进展: EGFR-TKI 治疗 + 局部治疗
			缓慢进展: 继续原 EGFR-TKI 治疗
			快速进展: 检测 T790M 突变状态,阳性者予奥西替尼或含铂双药化疗;阴性者予含铂双药化疗
	三线治疗	ECOG 0~2	单药化疗,酌情联合贝伐珠单抗;单药安罗替尼或是入组临床研究

注: NSCLC,非小细胞肺癌;ECOG,美国东部肿瘤协作组;EGFR,表皮生长因子受体。

表 3-12-14　NSCLC 分期诊疗模式 -3

分期	方法	病情	NSCLC 分期诊疗模式 -3
Ⅳ期 ALK 融合基因阳性或 ROS1 融合基因阳性	一线治疗		克唑替尼；含铂双药，酌情予贝伐珠单抗；确诊 ALK 融合基因阳性或 ROS1 融合基因阳性前接受化疗的患者，可在确诊后中断化疗或在化疗完成后予克唑替尼
	二线治疗	局部进展	继续克唑替尼，酌情局部治疗
		缓慢进展	继续克唑替尼，酌情局部治疗
		快速进展	含铂双药化疗，酌情予贝伐珠单抗；临床研究
	三线治疗	ECOG 0～2	单药化疗＋贝伐珠单抗；单药安罗替尼或是入组临床研究

注：NSCLC，非小细胞肺癌；ECOG，美国东部肿瘤协作组。

二、结直肠癌

结直肠癌（colorectal cancer）是老年人最常见的恶性肿瘤之一，包括结肠癌和直肠癌。好发部位依次为直肠、乙状结肠、盲肠、升结肠、降结肠及横结肠，老年人好发于右半结肠。发病与高脂饮食、遗传、肠腺瘤等关系密切。结直肠癌的发病率，城市高于农村，男性高于女性，近年来呈明显上升趋势。

临床病例

患者，男性，65 岁。

主诉：反复腹部隐痛伴便血半年，加重 1 个月。

现病史：入院前半年出现腹部隐痛，间断发作，可自行缓解，伴有便血、乏力，未予重视，近 1 个月来腹痛加重，就诊于当地医院，血红蛋白 80g/L，粪便隐血试验阳性，肠镜检查提示直肠癌。

患者自起病以来，精神尚可，食欲、睡眠尚可，小便正常。近半年体重减轻约 10kg。

既往史、个人史和家族史无特殊。

（一）诊断路径
见图 3-12-2。

（二）初步诊断

结直肠癌早期无典型症状，可仅有腹部不适感，随着病变的进展，因其发病部位不同而表现出不同的临床症状及体征，可逐渐出现大便习惯改变、血便、腹部包块、肠梗阻等，查粪便隐血不同日连续 3 次为阳性，建议进一步查血肿瘤标志物和肠镜，肠镜病理确诊肠癌后，需行胸腹部 CT 等检查，直肠癌保肛需行直肠磁共振或直肠超声检查，进一步评估病情后制定下一步治疗方案。

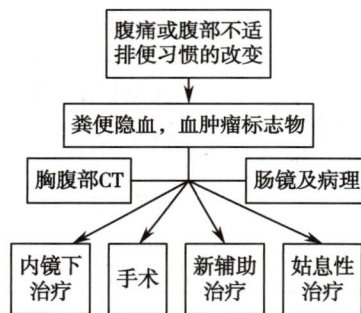

图 3-12-2　结直肠癌诊断路径

本例患者腹部隐痛反复发作半年，伴有便血、乏力，近 1 个月来加重，血红蛋白 80g/L，粪便隐血试验阳性，肠镜检查提示直肠癌，可诊断直肠癌。

【问题 1】 结直肠癌的症状和体征是什么？

1. 结直肠癌症状　早期往往无明显症状，中晚期可有排便习惯的改变、便血、肠梗阻、腹部包块，贫血、消瘦、乏力等全身症状。

2. 结直肠癌体征　结肠癌腹部可扪及包块，直肠癌可通过直肠指检扪及，全身检查可见贫血貌、锁骨上淋巴结肿大和肝包块等。

拟诊结直肠癌后：

1. 问诊　近期是否出现持续腹部不适、腹痛或腹胀等；排便习惯的改变；便血；既往有无肠息肉病史，有无肿瘤家族史。

2. 全面查体　全身浅表淋巴结触诊，腹部肿块、腹腔积液和肠型、肠蠕动波的情况。

【问题 2】 左半结肠和右半结肠症状和体征的差别是什么？

通常右半结肠腹痛、腹部包块及贫血多见；左半结肠便血、腹痛和大便频繁多见；直肠癌便血、大便频繁和大便形态改变多见。

鉴别诊断：腹痛需与阑尾炎和消化道溃疡、胆囊炎等鉴别；便血需与痔疮等鉴别。

（三）进一步检查与诊断总结

本例患者血 CEA 10.5ng/ml，胸腹部 CT 增强见直肠肠壁增厚，未见远处转移。直肠磁共振平扫＋增强示：直肠肿块距肛门4.8cm，肿块大小约6.2cm，围绕直肠一圈生长。

诊断总结：直肠癌 $T_3N_0M_0$ ⅡA 期。

【问题3】　结直肠癌的组织学分型和临床病理分期是什么？鉴别诊断？

1. 结直肠癌 WHO 组织学分型：大部分是腺癌，少部分特殊类型腺癌（黏液腺癌、印戒细胞癌等）。

2. 结直肠癌分期

（1）结直肠癌的 TNM 分期（AJCC 第8版），见表 3-12-15～表 3-12-18。

表 3-12-15　结直肠癌的 TNM 分期 -T

分级		原发肿瘤 T
T_x		原发肿瘤无法评价
T_0		无原发肿瘤证据
Tis		原位癌，黏膜内癌（肿瘤侵犯黏膜固有层但未突破黏膜肌层）
T_1		肿瘤侵犯黏膜下层（肿瘤突破黏膜肌层但未累及固有肌层）
T_2		肿瘤侵犯固有肌层
T_3		肿瘤穿透固有肌层到达结直肠旁组织
T_4	T_{4a}	肿瘤穿透脏腹膜（包括肉眼可见的肿瘤部位肠穿孔，以及肿瘤透过炎症区域持续浸润到达脏腹膜表面）
	T_{4b}	肿瘤直接侵犯或附着于邻近器官或结构

表 3-12-16　结直肠癌的 TNM 分期 -N

分级		区域淋巴结 N
N_x		淋巴结转移情况无法评价
N_0		无区域淋巴结转移
N_1		有1～3枚区域淋巴结转移，或无区域淋巴结转移，但有肿瘤结节
	N_{1a}	1枚区域淋巴结转移
	N_{1b}	2～3枚区域淋巴结转移
	N_{1c}	无区域淋巴结转移，但浆膜下、肠系膜为或无腹膜覆盖的结直肠周围组织内有肿瘤结节
N_2		4枚以上区域淋巴结转移
	N_{2a}	4～6枚区域淋巴结转移
	N_{2b}	≥7枚区域淋巴结转移

表 3-12-17　结直肠癌的 TNM 分期 -M

分级		远处转移 M
M_x		无法评价有无远处转移
M_0		无远处转移
M_1		一个或多个远隔部位、器官或腹膜转移
	M_{1a}	远处转移局限于单个远隔部位或器官，无腹膜转移
	M_{1b}	远处转移分布于两个及以上的远隔部位或器官，无腹膜转移
	M_{1c}	腹膜转移，伴或不伴其他部位或器官转移

表 3-12-18　结直肠癌的 TNM 分期 -TNM

T	N	M	TNM
T_{is}	N_0	M_0	0
$T_{1\sim2}$	N_0	M_0	I
T_3	N_0	M_0	IIA
T_{4a}	N_0	M_0	IIB
T_{4b}	N_0	M_0	IIC
$T_{1\sim2}$	N_1/N_{1c}	M_0	IIIA
T_1	N_{2a}	M_0	IIIA
$T_3\sim T_{4a}$	N_1/N_{1c}	M_0	IIIB
$T_{2\sim3}$	N_{2a}	M_0	IIIB
$T_{1\sim2}$	N_{2b}	M_0	IIIB
T_{4a}	N_{2a}	M_0	IIIC
$T_3\sim T_{4a}$	N_{2b}	M_0	IIIC
T_{4b}	N_1/N_2	M_0	IIIC
任何 T	任何 N	M1a	IVA
任何 T	任何 N	M1b	IVB
任何 T	任何 N	M1c	IBC

（2）结直肠癌 Dukes 分期，见表 3-12-19。

表 3-12-19　结直肠癌 Dukes 分期

分期		结直肠癌 Dukes 分期
A 期		癌肿浸润深度未穿出肌层，无淋巴结转移
B 期		癌肿穿出深肌层，侵及浆膜层、浆膜外或直肠周围组织，无淋巴结转移
C 期	C_1 期	癌肿伴有肠旁及系膜淋巴结转移
	C_2 期	癌肿伴有系膜动脉根部淋巴结转移
D 期		癌肿伴有远处器官转移 局部广泛浸润或淋巴结广泛转移而切除后无法治愈或无法切除者

【问题 4】　血肿瘤标志物在结直肠癌中的价值是什么？

血 CA19-9 联合 CEA 有一定的价值，但不能早期诊断，可用于病情的监测。

（四）初步治疗

本例患者治疗方案：术前同步放化疗＋手术＋术后辅助化疗。

【问题 5】　结直肠癌的治疗原则和手段是什么？

结直肠癌综合治疗原则：首选手术，中晚期的结肠癌患者可酌情行新辅助化疗；中晚期直肠癌患者可酌情行新辅助同步放化疗。

1．内镜下治疗　早期肠癌，可行黏膜染色放大或 NBI、超声肠镜等，了解病变的部位、大小、范围和浸润深度，当病灶局限在黏膜及黏膜下层时，可酌情行内镜下治疗。

2．外科治疗　全身一般状况尚可，无严重心肺肝肾等疾患者；无远处转移患者可行手术治疗；有远处孤立性转移，原发灶一期切除后 2～3 周行孤立性转移灶切除术。

3．放射治疗　直肠癌需要保肛或是病灶太大，可行术前同步放化疗，待病灶缩小后行手术治疗。

4．药物治疗　主要化疗药物：奥沙利铂、伊利替康和氟尿嘧啶类。

右半结肠，可化疗联合抑制血管内皮生长因子的单克隆抗体；左半结肠可行基因检测，K-ras、N-ras 和 B-raf 检测均为野生型时，可化疗联合表皮生长因子受体的单克隆抗体治疗。

三、乳腺癌

乳腺癌（breast cancer）是发生在乳腺上皮或导管上皮的恶性肿瘤，好发于女性，男性患者仅占 1%。20 岁之前少见，30 岁之后发病率逐渐上升，老年患者发病率持续升高。乳腺癌居女性恶性肿瘤发病率首位，全世界每年约有 120 万妇女发病，约 50 万妇女死于乳腺癌。我国乳腺癌近年来发病率持续上升，死亡率有下降的趋势，考虑与乳腺癌的筛查及治疗进展相关。

临床病例

患者，女性，63 岁。

主诉：左侧乳房无痛性肿块半年余。

现病史：患者入院前半年无意中触及左侧乳房有一花生大小无痛性肿块，局部无红肿热痛，未予重视。近 2 个月来，肿物逐渐增大并出现左侧腋窝肿块，故来就医。

患者自起病以来食欲精神睡眠尚可，二便正常，近半年体重未见明显变化。

既往史、个人史和家族史无特殊。

（一）诊断路径

见图 3-12-3。

（二）初步诊断

患者老年女性，左乳可触及一无痛性肿块，且逐渐增大，可作出乳腺癌的拟诊。

乳腺癌的典型症状：最常见的首发症状是乳房出现无痛性肿块并进行性增大，肿块外上象限居多，单侧乳房的单发肿块较多见，形态不规则，往往质硬、实性，活动度较差。

【问题 1】患者腋窝出现肿块如何考虑？

1. 患者腋窝出现肿块考虑乳腺癌晚期进展所致。
2. 进展期乳腺的症状和体征

（1）乳头改变：乳头溢液，乳头扁平、回缩或是凹陷。

（2）乳房皮肤改变：乳房外观酒窝征、橘皮样改变。

（3）乳房外形改变：可出现双侧乳房不对称，两侧乳头不在同一水平面上。

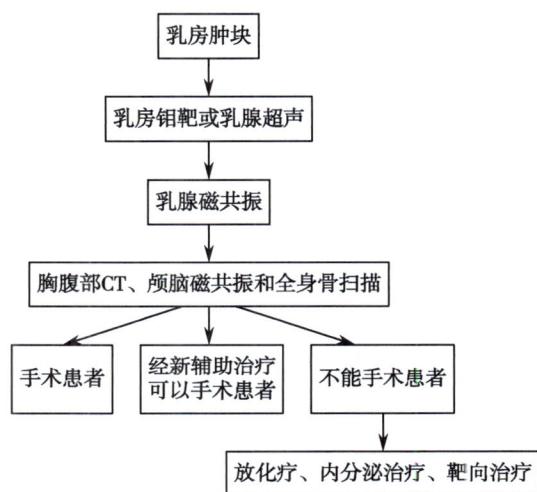

图 3-12-3　乳腺癌诊断路径

（4）乳房疼痛：乳腺癌晚期可出现不同程度的乳房持续性或阵发性刺痛、钝痛或是隐痛不适。

（5）区域淋巴结增大：腋窝淋巴结增大最常见。

（6）远处转移：远处器官受累，全身乏力、消瘦，骨转移时可有骨痛，肺转移可有呼吸困难等。

【问题 2】引起乳房肿块的原因有哪些？如何鉴别诊断？

1. 乳腺癌需与乳腺病、纤维腺瘤、囊肿、导管内乳头状瘤等良性病变。可行乳腺磁共振检查，空芯针穿刺活检后病理明确。
2. 确诊患者可进一步行胸腹部 CT、全身骨扫描和颅脑磁共振等，进行临床分期。

（三）进一步检查和诊断总结

本例患者胸腹部 CT、全身骨扫描和颅脑磁共振未见异常。行乳腺癌根治术，术后病理示：左乳保乳术后，送检组织大小：4cm×5cm，浸润性癌Ⅲ级，镜下切缘及基底均阴性。（左腋窝淋巴结）见癌转移（6/28），均为宏转移，并见淋巴结被膜外侵犯。免疫组化：（左乳）浸润性癌，ER-，PR-，HER-2-，Ki-67 50%，CK5/6（小灶弱 +），P53 90%。

诊断总结：乳腺癌根治术后 $pT_2N_aM_0$ ⅢA 期。

【问题 3】乳腺癌如何进行病理诊断和分期？

1. 乳腺癌的病理诊断　小叶原位癌、导管原位癌及微浸润、浸润性乳腺癌（黏液腺癌、小管癌、髓样癌和炎性乳癌）

2. 乳腺癌分子分型　所有乳腺浸润癌均需行 HER-2、ER、PR 和 Ki-67 检测，见表 3-12-20。

表 3-12-20　乳腺癌分子分型

分型	HER-2	ER	PR	Ki-67
HER-2 阳性（HR 阴性）	+	−	−	任何
HER-2 阳性（HR 阳性）	+	+	任何	任何
三阴型	−	−	−	任何
Luminal A 型	−	+	高表达	低表达
Luminal A 型（HER-2 阴性）	−	+	低表达	高表达

3. 乳腺癌的 TNM 分期（AJCC 第 8 版），见表 3-12-21～表 3-12-24。

表 3-12-21　乳腺癌的 TNM 分期 -T

分级		T 原发肿瘤
T_x		原发肿瘤无法确定（或者已切除）
T_0		原发肿瘤未查出
T_{is}		原位癌
	DCIS	导管原位癌
	Paget 病	不伴肿块的乳头 Paget 病
T_1	T_{1mic}	微小浸润癌，最大直径≤1mm
	T_{1a}	1mm< 肿瘤最大直径≤5mm
	T_{1b}	5mm< 肿瘤最大直径≤10mm
	T_{1c}	10mm< 肿瘤最大直径≤20mm
T_2		20mm< 肿瘤最大直径≤50mm
T_3		50mm< 肿瘤最大直径
T_4		无论肿瘤大小，直接侵犯胸壁或皮肤
	T_{4a}	侵犯胸壁
	T_{4b}	患侧乳房皮肤水肿（包括橘皮样变）、破溃或卫星状结节
	T_{4c}	T_{4a} 和 T_{4b} 共存
	T_{4d}	炎性乳腺癌

注：DCIS，乳腺导管内原位癌；Paget 病，佩吉特病。

表 3-12-22　乳腺癌的 TNM 分期 -N

分级		N 区域淋巴结
N_x		区域淋巴结无法分析（或者已切除）
N_0		区域淋巴结无转移
N_1		同侧腋窝淋巴结转移，可活动
N_2		同侧转移性淋巴结相互融合，或与其他组织固定；或临床无明显证据显示腋窝淋巴结转移，但有临床明显的内乳淋巴结转移
	N_{2a}	同侧转移性淋巴结相互融合，或与其他组织固定
	N_{2b}	临床无明显证据显示腋窝淋巴结转移，但有临床明显的内乳淋巴结转移
N_3		同侧锁骨下淋巴结转移；或有明显临床证据的腋窝淋巴结转移伴内乳淋巴结转移；或同侧锁骨上淋巴结转移
	N_{3a}	同侧锁骨下淋巴结转移
	N_{3b}	腋窝淋巴结转移伴内乳淋巴结转移
	N_{3c}	同侧锁骨上淋巴结转移

续表

	分级	N 区域淋巴结
pN	pN_x	区域淋巴结无法分析
	pN_0	组织学无区域淋巴结转移,未对孤立肿瘤细胞另行检查
	$pN_0(i+)$	组织学无区域淋巴结转移,免疫组化阳性,肿瘤病灶≤2.0mm
	$pN_0(mo+)$	组织学无区域淋巴结转移,组织检测(RT-PCR)阳性
pN_1	pN_1	同侧1~3个腋窝淋巴结转移;或内乳前哨淋巴结镜下转移,临床不明显
	pN_{1mi}	存在微转移,0.2mm< 最大径≤2.0mm
	pN_{1a}	同侧1~3个腋窝淋巴结转移
	pN_{1b}	内乳前哨淋巴结镜下转移,临床不明显
	pN_{1c}	同侧1~3个腋窝淋巴结转移并内乳前哨淋巴结镜下转移,临床不明显
pN_2		4~9个腋窝淋巴结转移;或临床明显的内乳淋巴结转移而腋窝淋巴结无转移
	pN_{2a}	4~9个腋窝淋巴结转移,至少一个病灶 >2.0mm
	pN_{2b}	临床明显的内乳淋巴结转移而腋窝淋巴结无转移
PN_3		10个或以上腋窝淋巴结转移;或锁骨下淋巴结转移;或腋窝淋巴结转移伴临床明显的同侧内乳淋巴结转移;或3个以上腋窝淋巴结转移把临床阴性的镜下内乳淋巴结转移;或同侧锁骨上淋巴结转移
	pN_{3a}	10个或以上腋窝淋巴结转移(至少一个病灶直径 >2.0mm)或锁骨下淋巴结转移
	pN_{3b}	3个以上腋窝淋巴结转移把临床阴性的镜下内乳淋巴结转移
	pN_{3c}	同侧锁骨上淋巴结转移

表 3-12-23　乳腺癌的 TNM 分期 -M

分级	M 远处转移
M_0	无远处转移的临床或影像学证据
$cM_0(i+)$	无转移的症状和体征,也没有转移的临床或影像学证据,但通过分子检测和镜检,在循环血、骨髓或非区域性淋巴结发现≤2.0mm 的病灶
M_1	经典临床或影像学能发现的远处转移灶;或者组织学证实 >2.0mm 的病灶

表 3-12-24　乳腺癌的 TNM 分期 -TNM

分级	分期
$T_{is}N_0M_0$	0 期
$T_1N_0M_0$	ⅠA 期
$T_0N_{1mi}M_0, T_1N_{1mi}M_0$	ⅠB 期
$T_0N_1M_0, T_1N_1M_0, T_2N_0M_0$	ⅡA 期
$T_2N_1M_0, T_3N_0M_0$	ⅡB 期
$T_0N_2M_0, T_1N_2M_0, T_2N_2M_0, T_3N_{1-2}M_0$	ⅢA 期
$T_4N_0M_0, T_4N_1M_0, T_4N_2M_0$	ⅢB 期
任何 T, N_3, M_0	ⅢC 期
任何 T, 任何 N, M_1	Ⅳ期

（四）初步治疗

本例患者系三阴型乳腺癌，保乳手术后，予紫杉类为主的化疗方案联合局部放疗：TAC（多西他赛、多柔比星和环磷酰胺）。

【问题4】　乳腺癌的治疗原则和手段是什么？

1. 目前手术仍是治疗乳腺癌的主要手段。

（1）乳腺癌手术适应证：大部分Ⅰ～Ⅱ期患者。

（2）乳腺癌保乳手术的绝对禁忌证：曾行乳腺或胸壁放疗者；需在妊娠期放疗者钼靶显示弥漫可疑或恶性征象的微小钙化；多中心病灶，通过单一切口的局部切除不能达到既美观同时切缘阴性；病理切缘阳性者。

2. 放射治疗　保乳术后均需放疗；改良根治术后的高危患者需放疗：T₃、腋窝淋巴结转移数≥4个；切缘阳性或切缘<1mm者。

3. 药物治疗　包括化疗、靶向治疗、内分泌治疗和免疫治疗。

常用治疗方案：TAC（多西他赛、多柔比星和环磷酰胺），AC（多柔比星和环磷酰胺）；AC-T（多柔比星和环磷酰胺序贯多西他赛）。若HER-2 FISH阳性，考虑化疗联合赫赛汀治疗。

四、前列腺癌

前列腺癌（prostate cancer）是指发生在前列腺的上皮性恶性肿瘤，是老年男性最常见的恶性肿瘤之一，早期往往无症状，随着肿瘤的进展，可出现进行性排尿困难，此外，还可有尿频、尿急、夜尿增多，甚至尿失禁等。前列腺癌的发病率世界范围内差异很大，美国黑人发病率最高，我国是前列腺癌低危国家，然而，近年来，随着人口老龄化、高脂饮食、筛查和诊断水平的不断提高，我国前列腺癌的发病率逐年上升。有研究表明，75岁以上的老年人，前列腺癌可达50%～75%以上，相当一部分为临床隐匿癌。

> **临床病例**
>
> 患者，男性，68岁。
>
> 主诉：尿频、尿急、排尿困难半年余。
>
> 现病史：入院前半年患者出现尿频、尿急、夜尿增多，排尿困难等症状，未予重视，未缓解，1周前至我院门诊查PSA 14.0ng/mL。
>
> 患者自起病以来，精神萎靡，食欲尚可，睡眠欠佳，近半年体重未见明显变化。既往史、个人史和家族史无特殊。

（一）诊断路径

见图3-12-4。

（二）初步诊断

患者老年男性，进行性排尿困难，血PSA明显高于正常值，可作出前列腺癌的初步诊断。

前列腺癌早期往往无明显症状，中晚期可有排尿困难、尿频尿急乃至血尿等症状，侵犯神经时，可有会阴部疼痛；最常见的转移部位时骨骼和盆腔淋巴结，有时也会转移至肺、肝、输尿管等，会引起相应的症状。

【问题1】　引起排尿困难的前列腺良性疾病有哪些？如何鉴别诊断？如何确诊？

1. 引起排尿困难的前列腺良性疾病可有前列腺增生症、前列腺肉瘤和前列腺结石等，可通过前列腺指标PSA和前列腺穿刺活检明确。

2. 拟诊前列腺癌后，需行前列腺穿刺活检。

（1）前列腺穿刺活检的指征：直肠指检发现结节；超声发现前列腺低回声结节或前列腺磁共振发现异常信号；PSA>10ng/ml；PSA 4～10ng/ml，f/t PSA异常或PSAD值异常。

（2）确诊前列腺癌后，应进一步行胸腹部CT、全身骨扫描等，明确临床分期。

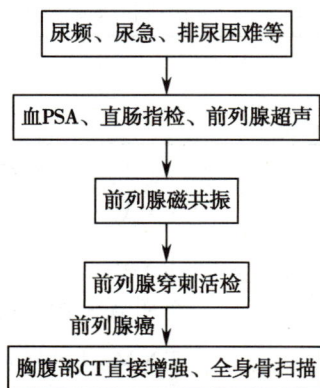

尿频、尿急、排尿困难等

↓

血PSA、直肠指检、前列腺超声

↓

前列腺磁共振

↓

前列腺穿刺活检

前列腺癌 ↓

胸腹部CT直接增强、全身骨扫描

PSA—前列腺特异性抗原。

图3-12-4　前列腺癌诊断路径

（三）进一步检查和诊断总结

本例前列腺癌患者胸腹部 CT 未见明显异常，全身骨扫描提示全身多发骨转移。

诊断总结：前列腺癌Ⅳ期（骨）。

【问题 2】 前列腺癌的好发部位、病理分级、组织学分类和 TNM 分期、生物学行为如何？

1. 前列腺癌大多发生在外周带，组织学大部分时腺泡腺癌，少部分为导管腺癌。

2. 病理分级采用 Gleason 评分系统，前列腺组织分为主要分级区和次要分级区，每区的 Gleason 分值为 1～5，将主要分级区和次要分级区的 Gleason 分值相加。

3. 前列腺癌最常见的转移部位是骨和盆腔淋巴结，也可转移至肺肝肾上腺等组织器官。晚期可有全身乏力、消瘦、贫血和恶病质等症状。

4. 前列腺癌的 TNM 分期（AJCC 第 8 版）：见表 3-12-25～表 3-12-28。

表 3-12-25　前列腺癌的 TNM 分期 -T

分级	原发肿瘤 T
T_1	不能扪及和影像学难以发现的临床隐匿肿瘤
T_{1a}	偶发肿瘤，体积＜所切除组织体积的 5%
T_{1b}	偶发肿瘤，体积＞所切除组织体积的 5%
T_{1c}	由于 PSA 升高穿刺活检发现的肿瘤
T_2	肿瘤局限于前列腺
T_3	肿瘤突破前列腺
T_{3a}	肿瘤侵犯包膜外
T_{3b}	肿瘤侵犯精囊
T_4	肿瘤固定或侵犯除精囊外的其他邻近组织结构，如膀胱颈、尿道外括约肌、直肠、盆壁

表 3-12-26　前列腺癌的 TNM 分期 -N

分级	区域淋巴结 N
N_0	无区域淋巴结转移
N_1	区域淋巴结转移

表 3-12-27　前列腺癌的 TNM 分期 -M

分级	远处转移 M
M_0	无远处转移
M_1	有远处转移
M_{1a}	有区域淋巴结以外的淋巴结转移
M_{1b}	骨转移
M_{1c}	其他器官组织转移

表 3-12-28　前列腺癌的 TNM 分期 -TNM

分期	T	N	M	PSA/(ng·ml^{-1})	Gleason 评分
I	T_1	N_0	M_0	＜10	≤6
	T_2	N_0	M_0	＜10	≤6

续表

分期	T	N	M	PSA/(ng·ml^{-1})	Gleason 评分
II	T_1	N_0	M_0	<20	7
	T_1	N_0	M_0	≥10 <20	≤6
	T_2	N_0	M_0	<20	≤7
	T_2	N_0	M_0	任何	任何
	$T_{1\sim2}$	N_0	M_0	≥20	任何
	$T_{1\sim2}$	N_0	M_0	任何	≤8
III	T_3	N_0	M_0	任何	任何
IV	T_4	N_0	M_0	任何	任何
	任何 T	N_1	M_0	任何	任何
	任何 T	任何 N	M_1	任何	任何

（四）初步治疗

本例患者前列腺癌晚期骨转移，建议行内分泌治疗，周期性使用唑来膦酸治疗骨转移。

【问题 3】 前列腺癌的治疗原则和手段是什么？

前列腺癌治疗原则，见表 3-12-29。

表 3-12-29　前列腺癌治疗原则

类型	分度	前列腺癌治疗原则
局限性前列腺癌	低危	根治性手术或放疗 观察等待
	中危	根治性手术 + 术后辅助放疗 高剂量放疗 + 内分泌治疗
	高危	放疗 + 内分泌治疗
局部晚期前列腺癌		放疗 + 内分泌治疗
转移性前列腺癌		内分泌治疗

1．外科手术治疗　前列腺癌根治术需综合考虑患者的临床分期、预期寿命、身体一般状况、既往史、Gleason 评分和 PSA 水平等。禁忌证：严重的心肺功能异常；严重的出血倾向或凝血功能障碍；淋巴结转移或骨转移（通过影像学或淋巴结活检诊断）

2．放射治疗　包括前列腺外放射治疗和近距离照射治疗等，是局限期前列腺癌的根治性手段之一。晚期前列腺癌可放疗联合内分泌治疗，从而达到姑息减症的目的。

3．药物治疗　包括内分泌治疗、化疗和激素等。

推荐阅读资料

[1] 2019 年社会服务发展统计公报. [2020-05-20]. http://www.mca.gov.cn/article/sj/tjgb/.

[2] 于普林. 老年医学. 2 版. 北京：人民卫生出版社，2015.

[3] 陈旭娇，严静. 中国老年综合评估技术应用专家共识. 中华老年医学杂志，2018，37（2）：123-124.

[4] 丁清清，唐金海. 老年乳腺癌的诊治进展. 中华老年医学杂志，2017，（12）：1386-1389.

[5] 施雁词，郑松柏. 老年人恶性肿瘤的临床特点及治疗原则. 中华老年医学杂志，2018，37（9）：1059-1064.

[6] RAMI-PORTA R，ASAMURA H，TRAVIS WD，et al. Lung cancer-major changes in the American Joint Committee on Cancer eighth edition cancer staging manual. CA Cancer J Clin，2017，67（2）：138-155.

[7] TONG GJ, ZHANG GY, LIU J, et al. Comparison of the eighth version of the American Joint Committee on Cancer manual to the seventh version for colorectal cancer: A retrospective review of our data. World J Clin Oncol, 2018, 9 (7): 148-161.

[8] GIULIANO AE, CONNOLLY JL, EDGE SB, et al. Breast Cancer-Major changes in the American Joint Committee on Cancer eighth edition cancer staging manual. CA Cancer J Clin, 2017, 67 (4): 290-303.

[9] BUYYOUNOUSKI MK, CHOYKE PL, MCKENNEY JK, et al. Prostate cancer-major changes in the american joint committee on cancer eighth edition cancer staging manual. CA Cancer J Clin, 2017, 67 (3): 245-253.

（丁清清）

索 引